LA FRANCE EN CHIFFRES

de 1870 à nos jours

Sous la direction d'Olivier Wieviorka

Julie Le Gac · Anne-Laure Ollivier · Raphaël Spina

LA FRANCE EN CHIFFRES

de 1870 à nos jours

PERRIN

www.editions-perrin.fr

12, avenue d'Italie
75013 Paris
Tél. : 01 44 16 09 00
Fax : 01 44 16 09 01
www.editions-perrin.fr

ISBN : 978-2-262-02741-4

AVANT-PROPOS

A l'heure où Internet propose, en un clic, toutes les données souhaitables, est-il utile d'offrir un ensemble de statistiques décrivant les grandes évolutions de la France de 1870 à nos jours? Les auteurs du présent volume répondent sans hésiter par l'affirmative à cette question redoutable. D'une part, en effet, le chercheur, le journaliste, l'enseignant, etc., submergé par l'abondance, éprouve souvent un sentiment de vertige face à l'avalanche des données fournies. D'autre part, et peut-être surtout, il doute parfois, pour ne pas dire souvent, de la fiabilité des informations offertes, que ces informations soient incorrectement référencées ou qu'elles soient biaisées par le parti pris d'auteurs soucieux d'imposer, chiffres à l'appui, leur thèse.

A cette aune, notre ambition a été tout à la fois grande et modeste. Nous avons souhaité livrer, pour le plus grand nombre, un ensemble de statistiques décrivant les grandes évolutions qui ont marqué la France de la proclamation de la IIIe République, le 4 septembre 1870, à nos jours. Enseignants, nous avons en effet trop souvent souffert de rechercher, parfois de longues heures durant, le chiffre, le taux ou la statistique qui manquait à nos cours ou à notre article, perdant ainsi un temps précieux. Ce livre prétend par conséquent pallier cette carence en présentant un panorama statistique aussi complet que possible de la France du grand XXe siècle. A cette fin, il se divise en cinq grandes parties : couvrant très classiquement la démographie, l'économie, la société et la politique et s'achève sur un bref aperçu de l'histoire coloniale, il se clôt sur les guerres et les crises qui, depuis l'affaire Dreyfus, ont secoué l'Hexagone. Chaque partie ou chaque chapitre s'ouvre sur une brève introduction permettant de réinsérer les tableaux qui suivent dans une vue d'ensemble.

Cet opus, soulignons-le, ne vise pas à proposer une épistémologie des statistiques nationales. Certes, nous savons que les données chiffrées représentent une construction et que leur élaboration répond à la représentation que se forgent les chercheurs. Pour ne donner que ces seuls exemples, les autorités françaises n'ont pas distingué, de longues années durant, les domestiques des ouvriers et ont minoré, sinon ignoré, le travail agricole féminin. Conscients de ces réalités, nous avons toujours indiqué la source de nos données tout en présentant, en cas de dissensus, l'ensemble des évaluations discordantes. Mais nous n'avons pas voulu avancer plus avant dans cette voie, qui ne correspondait en rien à notre objectif : fournir, sous la forme la plus simple et la plus pratique possible, une vision statistique de la France dans ses cent cinquante dernières années.

Nous espérons très simplement rendre service à tous ceux qui, par goût ou par profession, se penchent sur notre histoire nationale en leur épargnant des recherches chronophages, parfois stériles et souvent irritantes. Tel est du moins le vœu que nous formons.

Les auteurs

Partie I

DÉMOGRAPHIE

Chapitre 1

GÉNÉRALITÉS

En près d'un siècle et demi, le tableau démographique de la France s'est profondément modifié. En 1870, la France métropolitaine compte plus de 38 millions d'habitants dont près de 68 % vivent en milieu rural. En 2012, les quelque 60 millions de Français vivent dans leur immense majorité en ville[1].

Tout au long du XXe siècle, la natalité, intimement associée à la puissance nationale, constitue une préoccupation majeure des gouvernements. Au lendemain de la défaite contre la Prusse, la faible natalité française, en comparaison avec ses voisins européens, est jugée alarmante. A l'issue de la Première Guerre mondiale, la nécessité de repeupler le pays stimule plus encore les propagandes nataliste et familialiste, tandis qu'en 1962, après l'indépendance de l'Algérie, le général de Gaulle appelle de ses vœux une France de cent millions de Français. En dépit de ces exhortations, la tendance demeure celle d'une baisse de la natalité française tout au long du XXe siècle. Seul le baby-boom, amorcé vers la fin du second conflit mondial, fait figure d'anomalie dans l'histoire de la démographie française. Dans le même temps, un des grands succès de l'époque moderne réside dans l'abaissement de la mortalité française. Les progrès de la médecine ont tout d'abord permis de réduire de manière drastique la mortalité infantile, puis à partir des années 1970 ont favorisé l'abaissement de la mortalité aux grands âges. Dès lors, l'espérance de vie fait plus que doubler depuis 1870.

Ces tendances longues ne sauraient néanmoins occulter l'impact des trois guerres qui modifient conjoncturellement et structurellement la population

1. Pour permettre des comparaisons sur le temps long les chiffres présentés ici se rapportent à la seule France métropolitaine.

française. La guerre de 1870-1871 provoque une crise démographique majeure, en raison du conflit, mais surtout de la diffusion d'épidémies. Au cours des années 1870-1871, le total des décès excède de 543 000 le nombre des naissances. La Première Guerre mondiale, provoquant 1,5 million de morts, modifie la structure de la population de la France, mais n'a qu'un impact conjoncturel et n'interrompt pas le mouvement de baisse de la natalité française. A l'inverse, les conséquences de la Seconde Guerre mondiale sont plus importantes sur le comportement démographique des Français, comme en témoigne la période du baby-boom.

Le couple et partant la famille connaissent eux aussi de profonds bouleversements. Alors qu'à la fin du XIXe siècle, le mariage constitue l'institution par excellence permettant l'épanouissement de la famille, ce modèle s'estompe progressivement. L'essor du divorce, réinstauré par la loi Naquet de 1884, tout d'abord, fragilise le mariage. A partir des années 1970, les Français se détachent progressivement de ce lien comme en témoignent le développement de l'union libre et l'émergence des naissances hors mariages. Dans les années 2000, le succès du PACS (Pacte civil de solidarité) confirme ce détachement. En 2007, plus d'un mariage sur 3 est dissous par le divorce tandis que pour la première fois, la proportion des naissances naturelles dépasse le seuil des 50 %.

Pays d'immigration ancienne, la France s'efforce de compenser une natalité jugée insuffisante par une immigration dont l'impact est capital sur la démographie française. Selon un calcul de Michèle Tribalat, en l'absence d'apport migratoire au XXe siècle, la population de la France serait aujourd'hui inférieure de onze millions à ce qu'elle est effectivement. Les besoins en main-d'œuvre provoquent les deux principales vagues migratoires, la première lors des années 1920-1930 essentiellement en provenance des voisins européens, la seconde au cours des années 1954-1973, nourrie par les flux suscités par la décolonisation.

La population active, précisément, s'altère sensiblement. L'essor du travail féminin, surtout à partir des années 1960, favorise la progression du taux d'activité. Le phénomène majeur réside dans la tertiarisation de la société. En 1870, 50 % des Français sont agriculteurs. A l'inverse, en 2007, ces derniers représentent moins de 4 % des actifs, tandis que le secteur tertiaire emploie près de 75 % de la population active occupée. Enfin, négligé par les autorités publiques jusqu'à la crise des années 1930, le chômage constitue désormais une préoccupation étatique de premier plan.

Les pyramides des âges[1] de la France

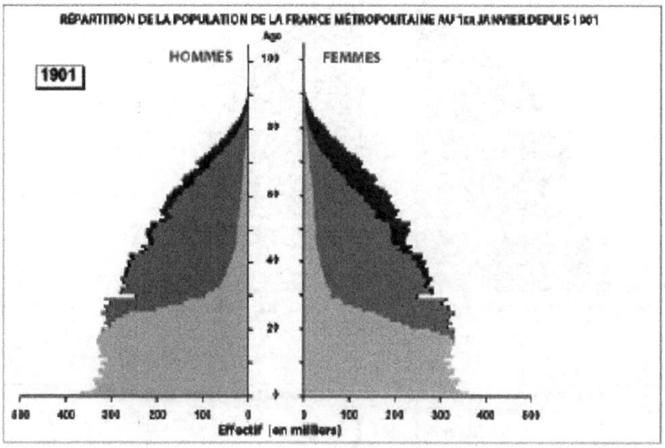

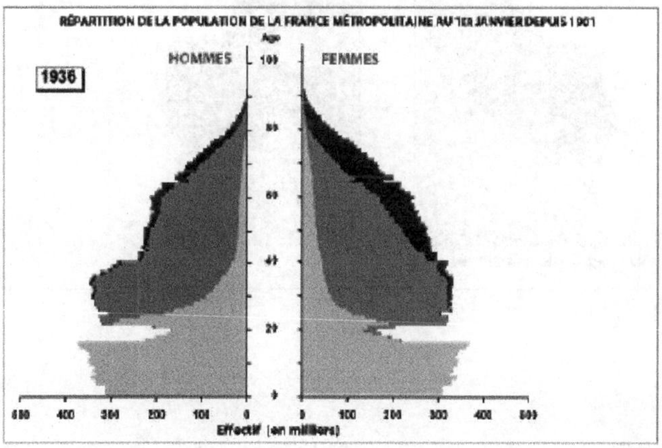

1. La pyramide des âges représente la répartition par sexe et par âge de la population à un instant donné. Elle est constituée de deux histogrammes, un pour chaque sexe. Les effectifs par sexe et par âge dépendent des interactions passées de la fécondité, de la mortalité et des migrations, tandis que la forme de la pyramide et les variations de celle-ci avec les années sont avant tout tributaires des variations de la fécondité.

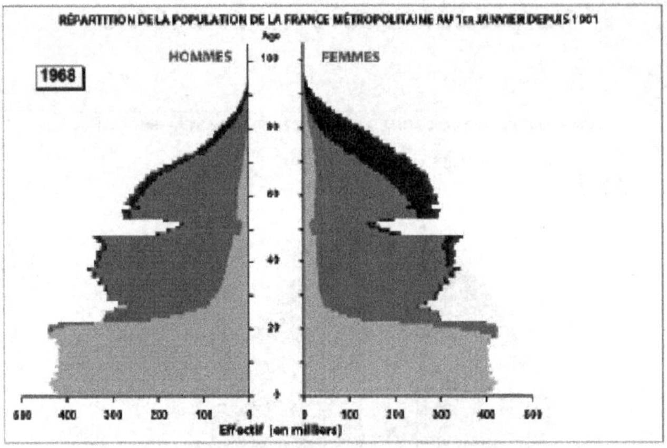
RÉPARTITION DE LA POPULATION DE LA FRANCE MÉTROPOLITAINE AU 1ER JANVIER DEPUIS 1901
1968
HOMMES
FEMMES
Age
Effectif (en milliers)

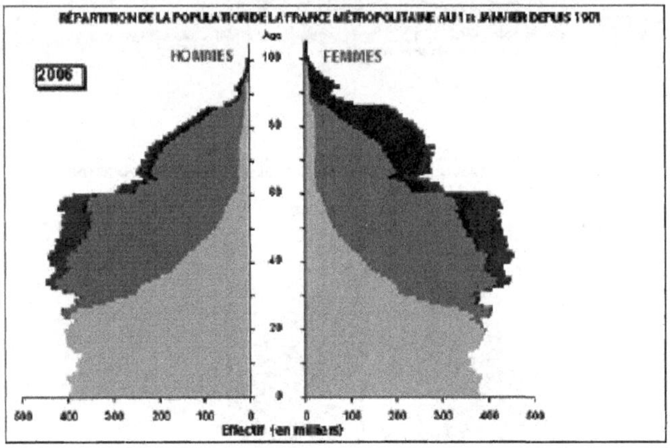
RÉPARTITION DE LA POPULATION DE LA FRANCE MÉTROPOLITAINE AU 1ER JANVIER DEPUIS 1901
2006
HOMMES
FEMMES
Age
Effectif (en milliers)

Représentations de la population par sexe et par âge de la population à un moment donné, les pyramides des âges offrent un aperçu visuel de l'histoire de la population française.

La pyramide des âges de 1901, comme toutes celles précédant la Première Guerre mondiale, se caractérise par ses côtes un peu renflées et une base légèrement rétrécie. Sa forme est régulière : les effectifs décroissent continûment avec l'âge. La régularité de la pyramide reflète celle de l'évolution de la population au cours du XIXe siècle : le nombre de naissances est stable de 1816 à 1880 (environ 900 000 naissances annuelles dans les frontières de 1871). Seule la guerre de 1870 provoque une chute sensible de la natalité. Les décès, eux, varient suivant les épisodes de disettes et d'épidémies.

La pyramide des âges de 1936 repose sur une base étroite, débordée par le nombre des générations plus anciennes. Les pertes de la Première Guerre mondiale provoquent une brèche fondamentale dans la pyramide reflétant une modification de la structure de la population. La guerre crée un déséquilibre de la population entre hommes et femmes et un fort déficit de naissances. Toutefois, elle n'a pas de répercussion sur l'évolution en cours depuis la fin du XIXe : la fécondité poursuit sa baisse. En outre, la structure par âge de la population contribue à la médiocrité de la natalité : dans les années 1930, les générations nées avant 1914 et les classes creuses de la Première Guerre mondiale parviennent à l'âge de la fécondité.

La pyramide des âges de 1968 contraste avec les précédentes par sa base particulièrement large. De fait, pendant près de 30 ans, de 1946 à 1973, le nombre de naissances annuel dépasse les 800 000 et même les 850 000 en 1947-1950 et 1963-1966. Parallèlement, on enregistre environ 500 000 décès par an. La fécondité du baby-boom présente deux pointes en 1954-1957 et 1963-1964. La pyramide des âges de 1968 illustre également la forte immigration de travailleurs encouragée par l'Etat et les entrepreneurs de 1955 à 1973.

La pyramide des âges de 2006 témoigne, enfin, de l'histoire du XXe siècle : le déficit de naissances causé par la Première Guerre mondiale, la fécondité moindre des classes creuses qui en résulte, le déficit de naissances de la Seconde Guerre mondiale, et enfin le baby-boom. Son sommet étoffé illustre par ailleurs le vieillissement de la population française.

Source : *INSEE Résultats*. La situation démographique en 2005. Mouvement de la population.

A. Mouvement naturel : natalité et mortalité

La défaite de 1870 contre la Prusse et la scission entre une France laïque et une France catholique nourrissent un profond débat sur la natalité. L'idéologie malthusienne, qui domine en France jusqu'en 1870, est fortement remise en cause par l'essor des courants nataliste et familialiste.

Si plus d'un million d'enfants naissent en France en 1875 et quelque 865 000 en 1900, la France se distingue, au début du XXe siècle, par une fécondité relativement faible, avec un peu moins de 3 enfants par femme, contre 4 dans la plupart des autres pays d'Europe. En 1901, le taux de natalité français est l'un des plus bas d'Europe : 21,4 pour 1000 contre 28,7 en Grande-Bretagne, 28,9 en Belgique, 33,3 en Italie et 35,6 en Allemagne. Ce dernier chiffre suscite bien des inquiétudes.

La Première Guerre mondiale, et son million et demi de morts, majoritairement masculins, génère un phénomène de classes creuses et modifie la structure de la population. Elle n'enraye pas la poursuite de la baisse de la natalité française. Pourtant, au lendemain du conflit, le courant nataliste connaît un nouvel engouement et appelle au repeuplement de la patrie par des familles nombreuses. A partir des années 1920 émergent également des préoccupations liées au vieillissement démographique puis au risque de disparition des Européens. Toutefois, la natalité française ne reprend de la vigueur qu'à partir de 1937, véritable amorce du baby-boom. Ainsi, le nombre de naissances décroît dès 1922 et devient inférieur à 800 000 entre 1922 et 1932 puis à 700 000 à partir de 1933. La natalité baissant plus rapidement que la mortalité, chaque année à partir de 1935, les statistiques enregistrent un excédent des décès sur les naissances. En 1938, il se solde à 35 000 personnes, chiffre le plus élevé en temps de paix depuis la moitié du XVIIIe siècle.

Au lendemain de la Seconde Guerre mondiale, la France connaît, comme la majorité des pays industrialisés, une véritable reprise de la fécondité. En 1946, elle enregistre 840 000 naissances et un excédent naturel approchant les 300 000. Au total, alors qu'en 1945, le général de Gaulle proclame « la nécessité pour l'avenir national d'appeler à la vie les douze millions de beaux bébés qu'il faut à la France en dix années », 8,5 millions voient le jour. La fécondité du baby-boom présente deux pointes : 1945-1947 et 1963-1964. La première est consécutive au retour dans leurs foyers des soldats prisonniers en Allemagne et correspond à la récupération des naissances qui n'ont pas eu lieu pendant la guerre. La seconde, au début des années 1960, commune à l'ensemble des pays d'Europe, résulte de la précocité croissante des mariages, qui favorise la fécondité. Ainsi, contrairement à la Première Guerre mondiale, dont les conséquences démographiques ont été essentiellement conjoncturelles, la Seconde Guerre mondiale est suivie d'un changement inattendu du comportement des couples. La politique familiale mise en place en France à partir de 1938 et constamment renforcée par la suite crée également très vraisemblablement des conditions favorables à l'agrandissement des familles.

A partir des années 1970, la légalisation de la contraception puis de l'avortement contribuent à la baisse de la fécondité. L'indicateur conjoncturel de fécondité[1] chute brusquement de 2,8 enfants par femme en 1965 à 1,9 en 1975. Au début des années 2000, la population française enregistre un regain de natalité et l'indicateur conjoncturel de fécondité dépasse la barre symbolique des deux enfants par femme en 2007. Ainsi, alors que la natalité française était parmi les plus faibles d'Europe à la fin du XIXe siècle, la France est en 2008, avec l'Irlande, le pays le plus fécond d'Europe.

Le recul de la mortalité est l'un des plus grands succès de l'époque contemporaine. La durée moyenne de la vie s'allonge de 15 ans au XIXe siècle et de 30 ans entre 1901 et 1991. Cet accroissement résulte essentiellement des progrès de la médecine, rendus accessibles à tous par l'extension de la protection sanitaire et sociale. Ils permettent en particulier une division par 45 du taux de mortalité infantile entre 1875 et 2007, passant de 173 pour 1 000 à 3,7 pour 1 000. A partir des années 1970, la baisse de la mortalité s'étend également aux grands âges et provoque un accroissement de la longévité. Dès lors, la proportion de personnes âgées dans la société française s'accroît : représentant 8 % des Français à la fin du XIXe siècle, les seniors de plus de 60 ans forment désormais plus du cinquième de la population en 2007, tandis que le nombre de centenaires a considérablement crû. Le recul de la mortalité se poursuit à la fin du XXe et au début du XXIe siècle. L'année 2003, en raison de la canicule, enregistre une hausse subite de la mortalité, avec un excédent d'environ 15 000 décès. Toutefois, cet excédent de décès est compensé en 2004 par la baisse de la mortalité. Parallèlement, l'écart d'espérance de vie entre hommes et femmes s'est accru au fil des années : de 3 ans en 1870, il est de près de 8 ans en 2007.

1. L'indicateur conjoncturel de fécondité est égal à la somme des taux de fécondité par âge observés une année donnée. Il donne ainsi le nombre d'enfants moyen qu'aurait une femme tout au long de sa vie si les taux de fécondité observés à chaque âge l'année considérée demeuraient inchangés.

Lexique

DESCENDANCE FINALE : nombre moyen d'enfants par femme d'une génération donnée, à la fin de la vie féconde.

ESPÉRANCE DE VIE : nombre moyen d'années que vivrait un nouveau-né s'il connaissait, à chaque âge, les conditions de mortalité du moment.

GÉNÉRATION : ensemble de personnes nées une année donnée.

INDICATEUR CONJONCTUREL DE FÉCONDITÉ OU INDICE SYNTHÉTIQUE DE FÉCONDITÉ : nombre moyen d'enfants par femme une année donnée, toutes générations confondues.

Evolution générale de la population française (1870-2012) [1]

Année	Population en milieu d'année (en milliers)	Enfants nés vivants (en milliers)	Taux de natalité (pour 1 000 habitants)	Enfants mort-nés (en milliers)	Taux de mortalité infantile (pour 1 000) [2]	Enfants nés hors mariage pour 100 nés vivants	Indicateur conjoncturel de fécondité (pour une femme)	Décès (en milliers)	Taux de mortalité	Accroissement naturel
1870	38 440	995,9	25,9	47,7	201	7,5		1 090,8	28,4	-2,5
1875	38 200	1 005,7	26,4	46,4	173	7,0		888,9	23,2	+3,2
1880	39 020	970,2	24,9	43,6	182	7,4		898,0	23,0	+1,9
1885	39 680	972,9	24,5	45,8	164	8,0		876,1	22,1	+2,4
1890	39 980	884,3	22,1	42,1	175	8,5		914,0	22,9	-0,8
1895	40 100	883,6	22,0	43,2	179	8,8		886,9	22,1	-0,1
1900	40 610	879,0	21,6	40,9	162	8,7	2,9	889,8	21,9	-0,3
1905	41 050	865,6	20,9	30,1	139	8,9	2,7	806,3	19,6	+1,3
1910	41 350	828,1	19,9	28,6	113	8,7	2,6	732,2	17,7	+2,2
1915	40 620	483,0	11,8	16,3	123	11,2	1,5	745	18,3	-6,5
1920	38 900	838,1	21,5	30,8	123,2	9,9	2,7	671,1	17,3	+4,2
1925	40 460	774,5	19,1	24,6	94,8	8,6	2,4	707,8	17,5	+1,5
1930	41 340	754,0	18,1	22,0	83,8	8,3	2,3	648,9	15,7	+2,4
1935	41 550	643,9	15,4	18,6	72,5	7,0	2,1	658,4	15,8	-0,4
1940	40 690	561,3	13,7	15,7	91,4	7,2	2,0	738	18,1	-4,4
1945	39 660	645,9	16,3	14,9	113,7	10,5	2,3	641	16,2	+0,1
1950	41 829	862,3	20,7	16,9	51,9	7,0	2,9	530,1	12,7	+7,8
1955	43 428	805,9	18,6	14,1	38,6	6,4	2,7	522,7	12,0	+6,4
1960	45 684	819,8	18,0	14,2	27,4	6,1	2,7	517,4	11,3	+6,5
1965	48 758	865,7	17,7	13,3	21,9	5,9	2,8	540,3	11,1	+6,6
1970	50 772	850,4	16 ,7	11,5	18,2	6,8	2,5	539,7	10,6	+6,1

1. Sauf mention contraire, les statistiques proviennent ici de l'INSEE.

Année	Population en milieu d'année (en milliers)	Enfants nés vivants (en milliers)	Taux de natalité (pour 1 000 habitants)	Enfants mort-nés (en milliers)	Taux de mortalité infantile (pour 1 000) [2]	Enfants nés hors mariage pour 100 nés vivants	Indicateur conjoncturel de fécondité (pour une femme)	Décès (en milliers)	Taux de mortalité	Accroissement naturel
1975	52 699	745,1	14,0	8,2	13,8	8,5	1,9	560,4	10,6	+3,5
1980	53 880	800,4	14,9	6,9	10,0	11,4	1,9	547,1	10,2	+4,7
1985	55 284	768,4	13,9	5,7	8,3	19,6	1,8	552,5	10,0	+3,9
1990	56 709	762,4	13,4	4,5	7,3	30,1	1,8	526,2	9,3	+4,2
1995	57 844	729,6	12,6	3,9	4,9	37,6	1,7	531,6	9,2	+3,4
2000	59 062	774,8	13,1	3,6	4,4	42,6	1,9	530,9	9,0	+4,1
2005	61 181	774,3	12,7	6,9[3]	3,6	47,4	1,9	527,5	8,6	+4,0
2010	62 959	802,2	12,9	7,6	3,5	51,7	2,0	540,5	8,5	+4,4
2012 (p[4])	63 536	790,3	12,4	ND[5]	3,3	55,7	2,0	559,2	8,8	+3,6

2. Le taux de mortalité infantile est le rapport entre le nombre d'enfants décédés à moins d'un an et l'ensemble des enfants nés vivants. Jusqu'en 1974, les enfants déclarés sans vie mais ayant respiré (« les faux mort-nés ») sont compris dans les statistiques des mort-nés. A partir de 1975, ils sont dans les statistiques des naissances et décès.
3. La forte croissance du nombre d'enfants mort-nés à partir de 2002 est la conséquence d'un changement de définition.
4. (p) = provisoire.
5. ND = non disponible

Espérance de vie à la naissance (1870-2012)

Année	Espérance de vie à la naissance des hommes	Espérance de vie à la naissance des femmes
1870	33,7	37,7
1875	41,8	43,9
1880	41,0	43,2
1885	42,2	44,9
1890	41,3	44,2
1895	42,7	46,2
1900	43,4	47,0
1905	46,6	50,1
1910	49,5	53,4
1915	27,2	52,6
1920	50,2	54,0
1925	52,1	56,7
1930	54,3	59,3
1935	55,4	61,1
1940	42,6	59,0
1945	51,3	58,6
1950	63,4	69,2
1955	65,2	71,5
1960	67,0	73,6
1965	67,5	74,7
1970	68,4	75,9
1975	69,0	76,9
1980	70,2	78,4
1985	71,3	79,4
1990	72,7	80,9
1995	73,9	81,4
2000	75,3	82,8
2005	76,8	83,8
2010	78,0	84,7
2012	78,4	84,8

Répartition de la population par groupes d'âges (%)

Année	Moins de 20 ans	De 20 à 59 ans	60 ans et plus
1872	35,5	52,9	11,6
1876	35,7	56,6	7,7
1881	35,4	56,5	8,1
1886	35,5	56,5	8,0
1891	35,0	56,7	8,3
1896	34,7	56,9	8,4
1901	34,3	53,0	12,7
1905	34,0	53,2	12,8
1910	33,6	53,7	12,7
1920	31,3	54,9	13,8
1925	30,7	55,3	14,0
1930	30,1	55,7	14,2
1935	29,6	55,7	14,7
1946	29,5	54,5	16,0
1950	30,1	53,6	16,3
1955	30,9	52,8	16,3
1960	32,3	51,0	16,7
1965	34,0	48,6	17,4
1970	33,2	48,8	18,0
1975	32,1	49,5	18,4
1980	30,6	52,4	17,0
1985	29,2	52,7	18,1
1990	27,8	53,2	19,0
1995	26,2	53,7	20,1
2000	25,6	53,8	20,6
2005	25,0	54,1	20,9
2010	24,5	52,7	22,8
2012 (p)	24,5	51,8	23,7

Nombre de centenaires (1872-2012)

Au 1er janvier	Nombre de centenaires
1872	190
1900	100
1950	200
1960	977
1970	1 122
1980	1 545
1990	3 760
2012	17 087

Sources

Marcel Croze, *Tableaux démographiques. La population en France : histoire et géographie*, INED INSEE, 1988[1].

Fabienne Daguet, *Un siècle de fécondité française. Caractéristiques et évolution de la fécondité de 1901 à 1999*, INSEE, 2002.

Jacques Dupâquier, *Histoire de la population française*, PUF « Quadrige », 1995, 4 vol.

André Burguière, Christiane Klapish-Zuber, Martine Ségalen, Françoise Zonabend (dir.), *Histoire de la famille*, Armand Colin, 1986, 3 vol.

B. Le couple : nuptialité, divortialité

En 1870 et au long du premier XXe siècle, le couple marié fait figure d'universel. Jusqu'aux années 1970, le mariage concerne 90 % de la population française. A l'exception des deux guerres mondiales, la proportion de naissances hors mariage oscille autour de 8 %. Le divorce, instauré en 1792, supprimé sous la Restauration et réintroduit dans le droit français par la loi Naquet du 20 juillet 1884, demeure relativement rare, en dépit d'une progression constante. Il consacre l'échec sentimental du couple dans 3 % des mariages en 1900, 7 % en 1930 et près de 10 % en 1960. Prohibé par l'Eglise, il demeure en effet soumis à un fort opprobre. Le régime de Vichy, par la loi du 2 avril 1941, interdit symboliquement le divorce pendant les trois premières années du mariage, soumettant ainsi les couples à l'épreuve du temps.

La période allant de la fin de la Seconde Guerre mondiale à la fin des années 1960 est souvent qualifiée d'« âge d'or du mariage » : le célibat est

1. Sauf mention contraire, le lieu d'édition est Paris.

extrêmement rare, tout comme les naissances hors mariage. A partir des années 1970, cependant, les rapports de couple sont bouleversés par la libéralisation des mœurs et l'amélioration de la condition féminine. Selon la formule de l'historienne Michelle Perrot, le couple rompt non seulement les liens du mariage, mais aussi les liens avec le mariage. Le divorce, d'une part, devient plus fréquent. La loi du 11 juillet 1975, en introduisant la possibilité de divorce par consentement mutuel, rend moins traumatique la rupture du couple. En 1975, un mariage sur six est dissous par le divorce. A partir des années 2000, c'est le cas de plus d'un mariage sur trois. La loi du 26 mai 2004, prenant acte de la banalisation du divorce, assouplit de nouveau les modalités de procédure. La forte hausse du nombre de divorces en 2005 est précisément expliquée par l'accélération des procédures. D'autre part, le poids du mariage régresse dans la société française. Le nombre de mariages diminue ainsi de 30 % entre 1975 et 1985. Moins nombreux, les mariages sont également de plus en plus tardifs, tandis que les rapports entre célibataires se banalisent. Vers 1970, moins d'un couple sur cinq débutait sa vie commune sans être marié ; c'est aujourd'hui le cas de neuf couples sur dix. En conséquence, la proportion d'enfants hors mariage, six fois plus importante en 2002 qu'en 1970, dépasse le seuil symbolique de 50 % des naissances en 2007. Le succès du Pacte civil de solidarité (PACS) témoigne également du détachement des Français du mariage. Instauré par la loi du 15 novembre 1999, il permet à deux personnes majeures de sexe différent ou de même sexe d'organiser leur vie commune par un contrat déterminant des droits et obligations réciproques. Conçu à l'origine afin de donner un cadre juridique, et une certaine reconnaissance aux couples homosexuels, et suscitant à cet égard de très vifs débats au Parlement, le PACS est progressivement adopté par les hétérosexuels et constitue désormais une alternative au mariage. Ainsi, si la part des couples de même sexe parmi les signataires de PACS était de 40 % en 1999, elle est de 4,3 % en 2012. La loi du 17 mai 2013 autorise le mariage entre des personnes de même sexe. Selon des statistiques provisoires, 7 000 mariages homosexuels auraient été célébrés en 2013.

Mariages et divorces (1870-2012)

Année	Population en milieu d'année	Nombre de mariages (en milliers)	Taux de nuptialité [1]	Nombre de divorces (en milliers)	Taux brut de divorces [2]	Indicateur conjoncturel de divortialité pour 100 mariages [3]	Divorces pour 1 000 couples mariés
1870	38 440	233,8	12,2				
1875	38 200	312,0	16,3				
1880	39 020	288,9	14,8				
1885	39 680	293,6	14,8	0,1	0,002		
1890	39 980	280,1	14,0	4,2	0,1		
1895	40 100	294,8	14,7	6,7	0,2		
1900	40 610	312,1	15,3	7,9	0,2	2,9	
1905	41 050	316,2	7,7	8,0	0,2	3,8	
1910	41 350	320,6	7,8	11,1	0,3	4,9	
1915	40 620	86	2,1	14,6	0,3		
1920	38 900	622,7	16,0	34,8	0,9	12,1	
1925	40 460	352,58	8,7	22,6	0,5	7,2	
1930	41 340	342,1	8,3	23,4	0,6	7,0	
1935	41 550	284,9	6,9	24,0	0,6	7,1	
1940	40 690	177	4,4	13,6	0,3	4,1	
1945	39 660	393	9,9	37,7	0,9	12,6	
1950	41 829	331,1	7,9	34,7	0,8	11,5	
1955	43 428	312,7	7,2	31,3	0,7	9,9	
1960	45 684	319,9	7,0	30,2	0,7	9,5	2,9
1965	48 758	346,3	7,1	34,9	0,7	10,8	3,1
1970	50 772	393,7	7,8	38,9	0,7	11,8	3,3
1975	52 699	387,4	7,4	55,6	1,1	15,6	4,5
1980	53 880	334,4	6,2	81,1	1,5	22,3	6,3
1985	55 284	269,4	4,9	107,5	1,9	30,4	8,4
1990	56 709	287,1	5,1	105,8	1,9	32,1	8,4
1995	57 844	254,7	4,4	119,2	2,1	38,0	9,6
2000	58 894	297,9	5,0	114,0	1,9	38,2	9,3
2005	60 996	276,3	4,4	154,0	2,5	52,3	12,4
2010	62 959	245,3	3,9	130,8	2,1	46,2	10,8
2012 (p)	63 536	239,8	3,8	125,2	2,0	ND	10,5

1. Nouveaux mariés pour 1 000 habitants.
2. Nombre de divorces pour 1 000 habitants.
3. L'indicateur conjoncturel de divortialité ou somme des divorces réduits indique le nombre de divorces dans une promotion fictive de 100 mariages dont les taux de divorces seraient à chaque durée de mariage égaux à ceux observés l'année considérée. Les statistiques du compte général de la justice sont utilisées jusqu'en 1980.

L'essor du Pacte civil de solidarité (PACS) (1999-2012)

Année	Statistiques de l'INSEE			Statistiques de l'INED		
	PACS de même sexe	PACS de sexe différent	Total des PACS	Déclarations de PACS	Dont PACS dans les DOM	Dissolutions
1999			6 151	6 151	12	7
2000	5 412	16 859	22 271	22 276	168	624
2001	3 323	16 306	19 629	19 632	222	1 872
2002	3 622	21 683	25 305	24 979	332	3 185
2003	4 294	27 276	31 570	31 585	424	5 292
2004	5 023	35 057	40 080	40 093	517	7 043
2005	4 865	55 597	60 462	60 473	636	8 690
2006	5 071	72 276	77 347	101 992	682	9 583
2007	6 221	95 778	101 999	101 045	953	22 775
2008	8 201	137 801	146 002	145 938	1 182	23 666
2009	8 434	166 089	174 523	174 584	1 450	27 022
2010	9 143	196 415	205 558	205 561	1 646	35 264
2012	6 944	153 287	160 231	160 325	1 417	48 642

Source : INSEE, INED : statistiques d'état civil, ministère de la Justice.

L'âge au mariage et à l'accouchement (1871-2012)

Année	Age moyen au premier mariage			Age moyen des parents à l'accouchement		
	Femme	Homme	Ecart	Mère	Père	Ecart
1871-1875	23,5	28,3	4,8			
1885	25,0	29,7	4,7			
1896-1900	23,6	27,9	4,3			
1901				29,4	34,1	4,7
1905				29,3	33,8	4,5
1910				28,9	33,7	4,8
1915				29,5	34,4	4,9
1920				29,3	33,3	4,0
1925				28,6	32,9	4,6
1930				28,3	32,5	4,2
1935	23,4	26,5	3,1	27,9	32,2	4,3
1940				28,4	32,5	4,1
1946	24,3	27,4	3,1	28,6	32,5	3,9
1950	23,3	26,2	2,9	28,2	31,9	3,7
1955	23,2	26,0	2,8	27,9	31,7	3,8
1960	23,1	25,7	2,6	27,6	31,6	4,0
1965	22,7	24,9	2,2	27,3	31,3	4,0
1970	22,6	24,7	2,1	27,2	30,5	3,3
1975	22,5	24,6	2,1	26,7	30,0	3,3
1980	23,0	25,1	2,1	26,8	29,7	2,9

Année	Age moyen au premier mariage			Age moyen des parents à l'accouchement		
	Femme	Homme	Ecart	Mère	Père	Ecart
1985	24,2	26,3	2,1	27,5	30,0	2,5
1990	25,6	27,6	2,1	28,3	30,7	2,4
1995	26,9	28,9	2,0	29,0	31,5	2,5
2000	28,0	30,2	2,2	29,4	32,0	2,6
2005	29,1	31,1	2,0	29,7	32,4	2,7
2007	29,5	31,4	1,9	29,8	32,7	2,9
2010	30,0	31,8	1,8	29,9		
2012	30,2	32,0	1,8	30,1		

Proportion de femmes mariées à différents âges (en %) (1901-2006)

Année	à 20 ans	à 25 ans	à 30 ans	à 35 ans	à 40 ans
1901	26,3	59,0	75,2	78,4	77,5
1905	27,5	60,4	75,8	79,0	78,5
1910	28,7	61,9	76,6	79,5	78,1
1914	29,6	63,0	77,1	79,9	77,8
1920	17,7	46,6	64,5	72,0	76,2
1921	24,9	54,8	67,5	72,5	75,8
1925	26,0	65,3	74,0	75,0	75,0
1930	27,9	67,5	78,0	78,2	75,2
1935	28,4	69,0	78,7	80,2	77,6
1939	31,2	69,4	79,8	80,2	78,5
1940	28,7	69,1	80,1	80,8	79,1
1941	24,7	67,7	79,2	80,8	79,0
1942	22,1	64,7	78,6	80,7	79,4
1943	22,7	64,6	78,2	80,8	79,4
1944	20,9	63,0	77,5	80,6	79,4
1945	19,0	59,7	76,0	80,0	79,3
1946	21,5	63,3	76,7	80,4	79,6
1947	27,1	67,1	77,3	80,8	80,0
1950	29,4	71,6	80,2	81,6	81,0
1955	26,9	72,3	82,6	83,1	81,8
1960	26,6	74,0	83,9	85,1	83,3
1965	34,3	77,0	85,3	86,3	85,0
1975	32,6	75,7	85,0	87,3	86,2
1980	27,5	69,7	81,4	84,8	85,5
1985	14,7	59,5	75,6	80,3	82,0
1990	6,7	44,8	67,3	74,9	77,5
1995	3,8	33,0	57,8	68,3	72,8
2000	1,9	24,5	51,5	61,4	67,2
2006	1,8	16,8	43,8	55,6	60,8

C. « Un enfant quand je veux, si je veux » : infanticide, avortement et contraception

La limitation volontaire des naissances en France par des pratiques de contraception commence dès la seconde moitié du XVIIIe siècle : elle conduit à une baisse de la fécondité moyenne de 5 enfants au milieu du XVIIIe siècle à 2,5 enfants au début du XXe siècle. A partir des années 1870, avec le recul de la natalité française, l'avortement n'est plus seulement considéré comme un crime contre la morale. Devenant un problème sociétal, il suscite de violentes dénonciations par les natalistes et populationnistes. La question de leur dénombrement devient dès lors un enjeu. Les repopulateurs, comme le professeur Lacassagne, critiquent le fait que « 500 000 enfants chaque année, manquent à la France, assassinés avant d'avoir vu le jour[1] ». Le nombre de condamnations judiciaires témoigne à la fois de l'évolution du phénomène et de l'attitude des pouvoirs publics à son égard. Jacques Dupâquier, utilisant les statistiques des décès causés par avortement (environ 300 par an en 1900 et 600 par an en 1914), évalue le nombre d'avortements annuels en France à 30 000 en 1900 et 60 000 à la veille de la Première Guerre mondiale. Dans le même temps, la répression judiciaire s'accroît.

A l'issue de la Grande Guerre, la nécessité de repeupler la France renforce le poids des mouvements natalistes. La loi du 31 juillet 1920 réprime la propagande anticonceptionnelle et la provocation à l'avortement. Le triplement du contentieux entre 1920 et 1923 témoigne également de la progression des pratiques abortives. Dès lors, la correctionnalisation de l'avortement par la loi du 27 mars 1923 répond à la volonté d'une répression plus systématique et dès lors plus dissuasive des avortements. Toutefois, le nombre d'avortements n'a pas décuplé entre 1910 et 1925, comme le suggèrent les statistiques judiciaires. Anne-Marie Sohn estime que l'hypothèse d'un nouveau doublement du nombre d'avortements est possible, soit environ 120 000 avortements en 1939.

Si la pratique de l'avortement s'est banalisée pendant l'entre-deux-guerres, le phénomène demeure soumis à un fort opprobre moral. Aussi à la veille de la Seconde Guerre mondiale, la répression de l'avortement s'accentue-t-elle vigoureusement. Au sein des juridictions, 90 affaires d'avortement sont instruites au 1er semestre 1939 contre 277 au second et 509 au

1. *Le Matin*, 21 décembre 1910.

troisième. La loi du 29 juillet 1939 qui promulgue le code de la Famille, par ailleurs, renforce les sanctions infligées aux femmes ayant avorté et aux membres des professions médicales et paramédicales les y ayant aidées. Le régime de Vichy accentue de nouveau la répression : la loi du 1er septembre 1941 exclut les avorteurs du droit au sursis et en vertu de la loi du 15 février 1942, l'avortement devient « un crime contre la sûreté de l'Etat » susceptible à ce titre de jugement par le Tribunal d'Etat. Ainsi, Marie-Louise Giraud, rendue célèbre par le long métrage de Claude Chabrol *Une affaire de femmes*, est guillotinée pour l'exemple le 30 juillet 1943, pour avoir commis 26 avortements. C'est cependant en 1946 que le nombre de condamnations pour fait d'avortements atteint un sommet (5 251).

Pendant les années du baby-boom, le nombre d'avortements clandestins est évalué à environ 1 000 par jour. Néanmoins, les tribunaux anticipent la légalisation de l'avortement et la répression judiciaire décroît fortement. A partir des années 1960, la libéralisation des mœurs relance le débat sur l'avortement. Dans son livre publié en 1962, *La Vérité sur l'avortement*, Anne-Marie Dourlen-Rollier évalue à 800 000 le nombre d'avortements clandestins annuels et dénonce les risques sanitaires auxquels ces femmes sont confrontées. La loi Neuwirth adoptée le 28 décembre 1967 par 176 voix contre 37, légalisant la contraception, ne clôt pas le débat. L'avortement se banalise dans les esprits : si en 1970, 22 % des Français se déclaraient favorables à la libéralisation de l'avortement, ils sont 55 % en 1971. Le « manifeste des 343 » publié par *Le Nouvel Observateur* le 5 avril 1971, ainsi que l'aveu, le 3 février 1973, de 330 médecins affirmant pratiquer des avortements, témoignent également de la réalité du phénomène. Néanmoins, la légalisation de l'avortement se heurte toujours à de profondes résistances. Plus de 20 000 médecins signent la pétition publiée le 6 juin 1972 par « Laissez-les vivre » contre l'élargissement de l'avortement thérapeutique ; 3 422 magistrats protestent le 29 juin 1972 en refusant de cautionner « une réforme législative qui aboutirait au meurtre d'êtres innocents et sans défense ». Le 29 novembre 1973, le député gaulliste de Paris Pierre Bas rend public le fait que 12 000 maires et conseillers généraux ont signé une déclaration appelant les parlementaires à ne pas introduire dans le droit français le droit à l'avortement. Dépassant ces résistances conservatrices, la loi Veil légalisant l'avortement est adoptée le 29 novembre 1974 par 284 députés contre 189 et promulguée le 17 janvier 1975. Il s'agit d'une majorité de circonstance rassemblant les voix de 179 des 180 députés de la gauche socialiste et radicale, 55 des 174 députés gaullistes, 26 des 52 réformateurs et centristes et 17 des 65 républicains et indépendants.

Le recours à l'avortement a été depuis lors facilité par la loi du 1er janvier 1983, qui autorise son remboursement par la Sécurité sociale, puis par la loi Aubry du 4 juillet 2001, qui allonge le délai légal d'avortement de 10 à 12 semaines. Malgré la diffusion de la contraception (le taux d'utilisation de la pilule par les femmes âgées de 20 à 44 ans ne souhaitant pas avoir d'enfants passe de 5 % en 1970 à 37 % en 1978 et 75 % en 2010), le nombre d'avortements demeure important en France (environ 200 000 par an au cours des années 2000). En effet, la contraception, et en cas d'échec le recours à l'avortement, ont permis le passage d'un modèle de maternité sous contrainte à celui de maternité choisie.

Répression judiciaire de l'avortement (1870-1975)

Année	Personnes condamnées pour avortement
1870	15
1890	18
1895	26
1900	28
1905	16
1910	34
1920	123
1925	361
1930	332
1935	277
1943	3 885
1945	3 820
1960	289
1965	588
1970	350
1971	527
1972	354
1973	67
1974	10
1975	13

Répression judiciaire de l'infanticide (1870-1990)

Année	Personnes condamnées pour infanticide
1870	109
1900	57
1910	40
1915	95
1920	40
1930	53
1940	13
1945	16
1955	24
1970	11
1990	14

La catégorie « infanticide » disparaît des statistiques officielles en 1997.
Source : *Annuaire de la justice.*

Interruptions de grossesse depuis 1976 (1976-2010)

En vertu de la loi de 1975, toute interruption de grossesse doit faire l'objet d'une déclaration par bulletin récolté par le ministère de la Santé. Constatant un phénomène de sous-déclaration, l'INED procède à une correction de ces résultats.

Année	Interruptions de grossesse déclarées (bulletins) [1]	Interruptions de grossesse provoquées selon les nouvelles estimations de l'INED	Interruptions volontaires de grossesse selon la statistique annuelle d'établissement	Taux annuel d'IVG pour 1 000 femmes de 15 à 49 ans	Nombre moyen d'IVG par femme
1976	134 173	246 000		19,6	0,66
1977	150 931	245 800			
1978	150 417	245 600			
1979	156 810	245 400			
1980	171 218	245 200			
1985	173 335	225 800			
1990	170 428	209000		14,8	0,49
1995	156 181 [2]	206 800		14,2	0,50
2000		206 000	192 174	14,2	0,51
2005			206 311	14,2	0,51
2007	185 498		213 382	14,7	0,53
2010	172 505		213 317	14,8	0,53

1. Les interruptions thérapeutiques de grossesse sont incluses dans les bulletins. Leur nombre est faible, de l'ordre de 3 000 à 5 000 par an.
2. Les statistiques de l'année 1995 sont affectées par un problème de collecte de bulletins dans certaines régions.

Source : INED et INSEE.

Mode de contraception utilisé par les femmes âgées de 20 à 44 ans (1978-2010) en %

		1978	1988	1994	2000	2010
Proportion de femmes ayant un mode de contraception	Stérilisation de la femme	4,1	3,9	3	3,5	2,2
	Stérilisation du partenaire	0	0,3	0	0	0,3
	Pilule	28,3	33,8	40,2	45,4	40,7
	Autres méthodes hormonales					3,8
	Préservatifs	5,1	3,4	4,6	7,4	8,6
	Méthodes naturelles	23,5	9,8	6,3	3,6	4,9
	Autres méthodes	2,1	1,8	0,8	0,9	0
	Total	71,7	71,9	70,7	78,1	75,3
Proportion de femmes sans mode de contraception	Pas de méthode de contraception	28,5	28,2	29,5	21,9	23,9
	Dont femmes non concernées	24,2	25,8	26,3	19,6	21,8
	Femmes à risque de grossesse non planifiée	4,3	2,4	3,2	2,3	2,2

Sources

Fabrice Cahen, « De l'« efficacité » des politiques publiques : la lutte contre l'avortement « criminel » en France 1890-1950 », *Revue d'histoire moderne et contemporaine*, n° 58-3, 2001, p. 90-117.

Jean-Yves Le Naour, Catherine Valenti, *Histoire de l'avortement* XIXe-XXe *siècles*, Le Seuil, 2003.

Bibia Pavard, *Si je veux, quand je veux. Contraception et avortement dans la société française (1956-1979)*, Rennes, Presses universitaires de Rennes, 2012, 358 p.

Francis Ronsin, *La Grève des ventres*, Aubier, 1980.

Anne-Marie Sohn, *Chrysalides. Femmes dans la vie privée (*XIXe-XXe *siècles)*, Publications de la Sorbonne, 1996, 2 vol.

Focus
La population française pendant la Seconde Guerre mondiale

Mouvement naturel (1939-1945)

Année	Nombre officiel de naissances[1]	Evaluation des naissances pour la France entière	Taux de natalité ‰	Nombre de naissances hors mariage	Proportion de naissances hors mariage par rapport au total de naissances vivantes	Nombre officiel de décès[2]	Evaluation pour la France entière[3]	Taux de mortalité ‰
1939	583 700	616 000	14,7	36 600	6,3	619 400	642 500	15,3
1940	536 600	562 000	137	38 300	7,1	735 900	738 000	18,0
1941	493 400	523 000	13,2	39 800	8,1	653 400	673 000	17,0
1942	545 700	576 000	14,6	42 000	7,7	635 800	654 000	16,6
1943	583 400	616 000	15,8	46 000	7,9	602 200	624 000	16,0
1944	601 000	630 000	16,2	56 400	9,4	709 300	664 000	17,1
1945	620 000	647 000	16,3	64 900	10,5	610 100	641 000	16,1

1. Statistique officielle : 87 puis 86 départements.
2. Y compris les décès enregistrés de victimes de guerre.
3. Non compris les victimes de guerre.

Année	Nombre officiel de décès[1]	Evaluation pour la France entière[2]	Taux de mortalité ‰	Espérance de vie masculine observée	Ecart relatif (%) avec l'espérance de vie attendue	Espérance de vie féminine observée	Ecart relatif (%) avec l'espérance de vie attendue
1939	619 400	642 500	15,3	56,3	-0,1	62,5	-0,8
1940	735 900	738 000	18,0	42,3	-25,9	56,4	-11,1
1941	653 400	673 000	17,0	54,0	-6,6	61,4	-3,9
1942	635 800	654 000	16,6	53,5	-8,7	61,8	-4,2
1943	602 200	624 000	16,0	49,0	-16,9	58,1	-10,8
1944	709 300	664 000	17,1	42,3	-29,3	53,7	-18,3
1945	610 100	641 000	16,1	51,4	-14,6	58,6	-12,3

1. Y compris les décès enregistrés de victimes de guerre.
2. Non compris les victimes de guerre.

Nuptialité, divortialité (1939-1945)

	Nombre officiel de mariages	Evaluation pour la France entière	Taux de nuptialité ‰	Nombre de divorces prononcés
1939	247 400	258 400	12,3	21 188
1940	170 000	177 000	8,6	13 632[1]
1941	216 800	226 000	11,4	15 898
1942	257 300	267 000	13,6	17 820
1943	210 200	219 000	11,2	20 440
1944	199 400	215 000	10,5	26 332
1945	374 900	393 000	19,8	42 139

1. Il s'agit du nombre de divorces retranscrits. Le nombre de divorces prononcés est inconnu en raison de la destruction d'archives de guerre.

Nombre de suicides (1938-1946)

Année	Nombre de suicides
1938	10 536
1939	8 355
1940	7 297
1941	6 519
1942	4 833
1943	4 328
1944	5 808
1945	6 345
1946	6 351

La répression de l'avortement

Année	Affaires jugées par les tribunaux	Prévenus	Acquittés	Condamnations à plus d'un an d'emprisonnement	Condamnations à moins d'un an d'emprisonnement
1938	234				
1939	876				
1940	599				
1941	1 146				
1942	1 813				
1943	1 995				
1944	1 870	4 114	413	674	2 779
1945	1 861	4 257	437	577	2 983
1946	2 232	5 601	450	616	4 283

Dans le même temps, le tribunal d'Etat étudie 42 cas d'avortement. Il prononce 2 condamnations à mort, 16 condamnations à des travaux forcés à perpétuité, 24 condamnations à des travaux forcés à temps, 1 condamnation à la réclusion criminelle à temps et 3 peines d'emprisonnement.

Infanticide (affaires jugées par les tribunaux correctionnels) (1938-1946)

Année	Affaires jugées par les tribunaux	Prévenus	Acquittés	Condamnations à plus d'un an d'emprisonnement	Condamnations à moins d'un an d'emprisonnement
1938	45	53	12	4	
1939					
1940					
1941					
1942	220				
1943	145				
1944	138	172	33	105	33
1945	118	144	13	95	35
1946	127	152	9	94	44

Source : J. Dupâquier, *op. cit.*

D. La répartition de la population sur le territoire français

Dotée d'un territoire métropolitain de plus de 550 000 km², la France s'est largement urbanisée au XXe siècle : à plus de deux tiers rurale en 1872, elle est désormais pour plus des trois quarts urbaine. La taille des agglomérations s'est accrue. Si plus de 75 % de la population habite dans des communes de moins de 5 000 habitants en 1861, ils ne sont plus que 53 % en 1946 et 29 % en 2006.

Depuis 2000, la superficie de l'espace urbain en métropole a progressé d'environ 20 %, passant de 100 000 à 119 000 km². En 2010, les villes, ayant absorbé d'anciennes communes rurales, couvrent 22 % du territoire et abritent 47,9 millions d'habitants, soit 77,5 % de la population. En 2009, les 27 400 communes de moins de 1 000 habitants ne concentrent que 15 % de la population, soit autant que les 39 communes de plus de 100 000 habitants. La population moyenne des communes françaises est inférieure à celle des communes européennes.

Population de la France, proportion urbaine et rurale, et densité (1872-2010)[1]

Recensement	Population totale au 1er janvier	Proportion (%)		Densité (hab/km²)
		Urbaine	Rurale	
1872	36 103	31,1	68,9	67,2
1876	36 906	32,4	67,6	68,7
1881	37 672	34,7	65,3	70,2
1886	38 219	36,0	64,0	71,2
1891	38 343	37,3	62,7	71,4
1896	38 517	39,0	61,0	71,8
1901	38 962	40,9	59,1	72,6
1906	39 252	42,1	57,9	73,2
1911	39 541	44,1	55,9	73,8
1921	39 108	46,2	53,8	71,2
1926[2]	40 581	48,8	51,2	74,0
1931	41 524	50,8	49,2	75,9
1936	41 502	51,9	48,1	76,1
1946[3]	40 503	53,2	46,8	73,5
1954	42 777	55,9	44,1	77,6
1962	46 243	61,6	38,4	84,4
1968	49 778	65,8	34,2	90,3
1975	52 656	68,5	31,5	95,6
1982	54 335	68,8	31,2	98,6
DEFINITION NOUVELLE				
1954	42 777	57,0	43,0	77,6
1962	46 520	63,1	36,9	84,4
1968	49 778	69,9	30,1	90,3
1975	52 656	72,9	27,1	95,6
1982	54 335	73,3	26,7	98,6
1990	56 615	74,0	26,0	104,1
1999	58 519	75,5	24,5	107,4
2008	62 135	77,0	23,0	112, 0
2010	62 791	77,5	22,5	114,0

1. Source INSEE : Comme pour l'ensemble des tableaux qui suivent, sauf mention contraire.
2. La population totale a été rectifiée pour tenir compte de la surévaluation des populations de Lyon de 1911 à 1936 et de Marseille de 1926 à 1936. Les rectifications ont été estimées à 64 000 en 1911, 163 000 en 1926, 310 000 en 1931 et 405 000 en 1936.
3. Non compris la population des territoires antérieurement italiens rattachés à la France en 1947 (4000 ha).

Traditionnellement, la population urbaine correspond à la population des communes comptant au moins 2 000 habitants agglomérées au chef-lieu de la commune. En 1982, l'INSEE propose une nouvelle définition : la population urbaine désigne alors la population des communes appartenant à une unité urbaine.

La population totale de la France comprend toutes les personnes (françaises ou étrangères) résidant habituellement en France métropolitaine au moment du recensement[1].

Répartition des communes suivant l'importance de leur population (1861-2006)

(Population en milliers)

	1861				1901			
Habitants	Communes	%	Population	%	Communes	%	Population	%
Plus de 200000	3	0,0%	2276	6,1%	5	0,0%	4132	10,6%
100 à 200000	5	0,0%	624	1,7%	10	0,0%	1218	3,1%
50 à 100000	13	0,0%	836	2,2%	22	0,1%	1485	3,8%
20000 à 50000	49	0,1%	1504	4,0%	87	0,2%	2532	6,5%
10000 à 20000	111	0,3%	1488	4,0%	144	0,4%	2000	5,1%
5000 à 10000	298	0,8%	1982	5,3%	348	1,0%	2405	6,2%
2000 à 5000	8727	23,3%	15330	40,9%	2086	5,8%	6130	15,7%
1000 à 2000					5183	14,3%	7150	18,4%
500 à 1000	11757	31,3%	8288	22,1%	9836	27,2%	6838	17,6%
200 à 500	16547	44,1%	5058	13,5%	12899	35,6%	4299	11,0%
100 à 200					4456	12,3%	690	1,8%
50 à 100					979	2,7%	78	0,2%
moins de 50					137	0,4%	5	0,0%
Total France métropolitaine	37510	100,0%	37510	100,0%	36192	100,0%	38962	100,0%

	1921				1936			
Habitants	Communes	%	Population	%	Communes	%	Population	%
Plus de 200000	5	0,0%	4421	11,3%	7	0,0%	4752	11,7%
100 à 200000	10	0,0%	1470	3,8%	10	0,0%	1841	4,5%
50 à 100000	33	0,1%	2306	5,9%	39	0,1%	2195	5,4%
20000 à 50000	92	0,2%	2719	7,0%	130	0,3%	3922	9,7%
10000 à 20000	174	0,5%	2438	6,2%	218	0,6%	3043	7,5%
5000 à 10000	397	1,0%	2659	6,8%	463	1,3%	3246	8,0%
2000 à 5000	1828	4,8%	5351	13,7%	1855	4,8%	5293	13,1%

1. Les militaires d'origine métropolitaine stationnés hors métropole ne sont pas compris dans la population totale de la France jusqu'en 1954, mais le sont depuis 1962.

Habitants	1921				1936			
	Communes	%	Population	%	Communes	%	Population	%
1 000 à 2 000	4 350	11,5 %	5 946	15,2 %	4 001	10,0 %	5 115	12,6 %
500 à 1000	9 065	23,9 %	6 242	16,0 %	8 359	20,6 %	5 370	13,3 %
200 à 500	13 686	36,1 %	4 462	11,4 %	13 656	36,1 %	4 461	11,0 %
100 à 200	6 206	16,3 %	944	2,4 %	6 752	18,6 %	1 065	2,6 %
50 à 100	1 743	4,6 %	138	0,4 %	2 050	6,0 %	177	0,4 %
moins de 50	374	1,0 %	13	0,0 %	474	1,6 %	21	0,1 %
Total France métropolitaine	37 963	100,0 %	39 108	100,0 %	38 014	100,0 %	40 503	100,0 %

Habitants	1946				1962			
	Communes	%	Population	%	Communes	%	Population	%
Plus de 200 000	7	0,0 %	4 752	11,7 %	9	0,0 %	5 633	12,1 %
100 à 200 000	15	0,0 %	1 841	4,5 %	21	0,1 %	2 756	5,9 %
50 à 100 000	32	0,1 %	2 195	5,4 %	47	0,1 %	3 230	6,9 %
20 000 à 50 000	131	0,3 %	3 922	9,7 %	193	0,5 %	5 782	12,4 %
10 000 à 20 000	222	0,6 %	3 043	7,5 %	288	0,8 %	3 977	8,5 %
5 000 à 10 000	482	1,3 %	3 246	8,0 %	576	1,5 %	3 944	8,5 %
2 000 à 5 000	1 812	4,8 %	5 293	13,1 %	1 869	4,9 %	5 629	12,1 %
1 000 à 2 000	3 811	10,0 %	5 115	12,6 %	3 656	9,6 %	4 977	10,7 %
500 à 1000	7 818	20,6 %	5 370	13,3 %	7 255	19,1 %	4 997	10,7 %
200 à 500	13 724	36,1 %	4 461	11,0 %	13 222	34,8 %	4 264	9,2 %
100 à 200	7 073	18,6 %	1 065	2,6 %	7 388	19,5 %	1 101	2,4 %
50 à 100	2 267	6,0 %	177	0,4 %	2 630	6,9 %	202	0,4 %
moins de 50	589	1,6 %	21	0,1 %	808	2,1 %	27	0,1 %
Total France métropolitaine	37 983	100,0 %	40 503	100,0 %	37 962	100,0 %	46 520	100,0 %

Habitants	1982				2006			
	Communes	%	Population	%	Communes	%	Population	%
Plus de 200 000	9	0,0 %	5 051	9,3 %	11	0,0 %	5 752	9,1 %
100 à 200 000	27	0,1 %	3 741	6,9 %	28	0,1 %	3 789	6,0 %
50 à 100 000	64	0,2 %	4 222	7,8 %	83	0,2 %	5 422	8,6 %
20 000 à 50 000	282	0,8 %	8 585	15,8 %	319	0,9 %	9 677	15,3 %
10 000 à 20 000	391	1,1 %	5 430	10,0 %	484	1,3 %	6 766	10,7 %
5 000 à 10 000	800	2,2 %	5 518	10,2 %	1047	2,9 %	7 213	11,4 %

Habitants	1982				2006			
	Communes	%	Population	%	Communes	%	Population	%
2000 à 5000	2368	6,5%	7231	13,3%	2951	8,0%	9061	14,3%
1000 à 2000	3737	10,3%	5186	9,5%	4366	11,9%	6086	9,6%
500 à 1000	6463	17,7%	4479	8,2%	9392	25,6%	5977	9,5%
200 à 500	11160	30,6%	3588	6,6%	8117	22,1%	2337	3,7%
100 à 200	7034	19,3%	1039	1,9%	6158	16,8%	909	1,4%
50 à 100	3041	8,3%	229	0,4%	2774	7,6%	211	0,3%
moins de 50	1057	2,9%	36	0,1%	955	2,6%	33	0,1%
Total France métropolitaine	36433	100,0%	54335	100,0%	36685	100,0%	63233	100,0%

Evolution des populations des régions françaises (en milliers) (1872-2010)

	1872	1876	1881	1886	1891	1896	1901	1906	1911
Alsace	1059	1052	1074	1075	1093	1116	1155	1199	1219
Aquitaine	2232	2277	2291	2311	2290	2278	2271	2265	2257
Auvergne	1498	1521	1535	1557	1545	1530	1511	1497	1459
Bourgogne	1676	1698	1713	1710	1685	1656	1627	1601	1558
Bretagne	2345	2406	2446	2493	2517	2530	2559	2592	2602
Centre	1834	1868	1892	1930	1932	1903	1887	1886	1874
Champagne-Ardenne	1213	1242	1265	1267	1258	1242	1221	1217	1211
Corse	258	263	273	278	289	290	295	291	291
Franche-Comté	939	968	967	963	941	929	919	915	912
Ile-de-France	3142	3320	3726	3934	4127	4369	4736	4960	5336
Languedoc-Roussillon	1463	1505	1537	1541	1543	1537	1565	1553	1530
Limousin	900	926	945	975	986	977	978	977	961
Lorraine	1533	1586	1609	1627	1657	1703	1754	1843	1932
Midi-Pyrénées	2504	2515	2508	2488	2394	2318	2250	2201	2141
Nord-Pas-de-Calais	2211	2313	2424	2524	2612	2718	2824	2908	3031
Basse-Normandie	1397	1383	1342	1325	1297	1256	1228	1206	1180
Haute-Normandie	1168	1172	1178	1192	1189	1178	1189	1194	1201
Pays de la Loire	2320	2340	2355	2382	2369	2349	2357	2350	2334
Picardie	1504	1519	1510	1508	1492	1489	1480	1477	1460
Poitou-Charentes	1484	1507	1527	1526	1514	1494	1480	1479	1467
Provence-Alpes-Côte-d'Azur	1569	1567	1602	1621	1652	1716	1815	1884	1944
Rhône-Alpes	3401	3491	3516	3555	3561	3578	3579	3569	3580
France métropolitaine	37652	38438	39239	39783	39946	40158	40681	41067	41479

	1921	1926	1931	1936	1946	1954	1962	1968
Alsace	1 121	1 162	1 205	1 219	1 145	1 218	1 318	1 412
Aquitaine	2 123	2 145	2 164	2 155	2 176	2 209	2 312	2 460
Auvergne	1 330	1 344	1 320	1 291	1 267	1 247	1 273	1 312
Bourgogne	1 419	1 416	1 403	1 381	1 357	1 374	1 439	1 503
Bretagne	2 425	2 411	2 384	2 397	2 337	2 339	2 397	2 468
Centre	1 733	11 732	1 716	1 715	1 735	1 758	1 858	1 990
Champagne-Ardenne	1 071	1 129	1 138	1 127	1 049	1 133	1 206	1 279
Corse	282	290	297	323	268	247	275	2 734
Franche-Comté	837	850	853	838	804	856	929	993
Ile-de-France	5 683	6 146	6 706	6 786	6 598	7 317	8 470	9 249
Languedoc-Roussillon	1 498	1 530	1 559	1 514	1 430	1 449	1 555	1 707
Limousin	852	840	808	798	779	740	734	736
Lorraine	1 684	1 786	1 880	1 866	1 682	1 956	2 194	2 274
Midi-Pyrénées	1 943	1 950	1 944	1 935	1 979	1 975	2 061	2 185
Nord-Pas-de-Calais	2 779	3 141	3 236	3 203	3 087	3 376	3 660	3 816
Basse-Normandie	1 085	1 099	1 108	1 113	1 109	1 165	1 208	1 260
Haute-Normandie	1 184	1 194	1 211	1 219	1 162	1 274	1 398	1 497
Pays de la Loire	2 174	2 172	2 158	2 167	2 224	2 320	2 462	2 583
Picardie	1 261	1 369	1 362	1 354	1 291	1 386	1 481	1 578
Poitou-Charentes	1 350	1 351	1 337	1 343	1 353	1 393	1 450	1 480
Provence-Alpes-Côte-d'Azur	1 923	2 120	2 389	2 560	2 214	2 416	2 819	3 299
Rhône-Alpes	3 453	3 568	3 656	3 607	3 461	3 630	4 019	4 423
France métropolitaine	39 209	40 744	41 834	41 911	40 506	42 777	46 520	49 780

	1975	1982	1990	1999	2006	2010
Alsace	1 517	1 566	1 624	1 734	1 815	1 851
Aquitaine	2 550	2 656	2 796	2 908	3 120	3 231
Auvergne	1 330	1 333	1 321	1 309	1 336	1 346
Bourgogne	1 571	1 596	1 610	1 610	1 629	1 645
Bretagne	2 595	2 708	2 796	2 906	3 094	3 198
Centre	2 152	2 264	2 371	2 440	2 591	2 545
Champagne-Ardenne	1 337	1 346	1 348	1 342	1 339	1 336
Corse	290	240	250	260	294	309
Franche-Comté	1 060	1 084	1 097	1 117	1 151	1 172
Ile-de-France	9 878	10 073	10 660	10 952	11 532	11 797
Languedoc-Roussillon	1 789	1 926	2 115	2 296	2 534	2 636
Limousin	739	737	723	711	731	744
Lorraine	2 331	2 320	2 306	2 310	2 336	2 352
Midi-Pyrénées	2 268	2 325	2 431	2 552	2 777	2 889
Nord-Pas-de-Calais	3 914	3 933	3 965	3 997	4 019	4 035
Basse-Normandie	1 306	1 351	1 391	1 422	1 457	1 474

	1975	1982	1990	1999	2006	2010
Haute-Normandie	1596	1655	1737	1780	1811	1837
Pays de la Loire	2767	2930	3059	3222	3450	3567
Picardie	1679	1740	1811	1857	1894	1915
Poitou-Charentes	1528	1568	1595	1640	1724	1770
Provence-Alpes-Côte-d'Azur	3676	3965	4258	4506	4815	4917
Rhône-Alpes	4781	5016	5351	5645	6021	6222
France métropolitaine	52656	54335	56615	58497	61400	62791

Population légale des communes selon les recensements (en milliers d'habitants) (1866-2010)

Commune	1866	1876	1881	1901	1906	1911	1921	1926	1931	1936
Paris	1825,7	1988,8	2269,0	2714,1	2763,4	2888,1	2906,5	2871,4	2891,0	2783,5
Marseille	300,1	318,9	360,1	491,2	517,5	550,6	586,3	652,2	800,9	894,5
Lyon	323,9	342,8	376,6	459,1	472,1	523,8	561,6	570,8	579,8	555,3
Toulouse	126,9	131,6	140,3	149,8	149,4	149,6	175,4	180,8	194,6	204,0
Nice	50,2	53,4	66,3	105,1	134,2	142,9	155,8	184,5	187,3	235,5
Nantes	111,9	122,2	124,3	133,0	133,2	170,5	183,7	181,5	193,1	183,4
Strasbourg	84,2	94,3	104,5	151,0	167,7	178,9	166,8	174,5	181,5	181,9
Montpellier	55,6	55,3	56,0	75,9	77,1	80,2	81,5	82,8	86,9	90,8
Bordeaux	194,2	215,1	221,3	256,6	251,9	261,7	267,4	256,0	263,0	246,4
Lille	154,7	162,8	178,1	210,7	205,6	217,8	201,0	201,9	201,6	193,2
Rennes	49,2	57,2	61,0	74,7	75,6	79,4	82,2	83,4	88,7	98,5
Reims	60,7	81,3	93,8	108,4	109,9	115,2	76,6	101,0	112,8	116,7
Le Havre	75,0	92,1	105,9	130,2	132,4	136,2	163,4	158,0	165,1	164,1
Saint-Etienne	96,6	126,0	123,8	146,6	146,8	148,7	168,0	193,7	191,1	186,3

Commune	1946	1954	1962	1968	1975	1982	1990	1999	2010
Paris	2725,4	2850,2	2790,1	2590,7	2299,8	2176,2	2152,4	2125,2	2243,8
Marseille	636,3	661,5	778,1	889,0	908,6	874,4	800,6	798,4	850,7
Lyon	460,7	471,3	535,4	527,8	456,7	413,1	415,5	445,4	484,3
Toulouse	264,4	268,9	323,7	370,8	373,8	348,0	358,7	390,3	449,3
Nice	211,2	244,4	293,0	322,4	344,5	337,1	342,4	342,7	343,3
Nantes	200,3	222,8	240,0	260,2	256,7	240,5	245,0	270,2	285,0
Strasbourg	175,5	200,9	229,0	249,4	253,4	248,7	252,3	264,1	271,8
Montpellier	93,1	97,5	118,9	161,9	191,3	197,2	208,0	225,4	257,3
Bordeaux	253,8	257,9	278,4	266,7	223,1	208,2	210,3	215,4	239,2
Lille	188,9	194,6	213,0	209,2	189,9	168,4	198,7	212,6	227,6
Rennes	113,8	124,1	151,9	180,9	198,3	194,6	197,5	206,2	207,2
Reims	110,7	121,1	134,8	154,5	178,4	177,2	180,6	187,2	180,0
Le Havre	106,9	139,8	187,9	207,1	217,9	199,4	195,8	190,9	175,5
Saint-Etienne	178,0	181,7	210,3	222,2	220,2	205,0	199,4	180,2	171,3

La population de Marseille a été surévaluée aux recensements de 1926, 1931 et 1936. Sa population réelle est évaluée à 600000 en 1926, 610000 en 1931 et 620000 en 1936. La population de Lyon a également été surévaluée de 1911 à 1936. La population réelle a été estimée à 460000 en 1911 et 470000 en 1936. Dans les deux cas, les recensements se sont avérés défectueux : la statistique générale de France a constaté en effet que de nombreux bulletins avaient été remplis en double. Le manque de contrôle des agents de recensement et la rivalité démographique entre les deux cités, désireuses de se positionner en dauphines de Paris, expliquent ces gonflements statistiques[1].

Jusqu'en 1954, les personnes ayant leur résidence principale dans la commune, mais séjournant dans des collectivités situées hors de la commune, ne sont pas comptées.

Pour les années 1962 à 1999, figurent dans ce tableau les chiffres de la population sans double compte, soit la population des logements, y compris les élèves internes et les militaires séjournant dans un établissement d'une autre commune et ayant leur résidence personnelle dans la commune, la population des collectivités de la commune (personnes en maisons de retraite, en foyers, en cités universitaires...), les sans-abris et mariniers, les détenus des établissements pénitentiaires, les militaires et internes vivant dans la commune n'ayant d'autre résidence. La notion n'est plus utilisée à partir de 2006.

Pour les années 2006 et 2010, il s'agit de la population municipale qui comprend les personnes ayant leur résidence habituelle sur le territoire de la commune. Elle inclut les personnes sans abri ou résidant habituellement dans des habitations mobiles recensées sur le territoire de la commune ainsi que les détenus dans les établissements pénitentiaires de la commune. Elle est en ce sens comparable à la population sans double compte des précédents recensements.

Population des départements d'outre-mer (1876-2012)

Date	Guadeloupe	Martinique	Guyane	Réunion
1876	145417	161995	18230	182100 (1877)
1901	182112	203781		173315 (1902)
1911	212430	184004 (1910)		173822
1921	229839	244439		173190
1931	267407	234500		197933
1936	304239	246712		208258
1946	278464	261595		241708
1954	229120	239130	27863	274370
1961	283223	292062	33505	349282
1967	312724	320030	44392	416525
1974	324530	324832	55125	476675

1. Jean Bienfait, « La population de Lyon à travers un quart de siècle de recensements douteux (1911-1936). Premier article : les données du problème », *in Revue de géographie de Lyon* n° 43-1, 1968, p. 63-94.

Date	Guadeloupe	Martinique	Guyane	Réunion
1982	328 400	328 566	73 022	515 814
1990	386 987	359 572	114 678	597 823
1999	385 609	380 863	155 760	703 820
2006	400 736		205 954	781 962
2009	403 257	398 733	225 751	821 168
2012 (p)	405 283	386 486	243 692	834 780

Les recensements effectués avant 1954 à la Guadeloupe étaient défectueux et font apparaître des résultats exagérés, notamment en 1946.

Entre 1877 et 1953, les recensements sont effectués dans de mauvaises conditions en Guyane. Les résultats, exagérés, ne sont pas reproduits ici.

Populations des collectivités d'outre-mer

	Année du recensement	Population
Mayotte[1]	1958	23 364
	1966	32 607
	1978	47 246
	1985	67 205
	1991	94 410
	1997	131 320
	2002	160 265
	2012	217 091
Nouvelle-Calédonie	1969	100 579
	1976	133 233
	1983	145 368
	1989	164 173
	1996	196 836
	2004	230 789
	2009	245 580
Polynésie française	1971	119 168
	1977	137 382
	1983	166 753
	1988	188 814
	1996	219 521
	2002	245 516
	2007	260 000
	2012	274 217

	Année du recensement	Population
Saint-Pierre-et-Miquelon	1962	5025
	1967	5235
	1974	5840
	1982	6041
	1990	6277
	1999	6316
	2009	6082
	2011	6311
Wallis et Futuna	1969	8546
	1976	9192
	1983	12408
	1990	13705
	1996	14166
	2003	14944
	2008	13445
	2013	12867

1. Mayotte est devenue département d'outre-mer le 31 mars 2011.

Chapitre 2

ÉTRANGERS ET IMMIGRÉS EN FRANCE

La France est un pays d'immigration ancienne. Les périodes de croissance économique s'accompagnent d'une forte immigration, tandis que celle-ci stagne voire régresse pendant les crises.

De la fin du XIXe siècle à la fin des années 1930, la France souffre d'un déficit démographique pesant sur le marché de la main-d'œuvre et sur les besoins du recrutement militaire. Aussi la IIIe République encourage-t-elle dans les années 1870-1880 la première immigration de masse, essentiellement en provenance des pays voisins – Belgique, Luxembourg, Pays-Bas, Grande-Bretagne, Suisse et Allemagne. Après la Première Guerre mondiale, plus d'un million et demi de personnes immigrent en France. La nécessité de reconstruire les zones sinistrées et de reconvertir l'économie de guerre en économie de paix pousse le gouvernement français à conclure des conventions avec différents pays européens. Fondée en 1924, la Société générale d'immigration opère pour le compte de la grande industrie. En 1930, la France est le pays comptant la plus forte proportion d'étrangers : 515 pour 100000 habitants, contre 492 aux Etats-Unis. En 1931, les étrangers représentent 6,6 % de la population totale. L'immigration se diversifie également avec l'installation en France de quelques milliers d'anciens tirailleurs coloniaux : au tournant des années 1930, environ 100000 Maghrébins, 5000 Indochinois, 5000 Africains noirs et 10000 à 15000 Antillais résident ainsi dans l'Hexagone. La crise économique ralentit néanmoins ce mouvement et la législation de 1932 restreint les possibilités d'installation des travailleurs étrangers. Seule l'arrivée de réfugiés espagnols donne un second souffle à l'immigration entre 1936 et 1939.

A l'issue de la Seconde Guerre mondiale et des forts mouvements de population qu'elle génère, la France ne compte plus que deux millions d'immigrés (soit 5 % de la population). Les impératifs de la reconstruction du territoire national font à nouveau de l'appel à la main-d'œuvre immigrée une priorité du gouvernement. Créé en 1945, l'Office national de l'immigration (ONI) reçoit la charge d'organiser et de contrôler le recrutement des travailleurs étrangers. De 1974 à 1997, l'Office enregistre l'entrée d'environ 93 000 étrangers par an, dont 38 % de membres de famille. En 1975, les immigrés représentent 7,4 % de la population totale. La crise économique sonne néanmoins le glas de cette politique volontariste. En juillet 1974, est décidé l'arrêt officiel de l'immigration à l'exception du droit d'asile, du regroupement familial et de demandes expresses émanant des employeurs. Depuis 1975, c'est l'immigration du regroupement familial qui prédomine dans les statistiques de l'ONI (devenu l'Office des migrations internationales en 1987). Dans le même temps, les départs volontaires ont été estimés entre 85 000 et 100 000 annuels entre 1968 et 1975 et entre 65 000 et 80 000 entre 1975 et 1982.

A partir des années 1950, la part des ressortissants des pays européens diminue au profit des nationalités du Maghreb. Au départ, ce sont surtout des hommes qui immigrent. En 1968, la part des femmes dans la population immigrée s'élève à 43,9 %. Le ralentissement de l'immigration de main-d'œuvre en 1974, le regroupement familial et les demandes d'asile favorisent un rééquilibrage. En 1999, les femmes représentent près de la moitié de la population immigrée.

A. La France, terre d'asile?

Le droit d'asile constitue une tradition ancienne en France. De 1871 à 1914, 30 000 juifs d'Europe centrale et orientale fuyant les pogromes sont accueillis en France. Dans l'entre-deux-guerres, la France est l'un des pays qui accueille le plus de réfugiés : 60 000 Arméniens, 72 000 « Russes blancs », 15 000 à 20 000 Italiens antifascistes, 25 à 30 000 réfugiés fuyant l'Allemagne nazie en 1933, 6 à 7 000 Sarrois qui demandent l'asile politique à la France après le plébiscite du 13 janvier 1935 rattachant leur région au Reich, 6 à 8 000 personnes fuyant l'Autriche après l'Anschluss... Entre 1936 et 1939, 500 000 Espagnols rejoignent le territoire national mais avec les retours, ils ne sont plus que 150 000 en 1939.

Ce n'est pourtant qu'en 1952 que la politique de droit d'asile est encadrée par la création de l'Office français de protection des réfugiés et apatrides (OFPRA) chargé d'accueillir et d'assurer la protection de ceux à qui est reconnue la qualité de réfugié. Le nombre de premiers demandeurs d'asile varie au gré de l'actualité internationale : 19 863 en 1981, 61 422 en 1989, 17 405 en 1996, 52 204 en 2004, 23 804 en 2007 et 41 254 en 2012.

La reconnaissance du statut de réfugié se révèle cependant de plus en plus difficile à obtenir. Selon Luc Legoux, entre 1967 et 1973, l'OFPRA reconnaît 4 709 réfugiés, majoritairement des Européens fuyant les régimes communistes. Entre 1975 et 1985, plus de 103 000 personnes de l'Asie du Sud-Est se voient reconnaître l'asile en France. Alors qu'au début des années 1980, 70 à 80 % des demandeurs d'asile deviennent réfugiés statutaires, cette proportion baisse à 31 % en 1993, 19 % en 2002. L'OFPRA évalue à 130 000 le nombre de réfugiés vivant en France en 1982. Ils sont 110 000 en 2005, et environ 150 000 en 2012. Les réfugiés statutaires représentent aujourd'hui moins de 5 % des étrangers résidant en France.

B. Immigrés et étrangers

Depuis 1991, le Haut Conseil à l'intégration définit l'immigré comme une personne résidant en France, née étrangère dans un pays étranger. L'étranger, quant à lui, est une personne résidant en France et n'ayant pas la nationalité française.

Des possibilités d'acquisition de la nationalité française sont prévues par la loi. Elles sont un signe d'intégration et de stabilité des populations. Aux débuts de la IIIe République, des lettres de naturalisation permettent d'acquérir la nationalité française, mais leur nombre est fort réduit (378 lettres de naturalisation en 1870, 759 en 1885). La loi du 26 juin 1889 confère d'office la nationalité française aux étrangères ayant épousé un Français et à tous les individus nés en France qui y résident toujours à l'époque de leur majorité. Les naturalisations cessent néanmoins pendant la Première Guerre mondiale. La loi de 1927 favorise les naturalisations qui se stabilisent autour de 60 000 par an. Avec la crise toutefois, le décret du 6 février 1934 restreint la réglementation du séjour des ouvriers. En juillet 1940, le régime de Vichy révise les naturalisations intervenues depuis 1927 : 15 000 Français dont 6 000 juifs perdent leur nationalité française.

Après-guerre surgissent trois pics d'acquisition de la nationalité française, demandée surtout, au départ, par des Européens : à la Libération, en 1967, afin de prendre en compte l'impact de la décolonisation, puis à partir de 1985. La législation de 1973 établit l'égalité totale entre hommes et femmes pour l'accès à la nationalité. Celui-ci s'opère soit par des déclarations de nationalité (mariage, soit un tiers des acquisitions enregistrées entre 1945 et 1997 ou acquisition par les enfants mineurs), soit par naturalisation et réintégration, sur décision de l'autorité publique. La loi de 1993 crée une nouvelle procédure pour les enfants nés en France de parents étrangers. Dès l'âge de 16 ans et jusqu'à 21 ans, ils doivent manifester leur volonté de devenir français auprès les tribunaux de grande instance ou d'autres administrations. Cette procédure a été abrogée par la loi du 16 mars 1998. Entre 1995 et 2003, le nombre d'étrangers devenant français augmente de plus de 50 %, en raison d'une simplification des procédures. Le 28 août 2013, Manuel Valls, ministre de l'Intérieur, annonce sa volonté d'augmenter le nombre de naturalisations, afin de revenir aux chiffres précédant l'application des lois Guéant.

Par définition clandestine, l'**immigration irrégulière** est difficile à évaluer. Le plus souvent les étrangers en situation irrégulière sont entrés régulièrement sur le territoire français.

Les temps de crise sont propices à l'affichage d'une volonté de répression systématique de l'immigration illégale. Charles Pasqua, ministre de l'Intérieur, l'annonce en 1993, le gouvernement Fillon (2007-2012) proclame de même sa fermeté à l'encontre de l'immigration clandestine et se fixe pour objectif la reconduite à la frontière de près de 30 000 personnes par an. 28 000 personnes étrangères ont été expulsées depuis la métropole en 2010 et 35 000 depuis l'outre-mer (dont 26 000 depuis Mayotte).

Choix politique, les régularisations consacrent à l'inverse la volonté d'accorder une sécurité juridique à des populations généralement déjà bien intégrées. En 1928 se produisent 21 620 régularisations, 43 928 en 1929 et plus de 60 000 en 1930. En 1973, 50 000 immigrés sont régularisés. En 1981, à l'arrivée de la gauche au pouvoir, c'est le cas de 132 000 personnes. En 1997-1998, à la suite de la forte mobilisation à l'égard des sans-papiers, ce sont encore 80 000 personnes qui bénéficient d'une régularisation. Depuis 1998, en France, un mécanisme de régulation permanente a été institué. En 2003, ces régularisations ont concerné environ 20 000 personnes.

Les statistiques de l'INSEE n'opèrent pas de distinction entre étrangers en situation régulière ou irrégulière.

Sources

Gilbert Badia (dir.), *Les Barbelés de l'exil*, Grenoble, Presses universitaires de Grenoble, 1979.

Philippe Dewitte, « Deux siècles d'immigration en France », *La Documentation française*, 2003.

Luc Legoux, *La Crise de l'asile politique en France*, Les Etudes du CPED, n° 8, 1995.

Benjamin Stora, Emile Temine, *L'Immigration en France au XXe siècle*, Hachette Littérature, 2007.

Michèle Tribalat (éd.), *Cent ans d'immigration, étrangers d'hier, français d'aujourd'hui. Apport démographique, dynamique familiale et économique de l'immigration étrangère*, INED, Travaux et documents, n° 131, PUF, 1991.

Patrick Weil, *Qu'est-ce qu'un Français ? Histoire de la nationalité française depuis la Révolution*, Gallimard, « Folio histoire », 2005.

Patrick Weil, *La France et ses étrangers, l'aventure d'une politique de l'immigration de 1938 à nos jours*, Gallimard, « Folio histoire ».

Part de la population étrangère et immigrée dans la population (en milliers) (1872-2010)

Année de recensement	Population totale en milliers	Français de naissance		Français par acquisition		Population étrangère		Population immigrée		Solde migratoire relatif (%) entre deux recensements
		En milliers	En %	En milliers	En %	En milliers	En %	En milliers	En %	
1872	36 103[1]		98,1		0,04	741	1,86			
1876	36 906		97,7		0,1	801	2,2			+ 0,6
1881	37 672		97,1		0,3	1 001	2,6			+ 0,7
1886	38 219		96,7		0,4	1 126	2,9			+ 0,4
1891	38 343		96,6		0,4	1 130	2,8			– 0,2
1896	38 518		96,7		0,5	1 027	2,8			+ 0,4
1901	38 962	37 195	96,7	222	0,6	1 037	2,7			+ 0,6
1906	39 252	37 576	96,7	222	0,6	1 046	2,7			– 0,1
1911	39 192	37 820	96,5	212	0,5	1 160	3,0	1 110	2,8	+ 0,5
1921[2]	38 798	37 012	95,4	254	0,7	1 532	4,0	1 429	3,7	+ 1,3
1926	40 228	37 570	93,4	249	0,6	2 409	6,0	2 288	5,7	+ 2,7
1931	41 228	38 152	92,5	361	0,9	2 715	6,6	2 729	6,6	+ 1,7
1936	41 183	38 468	93,4	527	1,3	2 198	5,3	2 326	5,6	– 0,5
1946	39 848	37 251	93,5	853	2,1	1 744	4,4	1 986	5,0	+ 0,8
1954[3]	42 781	39 948	93,4	1 068	2,5	1 765	4,1	2 293	5,4	+ 0,9
1962	46 459	43 041	92,6	1 267	2,8	2 151	4,6	2 861	6,2	+ 2,7
1968	49 654	45 675	92,0	1 316	2,7	2 664	5,4	3 281	6,6	+ 3,4
1975	52 599	47 765	90,8	1 392	2,6	3 442	6,5	3 887	7,4	+ 1,6
1982	54 296	49 160	90,5	1 422	2,6	3 714	6,8	4 037	7,4	+ 0,5
1990	56 651	51 275	90,5	1 780	3,1	3 597	6,3	4 166	7,4	+ 0,8
1999	58 521	52 903	90,4	2 355	4,0	3 263	5,6	4 309	7,4	– 0,1
2010	62 765	56 971	89,7	2 789	4,4	3 705	5,9	5 406	8,6	

1. 64 800 Alsaciens-Lorrains n'ayant pas encore opté pour la France à la suite du traité de Francfort (1871) sont comptés parmi les Français de naissance.
2. Avant : territoire de 1946 (536 464 km^2) moins Alsace-Lorraine (population Alsace-Lorraine en 1872 : 1 550 000 habitants). Après : territoire de 1946 (550 986 km^2). Population de l'Alsace-Lorraine : 1 710 000 habitants.
3. Les Français musulmans d'Algérie, bien que juridiquement de nationalité française, sont comptés avec les étrangers en 1954 et 1962.

Source : Sauf mention contraire, les tableaux proviennent de l'INSEE.

Evolution des flux d'acquisition de la nationalité française (1889-1986)

Période	Durée (années)	Acquisitions contrôlées de la nationalité française (milliers)	Nombre annuel moyen correspondant (milliers)
1889-1926	38	480,5	12,6
1927-1944	18	942,8	52,4
1945-1972	28	1 148,3	39,9
1973-1986	14	648,7	46,3
1889-1986	98	3 190,3	32,6

Source : J. Dupâquier, *op. cit.*

Acquisition de la nationalité française (1889-1986)

Année	Total des acquisitions	Acquisitions par décret	Acquisitions par déclaration	Acquisitions par manifestation de volonté	Acquisitions sans formalité à la majorité ou par déclaration anticipée
1901	7 504	3 995	3 509		
1905	8 371	4 471	3 900		
1910	13 336	6 227	7 109		
1915	4 665	1 268	3 397		
1920	5 678	2 990	2 688		
1925	28 000	17 661	10 339		
1930	48 290	40 983	7 305		
1935	57 377	29 338	28 006		
1939	118 300	81 029	37 271		
1940	63 080	45 306	17 774		
1945	17 884	4 983	12 258		
1947	111 736	85 243	26 087		
1950	43 790	35 964	7 654		
1955	44 972	29 577	14 933		
1960	29 683	19 208	10 342		
1965	41 487	30 859	10 525		
1970	35 000	27 996	6 962		
1975	41 388	26 674	14 664		
1980	52 129	31 504	20 599		
1985	60 688	41 588	19 089		
1990	64 991	34 899	30 077		
1994	126 341	49 449	43 633	33 255	
1995	92 412	40 867	21 017	30 526	
2000	150 025	77 478	28 094		44 453
2005	154 827	101 785	22 818		30 224
2010	143 275	94 573	46 247		2 455
2012	96 088	46 003	47 857		2 228

Les mesures d'éloignement (1950-1975)

Année	Expulsions	Refoulements	Total
1950	1614	3030	4644
1951	1778	4423	6201
1955	527	1992	2519
1960	761	1791	2552
1965	4296		4296
1970	2868		2948
1975	3715		3702

Source : Alexis Spire, *Les Etrangers à la carte. L'administration de l'immigration en France (1945-1975)*, Grasset, 2005.

Répartition des étrangers selon leur nationalité (1870-2012)

Etrangers	1872	1876	1881	1886	1891	1896	1901	1906
Belges	347558	374498	482265	482261	465860	395498	330465	287126
Italiens	112579	165313	240733	264568	286042	291886	323390	419234
Allemands	39361	59028	81986	100114	83333	90746	101502	102271
Espagnols	52964	62437	73781	79550	77736	76819	80485	105760
Suisses	42834	50203	66281	78584	83117	74735	72042	68892
Britanniques	26003	30077	37006	36134	39687	36249	36948	35990
Total nationalités Europe	**653850**	**779598**	**981045**	**1108307**	**1110221**	**1033422**	**1000603**	**1000329**
%	**99,8 %**	**97,2 %**	**98,0 %**	**98,4 %**	**98,2 %**	**98,2 %**	**96,4 %**	**95,5 %**
Nombre total d'étrangers	**655036**	**801754**	**1001090**	**1126531**	**1130211**	**1051907**	**1037778**	**1046905**

Etrangers	1911	1921	1926	1931	1936	1946	1954
Belges	287126	450960	326645	253694	195447	153299	106828
Italiens	419234	348986	760116	808038	720926	450764	507602
Allemands	102271	75625	69278	71729	58138	24947	53760
Espagnols	254980	264980	322590	351864	253599	302201	288923
Suisses	73422	90149	123119	98475	78859	53526	45595
Britanniques	40378	47356	62298	47322	28566	12836	19349
Portugais	10788	10788	28883	48963	28290	22261	20085
Polonais		45766	309312	507811	422694	423470	269269
Total nationalités Europe	**1122706**	**1435976**	**2216672**	**2457649**	**1997370**	**1598220**	**1431219**
%	**96,7 %**	**93,7 %**	**92,0 %**	**90,5 %**	**90,8 %**	**91,6 %**	**81,1 %**
Algériens[1]						22114	211675
Marocains		36277	69789	85568	72891	16458	10734
Tunisiens						1916	4800
Total nationalités Afrique	**3120**	**37666**	**72173**	**105059**	**86607**	**54005**	**229505**
%	**0,3 %**	**2,4 %**	**3,0 %**	**3,9 %**	**3,9 %**	**3,1 %**	**13,0 %**
Nombre total d'étrangers	**1159835**	**1532000**	**2409335**	**2714697**	**2198236**	**1743619**	**1765298**

1. Bien que juridiquement français, les Algériens musulmans sont recensés parmi les étrangers.

Etrangers	1962	1968	1975	1982	1990	1999	2010
Belges	79069	65224	55945	52636	56129	66927	89968
Italiens	628956	571684	462940	340308	252759	200632	171927
Allemands	46606	43724	42955	44000	52723	76882	93238
Espagnols	441658	607184	497480	327156	216047	160194	127390
Suisses	36111	31660	28025	22520	22137	28274	43997
Britanniques	20514	18760	24850	34000	50422	75546	156558
Portugais	50010	296448	758925	767304	649714	555383	495205
Polonais	177181	131668	93655	64804	47127	33925	45949
Yougoslaves ou ex-Yougoslaves	21314	47544	70280	62472	52453	50396	60886
Total nationalités d'Europe	**1598220**	**1894836**	**2102685**	**1775628**	**1463774**	**1346646**	**1502020**
%	**73,7%**	**71,1%**	**61,1%**	**44,0%**	**40,7%**	**41,3%**	**40,5%**
Algériens	350484	473812	710690	805116	614207	574216	465308
Marocains	33320	84236	260025	441308	572652	506305	434719
Tunisiens	26569	61028	139735	190800	206336	153574	146606
Autres nationalités d'Afrique	11787	33020	81850	157548	239947	183736	491274
Total nationalités d'Afrique	**428160**	**652096**	**1192300**	**1594772**	**1633142**	**1417831**	**1537907**
%	**19,7%**	**24,5%**	**34,6%**	**39,5%**	**46,2%**	**43,5%**	**41,5%**
Turcs	Non recensés	7628	50860	122260	197712	205589	221243
Total nationalités d'Asie	**36921**	**44708**	**104465**	**289560**	**424668**	**410293**	**529024**
%	**1,7%**	**1,7%**	**3,0%**	**7,1%**	**11,8%**	**12,6%**	**14,3%**
Nombre total d'étrangers	**2169665 100%**	**2664060 100%**	**3442415 100%**	**4037036 100%**	**3596602 100%**	**3258539 100%**	**3705161 100%**

Les immigrés en France. Répartition par pays d'origine (1962-2010)

	1962	1968	1975	1982	1990
Pays d'origine	en %	en %	en %	en %	en %
Europe	**78,7**	**76,4**	**67,2**	**57,3**	**50,4**
Espagne	18,0	21,0	15,2	11,7	9,5
Italie	31,8	23,9	17,2	14,1	11,6
Portugal	2,0	8,8	16,9	15,8	14,4
Pologne	9,5	6,7	4,8	3,9	3,4
Autres pays d'Europe	17,5	16,1	13,1	11,7	11,4
Afrique	**14,9**	**19,9**	**28,0**	**33,2**	**35,9**
Algérie	11,6	11,7	14,3	14,8	13,3
Maroc	1,1	3,3	6,6	9,1	11,0
Tunisie	1,5	3,5	4,7	5,0	5,0
Autres pays d'Afrique	0,7	1,4	2,4	4,3	6,6
Asie	**2,4**	**2,5**	**3,6**	**8,0**	**11,4**
Turquie	1,4	1,3	1,9	3,0	4,0
Cambodge, Laos, Vietnam	0,4	0,6	0,7	3,0	3,7
Autres pays d'Asie	0,6	0,6	1,0	1,9	3,6
Amérique, Océanie	**3,2**	**1,1**	**1,3**	**1,6**	**2,3**
Non déclaré	**0,8**	**0,1**			
Total	**100,0**	**100,0**	**100,0**	**100,0**	**100,0**
Effectif	**2 861 280**	**3 281 060**	**3 887 460**	**4 037 036**	**4 165 952**

	1999		2010	
Pays d'origine	En %	Effectifs en milliers	En %	Effectifs en milliers
Europe	**45,0**	**1 934**	**38,1**	**2057**
Espagne	7,4	316	4,6	247
Italie	8,8	379	5,6	303
Portugal	13,3	572	10,8	588
Pologne	2,3	98	1,7	92
Royaume-Uni	1,7	75	2,8	153
Autres pays de l'Europe des 27			7,8	426
Autres pays d'Europe	11,5	569	4,3	240
Afrique	**39,3**	**1 692**	**42,7**	**2 347**
Algérie	13,4	574	13,3	729
Maroc	12,1	523	12,2	671
Tunisie	4,7	202	4,4	242
Autres pays d'Afrique	9,1	393	12,8	705
Asie	**12,7**	**550**	**14,2**	**786**
Turquie	4,0	174	4,5	246
Cambodge, Laos Vietnam	3,7	160	3,0	160
Autres pays d'Asie	5,0	216	6,8	380
Amérique, Océanie	**3,0**	**130**	**5,4**	**214**
Total	**100,0**	**4 306**	**100**	**5 406**

Focus : Le poids démographique de la France dans le monde

La France dans le monde (1800-2011)

Année	Part de la population mondiale (%)	Part de la population européenne (%)	Rang au sein des Etats les plus peuplés dans le monde	Rang au sein des Etats les plus peuplés en Europe
1800	3,1	20		2
1900	2,4	14,1		
1930	2,0	11,5		
1940	1,7	10,8		
1950	1,6	10,6		
1962	1,5	10,8	12	3
1982	1,2	11,1	16	4
2011	0,9	8,6	22	

La part de la population française dans l'Union européenne (en %) (1957-2012)

	Europe des 6	Europe des 9	Europe des 10	Europe des 12	Europe des 12 (Allemagne réunifiée)	Europe des 15	Europe des 25	Europe des 27	Europe des 27
Année	1957	1973	1981	1986	1991	1995	2004	2007	2012
Allemagne (ex-RFA)	32,0	4,1	22,7	19,0					
Allemagne réunifiée					23,2	22,0	18,1	16,6	16,2
Belgique	5,4	3,8	3,6	3,1	2,9	2,7	2,4	2,1	2,2
France	**26,5**	**20,3**	**20,8**	**17,2**	**16,5**	**15,6**	**13,2**	**12,8**	**13,0**
Italie	29,4	21,3	20,8	17,6	16,5	15,4	12,6	11,9	12,1
Luxembourg	0,2	0,1	0,1	0,1	0,1	0,1	0,1	0,1	0,1
Pays-Bas	6,6	5,2	5,2	4,5	4,4	4,2	3,6	3,3	3,3
Danemark		2,0	1,9	1,6	1,5	1,4	1,2	1,1	1,1
Irlande		1,2	1,3	1,1	1,0	1,0	0,9	0,9	0,9
Royaume-Uni		21,9	20,8	17,7	16,8	15,8	13,1	12,3	12,5
Grèce			3,6	3,1	3,0	2,8	2,4	2,3	2,2
Espagne				12,0	11,3	10,5	9,0	9,0	9,2
Portugal				3,1	2,9	2,7	2,3	2,1	2,1
Autriche						2,2	1,8	1,7	1,7
Finlande						2,4	1,1	1,1	1,1
Suède						1,4	2,0	1,8	1,9
Chypre							0,2	0,2	
Estonie							0,3	0,3	0,2
Hongrie							2,2	2,0	0,3
Lettonie							0,5	0,5	2,0
Lituanie							0,7	0,7	0,4
Malte							0,1	0,1	0,6
Pologne							8,4	7,7	0,1
République tchèque							2,2	2,1	7,7
Slovaquie							1,2	1,1	2,1
Slovénie							0,4	0,4	
Bulgarie								1,5	1,5
Roumanie								4,3	4,2
Ensemble (effectifs en millions)	**167**	**257**	**271**	**322**	**345**	**372**	**459**	**495**	**504**
%	**100**	**100**	**100**	**100**	**100**	**100**	**100**	**100**	**100**

Chapitre 3

LA SANTÉ

Au XIXe siècle, la santé publique est avant tout une question d'hygiène publique qui est donc abordée sur un plan statistique, comme en témoignent les *Recherches statistiques sur la ville de Paris et le département de la Seine* publiées entre 1821 et 1860. La Société française d'hygiène est fondée à Paris en 1877.

Les progrès de la médecine ont progressivement permis d'éradiquer les grandes épidémies qui continuent cependant de raviver d'anciennes peurs collectives. Ainsi, si le choléra disparaît à la fin du XIXe siècle, sa résurgence provoque la fuite de la moitié de la population de Caen en 1873. Les épidémies de 1883, 1886 et 1892 à Paris ne génèrent que des pertes résiduelles. De même, la menace variolique s'estompe à la fin du XIXe siècle mais provoque encore, de 1895 à 1900, 600 décès par an à Paris, 1500 à 3000 en France. La loi Siegfried de 1902 rend obligatoire la vaccination antivariolique, qui ne devient toutefois massive qu'à la veille de la Grande Guerre. Jusqu'en 1914, la petite vérole provoque de 2 à 3000 victimes sur les 10 à 20000 malades déclarés. La vaccination, devenue obligatoire en 1938, permet de vaincre l'épidémie : le nombre de cas s'effondre (autour de 1000 en 1960 et 100 en 1968).

Réputée héréditaire, la tuberculose est soigneusement cachée par les familles mais demeure en 1914 un fléau public. A Paris, de 1894 à 1908, 428 habitants sur 100000 en sont atteints contre 61 à Londres et 211 à Berlin. La loi du 15 avril 1916 sur les dispensaires d'hygiène sociale initie la lutte antituberculeuse et la vaccination par le BCG se développe progressivement (0,56 % de la population en 1925 et 31 % en 1936). Elle devient obligatoire en 1950 pour les enfants fréquentant la crèche ou avant leur entrée à l'école. Il faut néanmoins atteindre la mise au point de la streptomycine par Waksman en 1942 et la diffusion de l'isoniazide (Rimifon) de 1952 à 1954 pour juguler l'épidémie : le nombre de décès chute alors de moitié entre le début et la fin des années 1950. La tuberculose connaît une résurgence préoccupante au début des années 2000 (6 322 cas de tuberculose sont déclarés en 2002). Elle frappe surtout les populations étrangères (40,6 % des cas de tuberculeux sont étrangers alors qu'ils ne représentent que 6 % de la population totale). La vaccination contre la typhoïde (dans l'armée à partir de 1914 et généralisée en 1944) permet de même l'éradication d'une maladie qui provoquait 5 435 décès en 1906, 1 390 en 1945 et 56 en 1960.

D'avril 1918 au printemps 1920, la grippe espagnole terrasse entre 137 et 240 000 personnes, certainement plus en raison des complications respiratoires et digestives enregistrées sous d'autres diagnostics. Au plus fort de l'épidémie, jusqu'à 270 morts par semaine sont recensées à Paris. La pandémie s'étend à l'Asie, l'Afrique et l'Amérique du Sud et cause un total de 30 millions de victimes, dont 2,3 millions en Europe. Des épidémies de grippe en 1965 et 1969 provoquent encore respectivement 9 300 et 15 000 décès en France.

Ainsi, grâce aux progrès de la vaccination, le temps des grandes épidémies meurtrières a progressivement disparu. *A contrario*, s'élève l'importance du cancer et des dégénérescences (Accidents vasculaires cérébraux, AVC).

Entre les années 1860 et la Seconde Guerre mondiale ne cesse de grandir le spectre du péril vénérien, avec en particulier la crainte de la syphilis. Ces peurs s'éclipsent au lendemain de la guerre grâce à la découverte de la pénicilline. L'irruption du virus du SIDA dans les années 1980 fait de nouveau peser une lourde menace sur la sexualité. Le développement de la trithérapie permet néanmoins de contenir l'épidémie.

A. Causes de décès et grandes épidémies

Répartition des décès selon les causes médicales (en %) (1906-2009)

Causes de décès	1906	1920	1930	1946	1950	1960	1970	1980	1990	2000	2009
Maladies infectieuses et parasitaires	18,9	18,4	14,5	10,5	6,3	5,0	2,8	1,5	1,8	2,0	2,0
dont tuberculose	11,2	11,1	10,1	6,2	4,6	2,7	0,8	0,4	0,2		
Tumeurs	3,5	4,7	6,8	11,5	14,8	18,0	20,3	23,5	26,9	28,2	29,8
Appareil circulatoire	12,5	13,5	19,8	27,3	31,5	34,0	36,8	37,4	33,4	30,5	27,0
Appareil respiratoire	12,8	14,2	12,9	10,8	8,1	5,9	5,3	5,9	7,2	6,7	6,3
Appareil digestif	2,4	3,1	4,0	3,3	4,3	5,2	6,0	6,5	5,1	4,5	4,4
dont cirrhose	0,8	0,9	1,7	0,5	1,3	2,6	3,1	2,7	1,8		
Accidents, mort violente	2,4	4,2	4,7	4,4	52	67	8,7	9,2	9,2	7,8	7,0
dont suicides	1,0	1,1	1,2	0,8	1,2	1,4	1,5	1,9	2,2	2,0	2,0
dont accidents de la route				0,1	0,6	1,6	2,2	2,0	1,9	1,4	0,8
Symptômes et états morbides mal définis	26,5	22,4	26,1	20,4	19,3	14,6	10,4	6,2	6,0		
Dont sénilité	13,3	17,5	12,5	7,8	8,2	5,9	2,6	1,0	1,3		
Troubles mentaux et du comportement (à partir de 2000)										3,3	3,3
Autres causes	16,9	16,0	8,9	8,4	7,6	7,9	8,0	8,9	9,8	17,0	19,8
Total	100	100	100	100	100	100	100	100	100	100	100

Source : Marie-Hélène Bouvier-Colle, Jacques Vallin et Françoise Hatton (dir.), *Mortalité et causes de décès en France*, Doin-INSERM, 1990.
Puis INSERM, Cesdip.

Entre 1925 et 2000, il n'y eut pas moins de huit changements de la classification internationale des maladies. Chaque révision introduit des ruptures dans les séries de décès par cause ce qui rend difficile le suivi des tendances sur le long terme. Toutefois, Vallin et Meslé (1998) ont procédé à un travail de reconstruction.

Répartition des décès causés par certaines maladies (en valeur absolue) (1906-2010)

Année	Fièvre typhoïde	Rougeole	Coqueluche	Diphtérie	Grippe ou influenza	Tuberculose de l'appareil respiratoire	Toutes autres causes de tuberculose	Cancer et autres tumeurs malignes	Méningite simple	Total des décès
1906	5453	3754	3492	3314	6891	71496	15595	27306	15785	778400
1910	3165	3717	3517	2830	5797	70679	14409	31303	14574	704770
1915	6407	4580	2124	4181	5068	62326	12539	24367	13282	632661
1918	2397	1804	1654	2886	91465	59708	11539	22952	10825	691338
1919	1817	1135	1081	2308	35328	54995	11257	24481	10738	586471
1920	2293	1468	2096	2630	10382	54465	12359	28327	11167	601000
1925	1809	2664	1889	1359	5724	55065	9408	30135	9496	707816
1930	1636	1840	1478	2711	3437	56383	9420	39582	9516	648886
1935	1071	721	836	1605	7677	44658	6792	36762		658379
1940	1010	439	811	1596	11576	45467	7853	51977		735900
1945	1386	555	1744	3312	2131	34490	7527	57242		643899
1950	345	217	604	195	1915	19994	4820	76547		534480
1955	119	212	388	82	3061	11923	1612	83607		526322
1960	56	139	156	30	12323	9078	1008	93625		520960
1965	45	50	58	8	9309	6113	694	103989		534696
1970	32	25	35	3	7264	3608	554	109545		542277
1975	21	19	7	5	4861	1742	520	121269		560353
1980	36	31	6	2	1034	1385	585	128685		547107
1985	21	11	1	1	1486	940	624	136121		552496
1990			2	0	2183	819	570	141831		526201
1995			4	0	643	624	497	146641		531618
2000	0	2		0	1561	1090		149815		530850
2010	1	4	3	0	124	583		158848		539083

Source : Marie-Hélène Bouvier *et al.*, *op. cit.*, puis INSERM.

Le SIDA en France (1978-2009)

Année	Cas de SIDA identifiés	Nombre de décès dus au SIDA
1978	5	
1979		
1980	4	
1981	8	
1982	31	
1983	92	
1984	236	
1985	584	
1986	1 260	
1987	2252	964
1988	3054	1 384
1989	3810	2060
1990	4323	2785
1991	4657	3551
1992	5195	4140
1993	5528	4549
1994	5775	4860
1995	5314	4733
1996	4044	3490
1997	2297	1 287
1998	1952	1013
1999	1839	978
2000	1738	1012
2001	1677	1016
2002	1640	998
2003	1476	950
2004	1377	927
2005	1251	827
2009	1450	497

Source : Ministère de l'Emploi et de la Solidarité, DREES.

Décès dus à la syphilis (1930-1985)

Année	Nombre de décès causés par la syphilis
1930	2621
1935	2083
1940	2073
1945	1775
1950	1992
1955	1207
1960	933
1965	688
1970	157
1975	119
1980	65
1985	47

Source : Marie-Hélène Bouvier *et al., op. cit.*

B. Le suicide

Phénomène social étudié par Durkheim, le suicide représente entre 1 et 2 % de l'ensemble des causes de décès en France. Deux sources principales permettent de mesurer ce phénomène, globalement sous-évalué. L'INSERM utilise les certificats établis par les médecins constatant les décès (centralisés par le CépiDc), mais il est parfois difficile d'établir l'intentionnalité de l'acte ; certains suicides sont alors classés comme des décès de « causes inconnues ». La police judiciaire établit également ses propres statistiques. La hausse du nombre de suicides dans les années 1980 est essentiellement provoquée par le vieillissement de la génération du baby-boom.

La France est au début du XXIe siècle l'un des pays industrialisés qui compte le plus fort taux de suicide : 14,7 pour 100 000 habitants en 2010 contre 10,2 en moyenne dans l'Union européenne.

Nombre de suicides (1870-2010)

Année	Nombre de suicidés selon le ministère public			Nombre de suicidés selon l'INSERM		
	Hommes	Femmes	Total	Hommes	Femmes	Total
1870	3 371	786	4 157			
1875	4 837	1 085	5 472			
1880	5 184	1 454	6 638			
1885	6 345	1 557	7 902			
1890	6 576	1 834	8 410			
1895	7 293	1 996	9 263			
1900	6 861	2 065	8 926			
1905	7 179	2 157	9 336			
1910	7 476	2 343	9 819			
1920	5 914	2 227	8 141			
1925	6 929	2 439	9 368			
1930	6 899	2 394	9 293			
1935	8 175	2 922	11 097			
1938	7 696	2 840	10 536			
1940			8 798			
1945	4 314	2 031	6 345			
1950	5 711	2 131	7 842	4 826	1 576	6 402
1955	6 500	2 664	9 164	5 151	1 572	6 723
1960	6 210	2 807	9 017	5 302	1 921	7 223
1965	5 887	2 187	8 064	5 487	1 865	7 352
1970				5 653	2 181	7 834
1975				5 915	2 408	8 323

Année	Nombre de suicidés selon le ministère public			Nombre de suicidés selon l'INSERM		
	Hommes	Femmes	Total	Hommes	Femmes	Total
1980				7361	3044	10405
1985				8895	3603	12498
1990				8178	3225	11403
1995				8605	3214	11819
2000				7973	2864	10837
2005				7826	2881	10707
2010				7606	2728	10224

Source : DREES (Direction de la recherche des études de l'évaluation et des statistiques) et *Annuaire de la Justice*.

Suicide selon le mode de perpétration (1900, 1930, 2006)

	1900			1930			2006		
	Total de suicidés	Hommes	Femmes	Total de suicidés	Hommes	Femmes	Total de suicidés	Hommes	Femmes
Submersion	2345 (26 %)	1588 (23 %)	787 (38 %)	2395 (26 %)	1548 (22 %)	847 (35 %)	574 (6 %)	259 (3 %)	315 (11 %)
Pendaison	3648 (41 %)	3129 (46 %)	519 (25 %)	3423 (37 %)	2816 (41 %)	607 (25 %)	4752 (46 %)	3926 (52 %)	826 (29 %)
Usage d'arme à feu ou explosif	979 (11 %)	918 (13 %)	61 (3 %)	1614 (17 %)	1362 (20 %)	252 (11 %)	1576 (15 %)	1480 (20 %)	96 (3 %)
Asphyxie par le charbon, puis gaz en 2006	713 (8 %)	373 (5 %)	340 (16 %)	577 (6 %)	280 (4 %)	297 (12 %)	107 (1 %)	84 (1 %)	23 (1 %)
Usage d'un instrument tranchant	232 (3 %)	193 (3 %)	39 (2 %)	251 (3 %)	210 (3 %)	41 (2 %)	102 (1 %)	67 (1 %)	35 (1 %)
Poison et médicaments	192 (2 %)	92 (1 %)	100 (5 %)	190 (2 %)	95 (1 %)	95 (4 %)	1702 (16 %)	820 (11 %)	882 (31 %)
Chute d'un lieu élevé	374 (4 %)	243 (4 %)	131 (6 %)	289 (3 %)	174 (3 %)	115 (5 %)	758 (7 %)	406 (5 %)	352 (12 %)
Abus de liqueurs alcooliques	113 (1 %)	87 (1 %)	26 (1 %)	333 (4 %)	247 (4 %)	86 (4 %)	11 (0 %)	7 (0 %)	4 (0 %)
Chute sous un train ou un véhicule	243 (3 %)	202 (3 %)	41 (2 %)	131 (1 %)	91 (1 %)	40 (2 %)	196 (2 %)	128 (2 %)	68 (2 %)
Autre	87 (1 %)	66 (1 %)	21 (1 %)	90 (1 %)	76 (1 %)	14 1 %)	612 (6 %)	396 (5 %)	216 (8 %)
Total	8926 (100 %)	6861 (100 %)	2065 (100 %)	9293 (100 %)	6899 (100 %)	2394 (100 %)	10390 (100 %)	7573 (100 %)	2817 (100 %)

Sources :
INSEE.
INSERM.

C. Assistance, encadrement médical et protection sociale

L'amélioration de la situation sanitaire de la France a été permise par une meilleure offre de soins. Avec la suppression progressive des « officiers de santé », l'encadrement médical de la France est moins bon à la fin du XIXe siècle que trente années auparavant. En 1889, 42 % des communes de France rassemblant alors 68 % de la population disposaient d'au moins un bureau de bienfaisance permettant de soigner et de secourir près de 1 650 000 personnes. De 1900 à 1950, l'effectif des médecins double, passant de près de 16 000 à 32 000. En 1957 néanmoins, plus de 8 communes sur 10 ne possèdent pas de médecin sur leur territoire.

Dans un contexte hygiéniste renforcé par les succès de la médecine pastorienne, la IIIe République développe l'assistance : assistance aux enfants (loi du 15 juillet 1893), assistance médicale gratuite (loi du 13 juillet 1893) ; assistance aux vieillards, infirmes et incurables (loi du 14 juillet 1905). En 1904, deux millions de personnes sont inscrites comme bénéficiaires de l'assistance médicale gratuite.

Après l'essor des sociétés de secours mutuels reconnues en 1835 et encouragées par la loi du 1er avril 1898, le développement des assurances sociales offre un meilleur accès aux soins des plus démunis. La loi Raymond Poincaré du 5 avril 1928 confirmée et élargie le 30 avril 1930 par celle de Pierre Laval instaure un système d'assurances réservé aux salariés qui compte 10 millions d'assurés en 1934. La création de la Sécurité sociale, par l'ordonnance du 4 octobre 1945, permet d'uniformiser et de généraliser un système qui demeure complexe avec ses 120 régimes de base et ses 1 200 régimes complémentaires.

Sources

Marie-Hélène Bouvier-Colle, Jacques Vallin et Françoise Hatton (dir.), *Mortalité et causes de décès en France*, Doin-INSERM, 1990.

Jean Boyer, *La Position actuelle et l'évolution des fléaux sociaux en France*, Cahiers du musée social, n° 5-6, 1955.

Pierre Guillaume, *Du désespoir au salut : les tuberculeux aux XIXe et XXe siècles*, Payot, 1986.

Magali Codelfy, *La Prise en charge de la santé mentale. Recueil d'analyses statistiques*, DREES, 2007.

Alain Corbin, « Le péril vénérien au début du siècle : prophylaxie sanitaire et prophylaxie morale » in *L'Haleine des faubourgs. Recherches*, n° 29, décembre 1977.

Gérard Jorland, *Une société à soigner. Hygiène et salubrité publiques en France au XIXe siècle*, Gallimard « Bibliothèque des histoires », 2010.

Jean Kervasdoué, *Le Carnet de santé de la France en 2000, rapport publié sous l'égide de la Mutualité française*, La Découverte et Syros, 2000.

R. Sadoun, *Statistiques médicales des établissements psychiatriques. Année 1978*, DREES, 1982.

L'assistance (1871-1950)

Année	Assistance aux vieillards, infirmes et incurables : nombre d'assistés au 31 décembre	Assistance médicale gratuite : nombre de personnes inscrites sur les listes et admises d'urgence	Bureaux de bienfaisance : milliers de personnes secourues	Enfants assistés	Pupilles de l'Etat au 31 décembre	Enfants sous la protection de l'assistance au 31 décembre
1871			1347	95444		
1880			1442	102419		
1890			1763	108671[1]		
1897		1890493	1432	150942		
1900		1913554	1386	153733[2]		
1908	511546	2032017	1178	217511		
1910	570881	2099964	1182	226204		
1920	608549	1812745	734	191303		
1930	572098	1670174	744	170616		
1940				172038		
1950	319661	1332000			81221	217913

1. Chiffre de 1889 (chiffre de 1890 absent).
2. Non compris les enfants secourus à domicile dans le département de la Seine.

Source : INSEE.

De 1883 à 1906, le département de la Seine n'a fourni que le nombre des enfants assistés de moins de 13 ans.

Etablissements hospitaliers (1871-1940)

Année	Nombre d'établissements	Nombre de malades traités dans l'année	Nombre d'infirmes et de vieillards au 31 décembre
1871	1460	583850	48159
1880	1587	462357	49095
1890	1639	492707	56395
1900	1780	632084	66954
1910	1878	718050	72735
1920[1]	1846	773365	67261
1930	2048	1101685	91261
1940	1734	960210	1734

1. Non compris le département du Pas-de-Calais.

Source : INSEE.

Effectifs des professions médicales (1876-2012)

Année	Nombre de médecins	Densité de médecins pour 100 000 habitants	Nombre de dentistes	Densité de dentistes pour 100 000 habitants	Nombre de pharmaciens (d'officine)	Densité de pharmaciens pour 100 000 habitants
1876	10743		NC		6232	
1901	15900	41	1790	5	10220	26
1921	20360	52	3590	9	10590	27
1938	28600	68	9070	22	12760	26
1946	28830	71	9150	23	11935	29
1950	32400	78	10250	25	14010	34
1960	46750	103	15250	34	14870	32
1970	65200	128	20600	41	17200	34
1980	108100	202	31900	59	20900	39
1990	147900	261	38100	66	25300	45
2007	208191	325	41444	67	27113	44
2012	216762	333	40599	62	28434 (2011)	44

Source : INSEE.

Evolution des prestations par risque en % du PIB (1959-2010)

Année	Santé	Vieillesse et survie	Maternité et famille	Emploi et divers	Ensemble
1959	4,7	5,4	4,1	0,3	14,5
1965	6,1	6,6	4,1	0,5	17,3
1970	6,6	7,3	3,5	0,5	17,9
1975	7,8	9,1	3,7	1,0	21,4
1980	8,4	10,3	3,8	1,9	24,2
1985	9,3	11,4	3,8	3,0	27,3
1990	9,2	11,2	3,4	2,6	26,4
1994	9,2	11,2	3,4	2,6	26,4
2003	10,3	12,7	2,5	3,6	31,0
2010	11,2	14,4	2,7	3,8	33,8

Source : INSEE.

Nombre moyen de cotisants aux assurances sociales du régime général et régimes divers à l'exclusion des fonctionnaires, ouvriers d'Etat et étudiants (1932-1950)

Année	Nombre moyen de cotisants (en milliers)	Assurances sociales agricoles
	Législation du 5 avril 1928 et suivantes	
1932	5816	473[1]
1935	5516	552
1939	6715	918
1940	3668	640
1945	7500	1107
	Législation du 19 octobre 1945	
1946	7625	1152
1950	500	

1. Chiffre de 1933.

Source : INSEE.

D. La psychiatrie

En vertu de la loi du 30 juin 1838, chaque département doit créer un établissement public réservé au traitement de maladies mentales, afin de soigner mais surtout de préserver la société du risque présumé de ceux qu'elle considère alors comme des aliénés. Progressivement, l'asile se mue en hôpital psychiatrique. La circulaire du 13 octobre 1937 crée ainsi les dispensaires d'hygiène mentale et les services d'observation et de traitement en milieu ouvert. En 1939, néanmoins, 18 départements restent dépourvus de toute institution psychiatrique. Dans les années 1950, l'association de la chimiothérapie et de la psychothérapie permet la sortie d'une partie des malades. Afin de permettre une meilleure réinsertion de ces derniers, la circulaire du 15 mars 1960 organise une prise en charge par secteur, un mode de fonctionnement qui constitue une spécificité française. La loi du 27 juin 1990, qui définit les droits des malades mentaux et les modalités de l'hospitalisation sans consentement, abroge la loi du 30 juin 1838. En 2003, on dénombre 817 secteurs de psychiatrie générale et 321 secteurs de psychiatrie infanto-juvénile.

Tout au long du XXe siècle, les institutions psychiatriques se sont banalisées : elles se sont progressivement mues d'institutions destinées à protéger la société en centres voués à soigner les patients. De 1900 à 1938, le recours aux soins hospitaliers progresse mais demeure bas : le taux d'admissions passe de 50 à 75 pour 100 000 habitants et celui des sorties de 26 à 50. Après la parenthèse terrible de la guerre, le recours aux soins psychiatriques se généralise encore : le taux d'admission passe de 99 à 380 pour 100 000 habitants de 1950 à 1978. En 1998, ce taux est de 430 dans les services sectorisés. A partir des années 1950, la durée de séjour en hôpital psychiatrique tend à diminuer et l'hospitalisation en secteur libre se développe.

Les cas psychiatriques (1871-1960)

Année	Nombre de malades au 1er janvier	Taux d'admission hospitalière (nombre d'admis dans l'année pour 100 000 habitants)	Admissions pour psychose alcoolique pour 100 admissions de toutes causes	Nombre d'aliénés hommes traités dans l'année	Nombre d'aliénés femmes traités dans l'année	Nombre d'aliénés traités dans l'année
1871				24 292	25 297	49 589
1875	42 077			26 889	28 489	35 488
1880	40 018			30 920	32 680	63 600
1885	45 478			32 556	34 703	67 259
1890	49 336		6,2	38 597	73 641	73 640
1895	54 444		7,3	34 551	35 871	70 422
1900	64 977	49,5	13,6	41 613	45 815	87 428
1905	70 693	50,0	13,2	43 731	49 567	93 248
1910	74 143	53,2	13,3	45 691	52 786	98 477
1920	64 888	65,6	7,0	39 592	52 949	92 541
1925	65 651	65,1	9,5	45 276	59685	104 961
1930	85 176	67,3	9,2	51551	67 603	106 061
1935	99 654	68,1	12,1	59 346	74 789	128 228
1940	110 188	86,1	6,9	68 563	81 702	143 140
1945	59 503	50,9	4,3			78 829
1950	78 512	90,2	10,3			116 175
1955	97 769	108,4	19,1			144 716
1960	107 142	161,8	20,1			180 828

Source : SGF puis INSEE (statistiques des institutions d'assistance).

Les cas psychiatriques (1965-2003)

Année	Nombre de malades au 1er janvier	Nombre de malades traités dans l'année
1965	115 926	
1970	118 293	
1975	103 642	
2000		1 150 000
2003		1 228 495

Source : Institut national d'hygiène puis INSERM, puis ministère de la Santé.

Les sources statistiques étant discontinues au cours du XXe siècle, il est malaisé de reconstituer des séries. Leur variété témoigne néanmoins de l'évolution des préoccupations de l'Etat à l'égard de la psychiatrie : les personnes atteintes de troubles psychiatriques d'abord considérées comme des aliénés sont ensuite traitées comme des malades.

E. L'alcool

Après la défaite de 1870, l'alcoolisme est perçu comme un problème majeur de la société française. La loi du 23 janvier 1873 réprime l'ivresse publique et interdit aux cabaretiers de servir de l'alcool à des gens ivres ou aux mineurs de moins de 16 ans. En 1895, Raymond Poincaré ordonne des leçons de morale dans les écoles normales d'instituteurs. En 1915, la fabrication et la vente d'absinthe sont interdites. A la fin des années 1930, les inquiétudes liées à la dénatalité ravivent les craintes contre le fléau alcoolique. Le décret-loi du 20 juillet 1939 dit code de la Famille limite à nouveau le nombre des établissements autorisés à vendre des boissons alcooliques sur place (un pour trois cents habitants). Le gouvernement de Vichy interdit les bouilleurs de cru et la vente de boissons distillées aux mineurs de moins de 21 ans. Le Gouvernement provisoire de la République française maintient la législation antialcoolique de Vichy, mais l'Assemblée nationale constituante l'abroge.

La prise en charge de l'alcoolisme par la psychiatrie apparaît dès la Restauration, avant même que le terme d'alcoolisme soit créé. Au 1er janvier 1875, le rapport général sur le service des aliénés en 1874 dénombre 3 270 internés (dont 2 665 hommes) pour alcoolisme[1]. Au lendemain de la Seconde Guerre mondiale, l'alcoolisme demeure la principale cause d'hospitalisation en hôpital psychiatrique. Selon une enquête menée par l'INED en 1953, 80 % de la population considère que le vin est bon pour la santé. Pourtant, dès le XIXe siècle et les tableaux de Villermé, les pouvoirs publics dénoncent les méfaits de l'alcoolisme.

La consommation d'alcool diminue progressivement à partir des années 1950.

Consommations de boissons alcoolisées (en litres par personne) (1870-2008)

Année	Vin	Alcool[1]	Bière	Cidre
1870	135	2,3	17,8	
1875	219	2,8	20,7	
1880	92	3,6	22,9	
1885	90	3,9	21,8	
1890	94	4,3	22,5	

1. Jules Lunier, *De la production et la consommation des boissons alcooliques en France et de leur influence sur la santé physique et intellectuelle des populations*, Savy, 1877.

Année	Vin	Alcool[1]	Bière	Cidre
1895	83	4	23,2	
1900	180	4,6	27,7	
1905	152	3,5	27,4	
1910	87	3,5	31	
1920	160	2	20,2	
1925	177	2,7	28,9	
1930	137	2,9	35,1	
1935	118 (quantité imposée)	2,4	28,8	
1940	132	2,2		
1943	63 (quantité imposée)			
1945			39,7	
1951	137			
1955				
1960			35,4	
1965	90,6		21,1 / 40,4	12,9
1970			41,2	
1975			45,2	
1980	95,4	2,5	44,3	
1985				
1990	67,6		40,1[2]	6,3
1995	60,8		38,6	5,3
2000	55,2		33,8	4,1
2005	48		32,4	3,4
2008	45,4		28	

1. Il s'agit de la quantité imposée et non d'une estimation de la consommation. Jusqu'en 1920, ce chiffre ne comprend que les spiritueux proprement dits. A partir de 1921, en raison de la fusion des comptes, il comprend les alcools de toute nature, alcool des spiritueux, et alcool contenu dans les vermouts ou vins de liqueur.
2. 41,5 litres selon Claude Got et Jacques Weill, *L'Alcool à chiffres ouverts*, Seli Arslan, 1997.

Source : INSEE.

Consommation d'alcool par tête en 1873

Département	Alcool	Vin	Cidre	Bière
Seine	5,3	210	2	12,9
Ille-et-Vilaine	3	10	247	3
Nord	5	9	0	220
Aude	1	260	0	9
Cantal	0,7	54	0	4
France moyenne	2,8	119	19,6	21,15

Source : Jules Lunier, *De la production et la consommation des boissons alcooliques en France et de leur influence sur la santé physique et intellectuelle des populations, op. cit.*

F. Les drogues

Au début du XXe siècle, la consommation de drogues se cantonne à des cercles très restreints, principalement dans les milieux médicaux et artistiques. La drogue nourrit alors peurs et fantasmes et les chiffres avancés s'avèrent bien souvent fantaisistes. Par exemple, selon Louis Lewin, Paris compterait environ 40 000 morphinomanes en 1873 et 50 000 en 1924, soit 1/40e de ses habitants[1], un chiffre considérable et donc discutable. De 1917 à 1937, comme le démontre Emmanuelle Retaillaud-Bajac, environ 300 individus sont chaque année inculpés pour infraction à la loi de 1916 sur les stupéfiants. L'historienne estime le nombre d'usagers de drogue à environ 5 000 personnes, une moyenne relativement stable, ce qui témoigne de l'implantation de la pratique dans certaines communautés notamment artistiques. A partir des années 1970, la drogue apparaît comme un phénomène social de plus grande ampleur. Les pouvoirs publics renforcent la pénalisation de l'usage de drogue par la loi du 31 décembre 1970 tandis que les médecins définissent sur le modèle de l'alcoolisme une pathologie nouvelle, la toxicomanie.

Contrairement au Royaume-Uni et aux Etats-Unis, la France ne possède pas de tradition d'enquête épidémiologique en population générale. La première enquête épidémiologique nationale est publiée par l'INSEE en 1986 seulement en raison notamment des résistances idéologiques des médecins à communiquer les données à leur disposition. En outre, ce n'est qu'à partir de la création en 1995 de l'Observatoire français des drogues et des toxicomanies (OFDT) qu'apparaissent les premières enquêtes sur la consommation de drogues. Les principales statistiques disponibles proviennent de sources judiciaires ou policières. En ce sens, elles témoignent tout autant de l'évolution de la consommation de drogues que de celle des politiques et pratiques des autorités publiques en matière de drogue. Ainsi, les contrôles de police se sont particulièrement renforcés depuis le début des années 1990. Les interpellations pour usage de cannabis représentent 90 % des interpellations pour usage de drogue. En outre, les chiffres des infractions à la législation des stupéfiants ne distinguent pas les usagers et les trafiquants et négligent le phénomène de polytoxicomanie.

1. Louis Lewin, *Phantastica. L'histoire des drogues et de leur usage*, Edifor, [1924] 1996.

Interpellations pour usages de stupéfiants (1965-2010)

Année	1965	1970	1975	1980	1990	1995	2000	2005	2010
Cannabis		1 207	1 770	4 954	20 094	36 325	82 349	90 905	122 439
Héroïne		406	254	3 351	8 061	13 299	5 833	4 486	7 255
Cocaïne-crack		0	46	300	513	997	3 192	3 498	4 679
Ecstasy					32	844	1 921	1 272	203
Autres [1]				1 582	283	647	1 044	886	839
Ensemble	165	1 861	3 503	10 187	28 983	52 112	94 339	101 047	133 415

1. Comprend le crack jusqu'en 1994 puis le LSD, les amphétamines, les champignons, les médicaments.

Source : Ministère de l'Intérieur : Office central pour la répression du trafic illicite de stupéfiants.

Morts par surdose en France (1985-2010)

Année	Morts par surdose en France
1985	131
1990	271
1995	445
2000	247
2005	301
2010	392

Source : CEPIOC/INSERM.

Estimation du nombre de consommateurs de substances psychoactives en France en 2005 et 2010 (en milliers)

	2005				2010			
	Expérimentateurs	Occasionnels	Réguliers	Quotidiens	Expérimentateurs	Occasionnels	Réguliers	Quotidiens
Alcool	42,5	39,4	9,7	6,4	44,4	41,3	8,8	5,0
Tabac	34,8	14,9	11,8	11,8	35,5	15,8	13,4	13,4
Médicaments psychotropes	15,1	8,7						
Cannabis	12,4	3,9	1,2	0,6	13,4	3,8	1,2	0,5
Cocaïne	1,1	0,2			1,5	0,4		
Ecstasy	0,9	0,2			1,1	0,1		
Héroïne	0,4				0,5			

Enquête en population générale faite sur l'ensemble des 12-75 ans (soit environ 46 millions d'individus en 2005), en France métropolitaine (source : OFDT).

Sources

Observatoire français des drogues et des toxicomanies.
Henri-Joseph Georgelin, *Etude sur l'opiomanie et les fumeurs d'opium considérés au point de vue de l'hygiène sociale*, Bordeaux, Imprimerie commerciale et industrielle, 1906.
Patrick Maugeais, *De la transgression à la loi : les stupéfiants de 1845 à 1916, mémoire CES de psychiatrie*, Caen, 1981.
René Padieu, *L'Information statistique sur les drogues et les toxicomanies*, La Documentation française, 1990.
Emmanuelle Retaillaud-Bajac, *Drogues et usagers de drogues dans la France de l'entre-deux-guerres*, Rennes, Presses universitaires de Rennes, 2009.
Jean-Jacques Yvorel, *Les Poisons de l'esprit. Drogues et drogués en France au XIX*e *siècle*, Quai Voltaire, 1993.

Partie II

L'ÉCONOMIE

Chapitre 1

GÉNÉRALITÉS

L'économie française a toujours développé des traits originaux. Avec le Japon, c'est le pays industrialisé aux ressources énergétiques et minières les plus médiocres. Pays catholique, le rapport à l'argent, à l'esprit d'entreprise et à l'enrichissement y est plus complexé qu'en pays protestant. Pays tôt malthusien, ayant opéré plus tôt que d'autres sa transition démographique, sa faible natalité a pesé sur son dynamisme économique. Pays précocement unifié et centralisé, l'Etat a joué dans la modernisation et la vie économique et sociale un rôle plus prononcé, même si, une fois refermée la phase volontariste du Second Empire, il n'ose vraiment derechef assumer ce rôle qu'à partir de la Grande Dépression et surtout après 1945. Pays de petites propriétés, la France a refusé de sacrifier sa paysannerie à l'industrialisation et de payer une modernisation accélérée d'un trop lourd coût social : le revenu industriel ne dépasse le revenu agricole qu'en 1913 (36 % contre 35 %), la population rurale ne devient minoritaire qu'en 1931, et l'industrie n'est guère présente qu'au nord d'une ligne Le Havre-Marseille, au-delà de laquelle œuvrent les deux tiers de la population active industrielle. La France s'épargne ainsi un brutal exode agricole à l'allemande ou à la britannique, et la formation d'un prolétariat ouvrier d'origine rurale entassé dans des « villes tentaculaires » s'effectue plus tardivement et moins massivement.

Pays de boutiquiers et de petites et moyennes entreprises, l'usine y reste une réalité minoritaire au moins jusqu'à l'entre-deux-guerres, le taux de concentration industriel plus réduit. Par ailleurs, le capitalisme repose avant tout sur l'autofinancement et sur un réseau peu spectaculaire mais efficace de banques locales et régionales. Pays plus disposé aux révolutions et aux convulsions politiques qu'aux révolutions économiques, la France n'a accusé aucun « retard » sur ses concurrents ni au XIXe ni au XXe siècle - les historiens ont fait justice de cette légende. Simplement, l'industrialisation y procède graduellement, sans révolution, sans la période intense de « décollage » (*take-off*) constatée dans d'autres pays. Les taux de croissance affichés sont ainsi moins spectaculaires qu'à l'étranger, malgré des exceptions notables. Mais en cas de crise, le choc est aussi ressenti moins durement. Et tout cela n'empêche pas des performances plus qu'honorables. La France s'est toujours placée dans le peloton de tête des grandes puissances industrielles.

A. Les données de la croissance

Volume du revenu national 1850-1975 (indice 100 en 1938)

Date	Revenu national réel	Revenu national par tête
v. 1700	7	27
v. 1830	14	38
1850-1859	35	40
1901	63	67
1913	86	90
1929	119	120
1938	100	100
1946	83	87
1949	109	111
1959	172	163
1970	333	270
1975	400	315

Source : Jean Fourastié, *Les Trente Glorieuses*, Hachette Pluriel, 2000 (1re éd. 1979) p. 206, d'après les calculs d'Alfred Sauvy pour l'avant-1940 et l'INSEE pour l'après-1945.

Structure du PIB (1900-2010)

	Agriculture	Industrie	Tertiaire
1900	25 %	37 %	38 %
1912	23 %	45 %	32 %
1919	21 %	50 %	29 %
1929	21 %	41 %	38 %
1939	21 %	39,3 %	39,7 %
1959	9,6 %	34,9 %	55,5 %
1970	8,1 %	35,1 %	57,5 %
1981	4 %	36,5 %	59,5 %

	Agriculture	Industrie	Tertiaire
1995	3 %	29 %	69 %
2004	3 %	24 %	73 %
2010	2 %	19 %	79 %

Sources :
Rémi Pérès, *Chronologie de la France au xxe siècle*, Vuibert, 2000.
Images économiques du monde, Armand Colin, 1996, 2005, 2013.
OCDE pour 1970.

Taux annuels de croissance du PNB (en %) en Europe, aux Etats-Unis et au Japon (1913-1970)

	1913-1950	1950-1970	1950-1955	1955-1960	1960-1965	1965-1970
Etats-Unis	2,9	3,9	4,3	2,2	4,5	4,6
Royaume-Uni	1,7	2,8	2,7	2,8	3,3	2,4
Japon	4	10,9	12,1	9,7	9,6	12,4
Allemagne	1,2	5,5	4,7	6,3	4,8	6,3
France	0,7	4,8	4,3	4,6	5,1	5,4
Italie	1,3	5,4	4,9	5,5	5,1	6,3

Source : Serge Wolikow (dir.), *Histoire du temps présent*, Messidor, 1983.

Part de la France dans la production industrielle mondiale (1869-1946)

1869	1913	1930	1946
9 %	7,2 %	7 %	5,1 %

Sources :
Jean-Charles Asselain, *Histoire économique du xxe siècle, la montée de l'Etat*, Presses de Sciences-Po, 1995.
André Louat et Jean-Marc Servat, *Histoire de l'industrie française jusqu'en 1945*, Bréal, 1995, p. 191.

La productivité globale (1896-1966)

	Base 100 : 1956	Base 100 : 1938
1896		48,5
1913	49	66,9
1924		77
1929		86,2
1938		100
1949	74,4	115
1950	78,5	
1955	95,4	
1961	121,3	214
1966	147,8	

Source : Emmanuel Chadeau, *L'Economie nationale aux xixe et xxe siècles*, Presses de l'Ecole normale supérieure, 1988, p. 187, d'après Jean-Jacques Carré, Paul Dubois et Edmond Malinvaud pour la première colonne, et d'après L.A. Vincent pour la seconde.

Croissance de la production et de la productivité en France : moyenne annuelle selon les périodes et les branches (1896-1962)

	Ensemble des branches productives (dont agriculture)		**Agriculture**	
	Production	Productivité	Production	Productivité
1896-1913	+1,7 %	+2%	+1%	+1,9%
1913-1924	+0,6 %	+1,9%		+0,9%
1924-1929	+2,8 %	+2,9%		+2,7 %
1929-1938	– 0,5 %	+2,1 %	+0,9%	+2,9%
1938-1949	+0,6 %	+0,6 %	0,5 %	+2%
1949-1962	+5,1 %	+5,5 %	+3,3 %	+6,8 %
Bilan 1896-1962	**+1,9 %**	**+2,4 %**		**+2,9 %**

Source : François Caron, *Histoire économique de la France. XIXe-XXe siècle*, Armand Colin, 1981, p. 163.

Production industrielle et productivité du travail dans l'industrie (1898-1975)

Année	Volume de la production	Indice du nombre d'heures de travail dans l'ensemble de l'industrie	Productivité horaire du travail
1898	66	138	48
1913	109	130	84
1921	60	–	–
1930	133	–	–
1938	100	100	100
1946	84	–	–
1947	99	–	–
1974	499	–	–
1975	464	130	360

Source : Jean Fourastié, *Les Trente Glorieuses, op. cit.*, p. 214, d'après INSEE, *Annuaire statistique de la France*, 1977.

En 2012, la productivité française reste l'une des plus élevées au monde.

Croissance comparée (moyenne annuelle en% par an) du PIB et de la productivité par tête d'habitant (1950-2000)

	1950-1973		**1973-1979**		**1979-1990**		**1990-1997**		**1997-2000**	
	PIB	Productivité /tête	PIB	Productivité/ tête	PIB	Productivité/ tête	PIB	Productivité/ tête	PIB	Productivité/ tête
France	5	5	2,8	2,6	2,5	2,1	1,3	1,3	3,6	1,4
Europe des 15	4,8	4,5	2,4	2,7	2,3	1,9	1,7	0,9	3,1	1,1
Etats-Unis	3,6	2,5	2,6	0,7	3	1,1	2,9	1,4	4,1	2,9

Source : OFCE, *L'Economie française 2011*, La Découverte, 2010, p.20.

B. Un pays de petites entreprises, une concentration croissante

En 1872, on ne compte que 4,8 ouvriers pour un patron à Paris. En 1876, les entreprises artisanales françaises emploient en moyenne 1,5 salarié pour 1 patron. En 1896, 1 million d'ouvriers travaillent encore à domicile, et la plus grosse unité de France, Schneider, au Creusot, ne mobilise que 9 260 ouvriers.

La situation en 1896

Etablissements avec	Pourcentage des établissements recensés
1 seul employé	50%
2 employés	21%
3 à 5 employés	17%
Plus de 5 employés	12%

Source : André Louat et Jean-Marc Servat, *Histoire de l'industrie française jusqu'en 1945, op. cit.*, p. 205.

Taille des établissements par branches selon le recensement de 1906

Nombre de salariés	< 10	11 à 100	> 100	> 500
Alimentation	62%	25%	13%	
BTP	47%	40%	13%	
Chimie	11%	36%	53%	21%
Textile	9%	22%	69%	26%
Métaux	27%	27%	46%	
Mines				86%
Métallurgie				80%

Source : André Louat et Jean-Marc Servat, *Histoire de l'industrie française jusqu'en 1945, op. cit.*, p. 205.

Evolution de la concentration industrielle (1906-2008)

	% salariés				1962				1978		2008	
	1906	1931	1954	1962	% entreprises	% Valeur ajoutée	% investissements		% salariés	Nombre d'entr. (milliers)	% salariés	Nombre d'entr. (milliers)
1 à 10 employés	32,2	19,7	16	14	88,2	10,1	6,4	1 à 20 employés	28,9	969,5	36,2	1 464,3
11 à 100 employés	27,6	30,1	30,8	30,8	10,2	20,4	15,7	20 à 499 employés	51,3	106,5	53	142,6
Plus de 100 employés	40,2	50,2	53,2	55,2	1,6	69,5	77,9					
Total	100[1]	100	100	100	100	100	100		100	1 078,1	1000	1608,7
Dont plus de 500	18,5[2]	26,6[4]	27,1	38,7	0,3	50,4	60,9		19,7	2,2	10,8	1,8
Dont plus de 1 000	12[3]			30,4	0, 1	42,1	52,2					
Travailleurs industriels isolés	1 501 000	855 000[5]										

1. Soit 630 000 entreprises, 3 680 000 salariés.
2. 4 434 usines ont de 200 à 300 salariés (241 par usine en moyenne). 574 usines ont plus de 500 salariés, et en rassemblent 680 000 en tout. Parmi ces dernières : 43 usines sidérurgiques, 66 mines, 120 industries de transformation des métaux, 200 usines de textile.
3. Soit 189 usines et 436 000 employés.
4. Soit 1 440 000 ouvriers.
5. D'autre part, 729 000 travailleurs sont employés dans des établissements de moins de 5 salariés, et 71 % des établissements qui n'ont aucun employé salarié représentent 27 % de la population active industrielle.

Sources : *Annuaires statistiques de la France*, 1938 et 1966, pages rétrospectives.
INSEE pour 1978 et 2008.

C. L'investissement

La longue stagnation de 1873-1896 fait reculer l'investissement par rapport au Second Empire, qui reste supérieur en proportion à ce qu'il était sous la monarchie de Juillet (1830-1848) et la IIe République (1848-1852).

Pendant la Belle Epoque, il croît de 3,3 % en moyenne par an, plus vite que la production (+ 1,6 %), et la part des investissements industriels devient enfin majoritaire (46 % en 1896, 50 % en 1913). Dans les années 1920, l'effort d'investissement est l'un des plus puissants au monde (+ 84 % entre 1913 et 1929).

En 1969, en bonne part grâce à l'action de l'Etat (les dépenses publiques consacrées à l'industrie passent de 0,26 % du PIB en 1920-1938 à 5,1 % en 1947-1950), le taux d'investissement français est le troisième au monde derrière le Japon et la RFA. Il dépasse en 1974 celui de l'Allemagne (21 %) et des Etats-Unis (18 %). La chute brutale entre 1974 et 1981 fait vieillir l'appareil productif. Elle le rend notamment incapable, lors de la tentative de relance par la consommation en 1981-1982, de suivre la hausse de la demande, d'où l'envol des importations au détriment de la balance commerciale. Depuis les années 1980, le taux se maintient plutôt bien, mais fluctue entre 17 et 21 % selon les cycles courts de crise et de croissance, et sans retrouver le niveau des années 1960.

Taux d'investissement (1835-1913)

	1835-1844	1855-1864	1875-1884	1885-1894	1895-1904	1905-1913
Taux d'investissement en % du PIB	17,5	20,5	19,8	19,3	21,3	21

Source : Dominique Barjot, *Histoire économique de la France au XIXe siècle*, Nathan, 1995, p. 92, d'après T.J. Markovitch.

Taux d'investissement (1913-2011)

	1913	1930	1938	1947	1960	1974	1980	1991	1997	2007	2011
Taux d'investissement en % du PIB	16,8	20,8	13,4	22[1]	20	24,7	21	21,1	17,1	20,9	20

1. Soit 615 milliards de F, un pic dû à l'engagement nouveau de l'Etat (38 % de fonds publics).

Sources : Jean-Jacques Carré *et al.*, *La Croissance française*, Seuil, 1972, pour la série 1896-1938, complété par Insee.fr pour la série longue 1978-2007 et par François Caron, *Histoire économique de la France*, *op. cit.*, p. 267 *sq*, pour les années 1950-1974. Banque mondiale pour 2011.

Investissement public et nationalisations

Dès 1946, l'Etat réalise 25 % des investissements industriels. En 1948, les entreprises publiques (celles dont l'Etat détient au moins 30 % du capital) regroupent 3 millions de personnes, soit le quart des salariés non agricoles. Elles réalisent 14 % de la production industrielle (11,8 % en 1969). La IVe et la Ve République les engagent dans un vaste effort de modernisation. Leur taux d'investissement est le plus élevé de l'économie française. Il s'accroît même avec la crise et atteint un maximum de 52 % en 1978 contre 37,4 % en 1973, et 46,6 % en 1959.

En 1981, les nationalisations décidées par la gauche portent le secteur d'Etat à son apogée. Formant 40 % du PNB et 20 % de la valeur ajoutée, assurant 50 % des investissements, il représente désormais un tiers des salariés, 25 % des effectifs de l'industrie (800 000 emplois), 30 % de ses ventes, et un chiffre d'affaires de 300 milliards.

A partir de 1986, cependant, les gouvernements, quelle que soit leur couleur politique, se lancent dans une politique de privatisations. En 2012, l'Etat reste toutefois actionnaire d'EDF à 84,7 %, la loi lui interdisant de descendre à moins de 70 %, et il détient entre autres 68 % d'Aéroports de Paris, 27 % de France Telecom ou 15 % de Renault.

Principaux indicateurs économiques annuels (1913-1997)

Année	PIB en milliards de F constants	Croissance du volume du PIB	Indice production industrielle (100 en 1938)	Dépenses de l'Etat en millions de F 1959	Déficit ou excédent budgétaire (%)	Inflation (%)	Importations (en milliards de NF 1959[1])	Taux de couverture de l'importation par l'exportation	Chômeurs (moyenne annuelle, et après 1954, au 31.12 de chaque année)	Taux de chômage (% population active)
1913	0,47		109	51	0,5	0	0,1	81,7		
1914				101	– 54,8	0	0,1	76,1		
1915				209	– 80,3	20	0,1	35,6		
1916				281	– 81,3	11,1	0,2	30,1		
1917				353	– 80,3	20	0,3	21,8		
1918				419	– 81,8	31,3	0,2	21,2		
1919			62	400	– 66,8	22,2	0,4	33,2		
1920	1,42		67	396	– 43,1	42,9	0,5	53,9	2 900 secourus	
1929	3,99		133	593	8,3	6,4	0,6	86,1	900	
1930	3,91		133	557	– 8,8	– 0,5	0,5	81,6	1 700	
1935	2,33		96	499	– 20,9	–10,3	0,2	73,9	426 500	
1936	2,52		103	558	– 30,3	9,2	0,3	61	435 300 (864 170 en mars)	4,6
1937	3,33		109	728	– 38,9	27,5	0,4	56,5	354 600	
1938	3,80		100	823	– 33,6	15,5	0,5	66,4	373 600	
1939				1501	– 57,8	8,1	0,4	72,1	381 900	
1940				2 036	– 64,6	19,5			751 800	
1941				1 208	– 33,6	16,3			292 600	
1942			61	1 333	– 26,9	16,6			70 300	
1943			54	1 605	– 22,2	28,1			19 900	
1944			38	2 586	– 49,7	27,1			14 600	
1945			50	4 654	– 52,2	37,9	0,6	20	15 800	
1946			84	5 212	– 16,7	64,1	2,6	38,3	15 700	
1949	34,8		122	12 049	19,6	2,8	9,3	84,6	39 700	
1954	44,4	5,5	159	37 024	– 9,4	– 0,4	15,2	99,2	62 600/BIT au 31/12 de chaque année : 377300	1,9

Année	PIB en milliards de F constants	Croissance du volume du PIB	Indice production industrielle (100 en 1938)	Dépenses de l'Etat en millions de F 1959	Déficit ou excédent budgétaire (%)	Inflation (%)	Importations (en milliards de NF 1959[1])	Taux de couverture de l'importation par l'exportation	Chômeurs (moyenne annuelle, et après 1954, au 31.12 de chaque année)	Taux de chômage (% population active)
1958	53	2,7	213	54 904	– 4,8	15	23,6	91,4	18 700/290 900	1,5
1965	77	4,9	310	9773	3,7	2,5	51,1	97,2	353 800	1,7
1970	100	6,1	393	162 233	1,9	5,2	106,2	93,8	630 900	2,9
1973	115,4	6,6	452	220 014	2,4	7,3	166,1	96,1	673 400	3
1974	119	4,5	460	254 146	7,4	13,7	254,7	86,5	848 200	3,8
1975	118,6	– 1	432	320 348	– 11,3	11,8	231,3	96,6	1 081 000	4,8
1978	131,9	4	468	466 052	– 7,4	9,1	368,4	93,5	1 358 100	5,9
1979	136,2	3,5	483	532 154	– 5,5	10,8	457,1	90,7	1 494 200	6,4
1980	138,4	1,7	483	624 487	– 5,6	13,6	570,8	82,3	1 652 900	7
1981	140	0,9	483	758 019	– 10	13,4	654,2	84	1 965 900	8,3
1982	143,6	2,4	478	889 866	– 9,9	11,8	757,6	80	2 019 900	8,5
1983	144,6	1,2	473	991 144	– 13,6	9,6	799,8	86,9	2 219 200	9,3
1984	146,5	1,5	473	1 074 756	– 13,7	7,4	905,4	89,8	2 543 900	10,6
1986	152,8	2,5	483	1 227 807	– 12,3	2,6	887,5	93	2 622 400	10,9
1988	163,1	4,6	517	1 177 914	– 9,2	2,7	1053,8	91,4	2 525 600	10,4
1992	175,6	1,4	541	1 440 165	– 14,3	2,4	1270,5	94,7	2 591 000	9
1996	183,7	1,1	552	1 676 178	– 17,6	2	1436,7	101,6	3 146 000	10,6
1997	187,8	2,2	574	1 742 713	– 15,3	1,2	1568	106,1	3 207 000	10,8

1. NF = nouveaux francs.

Sources : Antoine Prost, *Petite histoire de la France au xxe siècle*, Armand Colin, 2002. Selon Jean Fourastié, les calculs d'Alfred Sauvy, dont Antoine Prost se sert pour le revenu national d'avant 1940, ne peuvent être tenus pour fiables qu'à 20 % près, mais donnent un ordre de grandeur très utile. Complété par *Annuaire statistique de l'INSEE, 1961*, et par Insee.fr pour la croissance du PIB depuis 1960 et pour le chômage.

Principaux indicateurs économiques annuels (1998-2012)

Année	PIB en milliards d'€ courants	Croissance du volume du PIB	Indice prod. ind. (base 100 en 2005)	Déficit public en milliards d'euros	Déficit public (% du PIB)	Dette publique en mil iards d'euros	Dette publique (% du PIB)	Inflation (%) (indice des prix à la consommation)	Chômeurs (métropole et DOM)	Taux de chômage en métropole (% PA)	Avec les Dom
1998	1 358,8	3,4	95,5	32,7	2,6 %	789,1	59,6 %	0,7	3 050 000	10,3	10,8
1999	1 408,2	3,3	98,8	22,2	1,8 %	806,5	59,0 %	0,5	2 900 000	10	10,4
2000	1 485,3	3,7	103,9	19,6	1,5 %	829,2	57,5 %	1,7	2 626 000	8,5	8,8
2001	1 544,6	1,8	98,7	22,2	1,6 %	855,5	57,1 %	1,7	2 328 100	7,7	8,2
2002	1 594,3	0,9	98,2	49,2	3,3 %	914,2	59,1 %	1,9	2 392 000	7,9	8,3
2003	1 637,4	0,9	98,7	63,2	4,1 %	1007,1	63,3 %	2,1	2 656 000	8,5	8,8
2004	1 710,8	2,5	100,1	59,7	3,6 %	1 082,0	65,2 %	2,1	2 727 000	8,9	9,3
2005	1 772,0	1,8	100	56,1	2,9 %	1138,4	66,8 %	1,8	2 479 000	8,9	9,4
2006	1 853,3	2,5	102,4	43,4	2,3 %	1155,6	64,1 %	1,6	2 448 000	8,8	9,2
2007	1 945,7	2,3	102,2	49,5	2,7 %	1215,8	64,2 %	1,5	2 209 000	8	8,3
2008	1 995,8	-0,1	99,2	63,5	3,3 %	1318,6	68,2 %	2,8	2 068 000	7,4	7,8
2009	1 939,0	-3,1	86,5	138,9	7,5 %	1498,8	79,2 %	0,1	2 587 000	9,1	9,5
2010	1 998,5	1,7	90,7	135,8	7,0 %	1602,0	82,7 %	1,5	2 640 000	9,4	9,7
2011	2 059,3	2,0	90,4	105,0	5,2 %	1724,9	86,2 %	2,1	2 844 800	9,2	9,8
2012	2 091,1	0	87,8	101,6	4,9 %	1841,0	90,6 %	2,0	3 132 900	9,8	10,3

La dette publique est entendue au sens du traité de Maastricht.

Source : Insee.fr

D. Les grandes phases

a. La première Grande Dépression ou « longue stagnation » (1873-1896)

De 1840 à 1874, la France double son PIB. Le Second Empire correspond à une phase A du cycle de Kondratiev, et à un moment d'intense volontarisme modernisateur insufflé par l'Etat. Le coût de la défaite de 1871 et de la perte de la riche Alsace-Moselle se révèle supportable. Après 1870, la croissance du marché intérieur se ralentit, en raison de la stagnation démographique. En 1873, le monde entre dans un cycle B de Kondratiev, la Grande Dépression, première du nom, qui est plutôt une « longue stagnation[1] ». Le pays connaît 25 ans de marasme : faillites, krach boursier de janvier 1882 suivi d'une dépression des valeurs pendant plusieurs années, baisse des prix agricoles et industriels, chômage urbain. La croissance est faible, stagnante, voire en recul comme en 1882-1886 au climax de la crise. Cependant, sur toute la période, la croissance industrielle ne connaît en fait qu'une décélération et le produit industriel progresse de 1,6 % par an en moyenne. L'industrie souffre moins que l'agriculture. Et les salaires continuent de monter quand les prix baissent : pour restaurer leurs marges de profits, les entreprises licencient, mais aussi se concentrent et se modernisent. La mécanisation progresse tandis que l'artisanat individuel et le travail domestique régressent fortement : c'est la fin de la proto-industrialisation. L'implantation de la machine à vapeur connaît alors un essor historique.

Evolution annuelle comparée du volume du PIB (base 100 = 1913)

Année	France	Allemagne	Royaume-Uni	Etats-Unis		France	Allemagne	Royaume-Uni	Etats-Unis
1872	**55,1**	32,3	47,1	19,8	**1885**	**62,1**	42,1	57,3	32,1
1875	**61**	36,4	50,2	20,7	**1888**	**62,7**	45,9	63,2	36,6
1880	**60,3**	36,5	53,6	57,7	**1893**	**66,9**	53,1	65,3	45,2
1883	**63,1**	40,1	57,5	30,9	**1896**	**72,4**	59	74,9	48,2

Source : Angus Maddison, *L'Economie mondiale, 1820-1992. Analyses et statistiques*, OCDE, 1995.

1. Yves Breton, Albert Broder et Michel Lutfalla, *La Longue Stagnation en France. L'autre Grande Dépression, 1873-1897*, Economica, 1997.

Moyenne annuelle reconstituée de la croissance du PIB et de la production industrielle (PI), par période et par pays (1850-1914)

	France		Royaume-Uni		Allemagne		Etats-Unis		Total des 16 pays industrialisés (PIB)
	PIB	PI	PIB	PI	PIB	PI	PIB	PI	
1850-1872	~ 2	~ 2,7	~ 3,2	~ 3	–	~ 3,7	–	~ 5	~ 3,1 %
1873-1896	~ 1,1	~ 1,6	~ 1,4	~ 1,8	~ 2,6	~ 3,1	~ 3,8	~ 3,9	~ 2,4
1896-1913	~ 2	~ 3	~ 1,8	~ 2,2	~ 3,15	~ 4,5	~ 4,5	~ 6	~ 3,1

Source : Angus Maddison, *L'Economie mondiale, 1820-1992. Analyses et statistiques*, OCDE, 1995.

Evaluation reconstituée du revenu national français (1864-1913)

	1865-1874	1875-1884	Croissance moyenne par an	1885-1894	Croissance moyenne par an	1895-1904	Croissance moyenne par an	1905-1913	Croissance moyenne par an
En millions de francs courants	23 667	23 842	–	23 374	–	28 816	–	34 711	–
En millions de francs constants	22 327	24 972	0,8 %	26 713	0,9 %	30 985	1,4 %	34 711	1,1 %
Revenus constants par tête en francs	602	644,2	0,6 %	696,6	0,7 %	795	1,3 %	876,4	1 %

Source : François Caron, *Histoire économique de la France. XIXe-XXe siècle, op. cit.*, p. 23.

Les indicateurs économiques (1870-1913)

Années	PIB en millions de F courants	Produit agricole en millions de F courants	Indice prod. agricole (base 100 en 1890)	Produit industriel en millions de F courants	Indice production industrielle en volume (base 100 en 1890)	Produit des activités tertiaires en millions de F courants	Recettes de l'Etat en millions de F	Dépenses de l'Etat en millions de F	Déficit ou excédent budgétaire	Indice des prix intérieurs (base 100 en 1880)
1870	19 312	7 958	96,56	6 374	63,24	4 980	3 124	3 173	–49	102
1871	19 842	8 640	91,60	5 946	68,36	5 256	3 220	3 047	174	109
1875	21 276	8 805	120,39	7 308	81,21	5 163	2 870	2 936	-66	102
1880	21 140	8 163	93,74	7 459	87,66	5 518	3 531	3 365	166	100
1885	20 791	7 790	97,80	7 247	91,73	5 754	3 320	3 467	-147	88
1890	22 145	7 842	100,00	8 031	100	6 272	3 376	3 288	88	91
1895	21 830	7 963	103,67	8 166	109,31	5 971	3 416	3 434	–18	86
1900	26 130	8 646	111,22	10 527	134,94	6 954	3 815	3 747	68	89
1905	27 492	9 328	117,96	10 215	146,00	7 946	3 766	3 707	60	91
1906	28 468	9 145	105,89	10 887	151,40	8 433	3 837	3 852	–15	96
1910	32 458	9 976	100,57	13 102	187,44	9 380	4 274	4 322	–48	104
1913	38 842	11 907	122,80	16 143	208,86	10 792	5 092	5 067	25	109

Source : Emmanuel Chadeau, *L'Economie nationale aux XIXe et XXe siècles, op. cit.*, 1988.

L'augmentation des faillites (1872-1896)

	1872	1882	1890	1896
Faillites	5360	7061	8578	8628
Passif (millions de F)	215,6	243,9	652,2	528

Source : Luc Marco, « Les faillites en France pendant la longue stagnation », in *La Longue Stagnation en France. L'autre Grande Dépression, 1873-1897*, Economica, 1997, p. 112.

De la chute au relèvement des prix de gros (1872-1913)

Les prix de gros atteignent leur minimum séculaire en 1896. Leur remontée marque la fin du marasme, sans qu'ils retrouvent à la Belle Epoque le niveau antérieur à la Grande Dépression.

Indice des prix de gros (1872-1913)

	1872	1880	1884	1887	1890	1896	1913
Indice général des prix de gros	**144**	**120**	**101**	**92**	**100**	**82**	**116**
Indice des prix de gros des produits alimentaires	135	133	106	98	103	88	116
Indice des prix de gros des produits industriels	149	110	97	88	107	77	115
Prix du quintal de fonte (F)	15	7,2	6	5,5	5,9	6	8,2
Prix du quintal de fer (F)	26	14	12	10	13	11	13,5
Prix de la tonne de houille (F)	20	17,9	15	13	22,3	16,5	24,5
Prix du kg de coton (F)	2,4	1,6	1,4	1,3	1,4	1	1,7

Source : Emmanuel Chadeau, *L'Economie nationale aux XIXe et XXe siècles, op. cit.*, p. 216-227. L'auteur fournit des statistiques annuelles.

Indice des prix de détail (100 = 1913)

	1872	1875	1882	1887	1893	1896
Indice	99	94,9	99	90,7	90,4	89,4

Source : Bruno Marcel et Jacques Taïeb, *Les Grandes Crises. 1873-1929-1973*, Nathan, 2001, d'après l'INSEE, *Annuaire statistique de la France*, éditions de 1951 et 1965.

Dans cette conjoncture, les salaires résistent mais le chômage persiste.

Indices des salaires horaires (1873-1911)

	1873	1880	1896	1900	1911
Indice du salaire horaire	69,8	90,5	97,7	100	114,8

Source : Claude Fontaine, « L'évolution des prix pendant la longue stagnation », *in La Longue Stagnation en France, op. cit.*, p. 106.

Le chômage industriel[1] (1876-1896)

Année	Actifs industriels	Chômeurs	Taux de chômage
1876	5 200 000	0	0 %
1886	5 500 000	400 000	7,3 %
1896	6 070 000	140 000	2,3 %

1. Artisanat et bâtiment inclus, estimations arrondies.

Source : Claude Thélot, « La population active pendant la longue stagnation », in *La Longue Stagnation*, *op. cit.*, p. 140.

Enfin, les exportations industrielles ralentissent. Royaume-Uni excepté, tous les pays industrialisés reviennent au protectionnisme pendant la dépression.

Les exportations industrielles (1844-1896)

	1844-1846 à 1874-1876	1874-1876 à 1894-1896
Taux de croissance annuel moyen	+6,5 %	+0,7 %
Valeur en millions de F	1 559 (1874-1876)	1 538 (1894-1896)

Source : François Caron, *Histoire économique de la France*, *op. cit.*, p. 94 *sq.*

b. L'expansion retrouvée : de la Belle Epoque aux Années folles (1896-1931)

En 1896, les prix atteignent leur minimum séculaire avant d'entamer leur remontée : de 1896 à 1913, les prix agricoles grimpent de 40 % et les prix industriels de 36 % ; la masse monétaire double alors qu'elle n'avait augmenté que de 30 % de 1873 à 1895. La croissance revient, forte surtout après 1906, une fois passée la rechute des années 1901-1905.

Le PIB passe de 22,7 à 38,8 milliards de francs entre 1896 et 1913. L'agriculture retrouve le niveau de production du Second Empire. De 1896 à 1911, le produit industriel moyen croît au taux annuel estimé de 2 % (J.C. Toutain) à 2,4 % (M. Lévy-Leboyer) voire 2,6 % (Carré, Dubois et Malinvaud[1]). La production de fonte double, celle d'acier triple. Celle de l'aluminium français, l'un des meilleurs du monde, est multipliée par six entre son émergence au tournant du siècle et 1914. Les dividendes versés par les entreprises augmentent de 62 % entre 1894 et 1913.

La France de la « Belle Epoque » se jette pleinement dans la Deuxième Révolution industrielle qui s'est dessinée dans le dernier tiers du XIXe siècle.

1. Jean-Jacques Carré, Paul Dubois et Edmond Malinvaud, *Abrégé de la croissance française*, Seuil, 1973.

Celle-ci repose sur de nouvelles sources d'énergie : l'électricité et le pétrole, et sur de nouvelles branches motrices : la chimie, l'automobile et l'aéronautique. Or la France est le leader mondial de l'automobile jusqu'en 1904, le deuxième constructeur mondial encore en 1913, et le premier exportateur en 1914. Elle détient une forte avance dans l'aviation jusqu'en 1913 (40 % des moteurs d'avions mondiaux). Sans rivaliser avec celle de l'Allemagne, sa chimie emploie 127 000 personnes en 1910. La consommation d'électricité quintuple de 1900 à 1913, et la filière crée 30 000 emplois avant la guerre.

L'heure de gloire des industries de la première industrialisation est passée. S'il reste le premier secteur, notamment en termes d'emplois, le textile paraît à la traîne, avec une croissance ralentie (+ 1,1 % par an en moyenne de 1876 à 1913). Sa part dans les exportations tombe de 44 à 26 % de 1873 à 1913. Le bâtiment ne sort de trois décennies de régression ou de stagnation qu'après 1909, sans retrouver son niveau d'avant 1882. Les salaires grimpent plus vite que le coût de la vie, le pays ignore toujours l'inflation ou presque (+ 0,9 % par an pour les prix de détail), le pouvoir d'achat et le niveau de vie des classes populaires s'élèvent.

La puissance industrielle accumulée a permis à la France de devenir pendant la Grande Guerre l'arsenal des Alliés. Mais la Grande Guerre endette le pays, déstabilise la monnaie, engendre l'inflation et, selon Alfred Sauvy, engloutit 10 % du patrimoine national et l'équivalent de 11 ans d'enrichissement entre 1903 et 1914. Le niveau de 1913 n'est retrouvé qu'en 1923. La croissance est stimulée par le retour de l'Alsace-Moselle, intacte. Le développement du fordisme et du taylorisme, rares avant 1914 (une vingtaine d'usines), conjugué à une concentration accrue, augmente les gains de productivité (+ 2,4 % par an entre 1924 et 1929, la plus forte hausse par tête d'habitant entre 1856 et 1973). Les années 1924-1930 constituent les « six fabuleuses » (Denis Woronoff), où la France réussit mieux que les Etats-Unis et l'Allemagne, avec la plus forte croissance de la production industrielle en Europe et un taux d'investissement des plus forts au monde (+ 84 % entre 1913 et 1929). Le pouvoir d'achat des couches sociales inférieures augmente de 15 à 20 % entre 1926 et 1930, plus que celui des classes supérieures qui stagne[1]. A la production de masse répond l'ébauche d'une consommation de masse.

1. Cependant, les profits patronaux augmentent de 50 % entre 1913 et 1929, contre 12 % seulement pour les salaires des ouvriers parisiens, les plus élevés de France. La faiblesse du marché intérieur contribue à préparer la crise des années 1930.

PNB des grandes puissances en 1913 (reconstitué), en milliards de dollars

Pays	PNB en milliards de dollars
Etats-Unis	176
Allemagne	73
Russie	72
Royaume-Uni	68
France	49

Les dix premiers PNB par tête d'habitant en 1913 (en dollars 1985)

Etats-Unis	Royaume-Uni	Danemark	Pays-Bas	Suisse	Belgique	**France**	Allemagne	Suède	Italie
4855	4025	3265	3180	3085	3085	**2735**	2605	2450	2085

Source : Dominique Barjot, *Histoire économique de la France au XIXe siècle, op. cit.*, p. 288, d'après les travaux d'Angus Maddison.

Branches nouvelles et traditionnelles dans la valeur ajoutée industrielle (1905-1913)

	Branches traditionnelles					Branches nouvelles			
Branche	Ind. textiles	Alimentation	Habillement	Ind. alimentaires	BTP	Transformation des métaux	Houille	Métaux	Electricité
Part dans le total de la valeur ajoutée industrielle	16,5 %	15,1 %	14,9 %	14 %	13,2 %	12,7 %	2,7 %	2,4 %	0,7 %

Source : André Louat et Jean-Marc Servat, *Histoire de l'industrie française jusqu'en 1945, op. cit.*, p. 178.

Taux de croissance annuelle de la production (1896-1938)

	Alimentation	Textile	Charbon, gaz	Matériaux de construction	Production électrique, traitement de l'eau	Métallurgie	Ind. méc. et électr.	Chimie
1896-1913	1,4	1,4	2,2	2,4	8,9	6,5	4,5	5,9
1913-1929	2,1	0,8	2,2	2,5	12,9	4	4,4	7,5
1929-1938	0,3	– 1,4	0,8	– 5	3,3	– 4,5	– 8,9	0,9

Source : André Louat et Jean-Marc Servat, *Histoire de l'industrie française, op. cit*, p. 243 et p. 259.

Croissance totale de quelques branches (en %) (1913-1929)

Textile	Papier	Cuir	Mines	Bâtiment	Métallurgie	Mécanique	Aluminium	Ciment	Caoutchouc
– 0,8	+ 6	+ 19	+ 23	+ 23	+ 29	+ 57	+ 115	+ 122	+ 726

Source : Jean-Jacques Becker et Serge Berstein, *Victoires et frustrations 1914-1929*, Seuil, 1990.

Production totale de quelques branches (1913-1929)

Production en millions de tonnes	1920	1929	Ampleur de la croissance
Houille	25,2	55	× 4
Aluminium	12,3	29,1	× 2,5
Acier	3	9,7	× 3
Fer	13,9	50	× 3,5
Electricité (millions de kw/h)	3,5	14	× 4
Automobiles (unités)	40 000	254 000	× 6

Source : Jean-Jacques Carré, Paul Dubois et Edmond Malinvaud, *Abrégé de la croissance française*, *op. cit.*

Du redressement des prix à l'inflation née de la Grande Guerre

La Belle Epoque coïncide avec la remontée des prix. Ceux-ci s'emballent sous la Grande Guerre, cause d'une inflation sans précédent. La crise mondiale de 1919-1921 les fait un instant chuter. Leur reprise vigoureuse accompagne la prospérité des années 1920. L'indice se retourne cependant dès 1926, bien avant l'arrivée de la Grande Dépression en France en 1931. La chute des prix dès la fin des années 1920 atteste que les difficultés de l'économie française précèdent le krach de Wall Street en octobre 1929 et l'installation de la crise.

Quelques indices de prix (1896-1931)

	1896	1900	1906	1910	1913	1914	1915	1916	1917	1918	1919	1920	1921	1922	1926	1931
Indice général des prix de gros	**82**	**99**	**104**	**108**	**116**	**118**	**162**	**218**	**302**	**392**	**412**	**589**	**399**	**378**	**812**	**523**
Indice des prix de gros des produits alimentaires	88	93	98	109	116	120	152	193	261	325	389	532	411	376	732	600
Indice des prix de gros des produits industriels	77	103	109	108	115	116	169	238	336	446	430	635	389	379	876	461
Prix du quintal de fonte (F)	6	10	7,5	8,5	8,2	8	22,5	30	32,4	44	45	70	31,2	37	75	47
Prix du quintal de fer (F)	11	17	15	13,5	13,5	13	29	58	68	70	75	97,5	68	55,5	88	103
Prix de la tonne de houille (F)	16,5	27	20,5	21,5	24,5	24	55	105	128	118	130	280	130	85	166	127
Prix du kg de coton (F)	1	1,3	1,5	1,9	1,7	1,7	1,7	2,6	4,8	8	7	12,6	5,3	6,6	1,4	6,3

Source : Emmanuel Chadeau, *L'Economie nationale aux* XIX*e et* XX*e siècles*, *op. cit.*, p. 216-227. L'auteur fournit des statistiques annuelles.

Des salaires qui augmentent plus vite que les prix (1920-1930)

	1920	1926	1930
Salaires horaires	400	550	750
Prix de détail	370	515	580

Source : Rémi Pérès, *Chronologie de la France au xx*[e] *siècle. Histoire des faits économiques, politiques et sociaux*, Vuibert, 2000, p. 29.

c. La crise des années 1930

La crise économique qui bouleverse le monde atteint la France en 1931. La **Grande Dépression** consécutive au krach de Wall Street en octobre 1929 est ressentie plus tardivement et moins fortement que dans les autres grandes puissances industrielles. Moins violente, elle est aussi plus durable, d'autant que jusqu'en 1936, les décideurs s'en tiennent à des politiques libérales anachroniques fondées sur la déflation et le prestige monétaire.

Certes, la production agricole ne s'effondre pas, le chômage ou le recul de la production industrielle restent loin des sommets atteints en Allemagne ou aux Etats-Unis. Les PME tournent au ralenti mais évitent de licencier – par orgueil, par paternalisme ou par intérêt – pour être bien pourvue en main-d'œuvre qualifiée au jour de la reprise. Les revenus ne baissent que de 5 à 13 % selon les catégories quand le coût de la vie chute de 22 % : le pouvoir d'achat de ceux qui gardent leur emploi augmente donc pendant la crise !

Ce qui n'empêche pas celle-ci d'être très douloureuse : chute des prix et de la production, chute des taux de profit des entreprises ou du revenu national, creusement des déficits, envol des faillites (735 par mois en 1930, 1 169 en 1932), effondrement boursier. 670 banques ferment leurs portes de 1929 à 1937, soit un quart du total, dont 118 rien qu'en 1931. Les particuliers qui ont placé leurs capitaux dans les entreprises perdent jusqu'à 25 % de leurs revenus. Entre 1931 et 1936, la masse salariale globale se serait contractée de 25 % et la population active industrielle aurait régressé de 1 330 000 personnes. Si la barre des 900 000 chômeurs secourus n'est jamais franchie, le chômage partiel est important : au printemps 1932, il toucherait 80 % du textile et de la mine. 25 % des usines de plus de 100 salariés travailleraient moins de 40 heures par semaine (moins de 10 % début 1936). La loi xénophobe du 10 août 1932 sur la main-d'œuvre accélère le départ de 515 000 travailleurs immigrés entre 1931 et 1936, tandis que 300 000 femmes sont licenciées. Le repli sur l'Empire s'accentue.

Le Front populaire (1936-1938) relance l'activité industrielle en dévaluant enfin le franc le 26 septembre 1936. 160 000 emplois sont ainsi créés entre octobre 1936 et octobre 1937. Mais les hausses de salaire consécutives au mouvement social de juin 1936 favorisent le retour de l'inflation qui dévore vite les gains réels. Dès mars 1937, la rechute économique mondiale frappe la France.

Puis survient la guerre qui coûte en destructions quelque 880 milliards de francs 1938, dont 393 milliards de capital productif. En 1945, les 590 000 machines-outils sont âgées en moyenne de 25 ans, le réseau de transport est disloqué, les exportations presque nulles, et l'inflation héritée du pillage allemand connaît son apogée historique en 1946-1948.

Indices comparés de la production industrielle (100 = 1929)

	1930	1931	1932	1933	1934	1935	1936	1937	1938
France	**100**	**89**	**77**	**83**	**78**	**76**	**80**	**83**	**79**
Allemagne	88	72	58	65	83	95	106	116	124
Etats-Unis	81	68	54	64	66	76	88	92	72
Japon	95	92	98	113	128	142	151	171	173
Royaume-Uni	92	84	83	88	99	106	116	124	116

Indices de la production industrielle française par branche (1929-1938)

Année	**Indice général**	Mines	Chimie	Papier	Textile	Cuir	Métallurgie	Automobile	BTP	Gaz et électricité
1928	**100**	100	100	100	100	100	100	100	100	100
1929	**109**	106	108	123	100	86	104	106	126	108
1930	**108**	105	103	129	94	89	100	101	140	113
1931	**94**	93	84	108	80	82	83	89	127	108
1932	**79**	84	83	104	74	73	58	76	99	103
1933	**88**	87	90	142	89	83	66	82	94	109
1934	**82**	88	89	160	78	66	63	81	85	111
1935	**80**	86	81	149	80	71	64	73	73	112
1936	**85**	95	95	178	86	81	69	86	70	116
1937	**89**	89	103	186	88	74	84	84	66	124
1938	**83**	91	99	154	84	72	68	91	61	126

Source : Alfred Sauvy, *Histoire économique de la France entre les deux guerres*, Fayard, 1965, t. II, p. 537.

Nombre de faillites ouvertes dans l'année (1929-1938)

	1929	1930	1931	1932	1933	1934	1935	1936	1937	1938
Faillites	6502	6443	7387	8992	9349	10433	10226	7972	5775	4891

Source : INSEE, *Annuaire statistique de la France*, 1966, pages rétrospectives.

Indice mensuel de la production industrielle (1928 = 100) (1935-1938)

1935			1936								
Janv.	Juillet	Déc.	Janv.	Mai	Juin	Juillet	Août	Sept.	Oct.	Nov.	Déc.
78	80	83	86	87	80	82	75	81	88	89	91

1937					1938					
Mars	Mai	Août	Sept.	Déc.	Avril	Juin	Juillet	Août	Sept.	Déc.
94	89	76	86	92	82	83	81	70	81	88

Source : *Annuaire statistique de la France*, 1938.

Commencée dès 1926, la chute des prix se poursuit avec l'arrivée de la crise en 1931. Les hausses de salaire qui suivent la victoire des grévistes (accords de Matignon, 7 juin 1936) contribuent à la reprise de l'inflation.

Indices des prix de gros (1926-1940)

	1926	1931	1935	1936	1937	1938	1939	1940
Indice général des prix de gros	**812**	**523**	**393**	**458**	**638**	**724**	**803**	**1016**
Indice des prix de gros des produits alimentaires	732	600	407	506	657	750	757	926
Indice des prix de gros des produits industriels	876	461	382	420	622	704	841	1089

Indice des prix à la consommation (1914-1939)

Année	Indice
1914	100
1920	600
1921	333
1929	621
1931	609
1935	440
1936	480
1937	611
1938	706
1939	763

Source : INSEE, *Annuaire rétrospectif de la France. 1948-1988*, 1990.

d. Les Trente Glorieuses

Les réformes de structure de la Libération installent l'Etat-providence, qui va piloter la reconstruction, l'investissement et la croissance, lancer la planification (plan Monnet, 1946), prendre en main un vaste secteur public et fonder un ambitieux système de protection sociale. La France profite du plan Marshall (1948-1952) et s'engage d'emblée dans la construction européenne et la naissance du Marché commun.

Les « Trente Glorieuses » en France n'atteignent leur sommet que dans les années 1960 et surtout de 1969 à 1973, en décalage avec d'autres pays comme l'Italie, l'Allemagne ou le Japon dont le « miracle économique » correspond surtout aux années 1950. Le baby-boom accroît le nombre des consommateurs. La productivité n'a jamais crû si vite (+5 à +6,5 % par an dans la décennie 1960), avec l'apogée du travail à la chaîne (qui ne concerne toutefois que 9 % des effectifs industriels en 1974). Si la tertiarisation de la société s'accélère, et si les mines ou le textile battent de l'aile dès les années 1960, c'est l'apogée de l'industrie et de la classe ouvrière. L'arrivée massive des femmes dans l'emploi salarié modifie radicalement leur condition. Le niveau de vie des Français quadruple en une génération, permettant l'âge d'or de la société de consommation. Même le pouvoir d'achat des ouvriers augmente de 4,5 % par an entre 1960 et 1973, quoique celui des OS et des femmes reste inférieur d'un tiers en moyenne. La concentration s'accélère : la moyenne des fusions annuelles dans l'industrie passe de 32 en 1950-1958 à 74 en 1959-1965 et 136 en 1966-1972. En 1974, 319 groupes répertoriés totalisent 51 % de l'emploi industriel.

La croissance atteint son pic sous Georges Pompidou, qui inscrit à l'ordre du jour la « priorité industrielle ». Mais juste après sa mort (1974) survient la crise.

Le plan Monnet (1946-1952)

Ce plan n'aurait pu être réalisé sans l'aide américaine : en 1948, le plan Monnet absorbe de 75 à 80 % de la contre-valeur en francs du plan Marshall, en 1949, 70 à 80 %, en 1950, 83 %. L'Etat a fourni 51 % des investissements en 1947, 62 % en 1949, 57 % en 1950.

Le plan Monnet (1946-1953)

	Production de 1929	Objectifs du plan Monnet	Production de 1953	% de réalisation du plan
Charbon (millions de t)	55	65 [puis 60 en 1948]	54,5	84
Electricité (milliards de kw/h)	15,5	37	41,4	112
Acier (millions de t)	9,7	11	10	91
Ciment (millions de t)	4,3	13,5	9	66

Source : Serge Berstein et Pierre Milza, *Histoire du xx*e *siècle*, Hatier, 1995, t. II : 1945-1975, p. 80.

Taux de croissance annuels moyens en volume (1949-1977)

	1949-1959	1959-1960 à 1970-1971	1972-1977
	PNB	PNB	PIB
France	4,5%	5,8%	3,2%
RFA	7,4%	4,9%	2,2%
Etats-Unis	3,3%	3,9%	2,7%
Ensemble OCDE	–	4,8%	–

Source : François Caron, *Histoire économique de la France*, *op. cit.*, p. 159.

Croissance de la production industrielle (1946-1962)

	1938	1946	1949	1952	1958	1962	1968	1972
Indice	69	57	84	100	147	189		
Indice						100	134	173

Source : INSEE, *Annuaire rétrospectif de la France. 1948-1988*, 1990.

e. La crise, à nouveau…

Conséquence du dérèglement et de la mort du système monétaire mondial né à Bretton-Woods en 1944, puis du choc pétrolier d'octobre 1973 (la hausse du prix du pétrole ponctionne 3,5 % du PIB de 1974), la crise est immédiatement sensible dans les années 1974-1975. Fait inédit, le ralentissement de la croissance s'accompagne d'une poussée inflationniste (la « stagflation »). Un chômage de masse structurel s'installe : de 1963 à 1997, il ne cesse de progresser. Les dernières politiques de relance keynésienne, menées par Jacques Chirac en 1975-1976 (2,2 % du PIB injectés dans l'économie) et à un degré moindre par Pierre Mauroy en 1981-1982 (1,7 % du PIB), sont des échecs. Après de multiples plans de sauvetage coûteux et une série de nouvelles nationalisations, il faut se résoudre après 1984 à la désindustrialisation qui nourrit le chômage et désole des régions entières.

Si la baisse du prix du pétrole par l'OPEP après 1985 diminue la facture énergétique et si la France parvient à réduire sa dépendance, c'est au prix de la « rigueur » que l'inflation est vaincue au milieu des années 1980. La stabilisation monétaire est ensuite acquise avec la politique du « franc fort », qui permet en 1999-2002 la qualification pour la monnaie unique. Mais c'est au prix de taux d'intérêts élevés qui obèrent la croissance, ainsi que d'une compression draconienne de l'inflation. L'embellie de 1987-1990 (plus de 4 % de croissance, 850 000 emplois créés) est vite occultée par la récession mondiale de 1991-1993, la pire alors de l'après-guerre. L'éclaircie de 1997-2000 – plus de 3 % de croissance, 2 millions d'emplois créés dont 350 000 par l'abaissement controversé de la durée hebdomadaire légale du travail à 35 heures[1] – ne se reproduit pas non plus. La nouvelle baisse du chômage de 2005 à 2007 s'interrompt brusquement à l'arrivée de la nouvelle crise mondiale en 2008.

Celle-ci, la pire depuis les années 1930, entraîne une récession brutale du PIB et de la production industrielle, une forte hausse du chômage (1,1 million de personnes frappées en cinq ans), ainsi qu'une explosion du déficit budgétaire et de la dette publique. Encore la France reste-t-elle par comparaison, aujourd'hui comme hier, moins meurtrie par la crise que bien d'autres pays développés.

Le recul de l'emploi industriel (en milliers au 4e trimestre de chaque année, sauf mention contraire) (1975-2012)

	1970	1975	1980	1985	1990	1995	9/1997	6/2001	2007	2012
Emplois industriels hors construction	5418,3	5531,2	5 281,3	4723,1	4564	4067,2	3 992	4089,4	3 602,8	3 238,3
Construction	1 722,1	1 632	1 538	1 254,2	1 384,4	1 219,4	1 661,6	1 272,9	1 493	1 421,2
Total	**7140,4**	**7163,2**	**6 819,3**	**5 977,3**	**5 948,4**	**5 286,6**	**5 653,6**	**5 362,3**	**5 095,8**	**4 659,5**

Source : Insee.fr

Symptômes et raisons de la désindustrialisation (1980-2007)

	Volume annuel moyen détruit	Externalisation des activités industrielles vers le secteur tertiaire	Effet des gains de productivité	**Effet de la concurrence internationale**	
				Approche comptable	Approche économétrique
1980-2000	71 000	25 %	29 %	13 %	9 % à 70 %
2000-2007	65 000	5 %	65 %	28 %	9 % à 80 %

Source : Lila Demmou, « La désindustrialisation de la France », Direction générale du trésor et de la politique économique, 2010. La somme des trois effets est différente de 100 %, car la décomposition effectuée ne prétend ni à l'exhaustivité ni à l'indépendance des effets pris en compte. Selon l'auteur elle-même, l'approche économétrique relève d'hypothèses à prendre avec précautions.

1. Pendant ces années-là, la France dispose à la fois du plus fort taux de croissance des grands pays de l'UE, de la plus faible inflation et du meilleur excédent commercial.

Croissances comparées du PIB (%) (1997-2011)

	1997	2000	2005	2010	2011
Allemagne	1,5	2,9	0,7	3,6	3
France	**0,7**	**3**	**1,1**	**1,6**	**1,7**
Royaume-Uni	3,6	3,9	2,1	2,1	0,9
Espagne	3,6	4,2	1,9	- 0,1	0,4
Italie	1,8	3,6	0,2	1,8	0,4
Zone euro	**-**	**-**	**1,7**	**1,8**	**1,5**
Etats-Unis	3,2	3	2,1	3	1,7
Japon	1,4	2,1	1,2	4,5	- 0,7
Ensemble économies avancées				**3,2**	**1,6**
Chine	9,3	8,4	11,3	10,4	9,2
Inde	4	4	9,3	10,3	7,3

Source : Banque mondiale.

Taux de chômage comparé (2000-2012)

	2000	2005	2010	2012
Allemagne	7,5	11,2	7,1	5,5
France	**9**	**9,3**	**9,7**	**10,3**
Italie	10,1	7,7	8,4	10,6
Irlande	4,2	4,5	13,9	14,7
Grèce	11,2	9,9	12,6	24,4
Espagne	11,1	9,2	20,1	25,1
Zone euro	**8,5**	**9,1**	**10,1**	**11,4**
UE à 27	**8,7**	**9**	**9,7**	**10,5**
Etats-Unis	4	5,1	9,6	8,1
Japon	4,7	4,4	5,1	4,4

Source : Eurostat.

Inflations comparées (2000-2012)

	2000-2007	2008-2010	2011-2012
Allemagne	1,7	1,4	2,3
France	**1,9**	**1,7**	**2,3**
Espagne	3,2	2	2,7
Italie	2,4	2	3,1

Source : Insee.fr

Déficits et dettes publiques comparés (2008-2011)

	Déficit public				Dette publique			
	2008	2009	2010	2011	2008	2009	2010	2011
Allemagne	0,1	3,2	4,3	1	66,7	74,4	83	81,2
France	**3,3**	**7,5**	**7,1**	**5,2**	**68,2**	**79,2**	**82,3**	**85,8**
Royaume-Uni	5	11,5	10,2	8,3	54,8	69,6	79,6	85,7
Espagne	4,5	11,2	9,3	8,5	40,2	53,9	61,2	68,5
Italie	2,7	5,4	4,6	3,9	105,7	116	118,6	120,1
Grèce	9,8	15,6	10,3	9,1	113	129,4	145	165,3
Zone euro	**2,1**	**6,4**	**6,2**	**4,1**	**79,1**	**79,9**	**85,3**	**87,2**
UE à 27	**2,4**	**6,9**	**6,5**	**4,5**	**62,5**	**74,8**	**80**	**82,5**
Etats-Unis	6,3	11,3	10,6	10,1	71	84,3	93,6	101,1
Japon	2,2	8,7	8,1	8,9	174,1	194,1	197,7	212,7

Sources :
Eurostat. Geodica, d'après l'OCDE.

Jean-Charles Asselain, *Histoire économique du xxe siècle. La montée de l'Etat*, Presses de Sciences Po, 1995.
Dominique Barjot, *Histoire économique de la France au xixe siècle*, Nathan, 1995.
François Caron, *Histoire économique de la France, xixe-xxe siècle*, Armand Colin, 1981.
Jean-Jacques Carré, Paul Dubois, Edmond Malinvaud, *Abrégé de la croissance française*, Seuil, 1977.
Emmanuel Chadeau, *L'Economie nationale aux xixe-xxe siècles*, Presses de l'ENS, 1988.
Jean Fourastié, *Les Trente Glorieuses*, Hachette, 2000 (1re édition 1979).
André Louat, Jean-Marc Servat, *Histoire de l'industrie française jusqu'en 1945*, Bréal, 1995.
Alfred Sauvy, *Histoire économique de la France entre les deux guerres*, Fayard, 1965.

Chapitre 2

ÉTUDES SECTORIELLES

A. L'agriculture

Le monde rural français atteint son apogée vers 1860. Puis l'exode rural commence à vider les campagnes au rythme moyen de 100 000 personnes par an entre 1871 et 1939, rythme cependant bien plus lent que dans les autres pays industrialisés. La France est un pays encore rural pour les trois quarts en 1851, pour deux tiers en 1900, pour moitié en 1931. De ce fait, une population agricole en net sureffectif, à l'abri des barrières protectionnistes (tarifs Méline, 1892, qui taxent les importations agricoles de 5 à 20 %), reste très longtemps employée à un travail souvent très routinier et peu productif.

La dépression économique de 1873-1896 voit la stagnation de l'agriculture française. Le produit agricole brut régresse nettement. Les prix agricoles chutent lourdement (30 à 40 % entre 1871 et 1914), ainsi que la valeur de la terre. La superficie des terres labourables recule. La vigne est ravagée dans les années 1870-1880 par le phylloxéra. Les rendements n'augmentent que lentement. En conséquence de la crise, le pouvoir d'achat des paysans régresse et, selon J.C. Toutain, il n'équivaut de 1850 à 1914 qu'à 45 % du pouvoir d'achat de la population industrielle.

La reprise se dessine à la Belle Epoque, les prix remontant après 1895. De 1897 à 1913, le secteur agricole connaît même la plus forte croissance sectorielle en valeur : le produit agricole brut augmente de 7,7 % par an contre 6,8 % pour l'industrie et 6,6 % pour le secteur tertiaire. Cependant, à la veille de la Grande Guerre, les progrès sont lents. Le pays est loin d'être autosuffisant, la balance agricole est déficitaire d'un demi-milliard de francs pour les produits alimentaires essentiels[1]. L'agriculture française a une productivité et un taux de croissance parmi les plus faibles d'Europe.

Les lourdes pertes humaines de la Grande Guerre meurtrissent le monde paysan. Les dernières terres agricoles dévastées ne sont reconstituées qu'en 1926. La surface cultivée baisse de 1,7 million d'ha entre 1921 et 1938, les forêts regagnant 400 000 ha. Le monde agricole bénéficie moins de la prospérité des années 1920 que les autres secteurs : la production agricole en 1925 n'est qu'à l'indice 106 pour une base 100 en 1913, et elle retombe même à 86 en 1926.

Puis les campagnes subissent de plein fouet, dans les années 1930, la nouvelle chute des prix agricoles. L'hectolitre de vin passe d'un record de 194 francs en 1928 à 64 francs en 1935. Le prix du quintal de froment s'effondre de plus de moitié et atteint son minimum depuis un siècle malgré les aides très coûteuses de l'Etat. En tout, de 1928 à 1935, les revenus agricoles chutent d'un tiers. Les rendements continuent à ne progresser que lentement et la productivité reste pratiquement la plus faible des pays riches. La France parvient néanmoins à conserver le premier rang mondial en production viticole, le 4e pour le blé ou le 9e pour le sucre.

Après le second conflit mondial, l'agriculture entre dans une phase de modernisation accélérée : remembrement des terres, mécanisation intensive, entrée dans le Marché commun (1957), adoption de la Politique agricole commune (PAC) en 1962. Forte de la première surface agricole utile d'Europe et de la variété de ses sols et de ses climats, la France devient autosuffisante et exportatrice. En 2010, selon Eurostat, l'agriculture française produit pour 66 milliards d'euros et conserve son premier rang européen.

Sources

Georges Duby (dir.), *Histoire de la France rurale*, Seuil, 1992.
Eugen Weber, *La Fin des terroirs. La modernisation de la France rurale 1870-1914*, Fayard/Pluriel, 2011 (1re éd. 1976).

Les recensements agricoles de 1862, 1882, 1892, 1913, 1929 et 1955, publiés par les ministères de l'Agriculture, fournissent des statistiques d'une extrême précision, tout comme l'INSEE après la dernière guerre. Encore de nos jours, le service « Agreste », au ministère, rassemble statistiques et évaluations agricoles.

1. Malgré le protectionnisme, la France doit importer 0,6 à 1 million de t de céréales par an, et même 1,5 million en 1910 et 1911.

L'agriculture française selon les recensements agricoles : surfaces cultivées, productions, rendements et prix agricoles (1862-2012)

	1862	1882	1892	1913	1929
Bois et forêts (ha)	9 317 200	9 355 882	9 255 244	9 886 701	10 670 075
Valeur totale production forestière (F)	ND	ND	ND	ND	3 421 809 314
Surface agricole utilisée totale (ha)	33 910 676	34 882 954	34 720 152	36 549 453	33 541 745
dont terres labourables (ha)	ND	25 587 881	25 384 592	23 651 100	20 380 928
Froment (ha)	7 473 374	7 191 149	7 166 459	6 542 230	5 445 890
Production de froment (grains, en quintaux)	82 356 144	98 698 343	90 474 458	86 919 050	94 621 283
Rendement (q/ha)	11	13,7	12,6	13,3	17,34
Prix grain/quintal (F)	28	24	22	27	135,7
Valeur totale production en F (grains et paille)	2 920 152 701	3 156 800 497	2 737 835 430	2 345 441 660	16 064 469 175
Avoine (ha)	3 323 875	3 610 592	3 805 490	3 979 270	3 458 586
Rendement (grains, q/ha)	38 036 532	42 548 117	40 821 585	51 826 010	58 313 278
Quintal grains/ha	11,4	11,7	11	13	16,9
Prix hectolitre grains (F)	16	17,6	16,5	ND	47,7
Valeur totale production en F (grains + paille)	787 662 059	978 148 848	940 781 370	1 103 166 970	6 407 078 940
Seigle (ha)	1 928 298	1 743 884	1 565 397	1 175 710	723 914
Production (grains, en quintaux)	17 908 415	20 437 866	17 283 644	12 714 750	9 611 923
Rendement (grains q/ha)	9,3	11,7	10,6	10,8	13,3
Prix grains/quintal (F)	19	17,75	16,45	20	91,5
Valeur totale de la production (grains + paille) en F	470 085 556	543 595 655	445 715 695	254 387 260	1 354 942 008
Orge (ha)	1 086 991	975 703	851 413	760 205	785 859
Production grains (quintaux)	12 563 160	12 021 833	9 801 450	10 437 600	13 787 932
Rendement (q/ha)	11,6	12,3	11,5	13,7	17,5
Prix quintal (F)	61	62	62	64	64,3
Valeur totale production (F)	264 884 430	266 341 385	212 214 246	217 086 580	1 555 692 176
Sarrasin (ha)	668 904	645 476	610 740	451 430	267 721
Production (quintaux)	6 766 075	7 001 997	6 068 995	5 664 350	3 560 219

	1862	1882	1892	1913	1929
Rendement (q/ha)	10,1	10,8	9,5	12,5	12,5
Prix quintal (F)	14,54	15,67	15	19,35	87,80
Valeur totale production (F)	98 423 165	109 773 314	92 043 085	109 707 520	312 579 391
Maïs (ha)	586 032	548 362	535 549	458 430	323 442
Production (quintaux)	6 190 321	7 237 614	6 529 180	5 430 750	5 178 188
Rendement (q/ha)	10,5	13,2	12	11,8	16
Prix quintal (F)	18,05	18,60	16,50	21,23	114,8
Valeur totale production (F)	111 722 692	134 649 090	107 712 504	115 308 590	594 721 036
Méteil (ha)	514 542	315 010	263 390	123 050	64 659
Production grains (quintaux)	5 763 796	4 493 500	4 279 197	1 490 640	905 977
Rendement (q/ha)	11,2	13,04	11,35	12,1	14
Prix quintal de grains (F)	23,6	20,7	19,4	22,84	111
Valeur totale production (grains + paille) en F	177 649 949	129 274 489	85 924 792	34 053 290	139 162 708
Pommes de terre (ha)	1 234 807	1 337 813	1 474 144	1 531 150	1 322 794
Production (quintaux)	102 732 700	100 993 666	154 910 248	134 204 070	155 294 058
Rendement (q/ha)	ND	ND	ND	ND	116,6 à 118,3
Prix quintal (F)	ND	ND	ND	ND	36,5 à 63,5
Valeur totale production (F)	489 285 912	648 317 905	670 484 642	907 172 610	5 818 172 597
Riz (ha)	ND	ND	ND	400	350
Production (quintaux)	ND	ND	ND	7 200	7 000
Rendement (q/ha)	ND	ND	ND	18	20
Prix quintal grains (F)	ND	ND	ND	19	124.3
Valeur totale production (grains) en F	ND	ND	ND	136 800	870 000
Total productions céréalières (ha)	**15 620 821**	**15 096 066**	**14 827 085**	**13 518 843**	**11 095 724**
Valeur totale production (F)	**4 835 329 559**	**5 325 296 787**	**4 625 865 730**	**4 181 590 857**	**26 446 808 8236**
Betterave industrielle[1] (ha)	136 492	240 465	271 258	299 919[2]	310 214
Production (quintaux)	44 267 585	88 503 921	72 518 544	78 098 935	77 415 715
Rendement (q/ha)	324	368	267	ND	ND
Prix quintal (F)	1,90	2,01	2,39	ND	ND

	1862	1882	1892	1913	1929
Valeur totale production (F)	84 178 187	178 209 409	173 738 875	203 945 063	1 419 000 402
Plantes textiles (lin, chanvre) en ha	205 569	107 532	65 112	43 021	50 427
Valeur totale production (F)	160 059 935	94 115 080	50 244 518	43 032 500	284 175 196
Oléagineux (ha)	289 554	135 119	95 483	30 757	18 141
Valeur de la production (F)	120 905 176	46 497 018	30 986 355	13 266 420	48 971 042
Tabac (ha)	17 689	13 701	16 539	15 475	14 866
Production (quintaux)	252 197	207 630	239 468	260 024	285 327
Rendement (q/ha)	14,25	15,15	14,41	16,51	19,2
Prix/ha (F)	219	510	222	284,56	234
Valeur totale production (F)	14 522 763	15 079 515	7 735 287	10 378 015	14 403 184
Prairies artificielles (ha)	ND	2 729 846	2 835 093	3 111 614	3 094 576
Valeur totale production (F)	ND	714 685 275	735 143 023	943 397 599	6 194 301 537
Fourrages (ha)	ND	772 909	792 573	777 850	901 614
Valeur totale production (F)	ND	190 718 889	221 936 393	278 137 996	2 501 193 884
Jardins potagers et maraîchers (ha)	ND	429 701	386 827	308 775	411 953
-dont jardins familiaux (ha)	ND	339 608	306 233	ND	321 714
Valeur totale production (F)	ND	ND	272 380 000	579 914 600	5 213 502 640
-dont jardins familiaux (F)	ND	ND	160 256 579	ND	3 167 595 630
Vergers (arbres fruitiers) (ha)	ND	ND	ND	ND	379 061
Valeur totale production (F)	ND	ND	259 464 746	344 971 073	3 765 460 263
Vignes (ha)	2 320 809	2 196 799	1 800 489	1 538 537	1 569 333
Production (hl)	48 630 130	33 581 632	29 037 964	44 171 756	63 814 851
Hl/ha	20,99	15,28	16,12	29	43,1
Prix hl (F)	28,52	33,84	31,15	34,10	133
Valeur production totale (F)	**1 386 756 278**	**1 136 718 318**	**904 758 663**	**1 505 492 355**	**8 524 316 723**
Valeur totale de la production agricole hors forêts (F)	**8 117 145 864**	**9 940 853 425**	**9 382 072 477**	**11 273 143 223**	**83 078 847 010**

1. De 1862 à 1892 inclus : betteraves de sucrerie seulement.
2. 1913 et 1929 : betteraves de sucrerie + betteraves de distillerie.

En gras : surfaces cultivées (en milliers d'hectares).
En maigre : production, rendement selon les produits

	1948	1955	1960	1965	1970	1979	1987	2000	2005	2010
Surface agricole utilisée totale	**33 315**	**33 589**	**ND**	**ND**	**33 039**	**32 151**	**31 285**	**29 854**	**29 554**	**27 090**
dont terres labourables	18 386	18 669	ND	ND	17 047	17 401	17 973	18 308	18 360	18 783
Froment	**4 231**	**4 554**	**4 358**	**4 520**	**3 699**	**4 087**	**4 932**	**5 248,4**	**5 272,5**	**5 404,8**
Production (millions de quintaux)	76,3	103,8	110,8	147,6	153,5 (1971)	195,4	274,1	383,5	368,4	382,7
Rendement (q/ha)	18	23	25	33	39	48	56	71	70	72
Avoine	**2 439**	**2077**	**1 427**	**1 070**	**814**	**540**	**280**	**111**	**114**	**86,5**
Production (en millions de quintaux)	33,8	36,4	27,4	25,1	21,3	18,4	11,2	5,03	5,15	3,92
Rendement (q/ha)	14	17	19	23	26	34	40	45,3	45,2	45
Orge	**820**	**1 313**	**2 089**	**2 430**	**2 936**	**2 903**	**1 975**	**1 533,8**	**1 603**	**1 574,6**
Production (millions de quintaux)	12,7	26,7	57,2	73,8	81,5	112	104,9	97,093	103,171	101,2
Rendement (q/ha)	15	20	27	30	28	40	53	63	64	62,5
Maïs	**294**	**453**	**824**	**869**	**1 469**	**1 995**	**1 743**	**1 764,8**	**1 654,5**	**1 600**
Production (millions de quintaux)	12,7	10,9	28,1	34,2	74,8	104,1	124,7	160,6	138,5	1397,5
Rendement (q/ha)	16	24	34	39	51	52	71	91	84	88
Pommes de terre	**1 047**	**938**	**880**	**575**	**360**	**274**	**193**	**119,1**	**115,8**	**119**
Production (millions de quintaux)	156,8	137,5	148,9	112,1	80,1	71,3	67	47,2	49,3	50,13
Rendement (q/ha)	150	147	169	195	222	260	346	396	428	421
Betterave industrielle	**309**	**374**	**428**	**395**	**403**	**545**	**445**	**409,7**	**379,5**	**383**
Production (millions de quintaux)	94,3	109,8	190,2	169,6	175,4	260,6	262,8	311,2	312,4	319,10
Rendement (q/ha)	305	293	445	429	435	478	590	760	823	831
Riz	**2**	**19**	**33**	**30**	**20**	**7**	**12**	**19,9**	**17,9**	**23,5**
Production (millions de quintaux)	112	808	1 034	978	893	303	538	1 160	1 023	1 150
Rendement (q/ha)	23	41	32	33	44	44	43	58	57	49
Plantes textiles	**286**	**227**	**201**	**54**	**40**	**55**	**56**	**ND**	**ND**	**63,1**
Oléagineux				**203**	**370**	**346**	**1 867**	**2 009**	**1 943**	**2 233**
Tabac	**26**	**29**	**25**	**21**	**19**	**20**	**14**	**9,3**	**8,4**	**7,1**
Production (en quintaux)	473	578	489	490	465	518	326	253	256	184
Rendement (q/ha)	18	20	19	23	24	26	24	27	31	26
Prairies artificielles	**2 902**	**3 223**	**3 142**	**2 753**	**1 842**	**1 004**	**639**	**394**	**372**	**277,4**

Sources :
Ministère de l'Agriculture, *Statistique agricole de la France*, recensements de 1862, 1892, 1929, 1955 et Agreste.
INSEE.

Valeur de la production agricole non forestière (1789-1960)

	1789	1852	1862	1882	1892	1913	1929	1938	1948	1960
Production agricole en milliards de F. constants (1914)	ND	4,05	6,55	11	11,8	11,27	12,9	12,1	12,68	16,17
Production agricole en milliards de F. courants	2,6	4,75	7,77	9,94	9,38	11,27	80,5	81	1 475	3 675
Indice valeur production	19	35	55	93	100	96	109	99	107	137
Jachère en millions d'ha	10	5,66	5,08	3,64	3,37	ND	1,32	ND	1,51	0,667
Indice jachère	296	168	151	108	100	ND	39	ND	44	20

Source : Jean Pautard, *Les Disparités régionales dans la croissance de l'agriculture française*, thèse de sciences économiques, Gauthier-Villars, 1965, p. 40, d'après INSEE, enquêtes régionales et études historiques diverses.

Valeur vénale de la terre en France (1851-2011)

	1851	**1879**	**1892**	**1901**	**1914**	**1920**	**1930**	**1936**	**1939**	**1945**	**1953**	**1960**
Valeur de l'hectare labourable (F courants)	1479	1 963	1 549	1 480	1 900	2 400	6000	3 000	6 000	35 000	135 000	2 520 (NF)[1]
	1965	**1970**	**1975**	**1990**	**1997**	**2005**	**2011**					
Valeur de l'hectare labourable (F ou € courants)	5 700	8 000	14 100	22 100	3 030 €	4 460 €	5 360 €					

1. Soit, en termes de pouvoir d'achat du franc, un coût à peu près du même niveau qu'en 1900 et inférieur à celui des années 1870-1880.

Sources : Michel Dumant, *Ce que vaut la terre en Allemagne*, Hachette, 1962, complété par Joseph Klatzmann, *L'Agriculture française*, Point-Seuil, 1978. Pour 1990 et après : Agreste.

Valeur du produit agricole brut (1869-1873) (en millions de F, 100 = 1869-1873)

Année	Produit	Indice	Année	Produit	Indice
1869-1873	9 121	100	1889-1893	7 475	82
1874-1878	8 620	94,5	1894-1898	7 680	84,2
1879-1883	8 014	87,9	1899-1903	8 323	91,3
1884-1888	7 263	79,6			

Source : d'après J.C. Toutain, cité in *La Longue Stagnation française*, *op. cit.*, p. 39.

Le pouvoir d'achat agricole (1865-1905)

	1865-1874	1875-1884	1885-1894	1895-1905
Indice	100	110	110	108

Source : d'après J.C. Toutain, cité in *La Longue Stagnation française*, *op. cit.*, p. 46.

La crise de la vigne métropolitaine (1874-1912)

La destruction du vignoble par le phylloxéra ainsi que la concurrence des vins provenant notamment d'Algérie, sont à l'origine du malaise du monde viticole et de la révolte des vignerons du Languedoc en 1907, de Champagne en 1911.

	1874	1881-1885	1886-1890	1891-1895	1896-1900	1901-1905	1912
Superficie des vignes cultivées (ha)	2465	2079		1749		1653	1624
Production de vin (millions d'hl)	83	33,4	26	35,2	44,6	52,9	59,6
Importations (millions d'hl)		7,9	10,8	8,6	7,9	5,3	?
Prix du vin (F/hl)		38,2	30,9	26,3	23,4	17,5	30,1

Source : Georges Duby (dir.), *Histoire de la France rurale. De 1789 à 1914*, Points-Seuil, 2003 (1re éd. 1976), p. 368, p. 405 et p. 411.

Evolutions de la superficie en vignes, de la production et des déclarants (1900-2002)

Période	Superficie du vignoble	Indice	Production (hl)	Indice	Hl/ha	Indice	Déclarants	Indice
1900-1909	1 699 387	100	55 832 695	100	32,9	100	1 776 700	100
1910-1919	1 547 046	91	43 191 696	77	27,9	85	1 536 512	86
1920-1929	1 524 713	90	59 976 571	107	39,3	119	1 482 216	83
1930-1939	1 531 146	90	58 759 058	105	38,4	117	1 507 839	85
1940-1949	1 443 900	85	42 206 992	76	29,2	89	1 493 448	84
1950-1959	1 352 871	80	52 935 171	95	39,1	119	1 498 500	84
1960-1969	1 261 324	74	60 507 613	108	48	146	1 243 450	70
1970-1979	1 182 763	69	68 515 681	123	57,9	176	894 950	50
1980-1989	1 038 744	61	68 346 903	122	65,8	200	634 600	36
1990-1999	807 895[1]	47	47 724 636	85	59,1	180	333 310	21
2000-2002	787 628[1]	46	47 577 667	85	60,4	184	212 700	13

1. Ces chiffres sont probablement sous-estimés : d'autres sources officielles indiquent une superficie de 876 200 ha en l'an 2000, tombée à 788 700 ha lors de l'enquête nationale de 2010.

Source : Jean-Michel Chevet, « Le rôle des caves coopératives dans le regroupement de l'offre en France au XXe siècle », INRA-CORELA, 2002.

Croissances comparées des agricultures françaises et étrangères (1880-1910)

	Royaume-Uni	Italie	Espagne	**France**	Belgique	Etats-Unis	Russie	Japon	Allemagne
Croissance annuelle moyenne	0	0,3	0,5	**0,8**	1,1	1,3	1,6	1,8	1,9
Calories produites par actif agricole en 1880 (millions)	23,5	6	7	**14**	13	29	7	1,6	14,5
Calories produites par actif agricole en 1900 (millions)	22,5	6	7,5	**15,5**	15	31	9	2	22
Calories produites par actif agricole en 1910 (millions)	23,5	6,5	8,5	**17**	18	42	11	2,6	25

Source : Bernard Rosier, *Structures agricoles et développement économique*, La Haye/Paris, Mouton, 1968, p. 162, d'après Paul Bairoch.

Productivité comparée des agricultures (1934-1938)

	Japon	URSS	**France**	Allemagne	Royaume-Uni	Canada	Etats-Unis	Argentine	Nouvelle-Zélande
Indice de productivité	25	50	**100**	128	135	159	176	314	475

Source : *Statistique générale de la France.*

Les années 1930 : de la débâcle du blé à l'intervention de l'Etat sous le Front populaire

Le prix du blé passe de 198 francs le quintal en 1926 à 147 francs en 1930. En juillet 1933, le gouvernement Daladier essaie de fixer un prix minimum de 115 francs qui, non respecté, est annulé le 28 décembre 1934 par le gouvernement Flandin. Les droits de douane sur le blé passent de 7 francs en 1914 et de 18 francs au début des années 1920 à 50 francs le quintal en 1929 puis 80 francs en 1930, ce qui empêche de fait toute importation. Dès juin 1935, les interventions de l'Etat sur le marché du blé ont coûté 946 millions de francs. Et du 1er janvier au 30 octobre 1935, la « défense du marché du blé » est la première dépense du Trésor (1,7 milliard de francs), devant la Défense nationale (1,17 milliard) !

Les prix repartent à la hausse à partir de début 1936. Créé en août 1936 par le Front populaire, l'Office national interprofessionnel du blé l'achète à un prix supérieur.

Prix du blé (1926-1938)

	1926	1929	1932	1934	1935	1936	1937	1938
Prix du blé (F/quintal)	198	150	100 à 110	80	55 à 70	140	180	204

Sources :
Robert Paxton, *Le Temps des Chemises vertes. Révoltes paysannes et fascisme rural, 1929-1939*, Seuil, 1996.
Rémi Pérès, *Chronologie de la France au xxe siècle, op. cit.*, p. 55.

Superficie, nombre et population des exploitations rurales (1862-2010)

	Exploitations de 0 à 10 ha				Exploitations de 10 à 50 ha				Exploitations de plus de 50 ha			
Année	Nombre	% exploitations	Superficie	% superficie	Nombre	% expl.	Superficie	% superficie	Nombre	% exploitations	Superficie	% superficie
1882	4802700	8,6 %			783600	13,8 %			85700	1,6 %		
1892	4853000	85,1 %	11626000		764500	13,4 %			85300	1,5 %	*35 %*	
1908	*4611600*	*84 %*	*12787000*									
1929	2878598	72,57 %	10281192		973520	24,55 %	22437770		114312	2,88 %	13486327	
1942	1412200	57,5 %		16 %	937600	38,2 %		44 %	105100	4,3 %		30 %
1955	1285450	55,87 %	5250100	16,4 %	918180	39,91 %	18703300	58,1 %	96840	4,22 %	8202200	25,5 %
1970	744000		2700000	9 %	725000		16500000	55 %	120000		10600000	36 %
1979	524000	42 %			591000	47 %			149000	11 %		
1988	390000	38,35 %	1251300	4,45 %	455000	44,75 %	12283400	43,64 %	172000	16,91 %	14613300	52 %
2000	254000	38,24 %	805000	2,9 %	209000	31,48 %	5721000	20,6 %	201000	30,28 %	21252000	76,5 %
2005	181000	40 %	608000	2,2 %	164000	29,52 %	4531000	16,5 %	200000	30,48 %	22331000	81,3 %
2010	163000	33 %	538000	1,98 %	165000	29,9 %	3778000	14,02 %	190000	37,1 %	22772000	84 %

Année	Total nombre d'exploitations	Total superficie cultivée en ha	Sup. moyenne expl. (ha)	Exploitants (milliers)	Journaliers (milliers)[1]	Ouvriers agricoles, domestiques (milliers)	Total hors actifs familiaux (milliers)	Actifs familiaux hors exploitants (milliers)	Total général actifs (milliers)	Population agricole totale (milliers)
1882	5672000			4188	727	1972	6913			6381 (hommes)
1892	5702800	47378810	8	4192	589	1848	6661			6201 (hommes)
1908			16,7							
1929	3966330	46205319	11,64	3656 *dont 42 étrangers*	928 *dont 115 étrangers*	1153 *dont 135 étrangers*	5737	5015	10752	4321 (hommes)
1942	2454000				270 (en 1946)	1015 (en 1946)				
1955	2300470	32160600	14,1	2284	628		2912	3223	6135	8127
1970	1589000	29800000	18,8	1588	335		1923	1924	3847	5969
1979	1262000		23,4	1262	233		1495	1192	2687	4328
1988	1016755	28148000	28	1089	161		1250	788	2038	3260
2000	663807	27778000	42	764	156		920	393	1313	2081
2005	567136	27470000	48,4	657	147		804	296	1100	
2010	490000 [514800 avec les DOM]	27088000 [27837000 avec les DOM]	55	604[2]	155[3]		759	207	966 [1022 avec les DOM]	

1. Ces journaliers qui possèdent eux-mêmes une terre tout en travaillant celle des autres étaient 2106000 en 1852, 1077000 en 1862.
2. Dont 27 % de femmes (15 % en 1988).
3. Non compris les travailleurs saisonniers (~ 80000).

Sources :
Ministère de l'Agriculture, *Statistique agricole de la France,* recensements décennaux de 1892, 1929, 1955. INSEE et AGRESTE pour les recensements suivants.
Michel Augé-Laribé, *La Révolution agricole,* Albin Michel, 1955.
Atlas de statistique agricole. Résultats généraux des statistiques agricoles décennales de 1882 et 1892, Paris, Imprimerie nationale, 1897.
Recensement général de l'agriculture 1979-1980. Premiers résultats. France entière, Service central des enquêtes et études, 1979.
Pour 1970 : Joseph Klatzmann, *Géographie agricole de la France,* PUF, 1972, p. 123.
Pour les superficies de 1988 : Eurostat, cité par Centre international de hautes études agronomiques méditerranéennes, Institut Agronomique Méditerranéen de Montpellier, *Annuaire des économies agricoles et alimentaires des pays méditerranéens et arabes,* 1994, p. 199.
Pour 2010 : http://www.agreste.agriculture.gouv.fr/IMG/pdf_Gaf11p015.pdf

Evolution de la répartition de la superficie cultivée en % de la SAU selon le mode de faire-valoir (1892-2010)

	1892	1929[1]	1955	1970	1979	1988	1993	2000	2007	2010
Faire-valoir direct	75 %	60 %	52 %	53 %	50 %	46 %	39 %	34 %	23 %	21 %
Fermage ou métayage	25 %	40 %	48 %	47 %	50 %	54 %	61 %	66 %	77 %	79 %

1. En % de la surface totale des exploitations.

Sources : Ministère de l'Agriculture, *Statistique agricole de la France*, recensements 1892-1955. INSEE. Agreste.

Le remembrement (1919-1981)

	1929	1940	1950	1955	1960	1965	1970	1975	1981
Opérations de remembrements terminées (nombre cumulé)	541	ND	725	2602	4575	6438	9027	11074	13156
Nombre d'hectares concernés (nombre cumulé, en milliers)	220	400	526	1861	3228	4690	7210	9310	11248[1]

1. Par ailleurs, 1022000 ha étaient en cours de remembrement cette année-là.

Source : Philippe Roudié, *La France agriculture forêt pêche depuis 1945*, Sirey, 1983, p. 102-103.

Le cheptel animal (1862-2010)

	1862	1882	1892	1913	1929	1938
Chevaux (de ferme)	2914442	2837952	2794529	3222280	2887438	2692000
Mules	331000	250673	217083	188280	145001	135000
Anes	395237	395833	368695	356310	244420	184000
Bovins	12812000	12997000	13708997	14788000	16510856	15622000
– dont vaches	ND	ND	6673460	7794000	8080739	8732000
Ovins	29529678	23809433	21115713	17145506	11123802	9872000
Porcins	6037543	7146986	7421073	7035850	6613599	7127000
Caprins	1726398	1851134	1845088	1434969	2024757	1416000
Lapins	ND	12871878	14936071	ND	30887700	ND
Poules et poulets	42851790	47601284	54102985	ND	69267100	ND

	1948	1955	1960	1965	1970	1979	1988	2000	2010
Chevaux	2418	2161	1729	1114	514	364	287	417	420,2
Mules	88	82	67	41	29	15	18	30,3	30
Anes	107	92	76	43	32	24			
Bovins	15434	17572	19501	20640	21643	23919	21780	20310	19620,9
Ovins	7510	8216	9063	9056	10065	11911	12000	9578	7976,55
Porcins	6424	7729	8603	9239	11284	11446	12480	14930	14531,9
Caprins	1235	1257	1172	1014	882	1125	1103	1211	1391
Poules et poulets					137800	173485[1]	198409[2]	206007	222426

1. En 1980.
2. En 1990.

Source : INSEE.

Outillage et mécanisation (en milliers d'instruments ou de machines) (1862-2005)

	1862	1882	1892	1929	1938	1944	1946	1948	1955	1960	1965	1970	1979	1987	2000	2005
Charrues	3 206	3 267	3 669													
Faucheuses	9,442	19	39	1 388				1 422	1 547							
Semoirs	10,853	29	52	441				552	667							
Batteuses	100,733 [1]	210		203,5				214,1	214,8	190,7	122,3	27,1				
Moissonneuses-lieuses	8,907	16	39	420			501,1	515,5	559,5	533,9	389,5	132,9	23,9 (en 1976)			
Moissonneuses-batteuses					0,3			4,9 (en 1950)	17,7	47,9	102,1	114,3	149,9	132,7	91,2	80
Tracteurs				26,8	35	28	53,9	107,6	305,7	680,4	996,4	1 230,2	1 424,5	1481,1	1 264	1 177
Machines à traire				3,7					79,9	124	185,7	282,7	362	314,3		
Ramasseuses de presse à grosses balles														71	126	128
Engrais chimiques livrés (milliers de t)		77,5 [2]	131,5 [3]	841,4	826	179	850	992	1 470	2 064	3 065	4 219	5 634	6 103,4 [4]	4 249	3 485 [5]
Engrais calcaires livrés (teneur totale en milliers de t de chaux)									618	586	837 [6]	1 014	1 318 [7]			

1. On recense cette année-là 100 733 machines à battre.
2. En 1886.
3. En 1906 : 307. En 1913 : 467.
4. En 1989-1990.
5. 2011 : 2 927 t. La baisse s'explique par un effondrement depuis les années 1990 du recours au phosphate et au potassium, tandis que l'usage de l'azote se maintient à un niveau élevé.
6. En 1964.
7. En 1976.

Sources :
Ministère de l'Agriculture, Statistique agricole de la France, recensements décennaux, 1862-1955.
INSEE. Agreste.
http://www.persee.fr/web/revues/home/prescript/article/geoca_0035-113x_1959_num_34_3_2349

Produits agricoles animaux et sucre (1862-2010)

	1862	1882	1892	1913	1929	1937
Viande (q)		12 340 000	13 591 333		17 293 759	16 922 000
– dont viande bovine	4 799 607	6 850 058	7 300 377		9 677 552	
Laine (kg)	44 900 000[1]	40 602 277	35 694 416		17 598 232	17 640 000
Lait de vache (hl)		8 050 000[1]	7 958 900	12 807 300	13 839 312	14 368 500
Fromage (kg)		114 696 197	136 653 637		193 387 660	224 000 000
Beurre (kg)		74 851 216	132 022 660		219 583 883	207 800 000
Œufs (millions)					5 276	
Sucre raffiné (t)	153 120	362 738	523 366	717 319	825 333	872 376
Sucre (nombre de fabriques)	362	497	367	206	108	108

1. En 1875.

	1948	1955	1960	1965	1970	1979	1987	2000	2005	2010
Viande (milliers de t)	1 683	2 545	2 859	2 776	2 816	3 486	3 768	3 926	3 795	
Lait (millions d'hl)[1]	117,7	180,9	226,2	269,2	269,2	314,9	327,6	249,7	249,5	233,012
Fromage (milliers de t)	190	320	461	579	740	1 153	1 319 (en 1986)	1 740	1 800	1 712 (en 2009)
Beurre (milliers de t)	180	309	385	475	483	540	451 (en 1990)	369		342
Œufs (millions)							10 272 (en 1990)	12 631	12 024	13 800 (en 2009)

1. Y compris lait de chèvre et de brebis.

Source : *idem.*

Indice global des prix agricoles (1870-1921) (base 100 en 1880)

	1870	**1873**	**1880**	**1890**	**1896**	**1906**	**1910**	**1913**
Indice	102	110	100	91	81	96	104	109
	1914	**1915**	**1916**	**1917**	**1918**	**1919**	**1920**	**1921**
Indice	111	136	183	246	304	389	538	415

Source : Emmanuel Chadeau, *L'Economie nationale aux* XIX*e et* XX*e siècles, op. cit.* p. 222.

Indice des prix de gros agricoles et alimentaires 1927-1940 (base 100 en 1913)

	1913	**1927**	**1928**	**1929**	**1930**	**1931**	**1932**	**1933**
Indice	100	599	584	579	526	542	482	420
	1934	**1935**	**1936**	**1937**	**1938**	**1939**	**1-5/1940**	
Indice	393	327	426	562	641	657	778	

Source : *Idem*, p. 224.

Indice des prix agricoles à la production (1955-1989)

	1955	1960	1965	1970	1975	1980	1985	1989
Indice général sans fruits et légumes	23,8	33,3	39,4	47,2	68,9	100	141,2	151,4
Blé	34,1	39,9	41,4	49,7	67,8	100	126,4	143,9
Lait	23,3	32,7	37,2	44,1	67,6	100	145,9	163,5

Source : INSEE, *Annuaire rétrospectif de la France*. 1948-1988, 1990.

Indice des prix agricoles à la production (1990-2012)

	1990	1995	2000	2005	2008	2010
Indice général	115,7	104,6	102,7	100	124	116,2
Indice général sans fruits et légumes	119,4	107,5	104,7	100	125,1	115,8
Céréales	174,9	137,6	113,8	100	179,4	152
Lait	105,4	105,8	106,9	100	120,7	107,8
Fruits et légumes	90,1	85,3	89,3	100	117,3	121,6

Sources : Insee.fr et Agreste, http://agreste.agriculture.gouv.fr/IMG/pdf_Ippap_indices.pdf

B. La pêche en France (1874-2010)

Malgré ses 5 500 km de côtes et ses trois façades maritimes, la France n'a pas développé de vocation maritime et halieutique particulière. En 1939, sa pêche fait vivre près de 300 000 personnes dont 75 000 marins-pêcheurs. Mais elle produit trois à quatre fois moins que la pêche britannique qui en emploie tout juste 55 000.

A partir de 1983, la CEE puis l'UE poursuivent une politique de réduction des capacités des flottilles de pêche pour atténuer la surexploitation des ressources halieutiques. En 2010, la pêche française se place au 4e rang de l'UE (10 % des captures) et représente encore près de 93 000 emplois directs ou induits. Grâce à la France d'Outre-mer, la zone économique exclusive (ZEE) française s'étend en 2010 sur 11 millions de km^2, soit le deuxième domaine maritime mondial après les Etats-Unis (11,4 millions de km^2).

Les grands chiffres de la pêche (1874-2010)

	1874	1882	1900	1912	1918	1931
Pêcheurs en bateau	79638	84959	96413	100881	48010	78973
Nombre de navires			~ 25000 (en 1906)			25148 (en 1933)
Valeur totale des produits frais débarqués (milliers de F)	73384	92963	106200	143003	229455	1142302
Harengs pêchés (milliers de F)	6120	7812	18968	13954	37077	57198
Harengs pêchés (t)	22691	25420	49895	39556	33303	56962
Maquereaux (milliers de F)	3903	3005	4369	6592	16222	62359
Maquereaux (t)	6410	5364	8869	11380	6562	17447
Morues (milliers de F)	14954	16112	18968	25266	11887	108334
Morues (t)	31433	29817	44565	41371	37300	42315
Sardines (milliers de F)	6120	16087	11806	9914	24488	92244
Sardines (milliers de poissons)	611595	512803	40193 t.	15038 t.	14216 t.	30631 t.
Thon (milliers de F)	ND	ND	2428	5242	6715	88544
Thon (t)	ND	ND	4389	3859	1463	12004

	1938	1949	1963	1973	1982	1995	2005	2010
Marins embarqués	~ 75000			~ 34000[1]	~ 28000	20143	17408	22634
Navires de pêche en métropole	~ 21000			14016[1]	10781[2]	6593	5360	4857[3]
Valeur totale des produits frais débarqués (milliers de F.)	12978	308100	1069433	2194159	5005763	1,3 milliard d'€	1,6 milliard d'€	893 millions d'€
Prises totales (milliers de t.)	342				630 (en 1990)	628	628 (en 2000)	440
Harengs pêchés (t.)	73135	59759	33487	28835	20012	33247	40960	ND
Maquereaux (t.)	22538	27413	39778	40522	17939	24579	19230	

1. En 1970.
2. En 1981.
3. Auxquels se rajoutent 2 248 navires immatriculés en France d'outre-mer.

Sources :
Agreste http://agreste.agriculture.gouv.fr/IMG/pdf/Gaf12p164-170.pdf.
Annuaires statistiques de l'Insee.
Philippe Roudié, *La France, agriculture forêt pêche depuis 1945*, Sirey, 1983.

C. Le bâtiment et travaux publics (BTP) et logement

Le bâtiment et travaux publics devient, pendant les Trente Glorieuses, la plus importante industrie française par les effectifs : il occupe plus de 25 % de la main-d'œuvre industrielle dans les années 1970 et réalise alors les trois quarts de son activité pour l'Etat, les entreprises publiques et les collectivités territoriales.

a. 1870-1914

La révolution industrielle ayant accru la crise du logement, de nouvelles constructions sont indispensables. De 1871 à 1914, 4,9 millions de logements sont ainsi édifiés, soit en moyenne 110000 par an[1]. Le patronat joue d'abord un rôle majeur : les compagnies minières possèdent 43382 logements en 1911[2]. L'Etat s'efforce de prendre le relais. Créée le 2 février 1890, la Société française des habitations à bon marché (HBM) est déclarée d'utilité publique par le décret du 29 mars 1890. Jules Siegfried y promeut à partir de 1894 une politique de logement social. Les débuts sont néanmoins lents. Entre 1894 et 1902, 1360 maisons sont construites (dont 761 par des sociétés anonymes et 599 par des sociétés coopératives)[3]. En 1905, 11 ans après la loi Siegfried, la Caisse des dépôts n'a placé que neuf millions de francs auprès des sociétés HBM. Au total, de 1894 à 1919, seuls 40000 HBM sont construits.

Les conditions sanitaires des logements se révèlent en outre insuffisantes. La grande étude statistique d'ensemble, portant sur les conditions de logement des Français dans 616 villes de plus de 5000 habitants, brosse en 1906 un sombre tableau de la situation : 12 % de la population vit dans des logements d'une seule pièce et la proportion dépasse 60 % à Concarneau et 42 % à Brest. A Bordeaux, l'enquête recense 743 logements d'une seule pièce sans fenêtre. A Paris, sur les 405 maisons visitées, 1419 locaux « sans jour ni air ou dimensions suffisantes » sont identifiés. Le nombre de logements disposant de cabinets d'aisance demeure très faible : 1 % à Fougères, 5 % à Lille, 8 % à Saint-Etienne[4]. A Paris, où le prix des loyers a augmenté de 18 % de 1878 à 1900 et de 12 % de 1901 à 1914 tandis que le coût de

1. Anita Hirsch, « Le logement », *in* Alfred Sauvy, *Histoire économique de la France entre les deux guerres*, vol. II, Economica, 1984 , p. 263.

2. Hélène Frouard, *Du Coron au HLM. Patronat et logement social (1894-1953)*, Rennes, Presses universitaires de Rennes, 2008, p. 15.

3. Recueil de documents sur la prévoyance sociale réunis par le ministère du Commerce, application de la législation française sur les habitations à bon marché, 1903, cité par Roger-Henri Guerrand, *Les Origines du logement social en France 1850-1914*, éditions de La Villette, 2010, p. 228.

4. Roger-Henri Guerrand, *Les Origines du logement social en France 1850-1914*, *op. cit.*

la vie restait stable[1], le rapport Juillerat-Filassier de 1906 définit six îlots insalubres : Saint-Merri (1er arrondissement), Saint-Gervais (4e arrondissement), Saint-Victor (5e arrondissement), Combat (19e arrondissement), Sainte-Marguerite (11-12es arrondissements), Plaisance (14e arrondissement). Représentant 1 600 maisons et 59 000 habitants, ces îlots sont composés pour 20 % d'hôtels meublés, et la mortalité par tuberculose, de 800 pour 100 000 habitants entre 1894 et 1904, y est deux fois plus élevée que dans le reste de la capitale.

b. L'entre-deux-guerres

La destruction d'environ 450 000 logements au cours de la Première Guerre mondiale renforce plus encore l'impératif d'une politique de logement volontariste. En 1918, dans les houillères du Nord-Pas-de-Calais, 30 000 des 44 000 maisons de compagnies, détruites ou endommagées, sont inutilisables. Fin 1923, le nombre de logements manquants est encore évalué à 50 000 pour Paris et 500 000 pour la France entière[2].

Dans ce contexte, le gel du prix des loyers en 1914 est reconduit à la victoire. Dès lors, en 1939, 84 % des locataires, déjà occupants de leur logement avant 1914, bénéficient de loyers très bas pendant tout l'entre-deux-guerres. Cette situation pèse sur la rentabilité des logements anciens que les propriétaires laissent se dégrader en se refusant à tout investissement. Les caisses de crédit immobilier, instituées par la loi Ribot du 24 octobre 1908 et destinées à favoriser l'accession à la propriété se développent : 3 en 1910, 73 en 1914 et 137 en 1923[3].

Entre 1919 et 1939, environ 114 000 logements sont construits par an. Le logement patronal continue de jouer un rôle important. La SNCF possède, jusqu'à la fin des années 1930, 33 000 logements dont seulement 4 300 proposés en accession à la propriété. Par ailleurs, l'Etat accentue son rôle. Les offices HBM se développent : ils sont 169 en 1920 et 294 en 1925. Avec la loi Loucheur de 1928, surtout, débute la planification. Elle vise à construire 200 000 logements à bon marché et 60 000 à loyer moyen (des logements

1. Anita Hirsch, « Le logement », *in* Alfred Sauvy, *Histoire économique de la France entre les deux guerres*, vol. II, Economica, 1984 , p. 262. L'auteur s'appuie sur l'âge des immeubles déclarés lors des recensements, une donnée qu'elle qualifie elle-même de fragile.

2. *Ibid.*, p. 267.

3. *Ibid.*, p. 288.

plus spacieux et donc plus chers). De 1921 à 1939, 15 cités-jardins sont achevées autour de Paris : elles comprennent 10 074 logements collectifs et 2 549 logements individuels. L'effort demeure cependant limité : la France construit entre-deux-guerres 1 800 000 logements, dont 175 000 par les HBM et 300 000 par le patronat. De fait, la hausse du coût de la construction (matériaux et main-d'œuvre) freine cet élan. La crise économique assèche en outre les subventions publiques.

En dépit de cet effort, surtout, la situation sanitaire des logements tend à se dégrader dans l'entre-deux-guerres. Alors qu'on comptait 150 000 logements vétustes en France en 1911, sur les 13 000 000 de logements recensés en 1939, 2 600 000 à 2 800 000 (selon les études) étaient considérés comme vétustes[1], soit 19 % de l'ensemble. A peine plus du tiers possédaient l'eau courante et à peine un dixième une salle de bains. En 1940, dans les agglomérations de plus de 30 000 habitants, 69 % des logements n'ont que l'eau et l'électricité, 20 % le gaz et le tout-à-l'égout, 5 % le chauffage central et 4 % des logements sont dépourvus de toutes ces commodités.

c. De 1945 à nos jours

La Seconde Guerre mondiale provoque des destructions encore plus considérables que la Grande Guerre : 550 000 logements sont détruits et plus de 5,5 millions de personnes sont sinistrées. En 1946, 640 000 personnes logent encore à l'hôtel. Le parc de logements est en outre ancien : plus de 2 logements sur 5 avaient été construits avant 1871, plus du tiers entre 1871 et 1914 et un quart seulement entre les deux guerres[2]. En 1946, 43,5 % des logements ont des WC réservés au ménage, 22,8 % en commun avec des tiers, 15,6 % n'ont pas de WC et 18,1 non déclarés.

Le rajeunissement du parc de logements au lendemain de la Seconde Guerre mondiale est néanmoins rapide en raison d'une politique volontariste puis d'une intervention massive de l'Etat de 1950 à 1963[3]. De la libération à l'automne 1948, tandis que près de 800 000 logements provisoires

1. *Ibid.*, p. 283.

2. Pierre Merlin, « L'impressionnante évolution des conditions de logement des Français depuis la Deuxième Guerre mondiale », in *La Population de la France. Evolutions démographiques depuis 1946*, tome II, Conférence universitaire de démographie et d'étude des populations, Bordeaux, 2005.

3. François Aballea, « La question du logement de 1945 à 1983 : l'Etat et le marché », in *Recherche sociale* n° 86, 1983.

sont offerts à la population, 50 000 constructions neuves sont mises sur le marché[1]. Les objectifs du plan Courant de 1953 (240 000 logements par an) seront atteints en 1956.

De 1954 à 2002, en moyenne 356 000 logements sortent de terre chaque année avec un pic en 1972 (près de 550 000 logements ont alors été construits). De 1951 à 1972, près de sept millions de logements sont édifiés, dont plus de 2,1 millions en HLM. De 1965 à 1974, 160 000 logements sociaux sont construits en moyenne chaque année, dont 130 000 locatifs[2]. 195 zones à urbaniser en priorité (ZUP) sont définies entre 1958 et 1970, soit au total 2,2 millions de logements. Constituées en grande partie de HLM, ces ZUP, souvent des grands ensembles, permettent une amélioration des conditions de logement. Elles sont toutefois décriées par leurs habitants à partir du milieu des années 1970. L'Etat développe de plus une politique sociale. La loi du 1er septembre 1948 instaure l'allocation de logement qui concerne 30 000 bénéficiaires en 1950, 200 000 en 1954 et près de 800 000 en 1962[3]. Pour autant, la puissance publique se révèle incapable de procurer un logement décent à l'afflux de populations immigrées encouragées à travailler en France. Des bidonvilles se forment sur le territoire. En 1966, 89 bidonvilles en région parisienne abritent 40 000 personnes. En 1966, selon une enquête du ministère du Logement, les 255 bidonvilles identifiés abritent 75 000 personnes essentiellement étrangères. Les plus importants sont ceux de Champigny-sur-Marne (15 000 personnes), Nanterre (10 000) et Marseille (8 000).

La crise économique et l'inflation augmentent le coût du logement. Alors que 430 000 logements par an étaient construits en 1977, cette moyenne passe à 330 000 en 1983 puis à 256 000 en 1990. L'Etat cesse d'investir dans la construction mais soutient la demande par l'aide personnalisée au logement (APL) instaurée par la loi Barre de 1977. Le nombre de bénéficiaires augmente, passant de 1,6 million en 1986 à 2,7 millions en 1995.

En 2012, selon l'Union nationale pour l'habitat, héritière de l'Union nationale des fédérations d'organismes HLM, les organismes HLM possèdent 4,2 millions de logements locatifs (soit 14 % des résidences

1. Danièle Voldman, « La loi de 1948 sur les loyers », in *Vingtième siècle. Revue d'histoire*, n° 20, 1988, p. 91-102.

2. Jean-Marc Stébé, *Le Logement social en France*, PUF « Que sais-je ? », [1998] 2011, p. 98-99.

3. Danièle Voldman, « La loi de 1948 sur les loyers », in *Vingtième siècle. Revue d'histoire*, n° 20, 1988, p. 91-102.

principales en France) et 0,3 million de logements-foyers. 10 millions de personnes sont ainsi logées en HLM.

Sources

Groupe d'études urbaines et de recherche sociologique, *Du logement, de l'aménagement du territoire et du transport, politique française en faveur des mal-logés (1945-1985)*, ministère de l'Equipement, 1989.

INSEE, « Evolution des conditions de logement en France depuis 100 ans », in *Etudes et conjonctures*, octobre-novembre 1957.

Patrick Gaboriau, *SDF à la Belle Époque : l'univers des mendiants vagabonds au tournant des XIXe et XXe siècles*, Desclée de Brouwer, 1998.

Roger-Henri Guerrand, *Propriétaires et locataires. Les origines du logement social en France (1850-1914)*, Quintette, 1987.

Roger-Henri Guerrand, Quilliot Roger, *Cent ans d'habitat social. Une utopie réaliste*, Albin Michel, 1989.

Maryse Marpsat et Jean-Marie Firdion *et al.*, « La rue et le foyer. Une recherche sur les sans-domicile et les mal-logés dans les années 1990 », in *Cahier* n° 144, travaux et documents, INED-PUF, 2000.

Jean-Paul Flamand, *Loger le peuple. Essai sur l'histoire du logement social en France*, La Découverte, 1989.

Yankel Fijalkow, *La Construction des îlots insalubres (1850-1945)*, L'Harmattan, 1998.

Jean-Marc Stébé, *Le Logement social en France*, PUF, 2011 (1re éd. 1998).

Danièle Voldman, *La Reconstruction des villes françaises de 1940 à 1954*, L'Harmattan, 1997.

Danièle Voldman, « La loi de 1948 sur les loyers », in *Vingtième siècle. Revue d'histoire*, n° 20, 1988, p. 91-102.

Moyenne annuelle des crédits publics consacrés aux HBM (1909-1940)

Période	Investissement annuel moyen (en milliers de francs)
1909-1914	3 300
1919-1928	120 000
1929-1933	1 640 000
1934-1940	257 000

Source : Hélène Frouard, *Du coron au HLM. Patronat et logement social (1894-1953)*, Rennes, Presses universitaires de Rennes, 2008, p. 131.

Proportion de salariés logés selon leur secteur d'activité en 1931

	Personnel occupé dans les entreprises qui pratiquent le logement direct	% du personnel logé	% de ces établissements investissant dans le logement de leurs salariés
Mines employant plus de 500 personnes	342417	58,1 %	100 %
Etablissements industriels et commerciaux employant entre 200 et 500 personnes	300488	24,4 %	62,6 %
Etablissements industriels et commerciaux employant plus de 500 personnes	751942	22,9 %	68,6 %
Grandes compagnies de chemin de fer	487075	14,3 %	100 %

Source : Hélène Frouard, *op. cit.*, p. 99-100.

Construction de logements (en milliers) (1949-2010)

Année	Nombre de logements commencés	Nombre de constructions de logements achevés	Nombre de logements au titre de la reconstruction	Location aidée	Accession aidée
1949		58,0	20,0	2,4	0,5
1950		72,0	31,0	5,8	1,9
1951		80,0	31,0	10,1	14,4
1952		90,0	29,0	12,5	35,7
1953		120,0	36,0	15,8	52,8
1954		162,0	37,2	20,2	83,4
1955		215,1	34,7	36,0	119,2
1960	337,6	316,5	12,7	77,0	195,5
1965	444,9	411,5	1,3	95,8	255,6
1970	481,7	456,3		121,3	233,7
1975	505,5	514,3		111,5	182,3
1980	397,3	378,3			
1985	277, 5	254,7			
1990	295,5				
1995	269,2				
2000	301,1				
2005	392,4				
2010	345,9				

Sources : INSEE et ministère de l'Equipement, du Logement, des Transports et de la Mer.

Parc de logements (en milliers de logements) (1881-2012)

Année	Résidences principales	Logements vacants	Résidences secondaires	Ensemble	Part des logements construits avant 1949
1881	10349	380		10729	
1891	10682	630		11312	
1901	10940	709		11649	
1911	11437	407		11844	
1921	11860				
1926	12520				
1931	12983				
1936	13150				
1946	13052	668	225	13945	
1954	13427	535	448	14410	
1962	14565	854	973	16392	82,9
1968	15778	1223	1255	18256	70,7
1975	17744	1634	1695	21073	55,1
1984	20426	1894	2444	24763	43,0
1988	21466	1925	2712	26103	39,1
1992	22459	1962	2857	27277	36,8
1996	23528	2017	2896	28442	35,5
2002	24760	1954	2946	29660	33,2
2007	26353	2014	3082	31449	
2012	27680	2359	3153	33192	

Source : INSEE.

Le nombre total de logements cesse d'être publié après 1911 et jusqu'à 1946. Le nombre de résidences principales est identifié de 1921 à 1936 à celui des ménages dénombrés, c'est-à-dire « les individus mariés ou non avec ou sans enfants, occupant un local distinct » selon la définition donnée en 1861.

Statut d'occupation des résidences principales (en %) (1954-2012)

	1954	1963	1970	1984	1988	1992	1996	2002	2006	2012
Propriétaires	**35,5**	**39,0**	**44,8**	**50,7**	**53,6**	**53,8**	**54,3**	**56,0**	**57,2**	**58,2**
Sans emprunt en cours				26,3	27,4	30,3	32,1	35,0	37,6	
Accédant		9,3		24,4	26,1	23,5	22,2	21,0	19,6	18,3
Locataires d'un logement loué vide	**49,1**	**45,0**	**44,1**	**39,0**	**37,2**	**37,7**	**38,1**	**37,9**	**37,5**	**39,1**
Dont HLM			9,5	14,6	15,0	15,3	15,7	15,6	15,7	17,1
Autre logement social				1,9	2,0	1,8	1,9	1,6	1,4	
Loi de 1948				3,5	2,5	2,0	1,4	1,0	1,0	
Secteur libre				19,0	17,7	18,6	19,1	19,7	19,4	22,0
Autres statuts		**16,0**		**10,4**	**9,1**	**8,4**	**7,6**	**6,1**	**5,3**	**2,7**

	1954	1963	1970	1984	1988	1992	1996	2002	2006	2012
Meublés, sous-locataires				1,9	1,5	1,5	1,6	1,6	1,7	
Fermiers ou métayers				0,6	0,4	0,2	0,2	0,3	0,0	
Logés gratuitement		12,6	11,1	7,9	7,2	6,7	5,8	4,2	3,6	
Parc total (en milliers)				**20 364**	**21 256**	**22 131**	**23 286**	**24 525**	**26 280**	**27 680**

Source : INSEE.

D. Energie

La production énergétique française repose, au XIXe siècle comme dans le premier XXe siècle, sur le charbon, tout en recourant progressivement à l'énergie électrique. A partir de 1959, la consommation de pétrole dépasse la consommation de charbon avant que le nucléaire ne joue un rôle croissant, dès les années 1970.

Production de charbon (1870-1970)

Année	Production en milliers de tonnes	Production en valeur
1870	13 330	155,8
1880	26 083	311,4
1890	33 404	499,2
1900	38 350	576,3
1910	38 350	576,3
1920	25 261	2 069
1930	55 057	6 190
1940	40 984	7 222
1950	52 521	171 531
1960	58 237	362 400
1970	40 139	

Source : INSEE.

Accidents dans les mines et carrières (1870-1970)

Année	Mines de houille et de lignite			Mines de fer			Autres mines et carrières		
	Nombre total d'ouvriers (en milliers)	Nombre d'ouvriers tués	Nombre d'ouvriers blessés	Nombre total d'ouvriers (en milliers)	Nombre d'ouvriers tués	Nombre d'ouvriers blessés	Nombre total d'ouvriers (en milliers)	Nombre d'ouvriers tués	Nombre d'ouvriers blessés
1870	83	239					152	94	
1880	107	172					160	196	
1890	122	312					124	133	
1900	162	230					150	207	
1906	178	1 280[1]	29 270				153	172	8 260

Année	Mines de houille et de lignite			Mines de fer			Autres mines et carrières		
	Nombre total d'ouvriers (en milliers)	Nombre d'ouvriers tués	Nombre d'ouvriers blessés	Nombre total d'ouvriers (en milliers)	Nombre d'ouvriers tués	Nombre d'ouvriers blessés	Nombre total d'ouvriers (en milliers)	Nombre d'ouvriers tués	Nombre d'ouvriers blessés
1910	197	213	43 381				155	247	11 316
1920	207	201	49 786				117	109	7 096
1930	293	274	110 833				164	282	31 730
1941	226	245	140 240	11	24	6 836	55	60	7 465
1950	293	268	160 511	27	44	13 876	93	109	25 383
1960	209	190	81 507	28	26	5 560	88	99	16 012
1970	120	67					0,6		

1. Dont 1 099 dans la catastrophe de Courrières.

Source : INSEE.

Jusqu'en 1941, le nombre d'ouvriers correspond à une moyenne pour l'année, à l'exception du personnel de surveillance. A partir de 1950, il s'agit du nombre d'ouvriers en fin d'année, y compris le personnel de surveillance.

Production métropolitaine de pétrole brut et de gaz naturel brut (1945-1970)

	Pétrole brut (en milliers de tonnes)	Gaz naturel brut (en millions de m^3)
1945	28,6	85
1950	127,8	246
1955	878,4	274
1960	1 976,5	4 416
1965	2 987,8	7 910
1970	2 300[1]	

1. Chiffre arrondi.

Production nationale d'énergie primaire en Mégatonnes d'équivalent pétrole (Mtep) (1970-2010)

	1970	1973	1990	2002	2007	2010
Electricité primaire		8,0	86,8	119,6	120,9	118,4
Hydraulique, éolienne, photovoltaïque	12,7	4,1	5,0	5,7	6,4	6,7
Nucléaire	1,3	3,8	81,7	113,8	114,5	111,7
Energies renouvelables thermiques et déchets	2,0	9,8	10,7	11,0	14,8	17,6
Pétrole	3,2	2,2	3,5	1,6	1,1	1,8
Gaz naturel	5,8	6,3	2,5	1,4	0,8	0,6
Charbon	24,4	17,3	7,7	1,2	0,1	0,1
Total	**49,9**	**43,5**	**111,2**	**134,8**	**137,7**	**138,6**

Source : INSEE.

Production et consommation d'énergie électrique (1901-1970)

	Production d'électricité (en millions de kWh)	Dont hydraulique	Thermique total	Dont nucléaire	Consommation (plus pertes) (en millions de kWh)
1901					340
1910					1 020
1920					3 500
1925	11 035	4 235	6 800		11 400
1930	16 745	7 545	9 200		17 200
1935	17 365	9 015	8 350		17 800
1940	18 683	11 883	6 850		19 100
1945	18 369	10 169	8 200		19 100
1950	33 025	16 072	16 953		33 390
1955	49 627	25 539	24 088		49 566
1960	72 304	40 530	31 774	130	72 020
1965	101 442	46 429	55 013	897	102 228
1970	140 708	56 612	84 096	5 147	140 023

Source : INSEE.

Taux d'indépendance énergétique nationale (en %) (1970-2010)

	1970	1973	1979	1985	1990	1995	2000	2005	2010
Charbon	69,5	61,5	41,7	44,7	40,7	34,9	16,5	1,9	1,0
Pétrole	3,4	1,8	1,9	1,9	4,0	3,4	1,9	1,5	2,2
Gaz	70,6	46,4	30,7	30,7	9,9	9,4	4,2	2,2	1,5
Electricité primaire	100,8	103,4	97,1	97,1	104,8	106,1	105,5	104,4	102,3
Energies renouvelables thermiques et déchets		100,0	100,0	100,0	100,0	100,0	99,9	100,5	98,4
Ensemble	**32,0**	**23,9**	**24,6**	**45,7**	**49,7**	**51,8**	**50,1**	**50,1**	**51,2**

Source : INSEE.

E. L'industrie

a. L'usage de la machine à vapeur (1871-1936)

Energie emblématique de la première industrialisation, la vapeur reste modérément utilisée à la fin du Second Empire. C'est après 1870 qu'elle connaît son plus grand essor : le nombre de chevaux-vapeurs s'accroît en moyenne de 6,2 % par an en 1871-1883, de 4,6 % par an en 1883-1894. Pour 9 500 nouveaux chevaux-vapeurs utilisés en moyenne de 1839 à 1869, 32 800 le sont de 1871 à 1894. Supplantée ensuite par l'électricité et le pétrole, la vapeur décline après la Grande Guerre.

Usage de la machine à vapeur (1871-1936)

	1871	1878	1884	1894	1904	1913	1929	1936
Etabl.	22192	30614	40512	50182	60350	63113	54211	47092
Machines	26146	37589	50252	63518	78597	81740	63958	50382
Puissance[1]	316	484	683	1072	2172	3141	6452	7705

1. En milliers de chevaux-vapeurs.

Source : *Annuaire statistique de la France*, 1938, pages rétrospectives..

b. Le textile

En 1913, il reste le premier secteur industriel français, avec 7,2 millions de broches en activité et un produit net de 2567 millions de francs en 1910, contre 347 millions pour la métallurgie. La France occupe le 2e rang mondial et y emploie 40 % de sa main-d'œuvre industrielle. La soie est passée de 7000 à 42000 métiers mécaniques entre 1875 et 1914, alors que les métiers à bras tombaient de 80000 à 17000. L'industrie cotonnière progresse dans le même temps de 56000 à 140000 métiers à tisser. La modernisation de ce secteur pourtant en stagnation s'accompagne d'une hausse de 50 % de sa productivité entre 1880 et 1900.

Dans l'entre-deux-guerres, le textile français est l'industrie qui vieillit le plus : en 1939, 50 % de ses machines datent d'avant 1919 et la production reste particulièrement émiettée. Après 1945, son déclin est inexorable. Néanmoins, en 2012, ce secteur non négligeable réalise un chiffre d'affaires de 25 milliards d'euros.

Le déclin du textile (1946-2011)

	1946	1950	1965	1970	1980	1988	1994	2000	2011
Salariés de l'industrie textile (milliers)	1000	950	519,8	451,1	336	223	160	116,8	69,325
Entreprises textiles			8200 (en 1958)	4300	4560 de plus de 10 personnes			1390 de plus de 20 salariés	2300 dont 601 de plus de 20 salariés

Sources :
Jean-Jacques Tur, *Géographie humaine de la France*, Ellipses, 1994, p. 311.
Micheline Vincent, « L'industrie textile en 1970 », *Economie et statistiques*, 1971.
Services des études et des statistiques industrielles, « L'industrie française du textile », 2000.
INSEE pour 2006.
Union des industries textiles pour 2011.

c. *La sidérurgie*

Produit emblématique et branche motrice de la première industrialisation, l'acier voit sa production favorisée par l'adoption du procédé Bessemer (années 1860) et surtout du procédé Thomas-Gilchrist (1878), qui permet d'exploiter le fer lorrain phosphoreux. Du même coup, la part de la Lorraine non annexée par l'Allemagne passe de 4 à 49 % de la production d'acier national entre 1880 et 1913, et de 35 à 67 % pour celle de la fonte.

Cependant, en 1882, la France ne produit que 458 000 t d'acier quand l'Allemagne en produit 1 000 000 t et le Royaume-Uni 1 800 0000 t. En 1913, à la veille de la guerre, le rival allemand a même encore creusé l'écart : il produit trois fois plus de fonte et quatre fois plus d'acier que la France.

En 1945, la France compte 122 sociétés sidérurgiques, concentrées en 85 sociétés (1955) puis en deux : Usinor et Sacilor (1967, nationalisées *de facto* par le Premier ministre Raymond Barre en 1978). Avec la crise et la désindustrialisation, la production record de 1974 n'est plus jamais atteinte.

Production d'acier brut (en milliers de tonnes) (1878-2012)

1878	1882	1885	1896	1904	1913	1919	1922	1930	1932	1937	1946	1958
280	458	554	1 181	2 096	4 687	2 156	4 538	9 444	5 638	7 893	4 408	14 616

1968	1974	1979	1983	1994	2002	2007	2012
20 410	27 023	23 360	17 582	18 030	20 300	19 300	15 607

Sources :
Denis Woronoff, *Histoire de l'industrie en France, op. cit.*
INSEE, *Annuaire rétrospectif de la France. 1948-1988*, 1990.
Insee.fr
Philippe Mioche et Denis Woronoff (dir.), *L'Acier en France : produits et marchés, de la fin du XVIIIe siècle à nos jours*, Sociétés EUD, 2006.

Production de fonte brute (milliers de tonnes) (1870-2012)

1870	1871	1878	1895	1900	1913	1918	1919	1929	1932
1 178	860	1 521	2 003	2 714	5 027	1 293	2 447[1]	10 360	5 537

1. Dont 1 114 produits par l'Alsace-Moselle réintégrés, 1 333 par la France dans ses frontières de 1871.

1937	1938	1948	1950	1958	1974	1975	1983	1993	2012
7 914	6 012	6 559	7 761	11 967	22 519	17 291	17 582	12 396	9 652

Sources :
Annuaire statistique de la France, 1938, pages rétrospectives.
INSEE, *Annuaire rétrospectif de la France*. 1948-1988, 1990.

Production d'aluminium (en tonnes) (1880-1952)

	1880	1890	1900	1913	1920	1929	1933	1941	1944	1948	1952
Production d'aluminium (première fusion)	1	37	1026	13483	12304	29083	14293	63915	26154	63701	106137

Production d'aluminium (en milliers de tonnes) (1958-2010)

	1958	1974	1980	1986	1992	1998	2007	2010
Première fusion	169	393	431	323	414	424	428	358
Deuxième fusion	41	125	170	170	222	242	403	498
Production totale	**210**	**518**	**601**	**493**	**636**	**666**	**831**	**856**

Sources :
Annuaire statistique de la France, 1938, pages rétrospectives.
INSEE, *Annuaire rétrospectif de la France. 1948-1988*, 1990.
Pour 1998, http://www.insee.fr/sessi/4pages/pdf/4p114.pdf
Pour 2007 et 2010 : Association française de l'aluminium.

d. La construction automobile

Premier producteur mondial d'automobiles jusqu'en 1904, la France passe en deuxième position en 1929, en quatrième en 1970.

La naissance de la nouvelle industrie est typique du capitalisme à la française : aucun rôle majeur des banques, production répartie en nombreuses PME (30 constructeurs en 1900, 57 en 1910, 155 en 1914, avec 48 usines véritables seulement), entreprises familiales dont les créateurs, partis de presque rien, fondent un empire en quelques années. La branche connaît la plus forte croissance de l'industrie (+28,4 % de 1904 à 1914) et occupe 100000 employés, lorsque la Grande Guerre lui donne une nouvelle impulsion et une importance stratégique majeure. Après-guerre, les grands constructeurs deviennent les pionniers du taylorisme en France. La crise des années 1930 réduit la production et favorise la concentration : les constructeurs passent de 155 en 1924 à 60 en 1932, puis à 31 en 1939.

Symbole après-guerre de la consommation de masse, l'automobile équipe désormais la majorité des ménages. La 4 CV devient le produit emblématique, sinon mythique, de la IVe République : Renault en produit 1105499 entre le 12 août 1947 et juillet 1961. De son côté, de 1949 à 1988, Citroën vend plus de 5 millions de 2 CV, à un prix un tiers inférieur à celui de la 4 CV.

Entre 1965 et 1973, la production automobile croît de 10 % par an et ses effectifs progressent de 5,4 % par an entre 1968 et 1973, contre 1 % pour l'ensemble de l'industrie. La France est alors le deuxième exportateur mondial d'automobiles. Mais la crise de 1974 frappe durement le secteur. S'ensuivent plus de trente années de production en dents de scie pendant lesquelles alternent succès et difficultés, tandis que l'aide de l'Etat s'avère souvent précieuse. Après 2008, l'automobile est le premier secteur de l'économie réelle mis en péril par la nouvelle crise mondiale.

La production automobile (en milliers de véhicules) (1900-2010)

	1900	1905	1913	1920	1925	1929	1932	1939	1945
Voitures particulières produites					121	212	137	187,7	1,6
Tous véhicules	2	14	45	40	177	254	164	285,6	34,6

1948	1950	1958	1969	1974	1979	1981	1992	2006	2010
100	257,3	924	2162	3045	3730	2954	3614	5035,9[1]	5610,3[3]
198,4	357,7	1127,8					4120,2	5916,9[2]	6353,3[4]

1. Dont 2378,9 en France.
2. Dont 2790,9 en France.
3. Dont 1665,8 en France.
4. Dont 1938,5 en France.

Source : INSEE.

F. L'Etat dans l'effort de recherche et développement

Après l'apogée des grands programmes de recherche publics en 1967[1], les nationalisations de 1981 placent 184 firmes de recherches dans le giron de l'Etat. Elles rassemblent 57 % des chercheurs et près de 60 % des dépenses totales de recherches. Un effort important est fourni dans les années 1980 (création du crédit d'impôt-recherche, 1983), où le gouvernement fixe, et tient presque, l'objectif d'amener la R&D à 2,5 % du PIB en 1990. Entre 1983 et 1989, le nombre d'entreprises exerçant des activités de recherche passe de 1 280 à 2 654. En 2007, la R&D française occupe 350 000 personnes à temps plein (57 % rémunérés par les entreprises, 43 % par l'Etat).

L'Etat et la R&D de 1959 à 2010

	1959	1967	1973	1980	1990	2000	2005	2010 (p)
Effort de recherche et développement en % du PIB	1,14	2,23	1,68	1,80	2,3	2,19	2,10	2,26
Part de l'Etat		68 %	64 %	62 %	49 %	37,49 %	39 %	38,9 %
Rang mondial		3e		4e [1]			5e	5e [2]

1. 1er rang en proportion de la population. Etats-Unis : 2,3 %, RFA : 2,2 %, Japon : 2 %.
2. Corée du Sud : 3,74 %, Japon : 3,26 %, Etats-Unis : 2,90 %, RFA : 2,82 %, mais Royaume-Uni :1,76 %.

Sources :
François Caron, *Histoire économique de la France, op. cit.*, p. 284 et p. 339.
INSEE.
Loi de finances pour 2013.

G. Les transports[2]

Le second XIXe siècle comme le XXe siècle se caractérisent par une mobilité accrue des hommes et des marchandises. Dans cette évolution, le chemin de fer joue un rôle majeur, qui tend cependant à décroître au profit de la route à partir de l'entre-deux-guerres. Et l'aviation voit son poids augmenter, après la Seconde Guerre mondiale.

1. Ces différents programmes (plan Calcul, etc.) sont voulus par l'Etat gaullien en réplique au déficit de la balance des brevets : 187 millions de francs en 1958, 335 millions en 1962, 500 millions en 1966. En 1978, ce déficit est ramené à 279 millions.

2. Les statistiques données proviennent de l'INSEE, sauf indication contraire.

La première ligne de chemin de fer français est construite entre Andrézieux et Saint-Etienne en 1823. L'essentiel du réseau est ensuite élaboré à partir de 1870 (17 000 km sont réalisés en vertu du programme Freycinet). En 1937, l'Etat nationalise la gestion des chemins de fer dont il confie la gestion à la Société nationale des chemins de fer (SNCF).

Transport ferroviaire (1841-2012)

Année	Longueur moyenne des lignes exploitées (en milliers de km)	Dont lignes électrifiées	Voyageurs transportés (en millions)	Trafic voyageurs en milliards de voyageurs-kilomètres	Trafic marchandises (en millions de tonnes)	Trafic marchandises en milliards de tonnage kilométrique
1841	0,48		6,33	0,112	1,01	0,037
1851	3,23		19,6	0,797	4,34	0,488
1861	9,61		61,1	2,69	23,5	3,79
1871	16,6		94,1	4,58	27,8	5,53
1881	24,1		174	6,29	56,2	10,6
1891	33,3		248	8,24	63,1	11,8
1900	36,8	0,01	430	14,0	83,4	16,0
1910	39,0	0,08	492	16,8	113	21,5
1920	38,2	0,24	500	22,1	103	25,9
1930	42,4	1,59	790	29,2	224	40,9
1940	40,6	3,34	347	15,8	102	24,0
1950	41,3	3,89	512	21,7	146	37,3
1960	38,8	6,96	570	32,0	216	54,5
1970	36,5	9,36	613	41,0	238	64,2
1980	34,4	10,07	666	54,7	209	66,4
1990	34,1	12,6	843	64,0	142	52,2
2000						57,7
2010				100,6		30,1
2012	29,6	16,0				

Accidents de chemin de fer (intérêt général et SNCF à partir de 1937) (1880-1990)

Année	Nombre de tués	Nombre de blessés
1880	426	1 390
1890	403	1 020
1900	678	1 577
1910	753	1 522

Année	Nombre de tués	Nombre de blessés
1922	976	1 579
1930	853	1 506
1940	802	4 606
1950	507	474
1960	258	332
1970	263	258
1990	188	140

Parc automobile (en milliers) (1895-2010)

Année	Automobiles (dont voitures particulières)	Motocyclettes puis motocycles à partir de 1950
1895	0,3 (0,3)	
1900	2,9 (2,9)	11,0
1910	53,7 (53,7)	27,1
1920	236,6 (157,2)	50,8
1930	1 520,5 (1 109,0)	443,5
1940	2 300,0 (1 800,0)	
1950	2 150 (ND)	817,5
1960	7 885,4 (5 546)	4 950
1970	14 915 (11 860)	5 330
1980	22 315 (180 440)	11 225
1990	28 106 (23 280)	
2000	33 464 (27 770)	
2010	37 625 (31 175)	27 000 (en 2012)

Réseau autoroutier (1954-1994)

Année	Réseau autoroutier (en km)
1954	170
1964	490
1974	2 670
1984	5 740
1994	8 250

Accidents corporels de la circulation routière (1938-2010)

Année	Nombre d'accidents	Victimes tuées [1]	Victimes blessées	Dont grièvement
1938	46 319	4 263	59 762	16 573
1950	52 075	3 354	63 601	17 820
1960	141 309	8 295	185 031	65 780
1965	210 754	12 150	290 256	90 136
1970	228 050	15 034	321 556	96 399

Année	Nombre d'accidents	Victimes tuées[1]	Victimes blessées	Dont grièvement
1985	191 096	10 447	270 745	66 911
1990	162 573	10 289	225 860	52 578
2000	121 223	7 643	162 117	27 407
2010	67 288	3 992	84 461	28 758

1. Victimes décédées dans les trois jours puis dans les six jours de 1970 à 2000 et dans les 30 jours en 2010.

Trafic des transports aériens passagers (1920-1960) puis fréquentation des lignes aériennes de voyageurs (1980-2010)

Année	Trafic passagers (en milliers)
1920	1,4
1930	27,4
1938	110,2
1950	1 192
1960	3 955
1970	9 152
1980	35 352
1990	62 368
2000	101 694
2010	124 822

Sources : Statistiques du Secrétariat général à l'aviation civile puis de la Direction générale de l'aviation civile.

Trafic maritime de voyageurs (non compris la navigation côtière et les services côtiers de transport) (en milliers de voyageurs)(1950-1995)

	Entrées	Sorties	Total
1950	1 577	1 643	3 220
1955	2 155	2 215	4 370
1960	2 577	2 651	5 228
1965	2 877	2 917	5 974
1970	3 732	3 724	7 456
1975	5 517	5 596	11 113
1980	8 605	8 557	17 162
1985	10 268	10 398	20 666
1990			25 281
1995			29 915

Trafic maritime commercial de marchandises (en milliers de tonnes) (1950-1990)

	Entrées	Sorties	Total
1950	31 525	16 106	47 631
1955	46 267	22 157	68 424
1960	60 176	23 810	83 986
1965	119 067	28 518	147 585
1970	182 082	37 263	219 345
1975	211 210	55 847	267 057
1980	250 175	66 293	319 468
1985	199 081	75 176	274 257
1990	213 325	84 317	297 642
1995	215 410	81 189	296 599

Flotte de commerce (1900-1965)

Année	Milliers de tonneaux de jauge (tonnage total brut)
1900	1 351
1905	1 728
1910	1 882
1915	ND
1920	3 245
1925	3 512
1930	3 531
1935	3 025
1940	2 953
1945	
1950	3 207
1955	3 922
1960	4 809
1965	5 918

Transports fluviaux (1870-1995)

	Tonnage (en milliers de t)	Tonnage kilométrique (en millions de TK)
1870		1 448
1875		1 964
1880		2 007
1885	19 573	2 453
1890	24 167	3 219
1895	27 173	3 766
1900	32 445	4 675
1905	34 030	5 085

	Tonnage (en milliers de t)	Tonnage kilométrique (en millions de TK)
1910	34 623	5 197
1915		2 167
1920	23 284	3 173
1925	37 105	5 277
1930	55 297	7 266
1935	49 476	8 083
1940	12 877	2 763
1945	15 271	2 616
1950	42 590	6 693
1955	58 254	8 917
1960	60 048	10 773
1965	89 757	12 510
1970	110 350	14 183
1975	94 583	11 905
1980	92 197	12 151
1985	64 120	8 394
1990	66 090	7 580
1995	54 884	5 865

Chapitre 3

LE COMMERCE EXTÉRIEUR

Dès le second XIXe siècle, la France est insérée dans le commerce international. Cette ouverture s'accentue durant l'entre-deux-guerres et connaît une impulsion décisive avec la naissance du Marché commun en 1957.

Part de la France dans le commerce mondial (1860-2012) (en %)

1860	1870	1887	1900	1913	1929	1937	1953	1960	1970	1980	1990	2007	2012
12,8	11,6	9	8,6	6,7	6	3,7	4,9	5,3	5,7	5,6	6,3	6,5	3,5

Sources :
Alain Beltran et Paul Griset, *La Croissance économique de la France*, Armand Colin, 1988, p. 152.
Claire Gatinois, « Comment la France s'efface peu à peu des radars du commerce mondial », *Le Monde*, 8 juin 2012.
Jacques Marseille, « La Crise des années 1930 », in *Puissances et faiblesses de la France industrielle*, Points-Seuil, 1997, p. 162.

Importations et exportations en valeurs, par nature de produits (en millions d'anciens francs) (1870-1946)[1]

Année	Importations				Exportations			
	Objets d'alimentation	Matières nécessaires à l'industrie	Objets fabriqués	Total	Objets d'alimentation	Matières nécessaires à l'industrie	Objets fabriqués	Total
1870	802	1 777	288	2867	1 377		1 425	2 802
1875	801	2 350	386	3 537	1 922		1 951	3 873
1880	1 962	2 472	599	5 033	811	817	1 840	3 468
1885	1 455	2 023	610	4 088	750	707	1 631	3 088
1890	1 445	2 373	619	4 437	855	897	2 001	3 753
1895	1 036	2 101	583	3 720	591	874	1 909	3 374
1900	819	3 036	843	4 698	769	1085	2 255	4 109
1905	823	3 087	869	4 779	781	1 338	2 748	4 867
1910	1 413	4 346	1 415	7 174	858	1 931	3 445	6 234
1913	1 818	4 946	1 658	8 421	839	1 858	4 183	6 886

Année	Importations				Exportations			
	Objets d'alimentation	Matières nécessaires à l'industrie	Objets fabriqués	Total	Objets d'alimentation	Matières nécessaires à l'industrie	Objets fabriqués	Total
1914	1813	3508	1081	6402	646	1299	2924	4869
1915	3315	4653	3068	11036	649	767	2521	3937
1916	5058	9753	5829	20640	589	1085	4540	6214
1917	6985	11876	8693	27554	499	1095	4419	6013
1918	5645	10066	6596	22306	420	998	3305	4723
1919	10704	14753	10342	35799	1190	2445	8245	11880
1920	11875	25157	12873	49905	2613	6114	18167	26894
1925	9193	29495	5407	44095	3795	12714	29246	47755
1929	13167	35126	9928	58221	6078	12568	31493	50139
1930	11822	29325	11364	52511	5886	9992	26957	42835
1935	6264	11180	3530	20974	2474	4256	8766	15496
1939	11641	24787	7357	43785	4813	9026	17751	31590
1940	12186	25236	8348	45770	3141	3807	10653	17511
1941	11472	8985	4497	24936	2346	5762	7669	15777
1942	9373	9372	7207	25952	6767	7010	15887	29664
1943	1861	5955	6144	13960	8861	7422	19124	35407
1944	3057	3142	3570	9769	5098	4027	16432	25557
1945	15791	28610	12626	57027	3095	1922	6383	11398
1946	82546	117782	64609	264737	19777	16290	65320	101388

1. Les statistiques proviennent de l'INSEE, sauf indication contraire.

Ouverture de l'économie française (1958-1980)

Année	Part des importations dans le PIB	Part des exportations dans le PIB
1958	9,7%	8,9%
1967	13,6%	13,4%
1973	21,7%	21,3%
1980	26,5%	24,2%

Source : Pierre Rosanvallon, *La Crise de l'Etat-providence, op. cit.*

Importations et exportations en valeur, par nature de produits (en millions de francs) (1954-1970)

	Importations						Exportations					
	Alimentation	Energie	Produits bruts	Produits manufacturés	Or industriel	Total	Alimentation	Energie	Produits bruts	Produits manufacturés	Or industriel	Total
1954	3837	2747	4619	3551	466	15220	2148	1157	2338	9991	462	15096
1960	6308	5274	7507	11912	15	31076	4464	1306	2852	25260	19	33901
1965	8813	7897	8391	25536	16	49719	7096	1523	3555	3224	10	44408
1970	13648	12726	12293	66434	1089	106190	15063	2090	5657	75722	85603	966

Importations et exportations en valeur, par nature de produits (en milliards d'euros)(2010)

	Exportations FAB[1]	Importations CAF[2]
Agriculture, sylviculture et pêche	**13,4**	**11,1**
Industrie manufacturière, industries extractives et autres	**376,4**	**442,2**
Industries extractives, énergie, eau, gestion des déchets et dépollution	8,8	46,8
Fabrication de denrées alimentaires, de boissons et de produits à base de tabac	36,6	31,2
Cokéfaction et raffinage	12,2	21,5
Fabrication d'équipements électriques, électroniques, informatiques ; fabrication de machines	76,6	96,9
Fabrication de matériels de transport	81,5	64,7
Fabrication d'autres produits industriels	160,7	181,1
Services principalement marchands	**69,5**	**69,6**
Commerce ; réparation d'automobiles et de motocycles	9,2	3,5
Transports et entreposage	20,8	25,0
Information et communication	7,2	8,5
Activités financières et d'assurance	7,0	5,5
Activités scientifiques et techniques ; services administratifs et de soutien	23,6	25,3
Services principalement non marchands	**0,9**	**0,3**
Correction territoriale	**35,1**	**29,1**
Correction CAF/FAB	**0,0**	**-14,8**
Total des produits	**495,3**	**537,4**

1. Biens FAB (Franco à bord) : mesure des exportations à partir de la France valorisées avec les coûts d'acheminement jusqu'à la frontière française.
2. Biens CAF (coût, assurance, fret) : mesure des importations en France valorisées avec les coûts d'acheminement (transport et assurance) jusqu'à la frontière française.

Commerce extérieur par pays

Exportations et importations en valeur de la France dans le monde (en millions d'anciens francs) (1880)

	Exportations	Importations	Solde
Grande-Bretagne	913,8	664,5	249,3
Allemagne	362,9	438,2	-75,3
Belgique	465	457,4	7,6
Etats-Unis	332,2	731	-398,8
Russie	34	314,1	-280,1
Espagne	158,7	343,2	-184,5
Italie	181,3	398,3	-217
Suisse	220,4	114,1	106,3
Chine	3,4	100,9	-97,5

Exportations et importations de la France dans le monde (en millions d'anciens francs) (1910)

	Exportations	Importations	Solde
Grande-Bretagne	1279	931,1	347,9
Allemagne	804	860,5	-56,5
Belgique	1004	469,8	534,2
Etats-Unis	456	614,1	-158,1
Russie	87,5	337,3	-249,8
Espagne	140,7	195,3	-54,6
Italie	344,2	188,9	155,3
Suisse	385,5	138,9	246,6
Chine	16,7	210	-193,3

Exportations et importations de la France dans le monde (en millions d'anciens francs) (1920)

	Exportations	Importations	Solde
Grande-Bretagne	4238,0	10318	-6080
Allemagne	1502,0	2668	-1166
Belgique	4479,0	3325	1154
Etats-Unis	2256	10866	-8610
URSS	131,5	136,4	-4,9
Espagne	969,5	1052	-82,5
Italie	1249	1283	-34
Suisse	1792	1044	748
Chine	85,5	930	-844,9

Exportations et importations de la France dans le monde (en millions d'anciens francs)(1930)

	Exportations	Importations	Solde
Grande-Bretagne	6894	5298	1596
Allemagne	4155	7937	-3782
Belgique	5442	4199	1243
Etats-Unis	2435	6148	-3713
URSS	169,9	886,2	-716,3
Espagne	1129	1508	-379
Italie	1681	1527	154
Suisse	3095	1133	1962
Chine	161	714,8	-553,8

Exportations et importations de la France dans le monde (en millions d'anciens francs) (1939)

	Exportations	Importations	Solde
Grande-Bretagne	4153	2978	1175
Allemagne	1036	2089	-1053
Belgique	3921	3046	875
Etats-Unis	2268	5841	-3573
URSS	91,7	408,7	-317,0
Espagne	137,6	78,8	58,8
Italie	316,7	499,5	-182,8
Suisse	2279	1096	1183
Chine	264,7	272,8	-8,1

Exportations et importations de la France dans le monde (en millions de nouveaux francs) (1960)

	Exportations	Importations	Solde
République fédérale d'Allemagne	4665	4887	-232
Espagne	414	315	99
Italie	1979	1247	732
Pays-Bas	914	1152	-238
Royaume-Uni	1711	1133	578
Suisse	1550	627	923
Union économique belgo-luxembourgeoise (UEBL)	2531	1837	694
URSS	571	457	103
Total Europe	**17417**	**13435**	**3982**
Etats-Unis	1954	3677	-1723
Total Amérique	**3603**	**5407**	**-1804**
République populaire de Chine	260	112	148
Total Asie et Proche et Moyen Orient	**1653**	**3205**	**-1552**
Algérie	5352	1841	3511
Total zone franc	**10151**	**7028**	**3123**
Total monde	**33881**	**31002**	**2879**

Exportations et importations de la France dans le monde (en millions de francs) (1970)

	Exportations	Importations	Solde
République fédérale d'Allemagne	20487	23426	-2939
Espagne	2456	1491	964
Italie	11107	9805	1301
Pays-Bas	5585	6258	-6673

	Exportations	Importations	Solde
Royaume-Uni	3829	4800	-971
Suisse	4626	2459	2167
Union économique belgo-luxembourgeoise	10927	11918	-990
URSS	1517	1130	387
Total Europe	**69778**	**68080**	**1698**
Etats-Unis	5298	10532	-5234
Total Amérique	**9207**	**14640**	**-5433**
République populaire de Chine	448	388	60
Total Asie et Proche et Moyen Orient	**4865**	**7336**	**-2471**
Algérie	3123	3538	-415
Total zone franc	**11297**	**9691**	**1606**
Total monde	**98531**	**105101**	**-6570**

Exportations et importations de la France dans le monde (en milliards d'euros) (2010)

	Exportations	Importations	Solde
Allemagne	62,9	79,1	-16,2
Belgique	29,2	35,9	-6,7
Espagne	29,0	28,3	0,7
Italie	31,5	34,8	-3,3
Pays-Bas	16,2	19,3	-3,1
Royaume-Uni	26,2	19,8	6,3
UE à 27	237,7	269,0	-31,3
Russie	6,3	12,2	-5,9
Suisse	11,3	10,9	0,5
Total Europe	**266,0**	**308,5**	**-52,5**
Algérie	5,2	2,3	2,9
Maroc	4,0	2,8	1,2
Total Afrique	26,6	23,7	2,9
Etats-Unis	22,1	26,7	-4,6
Total Amérique	**35,3**	**37,8**	**-2,5**
Total Proche et Moyen Orient	**14,7**	**8,0**	**6,8**
Chine	11,0	37,4	-26,4
Total Asie	**43,0**	**71,2**	**-28,2**
Total monde	**338,0**	**456,9**	**-68,9**

Chapitre 4

BANQUES, CRÉDIT, ÉPARGNE ET BOURSE

A. Les banques

L'historien Alain Plessis a fait justice de la légende d'un « retard bancaire » français. En 1870, il existe selon lui de 2 000 à 3 000 établissements de crédit au sens large, et les 3 090 guichets connus en 1875 sont plus nombreux que les 1628 bureaux de banque anglo-gallois. Le réseau repose donc sur un foisonnement de petites banques locales[1].

La Haute Banque, loin d'être négligeable, a permis à la France de participer à la révolution bancaire sous le Second Empire. Les seules succursales de la Banque de France, encore inexistantes hors de Paris en 1830, passent de 30 à 72 sous Napoléon III, puis à 411 en 1900 et 583 en 1914. De 1882 à 1912, les dépôts en Caisse d'épargne bondissent de 1 893 à 5 829 milliards : en 1913, ses 548 établissements (525 en 1870) abritent 14 millions de livrets (566 000 en 1850) et voient l'ouverture de 8 000 nouveaux comptes par an. Les dépôts bancaires pèsent pour un milliard de francs (10 % de la masse monétaire) en 1873, 3,1 milliards en 1895 (23 %), 9,5 milliards en 1913. En 1929, ce montant a presque doublé en francs courants et décuplé en francs constants (90,5 milliards).

La guerre de 1870 et les emprunts lancés pour payer les 5 milliards d'indemnité au vainqueur ont coûté au total 11,4 milliards soit 7 mois du

1. Alain Plessis, « La faute à la Banque ? », in Patrick Fridenson (dir.), *Le Capitalisme français* XIX*e*-XX*e* *siècle. Blocages et dynamismes d'une croissance*, Fayard, 1987, ainsi que Alain Plessis et Michel Lescure, *Banques locales et banques régionales en France au* XIX*e* *siècle*, Albin Michel, 1999.

revenu national, et fragilisé le marché financier parisien. L'arrivée de la **Grande Dépression** accroît ses difficultés. L'éclatement d'une vraie bulle spéculative entraîne une dépression boursière (1882-1886) et le krach de l'Union générale en 1882.

Avec la **Belle Epoque,** les créations de banques s'accélèrent – comme leur enrichissement. La France passe de 29 banques par actions en 1891 à 105 en 1912. Les trois établissements de dépôts majeurs (la Société générale, le Comptoir national d'escompte et le Crédit lyonnais) cumulent 1 519 agences en 1912 contre 195 en 1880. Le syndicat des banques provinciales revendique pour sa part 1 150 guichets en 1908. En tout, de 1895 à 1913, la croissance des crédits bancaires est trois fois plus rapide que celle du PNB. Les crédits bancaires à l'économie progressent de 5 à 13 milliards de francs entre 1900 de 1913. A l'extérieur, la France est le deuxième exportateur de capitaux mondial, investissant tant chez l'allié russe que chez l'ennemi allemand. La capitalisation boursière, qui représentait 46,7 milliards de francs en 1880, atteint 64 milliards en 1902 et 70,1 milliards en 1913.

De 1914 à 1949, l'image publique de la banque se dégrade alors même que le recours des particuliers et des entreprises aux établissements bancaires se banalise. Les retraits massifs de dépôts pendant la Grande Guerre manquent de ruiner les établissements. Entre 1913 et 1926, le total des dépôts stagne et la contribution des banques au revenu national baisse de 48 %. En 1921, la France compterait 4 146 entreprises bancaires, chiffre peut-être surévalué[1].

De 1926 à 1932, après avoir retrouvé son niveau d'avant-guerre, le secteur bancaire double sa contribution au revenu national. Les réseaux bancaires nationaux achèvent de se constituer : entre 1913 et 1930, la Banque nationale de crédit passe ainsi de 89 à 730 agences. Cependant, les PME qui constituent l'essentiel du tissu industriel français s'adressent avant tout aux banques locales et régionales, alors en relatif déclin[2].

La Grande Dépression emporte un gros quart des banques françaises : 670 ferment de 1929 à 1937, soit 15 % du réseau bancaire[3]. Les dépôts des 19 principales banques régionales s'effondrent de 23 à 11 milliards

1. Alain Plessis, « Les banques françaises dans les grandes crises du XXe siècle », *Vingtième Siècle. Revue d'histoire,* 1996, n° 52, p. 85-93.

2. En 1926, celles-ci représentent 64,5 % de l'endettement bancaire des PME de moins de 100 salariés.

3. D'autres sources évoquent entre 560 et 750 faillites bancaires.

entre 1929 et 1935. Les grandes banques de dépôt parisiennes, un temps épargnées, voient à leur tour leurs dépôts fondre d'un tiers entre juillet 1933 et septembre 1936, passant de 35 à 24 milliards. La fuite des capitaux et le « mur d'argent » de 1935 à 1938 nuisent également aux banques. Leur soutien à l'activité économique s'amenuise, leur prudence extrême les discrédite. En revanche, aucun retrait massif n'accompagne la guerre et, sous l'Occupation, l'épargne augmente nettement : de 1938 à 1944, le volume des dépôts des quatre plus grandes banques de dépôts passe de l'indice 100 à 138.

La loi du 2 décembre 1945 nationalise la Banque de France et les quatre premières banques de dépôts[1]. Pendant les **Trente Glorieuses,** la banque locale et régionale achève de disparaître. Sous la houlette de l'Etat, le secteur bancaire finance la croissance économique : en 1972, les trois grandes banques nationales comptent pour 51,5 % des bilans et 61 % des dépôts, soit 207,2 milliards sur un total de 402,6 pour les premiers et 118,7 milliards sur 194,7 pour les seconds. A partir de 1966-1967, les lois Debré abolissent le cloisonnement entre banques d'affaires et de dépôt institué en 1941 et 1945. Le réseau bancaire français devient le deuxième au monde en 1980.

En 1981, les nationalisations mitterrandiennes portent à son apogée le rôle bancaire de la puissance publique. Passent sous son contrôle les 36 premières banques de dépôt et 2 groupes financiers (Suez et Paribas), soit 95 % des dépôts nationaux. Privatisations bancaires et dérégulations des activités financières commencent toutefois dès la première cohabitation (1986-1988) et sont poursuivies par la suite. En 2001, les banques publiques ne représentent plus que 20 % des dépôts.

Parallèlement, les transactions à la Bourse de Paris passent de 121,7 à 2 090 milliards entre 1982 et 1990. Les banques françaises participent à leur échelle à un capitalisme financier dérégulé dont les excès de spéculation incontrôlés déclenchent en 2008 la pire crise mondiale depuis les années 1930. Pendant que la bourse connaît une année noire, la France, comme bien des pays, improvise son plan de sauvetage des banques (360 milliards d'euros votés le 14 novembre 2008). Mais paradoxalement, elle ne va pas jusqu'à en renationaliser, au contraire des pays anglo-américains hier encore chantres du libéralisme.

1. Crédit lyonnais, Société générale, Comptoir national d'escompte, Banque nationale pour le commerce et l'industrie, ces deux derniers fusionnés en 1966.

Sources

Alain Plessis, « La faute à la Banque ? », *in* Patrick Fridenson (dir.), *Le Capitalisme français XIXe-XXe siècle. Blocages et dynamismes d'une croissance*, Fayard, 1987.

Alain Plessis, « Les banques françaises dans les grandes crises du XXe siècle », *Vingtième Siècle. Revue d'histoire*, 1996, n° 52, p. 85-93.

Alain Plessis et Michel Lescure, *Banques locales et banques régionales en France au XIXe siècle*, Albin Michel, 1999.

Dépôts à vue des quatre principales banques (en millions de francs) (1875-1929)

	1875	1891	1897	1913	1929
Total dépôts bancaires (millions de francs)	**1 000**[1]		**3 100**[2]	**8 535**	**90,5**[3]
Dépôts à vue des quatre principales banques[4] (millions de F)	550	1 400	1 600	5 681	
Agences cumulées des trois principales banques[5]	195 (en 1880)	258 (en 1890)		1 519 (en 1912)	2 600 (en 1930)
Comptes au Crédit lyonnais	29 751 (en 1877)		229 059	693 288	
Déposants à la Banque de France		47 000	74 000 (en 1900)	121 000	
Succursales Banque de France	72 (en 1870)		411 (en 1900)	500	
Banques métropolitaines hors quatre grandes et Banque de France		29	47 (en 1901)	105	

1. En 1873. Soit 10 % de la masse monétaire.
2. En 1895. Soit 23 % de la masse monétaire.
3. Soit en francs constants le double environ des dépôts de 1913.
4. Le Crédit lyonnais, la Société générale, le Comptoir d'escompte, le crédit industriel et commercial, qui regroupent environ la moitié du total des dépôts bancaires français.
5. Crédit lyonnais, Société générale, Comptoir d'escompte.

Source : Fernand Braudel et Ernest Labrousse (dir.), *Histoire économique et sociale de la France*, t. IV 1-2 : 1880-1950, PUF, Quadrige, 1993 (1re éd. 1979), p. 165 *sq*.

Quelques profits bancaires (en millions de francs) (1872-1913)

	1872	1882	1886	1892	1898	1902	1913
Crédit lyonnais	14,7		6				41,6
Société générale	12,7 (en 1871)				3,3		25,2
Paribas	14,1	7,3		3,8		7,3	16,2 (en 1912)

Source : Albert Broder, *L'Economie française au XXe siècle*, *op. cit.*, p. 162, d'après Jean Bouvier, François Furet et Marcel Gillet (dir.), *Le Mouvement du profit au XIXe siècle*, La Haye/Paris, Mouton, 1965, et Eric Bussière, *Paribas, l'Europe et le monde. 1872-1992*, Anvers, Fonds Mercator, 1992.

Crédits à l'économie (en milliards de francs) (1880-1913)

	1880-1884	1885-1889	1890-1894	1895-1899	1900-1904	1905-1909	1910-1913
Banque de France	1,2	0,8	0,8	1,1	1,1	1,3	1,7
Banques commerciales	1,1	1,5	2,3	3,2	1,1	7	12
Total	2,3	2,3	3,1	3,3	2,2	8,3	13,7

Source : Fernand Braudel et Ernest Labrousse (dir.), *Histoire économique et sociale de la France*, t. IV, *op. cit.*, p. 181.

La banque des Trente Glorieuses (1946-1979)

	Nombre au 31 décembre de chaque année			
	1946	1966	1974	1979
Banques de dépôt	391	248	258	278
dont banques sous contrôle français	365	207	188	179
Banques d'affaires	45	43	27	37
dont françaises	43	33	17	20
Banques de crédit à long et moyen terme	8	24	58	63
dont françaises	8	20	54	59
Total des banques inscrites au Conseil national du crédit	**444**	**315**	**343**	**378**
Total des établissements financiers	**560**	**451**	**410**	**390**
Guichets	3549 (en 1947)	4074 (en 1960)	6424 (en 1970)	9470 (en 1975)
Banques locales et régionales	209 (en 1947)		69 (en 1972)[1]	

1. Dont 49 affiliées à des banques nationales.

Source : Jean Bourget et Augusta Cadars, *La France. Industries, services*, *op. cit.*, p. 180.

La banque contemporaine (2007-2011)

Depuis plusieurs décennies, l'endettement des particuliers et des entreprises fait écho à celui de l'Etat. En 2012, 48,6 % des ménages ont un crédit. 31,4 % supportent un crédit à l'habitat et 27,6 % des crédits à la consommation (ces derniers représentent 157 milliards d'euros en février 2013). 765000 ménages sont surendettés en septembre 2012[1]. La crise s'accompagne comme dans tous les pays développés d'une chute spectaculaire des taux d'intérêts.

1. Le problème concerne à 52 % des personnes sans emploi et à 75 % des victimes d'accidents de la vie, à moins de 10 % des gens ayant eu un recours excessif au crédit.

Quelques données bancaires (2007-2011)

	2007	2008	2011
Etablissements habilités à traiter toutes les opérations de banque	355	342	311
Sociétés financières	321	304	277
Institutions financières spécialisées	7	6	3
Total	**683**	**652**	**595**
Succursales d'établissements de crédit de l'EEE relevant du libre établissement	64	70	66
Total général	**747**	**722**	**657**
Guichets (DOM-TOM et Monaco inclus)	27 663	27 943	28 203
Crédit aux ménages (milliards d'€)	877,1	940,1	1106,8
Crédits à l'habitat	625,9	710	851
Crédit aux entreprises (milliards d'€)		781,6	814,8
Taux d'intérêt légal	2,95	3,99	0,38
Taux du marché monétaire (France et zone euro)	4,28	4,63	1,39

Source : Association française des banques.

B. L'épargne des Français : légendes et réalités

Longtemps a perduré l'image d'un pays d'épargnants frileux (notamment pour l'avant-1914), se cantonnant aux placements « de père de famille », économisant massivement, fuyant l'investissement dans l'industrie moderne au profit de l'immobilier, des rentes ou des obligations d'Etat.

En réalité, le taux d'épargne des Français n'est en général pas supérieur à celui des autres pays industriels européens, et la part des valeurs mobilières n'a cessé d'augmenter. Cependant, un maximum historique d'épargne est atteint en 1975. Avec la crise économique de la fin des années 2000, le taux d'épargne remonte en 2011 à 16,1 %, l'un des plus fort taux du monde, et qui n'avait plus été atteint depuis 1983. L'épargne des Français représente alors près de 11 000 milliards d'euros, huit fois leur revenu total.

Taux d'épargne en % du revenu disponible (1873-2011)

	1873-1876	1878-1903	1903-1911	1950	1959	1959-1963	1964-1968	1969-1973	1975	1980	1987	2006	2011
Taux d'épargne moyen des Français	4,5 %	4,6 %	5,6 %	12,2 %	12,9 %	14,6 %	15,3 %	16,6 %	22 %	18,3 %	11,1 %	15,5 %	16,1 %

Sources :
François Caron, *Histoire économique de la France*, *op. cit.*, p. 58-69, d'après S. Kuznets pour 1873-1911.
Insee.fr

D'après Fernand Braudel et Ernest Labrousse, entre 1871 et 1913, la France épargne en moyenne 10 % de son revenu national, contre 12 à 15 % pour l'Angleterre et 15 à 20 % pour l'Allemagne. Elle place 50 % de son épargne hors des frontières, contre seulement 25 % pour l'Angleterre et 10 % pour l'Allemagne. Cela lui permet d'être l'un des principaux banquiers du monde.

La France assure en 1860 le tiers du flux mondial d'investissements intérieurs, et encore 20 % en 1900, soit la seconde place mondiale loin derrière la Grande-Bretagne (~ 40 %), mais devant l'Allemagne. Entre 1880 et 1914, ses créances à l'étranger passent de 15 à 40-42 milliards de francs-or (Royaume-Uni : de 25 à 92-95 milliards de francs-or, Allemagne : de 5-6 à 25-28 milliards de francs-or), contre 25 milliards placés à l'intérieur dans l'industrie et le commerce.

Malgré des variations annuelles non négligeables, le progrès de l'épargne est continu de 1870 à 1913. La déstabilisation du franc et ses dévaluations à partir de la Grande Guerre expliquent bien plus l'envol des sommes que l'enrichissement du pays.

Epargne et exportations de capitaux (1870-1909)

Période	Moyenne de l'épargne annuelle en milliards de F courants	Moyenne des exportations nettes de capitaux en millions de F courants
1870-1879	36,59	254,9
1880-1889	75,5	295,1
1890-1899	88,51	675,6
1900-1909	97,6	1253,8
1910-1913	115,75	1 141,5
1920-1929	197,3	ND
1930-1937	387,33	ND
1950-1959	6 693,7	1 447,3
1960-1969	226,4 (NF)	54,4 (NF)

Source : Emmanuel Chadeau, *L'Economie nationale aux* XIX*e et* XX*e siècles, op. cit.*, p. 193-196. L'auteur fournit des statistiques annuelles de 1833 à 1969.

Montants des exportations de capitaux (1850-1913)

	1850	1860	1890	1901	1913
Exportations de capitaux (% PNB français)	7,5 %	25 %	14 %	21 %	21 %

Source : Dominique Barjot, *Histoire économique de la France au* XIX*e siècle, op. cit.*

Les exportations de capitaux (1882-1914)

	1882	1902	1914
Créances françaises à l'étranger (milliards de F-Or)	15	29,1	45,5
– dont « emprunts russes »	1,1	6,9	12,3
– dont Empire colonial	0,65	1	4
Créances britanniques	25		92 à 95
Créances allemandes	5 à 6		25 à 28

Source : *ibid.*

Les grands exportateurs de capitaux en 1914 (en% du total mondial)

Royaume-Uni	France	Allemagne	Belgique	Pays-Bas	Suisse	Etats-Unis	Autres
43%	20%	13%	12%	12%	12%	7%	5%

Source : *ibid.*

Les Français n'ont jamais hésité à investir en bourse, malgré les fluctuations du marché des actions.

Indice des valeurs françaises à revenu variable (base 100 en 1913) (1870-1938)

1870	**1871**	**1875**	**1881**	**1886**	**1890**	**1895**	**1899**	**1902**	**1913**
70	60,5	74	98	67,5	82	72	88,5	70	100
1914	**1915**	**1916**	**1917**	**1918**	**1919**	**1920**	**1921**	**1925**	**1929**
93	79	89,5	104,5	113	123	151	113	200,4	507
1930	**1931**	**1936**	**1937**	**1938**					
407	308	180	227	209					

Source : *Annuaire statistique de la France*, 1938, pages rétrospectives.

Indice des valeurs françaises à revenu variable (1949-1988)

1949	1950	1958	1962	1968	1973	1977	1980	1982	1984	1986	1987	1988
100	90	350	720,6	492,9	739,5	518,3	916	806,6	1445,8	3080,4	3351,2	2899,6

Source : INSEE.

Le CAC 40, créé le 31 décembre 1987 avec une valeur de 1 000 points, entre en vigueur le 15 juin 1988. Son évolution épouse les périodes de croissance de l'économie réelle mais aussi les phases d'euphorie spéculative : le 4 septembre 2000, il atteint son record historique à 6 922,33 points. Ses chutes brutales reflètent les grandes crises : guerre du Golfe de 1990-1991 et récession mondiale de 1991-1993, dégonflement de la bulle spéculative Internet en 2002 (crise des « start-ups »), et surtout crise américaine des subprimes à l'origine de l'effondrement des bourses mondiales en octobre 2008. L'année 2008 est de ce fait la pire de l'histoire du CAC 40 et du palais Brongniart.

Performances du CAC 40 calculées au 31 décembre de chaque année (1987-2012)

Année	Valeur du CAC 40 (en points)	Performance	Année	Valeur du CAC 40 (en points)	Performance
1987	1 000,00	-	2000	5 926,42	- 0,54 %
1988	1 573,94	+ 57,4 %	2001	4 624,58	- 21,97 %
1989	2 001,08	+ 29,5 %	2002	3 063,91	- 33,75 %
1990	1 517,93	- 24,06 %	2003	3 557,90	+ 16,12 %
1991	1 765,66	+ 15,5 %	2004	3 821,16	+ 7,40 %
1992	1 857,78	+ 5,2 %	2005	4 715,23	+ 23,40 %
1993	2 268,22	+ 22,1 %	2006	5 541,00	+ 17,53 %
1994	1 881,15	- 17,5 %	2007	5 614,00	+ 1,32 %
1995	1 871,97	- 4,30 %	2008	3 217,97	- 42,68 %
1996	2 315,73	+ 23,24 %	2009	3 936, 33	+ 22,32 %
1997	2 998,91	+ 29,34 %	2010	804,78	3,34 %
1998	3 942,66	+ 37,31 %	2011	3 159,81	16,95 %
1999	5 958,32	+ 51,12 %	2012	3 641,07	+ 15,23 %

C. Fiscalité

Le budget de l'Etat a atteint le milliard de francs courants en 1828, les deux milliards en 1860, les trois milliards en 1876. Il passe le cap des quatre milliards en 1909, puis celui des cinq milliards en 1913. Ce n'est qu'avec la Grande Guerre et l'entre-deux-guerres que la masse budgétaire, les transferts et les investissements de l'Etat revêtent un impact majeur sur la vie économique du pays.

Fondement de la fiscalité locale, l'octroi permet de taxer les marchandises qui entrent sur la commune. La Grande Guerre et la loi du 22 février 1918 entraînent son déclin. Il disparaît en 1943.

L'octroi (1870-1932)

Année	Nombre d'octrois	Produit (en milliers de francs)	
		Octroi de Paris	Autres
1870	1516	80060	87112
1871	1510	68558	88029
1913	1552	114858	181691
1919	1165	83207	96258
1929	1013	485350	338764
1932	972	418122	363696

Source : *Annuaire statistique de la France*, 1938, pages rétrospectives. La série s'interrompt en 1932.

La pression fiscale globale (moyennes annuelles en millions de F. courants) (1870-1913)

Période	Total des impôts	Total des ressources de l'Etat	% du produit physique national prélevé par l'impôt
1870-1874	1781,8	1960,8	9,24 %
1875-1879	2398,2	2625	13,06 %
1880-1884	2534,8	2677	13,29 %
1885-1889	2560	2752,6	14,36 %
1890-1894	2771,4	2955	14,84 %
1895-1899	2875,8	3100,2	15,60 %
1900-1904	2947,6	3203,6	14,18 %
1905-1909	3174	3426	13,02 %
1910-1913	3666,6	3953	13,26 %

Source : Emmanuel Chadeau, *L'Economie nationale aux* XIX*e et* XX*e siècles, op. cit.*, p. 224.

Structure des recettes fiscales de l'Etat (1881-1913)

Catégories d'impôts	1881	1891	1901	1913
Sur les revenus	17,3 %	18,8 %	20,9 %	18,8 %
Sur la fortune	28,2 %	24,6 %	24,9 %	26,2 %
Sur les consommations	54,5 %	56,6 %	54,2 %	55 %

Source : Fernand Braudel et Ernest Labrousse (dir.), *Histoire économique et sociale de la France*, t. IV, *op. cit.*, p. 255.

Les « quatre vieilles » (contribution foncière, contribution mobilière, patente, impôt sur les portes et les fenêtres), héritées de la Grande Révolution, non progressives, sont le fondement de la fiscalité directe d'Etat jusqu'à leur remplacement, le 31 juillet 1917, par l'impôt progressif sur le revenu. La contribution foncière est la plus importante : 66 % de l'ensemble dans les années 1840, 45 % dans les années 1900.

Mais la part des « quatre vieilles » et autres contributions directes reste légère : la **fiscalité indirecte,** non progressive et moins adaptée à l'évolution économique moderne, représente encore de 80 % à 85 % des recettes fiscales dans les années 1900.

Produit annuel des quatre principaux impôts directs (en milliers de francs) (1870-1920)

	1870	1880	1890	1900	1910	1914	1917	1918	1920
Contrib. foncière	322329	355159	395018	401505	463539	494378	465527	533741	931715
Contrib. personnelle et mobilière	92803	116464	148466	175375	212512	230274	235.384	147.967	242764
Portes et fenêtres	57661	70182	84795	98807	122699	129989	126.889	72717	134289
Patentes	112349	164606	179718	206120	264007	301531	342215	212211	418068
Total des « quatre vieilles »	**585144**	**706413**	**807998**	**881807**	**1062757**	**1156173**	**1170464**	**966634**	**1726836**

Source : *Annuaire statistique de la France*, 1938, pages rétrospectives.

Structure des recettes du budget de l'Etat en 1900-1910

Source de revenus de l'Etat	Part des recettes totales
Monopoles et établissements industriels de l'Etat (tabac, arsenaux, etc.)	22,1 %
Contributions indirectes	16,7 %
Enregistrement	16,1 %
Contributions directes et taxes assimilées	14,4 %
Douanes	11,8 %
Timbre et opérations de bourse	5,4 %
Impôt sur le sucre et le sel	4,5 %
Impôt sur le revenu des valeurs mobilières (institué en 1872)	2,4 %
Divers	6,6 %
Total	**100 %**

Source : Patrick Verley, *Nouvelle histoire économique de la France contemporaine*, La Découverte, 1989, t. III, p. 82.

De 1870 à 1914, 210 projets de réforme fiscale sont élaborés – en vain. Ce n'est qu'en juin 1914 que le parti radical impose la mesure-phare de son programme : **l'impôt progressif sur le revenu.** Perçu à partir de 1919 sur ceux dont le revenu annuel excède 5000 francs, il devient le fondement de la fiscalité directe. En 2006, avec plus de 55 milliards d'euros, il représente encore 17 % des recettes de l'Etat, mais la moitié des ménages n'y sont pas assujettis.

Impôt général sur le revenu (1919-1938)

	1919	1925	1930	1937
Contribuables concernés	541 202	1 938 597	2 150 390	2 288 732
Montant total des revenus imposés en milliers de francs	14 447 300	44 788 800	64 139 400	66 853 000
Rapport de l'impôt[1]	1 142 580	2 849 869	2 280 945	2 733 736

1. Sachant que l'impôt sur le revenu de l'année est acquitté l'année n+1. Les revenus de 1937 acquittent donc l'impôt en 1938.
Source : INSEE.

Le rapport de l'impôt sur le revenu connaît une certaine stagnation à partir des années 1990-2000. En 2009, cet impôt acquitté par 19,5 millions de contribuables français ne représente plus que 6,4 % des prélèvements obligatoires contre près de 10 % en 1992.

Rapport de l'impôt général sur le revenu (1948-2009)

	1948	1949	1958	1968	1974	1980	1992	2000	2009
Rapport de l'impôt sur le revenu (en milliards de francs courants)	0,4	1,4	7,7	23,1	50,1	119	307,1	310,26	312,9

Source : INSEE.

Les prélèvements obligatoires (1938-2012)

Les exigences de la reconstruction, du financement de l'investissement et de la croissance des Trente Glorieuses ainsi que la construction d'un Etat-providence entraînent un bond des prélèvements dans l'immédiat après-guerre. Ils chutent cependant sur la fin de la IVe République.

En 1974, le candidat Giscard d'Estaing déclare que la France deviendrait « un pays socialiste » si les prélèvements dépassaient les 40 % du PIB. C'est pourtant sous son mandat qu'ils connaissent la hausse la plus ample de la Ve République (+ 6 points), et que la barre qu'il jugeait fatidique est franchie (40,4 % en 1981). Particulièrement accrus également par Pierre Mauroy au nom de la relance (1981-1983), puis par Alain Juppé (1995-1997) au nom de la lutte contre les déficits, atteignant leur maximum historique en 1999 sous Lionel Jospin, un peu baissés à l'approche puis à la suite de la présidentielle de 2002 avant de repartir à la hausse, ils restent en 2012 parmi les plus élevés d'Europe. Encore faut-il tenir compte de la diversité des modes de calcul ou de la place variable des systèmes de protection sociale privés. Quoi qu'il en soit, le maintien du « modèle social français » doit beaucoup à son fort taux de redistribution de la richesse.

Montants des prélèvements obligatoires (1938-2012)

	1938	1947	1959	1968	1974	1981	1985	1995	1997	1999	2001	2003	2007	2009	2012
Prélèvements obligatoires en % du PIB	26,5	41	31,4	34,2	34,1	40,4	42,5	42,7	44,1	44,9	43,8	42,9	43,2	41,7	44,9

Sources :
François Caron, *Histoire économique de la France*, *op. cit.*, pour 1938-1950.
Insee.fr (série longue 1959-2006).

Structure fiscale selon la nature des prélèvements (en % des prélèvements obligatoires) (1980-2004)

	1980	1990	1995	2000	2004	OCDE en 2004
Impôt sur le revenu	**11,6**	**11,8**	**11,3**	**18**	**17**	24,6
dont IRPP	10,2	9	8,2	7,7	6,5	–
Impôt sur les sociétés	**5,1**	**5,3**	**4,8**	**7**	**6,3**	9,6
Cotisations sociales dont	**42,7**	**44,1**	**42,6**	**36**	**37,1**	25,9
– cotisations salariales	11,1	13,2	13,2	8,9	9,3	–
– travailleurs indépendants	3,2	3,6	3,1	2,3	2,5	–
– cotisations patronales	28,4	27,2	26,2	24,8	25,3	–
Impôt sur les salaires	**2,2**	**1,9**	**2,5**	**2,3**	**2,6**	0,9
Impôt sur le patrimoine	**4,8**	**5,1**	**7,4**	**7**	**7,6**	5,6
dont ISF		0,6	0,3	0,4	0,4	
Taxes sur biens et services	**30,4**	**28,4**	**27,4**	**25,7**	**25,6**	32,3
– dont TVA	20,7	18,2	16,5	15,9	16,6	–
– dont TIPP	4	4	4,2	3,8	3,4	–
Divers	**3,1**	**3,2**	**3,9**	**3,8**	**3,6**	0,7

Source : *L'Etat de la France*, La Découverte, 2008.

La part des dépenses publiques et des transferts sociaux a crû au cours du XIXe et surtout du XXe siècle.

Part des dépenses publiques dans le produit physique (1870-1939)

	1870-1874	1875-1884	1885-1894	1895-1904	1905-1913	1914-1939
Moyenne	18,6 %	18,4 %	18,8 %	18,6 %	14,7 %	ND
Subventions d'Etat aux entreprises (en % du produit physique)	0,39 %	ND	1,26 %	ND	0,91 % (de 1905 à 1909)	ND
Dépenses d'investissements de l'Etat en infrastructures (moyenne annuelle en millions de francs)	ND	468		373		984

Source : Fernand Braudel et Ernest Labrousse (dir.), *Histoire économique et sociale de la France*, t. IV, *op. cit.*, p. 251.

Part des dépenses publiques dans le PIB (1870-2010)

	Dépenses de l'Etat	Dépenses des collectivités locales	Dépenses de sécurité sociale	Ensemble
1872	8,2 %	2,8 %	0 %	11 %
1912	8,8 %	3,8 %	0 %	12,6 %
1920	27,8 %	5 %	0 %	32,8 %
1929	13,6 %	5,1 %	0,1 %	20,6 %
1938	20,1 %	5,5 %	0,9 %	26,5 %
1947	29,1 %	3,7 %	8,1 %	40,9 %
1971	27,5 %	7,9 %	14,4 %	49,8 %
1997				55 %
2002				53,6 %
2007				52,4 %
2010				56,2 %

Sources :
Pierre Guillaume, *Histoire sociale de la France au xxe siècle*, Masson, 1993.
Insee.fr pour 2002 à 2010.

D. La monnaie : du franc à l'euro

De 1803 à 1913, la monnaie française connaît une parfaite stabilité. Elle échappe à la dévaluation, aux variations du taux de change et, sur le long terme, à la mutilation du pouvoir d'achat. Même la guerre de 1870 n'apporte que des perturbations mineures et temporaires. Ce franc-or axé sur le bimétallisme a été fixé par Napoléon Bonaparte à une valeur proche de celle de la livre tournois de 1726. La Grande Guerre ruine cette stabilité, démultiplie la masse monétaire en circulation et fragilise le franc sur le marché des changes. L'inflation entre alors dans l'horizon quotidien des Français pour n'en sortir réellement que dans les années 1980. S'amorce également un long cycle de dévaluations qui ne s'interrompt qu'avec la marche à la monnaie unique européenne.

Après la victoire de 1918, les Français escomptent un retour à la normale et le maintien du franc Germinal. Les gouvernements successifs n'osent démentir cette illusion en dévaluant. Vainqueur dans la douleur du « Verdun financier » de 1923, Poincaré y sacrifie sa reconduction aux élections de mai 1924, car il doit donner un tour de vis fiscal drastique (+ 20 %) à deux mois de celles-ci. Mais la crise monétaire est de loin le principal défi sur lequel se brise le Cartel des Gauches (1924-1926). Après la chute d'Herriot le 21 juillet 1926, le seul retour au pouvoir de Poincaré rétablit la « confiance » avant même l'esquisse de la moindre mesure. Concluant une œuvre vigoureuse d'assainissement des finances publiques, le franc Poincaré ou « franc de 4 sous » solde le 25 juin 1928 les comptes de la Grande Guerre par une dévaluation de 80 %. Provisoirement stabilisé, et très demandé par les acquéreurs étrangers, ce franc connaît à son tour 18 dévaluations jusqu'en 1958, date à laquelle le « franc lourd » prend la relève.

Le Front populaire, en 1936, a le courage de rompre avec les illusions de l'orgueil monétaire en procédant à une dévaluation plus tardive et plus limitée que celles des autres grands pays industriels : les prix français étaient surévalués de 20 % par rapport aux prix mondiaux, et la hausse à contre-courant mondial des taux d'intérêts (de 3,9 à 5,6 % entre 1931 et 1936) étouffait la reprise. Le franc achève l'entre-deux-guerres comme la plus dépréciée des grandes monnaies au cours de la période.

Valeur du franc par rapport au dollar et à la livre sterling (1914-1933)

	£ 1	$ 1
1913	25	5
Juin 1919	29	6,47
Décembre 1920	59	15
Septembre 1923	77,83	17,14
Février 1924	95,52	22,65
Mars	93,19	21,69
8 mars	122,60	28,74
10 mars	127	–
23 avril	63,05	14,47
Décembre 1925	145	
4 mai 1926	148	
19 mai	172	
30 juin	173,25	
16 juillet	202	
20 juillet	235	
21 juillet	243	49
22 juillet	208	
27 juillet	196	
22 décembre	122,25	25
25 juin 1928	124,21	25,52
1931 (dévaluation de la livre de 40 %)	75	–
1933 (dévaluation du dollar de 41 %)	–	15

La stabilisation du franc en 1928 le rend attractif. De nombreux étrangers s'en portent acquéreurs et le paient en livres sterlings et en dollars, que la Banque de France convertit systématiquement en or. Le métal jaune afflue dans ses réserves. Mais avec la crise mondiale, les détenteurs de capitaux se remettent à échanger de l'or contre des sterlings et des dollars, qui inspirent à nouveau confiance après leurs dévaluations respectives de 1931 et 1933.

Le Front populaire, dont la victoire en mai 1936 inquiète les détenteurs de capitaux, ne parvient pas à enrayer l'hémorragie de l'or, qui s'accélère. Ce dernier ne revient en France que grâce aux dévaluations du gouvernement Daladier en mai et novembre 1938. Si la réserve d'or de la Banque de France ne tombe pas aux mains des occupants allemands, elle doit cependant être utilisée pour payer le coût de la guerre et de la reconstruction. De ce fait, elle atteint en 1950 un étiage sans précédent.

Encaisse de la Banque de France en tonnes d'or fin (1914-1950)

	1914	1928	1931	1932	1933	1934	3/1936	9/1936	1938	1939	1950
Encaisse de la Banque de France en tonnes d'or fin	1191	1709	4062	4910	4550	4830	3870	2950	2159	2407	464

Source : INSEE, *Annuaire statistique de la France*, 1961.

Sous l'Occupation, la surévaluation forcée du mark par rapport au franc contribue au pillage de l'Hexagone par l'Allemagne nazie. La IVe République enregistre bien des déboires monétaires pour de rares succès, œuvre surtout du ministre des Finances Maurice Petsche en 1949. Seule la création du Nouveau Franc ou franc Pinay de 1959 offre à la France gaullienne une décennie de stabilité monétaire retrouvée.

Limitée, la dévaluation de novembre 1969 est la conséquence des accords de Grenelle. Refusée par de Gaulle pour raison de prestige, elle est acceptée par son successeur Pompidou, qui bénéficie de l'aide des Allemands et des Américains pour la mettre en œuvre. A partir de la crise de 1971 (fin de la convertibilité or du dollar), les diverses monnaies se mettent à « flotter » les unes par rapport aux autres. Le SME (Serpent puis, en 1978, Système monétaire européen) autorise cette fluctuation dans une marge de +/- 2,25 %. Equivalent pour les économies d'Europe d'un troisième choc pétrolier, la flambée du dollar s'annonce dès 1978 avec le plan de soutien du président Carter à la devise américaine. Elle dure près d'une décennie.

Après la cascade de dévaluations des années 1980, les théories monétaristes percent en France sous la première cohabitation (1986-1988), tandis que les gouvernements socialistes suivants se convertissent à la politique du « franc fort ». Celle-ci est consacrée par la nécessité de respecter les engagements du traité de Maastricht de 1991. Trois « critères de convergences » s'imposent aux pays européens candidats à la monnaie unique : un déficit public limité à 3 % du PIB, une dette publique inférieure à 60 % du PIB, des taux d'intérêt à long terme n'excédant pas 2 % de ceux des trois Etats membres présentant les meilleurs résultats. Sur l'insistance de l'Allemagne, priorité est donnée à la stabilité des prix et de la monnaie sur toute autre considération. Créée le 1er juillet 1997, la Banque centrale européenne a pour mission de comprimer l'inflation sous la barre des 2 % et de rehausser ses taux en fonction. En 1991, sous la conduite très orthodoxe du ministre socialiste des Finances Pierre Bérégovoy, la France est avec le Luxembourg l'un des deux seuls pays des Douze à respecter ces critères, grâce au franc fort. Mais elle le paie cher : une inflation très compressée et l'interdiction de toute politique keynésienne ont sans doute aggravé la crise économique dévastatrice de 1992-1993. Et le maintien de forts taux d'intérêts se paye jusqu'en 1997-1998 du ralentissement de l'activité économique et d'un chômage élevé. La décrue des taux d'intérêts en France et en Europe à partir de cette date a favorisé le retour de la croissance, plus précoce et plus forte en France qu'en Allemagne et qu'en Italie.

La France réussit sa qualification pour la monnaie unique. Le 17 février 2002, le franc perd toute valeur légale. Depuis 1999, son cours, invariable, est fixé à 1 euro pour 6,55957 francs.

Pouvoir d'achat de l'euro et du franc (1908-2001).
1 franc de l'année vaut en euro 2008 :

Année	Valeur	Année	Valeur	Année	Valeur	Année	Valeur	Année	Valeur
1908	3,60543	1928	0,57159	1948	0,03235	1968	1,11200	1988	0,22564
1909	3,60543	1929	0,53874	1949	0,02858	1969	1,04459	1989	0,21778
1910	3,60543	1930	0,53262	1950	0,02598	1970	0,99281	1990	0,21068
1911	3,12471	1931	0,55798	1951	0,02235	1971	0,93948	1991	0,20414
1912	3,12471	1932	0,60871	1952	0,01997	1972	0,88502	1992	0,19942
1913	3,12471	1933	0,63339	1953	0,02032	1973	0,81035	1993	0,19535
1914	3,12471	1934	0,66015	1954	0,02023	1974	0,71254	1994	0,19215
1915	2,60392	1935	0,72109	1955	0,02004	1975	0,63752	1995	0,18888
1916	2,34353	1936	0,66958	1956	0,01923	1976	0,58159	1996	0,18523
1917	1,95294	1937	0,53262	1957	0,01867	1977	0,53177	1997	0,18298
1918	1,51196	1938	0,46871	1958	0,01622	1978	0,48758	1998	0,18172
1919	1,23344	1939	0,43804	1959	0,01528	1979	0,44022	1999	0,18082
1920	0,88435	1940	0,37199	1960	1,47485	1980	0,38768	2000	0,17781
1921	1,01893	1941	0,31669	1961	1,42768	1981	0,34185	2001	0,17490
1922	1,04157	1942	0,26332	1962	1,36212	1982	0,30572		
1923	0,95654	1943	0,21208	1963	1,29980	1983	0,27889		
1924	0,83698	1944	0,17359	1964	1,25659	1984	0,25966		
1925	0,78118	1945	0,11688	1965	1,22602	1985	0,24536		
1926	0,59330	1946	0,07659	1966	1,19385	1986	0,23900		
1927	0,57159	1947	0,05134	1967	1,16218	1987	0,23171		

Source : Insee.fr

Dévaluations du franc (1803-1986)

Nom de la devise	Date	Valeur	Amplitude de la dévaluation	£ 1 (en F.)	$ 1 (en F.)	Remarques
Franc Bonaparte ou franc Germinal	7 Germinal an XI (27 mars 1803)	322 mg d'argent, 290,32 mg d'or fin	–	25,221	5,18	Bimétallisme. La valeur de l'argent est de 1/15,5 pour celle de l'or.
Franc Poincaré	25 juin 1928	65,5 mg d'or aux 9/1000e, 58,9 mg d'or fin	79,8 %	124,21	25,52	Convertible en or [1], n'est plus défini par rapport à l'argent.
Franc Auriol	1er octobre 1936	Fluctue entre 43 et 49 mg d'or	25 à 34 %	110 à 115	18 à 23	Effectuée en concertation avec les Etats-Unis et la Grande-Bretagne. Rend les prix français plus compétitifs au niveau mondial.
Franc Bonnet ou « franc flottant »	1er juillet 1937	43 mg d'or au titre de 900/1000e	25 % du franc Poincaré	194	25	Abandon de l'étalon-or, rattachement à l'étalon-sterling.
Franc Daladier ou Marchandeau	5 mai 1938	21 mg d'or	57,5 % du franc Poincaré	179	36	Stabilisation qui amorce le retour des capitaux.
Franc Reynaud	12 novembre 1938	20,5 mg d'or				Poursuite de la politique précédente.
	3 septembre 1939	20,289 mg d'or		176,25	43,80	Contrôle des changes établi.
	29 février 1940	21 mg d'or fin	Réévaluation encaisse-or	186	43,80	Accord franco-britannique Reynaud-Simon de décembre 1939.
Franc Pleven	26 décembre 1945	7,46 mg d'or fin	63,2 %	480	119,1	Adhésion au FMI et aux accords de Bretton-Woods. Quote-part française : 7 % du budget du FMI. Aucune variation de ± 10 % sans concertation internationale.
Franc Mayer	25 janvier 1948	4,14 mg d'or fin	44,4 %	864	214,392	Blocage des billets, libre marché de l'or, franc flottant pour certaines importations et exportations.
Franc Queuille	18 octobre 1948		23 %		264	Renonciation à la multiplicité des taux, refusée par le FMI et le Royaume-Uni.
Franc Petsche	19 septembre 1949	2,545 mg d'or fin	28 % du cours moyen du dollar	980	350	Consécutive à la dévaluation de la livre sterling le même mois.

Plan Gaillard	Juin 1957		20 %	1 176	420	Dévaluation déguisée : taxe de 20 % sur les importations, prime de 20 % aux exportations.
	Juin 1958		29 % du franc Petsche	1 176	420	Officialise la précédente opération.
Franc Pinay	27 décembre 1958	2 mg d'argent, 180 mg d'or fin	17,55 %	1382,3	494	En 1960, 1 NF = 100 anciens francs. Le dollar passe à 4,94 F. et le sterling à 1,3823 F. Parité avec le mark et le franc suisse.
Franc Giscard d'Estaing	8 août 1969	1,6 mg d'or fin	12,5 %	A	5 5542	Jugule l'inflation née des accords de Grenelle.
Franc Delors	4 octobre 1981		3 %	B		Doit rendre les produits français compétitifs face aux produits allemands.
	12 juin 1982		5,75 %	C		Accompagne les premières mesures de rigueur.
	21 mars 1983		2,5 %	D		« Tournant de la rigueur » et prémisses de la politique du franc fort.
Franc Balladur	6 avril 1986		3 %	E		Dévaluation demandée par la CEE.

1. Contre un montant minimal de 215 000 F, soit l'équivalent d'un lingot d'or de 12 kg.

A. Le mark passe de 1,2343 F. à 1,3885 F.
B. Le mark est réévalué de 5,5 %.
C. Le mark est réévalué de 4,25 %.
D. Le mark est réévalué de 5,5 %.
E. Le mark est réévalué de 3 %.

Disparu en 2002, le franc avait perdu 99,95 % de sa valeur de 1914 tout en se dépréciant, entre 1913 et 1983, de 99,3 % par rapport au dollar.

Dépréciation décennale du franc (1914-2002)
(calculée d'après la parité-or du franc à la fin de chaque décennie)

Période	Date des dévaluations	Taux de dévaluation/dépréciation
1914-1929	1928	- 79,7 %
1929-1939	1936-1939	- 58 %
1939-1949	1945-1949	- 89,7 %
1949-1959	1958	- 29,1 %
1959-1969	1969	- 11,1 %
Rythme décennal de dépréciation du franc vis-à-vis du mark		
	Variation (en %) de la parité du franc	
1949-1959	- 28, 8 %	
1959-1969	- 25,7 %	
1969-1979	- 33,9 %	
1979-1989	- 30 %	
1989-2001	0 %	

Source : Conférence de Jean-Charles Asselain en 2002, http://www.finances.gouv.fr/notes_bleues/nbb/nbb227/227_dev.htm#an1.

E. La masse monétaire

Le Second Empire avait frappé plus de pièces et beaucoup plus d'or que tous les régimes antérieurs réunis. De 1873 à 1913, la croissance de la masse monétaire évolue en revanche par à-coups. La monnaie fiduciaire et scripturale (le chèque est légalisé depuis 1865, et 8 millions sont émis en 1896, 16 millions en 1914) progresse par rapport aux émissions métalliques. Avec la déstabilisation du franc et l'inflation nées de la Grande Guerre, la masse monétaire décuple entre 1913 et 1939 et double encore de 1946 à 1949, au sommet historique de l'inflation française.

Rythme d'augmentation de la masse monétaire (1873-1913)

	1873-1885	1885-1895	1895-1900	1900-1905	1905-1913
Croissance annuelle moyenne de la masse monétaire	0,8 %	1,4 %	4,3 %	3,7 %	4,3 %

Source : François Caron, *Histoire économique de la France, op. cit.*, p. 58.

Plus stable que dans la plupart des autres pays européens, le **taux d'escompte de la Banque de France** est de 4 % entre 1817 et 1852, puis subit des modifications régulières sous le Second Empire. Son taux normal est généralement de 3 % sous la IIIe République.

Taux d'escompte de la Banque de France (1870-1934) (en %)

	1873-1877	1878-1882	1883-1887	1888-1892	1893-1897	1898-1902	1903-1907	1908-1913	1920-1924	1925-1929	1930-1934
Taux (%)	3,83	3,04	3,02	2,99	2,22	2,91	3,09	3,26	5,52	5,07	2,51

Source : INSEE.

Masse monétaire nette en circulation en fin d'année (1847-1945)

	1847	1873	1885	1900	1913	1919	1924	1928	1929	1935	1939	1945
En milliards de francs	4,45	9,9	11,1	15,4	26,1	64,9	72	158	144,3	140,5	247,6	1 080,1

Source : INSEE.

Evolution comparée des types de monnaies en circulation en milliards de francs (1873-1950)

Année	Monnaie métallique		Monnaie fiduciaire		Monnaie scripturale		Total masse monétaire brute
1873	5,9	59,6 %	2,8	28,3 %	1,2	12,1 %	9,9
1885	6	54 %	3,5	31,5 %	3,8	14,5 %	11,1
1900	6,7	42,15 %	4,2	26,4 %	5	31,45 %	15,9
1913	9	33 %	5,7	23 %	12,3	44 %	27
1920	2,5	3,63 %	37,9	55 %	28,5	41,37 %	68,9
1928	1,2	0,8 %	63,9	42,4 %	85,6	56,8 %	150,7
1939	5,7	2,15 %	151,3	56,9 %	108,9	40,95 %	265,9
1945	3,8	0,33 %	570	49,72 %	572,6	49,95 %	1146,4
1950	15,4	0,44 %	1560,6	44 %	1970,7	55,56 %	3546,7

Sources :
François Caron, *Histoire économique de la France, op. cit.*, p. 54, pour 1873-1913 (estimations pour ce qui est de la monnaie fiduciaire et scripturale avant 1900).
INSEE.

Le recours au chèque : une particularité française (années 1990-2000)

Malgré un net recul de son utilisation, le chèque reste un moyen de paiement particulièrement privilégié en France (deux tiers des chèques de toute l'Union européenne en 2010, le plus fort recours au monde après les Etats-Unis).

Nouveau type de monnaie scripturale, le paiement par cartes ne dépasse celui par chèques que depuis 2003 en nombre et 2006 en valeur. En 2010, la France ne règle que 55 % de ses transactions en espèces (le plus faible taux de l'UE, Finlande et Suède exceptées) contre 60 % au Royaume-Uni, 75 % en Allemagne et 89 % en Italie.

Part des chèques et des cartes dans les transactions (1991-2010)

	1991	1998	2002	2006	2010
Part des chèques dans les transactions	56,6 % [1]	45,3 %	32,9 %	25,6 %	18,2 % [2]
Paiements par chèques (millions)	3 812	3 897	3 642	3 101	2 453
Paiements par cartes bancaires (millions)	1 328	2 165	3 472	4 422	5 548

1. Soit 80 chèques/hab./an (Grande-Bretagne : 56, Allemagne : 10).
2. Soit 48 chèques/hab./an (Grande-Bretagne : 15,5, Allemagne : 0,5).

Source : Banque de France, http://www.banquefrance.fr/ccsf/fr/publications/telechar/autres/rapport_avenir_moyens_paiement.pdf

Partie III

LA SOCIÉTÉ

Chapitre 1

LA POPULATION ACTIVE

La population active française croît globalement depuis 1870, malgré un léger fléchissement entre les années 1930 et 1960.

Les crises économiques suscitent des phénomènes de chômage, difficiles à mesurer sur des séries longues, tant la notion de chômage est liée à celle d'emploi salarié, demeuré minoritaire au début du XXe siècle. La catégorie sociale de chômeur est reconnue officiellement par le recensement de 1896 qui distingue les ouvriers et employés sans emploi des « sans profession », avec les vagabonds. On en recense alors 267 000 dans l'industrie. Avec la crise des années 1930 apparaît un chômage structurel de masse qui constitue, selon Nicolas Baverez, une spécificité française. Entre 1931 et 1936, 1,3 million d'emplois industriels sont supprimés en 5 ans. Si la mesure du chômage demeure très élastique, Nicolas Baverez évalue le taux de chômage des salariés français à 10,1 % en 1936. La reprise des années 1935-1937 est en outre moins prononcée en France qu'aux Etats-Unis ou dans le reste de l'Europe. Après la Seconde Guerre mondiale, la France connaît pendant les Trente Glorieuses une longue période de plein emploi. Le chômage préoccupe à partir de la fin des années 1965 et devient un phénomène de masse à partir de la crise de 1973. Le seuil d'un million de chômeurs est dépassé en 1977. Les politiques gouvernementales peinent alors à juguler le chômage de masse. La population active croît faiblement tandis que le taux d'emploi diminue fortement. Le chômage s'installe donc durablement et à un taux élevé. En 1994, la France est, avec 12,5 % de chômeurs, le pays du G7 le plus touché par la crise. En 2012, avec plus de 10 % de chômeurs, la France demeure plus affectée par la crise que les pays de l'OCDE (8 %) mais se situe dans la moyenne de la zone euro.

La structure de la population active s'est considérablement modifiée. Alors qu'au début du XIXe siècle, deux tiers des actifs étaient agricoles, ils ne sont plus qu'un sur deux vers 1870, tandis que les actifs industriels approchent les 30 %. A la veille de la Première Guerre mondiale, après 80 ans d'industrialisation, moins de 40 % des actifs travaillent dans l'agriculture, 33 % dans les secteurs secondaires, et 28 % dans les services, grâce notamment à l'essor des grands magasins. La domesticité atteint alors son apogée. Un équilibre entre les trois grands secteurs se réalise entre les deux guerres : en 1936, le secteur primaire représente 32 % des actifs, le secteur secondaire 34 % et le tertiaire 34 %. Au lendemain de la Seconde Guerre mondiale, la part de l'emploi agricole s'effondre plus encore au profit du tertiaire (baisse de 78 000 actifs agricoles par an de 1921 à 1936 puis de 135 000 par an pendant les Trente Glorieuses, tandis que le nombre d'employés et de cadres augmente d'environ 270 000 par an pendant les années 1960). L'emploi industriel progresse quant à lui jusqu'à la crise de 1974. Mais avec la crise des années 1970 s'amorce le déclin des classes ouvrières. En 2010, le tertiaire représente près des trois quarts des emplois en France, le secondaire 22 % et le primaire moins de 5 %.

L'entrée des femmes sur le marché du travail, favorisée par les formes d'industrialisation (industries textiles à la campagne), est relativement ancienne en France. La Première Guerre mondiale marque leur irruption dans des métiers qui leur étaient fermés jusqu'alors, comme la métallurgie ou la construction mécanique. L'entre-deux-guerres constitue toutefois un retour au foyer, encore renforcé par le régime de Vichy. Le travail des femmes reprend cependant vigoureusement à partir des années 1965 sans être affecté par le ralentissement de l'économie. Ce n'est qu'en 1999 qu'un rapport du Conseil économique et social valorise le travail des femmes non seulement pour leur épanouissement personnel mais aussi pour la richesse de la nation. Les comportements féminins et masculins sur le marché du travail continuent à se rapprocher. Néanmoins, en France, en 2010, une femme sur trois (31 %) travaille à temps partiel, contre 7 % des hommes. Et 82 % des emplois à temps partiel sont occupés par des femmes.

On observe enfin une baisse historique de la durée du travail : depuis 1870, celle-ci a presqu'été divisée par deux.

Précisons qu'avant 1896, les recensements de population sont peu fiables. Olivier Marchand et Claude Thélot, dans *Deux siècles de travail en France*, se sont attachés à reconstruire des séries homogènes.

Le taux d'activité (1872-2012)

Année	Ensemble	Hommes	Femmes
1872	62,0	81,9	42,4
1876	62,9	83,0	43,2
1881	64,6	84,8	44,7
1886	65,0	85,1	45,2
1891	64,6	84,6	45,0
1896	65,1	85,6	45,2
1901	65,8	86,5	46,1
1906	66,2	86,5	46,7
1911	66,1	86,8	46,3
1921	63,8	86,9	43,4
1926	62,1	86,1	40,5
1931	62,8	86,7	41,1
1936	59,1	82,2	38,4
1946	59,4	81,8	39,7
1955	59,3	81,4	39,3
1962	60,4	82,0	39,8
1968	58,3	77,3	40,0
1974	65,1	82,1	48,0
1980	65,7	79,5	52,0
1985	67,6	79,0	56,2
1990	68,8	78,7	58,9
1990	67,1	76,3	58,5
1995	67,9	75,8	61,6
2000	69,0	75,3	62,9
2005	69,4	75,2	64,7
2010	70,4	74,9	66,1
2012	70,9	75,3	66,6

Taux d'activité :
- de 1872 à 1990 : rapport entre la population active et la population en âge de travailler, exprimé en pourcentages ;
- depuis 1990 : rapport entre la population active et la population des 15-64 ans (utilisation des statistiques de l'INSEE).

Source : Olivier Marchand, Claude Thelot, *Deux siècles de travail en France*, INSEE Etudes, 1999.

A. Le chômage

Chômage (en milliers et en moyennes annuelles) (1920-1965)

Année	Nombre de chômeurs secourus	Demandes d'emploi non satisfaites
1920	2,9	13,4
1921	43,7	27,5
1922	5,5	13,0
1925	0,7	11,8
1927	33,3	46,7
1928	5,9	16,4
1929	0,9	10,0
1930	1,7	13,0
1931	45,5	63,9
1932	260,8	301,3
1933	274,1	304,8
1934	335,7	368,3
1935	426,5	463,7
1936	435,3	470,0
1937	354,6	380,0
1938	373,6	402,2
1939	381,9	418,4
1940	751,8	961,2
1941	292,6	394,5
1942	70,3	124,0
1943	19,9	41,6
1944	14,6	22,5
1945	15,8	68,4
1947	7,4	45,8
1950	52,2	153,0
1952	38,4	129,1
1953	62,1	179,5
1955	52,5	160,0
1957	18,6	80,7
1959	36,2	139,7
1960	34,8	131,1
1963	22,0	142,7
1965	31,1	141,3

Source : SGF, puis INSEE, annuaire rétrospectif 1966.

Taux de chômage et nombre de chômeurs au sens du BIT (1965-2012)

	Nombre de chômeurs			Taux de chômage		
	Ensemble	Homme	Femme	Ensemble	Homme	Femme
1965	354	156	198	1,7	1,2	2,8
1970	631	397	234	2,9	1,7	5,1
1975	793	366	425	3,5	2,6	4,8
1977	1015			4,3		
1980	1306	539	764	5,4	3,8	7,8
1981	1547			6,4		
1984	2074			8,5		
1985	2210	1072	1132	9,0	7,6	10,8
1987	2272			9,1		
1988	2194			8,8		
1990	1995	869	1122	7,9	6,2	10,2
1995	2580	1196	1384	10,1	8,5	11,9
1997	2779	1338	1442	10,8	9,5	12,3
2000	2262	1033	1229	8,6	7,2	10,1
2001	2071	935	1135	7,8	6,5	9,2
2005	2429	1171	1258	8,9	8,0	9,8
2007	2223	1092	1131	8,0	7,5	8,6
2010	2653	1338	1315	9,4	9,0	9,7
2012	2812	1451	1361	9,8	9,7	10

Source : INSEE.

B. Structure sociale de la population active

La nomenclature des professions et catégories socioprofessionnelles dite PCS a remplacé, en 1982, la catégorie socioprofessionnelle. Elle classe la population selon une synthèse de la profession (ou de l'ancienne profession), de la position hiérarchique et du statut (salarié ou non).

Répartition de la population active selon la catégorie socioprofessionnelle (CSP), en milliers (1876-1982)

	1876	1881	1886	1891	1896	1901	1906	1911	1921
Agriculteurs exploitants	5656	5709	5856	5800	5887	5939	5859	5757	5345
Salariés agricoles	3050	2867	2684	2590	2332	2084	2055	1981	1892
Patrons de l'industrie et du commerce	2621	2710	2710	2662	2610	2562	2611	2371	2334
Professions libérales	75	74	72	73	72	71	76	80	77
Cadres et employés	1241	1513	1660	1683	1866	1983	2076	2278	2808
Ouvriers	3677	3907	4116	4447	4940	5328	5613	6012	6285
Domestiques de la personne	942	1113	1093	1006	918	882	864	887	707
Armée, police	482	494	549	627	610	617	613	648	452
Clergé	140	136	135	137	85	96	93	82	107
Total	**17884**	**18523**	**18875**	**19025**	**19320**	**19562**	**19860**	**20096**	**20007**

	1926	1931	1936	1954	1962	1968	1975	1982
Agriculteurs exploitants	5082	4760	4514	3958	3015	2447	1650	1449
Salariés agricoles	1791	1663	1559	1161	826	584	371	303
Patrons de l'industrie et du commerce	2528	2570	2656	2322	2026	1985	1747	1780
Professions libérales	81	83	87	121	124	142	171	220
Cadres et employés	2831	3174	3074	4082	5084	6542	8764	10771
Cadres				1589	2170	2901	4102	4920
Employés				2493	2914	3641	4662	5851
Ouvriers	6687	6926	6016	6485	7008	7648	8191	8263
Domestiques de la personne	654	664	624	557	535	515	390	327
Armée police	379	443	542	658	1054	646	642	631
Clergé	104	114	120	171	158	132	116	61
Total	**20137**	**20397**	**19192**	**19515**	**19830**	**20641**	**22042**	**23805**

Répartition de la population active suivant la nomenclature des professions et catégories socioprofessionnelles (en milliers) (1982-2011)

	1982	1985	1990	1995	2000	2005	2011
Agriculteurs exploitants	1577	1545	1185	800	623	607	523
Artisans, commerçants et chefs d'entreprises	1850	1769	1902	1728	1567	1519	1754
Cadres et professions intellectuelles supérieures	1797	1929	2443	2867	3218	3860	4709
Professions intermédiaires	4594	4858	4964	5270	5572	5894	6631
Employés	5611	5626	6066	6319	6814	7328	8099
Ouvriers	6853	6359	6245	5731	6222	5795	6243
Autres[1]	386	376	341	321	165	10	431
Ensemble	**22670**	**22463**	**23146**	**23037**	**24182**	**25013**	**28390**

1. Chômeurs n'ayant jamais travaillé, militaires du contingent, non renseigné.

Source : INSEE.

Population active et emploi par grand secteur de 1872 à 2012 (répartition en %)

Année	Population active				Emploi			
	Agriculture	Industrie et bâtiment	Tertiaire[1]	Total	Agriculture	Industrie et bâtiment	Tertiaire[2]	Total
1872	50,0	28,4	21,6	100				
1876	48,7	29,2	22,1	100				
1881	46,3	29,7	24,0	100				
1886	45,2	29,4	25,4	100				
1891	44,1	29,7	26,2	100				
1896	42,5	31,4	26,1	100	42,9	31,1	25,9	100
1901	41,0	31,8	27,2	100	41,4	31,5	27,1	100
1906	39,9	32,3	27,8	100	40,3	32,0	27,7	100
1911	38,5	33,1	28,4	100	38,9	32,8	28,3	100
1921	36,2	33,7	30,2	100	37,1	32,9	30,0	100
1926	34,1	36,2	29,7	100	34,5	36,0	29,5	100
1931	31,5	36,6	31,9	100	32,1	36,2	31,7	100
1936	31,6	33,6	34,8	100	32,9	32,5	34,6	100
1949					29,6	33,1	37,3	100
1955					26,1	34,3	39,6	100
1962					20,1	36,1	43,8	100
1968					15,6	37,4	47,0	100
1974					10,6	38,5	50,9	100
1980					8,6	35,2	56,2	100
1985					7,5	31,6	60,9	100
1990					6,1	29,2	64,6	100
2005					3,4	22,2	74,4	100
2010					2,9	22,2	74,9	100
2012					2,9	21,7	75,4	100

1. Y compris le contingent.
2. Y compris le contingent.

Source : INSEE.

Répartition de la population active occupée par branche (en milliers) (1896-1990)

	1896	1913	1929	1938	1949	1954
Total AGRICULTURE ET FORETS	**8 350**	**7 450**	**6 600**	**5 900**	**5 580**	**5 030**
% AGRICULTURE ET FORET	**43,4 %**	**37,4 %**	**32,5 %**	**31,4 %**	**29,0 %**	**26,1 %**
Industries agricoles et alimentaires	470	520	550	580	610	610
Charbonnage, gaz	170	240	340	280	310	260
Electricité, eau	10	30	60	70	80	90
Pétrole, carburants			20	30	40	50
Matériaux de construction	260	290	350	250	240	250
Métallurgie	80	120	230	200	260	250
Industries mécaniques et électriques	660	870	1 400	1 160	1 450	1 550
Industries chimiques	70	110	210	210	280	310
Textile, habillement, cuir	2 790	2 850	2 300	1 800	1 600	1 430
Industries diverses	660	730	850	700	740	750
Bâtiment, travaux publics	830	960	1 120	780	1 020	1 320
Total INDUSTRIES	**6 000**	**6 720**	**7 430**	**6 060**	**6 630**	**6 870**
% INDUSTRIE	**31,3 %**	**33,8 %**	**36,6 %**	**32,3 %**	**34,5 %**	**35,7 %**
Transports, télécommunications	600	750	1 150	1 000	990	910
Commerces	1 000	1 250	1 500	1 650	1 570	1 650
Autres services	1 150	1 400	1 520	1 750	1 780	1 870
Institutions financières	60	110	220	200	200	200
Services domestiques	950	930	780	750	620	590
Administrations [1]	1 110	1 290	1 100	1 450	1 890	2 130
Total TERTIAIRE	**4 870**	**5 730**	**6 270**	**6 800**	**7 050**	**7 350**
% TERTIAIRE	**25,3 %**	**28,8 %**	**30,9 %**	**36,3 %**	**36,5 %**	**38,2 %**
POPULATION ACTIVE TOTALE	**19 220**	**19 900**	**20 300**	**18 760**	**19 260**	**19 250**

1. Y compris les militaires du contingent.

	1954	1963	1968	1968	1975	1982	1990
Total AGRICULTURE ET FORETS	**5 030**	**3 650**	**2 950**	**3 007**	**1 992**	**1 727**	**1 216**
% AGRICULTURE ET FORET	**26,1 %**	**18,5 %**	**14,6 %**	**15,0 %**	**9,5 %**	**8,0 %**	**5,5 %**
Industries agricoles et alimentaires	610	610	630	665	652	659	667
Charbonnage, gaz	260	200	150	171	98	59	23
Electricité, eau	90	100	120	145	164	188	198
Pétrole, carburants	50	70	80	64	69	55	43
Matériaux de construction	250	260	290	281	298	238	204
Métallurgie	250	290	240	242	253	256	165
Industries mécaniques et électriques	1 550	2 010	2 050	2 002	2 508	2 272	2 071
Industries chimiques	310	370	420	419	475	539	551
Textile, habillement, cuir	1 430	1 200	1 020	983	859	624	465
Industries diverses	750	810	850	871	941	724	702
Bâtiment, travaux publics	1 320	1 670	2 000	1 927	1 889	1 763	1 639
Total INDUSTRIES	**6 870**	**7 590**	**7 850**	**7 760**	**8 206**	**7 377**	**6 727**
% INDUSTRIE	**35,7 %**	**38,5 %**	**39,0 %**	**38,8 %**	**39,2 %**	**34,4 %**	**30,2 %**

	1954	1963	1968	1968	1975	1982	1990
Transports, télécommunications	910	1 030	1 050	1 161	1 235	1 358	1 419
Commerces	1 650	1 950	2 220	2 223	2 393	2 572	2 703
Autres services	1 870	2 130	2 530	2 536	3 124	4 071	5 258
Institutions financières	200	270	330	330	494	577	626
Services domestiques	590	490	490	494	321	204	217
Administrations[1]	2 130	2620	2 730	2 487	3 171	3 579	4 066
Total TERTIAIRE	**7 350**	**8 490**	**9 350**	**9 233**	**10 738**	**12 361**	**14 290**
% TERTIAIRE	**38,2 %**	**43,0 %**	**46,4 %**	**46,2 %**	**51,3 %**	**57,6 %**	**64,3 %**
POPULATION ACTIVE TOTALE	**19 250**	**19 730**	**20 150**	**20 000**	**20 939**	**21 466**	**22 233**

1. Y compris les militaires du contingent.

Sources :
Pour la période 1896-1968 : Jean-Jacques Carré, Paul Dubois, Edmond Malinvaud, *La croissance française*, Le Seuil, [1972] 1977.
Pour la période postérieure : INSEE.
La définition des branches n'étant pas exactement la même, les données pour l'année 1968 sont indiquées en regard.

Actifs occupés selon le secteur d'activité (en milliers) (1999-2007)

	1999			2007		
	Femmes	Hommes	Ensemble	Femmes	Hommes	Ensemble
Agriculture, sylviculture et pêche	284	662	946	257	618	875
Total AGRICULTURE ET FORET	**284**	**662**	**946**	**257**	**618**	**875**
% AGRICULTURE ET FORET	**2,7**	**5,2**	**4,1**	**2,1**	**4,5**	**3,4**
Industries agricoles	238	389	627	260	374	634
Industries des biens de consommation	364	396	760	307	332	639
Industrie automobile	43	229	272	52	266	318
Industries des biens d'équipement	163	669	832	149	684	833
Industries des biens intermédiaires	363	1 112	1 476	338	964	1 302
Energie	50	197	246	49	188	237
Construction	110	1 240	1 350	152	1 516	1 668
Total INDUSTRIE ET CONSTRUCTION	**1 331**	**4 232**	**5 563**	**1 307**	**4 234**	**5 631**
% INDUSTRIE ET CONSTRUCTION	**12,9**	**33,3**	**24,1**	**10,9**	**31,1**	**21,9**
Commerce et réparations	1 377	1 693	3 070	1 604	1 899	3 503
Transports	218	792	1 010	269	880	1 149
Activités financières	371	324	695	485	338	823
Activités immobilières	157	124	281	204	157	361
Services aux entreprises	1 172	1 656	2 828	1 342	1 937	3 279
Services aux particuliers	1 014	710	1 724	1 357	839	2 196
Education, santé, action sociale	3 100	1 232	4 332	3 643	1 222	4 865
Administrations	1 318	1 286	2 604	1 530	1 379	2 909
Total TERTIAIRE	**8 727**	**7 817**	**16 544**	**10 434**	**8 651**	**19 085**
% TERTIAIRE	**84,4**	**61,5**	**71,8**	**86,8**	**63,5**	**74,5**
Total	**10 342**	**12 712**	**23 054**	**12 015**	**13 613**	**25 628**

Source : INSEE.

Population en emploi selon le secteur d'activité en 2012

	Femmes	Hommes	Ensemble
Agriculture, sylviculture et pêche	**1,9**	**3,9**	**2,9**
Industrie	**8,3**	**18,7**	**13,7**
Industries extractives, énergie, eau, gestion des déchets et dépollution	0,8	2,3	**1,6**
Fabrication de denrées alimentaires, de boissons et de produits à base de tabac	1,9	2,0	**2,3**
Cokéfaction et raffinage	0,0	0,1	**0,0**
Fabrication d'équipements électriques, électroniques, informatiques; fabrication de machines	1,1	2,5	**1,8**
Fabrication de matériels de transport	0,7	2,5	**1,6**
Fabrication d'autres produits industriels	3,8	8,7	**6,4**
Construction	**1,5**	**11,8**	**6,9**
Tertiaire	**88,3**	**65,7**	**76,5**
Commerce; réparation d'automobiles et de motocycles	12,0	12,9	**12,5**
Transports et entreposage	2,8	7,1	**5,0**
Hébergement et restauration	3,8	3,7	**3,8**
Information et communication	1,9	3,7	**2,9**
Activités financières et d'assurance	3,9	2,7	**3,3**
Activités immobilières	1,3	1,1	**1,2**
Activités scientifiques et techniques; services administratifs et de soutien	10,1	11,5	**10,8**
Administration publique, enseignement, santé humaine et action sociale	42,5	18,8	**30,1**
Autres activités de services	9,6	3,7	**6,5**
Activité indéterminée	**0,4**	**0,4**	**0,4**
Total	**100,0**	**100,0**	**100,0**
Effectif (en milliers)	**12278**	**13476**	**25754**

Source : INSEE.

Durée annuelle du travail par secteur (1866-2006)

Date	Agriculture	Industrie et bâtiment	Tertiaire	Ensemble
1866	3047	3177	2716	3015
1881	3047	3177	2715	3066
1896	3047	2992	2595	2913
1911	2940	2612	2477	2701
1913	2925	2573	2459	2676
1921	2805	2122	2047	2353
1929	2691	2122	2047	2287
1931	2667	2016	1945	2202
1936	2607	2045	2036	2227
1938	2583	1759	1751	2022

Date	Agriculture	Industrie et bâtiment	Tertiaire	Ensemble
1949	2454	1978	1916	2096
1954	2417	2016	1929	2086
1961	2366	2031	1923	2053
1963	2351	2017	1914	2035
1969	2351	1979	1856	1972
1973	2348	1899	1791	1893
1979	2430	1767	1701	1788
1983	2374	1668	1602	1681
1989	2228	1673	1582	1649
2000[1]	2487	1685	1516	1591
2006	2327	1637	1475	1564

1. A partir de 2000 : données OCDE.

Source : INSEE.

Sources

Jean-Charles Asselain, *Histoire économique. De la révolution industrielle à la Première Guerre mondiale,* Presses de la Fondation nationale des sciences politiques, 1995.

Nicolas Baverez, « La spécificité française du chômage structurel de masse, des années 1930 aux années 1990 », *in Vingtième siècle. Revue d'histoire,* n° 52, octobre-décembre 1996, p. 41-65.

Olivier Marchand, Claude Thelot, *Deux siècles de travail en France,* INSEE Etudes, 1999.

Margaret Maruani, Monique Meron, *Un siècle de travail des femmes en France,* La Découverte, 2012.

Robert Salais, Bénédicte Reynaud, Nicolas Baverez, *L'Invention du chômage : histoire et transformations d'une catégorie en France des années 1890 aux années 1980,* Presses universitaires de France, 1999.

Chapitre 2

REVENUS ET SALAIRES

A. Les revenus : évolution générale

Les séries longues sur les revenus des Français reflètent les évolutions profondes de la société depuis le XIXe siècle et les bouleversements qui ont affecté le monde du travail. Ainsi, la part croissante du travail dans le revenu des ménages (au détriment des revenus mixtes) doit être reliée à la salarisation de la main-d'œuvre, les revenus du capital représentant une part identique au début et à la fin du XXe siècle (20 %). Cette évolution s'accompagne d'une forte croissance du pouvoir d'achat, particulièrement pendant les Trente Glorieuses. Le foyer moyen disposait au début du siècle de l'équivalent du RMI ; il gagne 4,5 fois plus aujourd'hui. Les chiffres pointent la réduction des inégalités de revenus sur l'ensemble du siècle : en témoigne la diminution du ratio entre les revenus des cadres supérieurs et ceux des ouvriers ou la baisse de la part détenue par les plus hauts revenus. Les crises politiques et économiques du premier XXe siècle, ainsi que la redistribution exercée par la fiscalité ont donc eu raison des très gros patrimoines et de la concentration des fortunes telle qu'elle existait avant la Première Guerre mondiale. Le début du XXIe siècle est cependant marqué par un renouveau des inégalités. La figure du rentier serait-elle de retour ?

Part des revenus du capital, du travail et des revenus mixtes dans le revenu des ménages (comptabilité nationale) (1900-1998)

Année	% Capital	% Mixtes	% Travail
1900	19,5	38,2	42,3
1905	19,5	38,4	42,1
1910	20,9	36,2	42,8
1913	22,0	39,1	38,9
1920	13,7	37,1	49,1
1925	15,4	41,2	43,4
1930	15,6	34,6	49,8
1935	17,8	29,8	52,3
1938	15,9	33,3	50,8
1949	9,7	36,3	54,1
1950	9,8	37,2	53,0
1955	9,6	31,0	59,4
1960	10,6	29,5	60,0
1965	11,3	24,6	64,1
1970	12,8	20,9	66,3
1975	13,1	16,7	70,1
1980	14,1	14,8	71,1
1985	15,7	13,1	71,1
1990	17,8	13,4	68,8
1995	19,6	11,2	69,2
1998	20,0	10,8	69,2

Source : Thomas Piketty, *Les Hauts Revenus en France au xxe siècle : inégalités et redistribution*, Grasset, 2001.

Le **revenu primaire** est le revenu que les ménages tirent de leur contribution à l'activité économique, soit directement (revenu d'activité salariée ou non salariée), soit indirectement (revenu de placement mobilier ou immobilier). C'est un revenu avant redistribution.

Pour établir le **revenu disponible brut (RDB)**, à partir du revenu primaire :

— on ajoute les transferts reçus par les ménages résidents : prestations sociales autres que les transferts sociaux en nature (c'est-à-dire, pour l'essentiel, autres que les remboursements de sécurité sociale) ;

— on retranche les impôts courants sur le revenu et le patrimoine ainsi que les cotisations sociales versées par les ménages.

Le RDB représente la part du revenu primaire qui reste à la disposition des ménages pour la consommation et l'épargne, une fois déduits les prélèvements sociaux et fiscaux.

Revenu primaire brut (RPB), revenu disponible brut (RDB), revenu fiscal moyen (par foyer et par habitant) (1900-1995)

Année	RPB (francs courants)	RDB (francs courants)	RDB des ménages (euros)	Revenu fiscal moyen (par foyer) (francs courants)	Revenu fiscal moyen (par foyer) (francs 1998)	Revenu fiscal moyen (par habitant) (francs courants)	Revenu fiscal moyen (par habitant) (francs 1998)
1900		33,7		1430	28760	525	10551
1905		33,1		1380	28474	512	10563
1910		38,5		1571	29994	591	11286
1913		43,6		1701	28893	654	11103
1915				1799	25740	699	9999
1920		163,4		5516	26408	2160	10339
1925		233,0		7874	33009	3151	13211
1929		334,1		10689	31127	4317	12571
1930		328,5		11000	31778	4452	12860
1935		234,3		7794	30245	3188	12372
1938		366.0		11605	29367	4763	12052
1940				11198	22415	4601	9209
1945				52260	32984	21525	13586
1949	6626,7	6500,6		226600	34964	93033	14355
1950	7700,1	7551,5		262870	36873	107789	15120
1955	13275,8	13128,9		449832	48689	183639	19877
1959	20024,8	19372,8		663131	54762	271326	22406
1960	221,9	215,5	32,4	7306	58183	2991	23819
1965	360,3	351,1	52,2	11303	74926	4659	30885
1970[1]	584,6	561,1					
1970[2]	592,3	562,6	84,8	18104	97186	7536	40455
1975	1130,5	1075,5	163,5	32608	114546	13864	48701
1980	2159,6	1996,6	300,1	61661	131552	26919	57432
1985	3550,0	3323,1	498,1	96169	129946	43839	59237
1990	4731,9	4412,9	665,0	114718	132943	56834	65863
1995	5693,4	5364,2	786,7	122725	127569	64695	67248

1. RPB : RPB des ménages en milliards de francs courants. Piketty (2001) : 1949-1970a : série en base 71 rétropolée par l'INSEE : Piketty, d'après *Annuaire rétrospectif de la France, 1948-1988* ; 1970b-1997 : série en base 80 de l'INSEE.
2. RDB : RDB des ménages en milliards de francs courants. Piketty (2001) : d'après Villa, 1994 et 1997 jusqu'en 1949 ; 1949b-1970a : série RDB en base 71 rétropolée par l'INSEE ; 1970b-1997 : série en base 80 de l'INSEE. RDB en milliards d'euros, 1960-2007 : en base 2000, INSEE (2008).

Revenu disponible brut des ménages (euros) (2000-2010)

	RDB des ménages (en milliards d'euros)
2000	923,0
2005	1126,2
2010	1290,9
2012	1338,4

Source : INSEE (2013), base 2005.

Revenus moyens par catégories socioprofessionnelles (1956-2009)

	1956		1962		1965		1970		1975		1979	
Nomenclature de 1954	F courants	F 1998	FC	F 1998	FC	F 1998	FC	F 1998	FC	F 1998	FC	F 1998
Ensemble	**6 343**	**65 888**	**10 823**	**79 690**	**14 641**	**97 056**	**22 013**	**118 172**	**41 916**	**147 244**	**66 385**	**160 892**
Exploitants agricoles	1 695	17 607	4 030	29 673	5 858	38 833	11 339	60 871	23 470	82 446	45 967	111 407
Salariés agricoles	3 077	31 962	5 796	42 676	7 454	49 413	12 706	68 209	27 902	98 015	42 201	102 279
Patrons de l'industrie et du commerce	8 148	84 637	17 066	125 657	21 757	144 228	34 376	184 540	59 253	208 147	104 439	253 121
Cadres supérieurs et professions libérales	21 139	219 581	35 654	262 521	46 334	307 150	61 201	328 545	101 548	356 721	146 578	355 250
Cadres moyens	11 752	122 074	20 145	148 328	24 694	163 698	35 182	188 867	57 951	203 572	85 946	208 300
Employés	6 820	70 843	11 914	87 723	15 130	100 297	23 716	127 314	40 912	143 717	62 453	151 362
Ouvriers	6 002	62 346	10 237	75 375	13 344	88 458	20 277	108 853	36 334	127 635	55 754	135 126
Personnels de service	4 587		7 526		10 031		15 391		–		–	
Autres catégories	6 705		12 377		16 156		23 356		–		–	
Inactifs	4 352	45 206	6 328	46 593	8 626	57 182	13 201	70 867	27 721	97 379	47 226	114 458
Ratio cad. sup./ouv.	3,52	3,52	3,48	3,48	3,47	3,47	3,02	3,02	2,79	2,79	2,63	2,63

	1984		1990 a		1990 b		1990 c		1996	
Nomenclature de 1982	FC	F 1998	FC	F 1998	FC	F 1998	FC	F 1998	FC	F 1998
Ensemble	**114 661**	**163 920**	**148 000**	**171 512**	**147 754**	**171 227**	**172 400**	**175 690**	**174 700**	**178 034**
Agriculteurs exploitants	88 141	126 007	138 500	160 502	138 497	160 499	162 100	165 194	159 100	162 136
Artisans, commerçants et chefs d'entreprise	165 826	237 066	242 400	280 908	237 283	274 978	248 100	252 835	234 400	283 873
Cadres et professions intellectuelles supérieures	244 871	350 070	306 464	355 149	307 907	356 822	329 547	335 836	313 712	319 699
Professions intermédiaires	148 049	211 651	176 700	204 771	178 056	206 342	203 500	207 384	201 100	204 938

	1984		1990 a		1990 b		1990 c		1996	
Nomenclature de 1982	FC	F 1998	FC	F 1998	FC	F 1998	FC	F 1998	FC	F 1998
Employés	103 387	147 603	119 100	138 021	119 109	138 776	141 700	154 187	137 000	156 429
Ouvriers	95 021	135 843	119 800	138 832	119 752	138 776	151 300	154 187	153 500	156 429
Inactifs	81 818	116 968	110 900	128 518	110 860	128 471	132 474	135 002	143 135	145 867
Ratio cad. sup./ouv.	2,58	2,58	2,56	2,56	2,57	2,57	2,18	2,18	2,04	2,04

Source : Thomas Piketty (2001). Les chiffres pour 1990 (a,b,c) proviennent de trois sources différentes (l'INSEE pour 1990a et c : dans ce dernier cas, le revenu est exprimé en francs 1996). Les séries 1990c et 1996 ne sont pas homogènes aux précédentes, l'INSEE ayant entre-temps modifié son traitement des revenus du patrimoine.

	2000	2005	2009
Ensemble	**32 480**	**33 620**	**35 050**
Agriculteurs exploitants, artisans, commerçants, chefs d'entreprise	44 200	45 900	48 920
Cadres supérieurs	57 430	57 340	60 240
Professions intermédiaires	36 440	37 030	38 380
Employés	26 010	26 270	27 210
Ouvriers	28 490	30 010	30 940
Retraités	26 640	27 770	29 500
Autres inactifs	24 970	24 300	22 100

Source : INSEE, 2013. Revenu disponible annuel moyen des ménages selon la catégorie socioprofessionnelle de la personne de référence, en euros 2010.

Nombre de foyers fiscaux imposables, revenu imposable et impôt total (revenus 1915-1998)

Année	Nombre de foyers imposables	Nombre total de foyers fiscaux	% foyers imposables	Revenu imposable des foyers imposables	Impôt total émis	Revenu fiscal total	% imp./R. fisc
1915	260 038	15 249 090	1,7	5 151 098	48 445	27 431 441	0,2
1920	977 344	15 026 720	6,5	21 875 246	1 503 655	82 890 000	1,8
1925	1 938 586	16 000 924	12,1	44 788 765	2 849 869	125 995 000	2,3
1930	2 150 390	16 555 933	13,0	64 139 364	2 280 945	182 120 000	1,3
1935	1 632 799	16 873 981	9,7	46 565 827	1 296 520	131 520 000	1,0
1940	1 882 830	16 229 112	11,6	56 530 525	2 236 666	181 740 305	1,2
1945	1 539 350	15 138 382	10,2	171 829 681	11 976 197	791 124 413	1,5
1950	2 982 086	17 077 292	17,5	1 517 700 000	110 598 878	4 489 101 949	2,5
1955	3 764 936	17 647 343	21,3	2 865 979 000	246 295 000	7 938 345 468	3,1
1960	5 455 992	18 612 827	29,3	57 076 201	7 133 206	135 989 062	5,2
1965	8 572 756	20 017 681	42,8	122 046 887	15 474 221	226 252 583	6,8
1970	10 513 119	21 033 070	50,0	206 267 912	26 807 441	380 778 445	7,0
1975	13 494 548	22 363 835	60,3	448 653 458	61 315 641	729 240 582	8,4
1980	15 289 641	23 457 373	65,2	866 335 263	131 468 753	1 446 405 205	9,1
1985	15 252 320	25 143 729	60,7	1 447 554 505	202 570 321	2 418 035 007	8,4
1990	14 296 524	28 029 464	51,0	1 767 665 000	265 951 166	3 215 488 571	8,3
1995	15 474 244	30 585 130	50,6	2 081 153 685	270 150 898	3 753 575 251	7,2
1998	17 007 262	32 250 906	52,7	2 336 986 814	281 047 686	4 133 639 399	6,8

B. Les inégalités de revenus

Répartition des niveaux de revenus des Français (1894-1895)[1]

	Nombre de revenus par catégorie (chefs de ménage)		Montant des revenus par catégorie (francs)	
Catégorie de revenus	Nombre	%	Montant	%
2500 F et moins	9509800	86,4	12342000	
2501-3000 F	563000	5,1	1597000	7,1
3001-5000 F	446000	4,0	1735000	7,7
5001-10000 F	294000	2,7	2109000	9,4
10001-20000 F	123000	1,1	1798000	8,0
20001-50000 F	51000	0,5	1573000	7,0
50001-100000 F	9800	0,09	674000	0,3
100001 F et plus	3000	0,02	572000	0,2

1. Chiffres établis par une commission extra-parlementaire, repris par Paul Doumer dans son projet d'impôt sur le revenu. La source ne précise pas s'il s'agit de francs courants ou constants.

Source : E. Levasseur, *Questions ouvrières et industrielles en France sous la Troisième République*, Rousseau, 1907, p. 619.

Part des hauts revenus et des hauts salaires en France (en % de l'ensemble des revenus/de l'ensemble des salaires) (1900-2010)

	Les 10 % des plus hauts revenus	Les 1 % des plus hauts revenus	Les 0,1 % des plus hauts revenus	Les 10 % des plus hauts salaires	Les 1 % des plus hauts salaires
1900	45,5				
1905	45,5				
1910	46,5	20,5	9,5	26,4	5,9
1914	45,9	20,8	9,7	26,1	5,8
1918	38,9	18,0	7,7	22,1	4,8
1920	39,6	18,0	7,6	22,1	5,7
1925	44,1	18,2	7,1	24,0	6,1
1930	41,1	15,3	5,8	26,8	7,1
1935	46,6	15,4	5,3	26,6	6,7
1940	39,1	13,4	4,9	22,5	5,4
1945	29,7	7,5	2,0	24,1	5,9
1950	32,0	9,0	2,6	27,0	7,0
1955	34,4	9,3	2,5	25,7	7,3
1960	36,1	9,7	2,5	26,4	8,3
1965	37,2	9,6	2,3	28,2	7,9
1970	33,1	8,3	2,0	27,4	6,5
1975	33,4	8,5	2,1	26,9	6,4

	Les 10 % des plus hauts revenus	Les 1 % des plus hauts revenus	Les 0,1 % des plus hauts revenus	Les 10 % des plus hauts salaires	Les 1 % des plus hauts salaires
1980	30,7	7,6	1,9	26,2	5,8
1985	31,1	7,2	1,7	26,4	6,1
1990	32,6	8,2	2,2	26,2	5,8
1995	32,4	7,7	2,0	25,4	5,6
2000	33,1	8,3	2,3	26,4	6,1
2005	32,9	8,7	2,5	26,8	6,7
2010	33,0	8,8	2,6	27,4	7,2

Source : Thomas Piketty, *Le Capital au xxi*[e] *siècle*, Seuil, 2013 : les séries utilisées pour les graphiques du livre sont disponibles en ligne (http://piketty.pse.ens.fr/fr/capital21c).

C. Le revenu minimum d'insertion (RMI)

Créé par la loi du 1er décembre 1988, le RMI établit, d'une part, une allocation différentielle pour porter le revenu des personnes les plus démunies au-dessus d'un certain seuil et organise, d'autre part, le cadre d'une politique d'insertion sociale ou professionnelle pour ses bénéficiaires. Ces derniers sont les personnes résidant en France, âgées de plus de 25 ans ou assumant la charge d'un ou plusieurs enfants. En 2009, le RMI est remplacé par le RSA (454 euros pour une personne seule sans enfant).

Bénéficiaires du RMI (1988-1995)

	1988 (décembre)	1989	1990	1995
Bénéficiaires – métropole			422 102	840 839
Bénéficiaires – DOM			88 044	105 171
Montant (métropole)	2 000 F			2 326 F
Nombre de titulaires[1]		396 160	496 285	925 286

1. Au 31 décembre de chaque année.

Bénéficiaires du RMI puis du RSA (2000-2011)

	2000	2005	2010 (RSA)	2011
Bénéficiaires – métropole	965 180	1 134 500	1 833 787 (56 pour mille)	1 869 687 (57 pour mille)
Bénéficiaires – DOM	131 671	155 055	–	165 266
Montant (métropole)	2 252,30 (389,1 euros)	433,06 (euros)		
Nombre de titulaires	1 072 258	1 266 400		Total métropole + DOM : 2 064 953

D. Impôt de solidarité sur la fortune (ISF)

L'impôt sur les grandes fortunes (IGF) a été créé en 1982 par le gouvernement Mauroy, après l'élection présidentielle de 1981 qui avait conduit le socialiste François Mitterrand au pouvoir.

Supprimé en 1987 par Jacques Chirac, alors Premier Ministre, l'impôt de solidarité sur la fortune lui succède en 1989. Impôt progressif sur le capital, il concerne le patrimoine des personnes physiques.

Le nombre de foyers soumis à l'ISF a été multiplié par 4 entre 1990 et 2010. Entre 1997 et 2002, les deux premières tranches du barème (de 0,72 à 1,16 million d'euros et de 1,16 à 2,3 millions d'euros) ont concentré 86,5 % des redevables de l'ISF. En 2003, l'ISF représentait environ 1,6 % des recettes fiscales nettes de l'Etat.

Redevables de l'ISF et recettes fiscales (1990-2010)

	1990	1995	2000	2005	2010
Nombre de redevables	140 461	175 926	244 656	394 518	594 877
Recettes fiscales (en milliards d'euros)	0,924	1,3	2,238	3,076	4,464

Source : impots.gouv d'après DGFiP.

E. Les salaires

Les chiffres qui suivent prennent comme référence principale le salaire ouvrier et ce pour au moins deux raisons : d'une part, cette catégorie socioprofessionnelle est présente sur l'ensemble de notre période ; elle a d'autre part été longtemps majoritaire parmi les salariés. Il y a certes peu de points communs entre l'ouvrier du milieu du XIXe siècle, dépourvu de protection sociale, de congés payés, travaillant 64 heures par semaine, seul face à un patron tout-puissant, et l'ouvrier de la fin du XXe siècle, protégé par le droit du travail et une série de conquêtes sociales, dont le salaire ne représente qu'une partie du revenu. La série longue présente néanmoins l'avantage de montrer la forte croissance du salaire moyen ouvrier au XXe siècle – particulièrement durant les Trente Glorieuses. Cette croissance du salaire moyen n'est pas propre aux ouvriers : le salaire moyen – toutes catégories socioprofessionnelles confondues – a été multiplié par cinq en un siècle. Car si les inégalités de revenu diminuent tout au long du XXe siècle, la hiérarchie des salaires reste stable.

Pouvoir d'achat et niveau de vie ouvriers (1856-1995)

	Niveau annuel du salaire net d'un ouvrier (en francs 1995)	Durée hebdomadaire d'un ouvrier à temps complet	Nombre de semaines de congés payés	Cotisations sociales (en % du salaire brut)		Salaire total (coût du travail) en francs 1995	
				Salariales	Patronales	Annuel	Horaire
1856	11010	64	0	0	0	11010	3,6
1906	22410	57	0	0	0	22410	7,6
1931	24350	45	0	4	4,6	26540	11,6
1938	25890	44	2	4	13,6	30640	13,9
1946	24930	45	2	6	19,8	31780	14,1
1976	82400	40	4	9,7	37	124970	65,1
1995	88890	39	5	20,9	39,6	156910	85,6

Source : Bayet, « Deux siècles d'évolution des salaires en France », Document de travail, INSEE, 1997.

Progression moyenne annuelle (en % par an) (1856-1996)

	Salaire ouvrier	Effet de structure	Salaire moyen
1856-1906	+1,4%	+0,2	+1,5 à 1,6
1906-1946	+0,3%	+0,2	+0,4 à 0,5
1946-1976	+4%	+0,5	+4,5 à 4,6
1976-1996	+0,4%	+0,6	+1

Sources :
Bayet, « Deux siècles d'évolution des salaires en France », Document de travail, INSEE, 1997.
Pierre Rosanvallon, *La Crise de l'Etat-providence*, Seuil, 1981, d'après l'INSEE.

Evolution de l'écart de rémunération entre Paris et la province pour quelques professions ouvrières (1896-1952) (Référence : salaire en province. % rémunération de l'homologue parisien)

	Terrassier	Menuisier	Maçon	Forgeron	Vitrier
1896	77%	88%	83%	90%	105%
1911	105%	70%	94%	100%	84%
1921	59%	60%	47%	60%	48%
1931	67%	50%	47%	42%	63%
1936	64%	49%	52%	64%	57%
1938	68%	55%	58%	77%	81%
1947	10%	10%	13%	51%	11%
1952	9%	21%	20%	41%	23%

Source : Bayet, « Deux siècles d'évolution des salaires en France », Document de travail, INSEE, 1997.

Evolution du rapport du salaire moyen des femmes à celui des hommes (salariés à temps complet du secteur privé et semi-public) (1951-1996)

	1951	1956	1961	1966	1971	1976	1981	1986	1991	1996
Ouvrières/ouvriers	0,68	0,67	0,64	0,64	0,68	0,72	0,76	0,77	0,76	0,77
Ensemble des femmes/ Ensemble des hommes	0,65	0,64	0,64	0,64	0,66	0,69	0,73	0,74	0,75	0,77

Source : Bayet, « Deux siècles d'évolution des salaires en France », Document de travail, INSEE , 1997.

	1995	1996	2000	2005
Ensemble des femmes/ensemble des hommes	0,81	0,81	0,82	0,82

Source : Observatoire des inégalités d'après INSEE : rupture de série en 1994 (le chiffre 1996 diffère donc de celui de Bayet).

Salaire ouvrier moyen et salaire moyen (toutes CSP confondues) (1900-1998)

Année	Salaire ouvrier moyen en francs courants	Salaire ouvrier moyen, francs 1998	Salaire moyen en francs courants	Salaire moyen, francs 1998
1900	1 163	23 383	1163	23 383
1905	1 152	23 776	1 170	24 150
1910	1 291	24 643	1 332	25 425
1913	1 338	22 726	1 393	23 667
1915	1 422	20 353	1 491	21 329
1920	4 420	21 160	4 705	22 524
1925	5 840	24 481	6 314	26 470
1930	8 664	25 029	9 515	27 488
1935	7 538	29 251	8 409	32 630
1938	10 520	26 622	11 846	29 977
1940	9 800	19 616	11 104	22 227
1945	49 771	31 413	57 282	36 154
1946	70 651	29 222	81 568	33 737
1950	192 000	26 932	232 624	32 630
1955	379 500	41 076	459 400	49 724
1960	5 926	47 192	7 310	58 213
1965	8 484	56 241	10 743	71 216
1970	12 571	67 485	16 046	86 140
1975	23 214	81 547	29 482	103 565
1980	41 431	88 392	52 724	112 485
1985	67 833	91 658	86 110	116 355
1990	80 186	92 904	105 381	122 122
1995	90 730	94 311	120 012	124 748
1998	94 464	94 464	122 930	122 930

Source : Piketty, 2001 d'après Bayet, 1997.

2009	Ouvriers : 17 513 € Ouvrières : 13 598 € (77,6 %)

Source : INSEE.

Salaires nets annuels moyens selon la catégorie socioprofessionnelle (1950-2010) (en euros constants)

Année	Ensemble	Cadres supérieurs	Cadres moyens	Employés	Ouvriers	Dont contremaîtres	Personnel de service
1950	416	1 202	614	429	361	So	So
1955	700	2 552	1 189	647	592	So	So
1960	1 114	4 024	1 990	1 002	924	So	So
1965	1 638	5 905	2 815	1 449	1 323	2 409	934
1970	2 446	8 317	4 064	2 116	1 960	3 471	1 617
1975	4 495	13 553	6 613	3 821	3 619	6 101	3 042
1980	8 038	20 776	10 714	6 733	6 459	10 437	5 939

Source : INSEE. Salaire à temps complet. Champ : secteur privé et entreprises publiques hors agriculture ; France métropolitaine.

Année	Ensemble	Chefs d'entreprise	Cadres et professions intellectuelles supérieures	Professions intermédiaires	Employés	Ouvriers	Apprentis et stagiaires
1985	13 127	32 238	27 774	16 493	10 634	10 341	4 103
1990	16 065	39 150	34 071	18 781	12 325	12 222	5 465
1995	18 244	34 073	36 164	20 582	14 139	13 804	6 967
2000	20 060	39 622	39 451	21 833	15 101	15 026	7 381
2005	22 443	66 990	44 136	23 383	16 139	16 886	8 417
2010	25 139	66 011	46 955	26 076	18 603	19 060	10 113

Source : INSEE. Salaire à temps complet. Champ : secteur privé et des entreprises publiques hors agriculture. France métropolitaine jusqu'en 1999 et France (métropole + DOM) depuis 2000.

L'INSEE signale que les changements intervenus dans les Déclarations annuelles des données sociales (DADS) rendent les comparaisons sur la longue période délicates. A partir de 2002, du fait de l'amélioration du codage des catégories socioprofessionnelles des « cadres supérieurs » et des « chefs d'entreprise salariés », les données ne sont pas directement comparables aux données antérieures. Depuis 2009, la refonte de la méthode de codage de la profession du salarié et le passage de la CS (catégorie socioprofessionnelle) à la PCS (profession et catégorie socioprofessionnelle) ont généré une rupture de séries.

Salaires, prix de détail et pouvoir d'achat (1949-1976)

	1949	1955	1976
Salaires	100	200	1 516
Prix de détail	100	142,6	473,7
Pouvoir d'achat	100	140,8	320

Source : Antoine Prost, *Petite histoire de la France au xxe siècle, op. cit.*, p. 86.

Taux de croissance annuel du pouvoir d'achat (moyenne)(1959-1978)

1959-1963	1964-1968	1969-1973	1974-1978
+5,4 %	+3,8 %	+5,9 %	+3,4 %

Source: Pierre Rosanvallon, *La Crise de l'Etat-providence*, Seuil, 1981, d'après l'INSEE.

L'instauration d'un salaire minimum a joué un rôle important dans l'amélioration de la situation des catégories populaires.

Le Salaire minimum interprofessionnel de croissance (SMIC) a été substitué au Salaire minimum interprofessionnel garanti (SMIG) le 1er janvier 1970. Si le SMIG n'augmentait que lorsque l'indice des prix atteignait un certain seuil, le SMIC est révisé, d'une part à chaque hausse d'au moins 2 % de l'indice des prix, d'autre part chaque année au mois de juillet, en fonction des conditions économiques générales.

Valeur du SMIG (moyennes annuelles – sauf 1950 : valeur au 1er septembre ; ancien franc jusqu'en 1959 ; nouveau franc ensuite) (1950-1969)

	1950	1951	1952	1953	1954	1955	1956	1957	1958	1959
Montant horaire zone zéro[1]	78,00	88,00	100,00	100,00	113,60	124,50	126,00	129,10	146,50	156,10
Montant horaire zone d'abattement maximum	64,00	75,00	86,50	86,50	98,30	109,00	114,70	118,80	134,80	143,60

	1960	1961	1962	1963	1964	1965	1966	1967	1968	1969
Montant horaire zone zéro[1]	1,61	1,64	1,72	1,84	1,89	1,97	2,06	2,13	2,68	-
Montant horaire zone d'abattement maximum	1,48	1,51	1,59	1,73	1,78	1,86	1,93	2,03	2,66	3,16

1. La zone zéro correspond à Paris ; les zones d'abattement ont été supprimées en 1968. Le chiffre vaut donc par la suite pour la France entière.

Source : INSEE, *Annuaire rétrospectif*, 1948-1988.

Valeur du SMIC
[franc par heure de 1970 à 1995 (a), puis euro par heure à partir de 1995 (b)] (1970-2005)

		1970	1975	1980	1985	1990	1995 (a)	1995 (b)	2000	2005
Métropole	SMIC (brut)	3,42	7,29	13,80	25,44	30,80	36,37	5,53	6,31	8,03
	Minimum garanti	–	–	8,44	13,52	15,76	17,56	2,68	2,83	3,11
DOM	Antilles, Guyane	–	–	11,27	21,21	25,71	33,53	5,11	6,31	8,03
	Réunion			10,23	19,79	24,36	33,53	5,11	6,31	8,03
Métropole	Smic net[1]						28,85	4,40	4,98	6,30
Proportion de salariés payés au SMIC (en %)								11,2	13,6	16,8

1. Net de prélèvements à la source : cotisations sociales et CSG.

Source : INSEE.

Salaire minimum (en euros constants) (1951-2012)

Année	Durée légale mensuelle (heures)	Salaire minimum brut (horaire)	Salaire minimum brut (mensuel)	Salaire minimum brut (annuel)
1951	173,30	0,14	23,51	282,48
1955	173,30	0,19	33,00	395,97
1960	173,30	0,25	42,56	510,75
1965	173,30	0,30	52,18	626,16
1970	173,30	0,52	90,24	1 082,85
1975	173,30	1,11	192,12	2 305,49
1980	173,30	2,10	364,61	4 375,29
1985	169,00	3,88	660,87	7 930,40
1990	160,00	4,70	793,53	9 522,33
1995	169,00	5,53	934,46	11 213,47
2000	151,67	6,31	956,53	11 478,40
2005	151,67	7,82	1 186,03	14 232,40
2010	151,67	8,86	1 343,77	16 125,20
2012	151,67	9,31	1 412,02	16 944,20

Source : INSEE, 1951-2000 et 2000-2010. Il y a continuité du salaire minimum brut horaire, avant et après 2000 (c'est pourquoi nous avons groupé les deux tableaux). Champ : salariés à temps complet des DADS.

Chapitre 3

LA CONSOMMATION

L'évolution de la consommation des Français sur un long XXe siècle reflète l'augmentation du niveau de vie de l'ensemble de la population. Elle témoigne d'une uniformisation des comportements et d'une démocratisation de la consommation.

Les lois d'Engel établissent que la part des dépenses alimentaires diminue avec l'élévation du revenu. La France confirme ce constat : la part consacrée à la nourriture n'a cessé de décroître dans la consommation des Français. Ces derniers disposent d'une ration alimentaire moyenne suffisante (estimée à 2 700 calories par jour et par personne) depuis le Second Empire. Bien entendu, cette évolution n'exclut pas les variations de court terme : ainsi la ration alimentaire moyenne quotidienne fournie par le rationnement officiel chute-t-elle à 1065 calories en 1943 pour n'atteindre que 2 500 calories en 1945, signe de la persistance de la pénurie au lendemain de la Libération[1]. L'évolution de la structure de la ration alimentaire, caractérisée d'une part, par une réduction de la part du pain et des pommes de terre au profit des fruits et des légumes, et d'autre part, par la diminution relative des aliments d'origine végétale au profit des produits d'origine animale, reflète la diversification de l'alimentation et son amélioration qualitative.

Cette évolution s'est accompagnée d'un bouleversement des circuits de distribution que signe l'apparition des super et hyper-marchés dans

1. Pour Pierre Guillaume, ces chiffres doivent néanmoins être réévalués car ils n'intègrent ni l'autoconsommation, ni le marché noir. Cf. Pierre Guillaume, *Histoire sociale de la France au XXe siècle*, Masson, 1993, p. 6.

les années 1960. Couvrant rapidement l'ensemble du territoire, ils se sont imposés au détriment des commerces de détail et spécialisés.

Le poste consacré au logement et aux transports a suivi une évolution inverse de l'alimentation. Leur croissance continue depuis 1945 est liée à l'augmentation du nombre de propriétaires et à la rénovation du parc immobilier, d'une part, à l'équipement des Français en automobiles, d'autre part.

Ainsi, la diffusion des biens d'équipement durables illustre de manière éloquente les mutations de la société française durant les Trente Glorieuses et l'émergence de la société de consommation, particulièrement à partir des années 1960. Avec retard par rapport aux pays anglo-saxons, l'automobile, la télévision, le téléphone (plus tardivement) ou le lave-linge se sont ainsi progressivement répandus dans l'ensemble de la société. Objet de distinction sociale avant la Seconde Guerre mondiale, l'accès à l'automobile s'est ainsi largement démocratisé à partir des années 1960. La diffusion fulgurante des biens les plus récents, tels que le téléphone mobile et – à un degré moindre – internet, d'emblée (ou presque) accessibles à l'ensemble de la population, paraissent emblématiques de la démocratisation de la consommation et de l'uniformisation des modes de vie, autant qu'ils symbolisent l'entrée dans un nouvel âge industriel porteur de mutations profondes des comportements et de la société.

Structure de la consommation (en %) (1896-1985)

	1896	1900	1906	1913	1919	1930	1938	1949	1958	1968	1974	1985
Produits agricoles[1]	52,2	54,4	50,8	50,1	50,3	42,6	47,1	47,5	40,8	30,1	26,0	22,3
Produits industriels[2]	27,8	24,0	27,7	28,8	24,9	33,5	28,5	33,3	35,3	37,8	40,4	42,2
Services[3]	9,3	11,4	11,3	11,6	14,1	15,1	15,8	16,4	19,5	23,3	24,0	24,2
Logement (loyers)	10,7	10,2	10,2	9,5	9,3	8,8	8,6	2,8	4,4	8,8	9,6	11,1
Total	100	100	100	100	100	100	100	100	100	100	100	100
Part de la consommation dans le PIB :												
– en valeur	78,8	81,2	77,3	76,5	85,0	70,5	81,6	70,2	67,9	65,4	64,5	73,4
– en volume	86,6	84,0	83,9	74,0	88,7	68,7	81,6	69,1	68,1	64,8	62,6	69,9

1. Produits bruts de l'agriculture et produits des industries agro-alimentaires.
2. Energie, BTP mais pas les IAA.
3. Transports, télécommunications, services marchands et services de santé hors services d'assurances et services financiers.

Source : Pierre Villa, *La Fonction de consommation sur longue période en France,* CEPII, n° 94-07, juillet 1994.

Structure des budgets ouvriers (en %) (1880, 1938)[1]

	1880	1938
Nourriture	62,8	52
Logement	12,31[2] (dont loyer : 6,94)	14
Hygiène, besoins moraux[3]	7,04 (dont hygiène : 1,01)	–
Vêtement	16,50	11
Divers	1,32[4]	23
Total	100,0	100,0

1. Michelle Perrot établit le budget moyen de dépenses annuelles, d'après quinze monographies des « ouvriers des deux mondes ». Le % représente la part de la dépense totale. Nous avons choisi de présenter les budgets de 1880 et de 1938 côte à côte afin d'apprécier leur évolution. La comparaison nécessite cependant des précautions : les postes budgétaires n'englobent pas forcément les mêmes types de dépenses.
2. Comprend les sommes dépensées pour le loyer, le mobilier, le chauffage et l'éclairage.
3. Journaux, tabac, loisirs, santé et hygiène, instruction des enfants.
4. Industries, dettes, impôts et assurances.

Sources :
Michelle Perrot, *Ouvriers en grève, op. cit.*, t. 1, p. 215 et p. 244-246.
Pierre Guillaume, *Histoire sociale de la France au XXe siècle, op. cit.*, p. 17.

Budget bourgeois (en %) (1873-1913)[1]

Alimentation	23,8
Loyer	14
Toilette de Monsieur et de Madame	10,5
Enfants	8,3
Gages	6,5
Maison	2,7
Santé	1,9
Divers (voyages, maison de campagne, spectacles, cadeaux, charités)	26,6
Impôts	2,7

1. Budget moyen établi à partir de 338 budgets de familles bourgeoises pour la période 1873-1913 à Paris, dans les villes de plus de 250 000 habitants, dans des chefs-lieux de départements et des bourgs ruraux. Le % désigne la part du poste dans les dépenses de la famille.

Source : Jean-Baptiste Duroselle, *La France de la « Belle Epoque »*, Presses de Sciences-Po, 1992 (1re éd. 1972), p. 57, d'après M. Perrot, *Le Mode de vie des familles bourgeoises*.

Budgets familiaux (en %) (1959, 1965)

	1959	1965
Nourriture	37,8	33,0
Logement	16,4	17,4
Hygiène/santé	9,5	12,0
Vêtements	12,0	11,7
Transports	7,6	8,7
Culture-loisirs	7,8	8,0
Divers	8,9	9,2
Total	100,0	100,0

Source : *Tableaux de l'économie française*, 1966, p. 284b.

Consommation des ménages par fonction (1960-2010)

	1960		1965		1970		1975		1980		1985	
	En millions d'euros courants	Coefficients budgétaires (%)										
Prod. alimentaires et boissons non alcoolisées	6915	26,0	10028	23,6	14104	20,6	24349	18,9	42542	17,3	72460	16,9
Boissons alcoolisées et tabac	1608	6,0	2193	5,2	2986	4,4	4809	3,7	8129	3,3	13235	3,1
Articles d'habillement et chaussures	3131	11,8	4903	11,5	6852	10,0	11478	8,9	18909	7,7	31073	7,3
Logement, eau, gaz, électricité	3012	11,3	5888	13,8	11946	17,5	22319	17,3	47378	19,2	87867	20,5
Equipement du logement	2458	9,2	3803	8,9	5740	8,4	11074	8,6	19823	8,1	29746	6,9
Santé	590	2,2	885	2,1	1369	2,0	2697	2,1	4996	2,0	10466	2,4
Transport	2799	10,5	4734	11,1	8327	12,2	17011	13,2	36933	15,0	64011	14,9
Communications	141	0,5	236	0,6	450	0,7	1246	1,0	3930	1,6	7881	1,8
Loisirs et culture	1904	7,2	3400	8,0	5477	8,0	11085	8,6	21303	8,7	35307	8,2
Education	156	0,6	255	0,6	424	0,6	711	0,6	1120	0,5	2256	0,5
Hôtels, cafés, restaurants	1687	6,3	2442	5,7	3669	5,4	6938	5,4	13645	5,5	23525	5,5
Autres biens et services	2012	7,6	3713	8,7	7062	10,3	15216	11,8	28532	11,6	54494	12,7
Solde territorial	211		85		-56		8		-1001		-3882	
Dépense de consommation des ménages	26623	100	42564	100	68350	100	128940	100	246238	100	428439	100
Consommation individualisable des ISBLSM[1]	578		902		1425		2654		4946		7781	
Consommation individualisable des APU[2]	3784		6958		12453		27534		56879		101818	
Consommation effective des ménages	30986		50424		82228		159128		308063		538038	

1. Dépenses de consommations des Institutions sans but lucratif au service des ménages (ISBM) – organisations caritatives, clubs sportifs.
2. Administrations publiques (APU) en biens et services individualisables.

	1990		1995		2000		2005		2010	
	Millions d'euros courants	Coeff. budgétaires (%)								
Prod. alimentaires et boissons non alcoolisées	91 014	15,7	99625	15,1	112679	14,4	132836	13,9	146 800	13,5
Boissons alcoolisées et tabac	16826	2,9	221 280	3,4	27 103	3,5	29733	3,1	34 300	3,2
Articles d'habillement et chaussures	39510	6,8	38755	5,9	42345	5,4	46667	5,0	47 900	4,4
Logement, eau, gaz, électricité	116943	20,2	153129	23,2	183 170	23,4	235602	24,6	277 100	25,5
Equipement du logement	39042	6,7	41 034	6,2	48418	6,2	58075	6,1	63 600	5,9
Santé	16896	2,9	22239	3,4	25 257	3,2	32695	3,4	41 600	3,8
Transport	89636	15,5	97909	14,8	120484	15,4	142746	14,9	151 800	14,0
Communications	10321	1,8	12514	1,9	18652	2,4	26880	2,8	30 200	2,8
Loisirs et culture	49550	8,6	57796	8,7	72866	9,3	89936	9,4	92 200	8,5
Education	3608	0,6	4119	0,6	4983	0,6	6655	0,7	9 100	0,8
Hôtels, cafés, restaurants	34196	5,9	39403	6,0	49559	6,3	60402	6,3	76 700	7,1
Autres biens et services	77129	13,3	79974	12,1	92443	11,8	105 338	11,0	119 900	11,0
Solde territorial	– 5459		– 7216		– 14073		–8911		– 5 900	-0,5
Dépense de consommation des ménages	579210	100	661 463	100	783885	100	958656	100	1 085 300	100
Consommation individualisable des ISBLSM	10579		14817		19407		22844		39 800	
Consommation individualisable des APU	136057		175632		206302		265792		312 700	
Consommation effective des ménages	725846		851912		1 009594		1 247 292		1 437 800	

Sources :
INSEE – base 2000.
Luis Cases, *La Consommation des ménages en 1997*, INSEE résultats, p. 9. sauf 2005.
Comptes nationaux base 2000, INSEE. 2010.
Base 2005. Coefficients budgétaires calculés aux prix courants.

Evolution de la ration alimentaire (1855-1964)

Années	Calories	Calories animales en %
1855-1864	2875	16,6
1905-1913	3323	21,4
1935-1939	2975	29,0
1960-1964	3106	35,8

Source : Jean-Claude Toutain, « La consommation alimentaire en France de 1789 à 1964 », *Economies et sociétés, cahiers de l'ISMEA*, 1971.

Structure de la ration alimentaire (en %) (1905-1964)

	1905-1913	1935-1939	1960-1964
Pain	54,9	36,9	30,3
Pomme de terre	9,2	9,2	6,9
Autres végétaux	14,5	24,9	26,6
Total végétaux	**78,6**	**71,0**	**63,5**
Viande, poisson, graisse	11,1	16,2	19,0
Produits laitiers et œufs	8,7	12,8	16,5
Total animaux	**19,9**	**29,0**	**35,5**

Source : Jean-Claude Toutain, « La consommation alimentaire en France de 1789 à 1964 », art. cit.

Consommation moyenne de quelques produits alimentaires (en kg par personne) (1970-2008)

	1970	1980	1990	1995	2000	2005	2008
Pain	80,57	70,64	61,69	58,31	57,56	53,92	51,7
Pommes de terre	95,57	89,01	60,77	67,08	65,99	71,97	68,5
Légumes frais[1]	70,44	88,41	86,00	88,91	90,08	87,67	86,0
Bœuf	15,62	19,25	17,11	16,13	14,02	14,12	13,3
Volailles	14,20	19,29	21,66	22,10	23,16	20,66	19,1
Œufs	11,53	14,25	13,98	15,09	14,62	14,46	13,5
Poissons, coquillages, crustacés[2]	9,93	12,85	14,36	14,04	14,16	11,49	11,4
Lait frais (en litres)	95,24	74,03	66,36	67,68	65,94	53,87	51,5
Fromage	13,81	15,25	16,65	17,64	18,66	18,09	18,6
Yaourts	8,56	8,71	15,87	17,80	19,86	21,13	21,8
Huile alimentaire	8,08	10,84	11,07	9,96	9,92	9,66	8,8
Sucre	20,41	14,98	10,06	9,31	7,99	6,89	6,2
Vins courants (en litres)	95,57	77,07	44,74	36,64	29,13	23,73	22,7
Vins A.O.C. (en litres)	8,03	14,92	22,87	24,22	26,08	24,26	22,7
Bière (en litres)	41,43	44,22	40,09	38,60	33,79	32,44	28,0
Eaux minérales et de source (en litres)	39,90	54,68	89,97	116,65	148,56	170,80	151,1

1. Y compris légumes, fruits et assaisonnement.
2. Frais et surgelés.

Source : INSEE, comptes nationaux – base 2000.

Les points de vente : l'essor de la grande distribution (1969-1985)

	1969	1974	1980	1985
Alimentation générale				
Type traditionnel	24,2	16,6	8,7	6,0
Hyper et supermarché	10,4	25,4	38,7	50,0
Autre libre-service	13,6	11,8	8,8	5,0
Vente ambulante	3,5	2,5	2,1	2,0
Autres points de vente				
Marché	8,6	6,1	7,8	7,0
Commerce spécialisé	35,5	32,4	29,1	26,0
Grossiste, coopérative et magasin d'entreprise	1,7	2,0	2,2	2,0
Achat à la ferme ou au producteur	2,5	3,0	2,6	2,0

Source : INSEE, *Annuaire rétrospectif, 1948-1988.*

Evolution du nombre des grandes surfaces à dominante alimentaire (super et hypermarchés) (1957-2005)

	Nombre total de supermarchés	Nombre total d'hypermarchés	Total
1957	1		1
1960	45		45
1964	403	3	406
1965	504	7	511
1970	1365	123	1488
1975	2846	305	3151
1980	3528	426	3954
1985	5298	591	5889
1990	6550	860	7410
1995	7748	1090	8838
2000	5863	1143	7006
2005	5573	1372	6945

Source : Gérard Cliquet, Véronique Des Garets, Guy Basset, Rozenn Perrigot, « 50 ans de grandes surfaces en France : entre croissance débridée et contraintes légales », www.escp-eap.net/conferences/marketing/2008_cp/Materiali/Paper/Fr/Cliquet_DesGarets_Basset_Perrigot.pdf

Taux d'équipement des ménages (en %) (1953-2011)

	1953	1960	1965	1966	1970	1975	1980	1985	1988	1995	2000	2004/2005	2011
Automobile	21,0	30,2	47,5	50,6	57,6	64,1	69,3	73,4	74,6	78	79	81	82,8
Télévision	1,0 (1954)	13,1	45,6	51,7	70,4	84,2	90,1	92,3	94,3		93	95	97,4
Réfrigérateur	7,5 (1954)	25,8	58,9	63,7	79,9	89,9	95,1	96,9	97,5		–	99	
Lave-linge	8,4 (1954)	24,4	41,2	44,3	56,9	71,8	79,5	83,9	86,5		90	92	95,1
Lave-vaisselle	–	–	–	–	2,4	8,4	16,6	23,1	27,9	35	39	–	54,1

	1953	1960	1965	1966	1970	1975	1980	1985	1988	1995	2000	2004/2005	2011
Téléphone (fixe)			11,7	11,9	14,9	30,2	66,3	88,9	91,9		87	86	90,2
Connexion Internet											12	36	69,2
Micro-ordinateur										17	27	50	73,0
Téléphone portable											44	74	85,9

Source : INSEE, *Annuaire statistique de la France.*

L'inégalité des taux d'équipement des ménages selon la catégorie socioprofessionnelle. L'exemple de l'automobile (1953-1988)

	1953	1960	1966	1970	1975	1980	1985	1988
Agriculteurs exploitants	29,0	35,2	65,5	73,0	82,0	87,3	92,4	94,7
Salariés agricoles	3,0	18,2	38,3	47,7	64,1	72,6	72,4	81,1
Patrons de l'industrie et du commerce	52,0	53,4	76,2	81,1	85,1	91,1	94,3	92,1
Cadres supérieurs et professions libérales	65,0	74,1	89,2	90,7	91,9	93,6	95,0	95,0
Cadres moyens	32,0	58,4	79,8	82,3	87,2	90,2	92,4	90,3
Employés	18,0	26,0	53,7	60,6	71,4	75,4	75,7	78,9
Ouvriers	8,0	24,4	51,9	63,6	73,6	80,4	85,1	85,4
Inactifs	6,0	9,1	21,3	26,6	33,2	39,6	48,9	51,9
Toutes catégories	**21,0**	**30,2**	**50,6**	**57,6**	**64,1**	**69,3**	**73,4**	**74,6**

Source : INSEE, *Annuaire rétrospectif, 1984-1988.*

L'inégalité des taux d'équipement des ménages selon la catégorie socioprofessionnelle. L'exemple de la télévision (1954-1988)

	1954	1960	1965	1970	1975	1980	1985	1988
Agriculteurs exploitants	0,2	3,3	26,5	56,8	82,3	88,5	93,2	93,9
Salariés agricoles	–	2,6	22,3	58,8	81,4	88,4	83,9	91,6
Patrons de l'industrie et du commerce	2,0	19,6	58,7	81,1	90,0	94,0	94,9	96,0
Cadres supérieurs et professions libérales	4,7	29,1	64,9	76,2	85,1	88,0	90,7	93,4
Cadres moyens	2,5	23,7	57,7	78,0	80,1	88,5	89,6	91,3
Employés	1,3	16,9	50,7	76,1	84,7	90,7	91,2	92,5
Ouvriers	0,8	14,1	51,5	76,9	88,4	92,9	94,2	95,7
Inactifs	0,4	8,2	35,2	59,9	78,6	88,2	92,1	94,8
Toutes catégories	**1,0**	**13,1**	**45,6**	**70,4**	**84,2**	**90,1**	**92,3**	**94,3**

Source : INSEE, *Annuaire rétrospectif, 1948-1988.*

Si les Français, dans leur masse, ont accédé au fil du temps à la société de consommation, la question du logement reste un enjeu crucial. Le poids des dépenses absorbées par l'habitat n'a cessé d'augmenter. Le confort des résidences principales comme leur densité demeure problématique.

Le confort des résidences principales (1881-2005)

Année	Nombre de personnes par logement	Nombre de pièces par logement	Surface moyenne habitable (m²)	Logements disposant d'eau courante (%)	Logements disposant de WC intérieurs (%)	Logements disposant d'installations sanitaires (baignoire ou douche) (%)	Logements disposant d'un chauffage central (%)
1881	3,5						
1901	3,5	3,0					
1911[1]	2,9	3,0					
1926	2,8	3,0					
1946	3,1	2,7		53,2	< 20 %	5,6	
1954	3,1	2,9		58,4	26,5	10,4	10,2
1962		3,1		79,3	41,2	30,3	19,9
1968	3,3	3,1		90,8	54,8	47,5	34,9
1975	2,9	3,4		97,2	73,8	70,3	53,1
1982	2,7	3,7	82	99,2	85,0	84,7	67,5
1988	2,6	3,9	85	99,7		93,4	
1990	2,6	3,8			93,6	93,5	79,5
1992	2,5	4,0	86	99,8			
1996	2,5	4,0	88	99,9			
2002	2,4	4,0	90	99,9		98,4	91,8
2005	2,3	4,0	92	99,9	99,0	99,0	95,0

1. De 1911 à 1926, les données se limitent aux logements des communes de plus de 50 000 habitants.

Les premières enquêtes réalisées sur le confort des logements sont réalisées en 1954. Les éléments de confort observés diffèrent selon les enquêtes.

Degré d'encombrement des logements (en %) (1901-1954)

Année		Surpeuplé : moins d'une demi pièce par personne	Insuffisant : ½ à 1 pièce par personne	Suffisant : 1 pièce	Large : entre 1 et 2 pièces par personne	Très larges : plus de 2 pièces par personne
1901	France entière	16	30	24	13	17
	Villes de plus de 50 000 habitants	6	29	32	14	17
	Paris	8	29	32	14	17
1911	France entière	6	27	34	16	17
	Villes de plus de 50 000 habitants	6	27	34	16	17
	Paris	8	29	32	14	17
1926	France entière	5	26	33	18	18
	Villes de plus de 50 000 habitants	5	26	33	18	18
	Paris	5	26	37	15	17

Année		Surpeuplé : moins d'une demi pièce par personne	Insuffisant : ½ à 1 pièce par personne	Suffisant : 1 pièce	Large : entre 1 et 2 pièces par personne	Très larges : plus de 2 pièces par personne
1946	France entière	13	30	27	14	16
	Villes de plus de 50 000 habitants	9	29	35	13	14
	Paris	6	28	40	11	15
1954	France entière	8	28	25	17	22
	Villes de plus de 50 000 habitants	8	28	32	14	18
	Paris	7	27	38	11	17

Source : Anita Hirsch, « Le logement », *in* Alfred Sauvy, *Histoire économique de la France dans l'entre-deux-guerres.*

Selon les critères de 1911, la norme est telle que le logement doit comporter : une pièce de séjour, une pièce pour chaque chef de famille, une pièce pour chaque célibataire de 19 ans ou plus, une pièce pour 2 enfants à condition qu'ils soient de même sexe (sauf s'ils ont tous les deux au moins 7 ans), une pièce pour l'ensemble des domestiques et des salariés logés.

Indice de peuplement

— sous-peuplement accentué : le logement a au moins deux pièces de plus que la norme ;
— sous peuplement modéré : le logement a une pièce de plus que la norme ;
— peuplement normal : le nombre de pièces du logement est égal à la norme ;
— surpeuplement modéré : il manque une pièce par rapport à la norme ;
— surpeuplement accentué : il manque au moins deux pièces par rapport à la norme.

Année	Surpeuplement accentué	Surpeuplement modéré	Peuplement normal	Sous-peuplement modéré	Sous-peuplement accentué
1962	12,7	26,0	28,4	18,7	14,2
1968	8,9	22,7	29,9	21,6	16,9
1975	4,8	17,8	30,5	26,1	20,8

Hier vagabonds, aujourd'hui SDF, certains Français, enfin, n'ont pas accès au logement. Julien Damon souligne la difficulté de comptabiliser avec exactitude le nombre de sans domicile fixe en France (SDF) et l'enjeu inhérent à leur évaluation[1]. La répression du vagabondage et de la mendicité a longtemps servi d'indicateur. A l'heure actuelle, l'INSEE enquête

1. Julien Damon, *Des hommes en trop. Essai sur le vagabondage et la mendicité*, Marseille, éditions de l'Aube, 1995.

auprès des personnes fréquentant les services d'hébergement et de distribution de repas pour évaluer le nombre de sans domicile fixe.

Prévenus et condamnés pour vagabondage et mendicité (1870-1993)

Année	Prévenus pour vagabondage et mendicité	Personnes condamnées pour vagabondage, mendicité
1870	13179	
1880	20456	
1890	35301	
1900	23861	
1910	18935	
1920	8986	
1930	13706	
1938	14908	
1940	5511	
1950	7347	
1901-1910 (moyenne annuelle)		20000
1918		4370
1920-1940 (moyenne annuelle)		15000
1938		14478
1945		2373
1946		3320
1950		6674
1955		5696
1960		5440
1965		4770
1972		5967
1978		3491
1984		2597
1993		1431

Source : *Annuaire de la justice.*

Sources générales

Pour la période la plus récente, on se référera aux publications périodiques de l'INSEE (*France. Portrait social...*).

Christophe Charle, *Histoire sociale de la France au XIXe siècle*, Seuil, 1991.

Quynth Delaunay, *Histoire de la machine à laver*, Rennes, Presses universitaires de Rennes, 1994.

Pierre Guillaume, *Histoire sociale de la France au XXe siècle*, Masson, 1993.

Richard Lauraire, *Le Téléphone des ménages français. Genèse et fonction d'un espace social imaginaire,* La Documentation française, 1987.

Thomas Piketty, *Les Hauts Revenus en France au XXe siècle : inégalités et redistribution, 1901-1998*, Grasset, 2001.

Thomas Piketty, *Le Capital au XXIe siècle*, Seuil, 2013.

Chapitre 4

POLICE ET JUSTICE

S'il existe un domaine où les chiffres constituent de nos jours un enjeu politico-médiatique, c'est bel et bien celui de la police et de la justice. La mesure de la « délinquance » et de son évolution provoque en effet régulièrement une bataille de chiffres. C'est oublier que les données, construites, ne « parlent » pas d'elles-mêmes et qu'elles ne représentent rien pris isolément[1]. Elles proviennent en effet de sources différentes : se faire une idée de la délinquance et de la criminalité en France nécessite par conséquent de comprendre comment les statistiques sont construites, mais aussi et surtout de les croiser. C'est pourquoi, nous proposons un aperçu de cette délinquance sur plus d'un siècle, à travers trois sources différentes :

— les statistiques de la police et de la gendarmerie (aujourd'hui les plus employées) portent sur les « faits constatés » : ils résultent des procès-verbaux dressés par les autorités de police à la suite de la plainte des victimes ou de leurs propres constatations. Ces chiffres sont cependant très partiels : non seulement ils ne comptabilisent que les actes de délinquance ayant fait l'objet d'une plainte, mais ils ne prennent pas en compte les mains-courantes, excluent les contraventions de cinquième classe et le contentieux routier;

— les statistiques de la justice sont issues de *L'Annuaire de la justice*, publié annuellement, qui a succédé (pour le versant pénal) au *Compte général de l'administration de la justice criminelle*, créé en 1825. Source incontournable, ces statistiques sont constitutives d'« un discours criminel qui traduit les

1. Voir sur ce point Laurent Mucchielli, « Les techniques et les enjeux de la mesure de la délinquance », *Savoir/agir*, 2010, n° 94, p. 93-101.

obsessions d'une société » (Michelle Perrot[1]). Pour être largement dépendants de l'action de la police et de la gendarmerie, les chiffres de la justice sont plus complets puisqu'ils intègrent les contraventions de 5e classe et la délinquance routière. Nous avons ici choisi de présenter les statistiques des condamnations établies par les tribunaux, en fonction de leurs compétences (les crimes pour la cour d'Assise, les délits pour le tribunal correctionnel et les contraventions pour le tribunal de police) ainsi que les peines afférentes.

Il convient cependant de souligner la principale lacune des statistiques ici exposées : elles proviennent uniquement de l'administration. Une vue plus nuancée et par conséquent plus juste de la délinquance nécessite de prendre en compte la délinquance telle qu'elle est perçue par les individus qui en sont victimes. Mais ces enquêtes de victimation n'existent que depuis les années 1980-1990 et ne correspondent pas, par conséquent, aux séries longues que nous tentons de proposer. Elles conduisent cependant à nuancer certaines évolutions de la délinquance telles qu'elles ressortent des statistiques administratives : ainsi, la hausse des violences envers les personnes (contredite par la baisse du nombre des homicides sur l'ensemble du XXe siècle[2]) contraste avec la stabilité dans les enquêtes de victimation. Cette hausse doit par conséquent être mise en relation avec une moindre tolérance de la société pour ces actes et un accroissement des plaintes pour certains d'entre eux, comme par exemple dans le cas des violences au sein du cercle familial, longtemps demeurées taboues.

Nous proposons enfin, dans un troisième temps, les chiffres de l'administration pénitentiaire relatifs à l'exécution des peines, à travers les statistiques de la population pénale. Celle-ci comprend, jusqu'en 1945, l'ensemble des personnes incarcérées dans les Maisons centrales de force et de correction, les Maisons d'arrêt de justice et de correction, les établissements d'éducation correctionnelle, les Chambres et dépôts de sûreté, ainsi que le dépôt des condamnés de Saint-Martin-de-Ré. Les chiffres des bagnes coloniaux font l'objet d'une présentation distincte – les bagnes métropolitains ayant disparu en 1874.

L'évolution de la population pénale montre une baisse continue jusqu'à la Première Guerre mondiale. L'année 1920 constitue un pic (en partie faussé

1. Michelle Perrot, « Délinquance et système pénitentiaire en France au XIXe siècle », *Annales. Economies, Sociétés, Civilisations*, 1975, vol. 30, n° 1, p. 67-91.

2. Voir sur ce point Jean-Claude Chesnais, *Les Morts violentes en France depuis 1826 : comparaisons internationales*, PUF, 1876 et Laurent Mucchielli, « L'évolution des homicides depuis les années 1970 : résultats statistiques et tendance générale », *Questions pénales*, septembre 2008.

par le retour de l'Alsace-Lorraine, mais non sans lien avec la libération de la violence héritée de la guerre). Par la suite, la population pénale décroît continûment pour atteindre son niveau le plus bas à la veille de la Seconde Guerre mondiale – mais sans doute tous les chiffres n'ont-ils pas été transmis à l'administration. Le nombre sans précédent de détenus à la fin de la Seconde Guerre mondiale est en partie lié à la proportion non négligeable de détenus « hors droit commun » pour faits de collaboration. Aussi les grâces collectives successives font-elles baisser mécaniquement dans les années 1950 les effectifs de la population pénale (-68,5 % entre 1946 et 1956) qui ne comprend alors guère que des détenus de droit commun. Les chiffres repartent cependant à la hausse à partir de 1956 (+74,4 % jusqu'en 1968) du fait de l'accroissement de la population originaire d'Afrique du Nord et, parmi elle, des individus incarcérés pour « faits en relation avec les événements d'Algérie » – détenus de « catégorie A », élargis avec les accords d'Evian. Les détenus « activistes » prennent leur suite. Si le nombre global de détenus décline entre 1968 et 1975 (-23,6 %), les effectifs repartent à la hausse dès la deuxième moitié des années 1970, atteignant des niveaux inédits. De nos jours, le taux de détention en France (supérieur à 100 pour 100 000 habitants) se situe parmi les plus élevés d'Europe (derrière le Royaume-Uni et l'Espagne). Le problème de la surpopulation des prisons, comme l'augmentation inédite du nombre de suicides depuis les années 1970, constituent autant d'indices de la crise du système carcéral.

A. Délinquance et criminalité saisies par les forces de l'ordre

Faits constatés en France métropolitaine (gendarmerie nationale et police nationale) (1949-2007)

Années	Vols (y compris recels)	Escroqueries et infractions économiques et financières	Crimes et délits contre les personnes	Autres infractions (dont stupéfiants)	Total	Taux pour 1 000 habs
1949	233816	67725	63941	217767	583249	14,06
1950	187496	43335	58356	285102	574289	13,73
1955	191138	54624	59906	211096	516764	11,90
1960	345945	71893	53272	216656	687766	15,05
1961	373284	70804	53950	210742	708780	15,35
1962	390889	78164	53117	211696	733866	15,61
1965	423216	88471	62975	85779	660441	13,54
1970	690899	250990	77192	116540	1135621	22,37
1971	790918	288189	83603	126668	1289378	25,16

Années	Vols (y compris recels)	Escroqueries et infractions économiques et financières	Crimes et délits contre les personnes	Autres infractions (dont stupéfiants)	Total	Taux pour 1 000 habs
1972	910 220	438 102	81 818	245 367	1 675 507	32,41
1975	1 233 186	314 100	87 738	277 303	1 912 327	36,29
1980	1 624 547	531 588	102 195	369 178	2 627 508	48,90
1985	2 301 934	681 699	117 948	477 613	3 579 194	65,00
1987	2 028 608	571 974	105 304	465 084	3 170 970	57,12
1988	2 016 781	568 638	122 646	424 629	3 132 694	56,19
1990	2 305 600	551 810	134 352	500 950	3 492 712	61,69
1994	2 573 074	440 179	175 374	730 381	3 919 008	67,83
1995	2 400 644	357 104	191 180	716 392	3 665 320	63,17
2000	2 334 696	352 164	254 514	830 475	3 771 849	64,21
2002	2 507 027	355 342	303 552	947 961	4 113 882	69,32
2005	2 138 506	318 680	354 836	963 816	3 775 838	62,35
2007	1 939 570	345 416	386 603	917 704	3 589 293	58,33

Source : Ministère de l'Intérieur, *Criminalité et délinquance constatées en France*, 2007.

Faits constatés en France métropolitaine (police nationale et gendarmerie nationale) (2010)

	Atteintes volontaires à l'intégrité physique	Atteinte aux biens	Escroqueries et infractions économiques et financières	Criminalité organisée et délinquance spécialisée	Phénomènes de type urbain	Intervention pour différends familiaux	Infractions révélées par l'action des services	Infractions routières
2010	467 348 2,51 %	2 184 460 -1,94 %	354 656 -4,34 %	28 664 -6,88 %	27 863 2,94 %	208 461 -1,23 %	359 292 -3,48 %	290 919 -2,53 %

Source : Ministère de l'Intérieur, *Criminalité et délinquance constatées en France*, 2010.

B. Justice pénale

Condamnations et peines jusqu'à la fin des années 1970

Condamnations et peines aux Assises (1870-1978)

Année	Affaires	Accusés	Condamnés	Peine de mort		Travaux forcés à perpétuité	Travaux forcés à temps	Réclusion	Emprisonnement ou détention correctionnelle	Maisons de correction (enfants de moins de 16 ans)
				Prononcées	Exécutées[1]					
1870	2 796	3 501	2 649	11	6	90	576	539	1 433	17
1875	3 736	4 791	3 844	33	12	153	975	824	1 859	29
1880	3 258	4 125	3 103	23	2	129	741	618	1 592	30

Année	Affaires	Accusés	Condamnés	Peine de mort		Travaux forcés à perpétuité	Travaux forcés à temps	Réclusion	Emprisonnement ou détention correctionnelle	Maisons de correction (enfants de moins de 16 ans)
				Prononcées	Exécutées[1]					
1885	3 135	4 184	3 028	39	12	139	765	603	1 492	13
1890	2 982	4 078	2 918	32	7	96	798	536	1 456	14
1895	2 526	3 553	2 372	22	7	86	589	468	1 207	12
1900	2 283	3 279	2 248	11	1	80	498	477	1 182	12
1905	2 236	3 306	2 285	18	4	105	518	466	1 178	7
1910	2 160	3 144	1 967	28	10	98	387	372	1 082	41
1913	2 152	3 088	1 988	24	10	92	354	393	1 125	38
1915	–	–	–	–	–	–	–	–	–	–
1919	1 216	2 058	1 265	17	5	49	233	237	729	49
1920	2 081	3 257	2 139	56	13	131	405	438	1 106	58
1925	1 571	2 019	1 343	31	7	69	205	271	767	10
1930	1 318	1 571	1 107	28	12	47	177	255	600	4
1935	1 380	1 709	1 253	13	6	43	183	294	720	4
1940	578	714	545	9	3	20	94	126	296	8
1945	755	1 232	1 137	25	6	59	230	227	596	17
1946	1 174	1 834	1 645	78	33	104	359	332	772	–
1947	1 322	2 153	1 936	69	31	133	490	393	851	–
1948	1 536	2 575	2 244	59	21	115	553	459	1 057	–
1949	1 528	2 479	2 206	64	24	113	543	491	995	
1950	1 431	2 162	1 957	50	12	99	479	468	861	
1952	1 122	1 540	1 403	18	7	41	277	285	782	
1955	–	–	1 166	9	2	44	241	245	627	
1956	–	1 175	1 057	5	1	17	203	232	600	
1960	–	1 015	914	10	1	55	–	391	458	
1965	–	1 646	1 466	4	1	32	–	646	784	
1970	–	1 338	1 073	0	0	16	–	454	603	
1975	–	1 979	1 919	–	–	34	–	961	906	
1978	–	2 147	2 128	–	–	41	–	1 052	1 035	

1. L'année est celle de la condamnation.

Condamnations à mort (1970-1981)

Année	Nombre de condamnés (source : cours d'assises)	Nombre de condamnés (source : bureau des Grâces de la direction des Affaires criminelles et des grâces à la Chancellerie)	Nombre de condamnés exécutés (cours d'assises)	Nombre de condamnés exécutés (bureau des Grâces)
1970	0	0	0	0
1971	5	2	0	0
1972	4	4	3	2
1973	1	3	0	1
1974	3	0	0	0
1975		1		0
1976		4		1
1977		2		2
1978		0		0
1979		0		0
1980		1		0
1981		0		0

Source : Bruno Aubusson de Cavarlay, *Les Statistiques criminelles de 1831 à 1881. La base DAVIDO, séries générales. Déviance et contrôle social*, CESDIP, 1989, n° 51.

Les chiffres des condamnations à mort issus des cours d'assises s'achèvent en 1974. Nous disposons toutefois des statistiques du bureau des Grâces de la direction des Affaires criminelles et des Grâces, à la Chancellerie. Notons que pour les années où les deux sources sont disponibles, les chiffres divergent : si l'écart reste inexpliqué pour les condamnations, il provient, dans le cas des exécutions, d'un mode de comptage différent – le bureau des Grâces retient l'année d'exécution. Il nous a semblé pertinent de restituer année après année les condamnations et exécutions dans la décennie qui précède la disparition de la peine de mort, abolie par la loi du 9 octobre 1981.

Les tribunaux correctionnels (1870-1978)

Année	Affaires	Prévenus	Condamnés
1870	100354	121759	112607
1875	167214	198261	185245
1880	170260	199637	186198
1885	188734	224372	209788
1890	191766	229143	214117
1895	196295	238109	222709
1900	167179	202720	188000
1905	173804	213882	197237
1910	181046	218825	200733
1913	195977	235767	216261
1919	149165	186234	163954

Année	Affaires	Prévenus	Condamnés
1920	203405	246841	223896
1925	196572	233565	210500
1930	208809	245933	222632
1935	231031	272834	244995
1940	178560	224170	196974
1941	314958	416361	366134
1942	330222	440483	385840
1943	310965	417571	368176
1944	232312	309337	271719
1945	231194	303272	263766
1948	297111	380093	334468
1950	230429	277014	245289
1955	191608	217334	191890
1960	226601	245770	212595
1965	274374	288741	256701
1970	379836	392528	305343
1975	505705	533621	379026
1978	–	568626	429454

Source : Bruno Aubusson de Cavarlay, *Les Statistiques criminelles de 1831 à 1881. La base DAVIDO, séries générales. Déviance et contrôle social*, CESDIP, 1989, n° 51.

Les tribunaux de police (1870-1980)

Année	Affaires	Inculpés	Condamnés à l'emprisonnement	Condamnés à l'amende
1870	174329	234158	19240	201718
1875	442322	545480	39584	485119
1880	351351	423609	33735	373998
1885	384350	467147	44901	404773
1890	391834	462078	47523	399750
1895	350321	412633	43128	355595
1900	391872	455813	47176	393970
1905	386609	448995	33892	401036
1910	419629	472472	29791	429948
1913	566232	621652	35540	572044
1915	–	–	–	–
1919	320988	343034	22433	313011
1920	569571	602833	26374	567337
1925	649415	679198	18620	649770
1930	775484	796298	17532	766429
1935	742835	757124	23573	718805
1940	516956	527415	14759	502610
1941	655254	669707	7088	649688
1942	553010	566059	5504	550156
1943	493992	515649	2504	502458
1944	316425	316425	3029	306648

Année	Affaires	Inculpés	Condamnés à l'emprisonnement	Condamnés à l'amende
1945	356370	360816	3599	350326
1946	480535	453294	4451	441861
1950	468436	394084	2807	381817
1955	1511718	474068	4775	456851
1960	2511896	743260	7034	722194
1965	2432629	1540471	7052	1500635
1970	1873835	1188915	2338	1173380
1975	2191862	584184	3999	568098
1980	–	–	1243	394774

Source : Bruno Aubusson de Cavarlay, *Les Statistiques criminelles de 1831 à 1881. La base DAVIDO, séries générales. Déviance et contrôle social*, CESDIP, 1989, n° 51.

Condamnations et peines depuis 1975

Justice pénale (1975-2010)

Année	Cours d'assises	Tribunaux correctionnels	Tribunaux de simple police
1975	2076	387242	8001810 contraventions dont : - 1-4 : 579038 - 5e : 144517
1980	2255	472397	8761841 contraventions dont 152137 contraventions de 5e classe
1985	2607	526558	10366034 contraventions dont 143442 contraventions de 5e classe
1990	2722	410134	951839 contraventions dont 97255 contraventions de 5e classe
1995	2777	313034	754092 contraventions dont 26510 contraventions de 5e classe
2000	2939	385900	569614 contraventions + 126439 (5e classe)
2005	2771	475377	25157 contraventions + 63292 (5e classe)
2010	2715	507578 (personnes physiques et non-condamnations inscrites au casier)	11565 contraventions + 39895 (5e classe)

Source : *Annuaire statistique de la justice.*

Peines prononcées (1985-2010) [1]

Année	Réclusion criminelle	Peine d'emprisonnement	Peine d'amende	Peine alternative	Mesure éducative	Dispense de peine	**Total**	Dont crimes	Dont délits	Dont Contr. 5e classe
1985							**733 846**	2 580	612 052	119 214
1990	1 852	105 044 + 209 671 (sursis total)	190 268	37 250	22 527	10 556	**577 170**	2 607	469 137	105 426
2000	1 179	284 182	205 207	63 773	20 525	9 236	**582 923**	3 035	446 815	133 073
2005		304 383	222 687	88 604 (incluant mesure éducative)		7 731	**623 005**	3 236	550 841	68 928
2010		306 635	224 224	89 966 (*id*)		7 227	**628 052**	2 706	581 867	43 479

1. Sur l'ensemble de la justice pénale.

Source : *Annuaire statistique de la justice*.

C. Prisons

Population carcérale (1870-1910) [1]

Année	Population pénale totale (au 31 décembre)	Maisons centrales et prisons départementales	Hommes [2]	Femmes	Taux de détention pour 10 000
1870	37 373	30 608	25 143	5 465 18 %	10
1875	54 624	42 785	34 685	8 100 19 %	15
1880	49 614	40 357	33 297	7 060 18 %	13
1885	47 101	40 185	34 356	5 829 15 %	12
1890	41 244	34 434	29 751	4 683 14 %	11
1895	38 087	31 692	27 193	4 499 15 %	10
1900	29 555	24 873	21 602	3 271 14 %	8
1905	24 475	21 398	18 945	2 453 12 %	6
1910	27 488	23 110	20 293	2 817	7

1. Les chiffres ne concernent que la métropole.
2. La répartition des détenus par sexe est établie à partir des seules maisons centrales et prisons départementales jusqu'en 1910.

Source : Ministère de la Justice, *Travaux et documents*, n° 5, 1981.

Population pénale (1910-1939)

Année	Population pénale (au 31 décembre)	Hommes	Femmes
1910	27488	23772	3716 13,51 %
1913	27831	23906	3925 14,1 %
1914	19546	15715	3831 19,59 %
1915	18714	14327	4387 23,44 %
1916	19299	14709	4590 23,78 %
1917	23031	18206	4825 20,95 %
1918	21646	16662	4984 23,02 %
1919	29381	24699	4682 15,93 %
1920	35469	30305	5164 14,55 %
1921	29370	24500	4870 16,58 %
1925	23109	19904	3205 13,86 %
1930	22087	19223	2864 12,96 %
1935	20360	18293	2067 10,15 %
1939	13070	11522	1548 11,84 %

Source : Ministère de la Justice, *Travaux et documents*, 1981-1988.

Population pénale (1946-1995) [1]

Année	Détenus	Dont : détenus de droit commun	Hommes	Femmes	Etrangers	Prévenus	Condamnés	Taux de détention (pour 100000 habitants) *1946-67 : ho/fe*
1946	62033	32854	50757	11276 18,18 %		30480	31553	355,7/71,0
1950	36754	30039	32164	4590 12,49 %		13384	23370	219,3/28,6
1955	20086		18441	1645 8,19 %		6967	12469	123,9/10,2
1960	26795	21071 (+5715 « catégorie A »)	25761	1034 3,86 %		11310	14962	168,4/6,4

Année	Détenus	Dont : détenus de droit commun	Hommes	Femmes	Etrangers	Prévenus	Condamnés	Taux de détention (pour 100 000 habitants) *1946-67 : ho/fe*
1965	31 245		29 884	1 361 4,36 %		12 992	17 301	184,5/7,8
1968	34 083		32 795	1 288 3,78 %	5 313 15,6 %	13 223	20 528	68,5
1970	29 026		28 088	938 3,23 %	4 384 15,1 %	10 899 37,5 %	17 974 62,0 %	57,4
1975	26 032		25 328	704 2,70 %	4 645 17,8 %	12 889 49,5 %	12 972 49,8 %	49,5
1980	35 655		34 534	1 121 3,14 %	7 070 19,8 %	15 849 44,5 %	19 416 54,4 %	66,4
1985	42 937		41 476	1 461 3,4 %	11 583 27,0 %	22 060 51,4 %	20 570 47,9 %	78,0
1990	43 913		41 944	1 969 4,5 %	13 026 29,7 %	19 909 45,3 %	23 797 54,2 %	
1995	51 623		49 489	2 134 4,1 %		22 159 42,9 %	29 166	

1. A partir de 1946, les chiffres sont établis au 1er janvier.

Source : *Annuaire statistique de la justice.*

Population incarcérée au 1er janvier de chaque année (2000-2010)

Année	Population carcérale	Détenus métropole	Hommes	Femmes	Etrangers	Prévenus	Condamnés hébergés	Condamnés non hébergés	Taux de détention (pour 100 000 habitants)
2000	51 903	48 049	49 559	1 882 3,7 %	11 527	18 100	33 126		85,8
2005	59 197	55 302	56 959	2 238	12 678	20 134	39 041	966	94,4
2010	66 089	61 430	63 814	2 275 3,4 %	11 652 17,6 %	15 395			102,1

Source : Ministère de la Justice/OIP.

Structure par âge de la population pénale (1968-2010)

Année	- 16	16-18	18-21	21-25	25-30	30-40	40-50	50-60	+ 60
1968	29	823	4 742	6 485	6 547	13 038		2 419	
1970	7	569	3 876	5 982	5 729	7 010	3 980	1 418	455
1975	25	696	4 000	6 480	5 800	5 308	2 646	863	214
1980	66	691	5 107	8 260	7 974	8 099	3 875	1 239	344
1985	54	781	5 903	10 317	9 559	9 957	4 092	1 786	488

Année	-16	16-18	18-21	21-25	25-30	30-40	40-50	50-60	+60
1990	24	500	4433	8912	10396	11992	5483	1744	429
1995	37	536	4621	10082	12182	15237	7922	2502	816
2000	62	656	4240	7731	9750	14527	9020	3891	1564
2005	49	574	4716	10220	10698	15735	10005	5130	2070
2010	65	607 1,0%	4883 7,4%	11438 17,3%	13399 20,3%	17146 25,9%	10874 16,5%	5321 8,1%	2356 3,6%

Sources : CEDISP/*Annuaire statistique de la justice.*

Taux d'occupation des prisons (nombre de détenus pour 100 places) (1982-2010)

Année	Ensemble	Maisons d'arrêt	Maisons centrales	Centres de détention
1982	125			
1985	150			
1986	152,5			
1990	126,5			
2002	101,19	109,12	91,99	85,6
2004	121,89	138,3	77,1	94,2
2005	116,24	130,4	92,0	94,4
2010	110,9	125,8	81,8	92,5

Source : *Annuaire statistique de la justice.*

Suicides en prison (1870-1980)

Année	Milieu carcéral : /100000	Milieu libre		Sursuicidité carcérale (rapport taux carcéral/ taux masculin)	Population pénitentiaire moyenne
		Habitants (sexes réunis)	Hommes		
1870-1871	48,6	10,6	17,0	2,9	34091
1872-1875	52,7	13,4	21,4	2,4	
1876-1880	53,2	15,1	24,0	2,2	41996
1881-1885	51,4	17,3	27,9	1,8	
1886-1890	56,3	19,3	30,9	1,8	37402
1891-1895	72,5	21,5	34,5	2,1	
1896-1900	76,3	21,2	33,3	2,3	28008
1901-1905	79,2	20,4	32,3	2,4	
1906-1910	93,9	21,7	34,8	2,7	22003
1911-1913	111,2	22,5	35,7	3,1	24195
1914-1918	88,5	16,6	–	–	17614
1919-1920	78,8	18,6 *(1920 seulement)*	29,0 *(1920)*	2,7	25481
1921-1925	68,6	19,6	31,1	2,2	24152
1926-1930	84,8	19,2	30,0	2,8	21505

Année	Milieu carcéral : /100 000	Milieu libre		Sursuicidité carcérale (rapport taux carcéral/ taux masculin)	Population pénitentiaire moyenne
		Habitants (sexes réunis)	Hommes		
1931-1935	90,8	20,5	32,6	2,8	
1936-1938	106,3 *(1937-1939)*	19,8	31,2	3,4	15 073
1940-1945	–	14,1	21,8	–	
1946-1950	19,1	13,7	21,1	0,9	50 006
1951-1955	82	15,7	24,5	3,4	24 942
1956-1960	74,1	16,5	25,0	2,9	24 498
1961-1965	64,4	15,2	23,4	2,7	29 912
1966-1970	63,6	15,5	23,2	2,7	
1971-1975	118,0	15,5	22,4	5,3	
1976-1980	120,7	17,5	24,2	5,0	

Source : Jean-Claude Chesnais, « Suicides en milieu carcéral et en milieu libre : évolution et situation comparée (1852-1974) », *Revue de science criminelle et de droit pénal comparé*, 1976, n° 2 et n° 3.

Le suicide en prison en chiffres (2008)

Nombre de suicides	115
Age moyen	Autour de 36 ans
Sexe	Hommes majoritairement
Qualité du détenu	Prévenu à 60 %
Lieu	70 % en maison d'arrêt (surpopulation carcérale)
Dont auteurs d'infractions à caractère sexuel	32,17 % des suicides
Situation financière et niveau d'instruction	Bons à élevés
Mode de suicide : pendaison	98,27 %
Quand ?	14,5 % au cours de la première semaine d'incarcération ; plus du tiers pendant le 1er mois ; les trois quarts pendant la première année
Fragilité ? tendance au suicide ?	71,56 % des suicidés étaient déjà repérés
Placement en quartier disciplinaire (QD)	Les détenus se suicident 7 fois plus : plus de 50 % dans la première journée en QD et plus de 25 % dans la première heure

Source : *Libération*, 22 janvier 2009.

D. Bagnes

Bagnes – transportation et relégation (1872-1938)

	Année	Nouvelle-Calédonie	Guyane	Total
Communards	Mai 1872-octobre 1878	4 243 déportés 3 700 survivants rentrent en métropole avec l'amnistie de 1879 et 1880		
Transportation Travaux forcés	1852-1938	20 000	52 000	

		Année	Nouvelle-Calédonie	Guyane	Total
Relégation			10 000	15 600	
Déportation			4 500		
Femmes	Transportées		200	387	
	Reléguées		457	519	
	Déportées		24		
	Emprisonnées		250		
	Réclusion		85		
Total					Entre 48 000 (1874-1938) et 102 100 [1].

1. Ce dernier chiffre est celui d'Odile Krakovitch. L'estimation est proche de celle de Michel Pierre en y ajoutant les femmes. Cette estimation haute inclut l'ensemble des condamnés arrivant aux bagnes, quelle que soit leur origine géographique – non les seuls métropolitains.

Sources :
Michel Pierre, *Le Dernier Exil. Histoire des bagnes et des forçats*, La Découverte/Gallimard, 1989.
Odile Krakovitch, *Les Femmes bagnardes*, O. Orban, 1990.

Portrait des forçats de Guyane au début du XXe siècle (1902)

Origine géographique	63 % de Français de métropole
Profession	Manœuvres agricoles : 26 % Manœuvres non agricoles : 20 % Cultivateurs : 12 % Ouvriers : 7 % Travailleurs du bâtiment : 6 % Artisans : 3 %
Instruction	75 % savent lire et écrire 18,6 % d'illettrés complets
Délits	75 % : vols 20 % : meurtre
Taux de mortalité	Autour de 15 %

Source : Michel Pierre, *Le Dernier Exil. Histoire des bagnes et des forçats*, La Découverte/Gallimard, 1989.

Sources

On se référera aux travaux du CESDIP (www.cesdip.fr).

Laurent Mucchielli, « Les techniques et les enjeux de la mesure de la délinquance », *Savoir/agir*, 2010, n° 94, p. 93-101.

Laurent Mucchielli, *L'Invention de la violence. Des peurs, des chiffres, des faits*, Fayard, 2011.

« Les chiffres de la délinquance depuis un demi-siècle », *Regards sur l'actualité*, La Documentation française, n° 280, 2002.

Michelle Perrot, « Délinquance et système pénitentiaire en France au XIXe siècle », *Annales. Economies, Sociétés, Civilisations*, 1975, vol. 30, n° 1, p. 67-91.

La revue *Travaux et documents* publiée par le Centre national d'administration pénitentiaire, et la revue *Etudes et questions pénales* (CESDIP).

Chapitre 5

LA RELIGION

Après 1872, l'appartenance religieuse des recensés n'est plus demandée. A cette date sont recensés 35 387 703 catholiques, 580 757 protestants, 50 000 israélites et un peu plus de 80 000 libre penseurs. Le catholicisme reste la religion d'au moins 85 à 90 % des Français jusqu'aux années 1960.

A. Le catholicisme

Terre de chrétienté et de laïcité, la France, « fille aînée de l'Eglise », a donné un tiers des saints du catholicisme. En 1898, le pays fournit deux tiers des missionnaires catholiques masculins dans le monde (4 500 sur 6 016), et 10 000 religieuses de 47 congrégations en mission. En 1930, 3 000 des 8 400 prêtres missionnaires dans le monde (soit plus d'un tiers) sont encore français.

A leur apogée de la fin des années 1870, les 215 000 prêtres, frères et sœurs dépassent en métropole les 170 000 membres (dont 31 000 religieux et 55 000 religieuses) que comptait l'ordre du clergé en 1790. 4 000 paroisses rurales ont été créées de 1837 à 1878. La France compte même plus de religieuses que l'Italie ou l'Espagne. Mais la proscription de l'enseignement congrégationniste par le président du Conseil Emile Combes entraîne dans les années 1900 le départ de plus de 30 000 religieux et religieuses, soit plus en valeur absolue que sous la Révolution.

Le dernier tiers du XIXe siècle est marqué par la chute de la pratique et la montée de l'indifférence religieuse, notamment dans la classe ouvrière, ainsi que par la contestation menée par le positivisme, la libre pensée, la franc-maçonnerie. Les signes de renouveau se multiplient pourtant. 158 intellectuels se convertissent au catholicisme entre 1885 et 1935[1]. Avec le Ralliement (1891) ou la fondation du Sillon (1910), s'amorce la réconciliation des catholiques avec la République. Véritable « Second Ralliement », la Grande Guerre se traduit par un regain religieux, pendant que la mobilisation désorganise la libre pensée et que l'expérience commune des tranchées rapproche anticléricaux et religieux. Le lourd tribut payé par l'Eglise de France rend vaine la dernière des campagnes anticléricales, celle du gouvernement Herriot en 1924.

Au moment du concile Vatican II (1962-1965), l'Eglise de France paraît puissante, avec un prêtre pour 1 200 habitants (1 pour 1 500 en Espagne). Pourtant, comme partout en Occident, la sécularisation et la libéralisation accélérées des sociétés la plongent dans une crise sans précédent. De nombreux fidèles se détachent de la pratique et des sacrements. Par ailleurs, dans les années 1960-1970, une proportion inédite de séminaristes, prêtres, religieux et religieuses quittent l'Eglise, les uns ne se reconnaissant plus dans une institution au visage bouleversé par le concile, les autres jugeant le changement trop timide. Après Mai 1968, de 20 000 à 25 000 contestataires radicaux agissent au sein de l'Eglise, si l'on en juge au tirage de leur presse. Les intégristes de Mgr Lefebvre, qui font schisme en 1977, rassemblent alors à peu près autant de monde et revendiquent, en 2012, 100 000 fidèles et 250 prêtres[2]. Les années 1970-1990 accentuent le malaise : la baisse continue de la pratique et des vocations, le vieillissement du clergé régulier et diocésain obligent à regrouper nombre de paroisses faute de desservants. Mais les signes de renouveau existent également (implication des laïcs et des diacres, baptêmes et confirmations d'adultes). Quoi qu'il en soit, les catholiques pratiquants sont désormais durablement minoritaires.

Jusqu'à une date récente, l'Eglise de France n'a pas tenu de statistiques régulières de ses effectifs, de ses lieux de culte ou de ses fidèles. Il faut attendre la fin des années 1960 pour disposer de chiffres fiables, avec les enquêtes des supérieures majeures des congrégations, ou la première parution de l'*Annuaire statistique de l'Eglise*.

1. Frédéric Gugelot, *La Conversion des intellectuels au catholicisme en France, 1885-1935*, CNRS Ed., 1998.

2. La fraternité Saint-Pie-X ordonne en outre en moyenne 10 prêtres par an, soit l'équivalent de 10 % des ordinations diocésaines de l'Eglise de France.

a. Le clergé catholique

Le clergé régulier a été particulièrement éprouvé par la crise combiste de 1902-1905. A partir des années 1960, le clergé, séculier comme régulier, est affecté par la sécularisation accélérée de la société.

Le clergé (1875-1963)

	1875	1901	1906	1913	1929	1946	1963
Clergé séculier (prêtres diocésains)	55 928	56 209 (en 1904)	54 800	54 800	46 980	43 991	40 994 (en 1965)
Religieux prêtres	9 500	15 000		10 950	11 000	14 000 (1949)	8 177
Religieux non prêtres	21 500	15 086					
Total clergé régulier masculin	30 287[1]	30 086	2 400				~24 000
Religieuses	127 753	129 492	29 000			117 278 (1945)	115 873
dont moniales							9 935
Total clergé régulier	158 040	159 578	31 400				

1. Dont 20 000 frères enseignants. En 1880, le député radical Brisson rapporte sur l'existence de 6 937 congrégations en France, possédant un patrimoine immobilier de 600 à 700 millions de francs, dont 421 détenus par des congrégations non autorisées.

Le clergé (1969-2011)

	1969	1978	1988	1998	2007	2011
Clergé séculier (prêtres diocésains)	37 755 (en 1970)	32 475	26 376	20 404	15 341	13 822
Religieux prêtres		7 825	7 924	6 194	4 936	ND
Religieux non prêtres		5 359	4 888	4 025	3 452	ND
Total clergé régulier masculin	~23 000	13 184	12 812	10 219	8 388	6 566
Religieuses professes	109 890	90 165	69 100	51 311	39 073	29 433
dont moniales	10 469	ND	6 372[1]	5 711	4 334	3 684[2]
Total clergé régulier	~132 890	103 464	81 912	61 530	47 172	35 999

1. En 1993. Elles sont alors réparties en 316 monastères relevant de 14 ordres différents.
2. En 2010. Elles sont alors réparties en 255 monastères relevant de 14 ordres différents.

Selon le guide 2002 de l'Eglise de France, les religieuses françaises représentent encore 28 % des religieuses dans le monde.

Sources

Conférence épiscopale de France, Lourdes 1967, rapports présentés à l'Assemblée plénière, 8-15 novembre 1967.
Adrien Dansette, *Destin du catholicisme français, 1926-1956,* Flammarion, 1956.
Adrien Dansette, *Histoire religieuse de la France contemporaine,* Flammarion, 1965.
François Lebrun (dir.), *Histoire des catholiques en France,* Toulouse, Privat, 1980.
Denis Pelletier, *La Crise catholique,* Payot, 2002.
Julien Potel, *Les Prêtres séculiers en France. Evolution de 1965 à 1975,* Centurion, 1975.
Jacques Prévotat, *Etre chrétien en France au XXe siècle,* Seuil, 1998.
Service national des vocations (d'après l'*Annuaire statistique de l'Eglise* pour 1978-2003).
Martine Sevegrand, *Vers une église sans prêtres. La crise du clergé séculier en France (1945-1975),* Rennes, Presses universitaires de Rennes, 2004.

Les ordinations annuelles

Sous le régime concordataire, en vigueur de 1801 à 1905, 140 000 jeunes gens ont reçu l'ordination, dont 500 évêques. Les trois records séculaires sont constatés en 1830 (2 357), en 1868 (1 753) et en 1901 (1 733). 85 à 90 % des prêtres sont d'origine paysanne.

La séparation des Eglises et de l'Etat, en 1905, fait perdre leur traitement aux 42 000 prêtres salariés par l'Etat et entraîne une première crise des vocations. La forte remontée à partir des années 1920, le rattrapage des années de guerre après 1945 cèdent à une nouvelle phase de déclin dès 1949, accentuée à partir des années 1960. Trois éléments précipitent le déclin : l'arrivée des classes creuses des années 1930 à l'âge adulte, l'exode rural qui fait disparaître le principal vivier de vocations, la sécularisation accélérée des vieilles terres de chrétienté dans l'Europe entière. La crise acquiert alors une dimension sans précédent.

Ordinations annuelles de prêtres diocésains (1868-2012)

Année	**1868**	**1875**	**1896**	**1901**	**1905**	**1910**	**1913**	**1914**	**1915**	**1916**	**1917**	**1918**
Ordinations	1 753	1 682	1 491	1 733	1 563	1 088	825	704	262	206	166	152
Année	**1919**	**1926**	**1938**	**1939**	**1940**	**1941**	**1942**	**1943**	**1944**	**1945**	**1946**	**1947**
Ordinations	184	1 043	1 355	1 214	467	480	779	1304	1058	1160	1293	1 649
Année	**1950**	**1962**	**1965**	**1968**	**1970**	**1975**	**1980**	**1990**	**1995**	**2000**	**2007**	**2012**
Ordinations	1033	507	646	461	284	161	111	134	96	142	101	94

Sources :
Service national des vocations.
Paul Vigneron, *Histoire des crises du clergé français contemporain,* Téqui, 1976, pour les ordinations diocésaines de 1889 à 1975.

Taux d'ordination en France (1900-1960)

	1900-1904	1909-1913	1925-1929	1934-1938	1940-1947	1951-1953	1956-1960
Taux d'ordination pour 10 000 jeunes gens	52,1	30,6	29,7	38,1	49,5	28,6	20,8

Source : Fernand Boulard, *Essor ou déclin du clergé français*, Cerf, 1950, et *La Croix*, 20 octobre 1961.

Séminaires et séminaristes

Avec la séparation des Eglises et de l'Etat, le nombre de petits séminaires passe de 143 en 1904 à 60 en 1912. Au nombre de 127 en 1957, ils se vident dans les années 1960 et se ferment ou se reconvertissent au début des années 1970.

Les 57 grands séminaires existant avant Vatican II passent à 51 après la réorganisation de 1967, plus celui de la Mission de France. Ils ne sont plus que 20 en 2003, sans compter les séminaires universitaires ou certains groupes de formation. Il faut noter le décrochage brutal et décisif de l'année 1970-1971, même si l'érosion était déjà sensible antérieurement. Signe de la crise des vocations (« crise des réponses », selon l'Eglise), entre 1965 et 1969, 1 585 personnes avaient quitté le grand séminaire.

Séminaires et séminaristes (1870-2012)

	1870	1913	1925	1947		
Effectifs grands séminaires	9 232	5 200	6 621[1]	8 490		
Effectifs petits séminaires	ND	ND	8 316	12 000		
	1963	**1971**	**1975**	**1995**	**2008**	**2012**
Effectifs grands séminaires	5 279	2 840	1 121	1 155	741[2]	691[3]
Entrées en grand séminaire	902	265	202	204	139	128 (en 2010)
Effectifs petits séminaires	15 702	5 474	–	–	–	–
Entrée en petit séminaire	3 046	265	–	–	–	–

1. En 1924.
2. Dont 10 % (74) sont étrangers.
3. Dont 13 % sont étrangers.

Sources :
Annuaire statistique de la France, 1890.
Jacques Duquesne, *Les Prêtres*, Grasset, 1965.
Michel Launay, *Les Séminaires français aux XIXe et XXe siècles*, Cerf, 2003.
Julien Potel, *Le Clergé français*, Centurion, 1967.
Julien Potel, *Les Prêtres séculiers en France*, Centurion, 1977.
Mgr Hyppolite Simon, *Les Vocations*, Documents épiscopat, n° 9, 1992.
Service national des vocations, http://www.jeunes-vocations.catholique.fr/download/1-18113-0/les-vocations-specifiques-en-france-1995-2010.pdf et http://www.jeunes-vocations.catholique.fr/reflexions-et-etudes/vocations/profil-des-novices-et-seminaristes.html [avec le nombre annuel de séminaristes et d'entrées en séminaire de 1966 à 2002].
http://sainte-liberte.over-blog.com/article-moniales-et-novices-en-france-combien-sont-elles-en-2009-43025744.html [nombre de moniales, novices incluses, de 1993 à 2009, et répartition par ordres].

Les vocations religieuses

Entre 1830 et 1880, 200000 novices sont entrées dans quelque 400 congrégations féminines fondées en France. Les femmes composent en permanence autour des trois quarts des effectifs des ordres religieux. Selon Mgr Simon, de 1940 à 1956, 11709 frères entrent en noviciat, soit 688 par an.

Surviennent les bouleversements des années 1960. 268 des 369 congrégations féminines ferment leurs noviciats entre 1973 à 1985. Les micro-communautés prennent leur essor au détriment des ordres : entre 1970 et 1990, les sœurs vivant en communauté de moins de 5 personnes passent de 17 à 45 % du total, sans compter celles vivant seules. Par ailleurs, dans les années 1960-1970, des milliers quittent leur ordre. Entre les deux enquêtes de 1969 et 1973 partent ainsi 2335 sœurs, dont 1413 professes définitives. Le phénomène concerne toutes les classes d'âge, y compris et surtout les plus âgées (46 % avaient plus de 50 ans) et les plus anciennement entrées en religion. Les sorties de sœurs professes – de 130 à 160 par an entre 1945 et 1968 – se montent à 353 par an entre 1969 et 1972. Le nombre de frères partis reste indéterminé.

Vocations religieuses, tarissement et départs des ordres (1880-2012)

	1880	1945	1960	1969	1973	1991	2000	2008	2012
Sœurs postulantes et novices françaises			6084	2414	1124	ND	401	321	ND
Postulantes françaises		3158	–	757	364	ND	103	68	ND
Novices françaises	5000	4188	–	1657	760	215	298	135	180
Novices étrangères	–	–	–	–	–	75	ND	118	310
Total sœurs novices françaises et étrangères			–	–	–	290	ND	253	490
Novices frères français		> 1000			200	190	105	96	ND

Postulante : qui passe une année en civil au monastère avant l'entrée en noviciat.
Noviciat : années en habit dans la communauté avant prononciation des vœux définitifs.
Professe : qui a fait profession définitive, prononcé ses vœux perpétuels de vie religieuse.

Sources :
Enquêtes d'Albin Luchini, pour la Conférence des supérieures majeures, 1969 et 1973.
Guide de l'Eglise de France, Cerf-Bayard, 2009.
F.A. Isambart et J.P. Terrenoire (dir.), *Atlas de la pratique religieuse des catholiques en France*, Presses de Sciences-Po et éditions du CNRS, 1980.
Mgr Hyppolite Simon, *Les Vocations, Documents épiscopat*, n° 9, 1992.
Service national des vocations.

Par ailleurs, de 1200 à 1250 prêtres auraient quitté le ministère de 1900 à 1962, soit 20 à 25 par an. Pour les trois décennies d'après-guerre, le taux de départ serait de 13,1 % sur 72 diocèses : en ajoutant les prêtres religieux, de 4500 à 5000 prêtres ont dû quitter l'Eglise de 1941 à 1980. 55 % des départs de l'Eglise sont suivis de mariages religieux et 36 % de mariages civils. En janvier 2009, 10000 ex-prêtres avaient quitté le culte volontairement ou par exclusion.

Défections du ministère sacerdotal (1941-1988)

	1941-1945	1946-1950	1951-1955	1956-1960	1961-1965	1966-1970	1971-1975	1976-1980	**1941-1980**	1979-1988
Départs de prêtres	117	160	232	230	259	586	960	489	**3033**	423

Sources :
Jean Imbert, *L'Eglise catholique dans la France contemporaine*, Economica, 1990, pour 1979-1988.
Julien Potel, *Ils se sont mariés… et après ? Essai sur les prêtres mariés*, L'Harmattan, 1986.
Martine Sevegrand, *Vers une église sans prêtres. La crise du clergé séculier en France (1945-1975)*, Rennes, Presses universitaires de Rennes, 2004, p. 81, d'après Julien Potel, *Les Prêtres séculiers en France*, Le Centurion, 1977, complété.

Nombre d'habitants par prêtre séculier (1878-2012)

	1878	1904	1913	1929	1934	1948	1960	1965	1980	2005	2012
Nombre d'habitants par prêtre séculier	638	–	–	–	877	962	1096	1188	1 382	2967	5 200[1]
Nombre d'habitants par prêtre séculier en activité	–	739	832	960	–	1 029[2]	–	1316	–	–	

1. Par prêtre incardiné, prêtres religieux et séculiers confondus.
2. En 1950.

Sources :
Julien Potel, *Le Clergé français*, Le Centurion, 1967, d'après Fernand Boulard.
Annuaire statistique de l'Eglise pour 1980 et après.

Ainsi, le vieillissement du clergé séculier s'accentue ce qui contraste avec la jeunesse du clergé du XIXe siècle. En 2012, 50 % des prêtres ont plus de 75 ans : on compte 7 ou 8 décès de prêtres pour une ordination, et deux tiers des prêtres et religieux sont des retraités.

Part des prêtres de plus et moins de 50 ans (1860-2008)

	1860	1875	1904	1929	1960	1970	1975	1985	1999	2008
Prêtres de plus de 60 ans	6 %	21,4 %	20 %	30 %	–	–	–	60,1 %	–	76,14 %
Prêtres de moins de 50 ans	–		–	–	52 %	49,6 %	34 %	16,1 %	11 %	12,39 %

Age comparé des prêtres en 1965, 1985 et 2008

Ages des prêtres	Au 1er janvier 1965[1]		Au 1er janvier 1985		Au 1er janvier 2008	
Moins de 30 ans	1655	4,04 %	122	0,4 %	124	0,51 %
30-39 ans	8246	20,12 %	1181	4,2 %	1309	5,49 %
40-49 ans	10170	24,80 %	3281	11,5 %	1549	6,39 %
50-59 ans	10331	25,20 %	6810	23,8 %	2920	12,05 %
60-69 ans	5636	13,75 %	8532	29,8 %	5495	22,67 %
70-79 ans	2831	6,90 %	6781	23,6 %	8582	35,40 %
80 ans et plus	2125	5,19 %	1922	6,7 %	4227	17,44 %
Total	40994	100 %	28269	100 %	24206	100 %

1. Clergé séculier uniquement.

Le clergé régulier n'est pas moins affecté par le vieillissement.

Age des religieuses (1969-1990)

	Moins de 30 ans	30-44 ans	45-59 ans	60-74 ans	Plus de 75 ans
1969	5,4 %	21 %	31,8 %	30,8 %	11 %
1973	2,6 %	17,6 %	30,3 %	35,9 %	13,6 %
	Moins de 45 ans	45-65 ans	Plus de 65 ans		
1982	8,94 %	39,36 %	51,70 %		
	Moins de 50 ans	50-65 ans	65-80 ans	Plus de 80 ans	
1990	8 %	28 %	43 %	21 %	

En 2002, la moyenne d'âge des religieuses est de 57 ans.

Sources :
Jean Imbert, *L'Eglise catholique dans la France contemporaine,* Economica, 1990.
Julien Potel, *Le Clergé français,* Le Centurion, 1967.
Service national des vocations pour 2008.
Age des religieuses : enquêtes citées d'Albin Luchini, 1969 et 1973, et du journal *La Croix,* 2 mai 1990.

Le moment conciliaire est suivi d'un plus grand appel aux laïcs et aux diacres permanents : de 1970 à 1999, 1 591 personnes sont ordonnées diacres permanents, à 84 % des hommes mariés[1]. On note aussi l'essor des servants d'autels (30 000 en 2007) et des assemblées dominicales en l'absence de prêtres : 80 000 personnes sont concernées dès 1987.

1. Un homme marié peut être ordonné diacre, mais un homme célibataire au moment de son ordination fait vœu de rester en cet état.

Recours aux diacres permanents (1970-2011)

	1970	1980	1990	2000	2011
Diacres permanents ayant un ministère	11	107	659	1588	2450
Ordinations de diacres permanents	–	8	72	113	84

Source : Comité national du diaconat.

L'Œuvre des catéchistes volontaires naît en 1886 avec la laïcisation de l'enseignement primaire. En 1908, le premier Congrès national des catéchistes rassemble 20000 femmes et 63 confréries diocésaines. En 1935, selon l'*Almanach catholique*, elles sont 25000, dont 5185 à Paris. En 1967, 5000 à 6000 laïcs font de la catéchèse, mais dans les années 1990, ils sont 129000, à 85 % des femmes. En 1982, on compte aussi 20000 animateurs d'aumônerie, dont 40 % de femmes. En 2007, selon la Conférence des évêques de France, 150000 personnes s'investissent dans le catéchisme, dont 10000 auprès de catéchumènes.

Ces évolutions ont obligé à fusionner ou redécouper nombre de paroisses pour pallier le manque de desservants et de curés résidants. En raison de la rurbanisation, le nombre de paroisses se remet actuellement à augmenter.

Nombre de paroisses (1790-2010)

	1790	1814	1871	1901	1940	1965	1975	1990	2000	2010
Nombre paroisses	34868	28855	34050	41120	36149	~36500	36395	34885	22491	19000
Avec curé résidant						27016	15714	11719	8279	6445[1]
%			~100		~100	74	42,5	33,6	37	34[1]

1. 725 autres paroisses bénéficient des services d'un prêtre religieux, ce qui porte à 37,7 % le taux de résidents.

Sources :
Données sociales, 2003.
« Des paroisses comme communautés », *Documents Episcopat*, n° 7, 2011, p. 16.
Anne-Bénédicte Hoffner, « Les laïcs font tourner les paroisses françaises », *La Croix*, 12 septembre 2012.

b. Lieux de culte

Une vague de constructions entre 1840 et 1880 détruit plus du tiers des lieux de culte français pour reconstruction. En 1869, les campagnes comptent 42000 lieux de culte contre 29000 en 1814. Lors du vote de la loi de 1905, la France possède 87 cathédrales, 36582 églises paroissiales et 6900 églises annexes, 32531 presbytères, 17 palais archiépiscopaux et 69 palais épiscopaux, 86 grands séminaires, 138 petits séminaires.

Environ 2500 églises sont construites au XXe siècle (dont 173 classées aux monuments historiques), ainsi qu'une cathédrale (Evry, 1995). En 2009, le pays dispose de 45000 églises paroissiales, propriété des communes, et même de 100000 si l'on intègre les édifices cultuels des monastères, associations diocésaines, chapelles, oratoires, et autres sanctuaires[1].

c. *Le clergé catholique face aux crises anticléricales*

Entre 1801 et 1878, 271 congrégations autorisées ont été fondées en France, dont 11 de 1871 à 1878. Mais avant 1901, on ne compte que 909 congrégations de femmes et 5 d'hommes[2] autorisées. Les autres n'ont aucun statut juridique et n'existent depuis la Restauration, sinon l'Ancien Régime, que par tolérance tacite et révocable des autorités.

Situation des congrégations religieuses en 1876

	Total congrégations	Nombre de religieux					
		Enseignants	Hospitaliers	Prédicateurs	Contemplatifs	Autres	Total
Congrégations masculines autorisées	228	–	–	2490	12	–	2502
Associations enseignantes autorisées	3119	20341	–	–	–	–	20341
Total autorisé hommes	3347	20341	–	2490	12	–	22843
Associations non autorisées hommes	397	1521	218	3205	2299	201	7444
Total hommes	3744	21862	218	5695	2311	201	30287
Congrégations féminines à supérieure générale	2442	12396	5839	74483	–	497	93215
Congrégations féminines diocésaines	102	292	457	2973	72	–	3794
Communauté de femmes	514	10624	2554	2488	343	732	16741
Total autorisé femmes	3058	23312	8850	79944	413	732	113750
Associations non autorisées femmes	902	6542	2237	–	3954	1270	14003
Total femmes	3960	29854	11087	79944	4369	2499	127753
Total général	7704	51716	11305	79944	12375	2700	158040

Source : *Annuaire statistique de la France*, 1879.

Deux décrets de Jules Ferry contre les congrégations non autorisées (29 mars 1880) visent 13 ordres, tous masculins, et entraînent la fermeture de 261 couvents et l'expulsion de 5643 religieux. Chassés de

1. « Eglises de France », *Documents Episcopat*, n° 2, 2009.
2. Frères des écoles chrétiennes, Lazaristes, Missions étrangères, Pères du Saint-Esprit, Sulpiciens.

31 départements, les 2780 Jésuites français abandonnent 29 collèges regroupant 11 144 élèves. 920 des leurs sont alors en exil et 830 en mission. La plupart des exilés sont revenus avant la fin des années 1880.

En 1900, on compte environ 128 000 religieuses sur le sol métropolitain, 130 000 avec l'Algérie, et 30 086 religieux. Leurs biens échappent au paiement de droits de succession (mainmorte), d'où le thème anticlérical du « milliard des congrégations ».

Situation des congrégations religieuses selon le rapport Rabier (décembre 1900)

	Autorisées	Non autorisées	Total	Membres	Etablissements enseignants (et membres)	Etabl. hospitaliers	Divers	Total
Congrégations masculines	5 +14 « tolérées »	49	68	30 086	2 748 [68 %] (22 327)	52 (532)	416 (7 277)	3 216
Congrégations féminines	902	402	1 304	129 492	Non précisé Près de 65 % des congrégations féminines n'ont que de 2 à 5 membres, ce qui rend tout classement impossible. Ainsi, 272 congrégations gèrent moins de 3 écoles.			16 298 dont 2 870 reconnus (54 409 membres) et 13 428 non reconnus (75 083 mb)

Avec la loi du 7 juillet 1904, toute congrégation même autorisée est interdite d'enseignement. Au 30 octobre 1905, 3 015 établissements ont été officiellement fermés et 3 114 restent à fermer. Parmi les fermetures, celle des 1 450 établissements légaux des Frères des écoles chrétiennes (203 706 enfants scolarisés).

Dès 1906, 5 069 écoles privées ont pris la suite d'établissements congréganistes antérieurs : sur les 150 000 enfants que ces derniers scolarisaient, seuls 71 000 passent à l'école publique; les autres, soit plus de la moitié, changent simplement d'école catholique.

Plutôt que se séculariser, 30 000 religieux et religieuses quittent la France après 1902 (dont 4 000 Frères des écoles chrétiennes et 2 100 Jésuites). C'est plus en valeurs absolue et relative que pendant la Révolution. En 1913, seules 295 écoles religieuses scolarisent 36 000 élèves[1].

1. Patrick Cabanel et Jean-Dominique Durand (dir.), *Le Grand Exil des congrégations religieuses françaises. 1901-1914*, Cerf, 2005.

La crise des Inventaires (1905-1906) : au 31 mai 1906, malgré de vifs incidents, 63219 inventaires des biens des Eglises ont été effectués et 4791 restent à dresser. Georges Clemenceau, ministre de l'Intérieur, les suspend pour prévenir d'autres incidents. 412 millions de francs de biens d'évêchés sont transférés aux communes et à l'Etat. Le soi-disant « milliard des congrégations » se réduit finalement à 35 millions apportés au budget de l'Etat, soit moins d'une année du budget des Cultes lors de sa suppression (42114933 francs en 1905).

1914-1918 : le « second ralliement ». Avec 14,1 % de tués, l'un des taux les plus élevés pour une catégorie socioprofessionnelle, l'Eglise paye un lourd tribut. La vie des diocèses a été désorganisée (d'un tiers à plus de 50 % des prêtres ont été mobilisés). Il faut regrouper 252 paroisses après-guerre faute de desservants. Ceux-ci passent de 33222 en 1903 à 30211 en 1920, les vicaires de 5372 à 3371 (Alsace-Moselle retrouvée incluse).

Pendant la Seconde Guerre mondiale en revanche, les pertes sont plus limitées : pas plus de 500 prêtres et religieux sont tués, mais environ 4000 prêtres et 2000 séminaristes sont prisonniers de guerre, plus de 4000 déportés ou emprisonnés.

Tribut des clercs à la Grande Guerre

	Mobilisés	Morts	Cités et décorés	Citations	Décorations
Clergé séculier	23418[1]	3101	7759	11856	9793
Clergé régulier	9281	1517	2655	4237	3447
Sous-total	32699	4618	10414	16093	13240
Religieuses (dans les hôpitaux)	12554	335	3891	1622	5312
Total général	**45253**	**4953**	**14305**	**17715**	**18552**

1. Dont environ 12000 dans des unités combattantes, et autant comme aumôniers, infirmiers, brancardiers. Les séminaristes sont inclus dans ce chiffre.

Sources :
Jacques Fontana, *Les Catholiques français pendant la Grande Guerre*, Cerf, 1990.
Pierre Pierrard, *Le Prêtre français du concile de Trente à nos jours*, Desclée, 1986.
Pierre Pierrard, *La Vie quotidienne du prêtre français au XIXe siècle*, Hachette, 1986.

d. La pratique religieuse catholique

La pratique catholique masculine atteint son apogée vers 1860, son pendant féminin vers 1880. La **féminisation du catholicisme** constitue un phénomène essentiel. Les femmes représentent près de 70 % des ordres religieux et une proportion identique des messalisantes. Plus le taux de pratique local est bas, plus la proportion de femmes parmi les pratiquants est élevée. Dans les années 1950-1960, les femmes restent encore presque deux fois plus pratiquantes que les hommes : 49 % de messalisantes en 1952 contre 28 % de messalisants, et 38 % contre 20 % en 1963[1]. En 2007, une enquête IFOP évalue les femmes à 60 % des pratiquantes. Elles sont 70 % des catéchumènes.

Dans les années 1860-1880, selon Claude Langlois, 52 % des catholiques sont pascalisants (30 % des hommes, 70 % des femmes), avec des contrastes régionaux considérables : de 20 % dans les terres déchristianisées du bassin parisien à plus de 80 % dans l'Ouest, le Massif Central et l'Alsace-Lorraine[2]. A la fin du XIXe siècle, plus de 90 % des Français sont baptisés dans l'Eglise catholique, plus de 80 % des mariages sont religieux et les enterrements religieux dominent, sauf exceptions locales. Mais à l'adolescence commence généralement le détachement de la foi. En 1900, seuls 1/6 à 1/3 des adultes sont pratiquants, en majorité des femmes.

Gabriel Le Bras entame en 1931 des travaux pionniers sur la sociologie religieuse. En 1954, dans sa célèbre carte religieuse de la France rurale, le chanoine Fernand Boulard distingue à sa suite les régions d'observance majoritaire, avec plus de 45 % d'adultes (plus de 21 ans) pascalisants, les régions d'observance minoritaire mais de tradition catholique, avec jusqu'à 44 % d'adultes pascalisants et de « conformistes saisonniers », et les « pays de mission », qui comptent au moins 20 % d'enfants non baptisés ou non catéchisés, et concernent 110 cantons ruraux sur 3 000.

Le chanoine estime que 2,5 à 2,7 millions de personnes (6 % de la population) ne sont pas baptisées dans la religion catholique, dont 800 000 protestants, 300 000 musulmans, 250 000 israélites, et 1 250 000 Français d'ascendance catholique (3 %). Sur 31,7 millions de Français ruraux et citadins de plus de 14 ans, dont 1 million ne sont pas catholiques, 10,5 millions sont pascalisants, soit 34,2 %. Les conformistes saisonniers seraient de 57 à 60 % de la population adulte, un chiffre semble-t-il proche de celui de 1945[3].

---

1. Julien Potel, in *L'Eglise catholique en France. Approches sociologiques*, Desclée de Brouwer, 1990.

2. Claude Langlois, *Le Catholicisme au féminin. Les congrégations françaises à supérieure générale au XIXe siècle*, Ed. du Cerf, 1984.

3. Fernand Boulard, *Premiers itinéraires en sociologie religieuse*, préf. de Gabriel Le Bras, Les Ed. Ouvrières, 1954.

Taux de pratique (1952-2006)

	1952	1966	1978	1987	1995	2006
Français se disant catholiques	81 %	80 %	76 %	75 %	69 %	65 %
Messalisants	27 %	20 %	14 %	6 %	–	4,5 %
Français se disant protestants	–	–	–	1 %	2 %	2 %
Autres religions	–	–	–	3 %	5 %	6 %
Sans religion	–	–	17 %	21 %	24 %	27 %

Source : « Le catholicisme en France en 2006 », IFOP-*La Croix*, juillet 2006.

Si l'enterrement religieux concerne toujours 75 % à 80 % des obsèques dans les années 1980-2000, les autres étapes de l'existence se sécularisent, et les sacrements sont de plus en plus délaissés.

Baptêmes, catéchisme et confirmations (1954-2012)

	1954	1958	1968	1975	1980	1990	2000	2011
Enfants baptisés dans l'Eglise catholique (% naissances)	94 %	91,78 %	82,75 %	77,8 %	64,6 %	61,7 %	47 %	33,2 %
Baptisés 0-7 ans				574 574	506 877	458 626	380 093	273 108
Après 7 ans					6 624	13 504	20 961	27 011
Total baptêmes		**741 574**	**689 219**		**513 501**	**472 130**	**401 054**	**300 119**
Dont d'adultes				–	–	–	2 503	2 952
Catéchumènes adultes				890 (1976)	4 006	5 643 (1991)	9 474	8 933
Enfants catéchisés	~ 90 %		86 %		74 %		35 %	~ 30 %
Confirmations	–		–	–	–	91 281	62 003	41 950
Dont d'adultes	–		–	–	–	–	2 173 (en 2002)	6 153
Premières communions	93 %	–	87 %	–	–	230 629	201 542	ND

Sources :
Julien Potel, *Moins de baptêmes en France, Pourquoi ?*, Ed. du Cerf, 1974.
Annuaire statistique de l'Eglise, 1975-2007.
www.eglise.catholique.fr, d'après Conférence des évêques de France (1990-2011). Service national de la catéchèse et du catéchuménat pour 2000-2009.
« Les confirmations d'adultes augmentent d'année en année », *Le Parisien*, 13 juin 2011.

Taux de mariage religieux (1870-2012)

	1870-1945	1954	1968	1980	1989	2000	2012
Mariages célébrés à l'église	>80 %	79 %	77,5 %	64,5 %	52 %	40 %	30 %

Source : Julien Potel *et al.*, *Les Français sont-ils encore catholiques ?*, Ed. du Cerf, 1991.

Nombre comparé de mariages civils et religieux (1975-2012)

	1975	1985	1995	2000	2011
Mariages catholiques	281 786	159 097	125 847	122 580	71 146
Mariages civils	386 000	273 000	250 651	305 500	236 826
% mariages catholiques parmi les mariages civils sans divorces	82,3 %	74,6 %	65,2 %	56,1 %	

Sources :
www.eglise-catholique.fr, d'après INSEE et *Annuaire statistique de la France.*
Annuaires statistiques de l'Eglise.
http://www2.cnrs.fr/presse/thema/494.htm#1.
Alfred Dittgen, « Evolution des rites religieux dans l'Europe contemporaine. Statistiques et contextes », *Annales de démographie historique* 2/2003 (n° 106), p. 111-129.

Confession et prière (1952-2007)

	1952			1974			1983			1994		2001			2007					
	H.	F.	**Total**	H.	F.	**Total**	H.	F.	**Total**	**Total**	Cath.	H.	F.	**Total**	H.	F.	**T.**	Cath. prat. occ.	Cath. prat. rég.	Cath. non prat.
Catholiques ne se confessant jamais	49	26	**37**	62	47	**54**	–	–	**69**	–	79	–	–	**>90**	–	–	–	–	–	–
Une fois par mois	7	23	**15**	1	1	**1**	1	1	**1**	–	–	–	–	–	–	–	–	–	–	–
Une fois par an	18	18	**18**	10	13	**12**	–	–	**5**	–	–	–	–	–	–	–	–	–	–	–
Français priant : - chaque jour - souvent - rarement	59	86	**73**	54	79	**68**	44	68	**57**	55 –12 –16 –27	73 –15 –20 –38	46	54	**50**[1] **41*** **–12** **–17** **–13**	41[1] 31* –7 –13 – 11	57[1] 50* –12 –23 –15	**50**[1] **41*** **–10** **–18** **–13**	82 –21 –42 –19	88 – 34 – 50 – 4	38 –5 –15 –18
Français ne priant jamais	40	13	**26,5**	44	19	**31,5**	54	31	**42,5**	44	–			**57**	68	48	**57**	15	10	60

1. Français à qui il arrive de prier *ou* de méditer, sur lesquels * prient en 2001 et 2007.

Sources :
CSA-*Le Monde des religions*, 9 janvier 2007.
Pierre Pierrard, *Un siècle de l'Eglise de France*, Desclée de Brouwer, 2000.
Julien Potel, *L'Eglise catholique en France*, Desclée de Brouwer, 1990. Complété par sondage CSA, 15 mai 1994, *Le Pèlerin*-Sofres, 13 avril 2001 et 29 mars 2007.

Pratiquants réguliers par âge (comparaison 1986-2006)

Classe d'âge	Pratiquants réguliers 1986	Pratiquants réguliers 2006	Population française 2006
18-24 ans	10 %	7 %	11 %
25-34 ans	7 %	9 %	19 %
35-49 ans	16 %	18 %	28 %
50-64 ans	22 %	23 %	21 %
Plus de 65 ans	29 %	43 %	21 %

Source : « Le catholicisme en France en 2006 », IFOP-*La Croix*, juillet 2006. Mis en rapport avec le sondage SOFRES de 1986, cité par Julien Potel, *L'Eglise en France*, *op. cit.*

Transmission familiale : 90 % des enfants de catholiques se disent catholiques en 1960, 67 % en 1988. Mais les enfants d'athées sont sans religion à 95 % (1988).

Orientation politique : 80 % des pratiquants réguliers ont voté pour le candidat de droite au second tour des présidentielles de 2007 et 2012.

B. Protestants et protestantismes

Emancipée par la Révolution, cette minorité anciennement persécutée reste profondément attachée à la République tout au long des XIXe et XXe siècles. Surreprésentés dans le combat pour les droits de l'Homme, dans la Résistance et parmi les Justes des nations, les protestants se distinguent un peu moins après la Libération dans leur vote, désormais moins à gauche qu'autrefois.

La forte majorité des protestants français est calviniste, les luthériens étant surtout nombreux en Alsace. Avec la perte de l'Alsace-Moselle, la faible part des protestants dans la population totale tombe de 2,35 % en 1870 à 1,6 % en 1872. Après 1945, le protestantisme français ne bénéficie pas comme le judaïsme, le catholicisme ou l'islam d'apports migratoires. Il souffre alors de la dénatalité, de l'exode rural et de la baisse de la pratique.

Les protestants de France (1866-2000)

	1866	1872	1906	1918	1940	1960	1985	2000
Protestants français	**802 339**	**580 757**	**650 000**	**900 000**	**750 000 à 800 000 1**	**850 000**	**950 000**	**1 000 000**
dont calvinistes	480 436	467 531	580 191	600 000 à 650 000				400 000
dont luthériens	281 642	80 117	80 000	200 000 à 250 000	200 000 à 250 000	350 000	276 000	260 000

	1866	1872	1906	1918	1940	1960	1985	2000
dont « autres » (1872), dissidents ou non membres de la Fédération protestante de France fondée en 1907	40 261	33 109	10 000				140 000	340 000 dont Mission évangélique tzigane : 100 000 et baptistes : 20 000
Pasteurs		706 ou 991	635 pasteurs réformés, 61 luthériens. 1400 dont 100 pour les dissidents	900 en exercice[2]		*		1 942 dont 201 femmes[3]

1. Pendant l'Occupation, 200 000 à 300 000 protestants sont en zone nord ou annexée, le reste en zone sud. 65 % sont des ruraux. Les mouvements de jeunesse protestants rassemblent 20 000 à 25 000 personnes en 1940.
2. Dont 450 à 500 mobilisés dans la Grande Guerre (42 tués), ainsi que 150 étudiants en théologie (49 tués). Selon l'*Annuaire pontifical* de 1920, il existe alors 900 temples en France.
3. Pour ce qui est de la Fédération protestante de France et de ses 1 118 paroisses.

*Une centaine de pasteurs abandonnent le ministère entre 1950 et 1975, dont 60 entre 1968 et 1974.

Sources :
Annuaire statistique de la France, 1878, 1888 et 1904, pour les pasteurs rétribués par l'Etat en tant que ministres d'un culte reconnu, donc le chiffre réel peut être supérieur.
Annuaire pontifical, 1907, p. 450 et *Annuaire pontifical*, 1913, p. 648.
Patrick Cabanel, *Les Protestants et la République de 1870 à nos jours*, Bruxelles, Complexe, 2010.

Orientation politique : en 1995, 40 % des protestants se disent à gauche, 33 % à droite, 7 % écologistes, 20 % ne se prononcent pas.

Autres confessions chrétiennes

L'Eglise orthodoxe, surtout composée des descendants de Russes émigrés, compterait 170 000 fidèles en 1997 selon le ministère de l'Intérieur. En incluant toutes les Eglises orientales (Arméniens, Coptes, Maronites libanais, etc.), le total atteindrait 400 000 personnes en 2007.

C. L'islam de France

Inexistant au XIXe siècle comme dans le premier XXe siècle, l'Islam de France se développe surtout à partir des années 1960-1970, avant tout comme effet induit des migrations.

Toute personne venant d'un pays musulman et catégorisée de ce fait comme musulmane ou d'origine musulmane n'est pourtant pas forcément un adepte de l'islam. Ni tout adepte un pratiquant. Les chiffres invitent à la prudence. Par ailleurs, les sources manquent pour les années 1920 à 1960. La foi du prophète Muhammad n'en est pas moins devenue la deuxième religion de France. L'Hexagone abrite la première communauté musulmane d'Europe occidentale, et plus de la moitié des 8 millions de musulmans présents dans cette aire[1].

Les musulmans en France (1914-2012)

	1914	1920 aux années 1960	1970	2007	2012
Présence musulmane en France métropolitaine	5 000 à 10 000[1]	Inconnu[2]	~ 1 million	4 à 5 millions	4 à 5 millions

1. En majorité des Kabyles.
2. Les sources sont lacunaires, l'immigration généralement saisonnière ou temporaire. Dans l'entre-deux-guerres, 120 000 à 200 000 Nord-Africains sont présents en France. En 1953, près de 200 000 Algériens vivraient en France, dont 11 000 enfants.

Lieux de culte musulmans (1965-2012)

	1965	1970	1980	1985	1992	2000	2011
Lieux de culte musulmans[1]	4	20	274	922	1 008	1 558	2 368[2]

1. Ce sont rarement des mosquées avant les années 1990 et surtout 2000, plutôt des garages, des greniers et des caves utilisés comme salles de prière, et appelés à être remplacés par des mosquées. Par ailleurs, encore en 2010, à peine une cinquantaine de mosquées françaises possèdent un minaret.
2. Dont 2 052 en France métropolitaine.

Il existe aussi en 2012 une vingtaine d'établissements scolaires privés musulmans, rassemblant quelque 2 000 élèves. Les scouts musulmans fondés en 1991 rassemblent 2 500 personnes.

L'Empire colonial comptait 20 millions de musulmans avant la Grande Guerre. L'Algérie de 1907 recense ainsi 4 740 000 musulmans, 600 000 catholiques, 64 000 israélites, 12 000 protestants. De 1865 à 1915, seuls 2 396 musulmans d'Algérie ont été naturalisés français.

1. Les 4 à 5 millions de musulmans de France dépassent nettement en 2007 les quelque 2,5 millions présents en Allemagne et les 1 750 000 de Grande-Bretagne.

Les musulmans de France (2000)

Origine	Nombre estimé
Arabe maghrébine dont : d'origine algérienne d'origine marocaine d'origine tunisienne	2 900 000 1 550 000 1 000 000 350 000
Demandeurs d'asile et sans-papiers	350 000
Turquie	315 000
Afrique noire	250 000
Arabes du Moyen-Orient	100 000
Pays asiatiques	100 000
Autres	100 000
Convertis d'origine française	40 000
Total	**4 155 000**, à plus de 95 % sunnites. 35 % vivent en Ile-de-France (souvent dans les banlieues), 20 % en PACA, 10 % dans le Nord-Pas-de-Calais, 8 % en France de l'Est notamment en Alsace-Lorraine.

Source : Mohammed Arkoun, *Histoire de l'islam et des musulmans en France du Moyen Age à nos jours*, Albin Michel, 2006.

Pratiques des musulmans de France (1989-2007)

				2007									
	1989	1994	2001	Total	H.	F.	Se dit prat.	Se dit non prat.	Se dit d'origine mus.	18-24 ans	25-34 ans	35-54 ans	Plus de 55 ans
Se disant musulman croyant	75 %	69 %	78 %	71 %	–	–	–	–	–	–	–	–	–
Se disant croyant et pratiquant	37 %	27 %	36 %	33 %	–	–	–	–	–	–	–	–	–
Se disant d'origine musulmane	20 %	24 %	16 %	25 %	–	–	–	–	–	–	–	–	–
Buvant de l'alcool	35 %	39 %	35 %	34 %	42 %	25 %	–	–	–	32 %	35 %	36 %	27 %
Sans intention de faire le pèlerinage de La Mecque *(Hadj)*	–	32 %	28 %	28 %	31 %	24 %	–	–	–	22 %	26 %	34 %	23 %
A fait ou compte faire le *Hadj*	–	59 %	64 %	61 %	64 %	59 %	79 %	64 %	28 %	62 %	66 %	56 %	66 %
A déjà fait le *Hadj*	–	4 %	6 %	6 %	–	–	–	–	–	2 %	2 %	5 %	34 %
Jeûnant tout le Ramadan	60 %	60 %	69 %	70 %	73 %	68 %	98 %	73 %	40 %	70 %	72 %	64 %	85 %
Jeûnant une partie du Ramadan	8 %	10 %	7 %	9 %	–	–	–	–	–	–	–	–	–
Ne jeûnant pas du tout le Ramadan	32 %	30 %	23 %	20 %	–	–	–	–	–	–	–	–	–

	1989	1994	2001	2007									
				Total	H.	F.	Se dit prat.	Se dit non prat.	Se dit d'origine mus.	18-24 ans	25-34 ans	35-54 ans	Plus de 55 ans
Priant chaque jour	41 %	31 %	33 %	39 %	40 %	37 %	84 %	20 %	9 %	28 %	44 %	35 %	64 %
Allant à la mosquée le vendredi	16 %	16 %	20 %	23 %	34 %	12 %	56 %	8 %	5 %	20 %	23 %	20 %	41 %
Dont 18-24 ans	7 %	13 %	14 %	20 %	–	–	–	–	–	–	–	–	–
25-34 ans	14 %	12 %	16 %	23 %	–	–	–	–	–	–	–	–	–
35-54 ans	23 %	18 %	22 %	20 %	–	–	–	–	–	–	–	–	–
Plus de 55 ans	39 %	37 %	39 %	41 %	–	–	–	–	–	–	–	–	–

Source : IFOP-*La Croix*, « 1989-2007, enquête sur l'évolution de l'islam de France ».

Les valeurs des musulmans de France (2006)

	Favorables ou acceptant	Opposés ou jugeant inacceptable	NSPP
Egalité entre individus de religions différentes	94 %	5 %	1 %
Egalité hommes-femmes	91 %	7 %	2 %
Séparation de l'Etat et des religions	73 %	21 %	6 %
Mariage d'une musulmane avec un non-musulman	69 %	26 %	5 %
Conversion d'un musulman au christianisme	46 %	45 %	9 %
Polygamie	15 %	79 %	6 %
Lapidation des femmes adultères	12 %	78 %	10 %

Source : CSA-*La Vie*, « Portrait des Musulmans », 23 août 2006.

Selon le même sondage, 30 % des musulmans ne lisent jamais le Coran et 26 % rarement. 20 % le lisent chaque semaine, 12 % une fois par mois, 11 % plusieurs fois par an.

Orientation politique : en 2008, ils votent plus à gauche que la moyenne : 51,8 % se disent proches du Parti socialiste (moyenne nationale 26,8 %) et 10 % de la gauche radicale (3,9 %) mais 9,2 % proches de l'UMP (28,4 %). En 2012, 70 % d'entre eux votent au second tour pour le candidat de la gauche.

Sources

Mohammed Arkoun, *Histoire de l'islam et des musulmans en France du Moyen Age à nos jours*, Albin Michel, 2006.

Ministère de l'Intérieur et Conseil français du culte musulman, cités par J.M. Guénois, « Les lieux de culte musulmans ont doublé en vingt ans », *Le Figaro*, 30 août 2011.

D. Les juifs et le judaïsme

Définir qui est juif est un problème aussi ancien qu'insoluble. Seule religion monothéiste à n'être celle que d'un peuple, le judaïsme n'exclut pas toute possibilité de conversion. On peut par ailleurs se sentir membre de ce peuple sans adhérer au judaïsme religieux (mouvements sionistes ou bundistes, convertis juifs au catholicisme n'ayant jamais renié leur identité juive). D'autres refusent de se définir comme juifs et ne se disent tel qu'en face d'un antisémite. Traditionnellement, on considère qu'est juif toute personne née d'une mère juive, et n'appartenant pas à une autre religion.

Les israélites n'ont jamais dépassé les 1 % de la population française. L'arrivée des sépharades d'Afrique du Nord, à partir des années 1950, a transformé une communauté métropolitaine jusque-là essentiellement ashkénaze, favorisé un réveil religieux et identitaire, initié une vague de constructions de lieux de culte et redistribué les responsabilités.

Nombre estimé de juifs en France métropolitaine (1808-2002)

	1808	1866	1872[1]	1900	1914	1918	1939	1945	1960	1970	2002
Présence juive estimée en métropole	46663	89047	49439	~80000[2]	120000[3]	150000[4]	300000[5]	180000 à 200000	360000[6]	535000[7]	575000 à plus de 600000[8]

1. Dernier recensement à inclure l'appartenance religieuse. Avant l'annexion de l'Alsace-Moselle en 1871, 35 184 israélites vivaient en Alsace et 15 216 sur l'ensemble de la Lorraine, dont 1 972 à Metz. Une partie a opté pour la France.
2. 71 249 sont recensés par le Consistoire en 1897. Estimation établie en ajoutant non-croyants et immigrés (7 000 à 8 000 réfugiés des empires russes et austro-hongrois).
3. Dont 40 000 étrangers, surtout réfugiés après les pogroms russes de 1905. En 1911, l'*Annuaire pontifical* parle de 100 000 juifs en France.
4. Retour de 30 483 israélites alsaciens et mosellans, selon le gouvernement allemand, cité par l'*Annuaire pontifical*, 1929, p. 617. *Le Peuple juif par les chiffres*, de Jacob Leszczynsky, publié à Berlin en 1922, donne le total de 150 000 israélites en France, cité par l'*Annuaire pontifical* de 1924, p. 587.
5. Dont 150 000 *Ostjuden*, réfugiés des pays d'Europe centrale et orientale. L'essor de la presse yiddish traduit leur importance : 13 titres créés de 1906 à 1913, 133 de 1918 à 1939. En 1940, 330 000 avec les réfugiés et expulsés.
6. La Solution finale a assassiné environ 80 000 juifs de France, aux deux tiers étrangers; 10 000 autres juifs sont morts au combat ou dans la Résistance.
7. Les juifs de France bénéficient du baby-boom et de nouveaux réfugiés : 100 000 sépharades arrivent en 1956 avec l'indépendance du Maroc et de la Tunisie, et 7 000 à 20 000 d'Egypte. De 1957 à 1966, les communes métropolitaines accueillant une communauté juive passent de 128 à 289.
8. Indépendance de l'Algérie en 1962, « rapatriement » de 140 000 sépharades.
9. Dont 70 % de sépharades, 30 % d'ashkénazes. 56 % vivent en région parisienne. 80 000 sont des enfants de couple mixte.

Sources :

Marc Angenot, *Ce que l'on dit des juifs en 1889*, Presses universitaires de Vincennes, 1989.

Doris Bensimon et Sergio della Pergola, *La Population juive de France ; socio-démographie et identité*, CNRS et The Hebrew University of Jerusalem, 1984 p. 26-27.

Le 27 octobre 1870, le décret Crémieux accorde la citoyenneté française aux 34 574 juifs d'Algérie. L'appartenance religieuse fait partie des questionnaires statistiques en Algérie jusqu'en 1936, même si tous n'y répondent pas. Leur communauté a bénéficié d'une forte natalité et de l'arrivée de juifs d'Alsace-Moselle annexée.

Presque tous se rendent en France dès l'indépendance algérienne, de même que la plupart des juifs sépharades de Tunisie (protectorat français de 1881 à 1956). Les juifs du Maroc (protectorat de 1912 à 1956) ont davantage émigré en Israël, dès la fondation de l'Etat hébreu en 1948.

Les juifs d'Algérie, de Tunisie et du Maroc (1830-1962)

	1830	1870	1901	1921	1931	1941	1956	1962
Juifs d'Algérie	15 000 à 17 000	35 000	57 132	73 967	110 127	117 646	130 000 à 140 000	
Juifs de Tunisie (non naturalisés français)	< 15 000 (estimation)	20 000		47 711	55 340	70 971 (1946)[1]	57 792[2]	22 000[3]
Juifs du Maroc (non naturalisés français)				100 000 à 120 000 (1912)		280 000 (1947)	190 000	135 000[4]

1. Auxquels s'ajoutent 20 000 à 25 000 juifs naturalisés français.
2. Entre 1948 et la proclamation de l'indépendance en 1957, plus de 25 000 juifs français ou tunisiens quittent la Tunisie, notamment pour la France ou pour Israël.
3. En 1965, pour 34 400 en 1960. Ils ne sont plus que 1 500 en 2003.
4. Ils ne sont plus que 70 000 en 1967, 5 000 en 2007, 3 000 en 2012.

Sources :
Robert Attal et Claude Sitbon, *Regards sur les juifs de Tunisie,* Albin Michel, 2000.
Claude Tapia, *Les Juifs sépharades en France (1965-1985),* L'Harmattan, 1986.
Jaouad Mdidech, « Plus que 5 000 juifs au Maroc contre 300 000 en 1948 », 15 mai 2007, http://www.bladi.net/juifs-maroc.html.

Patriotisme et engagement républicain : 12 000 juifs d'Alsace-Moselle ont choisi la France après 1871. Selon Pierre Birnbaum, 171 « Juifs d'Etat » sont parvenus aux plus hauts sommets de l'administration, de l'armée et de la vie politique sous la IIIe République, dont 48 députés et 4 sénateurs[1]. Beaucoup se portent volontaires en 1914-1918.

1. Pierre Birnbaum, *Les Fous de la République. Histoire politique des juifs d'Etat de Gambetta à Vichy,* Fayard, 1992.

Le tribut des juifs de France à la Grande Guerre

	Combattants	Tués
Français juifs de métropole mobilisés	16000	3100
Français juifs d'Algérie mobilisés	13000	2800
Juifs étrangers engagés volontaires	6000 à 8500	~1600
Aumôniers militaires juifs	18 puis 28	4
Total	35000 à 375000	7500

Source : Philippe Landau, *Les Juifs de France et la Grande Guerre. Un patriotisme républicain*, CNRS Editions, 1999.

En 1939-1940, plus de 15000 étrangers juifs s'engagent volontairement. Les israélites, français ou non, forment 5 % des Compagnons de la Libération pour moins de 1 % de la population.

Par ailleurs, les juifs de France émigrent très peu en Israël : de la naissance de l'Etat hébreu en 1948 à l'année 2003, seuls 60000 environ accomplissent leur *alyah* (mais 26000 reviennent), soit un millier de départs par an en moyenne, avec un apogée au lendemain de la guerre des Six-Jours et de l'année 1968 (6852). Cependant, en 2009, 74,4 % des juifs français avouent ressentir une « communauté de destin » avec Israël. Et en 2013 et 2014, une accélération se note avec des records de 3293 et 7000 départs respectivement.

Structure socioprofessionnelle (1975-2009)

	1975	1988	2009
Ouvriers	10,5 %	1,3 %	1 %
Cadres sup., prof. libérales et intellectuelles	25,5 %	38,9 %	44 %
Artisans et commerçants	28 %	27,7 %	10,5 %
Employés	24,5 %	11,1 %	ND
Agriculteurs	0,1 %	0,1 %	-

Sources :
Doris Bensimon et Sergio della Pergola, *La Population juive de France. Sociodémographie et identité*, 1984.
Erik Cohen, *L'Etude et l'éducation juive en France*, Cerf, 1991, préf. d'Annie Kriegel.
Dominique Schnapper, Chantal Bordes-Benayoun et Freddy Raphaël, *La Condition juive en France*, PUF, 2009.

Judaïsme religieux et attachement à l'identité juive. En 2008, 51 % des juifs se définissent comme « traditionnalistes ». 42 % respectent « toujours » la cashrout (prescriptions et interdits alimentaires). 29 % se disent non-pratiquants et moins de 20 % seraient pratiquants réguliers. 16,4 % des israélites ne fréquentent jamais une synagogue, et 10,7 % n'y vont que pour Yom Kippour. En 2008 toujours, 70 % des mariages sont intracommunautaires.

Pratiques du judaïsme et attachement à la communauté juive (années 1970-2000)

Fin des années 1970		**2008**			
Importance de la pratique religieuse		Importance de la pratique religieuse		Mariages mixtes dans la famille proche	Fréquentation d'amis en majorité juifs ou toujours juifs
Non-pratiquants	22,6 %	Pas du tout pratiquants	18,4 %	91 %	20 %
Moyennement pratiquants	30,1 %	Peu pratiquants	26,2 %		
Pratiquants réguliers	46,6 %	Assez pratiquants	21,5 %	79 %	43 %
		Pratiquants	22,1 %	58 %	71,5 %
		Très pratiquants	10 %		
		NR	1,8 %	–	–

Source : Dominique Schnapper, Chantal Bordes-Benayoun et Freddy Raphaël, *La Condition juive en France*, PUF, 2009.

Le rabbinat. De 1871 à 1991, 309 élèves ont commencé des études de rabbin. Selon Philippe Landau, le nombre de rabbins consistoriaux en service ne dépasse jamais la centaine jusqu'à l'arrivée des juifs d'Afrique du Nord dans les années 1950-1960. Toutefois, les juifs immigrés, dans l'entre-deux-guerres, disposent de leurs propres structures, difficiles à quantifier.

Les rabbins de France (1875-2008)

1875	1885	1904	1914-1918
9 grands rabbins, 26 rabbins, 25 ministres officiants Total : 60	10 grands rabbins, 46 rabbins et ministres officiants Total : 56	56 rabbins, grands rabbins et ministres officiants	18 puis 28 aumôniers juifs aux armées, 7 rabbins morts au front

1939	1940-1944	1992	2008
~80 rabbins consistoriaux en métropole 223 ministres du culte en Algérie (1931)	27 rabbins (dont 22 consistoriaux) et 12 ministres officiants déportés, aucun revenu. 2 fusillés	16 grands rabbins, 42 rabbins, 34 ministres du culte	109 rabbins reconnus par le Consistoire central, dont 3 femmes, ainsi que 63 délégués +4 rabbins libéraux +env. 50 rabbins orthodoxes (Lubavitch, etc.) Total : ~226 rabbins et délégués en activité

Sources :
Annuaires statistiques de la France, 1878 et 1888 (rabbins rétribués par l'Etat).
Paul Lévy, *Hommes de Dieu dans la tourmente. La tragédie des rabbins déportés*, Safed éditions, 2006.
Pour la situation en 2008 : nos remerciements à Philippe Landau, du Consistoire.

Lieux de culte : le patrimoine synagogal français reste actuellement le plus important d'Europe.

Nombre de lieux de culte juifs (1791-2008)

	1791-1914	1919-1939	Depuis les années 1960	2008
Construction de synagogues	240 dont 80 sous le Second Empire (1852-1870) : - 176 en Alsace-Moselle dont 91 aujourd'hui disparues - 70 hors Alsace-Moselle dont 22 disparues (+ 20 en Algérie de 1840 à 1905)	20	Plus de 300 lieux de culte et oratoires construits, dont 36 synagogues de 1959 à 1982 par les Chantiers du Consistoire	400 à 420 lieux de culte sont en activité en France (DOM-TOM inclus)

Sources :
Dominique Jarassé, *Une histoire des synagogues françaises*, Actes Sud, 1999.
Tous nos remerciements à Philippe Landau, du Consistoire, pour les chiffres actuels.

L'enseignement privé juif

L'enseignement privé juif reste longtemps négligeable : quatre écoles dont deux à Paris avant 1939. A la fin des années 1950, il compte cinq écoles avec 1 000 élèves et quatre écoles professionnelles de 3 000 élèves. Il prend son essor après 1970 (+ 5 à 10 % d'élèves par an), les raisons religieuses ne jouant qu'en partie à l'heure du réveil de l'identité juive.

En 2010, les 30 500 élèves accueillis dans les écoles juives représentent près du tiers des quelque 108 000 enfants juifs en âge de scolarisation. S'y ajoute une floraison des cercles d'études depuis 1975 (environ 500 en 1995, avec 10 000 étudiants réguliers). En incluant les Talmudei Torah (qui proposent un enseignement religieux hebdomadaire aux enfants juifs souvent non scolarisés en école juive), 75 % des enfants juifs ont reçu une éducation juive avant leur majorité.

Nombre d'écoles juives et leurs élèves (1960-2003)

	1960	1981	1986	1995	2003
Elèves	4000	7992 (1978)	17937	> 20000	29000
Ecoles juives	15	66	88	ND	256
Talmudé Torah	–	144	219	250	ND
Elèves des T.T.	–	7078	9485	> 10000	ND

Sources :
Erik Cohen, *L'Etude et l'Education juive en France*, Cerf, 1991, préface d'Annie Kriegel.
Département Enseignement-FSJU, *L'Ecole juive en France 1945-2003, Etat des lieux*, 2003.
Noémie Grynberg, « Le choix de l'école juive en France : une question d'identité », 2010, www.jstudies.fr
Fonds Social Juif unifié, http://www.fsju.org/info/enseignement/reseau/histoire.html
Doris Bensimon et Sergio della Pergola, *La Population juive de France. Socio-démographie et identité*, CNRS, 1984.
Pierre Birnbaum, *Les Fous de la République. Histoire politique des juifs d'Etat de Gambetta à Vichy*, Fayard, 1992.
Philippe Landau, *Les Juifs de France et la Grande Guerre. Un patriotisme républicain*, CNRS Editions, 1999.
Dominique Schnapper, Chantal Bordes-Benayoun, Freddy Raphaël, *La Condition juive en France*, PUF, 2009.

E. Le bouddhisme, quatrième religion de France?

La France est le pays européen où le bouddhisme a connu, depuis les années 1970, la plus forte implantation. L'Union bouddhiste de France (UBF) existe depuis 1986. En 1999, le pays abrite près de 200 monastères et centres de méditation, où 15 000 personnes se retrouvent régulièrement. Il n'existe ni unicité ni statistiques fiables.

Pratiquants bouddhistes (selon l'UBF) (1976-2012)

	1976	1986	1997	2007	2012
Bouddhistes en France	200000	400000	600000	600000 à 800000	800000

En 2007, la France compterait plutôt 400 000 à 450 000 bouddhistes selon le ministère de l'Intérieur, 500 000 selon la TNS-Sofres. Les trois quarts seraient d'origine asiatique, pour 150 000 convertis à 90 % venus du christianisme. 60 % des pratiquants seraient des femmes. Les pratiquants (vie monastique, grandes retraites de trois ans) seraient de 5 000 à 6 000 en 1980, de 12 000 en l'an 2 000, soit un taux de 5 %.

Sources

Frédéric Lenoir, *Le Bouddhisme en France*, Fayard, 1999.
Alain Renon, « La "tentation" bouddhiste en France », *Le Monde diplomatique*, déc. 1997.

F. Les mormons (« Eglise des saints des derniers jours »)

Introduite en France dès 1849, puis à nouveau en 1924, cette confession d'origine américaine ne prend son essor qu'après 1960. Elle passe alors de 3 156 membres cette année-là à 33 530 en 2006. Les rapports parlementaires ne la considèrent pas comme une secte.

G. Le phénomène sectaire

Le phénomène sectaire (1982-2007)

	1982	1995	2007
Nombre de mouvements	~190	172	–
Nombre de filiales	non estimé	~800	–
Nombre d'adeptes	~100 000	~160 000	–
dont Témoins de Jéhovah	75 000	130 000	130 000
Nombre de sympathisants	50 000	100 000	120 000

Source : Rapports de la Mission interministérielle de vigilance et de lutte contre les dérives sectaires (Milivudes).

En 2006, un nouveau rapport parlementaire estime que 60 000 à 80 000 enfants au moins sont concernés par le phénomène sectaire, voire probablement plus de 100 000.

H. L'athéisme

Les athées ne sont qu'une forte minorité de ceux qui se disent « sans religion ». Ainsi, les athées « convaincus » représentent 10 % des Français en 1981 et 14 % en 1999, sur respectivement 25 % et 43 % à se dire sans religion.

Parmi les athées « convaincus », en 1999, 39 % jugent cependant importante une cérémonie religieuse pour un décès, et 27 % croient en une vie après la mort. Les obsèques civiles fluctuent tout au long du XXe siècle autour de 20-25 %. Quelques milliers de baptêmes civils se sont aussi tenus des années 1890 aux années 1960.

Orientation politique : si, en 1981, 68 % des athées convaincus se situent à gauche, ils ne sont plus que 38 % en 1999 (athées non convaincus : 41 % et 31 %).

Chapitre 6

L'ÉDUCATION

L'alphabétisation des Français a été une œuvre de longue haleine, menée « de Calvin à Jules Ferry[1] ». Après les efforts des réformes tant protestante que catholique, 47 % des conjoints et 27 % des conjointes savent écrire leur nom en 1789[2]. Il faut cependant attendre 1834 pour que plus de 50 % des conscrits sachent écrire leur nom et 1855 pour que plus de 50 % des filles sachent signer leur contrat de mariage. Imposant la création d'une école par commune, la loi Guizot du 28 juin 1833 favorise l'alphabétisation et la francisation (seul le français est autorisé en cours). En 1880, près de 85 % des conscrits savent lire et écrire.

Mais la France mesure son retard relatif sur ses voisins : l'idée est répandue que « c'est l'instituteur prussien qui a gagné la guerre » de 1870. En 1879, le recteur Maggiolo estime que 28 % des adultes sont encore illettrés (34 % des femmes, 22 % des hommes). Au sud d'une ligne Saint-Malo-Genève, l'analphabétisme et la sous-scolarisation restent plus préoccupantes : 21 enfants scolarisés pour 1 000 habitants contre 57 au nord de cette ligne[3].

Trois grandes lois de Jules Ferry fondent en 1880-1882 l'école laïque, gratuite et obligatoire. La gratuité, qui concernait déjà 57 % des élèves

1. François Furet et Jacques Ozouf (dir.), *Lire et écrire : l'alphabétisation des Français de Calvin à Jules Ferry*, Les Editions de Minuit, 2 vol., 1977.

2. C'est ce qu'établit en 1879 la célèbre enquête du recteur Maggiolo.

3. Au nord de la ligne figurent 32 départements, 13 millions d'habitants et 740 846 enfants scolarisés. Au sud, 54 départements rassemblent 18 millions d'habitants et seulement 375 931 enfants scolarisés. L'analphabétisme y dépasse les 20 % dans 16 départements, dont 9 où la barre des 25 % est franchie (le pire taux revenant au Morbihan avec 41,3 %).

en 1877 est adoptée sans mal, comme l'obligation. Autour de la laïcité se cristallisent en revanche des décennies de querelle scolaire, entrecoupées de longues trêves. Combattent en première ligne les instituteurs laïcs sortis des écoles normales, ces « hussards noirs de la République » chers à Charles Péguy. Par ailleurs, reprenant les efforts de Victor Duruy sous le Second Empire, la loi Camille Sée du 21 décembre 1880 crée l'enseignement secondaire féminin. La loi Goblet du 30 juin 1886 engage la laïcisation progressive du personnel enseignant public. En 1914, l'Instruction publique regroupe 160 000 des 500 000 agents de l'Etat, ce qui en fait le premier département devant la Guerre (146 000 agents). L'effort financier consenti en deux générations a été considérable. L'analphabétisme des jeunes générations est vaincu.

La démocratisation de l'enseignement secondaire est la principale conquête de l'entre-deux-guerres. Le secondaire masculin, aux effectifs pratiquement inchangés des années 1880 à 1920, se développe quand sa gratuité est instituée en 1930 par le gouvernement Tardieu (droite modernisatrice) et surtout par le ministre de l'Education nationale du Front populaire, Jean Zay (1936). Ce dernier crée plus de 1 200 postes de professeurs, et étend la scolarité obligatoire de 12 à 14 ans.

Treize projets de réforme de l'enseignement se succèdent sous la IVe République. Mais c'est le 6 janvier 1959 que la scolarité est prolongée jusqu'à 16 ans et à partir de la même époque que la massification de l'enseignement, surtout celle du supérieur, se fait fulgurante. Le 11 juillet 1975, la réforme Haby institue le collège unique[1]. En 1985, le gouvernement se fixe pour objectif d'amener 80 % d'une classe d'âge au baccalauréat : il est pratiquement atteint vingt ans plus tard.

Depuis la fin des années 1950, le budget de l'Education dépasse celui de la Défense. En 2012, il reste le deuxième de l'Etat après le service de la dette. L'enseignement privé ne reste pas à l'écart de la démocratisation et de la modernisation, car la loi Debré du 31 décembre 1959 (contestée en vain par une pétition laïque de 10 813 697 signataires, sans doute la plus importante de l'histoire française) permet désormais aux établissements privés d'être sous contrat avec l'Etat, solution qui concerne, en 2006, 98,4 % d'entre eux et 97,4 % des élèves du privé.

1. Elle s'applique progressivement. En 1985, 139 000 élèves (16 %) quittent encore la 5e pour entrer en lycée professionnel, mais 30 000 en 1990, 1 900 en 2000, plus aucun en 2007.

Les problèmes consécutifs à cette massification se posent toutefois : manque de moyens matériels, envol des redoublements, échec scolaire. 100 000 jeunes par an sur 800 000 sortent en effet du système scolaire sans diplôme dans les années 1990, et 140 000 en 2012 ; de même, 21 % des étudiants n'obtiennent aucun diplôme au début des années 2000, soit 80 000 par an en 2012.

A. Vue d'ensemble

L'effort éducatif. De 1877 à 1914, le budget de l'Instruction publique est multiplié par six. La dépense totale d'éducation s'était accrue en moyenne de 2,89 % par an de 1849 à 1869 : ce taux bondit à 4,93 % de 1869 à 1897, puis retombe à 2,54 % par an de 1897 à 1914.

Toutefois, cette dépense reste en retard sur celle des autres pays européens : en 1900, la France dépense 12,79 $ par élève contre 13,57 $ en Allemagne, 16,40 $ en Grande-Bretagne, 16,78 $ aux Etats-Unis. Et à la veille du premier conflit mondial, l'Education ne représente que 9,3 % des dépenses, soit beaucoup moins que la Guerre, et à peine autant que les Transports : 9,4 %. Depuis 1945, le budget de l'Education a toujours augmenté d'une année sur l'autre. En 2006, un jeune scolarisé revient en moyenne à 6 810 € par an. L'ensemble d'une scolarité coûte 96 260 € pour un bachelier, 116 360 € pour un étudiant.

Part des dépenses pour l'Education dans le budget et le PIB (1840-2010)

	1840	1868	1882	1890	1913	1952	1958	1964	1970
Part du budget (%)	~ 1,2	1,2	2,3	6,2	9,3	7,21	10,3	15,9	16,5
Dépense nationale d'éducation en % du PIB	–	2,02	2,57	4,27	–	–			

	1975	1980	1990	2000	2010
Part du budget de l'Etat (%)	ND	17	18,5 [2]	21,7	21
Part du budget de l'Education nationale en % du PIB	3,36	3,16	2,89	3,9	3,9
Dépense nationale d'éducation en % du PIB	6,54	6,59 [1]	6,6	7,3 [3]	7
Dépense intérieure d'éducation en milliards d'€ constants (2010)	ND	72	93,6	125,8	134,8

	1975	1980	1990	2000	2010
Dépense intérieure d'éducation par habitant, en milliards d'€ constants (2010)	ND	1340	1610	2070	2080
Dépenses intérieure par élève ou étudiants (€ constants, 2010)	ND	4460	5540	7430	8150
Part de l'Etat dans la dépense intérieure totale	70%	69,1%	63,7%	64,6%	59,4%

1. En 1981.
2. Par comparaison : 57,5% aux Etats-Unis à la même date.
3. Moyenne OCDE : 5,8% en 2005.

Sources :
INSEE.
http://media.education.gouv.fr/file/2011/51/4/NI1129-cout-de-l-education-2010_203514.pdf pour les derniers chiffres disponibles, DEPP, 2010.
Ministère de l'Education nationale, Repères, références et statistiques, 1994 et 2003.
Antoine Prost, *Education, société et politiques. Une histoire de l'enseignement en France, de 1945 à nos jours*, Seuil, coll. « Points Histoire », 1992.
Vincent Troger (dir.), *Une histoire de l'éducation et de la formation*, Ed. Sciences humaines, 2006.

Budget de l'Etat pour l'éducation (en milliers de francs courants) (1870-1937)

	1870	1871-1875	1876-1880	1885	1897	1906	1913	1920	1928	1937
Budget de l'Instruction publique (en milliers de francs)	26652	34014	55973	167451	201405	250849	304852	1190882	3037394	4633137

Source : INSEE.

Dépenses pour l'éducation (en milliards de francs 1938 déflatés) (1872-1971)

Dates	Etat	Départements et communes	Total
1872	0,3	0,34	0,64
1912	2,15	0,58	2,73
1938	5,70	0,92	6,62
1947	7,37	0,89	8,26
1971	76,17	4,16	80,33

Source : Jean Fourastié, *Les Trente Glorieuses*, Hachette, 2000 (1re éd. 1979), p. 115.

Nombre d'élèves et d'étudiants (en milliers) (1872-1968)

Année	Enseignement primaire	Secondaire	Supérieur	Total
1872	4000	90	14	4204
1912	5174	191	51	5416
1920	3500 ?	205	58	3763 ?
1938	4961 ?	444	89	5494 ?
1947	4100 ?	700	144	4844 ?
1968	6338	2946	585	8919

Source : Jean Fourastié, *op. cit.*, d'après INSEE, *Données sociales*, 1978. Jean Fourastié lui-même ne trouvait pas d'explication à la forte chute indiquée ici pour les enseignements primaire et supérieur dans l'entre-deux-guerres et jusqu'en 1947, que la faible natalité ne suffirait pas à expliquer.

Pourcentage de conjoints ne sachant pas signer leur contrat de mariage et de conscrits ne sachant pas lire et/ou écrire (1870-1951)

	1870	1880	1890	1900	1914	1920	1934	1951
Epoux (%)	27	16	8	5	1,7	0,8	0,5	–
Epouses (%)	40	25	14	6	2,9	1,3	0,7	–
Conscrits (%)	22,4	16,85	9,87	5,57	4,18	4,74	6,92	3
Conscrits (nombre total)	303810 (en 1872)	306833	300247	309332	309589	298302	248667	ND

Source : INSEE.

En 1877, environ 13 % des enfants de 6 à 12 ans en âge d'être scolarisés ne vont pas à l'école, proportion qui chute à 0,78 % en 1901-1906. Bien plus tard, les trois premières décennies de la Ve République généralisent la scolarité à pratiquement l'ensemble des enfants de 3 à 16 ans. Mais la France voit récemment son taux de scolarisation général s'éroder de manière atypique : le taux de scolarisation des 15-19 ans chute de 89 % en 1995 à 84 % en 2010, alors qu'il augmente de 10 % en moyenne dans les pays de l'OCDE (de 73 à 83 %). 71 % des jeunes déscolarisés de cette tranche d'âge se retrouvent au chômage en 2010 contre une moyenne OCDE de 57 %.

Taux de scolarisation par âge (entrée et sortie de fins d'études primaires) (1958-2010)

	1958	1965	1970	1975	1985	1997	2007	2010
2 ans	8,7	11,4	17,9	26,6	32,1	35	20,9	13,6
3 ans	32,2	45	61,1	80,4	93,7	100	100	99,5
4 ans	57,2	74,5	87,3	97,4	100	100	100	99,5
5 ans	89,6	97,8	100	100	100	100	100	100

	1958	1965	1970	1975	1985	1997	2007	2010
6-12 ans	100	100	100	100	100	100	100	100
13 ans	96,8	98,1	98,7	98,3	99,7	100	100	98,4
14 ans	68,4	73,2	90,8	97,2	97,4	100	100	98,1
15 ans	53	58,8	81,2	91,7	95,3	97,5	99,2	97,4
16 ans	43,5	51,7	62,9	69,5	87,4	88,7	95,8	94,2
17 ans	27,7	38	44,1	49,9	77,9	80,7	91,3	90,2
18 ans	16,9	26,5	ND	ND	54,5	ND	77,9	77

Sources :
ftp://trf.education.gouv.fr/pub/edutel/dpd/ni0412.pdf
« Le décrochage scolaire en France préoccupe l'OCDE », *Le Monde*, 11 septembre 2012.
Daniel Vitry (dir.), *Repères et références statistiques sur les enseignements, la formation et la recherche : édition 2009, op. cit.*

B. Les écoles maternelles

Développées grâce à l'inspectrice générale Pauline Kergomard, les maternelles remplacent les « salles d'asile » le 2 août 1881. L'effectif maximal autorisé est de 150 élèves par maternelle (1882), puis de 100 (1921). A leur apogée de 1901, elles abritent plus de 750 000 enfants (1,4 million avec les classes d'asile du primaire), soit le quart d'une classe d'âge de 2-6 ans. Après la Grande Guerre, les 400 000 bénéficiaires ne représentent plus qu'un septième de la même classe d'âge. Mais dans les années 1960, les trois quarts des enfants de plus de 4 ans fréquentent la « petite école ».

Ecoles et élèves des maternelles (1875-2011)

Année	Nombre d'écoles					Nombre d'élèves de 2 à 6 ans admis (en milliers)										
	Laïques		Congréganistes			Laïques					Congréganistes					
						Publiques		Privées			Publ.		Priv.			
	Publ.	Priv.	Publ.	Privées	**Total**	G.	F.	G.	F.	**Tot.**	G.	F.	G.	F.	**Tot.**	Tot.
1875	564	258	2 209	1 009	**4 040**	44	38	8	7	**96**	157	162	40	48	**407**	**503**
1885	1 855	240	1 711	2 079	**5 885**	147	132	7	6	**292**	119	125	92	108	**443**	**736**
1900	2 136	170	444	3 249	**5 999**	210	190	4	3	**407**	30	31	132	154	**347**	**754**
1905	2 523	1 124	40	541	**4 228**	263	249	38	42	**591**	3	3	29	35	**70**	**661**
1912	2 749	1162[1]	–	65	**3 976**	261	246	44	47	**598**	–	–	4	6	**11**	**608**

1. Avec l'interdiction de l'enseignement aux congrégations par Emile Combes (1904), de nombreuses maternelles congréganistes rouvrent après une fausse sécularisation, sous l'apparence d'une maternelle privée laïque. Le nombre de ces dernières passe de 462 à la rentrée 1902 à 1124 en 1905.

Année	Nombre d'écoles		Elèves admis en milliers				
			Publiques		Privées		Total (en milliers avant 1968)
	Publiques	Privées	G.	F.	G.	F.	
1925	3049	635	193	174	19	19	405
1939	3018	322	124	116	9	9	258
1945	3356	199	146	132	6	6	290
1950	3788	198	254	239	9	9	511
1960	5920	239	451	427	8	7	893
1968	8224	306	1727477		312627		2040071
1976	13639	313	2244997		353672		2598669
1985	17394	382	2233978		329486		2563464
1998	18352	277	2180800		308300		2489100
2011	15686	126	2230960		314071		2545031

Source : INSEE.

C. L'enseignement primaire

En 1876, seules 312 communes n'avaient pas d'école, 80 en 1889. En 1890, 15 départements n'ont toujours pas d'Ecole primaire supérieure pour garçons. Parallèlement, en 1880, 8 départements restent sans école normale de garçons et 67 sans école normale de filles. La tempête des années Combes (1902-1905) se répercute clairement sur le nombre d'écoles congréganistes.

Ecoles primaires élémentaires et supérieures
(Algérie incluse de 1887 à 1912)
(1870-1913)

	Nombre d'écoles					Nombre d'élèves inscrits (en milliers)									
	Laïques		Congréganistes			Laïques					Congréganistes				
						Public		Privé			Public		Privé		
	Publ.	Priv.	Publ.	Priv.	**Total**	G.	F.	G.	F.	**Total**	G.	F.	G.	F.	**Total**
1875	45726	5996	13649	6319	**71690**	1626	830	91	192	**2739**	437	957	97	380	**1871**
1880	49754	4874	13135	6678	**74441**	2027	1007	71	172	**3277**	288	758	182	544	**1772**
1891	60554	3446	6708	11825	**82533**	2318	1435	54	943	**3901**	37	491	397	731	**1655**
1900	63806	2592	3955	14623	**84726**	2295	1569	46	74	**3984**	18	267	405	52	**1542**
1905	67845	11240	600	2252	**81937**	2444	2033	272	490	**5238**	3	49	80	297	**329**
1912	69606	13194	27	268	**83095**	2474	2125	360	672	**5631**	0.2	2	8	28	**38**

	1875	1880	1891	1900	1912
Total général des élèves inscrits, enseignement primaire public et privé (en milliers)	4610	5049	5594	5527	5669

Source : INSEE.

Les écoles primaires élémentaires et leurs élèves (1922-1945)

	Nombre d'écoles		Nombre d'élèves inscrits (en milliers)						
			Publiques			Privées			
Année	Publiques	Privées	G.	F.	**Total**	G.	F.	**Total**	**Total**
1922	69287	12484	1801	1592	**3393**	269	548	**817**	**4210**
1930	68700	11646	1978	1781	**3759**	301	575	**876**	**4635**
1938	70295	11517	2342	2152	**4493**	323	605	**928**	**5422**
1945	69418	11269	1974	1779	**3753**	383	610	**993**	**4746**

Source : INSEE.

Les écoles primaires et leurs élèves (1958-2011)

	Nombre d'écoles			Nombre d'élèves inscrits (en milliers)		
Année	Publiques	Privées	Total	Publiques	Privées	Total
1958	73059	10104	**83163**	4022960	801336	**4824296**
1968	58721	8809	**67530**	4113674	679742	**4793146**
1981	44278	6514	**50792**	3880628	659906	**4538534**
1999	34025	5385	**39410**	3276906	562864	**3839770**
2011	32453	5150	**37603**	3487463	580116	**4067579**

Source : INSEE.

Les lois de Jules Ferry (1882) puis l'action d'Emile Combes (1902-1905) contre les congrégations enseignantes ont renforcé la part de l'enseignement public.

Part de l'école primaire publique et laïque (1876-2011)

Année	Effectifs	% de l'ensemble
1876	2655913	55,2
1881	3033952	60,1
1901	3766465	69,6
1906	4360022	80,2
1921	3792400	80,9
1936	4327690	82,3

Année	Effectifs	% de l'ensemble
1954	3 703 973	80,7
1962	4 955 000	84
1968	4 732 433	86,1
1982	3 968 266	85,7
2011	3 564 146	85,9

Sources :
Jacques Girault, *Instituteurs, professeurs, une culture syndicale dans la société française (fin XIXe-XXe siècle)*, Publications de la Sorbonne, 1996.
Pour 2011, ministère de l'Education nationale.

D. L'enseignement secondaire

A la veille de la Seconde Guerre mondiale, seuls 6,5 % d'une classe d'âge entrent dans la 6e des collèges et lycées, même si les réformes Tardieu (1930) et Zay (1936) inaugurent la gratuité et la démocratisation du secondaire.

Le secondaire public (1876-1982)

	Elèves secondaire public											
Date	G.	F.	**Total**	Esgnts	Elèves EPS	Esgts	Elèves ens. techn.	Esgts	Elèves établ. agricoles	Esgts	**Total Elèves**	**Total enseignants**
1876	64341		**64341**	6587	10329	962					**74670**	**7549**
1881	68500	744	**69244**	5500	28447	3703			191		**97882**	**9203**
1891	66695	7790	**74214**	5900	47750	5596	4657		496	92	**127388**	**>11588**
1901	55086	9722	**64808**	6800	63207	6037	9939	647	736		**138689**	**>13484**
1911	64010	20429	**84439**	9400	95468	6401	21331	1166	953		**202191**	**>16967**
1921	66569	25609	**92178**	11150	104742	4229	35491		3921		**236332**	**>15379**
1931	72453	32349	**104802**	14000	139351	5014	46901	272	5567		**296621**	**>19286**
1936	103893	48066	**151959**	15000	201180	7972	96993	2653	5294		**455426**	**>25625**
1946	181639	128838	**310477**	17366	164071		123960		5057		**603565**	**>17336**
1954	204624	193573	**398197**	29198	224909	10113	300926	20830	4776	318	**928808**	**60459**
1962	395979	416781	**812760**	36439	608187	26793	469192	26847	11557	612	**1901696**	**90691**
1968	723038	782931	**1505969**	87460	653472	53633	660494	24620	24605	5946	**2844540**	**171659**
1975	1635616	1723310	**3358926**	222263	26317	23595	802835	47886	42029	6026	**4230107**	**299770**
1982	1677626	1826381	**2504007**	238777	23000		897975	49844	44759	5504	**4469741**	**>294125**

EPS = Enseignement primaire supérieur.

Source : INSEE, *Annuaire rétrospectif de la France. 1948-1988*, 1990.

Le secondaire et ses élèves (1869-1936)

	Lycées et collèges de garçons				Lycées et collèges de jeunes filles		Cours secondaires de jeunes filles	
		Nombre d'élèves						
Année	Etabl.	Collèges	Lycées	**Total**	Etabl.	Elèves	Etabl.	Elèves
1869		32614	37691	**70305**				
1871		29730	35018	**64748**				
1882	334	41020	48313	**89333**		1517	103	5345
1890	350	32873	50880	**83753**	50	7043	58	3860
1900	339	32569	52969	**85538**	71	13190	49	4213
1913	343	37324	62879	**100203**	138	33282	55	5076
1922	368	39447	75463	**114910**	155	45047	45	4850
1929	359	41097	78214	**119311**	167	50157	38	4631
1936	350	61205	111374	**172579**	168	75774	27	5230

Source : INSEE.

Le secondaire public général et ses élèves (1951-1988)

	Secondaire public général, hors lycées professionnels								**Total général**
	Coll.	Elèves			Lycée	Elèves			
Année		G.	F.	**Total**		G.	F.	**Total**	
1951	616	103793	104967	**208760**	294	57583	51949	**109532**	**318292**
1958	2667	ND	ND	**869486**	1141	ND	ND	**258263**	**1127749**
1968	3986	938486	972671	**1911057**	1228	287273	293362	**580635**	**2491692**
1974	4307	1176769	1235509	**2412278**	1137	322254	401222	**723476**	**3135754**
1988	4845	1231876	1246019	**2477895**	1189	519995	617808	**1137803**	**3615698**

Source : INSEE.

Le secondaire privé (1951-1990)

Année	Collèges	Collégiens	Lycées[1]	Lycéens	Total établ.	Total élèves secondaire privé
1951	ND	132646	ND	52341	1613	**184987**
1960[2]	1810	362600	3199	222600	5009	**585200**
1970	1294	ND	3318	ND	4612	**ND**
1980	1757	605400	2172	424600	3929	**1030000**

1. Y compris professionnels.
2. France métropolitaine, hors DOM.

Source : INSEE.

Le secondaire public et privé (1990-2011)

Année	Collèges publics	Elèves (milliers)	Coll. privés	Elèves (milliers)	**Total élèves collège (milliers)**	Lycées publics[1]	Elèves (milliers)[1]	Lycées privés	Elèves (milliers)	**Total lycéens en milliers**	**Total 2nd degré en milliers**
1990	5019	2592,4	1814	656,9	**3249,3**	2738	1975,1	2099	501,5	**2476,6**	**5725,9**
2000	5128	2620,4	1808	669	**3289,4**	2701	1870,6	1749	454,2	**2324,8**	**5614,2**
2011	5270	2592	1776	688,9	**3280,9**[2]	2623	1673,4	1748	461,3	**2134,7**	**5415,6**

Les chiffres sont arrondis. Ils incluent les DOM et, en 2011, Mayotte.

1. Dont enseignement adapté et enseignement professionnel.
2. 3185,2 sans Mayotte.

Sources :
INSEE.
Daniel Vitry (dir.), *Repères et références statistiques sur les enseignements, la formation et la recherche : édition 2009*, septembre 2009, disponible en ligne à l'adresse suivante : http://media.enseignementsup-recherche.gouv.fr/file/2009/19/4/RERS2009_119194.pdf.
Ministère de l'Education nationale pour les effectifs scolarisés en 2011 et leur répartition.

Institués par la réforme Fouchet du 3 août 1963, les Collèges d'enseignement secondaire (CES) se multiplient très vite : « un CES par jour », tel est alors le mot d'ordre. On enregistre 20 constructions en 1963, 209 en 1964, 393 en 1965, 1542 en 1968, 1689 en 1969. De 1966 à 1975, 2354 établissements sont construits.

Depuis les années 1990, la politique éducative suivie met l'accent sur la réduction des redoublements.

Taux de redoublement en pourcentage des élèves du secondaire par classe (France métropolitaine et DOM-TOM) (1961-2008)

	1961	1975	1985	1997	2008
6e	7,6	9,5	12,5	12,1	5,5
5e	9	6,5	16,4	9,7	2,7
4e	9,1	7	9,4	7,5	4,5
3e	9,3	7,3	14,3	9,1	5,4
2de générale	9,3	11,4	17,8	16,8	12,2
1re générale	20,4	7	12,7	8,2	7
Terminale générale	22,2	16,3	19,9	15,5	8,7

Sources :
Antoine Prost, *Education, société et politique*, *op. cit.*, p. 173.
http://media.enseignementsup-recherche.gouv.fr/file/2009/19/4/RERS2009_119194.pdf

E. L'apprentissage et l'enseignement technique

Sous l'Empire libéral, le ministre Victor Duruy crée un enseignement technique (« enseignement secondaire spécial ») qui compte 16 882 élèves en 1865, 22 798 en 1876 (+ 35 %, contre + 23 % pour le reste du secondaire public). Mais les réformes de 1886, 1891 et surtout 1902 le font disparaître et, en 1913, moins de 9 000 élèves par an passent par les diverses écoles professionnelles. Sur 916 000 jeunes arrivant en entreprise, moins de 2,5 % ont donc reçu une formation. De même, les divers cours professionnels dispensés par des syndicats ouvriers et patronaux ou par des Bourses du travail ne concerneraient qu'environ 95 000 personnes en 1905.

En 1939, la France compte approximativement 200 000 apprentis, et 40 000 candidats aux divers CAP. En 1944, 897 Centres de formation professionnelle (institués en 1939) accueillent 56 000 jeunes gens. En croissance sous la IVe République, l'apprentissage subit une certaine défaveur dans les années 1960-1970. Dans les années 1980-1990, le sur-chômage des jeunes et l'entrée retardée dans la vie active attirent l'attention des pouvoirs publics sur la formation. L'apprentissage progresse dans les années 2000, même si l'objectif officiel des 500 000 apprentis reste à atteindre. Quant à la formation continue, elle implique dans les années 2000 plus de 7 000 organismes de formation et de 4 à 5 millions d'adultes.

Lycées professionnels et apprentissages (1958-2005)

	Etbl	Secteur public			Secteur privé				Total général
Année		G.	F.	Total élèves	Etabl.	G.	F.	Total élèves	des élèves
1958	894	–	–	219 192	1 100	–	–	110 867	**330 059**
1968	1091	268 632	206 494	475 126	1 771	53 453	130 203	183 656	**658 782**
1984	1352	356 544	275 589	632 133	900	71 722	113 379	185 151	**817 284**
1995	ND	–	–	568 900	ND	–	–	152 500	**721 400**
2005	1050	–	–	565 400	658	–	–	154 900	**720 200**

Source : INSEE.

Nombres d'apprentis (1954-2012)

	1954	1962	1968	1974	1981	2000	2012
Garçons	–	–	191 826	118 137	172 172	–	–
Filles	–	–	52 604	33 286	53 787	–	–
Total apprentis	255 000	358 000	244 431	162 278	225 959	365 874	426 280

Source : INSEE.

La « méritocratie » républicaine est toute relative, car les boursiers sont moins de 1 500 par an en 1900, soit un lycéen sur 8 ou 9, ou 0,5 % des garçons d'une classe d'âge. Par ailleurs, sur 4 177 bourses pour le secondaire accordées de 1892 à 1895, 59 % sont attribuées à des enfants de petits fonctionnaires. En 1911, 51 % des boursiers sont fils de fonctionnaires pour 20 % de fils de cultivateurs, d'artisans ou d'ouvriers. Les années 1920 marquent un léger progrès : 12-13 % des effectifs lycéens sont boursiers.

F. Les diplômes

a. Le certificat d'études

Envisagé dès 1834 puis en 1866, expérimenté dans les années 1870 (40 000 titulaires), généralisé par la loi du 20 mars 1882, le célèbre « certif » est dès lors sacralisé par plusieurs générations comme le symbole de réussite scolaire. Il se passe à 12 ans, en fin d'études primaires.

De 1880 au milieu des années 1960, quelque 20 millions de certificats sont délivrés, dont 4,7 millions de 1880 à 1907, 5 millions de 1908 à 1929, 10,3 millions entre 1930 et 1965. Le taux de réussite est généreux (75 à 90 %), mais il n'est obtenu que par une part réduite d'une classe d'âge : tous les élèves ne le présentent pas, loin de là. Le taux d'obtention pour une classe d'âge, négligé par les statistiques officielles car moins flatteur, nécessite un calcul rétrospectif.

Après la prolongation de la scolarité jusqu'à 16 ans en 1959, le « certif » ne concerne bientôt plus que des adultes. Devenu résiduel, il disparaît en 1989.

Le certificat d'études (1872-1894)

	Candidats				Reçus				
Année	Garçons	Filles	% filles	Total	Garçons	Filles	% filles	Total	% reçus
1872								~5000	
1881	63916	39904	38,6	103220	40483	27794	40,5	68637	66,5
1894	127822	105226	45,1	233048	99446	84543	46	183989	78,9

Le certificat d'études, en milliers de titulaires, année d'obtention (1930-1964)

	1930	1938	1945	1953	1964
Garçons	85,5	192,2	113,1	143,3	239,5
Filles	76,4	184,1	117,8	140	230,9
Total	161,9	376,3	230,9	283,3	470,4

Source : INSEE, *Annuaire statistique de la France*, 1966, pages rétrospectives.

	1882	1907	1882-1907	1936
A	14,8 %	35 %	27,6 %	49,4 %
B	6,9 %	13,6 %	–	–

A : Taux estimé de reçus au certificat d'études pour une classe d'âge moyenne (un septième de l'effectif des 6-13 ans) selon Jacques Gavoille et Jean-Noël Luc.
B : Taux de réussite estimé des élèves en âge de se présenter (11 ans et plus).

Sources :
Patrick Cabanel, *La République du certificat d'études. Histoire et anthropologie d'un examen (XIXe-XXe siècle)*, Belin, 2002.
Jacques Gavoille et Jean-Noël Luc, « Faut-il brûler la statistique de l'enseignement primaire ? », in *Histoire de l'éducation*, janvier 1987, n° 33, p. 60 sq.
INSEE.
Recueil de statistiques et d'enseignements scolaires et professionnels 1949-1950-1951, CNDP, SEVPEN, s d, p. 37.
Tableaux de l'Education nationale, Institut pédagogique national, 1960.

b. Le baccalauréat

Au XIXe siècle, le baccalauréat vaut certificat d'entrée dans les classes supérieures. Entre 1870 et 1910, le nombre de bacheliers varie peu – de 6 000 à 7 000 par an. Malgré un essor régulier amorcé dès avant 1914, il ne couronne toujours qu'une part très réduite d'une classe d'âge avant que ne soit fixé en 1985 l'objectif d'amener 80 % d'une classe d'âge au bac.

L'idée était de relever ainsi le niveau de formation professionnelle (la loi du 23 décembre 1985 crée parallèlement le « bac pro »). L'essor du nombre des bacheliers est dès lors sensible. De même, le taux de réussite au bac, après-guerre, avait oscillé de façon constante entre 65 et 68 %, (hormis l'exception de l'année 1968). La percée se produit là aussi à partir de 1985. Enfin, la part des bacheliers admis avec mention passe de 31,5 % en 1987 à près de 40 % en 2006.

Admis à la deuxième partie du baccalauréat général (l'année est celle de l'obtention) (1870-2011)

	1870	1880	1890	1899
Admis	**6 293**	**6 810**	**8 147**	**7 586**
Lettres, philosophie	3 957	3 907	4 319	4 532
Sciences ou mathématiques	2 306	2 903	3 828	1 217
Bac. moderne (1893)	–	–	–	1 837

	1900	1914	1920	1930	1938	1940
Admis	**5 717**	**7 733**	**10 516**	**15 566**	**20 542**	**27 777**
Philosophie	4 537	4 773	6 616	11 413	14 372	19 680
Maths	1 180	2 960	3 900	4 153	6 170	8 097

	1944	1950	1957	1966	1968	1969	1975	1985	1991	2000	2011
Candidats	ND	ND	ND	212 420	208 460	207 682	311 403	376 435	572 013	629 189	635 975
Admis	34 875	32 362	51 229	105 800	169 422	137 015	204 489	253 050	416 246	501 941	546 711

NB : l'Alsace-Moselle n'est pas incluse avant 1918, ni l'Algérie après 1960. Le chiffre donné est celui de la 2e partie de baccalauréats de l'enseignement général, plus à partir de 1969 les baccalauréats de techniciens ainsi qu'à partir de 1987 les baccalauréats professionnels.

De 1866 à 1881, 49 femmes obtiennent le bac de lettres, 39 celui de sciences, 20 celui de médecine. En 1905, 1 148 jeunes filles passent le baccalauréat. En 1930, elles sont 60 000. Après 1965, les filles obtiennent systématiquement de meilleurs résultats que les garçons. 69,9 % d'une génération de filles obtiennent le bac en 2006 contre 58,7 % de garçons.

Taux de réussite au baccalauréat général (1948-2013)

	1948	1958	1968	1969	1985	1995	2000	2005	2013
Taux de réussite du bac général	67,9	66,5	81,3	67,6	67,9	75,1	79,9	84,1	86,8

Sources :
INSEE.
Ministère de l'Education nationale.

Bacheliers en pourcentage d'une classe d'âge (1866-2011)

	1866	1886	1913	1921	1936	1946	1950	1960	1970	1980	1990	2000	2011
Bacheliers	0,8	1,1	1,2	1,43	2,71	4	4,8	11,3	20,1	25,9	43,5	62,8	71,8
Titulaires du bac général (1808)	0,8	1,1	1,2	1,43	2,71	4	4,8	11,3	16,7	18,6	27,9	32,9	36,7
- du bac technologique (1969)									3,4	7,3	12,8	18,5	16,2
- du bac professionnel (1987)											2,8	11,4	18,9

Sources :
Pierre Chevalier et Bernard Grosperrin, *L'Enseignement français de la Révolution à nos jours*, La Haye/Paris, Mouton, 1971.
Jean-Michel Gaillard, *Un siècle d'école républicaine*, Seuil, 2000, p. 104, pour l'année 1946.
Vincent Troger (dir.), *Une histoire de l'éducation et de la formation*, Ed. Sciences Humaines, 2006, p. 252, d'après ministère de l'Education nationale, pour 1950-2000.
Pour avant 1913 et pour 2011 : http://www.education.gouv.fr/cid60617/baccalaureat-2012.html#Les_chiffres%20cl%C3%A9s%20du%20baccalaur%C3%A9at%202012

G. L'enseignement supérieur

« L'étudiant naît en 1877 » (Antoine Prost) : cette année-là débute l'essor de l'enseignement supérieur moderne, avec la création du poste de maître de conférences, l'octroi de 300 bourses de licences et de 200 bourses d'agrégation. En 1869, les étudiants en lettres ou en sciences n'existent pas, alors que l'on compte 5200 étudiants en droit et plus de 4000 en médecine. Après 1877, les humanités ont droit de cité et un rééquilibrage s'opère au profit notamment des étudiants en lettres (2358 en 1888, pour 1355 en sciences). Le budget de l'enseignement supérieur triple de 1877 à 1913. Avec 2200 enseignants à la veille de la guerre, l'université française dispose du même taux d'encadrement par étudiant que son homologue allemande. Les femmes ne comptent alors que pour 10 % des étudiants.

Paris attire 55 % des étudiants en 1876, 43 % en 1914, une grosse moitié en 1940. Si en 1960, seules 16 villes dont Alger accueillent des étudiants, soit autant qu'en 1914, 38 agglomérations sont, en 1995, dotées d'une université, et 88 d'une école supérieure, d'une antenne ou d'un institut universitaire. En 1968, la réforme Edgar Faure remplace les anciennes facultés par 56 universités et 9 centres universitaires (dont 13 en région parisienne). En 2012, 85 universités peuvent expérimenter l'autonomie instituée en 2007.

Total des étudiants français et étrangers (1875-1937)

	1875	1891	1902	1914	1922	1937
Etudiants en France	9963	19821	30370	42037	50906	72153
Dont étrangers		1498	1862	6188	5931	8087
Inscrits en droit		7657	10472	16405	17926	20454
Médecine et pharmacie		8669	11763	11656	13600	23952
Sciences		1252	4107	7330	10863	10713
Lettres		2419	3901	6586	8299	16750
Théologie[1]		94	127		218	284

1. Suppression de la Faculté de théologie protestante en 1906. Facultés de théologie catholique et protestante de Strasbourg après 1918.

Total des étudiants en France selon les types d'établissements (1948-2011)

	1948	1958	1968	1975	1981	1995	2005	2011
Etudiants en université publique[1]	129035	186101	586466	760590	880119	1458715	1421719	1400387
CPGE[2]	9804	19313	32216	35312	40859	70288	74790	80411
Autres[3]	15768	21978	76636	152000	89633	424169[5]	453402	512469
Total[4]	**154607**	**227392**	**695318**	**947902**	**1010611**	**1953172**	**1949911**	**1993267**
Grandes écoles, établ. spécialisés					139822	226262[5]	325133	354540
Total général					**1150433**	**2179434**	**2275044**	**2347807**

1. Dont IUT après 1968.
2. Classes préparatoires aux grandes écoles, y compris classes préparatoires privées après 1953.
3. Dont Université privée, Ecoles normales d'instituteurs, IUFM, écoles d'ingénieur, écoles de commerce, etc.
4. Les doubles inscriptions sont décomptées.
5. Changement de regroupements dans les listes.

Source : INSEE.

Croissance annuelle de l'enseignement public supérieur (1949-1969)

	1949-1959	1960	1961	1962	1963	1964	1965	1966	1967	1968	1969
Croissance annuelle (%)	2,6	0,8	14	16,7	14,3	12,7	12,5	10,8	10,8	15,4	6,7

L'année donnée est celle où débute l'année scolaire considérée.

Source : Antoine Prost, *Education, société et politique. Une histoire de l'enseignement de 1945 à nos jours*, Points-Seuil, 2001.

H. Le corps enseignant

Enseignants publics et laïcs, et taux d'encadrement (TE) (nombre d'élèves ou d'étudiants par enseignant) (1876-1982)

Année	Maternelles et primaire			TE primaire	Ens. second.	TE second.	Ens. sup.	TE sup.	Total enseig. sup.	TE total
	Hommes	Femmes	Total							
1876	38882	14169	53051	52	7549		1085	36	61685	46
1881	44165	20665	64820	50	9203		581	45	74604	45
1891	53926	37331	91257	44	11588				102845	41
1901	55487	48674	104161	40	13484		156		117801	37
1911	56304	67361	123665	41	16967		2000	21	142632	37
1921	50528	84710	135238	30	15379	15	165		150782	29
1931	42806	83303	126109	34	19286	15	1848	44	147243	31
1936	48931	92636	141570	34	25625	18			167195	32
1946	53659	114638	168297	23	17366	35	5799	22	191462	24
1954	59290	129328	188618	23	60459	15	6235	23	255402	21
1962	72821	152654	225475	26	90691	21	10400	26	326566	25
1968	68121	164834	232955	26	171649	17	23439	24	428043	22
1975	71271	206544	277815	22	299768	14	43006	19	620589	18
1982			298464	19	294125	15	43289	22	635878	17

Source : Jacques Girault, *Instituteurs, professeurs, une culture syndicale dans la société française (fin XIXe-XXe siècle)*, Publications de la Sorbonne, 1996, p. 251, 264 et 265.

Ensemble du personnel de l'Education nationale (en milliers) (1970-2012)

	1970	1980	1995	2005	2012
Non-enseignants	179	222	315	285,8	193,8
Enseignants	471	513	896,8	848,8	782,9[1]
- dont premier degré	241	292		320,1	325,4
- professeurs du second degré	201	280	775,2	420	387,2
- universitaires	28	41	72,8	78	70
Total	**650**	**735**	**1212,2**	**113,7**	**976,8**

1. Dont 65,8 % de femmes.

Par ailleurs, en 2012, l'enseignement privé sous contrat avec l'Etat comptait 137 000 enseignants, dont 43 800 dans le premier degré et 93 200 dans le second degré.

Personnel enseignant dans les écoles primaires publiques et privées (1872-1912)

Année	Ecoles laïques publiques et privées		Ecoles congréganistes publiques et privées		Total
	Hommes	Femmes	Hommes	Femmes	
1872					**110238**
1880	46468	26911	9942	39439	**122760**
1890	56504	40840	9259	39644	**146247**
1901	57929	51393	10182	39569	**159073**
1912	65898	93016	128	940	**159982**

Source : *Annuaire statistique de la France*, 1938, pages rétrospectives.

Pour les enseignants du secondaire : voir ci-dessus.

Si l'agrégation existe depuis 1766, en 1876, seuls 860 sur 2400 professeurs sont agrégés (36,5 %). En 1885, est défini le statut moderne de l'agrégation. Au tournant du siècle, en 1898, les agrégés deviennent majoritaires parmi les professeurs de lycée (51,5 % de l'effectif), une proportion appelée à se maintenir durablement (51 % en 1926). A partir de la IVe et de la Ve République, l'histoire de l'agrégation épouse celle de la massification de l'enseignement. De 1821 à 1950, 15727 agrégés (dont 3448 femmes) avaient réussi leur concours, soit 120 par an : de 1951 à 1990, 50000 obtiennent l'agrégation externe, soit 1250 par an[1].

Les nouveaux agrégés (1870-1993)

	1870-1914	1914-1939	1945 à 1963	1964-1973	1974-1980	1980-1993
Nombre annuel moyen de reçus à l'agrégation	100 à 150	150 à 300	400 à 800	1000 à 2000	1600 à 1960	1000 à 2500[1]

1. Auxquels il faut ajouter depuis 1989 les lauréats du concours interne : 1676 en 1993.

Source : Jean-Michel Gaillard, *Un siècle d'école républicaine*, Points-Seuil, 2000.

Enseignants du supérieur (1880-2011)

	1880	1890	1909	1930	1951
Enseignants à l'université	503	650	1048	1145	3500

1. Source : http://www.inrp.fr/she/chervel_laureats.htm

	1958	1963	1968	1972	1979	1981	1988	2000	2011
Enseignants à l'université	6218	15097	27874	32966	39273	38040	41804		81048
Enseignants en IUT	–	–	–	4297	4678	4517	5766		10060
Total	**6218**	**15097**	**27874**	**37263**	**43951**	**42557**	**47570**	**70877**	**91108**[2]

1. Dont 21,4 % de femmes.

Sources :
INSEE, *Annuaire rétrospectif de la France. 1948-1988*, 1990.
http://cache.media.enseignementsup-recherche.gouv.fr/file/2013/43/6/NI_MESR_13_07_3_266436.pdf (pour 2011).

Sources

Patrick Cabanel, *La République du certificat d'études. Histoire et anthropologie d'un examen (XIXe-XXe siècle)*, Belin, 2002.

Jean-Michel Gaillard, *Un siècle d'école républicaine*, Seuil, 2000.

Jacques Gavoille et Jean-Noël Luc, « Faut-il brûler la statistique de l'enseignement primaire ? », *Histoire de l'éducation*, janvier 1987, n° 33.

Jacques Girault, *Instituteurs, professeurs. Une culture syndicale dans la société française (fin XIXe-XXe)*, Publications de la Sorbonne, 1996.

L'Etat de la France, 2007-2008, La Découverte, 2009.

Antoine Prost, *Education, société et politique. Une histoire de l'enseignement de 1945 à nos jours*, Points Seuil, 2001.

Vincent Troger (dir.), *Une histoire de l'éducation et de la formation*, Ed. Sciences humaines, 2006.

Chapitre 7

LA CULTURE

Au moins depuis le XVIe siècle, l'Etat a pour tradition en France d'intervenir dans le domaine culturel (mécénat, académies, Salon). La Révolution ouvre les premiers grands musées, dont celui du Louvre (1793) et celui des Monuments nationaux (1795). L'ère romantique redécouvre le Moyen-Age, et voit s'affirmer les notions nouvelles de patrimoine et de monument historique. En 1831, le ministre Guizot crée l'Inspection générale des monuments historiques, confiée à l'écrivain Prosper Mérimée de 1834 à sa mort en 1870; son œuvre est prolongée par la IIIe République, qui adopte notamment les lois protectrices du 30 mars 1887 et du 31 décembre 1913. A partir de 1870, le secrétariat d'Etat aux Beaux-Arts gère les affaires proprement culturelles. En 1881, Léon Gambetta crée un éphémère ministère des Arts confié à Antonin Proust. Si la création culturelle est désormais affranchie de toute censure, les gouvernements successifs se préoccupent peu de donner à la population un meilleur accès aux musées, aux arts et à la culture.

Par le biais des commandes aux artistes, notamment lors des Expositions universelles, la puissance publique joue encore un rôle non négligeable dans la vie des arts, bien moindre cependant que celui notamment des galeristes, à l'heure où se constitue un marché de l'art. En supprimant les brevets d'imprimeurs et de libraires en 1870, la République permet un essor momentané du nombre de librairies et de maisons d'édition. En revanche, elle ne parvient pas à faire rattraper aux bibliothèques publiques françaises leur retard ancien sur l'Allemagne et sur les pays anglo-américains : les bibliothèques restent des temples du livre dévoués à la conservation de fonds anciens bien plus que des lieux d'accueil du public et de popularisation de la lecture.

En 1936, le Front populaire lance une politique ambitieuse de démocratisation de la culture, de la lecture publique, du sport et des loisirs. Il institue les congés payés (deux semaines devenues trois en 1956, quatre en 1969 et cinq en 1983). Le sous-secrétaire d'Etat aux Sports et à l'organisation des loisirs, Léo Lagrange, encourage la pratique sportive populaire. Le Front populaire fonde par ailleurs le Centre national de recherche scientifique (CNRS). Il a l'idée du festival de Cannes, dont la guerre retarde la première édition jusqu'en 1946.

Le régime de Vichy soumet la culture à la censure et à l'encadrement, mais encourage aussi le développement des sports. Le Comité d'organisation de l'industrie cinématographique engendre en 1946 le Centre national de la cinématographie, chargé de soutenir la production française.

Le ministère de la Culture est créé en 1959 par le général de Gaulle qui le confie à André Malraux. Ce dernier crée les maisons de la Culture, organise de grandes expositions (celle de 1967 sur Toutankhamon reste la plus visitée de l'histoire de France) et cherche à faire entrer l'art et la culture dans le quotidien des Français. Le président Georges Pompidou attache son nom à la création du centre Beaubourg, inauguré en 1977 trois ans après son décès, et abritant notamment le musée national d'Art moderne et la Bibliothèque publique d'information. A son élection en 1981, François Mitterrand double le budget de la culture, sans parvenir tout à fait à lui faire atteindre le seuil symbolique souvent évoqué de 1 % du budget de l'Etat. En faisant voter la loi sur le prix unique du livre (10 août 1981), son ministre de la Culture, Jack Lang, préserve une partie du réseau de librairies indépendantes françaises de la disparition. Les grands travaux culturels du président marquent Paris et la province, notamment le Grand Louvre et la construction du nouveau site de la Bibliothèque nationale de France, inauguré en 1995.

La décentralisation engagée depuis les années 1980 favorise aussi la prolifération des festivals, des musées, des bibliothèques et médiathèques et autres équipements culturels locaux; la part des collectivités territoriales dans le financement de la culture ne cesse de croître. Pendant les Trente Glorieuses comme après l'arrivée de la crise en 1974, une culture de masse continue de s'affirmer, le nombre de professionnels de la culture à croître très rapidement, et la fréquentation des musées comme les pratiques culturelles à se démocratiser. Ceci n'exclut pas le maintien de lieux plus traditionnels permettant à un public de plus en plus nombreux de découvrir les dernières créations artistiques : en 2007, la France compte 1 179 galeries d'art, et 164 salons spécialisés (contre 55 en 1975, 167 en 1985) visités par 7,3 millions de personnes.

A. Le patrimoine

La commission des Monuments historiques existe depuis 1837. En 1870, 563 monuments sont classés au patrimoine. Ils sont 4 800 (ainsi que 1 400 objets mobiliers) lors du vote de l'importante loi du 31 décembre 1913.

Monuments classés au patrimoine (1970-2012)

	1970	1980	1990	2007	2012
Monuments classés	10 986	12 180	13 660	14 344	
Monuments inscrits	16 574	20 467	25 192	28 623	
Total	**27 560**	**32 647**	**38 852**	**42 967**	**~ 44 000**
Objets mobiliers classés ou inscrits	ND	143 783	206 747	~ 300 000	
Fouilles archéologiques terrestres opérées	889	1 228	1 987 (en 1991)	3 474	3 939
Sites archéologiques protégés				459 415	506 304[1]

1. Par ailleurs, en 2011, la France compte 35 sites classés au patrimoine mondial de l'UNESCO, 102 secteurs sauvegardés, 630 zones de protection du patrimoine architectural, urbain et paysager, ainsi que 167 villes et pays d'art et d'histoire. Elle conserve 3 489 km linéaires d'archives (dont 392 km d'archives nationales), consultées par 192 000 lecteurs cette année-là.

Sources :
INSEE.
Ministère de la Culture, « Mini-chiffres clés. 2013 » pour 2011, http://www.culturecommunication.gouv.fr/Politiques-ministerielles/Etudes-et-statistiques/L-actualite-du-DEPS/Chiffres-cles-2013

B. Musées et expositions

En 1890, la France ne comptait que 300 musées, fréquentés par une élite restreinte. La prospérité des années 1920 coïncide avec un essor des visites et donc des recettes de ces établissements, la crise économique ouverte en 1931 avec leur chute. L'augmentation des recettes en 1935-1936 tient à l'abolition de la gratuité du dimanche, remplacée par un demi-tarif, et en 1937 à la tenue de l'Exposition universelle.

La fréquentation des musées (1925-1937)

	1925	1931	1934	1935	1936	1937
Droits d'entrée dans les musées (milliers de F)	3 535	7 348	3 702	4 174	5 530	10 759

Source : INSEE.

En 2012, il existe 1 218 musées (993 actifs), dont 34 nationaux.

Les expositions universelles tenues à Paris (1867-1937)

Durée en jours	Dépenses (F)	Recettes	Bilan	Visiteurs	Dont entrées payantes	Visiteur/ jours	Exposants	Dont français	Congrès internationaux tenus (participants)	Hectares occupés
1er avril-3 novembre 1867 (217 j.)	22 983 820	26 114 660	+ 3 130 840	11 000 000 à 15 000 000	–	50 691 à 69 124	52 200	15 969	14 non-officiels	68.7
20 mai-10 novembre 1878 (174 j.)	55 389 61	26 685 196	– 28 704 765	16 156 626 dont 411 926 pour les délégations ouvrières	14 534 217	92 854	52 835	25 872	32 officiels, 18 en marge	75
5 mai-31 octobre 1889 (180 j.)	41 500 000	49 500 000	+ 8 000 000	32 250 927	25 398 609	179 172	61 722[1]	33 937	69 officiels (20 000), 18 en marge	96
15 avril-12 novembre 1900 (212 j.)	119 225 707	126 318 168	+ 7 000 000	50 860 801	39 027 177	239 910	83 047	38 253	127 (68 000)	120 dans Paris, 110 à Vincennes
25 mai-25 novembre 1937 (185 j.)	1 443 288 391	1 661 024 345	+ 217 735 953[2]	31 040 955	26 702 295	167 789	11 000	ND	602	105

1. Dont 27 772 industriels étrangers, bien que seuls 29 des 60 Etats invités par la République acceptent de célébrer le centenaire de la Révolution. La Tour Eiffel, vedette de l'Exposition, attire 1 953 122 visiteurs.

2. Le déficit de 750 millions souvent cité est en fait théorique, car au bilan définitif de 1940, l'Exposition est bien excédentaire.

Source : Brigitte Schroeder-Gudehus et Anne Rasmussen, *Les Fastes du progrès. Le guide des expositions universelles 1851-1992*, Flammarion, 1992.

Fréquentation des musées et monuments (1960-2011)

	1960	1964	1970	1981	1985	1995	2007	2011
Entrées payantes musées nationaux (milliers)		3 404	4 173	5 820	8 354 (en 1987)			18 423,01
Entrées totales musées nationaux (milliers)	~5000			~9 400	13 356 (en 1988)	12 667	25 208,4	28 404,5
Total entrées musées français (milliers)	7 800		11 500	>22 000			51 985,252	59 019
Entrées monuments nationaux (milliers)		6 532	4 495	7 018	7 490	7 957	8 328,5	9 000

Sources :
INSEE.
Ministère de la Culture.

Les grandes expositions temporaires prennent leur essor surtout à partir de 1966, avec l'ouverture des galeries nationales du Grand Palais. Dans les années 1980-2000, les grandes expositions du Grand Palais ou du centre Pompidou attirent en moyenne 350 000 à 500 000 visiteurs. Les records sont :

Expositions temporaires les plus fréquentées

Exposition	Date	Lieu	Entrées payantes	Visiteurs/jours
Toutankhamon	1967	Grand Palais	1 240 975	7 343
De Cézanne à Matisse (collection Barnes)	1993	Musée d'Orsay	1 147 977	11 480
Claude Monet	2009	Grand Palais	913 064	7 423
Salvador Dalí	1980	Beaubourg	840 662	8 083
Auguste Renoir	1985	Grand Palais	793 544	8 625
Edward Hopper	2012	Grand Palais	783 963	6 758
Picasso et les maîtres	2008	Grand Palais	783 352	7 270

Source : Réunion des musées nationaux.

C. La langue comme patrimoine : la francophonie

En 1863, l'enquête officielle commandée par le ministre de l'Instruction publique Victor Duruy révèle que la langue française reste ignorée dans 8 831 communes sur 37 510 (23,54 %). Ces communes regroupent 7 426 058 habitants sur 37 382 225 (19,86 % de la population). La francophonie est surtout faible en Bretagne, en France de l'Est, dans le Massif central et au sud d'une ligne Bordeaux-Genève. Dans 24 départements, plus de 50 % des communes ne parlent pas français. Dans 12 départements, l'école ne se fait que dans la langue locale. La maîtrise du français par les jeunes scolarisés reste pareillement limitée.

Maîtrise du français par les élèves de l'enseignement primaire en 1863

Ensemble des élèves de 7 à 13 ans	4018427	100 %
Ne parlant pas le français	448328	11,15 %
Parlant le français sans savoir l'écrire	1490269	37,1 %
Sachant parler et écrire le français	2079830	51,75 %

Source : Gérald Antoine et Robert Martin, *Histoire de la langue française, 1880-1914*, Editions du CNRS, 1985, p. 266.

Au début des années 1880, dans la lignée de ses prédécesseurs Guizot et Duruy, Jules Ferry n'autorise que l'usage du français à l'école, ce qui achève de faire de ce dernier une langue réellement nationale. L'expansion coloniale favorise sa diffusion à travers le monde et, après la décolonisation, la francophonie reste un enjeu politique et culturel majeur jusqu'à nos jours. En 1995, 110 millions de personnes parlent français dans le monde, sans compter quelque 50 à 60 millions de francophones occasionnels. 380 établissements scolaires français enseignent à près de 200000 élèves répartis sur 116 pays. L'Alliance française touche plus de 320000 étudiants dans 107 pays.

D. Production intellectuelle et éditoriale

L'édition française publie de 2000 à 4000 titres par an avant 1789. Puis le livre entre dans l'ère de la production de masse, tandis que l'alphabétisation achève de se généraliser. La barre des 300 millions d'exemplaires vendus par an est franchie en 1980, celle des 350 millions en 1998, celle des 400 millions en l'an 2000. En 2011, l'édition française vend 450,6 millions de livres imprimés, numériques ou audio. 54 % des Français achètent au moins un ouvrage par an.

Maisons d'édition ayant une activité régulière (plusieurs livres publiés par an) (1900-2010)

	1900	1920-1930	1956	1961	1964	1971	1974	1977	1990	2002	2010
Maisons d'édition	134	200 à 300	463	273	303	394	358	416	392	300	305

Sources :
Roger Chartier, Henri-Jean Martin et Jean-Pierre Vivet, *Histoire de l'édition française*, Promodis, 1986, t. IV, *Le Livre concurrencé : 1900-1950*, p. 123.
www.culture.gouv.fr/culture.deps/chiffres-cles2011/11-livres-2011/pdf.

Tirage moyen par titre publié (1840-2011)

	1840	1860	1880	1900	1967	1980	1999	2011
Tirage moyen par titre	2000	2800	5000	11000	15000	14200	8400	7630

Sources :
Frédéric Barbier, *Histoire du livre*, Armand Colin, 2000, p. 252.
Elisabeth Parinet, *Une histoire de l'édition à l'époque contemporaine. XIXe-XXe siècle*, Seuil, 2004, d'après Frédéric Barbier, p. 10.
http://www.enssib.fr/bibliotheque-numerique/documents/60386-le-secteur-du-livre-chiffres-cles-2011-2012.pdf, pour 2011.

Le dépôt légal (1879-2012)

	1879	1890	1900	1913	1914	1918	1921	1930	1935
Compositions musicales	4661	5471	5910	6556	4813	1235	2538	4543	5479
Cartes, plans, gravures	2424	1940	952	384	370	146	271	104	–
Livres et autres ouvrages	14712	14574	13362	11460	8968	4484	7625	9725	10452
Ensemble	**21797**	**21985**	**20224**	**18400**	**14151**	**5865**	**10434**	**14372**	**16201**

	1936	1941	1943	1944	1948	1950
Titres reçus par le dépôt légal	9319	3888	7918	8680	14143	9993

Source : INSEE.

	1958	1964	1974	1981	1986	1990	2000	2009	2012
Titres français reçus par le dépôt légal	11879	13424	20374	25602	30424	41982	51837	74788	72139
Titres disponibles (nouveautés, réimpressions)	140980	204915	300943	345923	364635	386165	422863	609300	644610
Dépôt légal de phonogrammes				12350 (1980)	12530 (1985)	17213	15400	10253	9555 (2011)

Sources :
INSEE.
www.culture.gouv.fr/culture.deps/chiffres-cles2011/11-livres-2011/pdf

E. Librairies, bibliothèques et diffusions du livre

Le Second Empire voit s'effondrer le **colportage** : en 1870, les 500 colporteurs en activité (contre 3 500 en 1848) ne distribuent plus que 2 millions de volumes contre 9 à leur apogée historique cette dernière année-là.

Le nombre de **libraires indépendants** triple de 1840 à 1910. La chute du Second Empire permet, dès le 10 septembre 1870, la suppression des brevets d'imprimeurs et de libraires institués en 1810. Dans l'euphorie qui suit la libéralisation du métier, l'apogée historique des librairies est atteint en 1879. Puis le reflux s'amorce.

En 1955, la librairie traditionnelle ne représente plus que 55 % du marché du livre, autant en 1975, puis 34 % en 1994, et en 2012, 23 % des ventes en valeur. Elle subit la concurrence des grandes surfaces spécialisées telles que la FNAC (depuis 1974) ou encore de la vente en ligne. Cependant, grâce à la loi Lang du 10 août 1981 instaurant le prix unique du livre, le réseau de librairies et de points de vente français reste l'un des plus denses en Europe.

La librairie (1851-2012)

	1851	1860-1861	1877-1878	1894	1910	1943	1950	1960	1974	1985	1994	2007	2012
Librairies de province	2 428	3 724	5 086	1 894			1 954					1 530	
Librairies de la Seine puis après 1950 de l'Ile-de-France	~500	~580	~1 000	968			1 315[2]			~1 000 (à Paris)		603[3]	
Total librairies indépendantes France	2 928	4 304	6 086	5 582	5 025	2 813[1]	3 269	2 814	2 000 à 3 000	2 500	2 300	2 133	2 000
Total points de vente estimé (millions)	7,6	18	16 à 27	25 à 26	25	25							

1. A la fin de la guerre, 605 librairies sur 7 590 auront été détruites ou endommagées. 8 % des librairies ont fait l'objet d'une mesure d'épuration.
2. Ile-de-France entière. Dont 1 094 à Paris même.
3. Dont 390 à Paris *intra muros*, 213 dans le reste de l'Ile-de-France.

Source : Patricia Sorel et Frédérique Leblanc (dir.), *Histoire de la librairie française*, Editions du Cercle de la librairie, 2008.

Les **cabinets de lecture**, au rôle essentiel avant 1850, ne sont plus qu'une survivance après 1870 : 129 à Paris en 1875, 36 en 1910, 16 en 1940.

Les **bibliothèques de gares** sont un important vecteur d'éducation populaire, surtout avant la Grande Guerre. Apparues en 1853 grâce à

Hachette, qui en garde le monopole jusqu'à nos jours, elles sont 43 cette année-là, 162 en 1861, 442 en 1874, 1179 en 1896.

Les **bibliothèques scolaires** naissent en 1862 à l'initiative de Napoléon III et de ses ministres de l'Instruction publique Gustave Rouland et Victor Duruy. On en recense 14395 dès 1870, 37000 en 1882, 50000 en 1914. Dans de nombreuses communes, elles offrent la principale source d'accès des enfants (et des adultes) aux livres.

Les **bibliothèques universitaires**, vidées depuis la Révolution, ne se reconstituent réellement qu'à partir de 1876-1886.

A Paris, la première **bibliothèque populaire** ouvre en 1861. Elles sont 14 dans la capitale à leur pic en 1895, avec 8000 adhérents, et 1609754 prêts. Il en aurait existé 20000 sur la France aux débuts de la IIIe République.

Au XIXe siècle et jusqu'aux années 1950, les bibliothèques publiques françaises accusent un net retard sur leurs homologues allemandes, britanniques ou surtout américaines. Depuis 1981, il s'est construit plus de mètres carrés de bibliothèques que dans toute l'histoire française antérieure. Leur superficie passe de 680000 m² en 1980 à 1,7 million en 1996, notamment grâce aux collectivités territoriales (**médiathèques**). Le nombre de bibliothèques universitaires progresse aussi. En 1980, les Français empruntaient un livre pour 5 achetés : en 1997, un livre est emprunté pour 2,9 achetés. Une stagnation ou un recul des inscriptions se note dans les années 2000 : 16,2 % de la population est inscrite en bibliothèque en 2010, contre 13 % en 1973 après un sommet à 21 % en 1997). Cependant, la fréquentation a bondi de 23 % en 1989 à 43 % en 2005, soit de 10480000 à 21384000 personnes, dont 17334000 s'étant rendues en bibliothèque municipale dans l'année.

En 2010, la France compte 7350 bibliothèques de tout statut et 8075 points d'accès au livre, soit 15605 lieux de lecture publique qui proposent 263640000 documents dont 234600000 livres.

Les bibliothèques publiques (1950-2008)

	1950	1970	1980	1990	2000	2008
Bibliothèques municipales		716	930	1614	2886	4293 [1]
Lecteurs inscrits (milliers)		1182	2500	4605	6665	5276
Volumes prêtés pour 1000 hab.			219	228	291	248 [2]
Volumes prêtés par les bibliothèques municipales (millions)		30	60		160	151 [6]

	1950	1970	1980	1990	2000	2008
Imprimés conservés dans les bibliothèques municipales (millions)			45,2			106,3
Phonogrammes conservés dans les bibliothèques municipales (millions)			1			8,5[3]
Bibliothèques universitaires (BU)	23	47	47	67	100[2]	101[4]
Lecteurs inscrits en BU (milliers)	107 (1953)	139 (1960)		794	1 336 (2003)	1 211
Visiteurs BNF (milliers)					1 066[5]	9 507[5]
Visiteurs BPI Beaubourg (1977) (milliers)	–	–	4 385	3 938	1 915[6]	1 614

1. Changement de modalités de classement des bibliothèques municipales.
2. En 2004.
3. Vidéogrammes : 2,1. CD-Rom : 0,4.
4. 149 en incluant les autres bibliothèques de l'enseignement supérieur (IUFM, etc.), pour un total de 1 311 000 lecteurs.
5. 924 en 2011.
6. Centre Beaubourg et BPI (Bibliothèque publique d'information) alors en travaux de rénovation.

Sources :
Jean-Yves Mollier (dir.), *Histoire de l'édition française*, Fayard, t. III, 1990.
INSEE.
Statistiques de la culture, La Documentation française, 2002.
http://www2.culture.gouv.fr/culture/deps/chiffres-cles2011/08-bibliotheques-2011.pdf
Bruno Maresca, « La fréquentation des bibliothèques publiques a doublé depuis 1989 », *CREDOC, consommations et modes de vie*, n° 113, mai 1996, http://www.credoc.fr/pdf/4p/193.pdf
Denis Pallier, « Les bibliothèques universitaires de 1945 à 1975. Chiffres et sources statistiques », *BBF*, n° 3, 1992, http://bbf.enssib.fr/consulter/bbf-1992-03-0058-008

F. Le budget culturel de l'Etat

En 1911, le budget culturel de l'Etat est consacré à 8,69 % aux manufactures nationales, à 8,87 % aux commandes et achats artistiques, à 10,47 % aux écoles d'art. Après 1919, le budget propre du secrétariat, rattaché au ministère de l'Instruction publique, n'est plus connu avec précision. Après une longue stagnation, le budget quadruple lors de la création du ministère de la Culture que coiffe André Malraux, puis stagne sous son long règne (1959-1969). Rehaussé sous le président Pompidou, amateur d'art déclaré, rabaissé par son successeur Giscard d'Estaing, il est doublé par la gauche dès son arrivée au pouvoir (1981). L'objectif affiché de 1 % des dépenses publiques consacrées à la culture, souvent frôlé, n'a jamais été atteint.

Budget des Beaux-arts (1870-1914)

	1870	1871-1875	1876-1880	1881	1885	1891	1900	1905	1914
Budget du secrétariat aux Beaux-arts (en francs)	6110	6646	7826	27385	13495	8254	21254	14122	23064

Source : INSEE.

Part de la culture dans le budget de l'Etat (1938-2000)

	1938	1950	1954	1959-1969	1973	1980	1982	1986	1988	1992	1994	2000
Budget du secrétariat aux Beaux-arts ou du ministère de la Culture (1959) en % des dépenses de l'Etat	>0,1	0,17	0,10	0,38 à 0,42	0,57	0,45	0,76	0,93	0,81	0,98	0,93	0,97
En millions d'euros						405	914	1467	1345	1975	2059	2452

Dans les années 2000, les changements de périmètre du ministère et les attributions de nouvelles missions entraînent une rupture de série qui rend vaine l'estimation du pourcentage des dépenses publiques attribuées à la culture.

Sources :
Ministère de la Culture et de la Communication, « Financement de la Culture. Chiffres-clés 2012 ».
Philippe Poirrier, *L'Etat et la culture en France au xxe siècle*, Le Livre de Poche références, 2000.
Statistiques de la culture, les chiffres-clés 2002-2003, La Documentation française, 2003.
Statistiques de la culture, les chiffres-clés 2008-2009, La Documentation française, 2009.

Depuis la fin des années 1970 et avec la décentralisation, les collectivités locales prennent une part croissante dans l'aide à la culture, de même qu'aux sports ou aux loisirs.

Dépenses culturelles de l'ensemble des pouvoirs publics (en milliards de francs 1993) (1984-2013)

	1984	1993
Ministère de la Culture	10,67	14,5
Collectivités locales	24,33	36,9
Communes	*21,35*	*30*
Départements	*2,28*	*5,4*
Régions	*0,70*	*1,5*
Ensemble	35	51,4

Source : Ministère de la Culture et de la Communication, http://www.culturemedias2030.culture.gouv.fr/annexe/29-fiches-culture2030-29-.pdf

Dépenses culturelles des pouvoirs publics (en millions d'euros constants et à périmètre inchangé) (2001-2013)

	2001	2006	2012	2013
Ministère de la Culture	2545	2802	2728,9	2628,3
Collectivités locales	4616	6204,7		
Communes	*3590*	*4357*		
Départements	*784*	*1292,1*		
Régions	*242*	*555,6*		
Autres ministères	3417	4125	3784,3	3704,5
Ensemble	10578	13131,7		

Source : Ministère de la Culture et de la Communication, http://www.culturemedias2030.culture.gouv.fr/annexe/29-fiches-culture2030-29-.pdf

G. Loisirs et culture des Français

Consommation de « culture et loisirs » (1949-1974)

Date	En millions de francs courants	En milliards aux prix de 1974	Indice du volume des biens et services consommés
1949	3623	13,1	100
1959	11524	31,8	166,6
1970	38834	47,6	363,5
1974		66,2	504,1

Source : Jean Fourastié, *Les Trente Glorieuses*, *op. cit.*, p. 125, d'après *Annuaires statistiques de l'INSEE*. La base de calcul ayant changé, cette série n'a pas de suite après 1974.

En 2007, les Français dépensent 70,7 milliards d'euros en culture et télécommunications, dont 25,9 milliards de biens et services culturels hors matériels.

Part de la culture dans la consommation des ménages (1960-2006)

	1960	1971	1977	1989	2006
Part de la culture dans la consommation des ménages (%)	5,5	7	7,3	7,4	9,3

Source : INSEE.

Pratiques culturelles des Français de 15 ans et plus (1973-2008)

	1973	1981	1988	1997	2008
Sont partis en vacances au moins 4 jours consécutifs au cours des 12 derniers mois	61,4 %	58,6 %	63 %	61 %	64,6 %
Durée moyenne du séjour	24,8 jours	22,5 jours	21 jours	19 jours	17 jours (2004)
Font partie d'une association	28 %	31,6 %	38 %	37 %	43 %
- culturelle	3,2 %	4,1 %	4 %	5 %	9 %
- artistique	2,3 %	1,9 %	9 %	8 %	
- sportive	9,9 %	14,5 %	- 18 %		19 %
Ont pratiqué ces 12 derniers mois :					
- de la musique ou du chant en groupe	5,1 %	5,1 %	8 %	10 %	9 %
- des activités littéraires, théâtrales ou artistiques	11,4 %	12,6 %	27 %[1]	32 %	13 %
- une collection personnelle	14,6 %	13,4 %	20 %	23 %	
Ont la radio	93,8 %	95,7 %			
L'écoutent tous les jours ou presque	71,8 %	71,8 %	66 %	69 %	67 %
Ne l'écoutent jamais ou presque	10,4 %	10,4 %	15 %	12 %	
Durée moyenne hebdomadaire d'écoute	16,9 heures	15,8 heures	15 heures	18 heures	
Ont la télévision	86 %	93,1 %	95 %	96 %	98 %
Ont plusieurs téléviseurs		9,7 %	24 %	45 %	
Regardent la télévision tous les jours ou presque	65,1 %	68,8 %	73 %	77 %	87 %
Durée moyenne hebdomadaire d'écoute	15,7 heures	15,6 heures	20 heures	21 heures	
Durée moyenne par jour			1 h 44 (1986)	2 h 07	3 h 42 (2011)
Ont écouté de la musique sur disque ou cassette au cours des 12 derniers mois	66 %	75,6 %		76 %	75 %
Tous les jours ou presque	9 %	12 %	11 %		29 %
Durée moyenne hebdomadaire				9 heures	
Ont un tourne-disque ou un électrophone	52,9 %	52,7 %	31 %	33 %	
Ont un baladeur			32 %	45 %	40 % Mp3, 22 % CD
Ont une chaîne hi-fi	7,6 %	29,2 %	56 %	74 %	
Ont un magnétophone	27,3 %	56,2 %			
Ont un magnétoscope (ou un lecteur de DVD en 2005)		1,6 %	25 %	72 %	79,8 %
L'utilisent chaque semaine			54 %	39 %	25 %
Ont un lecteur de CD-Rom			11 %	67 %	76 %
Ont un lecteur de DVD				0,2 %	83,6 %
DVD vus en moyenne par mois					3,9
Ont un micro-ordinateur				22 %	50,3 %
Ont une console de jeux				27 %	
Y jouent				16 %	

	1973	1981	1988	1997	2008
Possèdent en moyenne	65,8 disques 202 livres	90 disques 24,6 cassettes 190 livres	100 disques 49 cassettes 28 vidéos	57 cassettes 164 livres 57 vidéos	
Possèdent des disques	62,2 %	69,3 %	74 %		
Possèdent des vidéos			25 %	70 %	
Possèdent 30 vidéos ou plus			7 %	38 %	
Regardent des vidéos au moins une fois par semaine Durée moyenne sur les 12 derniers mois			13 % 1 heures	28 % 2,5 heures	25 %
Ont écouté des disques ou des cassettes tous les jours ou presque Un jour sur deux Durée moyenne sur les 12 derniers mois	 15 %		21 % 33 % 5 heures	27 % 5 heures	34 %
Possèdent des livres	73,1 %	80 %	87 %	91 %	
Possèdent moins de 10 livres	6,2 %	2 %			
Possèdent 10 à 49 livres	28,6 %	21,7 %			
Possèdent 50 à 99 livres	14,8 %	15,3 %			
Possèdent 100 à 199 livres	22,9 %	18,6 %		19 %	
Possèdent 200 livres et plus		22,5 %		24 %	
N'ont pas acheté de livres dans l'année écoulée	49 %	44 %	38 %		46 % (en 2012)
Ont lu des livres au cours des 12 derniers mois	69,7 %	74 %	75 %	74 %	58 % (H. : 48 %, F. : 67 %)
En ont lu 1 à 4	14,3 %	18,9 %	19 %	23 %	28 % (moins de 6)
En ont lu 5 à 9	9,3 %	9 %	12 %	12 %	14 % (6 à 12)
En ont lu 10 à 19	16,9 %	17,7 %	18 %	18 %	8 % (12 à 24)
En ont lu 20 à 49	15,4 %	16 %	15 %	12 %	7 % plus de 24
En ont lu 50 et plus	12,6 %	10,3 %	9 %	8 %	
Livres lus en moyenne sur les 12 derniers mois par ceux qui lisent	26	20,3	23	21	
Sont inscrits dans une bibliothèque, une médiathèque	13 %		17 %	21 %	16 %
Possèdent au moins un instrument de musique L'ont utilisé sur les 12 derniers mois Savent jouer d'un instrument	33,1 % 15,4 %	36,6 % 18,7 %	35 % 18 % 25 %	18 % 13 % 25 %	 12 % 23 %
Possèdent du matériel de pêche L'ont utilisé au cours des 12 derniers mois	35,8 % 20 %	37,5 % 17 %		 14 %	
Possèdent du matériel de chasse L'ont utilisé au cours des 12 derniers mois	23,2 % 9,2 %	21,2 % 6,5 %		 4 %	

	1973	1981	1988	1997	2008
Sont allés au moins une fois ces 12 derniers mois :					
– au cinéma	51,7 %	49,6 %	49 %	49 %	57 %
– à la fête foraine	47 %	43 %	45 %	48 %	
– visiter une foire-exposition ou un salon	42,8 %	41,4 %			
– visiter un monument historique	31,8 %	31,7 %	28 %	30 %	
– à la bibliothèque			23 %	31 %	28 %
– à un spectacle d'amateurs	9,7 %	12 %	14 %	20 %	
– à une foire à la brocante, chez un antiquaire, un brocanteur	22,7 %	28,6 %	36 %	54 %	
– visiter un musée	27,4 %	30,1 %	30 %	33 %	
– au zoo	29,7 %	23 %	22 %		
– à un spectacle sportif	24,3 %	20,3 %	25 %	26 %	
– à une exposition d'art temporaire	18,6 %	21,4 %	23 %	25 %	24 %
– à des danses folkloriques	12 %	10,3 %	14 %	13 %	10 %
– au music-hall, à des variétés	11,5 %	10,1 %	13 %	10 %	11 %
– au théâtre	12 %	10,3 %	14 %	10 %	19 %
– à un concert de musique	6,5 %	10,1 %	13 %	16 %	16 %
– à un concert de grande musique	6,9 %	7,5 %	9 %	10 %	7 %
– au cirque	10,8 %	9,7 %	9 %	13 %	14 %
– à un festival	7,8 %	7,2 %			
– à un ballet	5,8 %	5 %	6 %	8 %	8 %
– à une course de taureaux	4,4 %	3,9 %			
– à une opérette	4,4 %	2,4 %	3 %	2 %	
– à l'opéra	2,6 %	2 %	3 %	3 %	
– à un spectacle de rue				29 %	34 %
Ont fréquenté ces équipements					
– pas du tout				24 %	23 %
– exceptionnellement				27 %	29 %
– occasionnellement				27 %	27 %
– assez régulièrement				12 %	13 %
– habituellement				10 %	9 %
Sont sortis au moins une fois ces 12 derniers mois :					
– campagne ou forêt	73 %	72,1 %			
– pique-nique	50,5 %	46 %			
– espace vert en ville	26,5 %	31,6 %			
– zoo	29,7 %	22,6 %			
Ont joué ces 12 derniers mois :					
– au loto		50 %		30 %	
– au PMU		17,4 %		8 %	
– à la Loterie nationale		13,7 %			

1. Le questionnaire a été modifié entre 1981 et 1988, ce qui rend délicate la comparaison.

Sources :
Quatre grandes enquêtes successives ont été réalisées par le ministère de la Culture selon une méthode et un questionnaire presque identiques :
Pratiques culturelles des Français. Evolution 1973-1981, Dalloz, 1982.
Les Pratiques culturelles des Français 1973-1989, La Documentation française, 1990.
Les Pratiques culturelles des Français, Enquête 1997, La Documentation française, 1998.
L'enquête 2008 est disponible sur le site du ministère de la Culture et de la Communication.

Professionnels des arts, des lettres et de la culture (1906-2009)

	1906	1911	1974	1990	1995	2002	2009
Total professions culturelles	**46 495**	**50 195**			**378 900**	**429 000**	**565 200**
Spectacle vivant, audiovisuel						116 000	186 400
dont artistes des spectacles						*46 000*	*73 500*
Professions littéraires						69 000	85 600
dont auteurs littéraires					*10 300*	*9 000*	*10 600*
Architectes						41 000	50 800
Cadres et techniciens documentation et conservation						44 000	27 400
Professeurs d'art hors établ. scolaires						38 000	47 200
Elèves suivant des enseignements artistiques, culturels ou de communication			*163 447 (1980)*			*137 040*	*154 763*
Intermittents du spectacle			18 292	57 214	77 300	122 963	154 447

Source : Ministère de la Culture et de la Communication.

H. Vacances et tourisme

La France devient un pays de tourisme à la fin du XIXe siècle. Mais ce tourisme aristocratique est longtemps réservé à une minorité, notamment sur la Côte-d'Azur, l'hiver. Les premières colonies de vacances naissent dans les années 1880. Le premier syndicat d'initiative voit le jour à Grenoble le 2 mai 1889; ils sont 3 000 un siècle plus tard. Les congés payés apparaissent à l'été 1936, sous le Front populaire. En 1947, le réseau touristique français comprend 120 stations thermales (1er parc d'Europe, avec 1 200 sources), 129 stations climatiques, 300 stations balnéaires et 900 plages. Depuis 1987, la France dispose du 2e parc d'hôtellerie mondial derrière les Etats-Unis (le nombre d'hôtels homologués passant de 10 800 en 1958 à 20 212 en 1995, et les lits disponibles de 634 200 à 1 227 600). Les Trente Glorieuses ont fait du tourisme de masse une réalité. Ainsi, alors qu'au début du XXe siècle, seul 1 Français sur 400 allait en vacances à la mer, le taux passe à 1 sur 40 en 1936 et 1 sur 4 en 1995.

La France métropolitaine bénéficie de ses nombreux atouts naturels : un espace montagnard de 124 016 km^2, 6 parcs nationaux et 44 parcs régionaux, 125 000 km de cours d'eau accessibles au canoë-kayak, 8 500 km de voies navigables et 300 ports fluviaux offrant 10 000 places à quai, ou encore 5 533 km de littoral (1 703 en Méditerranée, 3 830 sur l'Atlantique et la Manche), dont 1 948 km de plages. En 1995, 372 ports de plaisance maritimes existent dont près de 300 créés après 1964. Au 1er septembre 1997, le Conservatoire du littoral, fondé en 1975, possède 380 sites représentant 51 222 ha et 705 km de rivage. En 2007, 65 000 km de sentiers de grande randonnée et 115 000 km de sentiers de promenade et randonnée avaient été aménagés. 8 millions d'amateurs les empruntent dans les années 1980-2000.

L'Hexagone fait aussi fructifier son vaste patrimoine artistique et historique qui représente 15 % des recettes touristiques totales en 1997 et 145 000 emplois induits. Il met également à profit ses sanctuaires religieux, sa gastronomie, ou ses 300 sites de loisirs (zoos, parcs animaliers, parcs à thème). Ouvert le 12 avril 1992, Disneyland Paris, première destination touristique européenne, reçoit 250 millions de visiteurs dans les vingt années suivantes.

Par ailleurs, la France est traditionnellement un lieu majeur de tenue des congrès. Sur 1 313 congrès internationaux scientifiques ou culturels tenus entre 1880 et 1913, 587 se déroulent à Paris, soit 45 %. En 2005, 120 centres de congrès offrent 147 000 places aux participants et placent la France au second rang mondial, avec l'organisation de 590 des 8 953 congrès internationaux, dont 363 à Paris, première ville de congrès mondiale.

Tous ces atouts expliquent que la France soit depuis les années 1990 le premier pays touristique du monde. Depuis la fin des années 1970, le tourisme représente 6 à 7,5 % de son PIB selon les années.

Les départs annuels en vacances

Connu avec précision grâce à l'INSEE depuis 1964, le taux de départs est en augmentation continue depuis les années 1950, avec deux exceptions : 1976-1977 (plan Barre de rigueur), et après l'irruption de la crise mondiale de 2008.

Départs annuels en vacances (1936-2004)

	Avant 1936	1936	1951	1959	1964	1974	1976	1977	1981	1994	2004
Départs en vacances (% population)	~5	~15 à 20	~15	37,5	43,6	50,1	54	53,3	57,2	62	64,6
Personnes parties (millions)	5 en 1935 ?	6 à 8			20,3	24,9	26,8	27	29,9	34,8	37,7
Vacances d'été (%)					41	48,2	51,6	50,7	54,3	58,1	59,3
Personnes parties (millions)					18,7 (1965)	24	25,6	25,7	28,4		34,6

	Avant 1936	1936	1951	1959	1964	1974	1976	1977	1981	1994	2004
Vacances d'hiver (%)	~1?				10,3	16,2	18,1	17,9	23,8	29,6	32,4
Personnes parties (millions)					–	8	9,4	9,4	12,6	16 (en 1999)	19
Vacances à l'étranger (%)					3,3					15	22 (2006)

Sources :
Georges Cazes, *Le Tourisme en France*, Que sais-je, PUF, 1995.
Jean Fourastié, *Les Trente Glorieuses*, *op. cit.*
INSEE.
Pour 2011 et 2012 : baromètre Opodo.
Pierre Py, *Le Tourisme, un phénomène économique*, La Documentation française, 2007.
http://www.lemonde.fr/vous/article/2013/03/20/vacances-2012-les-francais-sont-partis-mais-a-moindre-cout_1850878_3238.html

Répartition géographique des journées de vacances (1964-2007)

	1964	1974	2007
Mer	33,9 %	41 %	27,2 %
Campagne	35,2 %	30,8 %	35 %
Montagne	13,9 %	17,8 %	14,1 %
Ville	14,2 %	7,4 %	36,4 %
Circuit	2,8 %	3 %	4 %

Source : Alain Mesplier, *Le Tourisme en France*, Boréal, 2008.

Dès 1931, un ministre des Finances se félicite des rentrées dues au tourisme. La balance des paiements touristiques a toujours été excédentaire depuis 1960, sauf en 1965 et en 1967-1968, où le taux de couverture descend respectivement à 97 %, 99 % et 87 %. Première destination mondiale depuis 1992, troisième pour les recettes derrière l'Espagne et les Etats-Unis, la France a connu l'une des croissances annuelles les plus fortes au monde.

En 2006, elle accueille près de 11 % des touristes mondiaux pour 497 millions de nuitées. Le tourisme en 2004 mobilise 211 568 entreprises et 837 451 emplois. Il dégage 66 milliards d'euros de chiffre d'affaires. Les recettes ont doublé entre 1990 et 2004, passant de 20 184 à 42 267 millions de dollars. La « consommation touristique » des résidents et non-résidents en France représente 102,2 milliards d'euros en 1992, 137,4 milliards en 2005.

Millions de touristes étrangers séjournant en France plus de 24 heures (1929-2011)

	1929	1935	1936	1937	1946	1950	1958
Touristes étrangers (millions)	2	0,39	0,48	1,15[1] (expo universelle)	0,5	3,05	6,3
	1967	1968	1974	1980	1990	2000	2012
Touristes étrangers (millions)	12	10,8	24,7	30,1	52,5	77,2	83

1. Afflux dû à l'exposition universelle de 1937.

Sources :
INSEE.
Avant 1940 : Marc Boyer, *Le Tourisme de masse*, L'Harmattan, 2007 et pour 1946-1950 : Georges Cazes, *Le Tourisme en France*, Que sais-je ?, PUF, 1995.

I. La musique

Malgré un essor de la pratique musicale à la fin du XIXe siècle et à la Belle Epoque, l'enseignement musical reste plus pauvre et la pratique populaire moindre en France que dans les pays voisins. La France compte 10 000 orphéons en 1900 et le nombre de chorales passe de 800 à 2 000 entre 1860 et 1908. Pour la seule année 1913, 1 217 concerts sont donnés et 6 946 œuvres jouées, à 10 % du Beethoven. Les sociétés musicales stagnent (1 078 en 1914, 1 009 en 1939) puis augmentent (5 800 en 1973).

Les chansons sont vendues dans la rue à prix modique avant 1914, avec des tirages moyens de 100 000 à 300 000 exemplaires, et des succès atteignant le million.

La fin du XIXe siècle marque aussi l'âge d'or du café-concert : dans les années 1880, la France recense de 150 à 360 salles, d'une capacité moyenne de 400 à 500 places. Paris compte 275 « caf' conc' » en 1900, qui produisent 10 000 à 15 000 chansons par mois; leurs recettes passent de 32,5 à 69 millions de francs entre 1893 et 1913. L'entre-deux-guerres est plutôt l'âge d'or du music-hall. A Paris, en 1927, 15 music-halls offrent 17 000 places.

En 2011, l'art lyrique sous toutes ses formes bénéficie d'une audience toujours croissante. Par ailleurs, en 2007, environ 550 troupes de danse existent dont 299 en Ile-de-France, qui concentre près de 50 % des spectacles. 1 928 000 femmes et 500 000 hommes pratiquent la danse.

Situation musicale en 2011

	Représentations	Spectateurs
Variété et musique actuelle	50868	21712790
Comparaison 2006	*39640*	*16965313*
Réunions des opéras de France (en 2010)	2997	2233418
13 opéras régionaux subventionnés (en 2010)	1583	1038805
Opéra national de Paris	481	821143
Comparaison 2007-2008	*437*	*738627*
Salle Pleyel	101	170100
Comparaison 2009	*91*	*149230*

Par ailleurs, 24 orchestres permanents (1 519 musiciens) et 327 ensembles musicaux sont subventionnés par l'Etat en 2011.

Sources :
Dominique Kalifa, *La Culture de masse en France 1860-1930*, Repères, La Découverte, 2001.
Ministère de la Culture et de la Communication, « Chiffres-clés 2013. Statistiques de la Culture ».

Le marché de la musique s'écroule avec la Grande Dépression, et seuls 3 % des ménages posséderaient un gramophone en 1938. La musique est alors surtout connue par la radio (60 % du temps d'antenne, 85 % de concerts en programmes de soirées). A son apogée en 1975, alors que le marché mondial représente 2 milliards de disques, la France est le 5e pays au monde pour les ventes, avec plus de 100 millions de disques écoulés. Par ailleurs, 750000 cassettes sont vendues en 1967, plus de 8 millions en 1979. 350000 baladeurs ou walkmans sont achetés en 1981, 1,7 million en 1986.

Puis viennent l'ère du CD et celle du DVD. En 2007-2011, téléchargements compris, il se vend 90 à 97 millions de CD et DVD musicaux selon les années. Mais le fruit général des ventes ne cesse de baisser (1 156 millions d'euros en 2007, 756 millions en 2011).

La démocratisation du disque (en millions) (1929-1978)

	1929	1938	1948	1956	1963	1973	1978
Ventes de disques	10	3	7	18	41	100	153

J. Le théâtre

Entre 1880 et 1900, une centaine de salles parisiennes ont monté 32000 pièces, une par jour en moyenne. Plus de 500000 spectateurs s'y rendent une fois par semaine, 500000 autres une fois par mois. La province dispose de 284 salles en 1914, mais moins de 30 en 1935, puis 51 en 1945, ce qui la place presque à égalité avec Paris, qui en compte alors 52, nombre qui variera peu désormais.

Symbolisée par la création du festival d'Avignon en 1947, la décentralisation culturelle se concrétise également lorsque Pierre Bourdan et Jeanne Laurent créent cinq centres dramatiques en province entre 1945 et 1952. Ils sont 16 en 1960, 28 en 1989, 39 avec les centres nationaux en 2012. De novembre 1951 à son départ en août 1963, dans un souci de démocratisation du théâtre, Jean Vilar donne avec le TNP 3381 représentations (dont 1790 au palais de Chaillot), qui attirent 5186957 spectateurs. En 1963, le TNP compte 32000 abonnés de 361 associations, et draine 430000 des 3610000 spectateurs des théâtres parisiens. Entre 1971 et 1983, alors que la déconcentration et la décentralisation culturelles s'accentuent, les compagnies théâtrales demandant une subvention officielle passent de 80 à 760. En 2012, 628 en perçoivent une.

Recettes des théâtres parisiens (1869-1943)

	1869	1880	1890	1900	1910	1920	1929	1937	1943
Recettes des théâtres parisiens (en millions de francs)	15	23	23	58	56.8	219,5	628	515	318

Sources :
Annuaire statistique de la France, 1938, pages rétrospectives.
Frederic Hemmings, *Theater Industry in Nineteenth Century France*, Cambridge University Press, 1993.

Représentations des théâtres privés parisiens (1965-2011)

	1965	1980	1998	2007	2011
Représentations des ~50 théâtres privés parisiens	11500	9433	10745	16897	15089
Spectateurs (milliers)	3610	~2100	2385	3222	2980
Recettes (millions d'€)			65 (en 1999)	103,6	90

Source : INSEE.

Les théâtres en 2011

	Représentations en 2011	Entrées en 2011
Les 4 théâtres nationaux	1092	580821
Comédie-Française	387	266905
Théâtre national de la Colline	283	91979
Odéon	241	160314
Théâtre national de Strasbourg	181	61623

	Représentations en 2011	Entrées en 2011
Les 39 centres dramatiques nationaux et régionaux	8430	ND
	5311 (au siège)	1195676
dont théâtre	*4793*	*1035855*
	3119 (en tournée)	
Total centres dramatiques	8430	
Les 62 scènes nationales		2112214 (payantes)
Théâtres privés parisiens	15089	2980000

Source : Ministère de la Culture et de la Communication, « Chiffres-clés 2013. Statistiques de la culture ».

K. Le cinéma

Inventé en France, à Lyon, par les frères Lumière (1895), le cinéma y a bénéficié d'un réseau de salles qui fait encore aujourd'hui de l'Hexagone le pays le mieux équipé d'Europe, avec en particulier un parc exceptionnel de salles d'art et d'essais. Dès l'origine, le cinéma français affiche un souci reconnu de qualité et d'indépendance. Il est l'un des rares au monde à avoir réussi à se structurer économiquement face au cinéma américain, et à avoir relativement limité l'emprise des productions américaines sur les écrans nationaux. Même la chute mondiale spectaculaire du nombre d'entrées et de salles, dans les années 1960 à 1990, due à la concurrence de la télévision et des cassettes vidéo, a été moins ressentie en France que dans le reste de l'Europe[1]. Restée longtemps plus rurale et plus rétive à la culture de masse urbaine, la France n'était pourtant pas l'un des pays où la fréquentation des salles obscures était la plus spectaculaire.

De 1895 à 1914, les producteurs français comptent pour 80 à 90 % des films projetés en France, en Europe et dans le monde, et pour 50 % du marché américain lui-même. La Grande Guerre brise net cet âge d'or : les produits chimiques nécessaires à la fabrication des pellicules sont réservés à l'effort de guerre, les tournages interdits. Les films américains s'emparent du marché vacant (75 % des entrées dès 1916, 90 % en 1919). A peine a-t-il récupéré en partie que le cinéma tricolore est confronté au choc de l'avènement du parlant venu d'Amérique, qui triple les coûts de production et

1. En 2000, 98 % des films vus par les Français le sont à la télévision, 2 % au cinéma.

oblige à rééquiper les salles. Puis la Grande Dépression fait chuter à la fois les recettes (938 millions en 1931, 750 en 1935), l'aide de l'Etat (de 70 à 12 millions entre 1933 et 1936) et la production (d'un record de 156 longs-métrages en 1933 à 115 en 1935, dont 20 tournés à l'étranger). 263 sociétés de cinéma déposent le bilan entre 1933 et 1936, dont Gaumont et Pathé, et seuls 45 nouveaux réalisateurs produisent leur premier film en 1935-1938 contre 97 en 1931-1934. Le protectionnisme limite cependant la part d'Hollywood sur les écrans français. Et si en 1921, le cinéma ne représente qu'un tiers des recettes de spectacle, il dépasse en 1929 celles du théâtre (230 millions contre 206) pour peser 60 % du total dans les années 1930.

Sous l'Occupation, les Allemands interdisent les films américains et tentent de mettre sous tutelle la production française, tandis que 15 % des 60 000 travailleurs du cinéma sont touchés par les mesures discriminatoires de l'Etat français. Par ailleurs, le prix de revient moyen d'un film quintuple (de 3 à 15 millions entre 1939 et 1944). Toutefois, la production des années noires connaît aussi un redressement remarqué que l'Etat aide financièrement. 220 longs-métrages sont tournés, dont 30 avec l'aide des Allemands de la Continentale, ainsi que 400 documentaires. Les films allemands passent de 5 % des films distribués dans les années 1930 à 56 % en 1941 puis 22 % en 1943.

Moyennant 650 millions de dollars d'aide américaine à la reconstruction et l'annulation de 1,8 milliard de dollars de dettes, les accords Blum-Byrnes du 28 mai 1946 ouvrent le marché français : sur 13 semaines d'un trimestre, 4 sont réservées aux seuls films français, 9 restent libres pour les films étrangers. La production française connaît une rechute brève mais brutale en 1947, en raison de la brutale arrivée de la production américaine sur les écrans. Parallèlement, l'Etat fonde dès 1946 le Centre national de la cinématographie, héritier du Centre d'organisation de l'industrie du cinéma institué sous Vichy. Les pouvoirs publics subventionnent les films français par la loi du 23 septembre 1948 (13 milliards versés de 1948 à 1953) afin qu'ils résistent à l'afflux hollywoodien. Ces mesures limitent la part des films américains et participent au redressement des années 1950-1960 que symbolise l'arrivée de la Nouvelle Vague (132 cinéastes voient leur premier film diffusé entre 1959 et 1962, soit 33 par an contre 16 de 1950 à 1958). L'essor de la coproduction internationale offre un autre moyen de préserver l'industrie française. En 1960, avec 158 films produits, le record de 1933 est battu. Produire pour la télévision devient déterminant à partir des années 1980.

A partir des années 1960, la concurrence du petit écran se fait sentir (103 films télédiffusés en 1959, 460 en 1973). Les coûts de production augmentent. Libéralisé en 1958, le prix des places s'envole : pour un indice 40 en 1958, il passe à un indice 80 en 1968, puis à un indice 100 de 1974 à 1994. Le ticket de cinéma coûte 16 fois plus cher en 1990 qu'en 1960, alors que le coût global de la vie n'a été multiplié que par 7 entre ces deux dates. La production française de films est pourtant restée depuis l'après-guerre l'une des plus fortes d'Europe. Elle se maintient malgré la chute drastique de la fréquentation et la fermeture de nombreuses salles.

En 2011, année faste marquée par les succès mondiaux d'*Intouchables* et de *The Artist*, la fréquentation retrouve un niveau inégalé depuis 1966 (234,17 millions d'entrées cette dernière année). Les exportations de films français doublent en 2012, et la France reste le premier producteur mondial de films en proportion de la population, le troisième par la production après les Etats-Unis et l'Inde.

235 villes voient arriver le cinéma en 1896-1897. Par ailleurs, le cinéma s'appuie aussi sur les forains, jusqu'au monopole acquis par Pathé en 1907. Les films sont projetés également dans des salles de fêtes et de spectacles, ou par des appareils mobiles en milieu rural (3 500 postes Pathé-Rural en 1940). S'ajoutent les ciné-clubs qui existent dès les années 1920 mais se développent surtout après 1945.

Près de 1 400 salles ferment de 1964 à 1972, et quelque 3 500 des années 1960 aux années 1990, dont de nombreux cinémas de quartier qui connaissent alors leur « dernière séance ». Les années 1980 voient aussi l'effondrement des ciné-clubs. De nombreuses salles fusionnent. Les complexes totalisent 46 % des salles en 1980, 68 % en 1990. En 1986, 961 regroupent 3 329 salles et 642 410 fauteuils. Mais en 1993, leur nombre chute à 824 rassemblant 2 950 salles et 556 375 fauteuils. La même année ouvre en effet l'ère des multiplexes (au moins 10 salles et 1 500 places) : 2 en 1993, 80 en l'an 2000, 176 en 2011. Entre 2000 et 2010, le nombre de fauteuils et d'écrans se stabilise ou croît, et celui des établissements ne s'érode que légèrement, passant de 2 172 à 2 050. La France conserve donc l'un des premiers parcs de salles et d'écrans d'Europe.

Nombre d'écrans (1907-1959)

	1907	1914	1918	1921	1930	1939	1941	1943	1944	1947	1949	1959
Ecrans	>400	1200	1444	2300	4221	4754[1]	3000[2]	3975	4258	5403[3]	5758	5834

1. François Garçon donne cependant le chiffre de 3750 salles en 1936, dont 320 à Paris, et 2171 villes et communes de plus de 1500 hab. encore dépourvues d'écrans (François Garçon, *De Blum à Pétain. Une histoire du cinéma de 1936 à 1944*, Cerf, 1984).
2. Dont zone nord :1 377, zone sud : 1 058, Nord-Pas-de-Calais et Alsace-Moselle : 542, Paris : 301. 62 cinémas ont été détruits en 1940 et 736 restent fermés en zone nord en mars 1941. 100 autres salles disparaîtront sous les bombes. A l'été 1944, 12 % du parc serait inutilisable.
3. Selon Claude Forest : 5 300 exploitations dont seulement 1 192 fixes, pour 2 748 ambulantes et 1 360 patronages.

Nombre global d'écrans et de salles d'art et d'essais (1965-2011)

	1965	1972	1980	1987	1995	2000	2011
Ecrans	5454	4206	4540	5026	4377	5155	5464
Salles d'art et d'essais	85	437	748	862	780	956	1106

Le parc cinématographique (en milliers de fauteuils) (1960-2008)

	1960	1970	1980	1990	2008
Milliers de fauteuils	2798	2115	1408	1000	1072

Le parc de salles français : comparaison internationale (1960-2001)

	Nombre d'écrans		
	1960	1990	2001
France	**5821**	**4518**	**5241**
Italie	10508	3293	3198
RFA	6950	3222	4792
Grande-Bretagne	3034	1552	3248

Sources :
INSEE.
Centre national de la cinématographie.
Pierre Billard, *L'Age classique du cinéma français*, Flammarion, 1995 – chiffres à l'unité près du nombre de salles, de films produits et d'entrées pour 1930-1958.
Claude Forest, *Les Dernières Séances. Cent ans d'exploitation des salles de cinéma*, CNRS Ed., 1998.
Jean-Michel Frodon, *L'Age moderne du cinéma français. De la Nouvelle Vague à nos jours*, Flammarion, 1995.
Gilbert Grégoire, *Notre cher cinéma*, L'Harmattan, 2008, 2 vol., pour les salles d'art et d'essais.

Fréquentation des ciné-clubs (1939-1992)

	1939	1946	1969	1973	1979	1982	1989	1992
Fréquentation	<10000 membres	100000 membres	6889779	5432934	4983848	3800000	1200000	<800000
Nombre de ciné-clubs				15627		11000	4000	<1300

Sources :
Jean-Michel Guy, *La Culture cinématographique des Français*, La Documentation française, 2000.
René Bonell, *La 25e Image*, Gallimard, 2001, d'après le Centre national de la cinématographie.
Claude Forest, *Les Dernières Séances*, CNRS, *op. cit.*

Fréquence annuelle de sorties au cinéma : séances par an et par personne en France et à l'étranger (1909-2010)

	1909	1925	1930	1940	1945	1950	1955	1965	1975	1985	1995	2000	2005	2010
France	**0,2**	**2,7**	**5,6**	**5,4**	**9,2**	**8,9**	**9,5**	**5,6**	**3,6**	**3,2**	**2,3**	**2,9**	**2,98**	**3,37**
RFA						10,2	15,1	5,1	2,3	1,8	1,5	1,9	1,54	1,6
Italie						14,2	16,7	12,5	8,9	2,2	1,6	1,6	1,86	2
Angleterre						29	26	6,7	2,1	1,3	2	2,4	2,73	2,8
Etats-Unis						20,5	14,2	6,6	4,6	5,1	4,8	5,2	4,7	
Japon						13,9	13,6	3,9	1,7	1,2	1	1,1	0,9	

Sources :
Jean-Michel Guy, *La Culture cinématographique des Français*, La Documentation française, 2000.
René Bonell, *La 25e Image*, Gallimard, 2001, d'après le Centre national de la cinématographie.
Claude Forest, *Les Dernières Séances*, CNRS, *op. cit.*

Production de longs-métrages et entrées (1909-2012)

	1909	1919	1925	1929	1931	1937	1938	1939	1940	1941	1942	1943	1944
Entrées (millions)	10	-	110	150	234	-	220	*	255,6	224,8	281,5	304,5	245,4
Longs-métrages produits (dont coproduction française majoritaire)	-[1]	108	82	76[2]	139	122	123	81	21	60	78	58	22[4]
Films distribués				583 (1928)		331	343	255	167	98	128	125	55
% films français				16,1		37	-	32	24	41	58	65	49
% films américains		~90		53,4		48[3]	-	56	53	0	0	0	10
% films allemands				22,3		6	5	5	14	56	30	22	15
Nombre de films allemands				130		20	17	12	24	55	39	28	8

*Avec la déclaration de guerre, le couvre-feu et la fermeture de nombreuses salles (243 sur 353 à Paris en novembre 1939), les recettes de septembre 1939 sont 19 % de celles de septembre 1938, et à Paris, passent de 452 millions de francs en 1938 à 375 millions en 1939.

1. Avant 1919, les courts et longs-métrages sont indissociables, ce qui rend tout chiffre impossible. A titre d'exemple, Pathé, alors première firme mondiale de cinéma, produit 70 films en 1901, 350 en 1902, 500 en 1903. Avant 1914, les studios français réalisent en moyenne 9 000 mètres de films par semaine, pour 4 075 mètres en 1916.
2. Dont 8 parlants.
3. Par comparaison, les films américains occupent cette année-là 75 % des écrans japonais et 85 % des écrans britanniques.
4. En 1940, seuls 6 films ont été produits après la défaite, et 11 en avril 1944 deux mois avant le Débarquement. Soit un total de 220 films produits sous l'Occupation dont 30 avec participation des Allemands, par 81 cinéastes dont 17 nouveaux réalisateurs. Dès fin 1940, sont interdits 346 films dont 173 français et 105 américains. Restent autorisés 1 583 films dont 289 allemands et 1 247 français.

<table>
<tr><th></th><th>1945</th><th>1948</th><th>1952</th><th>1957</th><th>1963</th><th>1968</th><th>1975</th><th>1980</th><th>1986</th></tr>
<tr><td>Entrées (millions)</td><td>357,89</td><td>402,03</td><td>359,62</td><td>411,69</td><td>292,07</td><td>203,24</td><td>181,67</td><td>175,43</td><td>168,13</td></tr>
<tr><td>Longs-métrages français produits</td><td rowspan="2">72</td><td>91</td><td>88</td><td>81</td><td>37</td><td>49</td><td>160</td><td>144</td><td>97</td></tr>
<tr><td>Coproduction majoritairement française</td><td rowspan="2">0</td><td>12</td><td>34</td><td>50</td><td>43</td><td>37</td><td>16</td><td>15</td></tr>
<tr><td>Coproduction minoritairement française</td><td>-</td><td>9</td><td>27</td><td>74</td><td>25</td><td>25</td><td>29</td><td>22</td></tr>
<tr><td>Total</td><td>-</td><td>91</td><td>109</td><td>142</td><td>161</td><td>117</td><td>222</td><td>189</td><td>134</td></tr>
<tr><td>Films distribués</td><td>131</td><td>412</td><td>390</td><td>393</td><td>357</td><td>409</td><td>501</td><td>454</td><td>372</td></tr>
<tr><td>% films français</td><td>46,2</td><td>44,1</td><td>49,2</td><td>50</td><td>48,8</td><td>50</td><td>50,7</td><td>47,1</td><td>43,7</td></tr>
<tr><td>Films américains en % des entrées</td><td>-</td><td>44,5 (1949)</td><td>37,1</td><td>32,3</td><td>30,7</td><td>26,2</td><td>26,9</td><td>36,8</td><td>43,2</td></tr>
</table>

	1992	1998	2001	2004	2009	2012
Entrées payantes (millions)	116	170,60	187,45	194,80	200	203,44
Longs-métrages français produits	72	102	126	130	137	142
Coproduction majoritairement française	41	46	46	37	45	67
Coproduction minoritairement française	31	32	32	36	48	70
Total	144	180	204	203	230	279
Films distribués	326	442	534	559	588	615
% films français	34,9	27,6	41,5	38,5	36,8	40,2
Films américains en % des entrées	58,2	63,2	46,63	48,35	49,7	45,3
Recettes (millions d'€)	601	917	1 021	1 139	1236,41	1305,63
Entrées des films français à l'étranger (millions)				50,1	67,2	144,1
Recettes des films français à l'étranger (millions d'€)				242,2	350,9	888,5

Sources :
Centre national de la cinématographie.
cbo-boxoffice.com
Claude Beylie, *Une histoire du cinéma français,* Larousse, 2000.
Pierre Billard, *L'Age classique du cinéma français,* Flammarion, 1999.
Joëlle Farcy, *Le Cinéma déchaîné. Mutations d'une industrie,* Presses du CNRS, 1992.
François Garçon, *De Blum à Pétain. Une histoire du cinéma de 1936 à 1944,* Cerf, 1984.
Rapport d'information de l'Assemblée nationale du 26 juin 2001.

Productions françaises de fiction par décennie (1919-2000)

	1919-1929	1930-1939	*1940-1944*	*1945-1949*	1940-1949	1950-1959	1960-1969	1970-1979	1980-1989	1990-2000	Total 1919-2000
Films français de fiction tournés	1 152	1 224	*239*	*432*	671	1 136	961	1 535	1 395	1 305	9 379

Source : Claude Beylie, *Une histoire du cinéma français*, Larousse, 2000.

Part de marché du cinéma national (A) et du cinéma américain (B) (1975-2000)

	1975	**1986**		**1996**		**2000**
	A	A	B	A	B	B
France	52,4 %	43,4 %	43,2 %	35,2 %	53,9 %	50 %
Royaume-Uni	30 %	12 %	86 %	12,8 %	81,7 %	83 %
Espagne	28,7 %	12,4 %	65 %	9,3 %	78,3 %	–
Allemagne	12,9 %	22,1 %	62,5 %	15,3 %	75,1 %	80 %
Italie	12,4 %	31,6 %	51,3 %	24,9 %	51,3 %	70 %

Sources :
Laurent Créton, *Le Cinéma et l'Argent*, Nathan, 1999.
Rapport d'information de l'Assemblée nationale du 26 juin 2001.

Sur les **25 plus grands succès en salles**, 16 sont sortis de 1945 à 1970, quand les salles sont plus nombreuses et plus fréquentées, la concurrence de la télévision puis des cassettes, des DVD et du piratage numérique moins rude. En gras, les films français. En clair, les films américains.

Titanic (1997)	20 758 887
Bienvenue chez les Ch'tis (2008)	20 449 079 [1]
***Intouchables** (2011)*	19 440 000
La Grande Vadrouille (1966)	17 270 304
Autant en emporte le vent (1939, visible en France en 1950)	16 719 236
Le Livre de la jungle (1968)	15 288 124
Il était une fois dans l'Ouest (1969)	14 862 764
Avatar (2009)	14 775 990
Les 101 Dalmatiens (1961)	14 660 594
Astérix, Mission Cléopâtre (2001)	14 557 020
Les Dix Commandements (1958)	14 229 745
Blanche-Neige et les Sept Nains (1938)	13 882 487
Ben-Hur (1960)	13 826 124
Les Visiteurs (1993)	13 782 991
Le Pont de la rivière Kwaï (1957)	13 481 750

Cendrillon (1950)	12873677
Le Petit Monde de Don Camillo (1952)	12791168
Les Aristochats (1971)	12481726
Le Jour le plus long (1962)	11905556
Le Corniaud (1965)	11740438
La Belle et le Clochard (1955)	11175233
Bambi (1948)	10679024
Les Bronzés 3 (2006)	10355928
Taxi 2 (2000)	10349454
Trois hommes et un couffin (1985)	10251813

1. Il aurait sans doute détrôné *Titanic* s'il n'avait été illégalement téléchargé sur Internet 600000 à 800000 fois. Ses 558359 entrées le premier jour constituent le record historique d'un démarrage.

Source : Centre national de la cinématographie.

L. Le sport

a. Généralités

Pays longtemps resté rural, la France accuse un long retard sur ses voisins britannique et allemand en matière d'équipements sportifs, de promotion publique de l'éducation physique à l'école ou d'encouragements à la pratique sportive. Le sport au sens moderne est introduit sur le modèle britannique à partir des années 1860-1870. L'Union des sociétés françaises de sports athlétiques (USFSA), fondée par Pierre de Coubertin en 1889, regroupe, en 1913, 2049 sociétés et 100000 à 150000 praticiens d'une vingtaine de sports d'origine anglaise (football, rugby, natation, aviron, etc.). Elle éclate en 1920 quand chaque sport constitue désormais une fédération indépendante.

Jusqu'en 1914, la finalité du sport est surtout patriotique : il est vu comme une propédeutique militaire, d'où la prédominance hégémonique de la gymnastique et des sociétés de tir, que seul bat en brèche l'essor foudroyant du cyclisme. La France compterait 524 sociétés de tir en janvier 1885 et 2851 en 1912, revendiquant 400000 à 500000 membres; par ailleurs, 600000 personnes détiennent un permis de chasse à la veille de la Grande Guerre.

Le pays ne recense que 16 sociétés de gymnastique en 1871 : l'Union des sociétés de gymnastique de France (USGF), fondée en 1873, en rassemble 251 en 1880 et 1110 en 1913, regroupant peut-être 200000 hommes adultes, puis 1992 sociétés en 1921, soit peut-être 400000 membres.

Sa rivale, la Fédération gymnastique et sportive des patronages de France (FGSPF), liée à l'Eglise, compte 23 sociétés à sa fondation en 1898, mais 1458 en 1914, rassemblant sans doute 150000 adhérents. Devenue hégémonique pendant l'entre-deux-guerres, et malgré la mort de 25000 de ses membres au combat, elle passe de 2100 sociétés en 1923 (200000 membres?) à 2947 en 1938 (350000 membres réels pour 500000 revendiqués?)[1]. Pour autant, en 1929, la France compte nettement moins de gymnastes que l'Allemagne (7 millions), voire que la seule Tchécoslovaquie (1 million).

La démocratisation du sport ne progresse que lentement, sous l'impulsion pionnière de Léo Lagrange sous le Front populaire (1936-1938) d'abord, puis grâce aux encouragements financiers du régime de Vichy, qui entend enrôler le sport dans son projet autoritaire. Sous l'Occupation, le nombre de clubs de football triple pour atteindre les 6100 en 1943, et la fédération d'athlétisme passe de 90365 adhérents en 1940 à 208425 en 1941. La Ve République gaullienne voit le vote des lois-programmes de Maurice Herzog. L'ancien alpiniste devenu ministre profite du choc causé par les calamiteux JO de Rome en 1960 pour engager un ambitieux programme d'équipement sportif. Divers plans concernant un sport particulier ont également été mis en œuvre des années 1960 aux années 1980. Ainsi, le « Plan neige » confié en 1970 au « dictateur à la neige » Maurice Michaud remédie spectaculairement au sous-équipement flagrant du domaine skiable français. Les gouvernements successifs prolongent l'effort d'équipement, notamment sous les deux mandats de François Mitterrand.

Sources

Fabien Groeninger, *Sport, religion et nation. La fédération des patronages de France d'une guerre mondiale à l'autre,* l'Harmattan, 2003, préf. de Gérard Cholvy.

Laurence Munoz, *Une histoire du sport catholique. La fédération sportive et culturelle de France 1898-2000,* L'Harmattan, 2003.

Sport, culture et religion. Les patronages catholiques (1898-1998), Centre de recherche bretonne et celtique, actes du colloque de Brest des 24-26 sept. 1998 réunis par Gérard Cholvy et Yvon Tranvouez, 1999.

Site de la FSCF : http://www.fscf.asso.fr/Histoire-Chiffres-cles.html

1. Après réunion avec sa branche féminine pendant la guerre, elle devient en 1968, la Fédération sportive et culturelle de France. Elle revendique, en 1998, 500000 membres des deux sexes, dont 217132 licenciés.

Dépense sportive totale (en milliards d'euros courants) depuis 1971

	1971	1987	2002	2008
Sport en % du PIB	0,5 %	2 %	1,72 %	1,7 %
Emplois dépendant du sport	–	200 000	266 000 (2004)	285 000

	1981	1990	1995	2000	2008
Ménages	–	3,1	6,5	12,3	16,8
Etat	0,58	1,14	2	2,8	3,2
Collectivités territoriales	1,33	3,72	3,8	7,6	10,6
Entreprises	–	0,8	0,9	1,7	3,3
Total	–	8,76	13,2	24,4	33,9

Source : Ministère de la Jeunesse et des Sports.

Equipements sportifs en France (1870-2011)

Année	Equipements sportifs en France	Politique publique
1870-1914	Paris passe de 18 gymnases à 48, de 16 salles de danse à 80, de 13 salles d'escrime et de boxe à 79.	
1922	22 piscines dont 7 à Paris. En 1929, 30 dont 15 couvertes.	
1930	Selon le secrétaire d'Etat Henry Paté, la France a 0,9 m² de terrain sportif par hab. contre 3 m² pour l'Allemagne.	
1936-1938	Rapport Barthélemy fin 1936 : ~ 7000 installations sportives dont - 149 parcs de sports, - 589 stades et vélodromes, - 627 terrains de jeux aménagés, - 2 357 terrains de jeux simples, - 1 479 gymnases et salles de culture physique, - 1 203 courts de tennis, - 796 terrains de basket, - 70 piscines à eau chaude, - 231 bassins de natation ouverts, - 211 « baignades ».	Lancement de 253 chantiers sportifs par Léo Lagrange (25 millions de F) : - 95 terrains de jeux, - 62 stades complets - 39 piscines, - 22 gymnases, - 15 terrains d'athlétisme, - 4 stations populaires de sports d'hiver. En 1937, 400 chantiers ouverts (39 millions de F)
1940-1944	Selon une affiche vichyste de 1940, la France a 1 m² d'installations sportives par hab. contre 4 en Allemagne et 5 en Angleterre.	876 projets dont 488 non entamés, 80 achevés [1].
1945	0,89 m² de terrain sportif par personne contre 5 m² en Grande-Bretagne. 2 pistes d'athlétisme en bon état sur tout le pays.	

Année	Equipements sportifs en France	Politique publique
1951	Commission Le Gorgeu : il n'existe qu'un bassin de natation pour 50 000 hab., 63 villes de plus de 20 000 hab. n'ont pas de piscine. En 1958, 8 départements n'ont ni piscine ni stade, 43 n'ont aucune salle de sport. Paris n'est que la 14e ville européenne pour les terrains de sport, la 24e pour les salles.	
1960	10 000 stades et terrains de sport 1795 salles et gymnases 406 piscines non couvertes 110 piscines couvertes.	Loi-programme Maurice Herzog du 28.7.1961, construction en 4 ans de : – 2 302 terrains de sport, – 550 piscines dont 141 couvertes, – 1142 gymnases, Coût : 1,4 milliard en 5 ans dont 645 millions avancés par l'Etat, le reste par les communes.
1965	12 402 stades et terrains 2 937 salles de sport et gymnases 814 piscines non couvertes 252 piscines couvertes.	2e loi-programme 1965-1970 : construction de : – 2 935 terrains de sport, – 1 425 gymnases, – 545 piscines, – 875 « mille clubs », – 27 « bases de plein air ».
1970	15 196 stades et terrains 4 478 salles de sport et gymnases 1163 piscines non couvertes 408 piscines couvertes.	Dans les années 1970, auraient été construits : – 8 000 gymnases, – 1 600 piscines couvertes, – 2 000 piscines en plein air, – 19 000 terrains de grands jeux, sans compter les initiatives locales et privées.
1973	16 556 stades et terrains 5 543 salles de sport et gymnases 1 338 piscines non couvertes 616 piscines couvertes.	
1995	115 000 équipements de plein air de plein air : – 22 500 stades, terrains, pistes d'athlétisme – 35 000 plateaux polyvalents (petits terrains) – 45 000 courts de tennis – 2 500 piscines 35 000 équipements couverts : – 15 000 gymnases et salles multisports – 10 000 salles spécialisées ou semi-spécialisées – 4 000 courts de tennis couverts – 1 750 piscines couvertes.	Programme « J Sports » de Frédérique Bredin en 1991 : 1 500 équipements sportifs de proximité financés en 3 ans
2011	266 969 équipements recensés dont : – 44 646 terrains de grands jeux (foot, rugby, hockey, etc.) – 41 986 courts de tennis – 26 670 boulodromes – 19 842 plateaux d'EPS – 19 477 salles non spécialisées – 17 275 salles multisports – 16 234 terrains extérieurs de petits jeux collectifs (volley, basket, handball, etc.) – 14 252 salles ou terrains spécialisés – 11 655 équipements équestres	

Année	Equipements sportifs en France	Politique publique
2011 (suite)	- 10 110 équipements d'activités de forme et de santé - 8 930 équipements d'athlétisme - 6 865 salles de combat - 6 333 bassins de natation - 5 288 pas-de-tir - 3 011 skate park et vélo freestyle - 2 889 murs et frontons. En 2007, il existait également 560 terrains de golf (143 en 1984).	

1. Au 1er juillet 1943, exactement, sur 9459 aménagements prévus, 5 196 demeurent à l'état de projet, 1739 sont à peine commencés, 859 à moitié réalisés, 759 en voie d'achèvement et 906 terminés. Voir Jean-Louis Gay-Lescot, *Sports et éducation sous Vichy (1940-1944)*, Lyon, Presses universitaires de Lyon, 1991.

Sources :
Ouvrages généraux cités ci-dessus en introduction.
« La gymnastique commerciale », in Pierre Arnaud, *Les Athlètes de la République. Gymnastique, sport et idéologie républicaine 1870-1914*, L'Harmattan, 1998, p. 166, pour l'avant-1914.

b. Le domaine skiable

Partie de peu avant le Plan neige de 1970 (qui rénove 23 stations, en crée 20 et prévoit 500 000 nouveaux lits), la France dispose en 2007 de 30 % du domaine skiable aménagé européen (118 000 ha), soit le premier pays du monde en terme d'équipements et le 3e en fréquentation derrière les Etats-Unis et le Japon. 677 millions de personnes skient dans ses montagnes en 2005. Les stations et centres de sports d'hiver passent de 200 en 1975 à 455 en 1995, puis chutent à 378 en 2008.

Les stations de sport d'hiver (1938-2006)

	1938	1945	1950	1960	1970	1974	1980	1990	2006
Nombre de remonte-pentes	6	50	< 120	400	2 000	2 611	–	> 4000	3 895
Lits	–	–	–	–	45 000	135 000	500 000		2 000 000

Les Français et les sports d'hiver (1964-2012)

	1964	1975	1984	1989	2007	2012
Départs des Français aux sports d'hiver (%)	2,2 %	3,8 %	10 %	7,9 %	7,1 %	8 %

Sources :
Georges Cazes, *Le Tourisme de masse en France*, Que sais-Je ?, PUF, 1995.
Pierre Py, *Le Tourisme, un phénomène économique*, La Documentation française, 2007.

Pratiques sportives des Français de plus de 15 ans (1942-2010)

	1942	1955	1967	1973	1988	2000	2010
Français affirmant pratiquer un sport	16 %	19 %	29 %	34 %	48 %	83 %	89 %
Hommes				41 %	53,4 %	79 %[1]	91 %
Femmes				29 %	42,5 %	64 %[1]	87 %
Français affirmant pratiquer un sport régulièrement (plus d'une fois par semaine)	–	–	12,9 %	18 %	17,2 %	40 %	43 %

1. En 2003

Sources :

Jean-Paul Callède, *La Sociologie française et la pratique sportive (1875-2005). Essai sur le sport. Forme et raison de l'échange sportif dans les sociétés modernes*, Bordeaux, Maison des sciences de l'homme et de l'Aquitaine, 2007.

« Les premiers résultats de l'enquête de 2010 sur les pratiques sportives en France », http://www.sports.gouv.fr/IMG/pdf/Stat-Info_01-11_decembre2010.pdf

Pratique sportive selon les catégories socioprofessionnelles (1967-2010)

Année	Agriculteurs	Artisans, commerçants, patrons	Professions intellectuelles supérieures	Professions intermédiaires	Employés	Ouvriers	Retraités
1967	5 %	5 %	67,7 %	57,6 %	35,1 %	31,5 %	ND
1985	52 %	78,1 %	90,8 %	85,2 %	73,2 %	67,5 %	
2000	66 %	83 %	92 %	92 %	86 %	81 %	
2010	87 %	90 %	97 %	95 %	90 %	92 %	84 %

Sources :

Pratique sportive par milieu socioprofessionnel, INSEE-INSEP, cité par Pascal Duret, *Sociologie du sport*, Armand Colin, 2001.

« Les premiers résultats de l'enquête de 2010 sur les pratiques sportives en France », *loc. cit.*

c. Les fédérations sportives

Les statistiques avancées par les fédérations sportives ne sont guère fiables pendant bien longtemps. Elles ne rendent d'ailleurs pas compte de la proportion, variable selon les sports, des praticiens non licenciés dans un club. Aussi le chiffre des sociétés reste-t-il plus parlant, avant 1939, que l'estimation de leurs membres. Le régime de Vichy systématise le principe de la licence individuelle à des fins de contrôle, mais il faut attendre 1949 – voire les années 1960 – pour que le gouvernement impose aux fédérations de recenser leurs effectifs, préalable nécessaire à l'attribution des subventions. Les timides politiques publiques et la faible pratique sportive expliquent que la percée du nombre de licenciés et la massification de la pratique sportive ne se produisent qu'à la toute fin des années 1950. L'année 1957 marque le début reconnu d'un âge d'or dont l'apogée se situe entre 1971 et 1986, avant un certain ralentissement.

En 1909, 900000 à 1000000 de personnes pratiqueraient le sport sous licence (2,5 % de la population). L'année précédente, 40000 brevets d'aptitude militaire ont été délivrés, nécessitant une préparation athlétique rigoureuse.

Fédérations sportives : état des lieux (1909)

Fédération	Sociétés	Membres estimés
USFSA	1124	200000 [surévalué]
Sociétés de gymnastique	1100	200000
Sociétés de tir	1275	200000
Sociétés d'instruction militaire	320	70000
Sociétés d'escrime	190	15000
Société de boxe	20	1500
Sociétés cyclistes [1]	1834	150000
Sociétés de natation	250	27500
Total	5079	864000

1. Le chiffre des sociétés est certainement sous-évalué, cf. *infra* la section sur le cyclisme. Celui des adhérents est plus conforme à la réalité selon Alex Poyer (*Les Premiers Temps des véloce-clubs. Apparition et diffusion du cyclisme associatif français entre 1867 et 1914*, L'Harmattan, 2003).

Sources :
Pierre Arnaud, « Naissance d'une fédération », *in Jeux et Sports dans l'Histoire*, CTHS, 1992.
Georges Le Roy, *Education physique et gymnastique*, Pierre Laffite, 1913, d'après l'étude du général Canonge en 1909 pour *La Gazette des hôpitaux*.

En 1921, le statisticien Henri Bunlé évalue à 1,7 million sur 5,6 millions les hommes de 15-34 ans affiliés à une société d'exercice sportif, soit un tiers.

En 1935, le Comité national des sports rassemblerait 26 fédérations, 30263 sociétés et 3810502 licenciés. Mais en 1937, il n'avance plus que le chiffre de 24094 sociétés comptant 3204000 licenciés, dont 633431 dotés d'une licence de compétition.

Sources

Philippe Tétart, *Histoire du sport en France*, 2 vol., Vuibert, 2007.
Pierre Arnaud, « Naissance d'une fédération. Enjeux de pouvoirs autour du sport scolaire (1919-1939) », *in Jeux et Sports dans l'histoire*, t. I, CTHS, 1992, pour les années 1935 et 1937.

Les licences sportives (1950-2005)

	1950-1955	1955-1960	1960-1965	1965-1970	1970-1975	1975-1980	1980-1985	1985-1990	1990-1995	1995-2000	2000-2005
Nouvelles licences délivrées (milliers)	181	591	976	1414	2204	2108	2486	887		650	544

	1945	1949	1956	1973	1981	1992	2000	2011
Part de la population française licenciée	0,85 %	1,7 %	1,93 %	9,45 %	13,74 %	18,55 %	23 %	27 %
	1945	**1949**	**1962**	**1973**	**1983**	**1998**	**2003**	**2011**
Part de femmes sur l'ensemble des licenciés	ND	4,3 %	19,4 %	25 %	31 %	35 %	34 %	36,9 %

Licenciés en milliers (1949-2011)

Fédérations	1949	1956	Croissance annuelle moyenne 1949-1956	1986	Croissance annuelle moyenne 1957-1986	2002	Croissance annuelle moyenne 1987-2002	2011	Croissance annuelle moyenne 2002-2011
Olympiques	949	1045	**1,4 %**	6367	**6,2 %**	7117	**0,7 %**	8957,1	**2,59 %**
Non-olympiques	322	375	**2,2 %**	2100	**5,9 %**	2765	**1,8 %**	2495,4	**-1,13 %**
Scolaires et universitaires	187	491	**6,8 %**	2528	**5,6 %**	2561	**0,1 %**	2840,1	**1,16 %**
Multisports et affinitaires	477	461	**0 %**	1714	**4,5 %**	2458	**2,3 %**	3208,4	**3 %**
Total	1935[1]	2371	**3 %**	12709	**5,9 %**	14901	**1 %**	**17501,4**	**1,8 %**

1. Contre 850 en 1945 et 1700 en 1947.

	1942	1947	1971	1982	1990	2010
Clubs sportifs en France	~30000	20000	89944	143287	164000	167719

Sources :
Ministère de la Jeunesse et des Sports, Stat-info, nov. 2004.
« Un demi-siècle de licences sportives ». Insee.fr pour 2011.

Les sociétés de **cyclisme** passent de 52 en 1880-1882 à 308 en 1891, 1678 en 1899, 1834 en 1909. Depuis 1890, une taxe sur les vélocipèdes permet de connaître leur nombre minimal en France (compte tenu du taux élevé de non-déclarations). A partir de 1899, l'obligation d'apposer une plaque de contrôle sur chaque cycle éradique la fraude. Par ailleurs, entre 1893 et 1913, le prix d'une bicyclette passe de 1655 à 357 heures de travail d'un ouvrier moyen, ce qui favorise sa démocratisation. Sous l'Occupation, la pénurie d'essence entraîne l'explosion soudaine du nombre de bicyclettes.

Nombre de bicyclettes (1890-1943)

	1890	1894	1897	1899	1901	1907	1914	1926	1938	2/1942	7/1943
Cycles déclarés au 31/12	50 000	203 026	408 869	845 521	1 117 581	2 087 213	3 552 000	7 133 000	7 788 000	10 049 217	11 000 000
Parc de cycles réel estimé	50 000	310 000	680 000	860 000	–	–	–	–	–	–	–

Sources :
Alex Poyer, *Les Premiers Temps des véloce-clubs. Apparition et diffusion du cyclisme associatif français entre 1867 et 1914*, L'Harmattan, 2003.
Annuaire statistique de la France, éditions de 1910, 1913 et 1938, pages rétrospectives.
Dominique Veillon, *Vivre et survivre en France 1939-1947*, Payot, 1995, p. 152, pour février 1942 et juillet 1943.

Les fédérations unisport (1919-1973)

Fédérations sportives	1919-1920	1922	1929	1932	1938	1939
Athlétisme	15 084 (1921)	22 478	24 914	30 000 (1931)	31 952	
Clubs d'athlétisme	1 253 (1921)	–	–	1 849 (1931)	1 427	
Gymnastique			450 000			
Natation	935	2 567	7 251		~ 16.000	15 988
Football	75 000	80 000 ?	126 994	144 069	188 760	173 431
Rugby	10 000	60 000 ?	60 000	31 000	26 500 (1937)	
Basket	336	–	9 526 (1930)			23 158
Tennis	11 127	17 691 (1930)	80 000			
Cyclisme	105 000	–	35 000		30 000 (1937)	
Ski	–	5 167 (1924 – création)	12 442 (1931)	19 449		48 992

Le 4 octobre 1940, le régime de Vichy oblige toutes les fédérations féminines à fusionner avec leurs correspondants masculins.

Fédérations sportives	1941	1942	1943	1944	1949	1953	1958	1963	1968	1973
Tennis de table				2271	14000	21559	24156	25646	35835	52216
Ski	–	–	–	9579	44579	78330	113960	259107	476290	612001
Cyclisme	–	–	–	10971	52000	51940	37645	37705	45836	51542
Boxe	–	–	–	3598		13800	–	–	7403	11352
Tennis	–	–	–	20445	50800	57858	76662	89042	133001	235795
Football	111902	216527	281200	277832	440900	439474	380352	443.898	602000	906450
Clubs de foot	*6460*	*7092*	*7242*							
Basket	–	50257	–	53333	83800	117137	84371	103601	133919	209334
Handball	250	980	3540	5780	8500		14836	24462	45041	89845
Volley-ball							22710	24815	28682	41435
Rugby				46627	60000	34500	30000	44326	69031	90859
Natation			29000	43679[1]	33816	30874	27732	39084	56537	75425
Athlétisme	20741	40137	45618	60597	35214	33138	39187	51512	77463	92459
Gymnastique					47159	43105	49736	53004	74006	89294
Equitation					23000	28400	20418	41046	56136	76679
Voile					3050	4145	9669	~23700	55340	69437
Judo					–	19100	30070	54544	118194	305957
Escrime							7278	9325	14416	20307
Golf							9538	13533	19200	25057
Tir										31500
Canoë-kayak										6677
Montagne									58000	62782

1. Une autre source indique dans le même article 30900.

Effectifs des fédérations sportives (1979-2011)

Fédérations sportives	1979	1991	2000	2011	*Clubs (2010)*	*% femmes (2011)*
Tennis de table	80090	126522	175117	188400	*3744*	*16,7 %*
Ski	543267	561105	182974	138600	*1166*	*37,5 %*
Cyclisme	95172	91034	103166	112500	*2488*	*10,2 %*
Tennis	649057	1339409	1048328	1102900	*8308*	*30,3 %*
Football	1546421	1891199	2150442	1988500	*17965*	*4,1 %*
Basket	279092	386214	437190	461100	*4336*	*39 %*
Handball		183457	273793	441400	*2405*	*36,1 %*
Volley-ball		95515	96412	118300	*1577*	*47,8 %*
Rugby	173650	238632	264628	432800	*1737*	*4,7 %*
Natation	87055	143071	200154	284500	*1282*	*55 %*
Athlétisme	97850	135181	161402	224600	*2126*	*43,3 %*
Gymnastique	103081	157583	214001	269300	*1564*	*78,2 %*
Equitation		225662	428278	705800	*2784*	*82,2 %*
Voile		169242	258028	295800	*954*	*22,5 %*
Judo	341999	424391	530299	592300	*5584*	*26,6 %*
Golf	–	195194	291754	418300	*1634*	*28,3 %*
Tir	64819	125632	132163	136300	*1638*	*9,4 %*
Canoë-kayak	16295	115544	93921	346600	*707*	*28 %*
Montagne	106002	138730	52913	82300	*1060*	*39,9 %*
Karaté		163469	189524	223300	*4195*	*30,6 %*
Badminton		18550	70589	156600	*1656*	*38,8 %*

Sources :
Philippe Tétart, *Histoire du sport en France*, 2 vol., Vuibert, 2007.
Pascal Arnaud et Jean Camy, *La Naissance du mouvement sportif associatif en France*, Lyon, Presses universitaires de Lyon, 1986.
Annuaires statistiques annuels de l'INSEE pour après 1991.

M. Postes, télécommunications, communications

Vieux monopoles d'Etat, la poste et le télégraphe connaissent leur âge d'or avant 1914. Considérant la radio comme un prolongement des PTT, l'Etat s'octroie en 1923 le monopole de la création de nouvelles stations. Il adopte en 1933 la loi sur la redevance, puis, à partir de 1940, il institue son monopole complet sur la radiodiffusion puis sur la télévision. A la Libération, tous les gouvernements maintiennent ce monopole sur l'audiovisuel, jusqu'à son abolition par François Mitterrand en 1981. Qu'il s'agisse de la téléphonie, de l'équipement en postes de radio ou en téléviseurs, puis de la connexion à Internet à partir des années 1990, la France se caractérise à chaque fois par un certain retard initial sur les autres pays, retard qu'elle finit généralement par rattraper.

En 1870, le **télégraphe** devient librement accessible aux particuliers dans 1 228 gares. Le télégraphe français devient vite un succès, et le plus important d'Europe en débit derrière la Grande-Bretagne.

En 1913, les Français postent 40 lettres par habitant et par an en moyenne, et la France est de longue date le deuxième producteur mondial de cartes postales, derrière les Etats-Unis ou l'Allemagne selon les années. Pendant la Grande Guerre, 8 milliards de lettres dispensées d'affranchissement sont échangées entre le front et l'arrière. L'apogée est atteint en 1930, avant tassement, puis reprise après-guerre.

Lettres, cartes postales et télégrammes (1870-1990)

Année	Lettres ordinaires (en millions)	Cartes postales	Lettres chargées et recommandées, boîtes chargées (en millions)	Total circulation intérieure (en millions)	Télégrammes (en milliers) [1]
1870	243		3,6	571	5 664
1880	439	27	8	1 082	14 662
1890	607	34	20	1 529	27 032
1900	776	40	40	2 088	40 097
1910	1 541	2	75	3 183	50 150
1920		2 649			50 539
1930	1 758	4 543	165	5 972	44 814
1940	1 753	2 601			30 902
1950	1 936	2 114	78	2 423	26 488
1960	3 406		43,9	4 353	24 556
1970	5 443		74,4	9 688	30 089
1980	10 185			12 587	
1990	10 967			19 878	

1. Nombre de télégrammes intérieurs, internationaux et de service.

Sources :
Comité pour l'histoire de la Poste.
INSEE.

Le téléphone

La France accuse d'emblée un gros retard d'équipement sur ses voisins, alors même que l'abonnement est deux à trois fois plus cher que dans le reste de l'Europe (600 francs à Paris, 400 francs en province dans les années 1880). Le téléphone est nationalisé dès le 16 juillet 1889. Doutant de la généralisation de la téléphonie, de Gaulle néglige de développer le réseau existant.

Sous la présidence de Valéry Giscard d'Estaing, le VIIe Plan (1976-1980) fait entrer définitivement la France dans l'ère du téléphone pour tous.

Prolongé dans les années 1980, le gros effort fourni comble le retard. Outre l'installation de téléphones privés, le nombre de cabines téléphoniques passe de 28 000 en 1976 à 102 000 en 1980, 158 000 en 1995 et 215 000 en 2001, avant leur disparition provoquée par la diffusion du téléphone portable.

Abonnés des téléphones (en milliers d'abonnés)
(A. postes principaux et supplémentaires, B. dont postes principaux)
(1889-2000)

	1889	1899	1903	1913	1922	1927	1929	1939	1948	1959
A.	12	60	109	310	525	849	1 018	1 569	2 158	3 994
B.	–	–	–	–	–	–	–	–	1 386	2 089
Longueur lignes (km)	–	41 537	75 902	174 500	216 240	290 799	–	–	–	–

	1968	1974	1981	1985	1992	2000
A.	7 393	12 261	26 614	33 435	–	–
B.	3 573	6 053	17 290	22 198	30 100	34 100
						–

Source : INSEE.

Taux d'équipement des ménages (1963-2005)

	1963	1971	1975	1978	1981	1986	2005
% équipement ménages en téléphones	9,3	15,6	30	51	74,2	90	97,8

Source : INSEE.

Lignes et densité téléphoniques par habitant
(au 31 décembre de chaque année) (1913-2000)

	1913	1950	1960	1975	1985	1995	2000
Lignes principales (millions)	–	1,4	2,2	7,1	23,03	32,4	34,7
Densité pour 100 hab.	0,7	3,4	4,8	13,4	42	56,5[1]	57,4[2]

1. En 1996.
2. En 2001.

Source : INSEE.

Nombre de mobiles en France et part de la population équipée (valeur en fin d'année) (1990-2012)

	1990	1995	1997	1999	2001	2003	2005	2007	2012
Millions de téléphones portables	0,28	1,3	5,8	20,6	37	41,6	48,1	55,4	63
Taux de pénétration des actifs		3%	10%	34%	61,5%	69,1%	78,4%	85,6%	99,7%

Sources :
Autorité de régulation des communications électroniques et des postes (ARCEP).
INSEE.

N. Radio, télévision et internet

a. La radio

La télégraphie sans fil (TSF) prend son essor à partir de 1920, date de l'apparition des premières stations. Le retard avec l'étranger est précoce : en 1933, la Grande-Bretagne dispose de plus du double des récepteurs français (12,6 pour 100 habitants en France contre 18,5 en Grande-Bretagne).

Célèbres pour le rôle qu'ils jouent dans la décision des appelés du contingent de répondre à l'appel gaullien et de faire échec au putsch d'Alger (avril 1961), les transistors sont 260000 en 1958. Plus de 1,5 million sont vendus en 1960, 2215000 en 1961. En 1968, 68,2% d'un échantillon de personnes interrogées écoutent la radio avec un transistor. Les autoradios, apparus en 1963, dépassent les 10 millions au début des années 1980 et les 21 millions au milieu des années 1990 (90% de taux d'équipement).

Postes de radios déclarés (1930-1983)

	1930	1936	1939	1940	1945	1952	1960	1965	1983
Postes déclarés (en milliers)	500?	3219	5219	5089	5346	7923	10981	8937	>50000

NB : à partir de 1959-1960, certains comptes audio, jumelés avec les comptes télé, ne sont plus recensés. D'autre part, quelque 10% de postes clandestins doivent se rajouter aux chiffres disponibles. Enfin, un même poste a plusieurs auditeurs : en 1933, selon les PTT, on compte 3,75 auditeurs pour un récepteur.

Equipement des ménages en radios (1954-1973)

	1954	1962	1973
Foyers équipés de radio (%)	71,7%	85%	96%

Source : INSEE.

b. La télévision

Certains contribuables évitant d'acquitter la redevance, le nombre de postes réellement en service est supérieur : il serait de 53794 en 1952, de 125000 en 1954. En 1956, seuls 5 % des ménages sont équipés de téléviseur, contre 75 % aux Etats-Unis.

Nombre de récepteurs déclarés au 31 décembre de chaque année (1949-2004)

	1949	1951	1955	1960	1968	1979	1993	2004
Récepteurs déclarés	297	10560	260508	1901900	10153000	16192300	20092500	23460000

Taux d'équipement des ménages en téléviseurs et accessoires (en %) (1954-2011)

1954	1957	1960	1963	1966	1968	1974	1980	1989	2011
1	6,1	13,1	27,3	51,7	61,9	82,4	90,1	96	98,2

Source : INSEE.

Taux d'équipement des ménages en accessoires (en %) (2007-2011)

	Equipement en % des ménages	
	2007	2011
Lecteur de DVD de salon	85,8	90,9
Magnétoscope	64,8	36,7
Console de jeux	37,6	48,7
Ecrans plats	27,2	78,2
Adaptateur TNT	49	93,5

Source : Centre national de la cinématographie pour 2007 et 2011.

c. Du minitel à Internet

Réussite technologique française flattant l'orgueil national, le minitel connaît son apogée entre 1992 et 1996, avant d'être condamné à la disparition par l'arrivée d'Internet. Le service est fermé le 30 juin 2012. Il restait alors 420000 utilisateurs mensuels.

Le Minitel (1983-2012)

	1985	1989	1993	1996	1997	2002	2012
Parc de minitels en milliers	~1 000	5 162	6 500	8 100	5 800	4 200	800

Source : Antonio Gonzalez et Emmanuelle Jouve, « Minitel : histoire du réseau télématique français », http://www.cairn.info/zen.php?ID_ARTICLE=FLUX_047_0084.

Seule 2 % de la population est équipée pour recevoir **Internet** en 1997 contre 5 % en Allemagne, 10 % en Grande-Bretagne et 20 % aux Etats-Unis. Mais la France se rattrape en affichant le plus fort taux mondial de croissance de l'équipement en Internet.

En juin 2008, les internautes représentent 98 % des 12-17 ans, 88 % des 18-24 ans, 82 % des 25-39 ans, 62 % des 40-59 ans, mais 32 % des 60-69 ans et 12 % des plus de 70 ans.

En 2012, par ailleurs, 30 millions de Français sont inscrits sur l'un des **réseaux sociaux**, dont 23,6 millions sur Facebook (9e rang mondial), parmi lesquels 26 % ont de 25 à 34 ans, ainsi que 5,2 millions sur Twitter (16e rang mondial). La France serait au 1er rang mondial pour le nombre de blogs par habitants, et au 4e rang derrière les Etats-Unis, la Chine et le Japon pour le nombre de blogs en valeur absolue : en 2009, le rapport Giazzi estime qu'il existait 9 millions de blogs dont 2,5 millions régulièrement actifs.

Internet et internautes (1995-2012)

	1995	1998	1999	2000	2003	2007	2012
Abonnés Internet (milliers)	50	1 280	3 030	5 459	10 617	14 500	23 050
Internautes estimés (milliers)					20 800	30 110	40 722
Foyers équipés	0,1 %	3 %	7 %	12 %	28 %	56 %	80 %

Sources :
INSEE, Médiamétrie. *Statistiques de la culture. Chiffres-clés 2009.*
http://www.fondation.dauphine.fr/fileadmin/mediatheque/docs_pdf/publications/4_Barometre_de_l__economie_numerique_4e_edition.pdf

O. La presse

La presse française a connu un premier âge d'or sous la Grande Révolution : le tirage total quotidien de 1792 (~110 000 exemplaires) n'est retrouvé qu'en 1836, puis bondit de 180 000 en 1846 à 1 million en 1870.

L'Ordre moral (1873-1875) marque la dernière vague de répression, avec 28 journaux républicains supprimés, 20 suspendus, 173 interdits de vente sur la voie publique. L'ultime crise survient après le 16 mai 1877 : au moins 2000 procès de presse se tiennent en quelques semaines et condamnent 302 journalistes à un total de 46 ans de prison et de 1 million de francs d'amende.

Après l'avènement de la République des opportunistes, la loi du 29 juillet 1881 dote la presse française d'un des régimes les plus libéraux du monde. De 1871 à 1913, on n'enregistre que 724 poursuites politiques devant jury contre des journalistes (16,8 par an), et 25 de 1920 à 1935, conclus par une majorité d'acquittements. Adoptée par 444 voix contre 4, remplaçant 300 articles de 42 lois antérieures, la loi fondatrice de 1881 contribue grandement à faire de la période 1880-1914 un âge d'or.

C'est l'ère du journal quotidien à 5 centimes. Rares sont alors les départements dépourvus d'un quotidien (30 en 1874, 24 en 1892, 18 en 1914, mais 27 en 1938). Les revues ne sont pas en reste : 5787 périodiques publiés en 1897, plus de 250 revues littéraires parues entre 1870 et 1914. Le caractère politique des journaux est alors très marqué. Dès les années 1870, la presse républicaine surpasse nettement en tirage la presse royaliste. Les techniques d'impression s'améliorent, les coûts de production ne cessent de baisser. En 1914, le marché est quasiment saturé et compte 10 millions d'exemplaires pour 20 millions d'adultes. La presse française est la plus lue en Europe, et la deuxième au monde derrière les Etats-Unis d'Amérique.

La Grande Guerre sonne le glas d'une époque. La pénurie réduit la pagination, le prix du papier et du numéro s'envole. Bien des titres stagnent ou entament un long déclin. Tandis que les Poilus concoctent avec les moyens du bord près de 400 journaux de tranchées tirant à près de 100000 exemplaires, quelques titres d'avenir naissent en réaction au « bourrage de crâne », tels *Le Canard Enchaîné* ou *Le Crapouillot*. Dans l'entre-deux-guerres, la pagination ne cesse d'augmenter, le prix du papier aussi. La presse parisienne perd sa prépondérance au profit de la presse régionale, dont la part dans les tirages ne cesse plus de croître jusqu'à nos jours. Malgré tout, en 1939, le tirage total de la presse quotidienne dépasse de 20 à 25 % celui de 1913, et l'époque est marquée par quelques succès brillants, dont celui de *Paris-Soir*.

La Libération marque une rupture sans équivalence en Europe occidentale. 60 % des journaux de zone nord et 40 % des journaux de zone sud se sont sabordés sous l'Occupation, pour l'essentiel à l'invasion de la zone sud le 11 novembre 1942. Ceux qui s'y prennent trop tard ou qui s'y refusent perdent quasiment toute chance d'être autorisés à reparaître à la Libération. La presse est le secteur le plus épuré de la société. 388 titres sont interdits (dont 188 des 206 quotidiens de 1939), 115 condamnés partiellement ou totalement sur les 538 poursuivis. 90 % des titres changent de main.

Avec la Libération naît l'espoir d'une presse affranchie des servitudes de l'argent. Avide de nouvelles libres, le public fait un triomphe aux nouvelles parutions, avec des taux d'invendus quasi-nuls et des tirages généreux en ces temps de pénurie. Mais dès 1946, le déclin s'annonce. Beaucoup de journaux non rentables ne survivent pas à la hausse du prix de vente, aux grèves dans la profession, à la baisse de la productivité des typographes, à l'omnipotence d'un syndicat du Livre plus soucieux de maintenir les avantages acquis que de rentabilité économique. La Guerre froide détourne les lecteurs des titres trop engagés, au profit de la presse d'information. La dépolitisation générale de la presse quotidienne s'engage, irréversible : de 1945 à 1958, la presse partisane ou religieuse perd 20 % de ses titres et plus de 50 % de ses quotidiens. En 2012, *L'Humanité* et *La Croix* sont les derniers survivants de la vieille presse d'opinion. Même les succès de la presse populaire tels *France-Soir* finissent par péricliter voire disparaître. En revanche, les magazines à l'américaine dans le sillage pionnier de *L'Express* (1953) rencontrent les faveurs d'un public de cadres et de classes moyennes. A la fin du XXe siècle, les magazines français sont les plus lus du monde en proportion de la population, à égalité avec ceux de la Finlande.

La Guerre d'Algérie (1954-1962) fait revivre la répression politique. 586 saisies de journaux et de périodiques surviennent en Algérie et 269 en métropole, presque uniquement des journaux de gauche avant 1958. *L'Express* est frappé 22 fois de 1954 à 1961, *L'Humanité* essuie 29 saisies et 209 poursuites sur toute la guerre (sur un total de 34 saisies de 1947 à 1962 et de 381 poursuites de 1949 à 1962). Le record est détenu par *Témoignage Chrétien*, saisi à 69 reprises de 1954 à 1958.

Les années 1960-2000 sont marquées par la forte chute du nombre des lecteurs, des quotidiens et des parutions, par la poursuite du rééquilibrage entre presse parisienne et presse provinciale au profit de cette dernière, par la constitution de grands groupes de presse régionaux et nationaux (moins puissants qu'à l'étranger). En 1983, le groupe du « papivore » Robert Hersant contrôle ainsi 19 quotidiens soit 35 % de la presse nationale et 14 % de la presse provinciale. La hausse perpétuelle de la pagination et du prix du papier, l'accroissement des équipes de rédaction et de la masse salariale, renchérissent régulièrement les coûts de production et de vente. La radio, la télévision puis Internet soumettent la presse à une rude concurrence, sans parler des journaux gratuits, qui s'implantent en tête des audiences dans les années 2000. Par ailleurs, le lecteur se décourage avec le gonflement de la taille de son quotidien (38 minutes pour le lire en 1947, plus d'une heure dès 1954).

Comparée aux autres pays la presse quotidienne française a souffert structurellement de certaines faiblesses tout au long du XXe siècle. En 2012, comme par le passé, elle apparaît plus chère, moins diverse et moins lue que celle de ses voisins. Cependant, la crise de la presse écrite épargne les magazines et les hebdomadaires ainsi que, à un degré moindre, la presse régionale quotidienne. En 2012, la presse magazine bénéficie d'une audience de 18 622 000 personnes, pour 7 499 000 à la presse hebdomadaire régionale et 7 788 000 pour la presse quotidienne nationale payante. Les gratuits talonnent cette dernière avec une audience de 6 032 000 personnes.

Il convient de distinguer :
- **le tirage** : nombre d'exemplaires imprimés (ici, la moyenne sur l'année) ;
- **la diffusion** : nombre d'exemplaires effectivement vendus. La diffusion totale payée n'est mesurée de façon fiable que depuis les années 1950, grâce à l'Office de justification de la diffusion (OJD) ;
- **l'audience** : un journal étant lu par plusieurs lecteurs, c'est l'estimation du public total d'un titre. Depuis les années 2000, de surcroît, la version Internet des journaux draine parfois autant de public que leur version papier, ce qui démultiplie le lectorat.

Par ailleurs, faut-il le rappeler, l'influence politique ou culturelle d'un titre ne se mesure pas qu'à son tirage, et tout lecteur n'adhère pas nécessairement à l'idéologie de la feuille qu'il lit.

a. Les journalistes et les journaux

A partir de l'institution de la carte de presse en 1935-1936, c'est le nombre de ses titulaires qui est donné. L'annuaire de la presse et la statistique générale de la France permettent des estimations pour les périodes antérieures. Avec la nouvelle crise mondiale commencée en 2008, de nombreux emplois de journalistes sont supprimés, d'où une stagnation, voire une baisse légère de leur nombre total.

Nombre de journalistes (1870-2012)

Année	1870	1885	1900	1910	1920-1939	1939	1948	1960	1970	1980	1990	2000	2012
Sur Paris	< 500	1000	2800	3350									
En province	–	950	2800	2600									
Total des journalistes	–	1950	5600	5950	3000 à 3500[1]	3500	6500	8092	11743	16239	26614	32738	37286

1. Auxquels s'ajoutent 7000 collaborateurs occasionnels.

Sources :
INSEE.
Christian Delporte, *Les Journalistes en France 1880-1950. Naissance et construction d'une profession*, Seuil, 1999.

Pagination moyenne du journal quotidien (en nombre de pages) (1870-2012)

Année	1870-1914	1917	1921	1932	1936	1944	Fin 1948	1954	1960	1969	1994	2012
Pagination moyenne des quotidiens	4	2	6	12 à 16	12	2	6	12	15	19	20 à 40	20 à 40

La pagination moyenne des quotidiens français reste cependant très inférieure à celle des autres quotidiens européens. Ces derniers, dès les années 1980-1990, atteignent régulièrement les 50 à 80 pages, voire à l'occasion les 100 à 120 pages. En 2012, un numéro ordinaire d'*El Pais* offre 50 pages de lecture, *The Times* 70 pages, et *Le Corriere della Serra* 50 à 80 pages.

Source : Claude Bellanger *et al.*, *Histoire générale de la presse française*, PUF, 1972-1976, 5 vol., notamment t. V : De 1958 à nos jours, PUF, 1976, p. 334.

L'avant-1914 était l'ère du quotidien à 5 centimes. Les dates sont celles du changement général du prix.

Prix moyen du journal quotidien (1870-2012)

Année	1870-1914	1918	1919	1920	1925	1936	1938	1941	1945	1946	1948	1951	1957
Prix moyen du quotidien en francs	0,05	0,20	0,15	0,20	0,25	0,30	0,50	1	2	4	8	15	20
Année	1959	1963	1967	6/1968	1/3/1972	9/1973	5/1974	1980	1992	2007	2012		
Prix moyen en NF et euros	0,25	0,30	0,40	0,50	0,70	0,80	0,90	2,20 à 2,60	5,50 à 6	0,80 à 1,30 €	1,30 à 1,60 €		

Sources :
Claude Bellanger *et al.*, *Histoire générale de la presse française*, PUF, 1972-1976, 5 vol., notamment t. V : De 1958 à nos jours, PUF, 1976, p. 208 et p. 335-338.
Patrick Eveno, *La Presse quotidienne nationale. Fin de partie ou renouveau ?*, Vuibert, 2008.

En valeur relative, cependant, le journal n'a cessé de devenir meilleur marché : six fois moins cher entre 1871 et 1939. L'abonnement à un quotidien parisien coûte en moyenne 164 heures de travail d'un manœuvre de province en 1871, mais 20,1 heures en 1936, 25,3 heures en 1955, 23 heures en 1962[1].

Taux comparés de lecture des journaux par habitant (1914-2012)

	1914	1939	1946	1952	1960	1970	1990	2005	2012
Exemplaires pour 1000 hab. de plus de 15 ans	244 (1er ou 2e rang mondial)	261	370	239 (22e rang mondial)	252	238	155	159	167 (31e rang mondial)
Allemagne	ND	ND	ND	300	307	319	343	305	322
Royaume-Uni	ND	ND	ND	611	514	463	393	348	348

En 1973, 55 % des Français de plus de 15 ans lisent un quotidien tous les jours ou presque, mais 43 % en 1988 et 40 % en 1994. Cette dernière année, ils passent 212 minutes par jour devant la télévision en moyenne, mais ne lisent la presse que pendant 36 minutes (22 minutes en 2012).

Français de plus de 15 ans lecteurs réguliers d'un quotidien (tous les jours ou presque) (1958-2012)

1958	1973	1981	1988	1994	1997	2012
70 %	55 %	46 %	43 %	40 %	36 %	32 %

Sources

Claude Bellanger *et al.*, *Histoire générale de la presse française*, t. V : *De 1958 à nos jours*, PUF, 1976, d'après l'Unesco.

Christian Delporte, « Presse écrite », in *La France de la Ve République 1958-2008*, Armand Colin, 2008.

1. Claude Bellanger *et al.*, *Histoire générale de la presse française*, PUF, t. III : *De 1871 à 1940*, 1972, p. 141.

La presse quotidienne française en comparaison : état des lieux (2005)

Pays	Nombre de titres	Tirage global	Journalistes permanents employés	Taux d'achat pour 1000 habitant de plus de 15 ans	Prix moyen du quotidien en euros
France	85	8 000 000	4 900	159	0,80 à 1,30
Allemagne	368	24 000 000	10 000	305	0,40 à 1,30
Royaume-Uni	104	16 500 000	8 000	348	0,40 à 0,70
Italie	91	6 100 000	5 900	114	0,70 à 1
Espagne	139	4 300 000	?	114	0,70 à 1

Source : Patrick Eveno, *La Presse quotidienne nationale. Fin de partie ou renouveau ?*, Vuibert, 2008.

b. Les quotidiens

En 1822, la presse parisienne représentait 19 millions des 23 millions d'exemplaires de titres de toute périodicité imprimés dans l'année, soit 87 % des tirages. Au cours des deux siècles suivants, la presse provinciale ne cesse de monter en puissance.

La presse : parts respectives Paris/province (1870-2012)

	Quotidiens parisiens/ nationaux		Quotidiens régionaux		Ensemble	
Année	Nombre de titres	Tirage quotidien global	Nombre de titres	Tirage quotidien global	Tirage quotidien total	Part des quotidiens nationaux (%)
1870	37	1 000 000	179 (1874)	350 000 (1874)	1 350 000	76
1880	66	1 947 000	252 (1882)	900 000	2 847 000	69
1914	80 [57 [1]]	5 500 000	242	4 000 000	9 500 000	58
1924	30	4 400 000	194			
1939	31	5 500 000	177 [2]	5 500 000	11 000 000	50
1946	28	5 959 000	175	9 164 000	15 123 000	39
1959	13	3 980 000	103	6 930 000	10 910 000	36
1969	13	4 596 000	81	7 572 000	12 168 000	37
1979	13	3 041 000	72	7 468 000	10 509 000	29
1989	11	2 828 000	64	7 093 000	9 921 000	28
1999	10	2 293 000	56	6 575 000	9 068 000	24
2007	9	< 2 000 000	57	> 6 000 000	8 000 000	~ 25
2012	7	~ 1 675 000	53	5 100 000	6 775 000	25

1. Si l'on élimine les « journaux fantômes » au tirage confidentiel, disparus avec la mobilisation.
2. Seulement 155 si l'on enlève l'apport de l'Alsace-Moselle retrouvée en 1918.

Sources :
Claude Bellanger *et al.*, *Histoire générale de la presse française*, PUF, 5 vol., 1972-1976, notamment t. V : *De 1958 à nos jours*, PUF, 1976, p. 208.
Patrick Eveno, *La Presse quotidienne nationale. Fin de partie ou renouveau ?*, Vuibert, 2008.
Laurent Martin, *La Presse écrite en France au xx*e *siècle*, Livre de poche Références, 2005.
OJD. http://www.pqr.fr/category/les-etudes/diffusion/

Les principaux titres de la presse parisienne (juillet 1880)

Quotidiens républicains		Quotidiens conservateurs		Non classables		Total
34 titres		24 titres		2 titres		60 titres
Tirage global	1514321	Tirage global	431707	Tirage global	38493	1984521
dont :		dont :		dont :		
Petit Journal	583820	*Figaro*	104924	*Gil Blas*	28257	
Petite République (socialiste)	196372	*Petit Moniteur*	100476	*Grand Journal*	10236	
Lanterne (radical)	150531	*Soleil* (orléaniste)	45190			
Intransigeant (H. Rochefort)	71601	*Petit Caporal* (bonapartiste)	25051			
Paix (organe officieux du Président Grévy)	52949	*Petite Presse*	22629			
Petit National	46837	*Gaulois* (bonapartiste)	14854			
France	43753	*France Nouvelle*	14554			
Petit Parisien	39419	*Moniteur*	13878			
Rappel	33585	*Univers* (catholique intransigeant)	10367			
Marseillaise	28818	*Peuple français*	9463			

Source : Claude Bellanger *et al.*, *Histoire générale de la presse française*, t. III : *De 1871 à 1940*, PUF, 1972, p. 234.

Les dix principaux tirages parisiens (1910)

Le Petit Parisien	1400000
Le Petit Journal	835000
Le Journal	810000
Le Matin	670000
La Croix	140000
L'Echo de Paris	120000
L'Eclair	103000
L'Humanité	72000
L'Intransigeant	70000
La Petite République	67000

Source : Claude Bellanger *et al.*, *Histoire générale de la presse française,,* t. III : *De 1871 à 1940*, PUF, 1972, p. 296.

Les quinze principaux tirages parisiens (mars 1939)

Paris-Soir	1739584
Le Petit Parisien	1022401
Le Journal	411021
L'Humanité	349587
Le Matin	312597
Ce soir (PCF)	262547

L'Œuvre	236045
Le Jour-Echo de Paris	183844
Le Petit Journal	178327
Le Populaire (SFIO)	157837
La Croix	140000
L'Intransigeant	134462
Excelsior	132792
Le Figaro	80604
L'Epoque (droite nationaliste antimunichoise)	80000

Source : Claude Bellanger *et al.*, *Histoire générale de la presse française*, t. III : *de 1871 à 1940*, PUF, 1972, p. 511.

La presse parisienne (tirages de plus de 100000 exemplaires) (avril 1947)

Titre	Tirage	Titre	Tirage
France-Soir	578000	*L'Intransigeant*	200000
Paris-Presse	478000	*Libération*	180000
L'Humanité	450000	*Le Monde*	174000
Ce Soir	448000	*La Croix*	161500
Le Figaro	399000	*Le Populaire*	159000
Franc-Tireur	350000	*L'Aube*	125000
Le Parisien libéré	340000	*France libre*	122000
L'Aurore	205000	*Combat*	128000
Ce Matin	200000		

Source : Claude Bellanger *et al.*, *Histoire générale de la presse française*, t. IV : *De 1940 à 1958*, PUF, 1975, p. 357.

Diffusion des quotidiens nationaux et régionaux (1958)

Quotidiens parisiens		Quotidiens régionaux	
France-Soir	1139000	*Ouest-France*	527000
Le Parisien libéré	783000	*Le Progrès*	334000
Le Figaro	405000	*Le Dauphiné libéré*	314000
L'Aurore	363000	*La Voix du Nord*	307000
L'Equipe	215000	*Sud-Ouest*	305000
L'Humanité	169000	*La Dépêche du Midi*	252000
Le Monde	164000	*Nouvelle République du Centre-Ouest*	239000
Paris-Presse	106000	*L'Est républicain*	231000
La Croix	90000	*Le Provençal*	186000
Sport complet	45000	*Le Républicain lorrain*	161000
Combat	39000	*Le Midi libre*	157000
Les Echos	35000	*Nord-Matin*	156000

Source : Christian Delporte, « Presse écrite », in *La France de la Ve République*, *op. cit.*, d'après l'OJD.

Diffusion des quotidiens nationaux et régionaux (2006)

Presse parisienne		Presse régionale	
Le Parisien – Aujourd'hui en France	508 000	*Ouest-France*	761 000
L'Equipe	351 000	*Sud-Ouest*	311 000
Le Figaro	322 000	*La Voix du Nord*	288 000
Le Monde	312 000	*Le Dauphiné libéré*	242 000
Libération	127 000	*Le Progrès (+ La Tribune/Le Progrès)*	223 000
Les Echos	117 000	*La Nouvelle République du Centre-Ouest*	219 000
La Croix	96 000	*Le Télégramme de Brest*	199 000
La Tribune	76 000	*La Montagne*	193 000
Paris Turf	74 000	*La Dépêche du Midi*	192 000
L'Humanité	52 000	*L'Est républicain*	190 000
France-Soir	32 000	*Dernières nouvelles d'Alsace*	182 000
International Herald Tribune	25 000	*La Provence*	153 000

Source : *ibidem.*

Après quelques expériences dès les années 1960-1970, les quotidiens gratuits percent au milieu des années 2000. Depuis 2007, *20 Minutes* (né en 2002) est le quotidien le plus lu en France. Avec ses concurrents *Métro* (2002) et *Direct Matin* (2006), les gratuits se sont nettement imposés en tête des quotidiens les plus lus.

Audience estimée des quotidiens nationaux (2005-2012)

	2005	2007	2012
20 Minutes	1 885 000	2 423 000	4 377 000
Métro	1 330 000	2 037 000	2 923 000
Direct Matin (2006)	–	?	2 824 000
L'Equipe	2 422 000	2 375 000	2 206 000
Le Parisien	2 194 000	2 010 000	2 439 000
Le Monde	1 899 000	1 895 000	1 922 000
Le Figaro	1 225 000	1 190 000	1 187 000
Le Journal du dimanche	1 151 000	1 176 000	1 171 000
Libération	879 000	806 000	941 000
Les Echos	553 000	608 000	444 000
L'Humanité	393 000	313 000	245 000
La Croix	381 000	356 000	360 000

Sources :
Enquête Epiq TNS-Sofres, réalisée de juillet 2004 à juin 2005, http://www.tns-sofres.com/_assets/files/220906_epiq.pdf
Enquête Epiq TNS-Sofres, réalisée de juillet 2006 à juin 2007, http://www.tns-sofres.com/_assets/files/070307_epiq.pdf et http://tempsreel.nouvelobs.com/file/356414.pdf
http://www.lemonde.fr/actualite-medias/article/2012/03/22/20-minutes-et-le-parisien-aujourd-hui-les-quotidiens-les-plus-lus_1674181_3236.html d'après http://www.audipresse.fr/media/document/one20112012/one_20112012_note_resultats.pdf
http://www.audipresse.fr/media/document/premium2012/premium_2012_Note_Resultats_13nov.pdf

La presse catholique compte, en 1936, 62 quotidiens et 235 hebdomadaires, soit 3 437 000 exemplaires. *Le Nouvelliste de Lyon* est alors le 2e quotidien catholique de France derrière *La Croix*, avec 100 000 exemplaires. Elle passe de 68 titres dont 7 quotidiens en 1944 à 121 titres dont 12 quotidiens en 1959, mais vers l'an 2000 n'a plus que 32 titres dont *La Croix* et 32 hebdomadaires.

Héritier du groupe « la Bonne Presse » fondé en 1873 par les Assomptionnistes, et éditeur notamment du *Pèlerin* et de *La Croix*, le groupe Bayard reste en 2007 le 5e de France et revendique 72 magazines, plusieurs millions de lecteurs en France sur 36 millions dans le monde, plus de 100 sites Internet, près de 4 800 titres édités. En 1945, est fondé le groupe de presse La Vie catholique, proche des Dominicains, dont le titre homonyme vend 564 000 exemplaires à son apogée en 1955, 356 000 en 1981 et 158 847 en 2008.

En 2008, la Fédération française de la presse catholique regroupe quelque 2 000 feuilles locales au tirage cumulé de 20 millions d'exemplaires annuels, et 74 titres de toute périodicité : 24 titres nationaux écoulant 120 millions d'exemplaires par an, 26 hebdomadaires régionaux en écoulant 12 millions, et 24 titres des mouvements et services de l'Eglise pesant plus de 7 millions d'exemplaires annuels. Plutôt bien portante, le vieillissement de son lectorat pose cependant un problème grave à moyen terme.

c. Hebdomadaires et magazines

Les Français compensent leur faible lecture de quotidiens par une forte consommation d'hebdomadaires et de magazines. En 1991, 1 314 magazines pour 1 000 habitants sont diffusés en France (1er rang en Europe) contre 1 078 en Allemagne et 656 en Grande-Bretagne. La même année, la presse hebdomadaire française est la deuxième du continent forte de 287 titres et 3,1 millions d'exemplaires diffusés (derrière la Grande-Bretagne : 850 titres et 6,7 millions d'exemplaires diffusés). A aucun moment la crise de la presse écrite ne semble frapper particulièrement les magazines, et les hebdomadaires souffrent nettement moins que les quotidiens.

Les programmes télévisés, la presse féminine et la presse « people » font la course en tête, devant les magazines d'information généraux. L'émergence de la presse « people » est néanmoins plus tardive qu'en Allemagne ou en Grande-Bretagne, son vrai démarrage ne commençant qu'en 1987 avec la création de *Voici*, suivie en 1993 de *Gala* ou en 2005 de

Closer. Par ailleurs, même les grands quotidiens trouvent intérêt à se doubler d'un magazine du dimanche.

L'audience de la presse hebdomadaire (2012)

	Année : 2012
TV Magazine	15 866 000
Version Femina	8 109 000
Télé-7 jours	5 418 000
Télé Z	5 007 000
Femme actuelle	4 967 000
Télé Loisirs	4 643 000
Télé Star	4 299 000
Voici	3 332 000
Closer	3 318 000
Paris-Match	3 776 000
Télérama	2 521 000
Public	2 493 000
Télé Poche	2 454 000
Le Nouvel observateur	2 418 000
L'Equipe magazine	2 196 000
Gala	2 160 000
Maxi	2 145 000
L'Express	2 144 000
Auto-Plus	2 047 000
Elle	2 000 000
Le Point	1 977 000
Marianne	1 697 000
Télé câble sat hebdo	1 861 000
Le Figaro magazine	1 709 000
Le Monde magazine	1 483 000
Ici Paris	1 429 000
France Dimanche	1 423 000
Madame Figaro	1 312 000
Nous deux	1 270 000
Rustica	1 172 000
VSD	1 073 000
Télé magazine	934 000
Point de vue	906 000
Courrier international	887 000
Le Pèlerin	871 000
Grazia	840 000

Source : http://www.audipresse.fr/media/document/one20112012/one_20112012_note_resultats.pdf

Magazines et hebdomadaires d'information

« Journal satirique paraissant le mercredi », toujours bénéficiaire sans jamais accepter de publicité, ***le Canard enchaîné*** est fondé en 1915. Tirant en 1918 à 40 000 exemplaires, il connaît par la suite une fortune fluctuante (85 000 exemplaires en 1929, 275 000 en 1936, 390 000 en 1947), marquée par des pointes (730 000 exemplaires en 1981) et un niveau toujours imposant (400 000 exemplaires en 2005, 505 000 en 2011)[1].

Racheté et relancé par Jean Prouvost le 7 juillet 1937, ***Match*** (1926-1940) devient ***Paris-Match*** en 1949. Tirant à 1,8 million d'exemplaires en 1957, il perd la moitié de ses lecteurs en 1970-1976 (540 000 exemplaires en 1976) puis se redresse (900 000 exemplaires en 2007, 846 000 en 2012).

Premier magazine français moderne, ***L'Express*** est fondé en mai 1953 par Jean-Jacques Servan-Schreiber pour soutenir Pierre Mendès France. Transformé en 1964 sur le modèle américain, sa diffusion reste la première de France jusqu'en 1983. Son tirage (40 000 exemplaires en 1953, 200 000 en 1961) culmine en 1972 (614 000) puis se tasse (571 000 exemplaires en 1994, 526 000 en 2012).

Organe de la « deuxième gauche », ***Le Nouvel Observateur*** est fondé en novembre 1964. Diffusant à 69 000 exemplaires en 1966, il accroît son lectorat (plus de 550 000 exemplaires en 1983) avant de connaître une érosion (528 000 exemplaires en 2012). Premier magazine français depuis 1983 aux dépens de *L'Express*, il le reste en 2012.

Le Point, fondé en septembre 1972 par des dissidents de *L'Express* favorables à une ligne éditoriale plus à droite, connaît un bon départ (274 000 exemplaires en 1974). La diffusion et l'audience s'érodent à la fin des années 1980, mais un second souffle marque les années 1990-2000 (tirage de 525 000 exemplaires en 2007, 500 000 en 2012).

Par ailleurs, les ***magazines de programmes télévisés***, apparus dans les années 1960, sont de loin les titres les plus populaires. En témoigne le succès foudroyant de *Télé-Poche* de Jean Prouvost, bien antérieur à la démultiplication du nombre de chaînes et de *Télé-7 jours*. Fondé le 10 septembre 1960, *Télé-Poche* diffuse à 300 000 exemplaires en 1960, à 2 millions en 1965 à 3,13 millions en 1986 avant de connaître un recul (2,8 millions en 1996, 1,4 million en 2012).

1. Laurent Martin, *Le Canard enchaîné. Histoire d'un journal satirique*, Nouveau monde, 2005.

La presse enfantine prend son envol à la fin du XIXe siècle, au travers notamment d'une floraison des illustrés (naissance de la bande dessinée). Le titre le plus célèbre à la Belle Epoque reste de loin *La Semaine de Suzette* (1905-1960), qui tire de 300 000 à 400 000 exemplaires par semaine grâce aux histoires de Bécassine. L'entre-deux-guerres importe les *comics* américains : le magnat de la presse enfantine Paul Winckler devient leader du marché avec *Le Journal de Mickey* (1934) avec une diffusion de 400 000 à 500 000 exemplaires, et l'ensemble de son groupe, lié à Hachette, vend 1 million d'exemplaires par semaine sous la IVe République. En 1939, l'ensemble de la presse enfantine tire à 3 millions d'exemplaires dont 1,7 million d'origine étrangère ; 12 revues publient des *comics* américains.

La BD francophone reprend un peu de terrain après la guerre : *Tintin* (1946) tire à 300 000 exemplaires. En 1979, la presse pour enfants compte environ 260 titres aux trois-quarts constitués de BD. En 2007, le groupe catholique Bayard fait en gros jeu égal avec Hachette-Disney pour les ventes à la jeunesse, et le dépasse même légèrement (27 % du marché contre 25 % en 2007).

La presse féminine prend également son envol sous la IIIe République. Son principal titre, et l'un des plus importants de la presse française, est pour un siècle *Le Petit Echo de la mode* (1880-1983) qui tire à 5000 exemplaires en 1879, 500 000 en 1914, un million dans les années 1930 et culmine à 1,2 million en 1957 avant de décliner (467 000 exemplaires en 1974).

En 1960, l'ensemble de la presse féminine tire à 6 millions d'exemplaires : 6 des 12 titres français à dépasser le million sont féminins, et 80 % des Françaises les lisent. Malgré une chute de 30 % des tirages entre 1966 et 1976 (deux millions de lectrices perdues), et une dépolitisation radicale à la fin du XXe siècle, la presse féminine demeure un enjeu important.

Né en mars 1937, *Marie-Claire* disparaît en 1940 mais renaît en 1954. Tirant à plus d'un million d'exemplaires en 1957, son tirage se tasse par la suite (729 000 en 1974, 670 000 en 2012). De même, *Elle*, fondé en 1945, s'impose rapidement (180 000 exemplaires en 1946, 409 000 en 2012).

La presse sportive tire sans doute dès la fin du XIXe siècle à 150 000 exemplaires. Le principal journal sportif est *L'Auto* (16 octobre 1900), qui crée le Tour de France en 1903 pour développer ses ventes. Créé par une équipe antidreyfusarde, compromis bien plus tard dans le collaborationnisme, le journal disparaît un temps à la Libération pour devenir *L'Equipe* en 1946. Son audience est longtemps la plus importante d'un quotidien français, avant l'avènement des gratuits.

De *L'Auto* (1903-1944) à *L'Equipe* (1946-2012)

	1903	1914	1920	1933	1939	1941	1944
Tirage	50 000	120 000	100 000	300 000	164 000	63 500	65 000
	1947	**1974**	**1980**	**1998**	**2007**	**2012**	
Tirage	250 000	313 900			471 151	401 819	
Diffusion		220 000 ?	310 804	404 000	336 929	291 012	

Sources :

Claude Bellanger *et al.*, *Histoire générale de la presse française*, t. III : *De 1871 à 1940*, PUF, 1972, p. 384, p. 511 et p. 584-585, ainsi que t. IV : *De 1940 à 1958*, p. 37 et p. 357, t. V : *De 1958 à nos jours*, PUF, 1976, p. 474.

Michel Jamet, *La Presse périodique en France, op. cit.*, complété par OJD.

Partie IV

LA POLITIQUE

S'il est un domaine où l'on ne saurait oublier que les chiffres sont le fruit d'une construction, c'est bien celui du politique. Les statistiques ont bien souvent constitué, hier comme aujourd'hui, des enjeux politiques, déclenchant à intervalles réguliers de véritables batailles sur la scène politico-médiatique. Citons pour mémoire les querelles récurrentes sur les effectifs des cortèges de manifestants, le nombre de grévistes ou, par le passé, les effectifs militants des formations se présentant comme des partis de masse. Les chiffres du politique incitent à la méfiance, à tout le moins à une certaine prudence. Le fait est qu'à l'exception des élections ou des grèves, ils ne relèvent généralement pas de la statistique officielle. Ils sont établis (ou ignorés), délivrés ou dissimulés par les intéressés eux-mêmes – partis politiques, associations et autres syndicats. Il revient donc à l'historien de poser un œil critique et d'établir des chiffres ou des estimations fiables. Pour être difficile, sa tâche n'en est pas moins essentielle à l'étude de la vie politique française. Les données du politique offrent en effet un baromètre des rapports de force (entre partis, syndicats, cortèges manifestants...), un observatoire des pratiques et des comportements politiques comme de leur évolution. Ils se prêtent par conséquent à une étude tant synchronique que diachronique : ils permettent d'analyser les rapports de force à l'issue d'une élection, autant qu'ils dessinent l'évolution de l'offre politique sur trois Républiques. Ils proposent une photographie des forces militantes à un moment donné, autant qu'ils invitent à réfléchir à l'évolution du rapport des partis politiques à leurs militants. Ils permettent encore de mesurer les accès de « fièvre hexagonale », l'intensité des crises politiques et sociales, tout en donnant à lire l'évolution de la conflictualité et, plus généralement, les transformations de la participation citoyenne à la chose publique depuis 1870.

Le terme « politique » doit donc être ici compris au sens large. Ainsi, après avoir exposé les chiffres relatifs aux élections, à la sociologie des élus et des électeurs, nous consacrons une deuxième partie aux formations politiques et aux associations para-politiques, pour finir par les chiffres de ce qu'il est convenu d'appeler le mouvement social : syndicats, grèves et manifestations.

Chapitre 1

RÉFÉRENDUMS ET ÉLECTIONS

L'histoire chiffrée des élections françaises depuis 1871 appelle plusieurs remarques :

— La première est celle de l'augmentation continue du nombre des inscrits, marquant la victoire de l'élection et de la démocratie représentative sur d'autres modes d'expression citoyenne. Cette augmentation témoigne également des élargissements successifs du corps électoral. Les élections de 1871 consacrent en effet le suffrage universel masculin institué depuis 1848, mais écartent les femmes qui doivent attendre l'ordonnance du 21 avril 1944 pour obtenir ce droit, ainsi que d'autres catégories de la population : militaires de carrière jusqu'à l'ordonnance du 17 août 1945 et populations colonisées – dont la portée du vote, une fois le suffrage universel instauré par la IVe République, est limitée par l'instauration du double collège jusqu'en 1956. Le poids démographique de la génération du baby-boom et son irruption sur la scène politico-médiatique dans les années 1968 suscitent un nouvel élargissement du corps électoral avec l'abaissement du droit de vote de 21 à 18 ans par la loi du 5 juillet 1974. La question du droit de vote des étrangers aux élections locales demeure, quant à elle, un serpent de mer de la vie politique depuis les années 1980 : avec le traité de Maastricht de 1992, seuls les ressortissants de l'Union européenne peuvent voter aux élections municipales (loi organique du 25 mai 1998).

— Le deuxième constat est celui de l'accroissement du nombre des élections : outre l'élection du président de la République au suffrage universel direct depuis la réforme constitutionnelle de 1962, de nouveaux scrutins sont apparus, symptomatiques des mutations de la démocratie française, qu'il s'agisse de son intégration dans un ensemble supranational, avec l'élection de députés au Parlement européen au suffrage universel direct depuis 1979, ou de la réforme de la décentralisation avec l'instauration d'élections régionales en 1986.

— Le troisième constat concerne la physionomie des élections et leur issue : les élections successives sont marquées par le regroupement des candidats, renforcé à partir de 1901 par l'institutionnalisation des partis politiques puis des groupes parlementaires. En outre, la succession des élections témoigne, autant qu'elle les dessine, des évolutions de la scène partisane, manifestant la montée en puissance de certaines forces politiques et le déclin des autres (le radicalisme, passé l'âge d'or de la IIIe République par exemple). La naissance de la Ve République et la prééminence de l'élection présidentielle font apparaître, enfin, une tendance à la simplification et à la bipolarisation de la vie politique qui ne s'est cependant pas traduite par l'instauration d'un système bipartisan.

— Il convient, ici, de faire une place à la question du mode de scrutin : de la IIIe à la Ve République, les élections – présidentielles sous la Ve République, mais aussi législatives, cantonales et municipales sous la IIIe et la Ve République – sont marquées par la prédominance du scrutin majoritaire : le candidat arrivé en tête au deuxième tour (ou qui obtient la majorité absolue au premier) emporte l'élection. S'il permet aux candidats de s'émanciper de la tutelle des partis, ce système favorise la construction de notabilités et personnalise le scrutin. Il présente, il est vrai, l'avantage de dégager des majorités en encourageant les alliances et les regroupements de partis. Ce faisant, il favorise les grandes formations. Pour cette raison, le scrutin proportionnel est volontiers présenté comme plus démocratique : chaque formation ou chaque liste obtient un nombre de sièges proportionnel au nombre de voix obtenues. Ainsi, des mouvements favorables à la représentation proportionnelle apparaissent au début du XXe siècle : défendue – en principe – par la gauche (et plus encore par les petites formations), la proportionnelle est généralisée aux élections législatives – et municipales – de la IVe République, avant d'être emportée avec elle, accusée d'avoir contribué à son instabilité structurelle. Ainsi, depuis 1871, six élections législatives – seulement – ont eu lieu au scrutin proportionnel, sous la IVe République et en 1986. Ce mode de scrutin demeure cependant utilisé dans certaines élections, telles que les européennes – favorisant la multiplication des candidatures. Nombreux sont enfin les scrutins auxquels des correctifs sont apportés que ce soit pour des raisons politiques – comme ce fut le cas sous la IVe République avec le système des apparentements contre le parti communiste et le RPF gaulliste –, ou pour limiter les candidatures – en imposant un seuil de 10 % des suffrages exprimés pour se présenter au deuxième tour. Enfin, les modes de scrutin mixtes – proportionnelle avec « prime » majoritaire – sont de mise aux élections régionales et municipales sous la Ve République.

Par souci de clarté et de cohérence, mais aussi par contrainte, quatre choix ont présidé à la présentation des chiffres qui suivent :

— Premièrement, exception faite des élections présidentielles avant 1958, les résultats reportés concernent les seules élections au suffrage universel direct. Ainsi, nous avons préféré aux résultats des élections sénatoriales (impossibles à obtenir au plan national sur la période) la répartition des sièges par groupe politique ou par sensibilité dans la Chambre haute, permettant d'apprécier le rapport de forces politiques.

— Pour la même raison (l'impossibilité d'avoir des résultats « nationaux »), les élections cantonales et municipales ont été exclues. Nous proposons en revanche un tableau de l'affiliation partisane des maires des grandes villes de France depuis 1935.

— Troisièmement, les résultats des scrutins législatifs concernent (sauf indication contraire) la France métropolitaine : le problème des colonies et les changements apportés au gré des décolonisations d'une part, la présentation systématiquement distincte par le ministère de l'Intérieur des résultats des DOM-TOM jusqu'à une date récente, d'autre part, nous ont conduits à les écarter, par souci de clarté et de cohérence sur l'ensemble de la période.

— Signalons enfin le problème posé par les élections législatives de la IIIe République, pour lesquelles il n'existe pas de résultats nationaux officiels. L'absence de partis politiques et de groupes avant le début du XXe siècle explique en partie ce phénomène, et l'utilité de résultats « nationaux » durant cette période peut être questionnée. Il reste qu'aux débuts de la IIIe République, à un moment où le régime cherche à s'imposer et à se consolider, les résultats globaux permettent de compter ses adversaires et ses partisans et d'observer comment la France est devenue républicaine. Ces chiffres sont, pour cette raison, utiles à l'historien. Nous proposons (sauf indication contraire) les données établies par Frédéric Salmon, qui a effectué un décompte détaillé à partir des procès-verbaux des élections.

A. Les référendums

Résultats des référendums (1870-2005)

		Inscrits	Votants/ Participation	Suffrages exprimés	Oui	Non
8 mai 1870	« Le Peuple approuve les réformes libérales opérées dans la Constitution depuis 1860, par l'empereur, avec le concours des grands corps de l'Etat, et ratifie le sénatus-consulte du 20 avril 1870 »	11 000 000	9 001 942/ 81,83 %	8 888 967	7 350 142/ **82,69 %**	1 538 825/ 17,31 %
21 octobre 1945 (1)	« Voulez-vous que l'Assemblée élue ce jour soit constituante ? »	25 744 992	20 353 985/ 79,06 %	19 283 882	18 584 746/ **96,37 %**	699 136/ 3,63 %
21 octobre 1945 (2)	« S'il y a une majorité de oui à la première question, approuvez-vous l'organisation provisoire des pouvoirs publics indiquée dans le projet qui vous est soumis ? »	25 744 992	20 353 985/ 79,06 %	19 244 149	12 794 943/ **66,48 %**	6 449 206/ 33,51 %
5 mai 1946	Approbation du projet de Constitution voté le 19 avril 1946 par l'Assemblée constituante	25 829 425	20 567 378/ 79,62 %	20 038 393	9 454 034/ 47,18 %	10 584 359/ **52,82 %**
13 octobre 1946	Approbation du projet de Constitution voté le 29 septembre 1946 par l'Assemblée constituante	26 311 643	17 792 008/ 67,62 %	17 462 929	9 297 470/ **53,24 %**	8 165 459/ 46,75 %
28 septembre 1958	Approuvez-vous la Constitution qui vous est proposée par le gouvernement de la République ? — Métropole	26 603 464	22 596 850/ 84,94 %	22 293 301	17 668 790/ **79,25 %**	4 624 511/ 20,74 %
	Total	45 840 642	36 893 979/ 80,48 %	36 486 251	31 066 502/ **67,77 %**	5 419 749/ 11,82 %
8 janvier 1961	Projet de loi concernant l'autodétermination des populations algériennes et l'organisation des pouvoirs publics en Algérie avant l'autodétermination	32 520 233	23 986 913/ 73,76 %	23 265 444	17 447 669/ **74,99 %**	5 817 775/ 25,01 %

	Avant l'autodétermination	Inscrits	Votants/ Participation	Suffrages exprimés	Oui	Non
8 avril 1962	Projet de loi concernant les accords à établir et les mesures à prendre au sujet de l'Algérie sur la base des déclarations gouvernementales du 19 mars 1962	27 582 072	20 779 303/ 75,34 %	19 675 497	17 866 423/ **90,80 %**	1 809 074/ 9,20 %
28 octobre 1962	Projet de loi concernant l'élection du président de la République au suffrage universel	28 185 478	21 694 563/ 76,97 %	21 125 054	13 150 516/ **62,25 %**	7 974 538/ 37,75 %
27 avril 1969	Projet de loi relatif à la création de régions et à la rénovation du Sénat	29 392 390	23 552 611/ 80,13 %	22 908 855	10 901 753/ 47,59 %	12 007 102/ **52,41 %**
23 avril 1972	Ratification du traité relatif à l'adhésion à la Communauté économique européenne et à la Communauté européenne de l'énergie atomique du Royaume de Danemark, de l'Irlande, du Royaume de Norvège et du Royaume-Uni de Grande-Bretagne et d'Irlande du Nord, signé à Bruxelles le 22 janvier 1972	29 820 464	17 964 607/ 60,24 %	15 878 488	10 847 554/ **68,32 %**	5 030 934/ 31,68 %
6 novembre 1988	Projet de loi portant dispositions statutaires et préparatoires à l'autodétermination de la Nouvelle-Calédonie	38 025 823	14 028 705/ 36,89 %	12 371 046	9 896 498/ **79,99 %**	2 474 548/ 20,01 %
20 septembre 1992	Ratification du Traité sur l'Union européenne (« Traité de Maastricht »)	38 305 534	26 695 951/ 69,69 %	25 786 574	13 162 992/ **51,05 %**	12 623 582/ 48,95 %
24 septembre 2000	Institution du quinquennat	39 941 192	12 058 688/ 30,19 %	10 118 348	7 407 697/ **73,21 %**	2 710 651/ 26,79 %
29 mai 2005	Projet de traité établissant une constitution pour l'Europe	41 789 202	28 988 300/ 69,37 %	28 257 778	12 808 270/ 45,33 %	15 449 508/ **54,67 %**

B. Les élections présidentielles

a. Sous la IIIe République

Mode de scrutin : Conformément aux lois du 31 août 1871 et du 13 mars 1873, le président est élu par l'Assemblée nationale.

Elections présidentielles de 1873

	1er tour – 24 mai 1873	
Votants	392	
Exprimés	391	
Patrice de Mac-Mahon	**390**	**99,99 %**
Jules Grévy	1	0,01 %

Elections présidentielles de 1879

	1er tour – 30 janvier 1879	
Votants	713	
Exprimés	670	
Jules Grévy	**563**	**84,03 %**
Antoine Chanzy	99	14,78 %
Divers	8	

Mode de scrutin : Conformément à l'article 2 de la loi du 25 février 1875 relative à l'organisation des pouvoirs publics : « Le président de la République est élu à la majorité absolue des suffrages par le Sénat et par la Chambre des députés réunis en Assemblée nationale. »

Elections présidentielles de 1885

	1er tour – 28 décembre 1885	
Votants	589	
Exprimés	576	
Jules Grévy	**457**	**79,34 %**
Henri Brisson	68	11,80 %
Charles de Freycinet	14	2,43 %
Anatole de La Forge	10	1,73 %
Divers	27	

Elections présidentielles de 1887[1]

	1er tour – 3 décembre 1887		2nd tour – 3 décembre 1887	
Votants	852		842	
Exprimés	849		827	
Marie François Sadi Carnot	**303**	**35,69 %**	**616**	**74,49 %**
Jules Ferry	212	24,97 %	11	1,33 %
Félix-Gustave Saussier	148	17,43 %	188	22,73 %
Charles de Freycinet	76	8,95 %	5	0,60 %
Félix-Antoine Appert	72	8,48 %	5	0,60 %
Henri Brisson	26	3,06 %	1	0,12 %
Charles Floquet	5	0,59 %		
Anatole de La Forge	2	0,23 %		
Félix Pyat	2	0,23 %	1	0,12 %
Pasteur	2	0,23 %		
Eugène Spuller	1	0,14 %		

1. Election consécutive à la démission de Jules Grévy, impliqué dans le « scandale des décorations », le 2 décembre 1887.

Elections présidentielles de 1894

	1er tour – 27 juin 1894	
Votants	851	
Exprimés	845	
Jean Casimir-Périer	**451**	**53,37 %**
Henri Brisson	195	23,08 %
Charles Dupuy	97	11,48 %
Victor Février	53	6,27 %
Emmanuel Arago	27	3,19 %
Divers	22	

Elections présidentielles de 1895[1]

	1er tour – 17 janvier 1895		2e tour – 17 janvier 1895	
Votants	793		801	
Exprimés	787		800	
Henri Brisson	338	42,62 %	361	45,07 %
Félix Faure	**244**	**30,77 %**	**430**	**53,68 %**
Pierre Waldeck-Rousseau	184	23,20 %		
Divers	21		9	

1. Election consécutive à la démission de Jean Casimir-Périer.

Elections présidentielles de 1899[1]

	1er tour - 18 février 1899	
Votants	824	
Exprimés	812	
Emile Loubet	**483**	**59,48 %**
Jules Méline	279	34,36 %
Godefroy Cavaignac	23	2,83 %
Paul Deschanel	10	1,23 %
Charles Dupuy	8	0,98 %
Monteil	4	0,49 %
Henri Rochefort	2	0,25 %
Albert Baduel	1	0,12 %
Albert De Mun	1	0,12 %
Louis Tillaye	1	0,12 %

1. Election consécutive au décès de Félix Faure le 16 février 1899.

Elections présidentielles de 1906

	1er tour - 18 janvier 1906	
Votants	849	
Exprimés	848	
Armand Fallières	**449**	**52,95 %**
Paul Doumer	371	43,75 %
Divers	28	3,30 %

Elections présidentielles de 1913

	1er tour - 17 janvier 1913		2e tour - 17 janvier 1913	
Votants	872		870	
Exprimés	867		859	
Raymond Poincaré	**429**	**49,48 %**	**483**	**56,23 %**
Jules Pams	327	37,72 %	296	34,46 %
Edouard Vaillant	63	7,27 %	69	8,03 %
Paul Deschanel	18	2,08 %		
Alexandre Ribot	16	1,85 %		
Divers	14	1,60 %	11	

Elections présidentielles de 1920

	1er tour - 17 janvier 1920	
Votants	888	
Exprimés	872	
Paul Deschanel	**734**	**84,17 %**

	1er tour – 17 janvier 1920	
Célestin Jonnart	64	7,34 %
Georges Clemenceau	53	6,08 %
Raymond Poincaré	8	0,92 %
Ferdinand Foch	7	0,81 %
Léon Bourgeois	6	0,68 %

Elections présidentielles de 1920[1]

	1er tour – 23 septembre 1920	
Votants	892	
Exprimés	786	
Alexandre Millerand	**695**	**88,42 %**
Gustave Delory	69	8,78 %
Divers	22	

1. Election consécutive à la démission de Paul Deschanel, pour raisons de santé, le 18 septembre 1920.

Elections présidentielles de 1924[1]

	1er tour – 13 juin 1924	
Votants	860	
Exprimés	853	
Gaston Doumergue	**515**	**60,37 %**
Paul Painlevé	309	36,22 %
Zéphyrin Camélinat	21	2,46 %
Divers	8	0,95 %

1. Election consécutive à la démission d'Alexandre Millerand le 11 juin 1924.

Elections présidentielles de 1931

	1er tour – 13 mai 1931		2nd tour – 13 mai 1931	
Votants	901		893	
Exprimés	897		881	
Paul Doumer	**442**	**49,27 %**	**504**	**57,21 %**
Aristide Briand	401	44,70 %	12	1,36 %
Jean Hennessy	15	1,67 %		
Marcel Cachin	10	1,11 %	11	1,25 %
Pierre Marraud			334	37,91 %
Paul Painlevé			13	1,47 %
Divers	29		7	

Elections présidentielles de 1932[1]

	1er tour – 10 mai 1932	
Votants	826	
Exprimés	777	
Albert Lebrun	**633**	**81,47 %**
Paul Faure	114	14,67 %
Paul Painlevé	12	1,54 %
Marcel Cachin	8	1,03 %
Divers	10	

1. Election consécutive à l'assassinat de Paul Doumer le 6 mai 1932.

Elections présidentielles de 1939

	1er tour – 5 avril 1939	
Votants	916	
Exprimés	910	
Albert Lebrun	**506**	**55,60 %**
Albert Bedouce	151	16,59 %
Marcel Cachin	74	8,13 %
Edouard Herriot	53	5,82 %
Justin Godart	50	5,49 %
Fernand Bouisson	16	1,76 %
François Pietri	10	1,10 %
Divers	50	

b. Sous la IVe République

Conformément à l'article 29 de la Constitution de 1946 : « Le président de la République est élu par le Parlement. » Pour être élu, le candidat doit obtenir la majorité absolue des suffrages exprimés.

Elections présidentielles de 1947

	1er tour – 16 janvier 1947	
Votants	883	
Exprimés	883	
Vincent Auriol (SFIO)	**452**	**51,19 %**
Auguste Champetier de Ribes (MRP)	242	27,41 %
Jules Gasser (Radical)	122	13,82 %
Michel Clemenceau (PRL)	60	6,79 %
Divers	7	

Elections présidentielles de 1953

	1er tour 17 décembre 1953		2e tour 17 décembre 1953		3e tour 18 décembre 1953		4e tour 18 décembre 1953	
Votants	932		927		931		928	
Exprimés	928		918		922		918	
Edmond Naegelen (SFIO)	160	17,24 %	299	32,57 %	313	33,95 %	344	37,47 %
Joseph Laniel (CNIP)	155	16,70 %	276	30,06 %	358	38,83 %	408	44,44 %
Georges Bidault (MRP)	131	14,12 %	143	15,58 %				
Yvon Delbos (Radical)	129	13,90 %			225	24,40 %	42	4,57 %
Jean Médecin (Radicaux indépendants)	54	5,82 %					45	4,90 %
Paul Kalb (RPF)	114	12,28 %						
Marcel Cachin (PCF)	113	12,18 %						
Jacques Fourcade (CNIP)	62	6,68 %						
André Cornu (RGR)							35	3,81 %
Divers	10		20		26		44	

	5e tour 19 décembre 1953		6e tour 19 décembre 1953		7e tour 20 décembre 1953		8e tour 20 décembre 1953	
Votants	926		913		922		916	
Exprimés	921		905		909		909	
Joseph Laniel	374	40,61 %	397	43,87 %	407	44,77 %	430	47,30 %
Edmond Naegelen	312	33,88 %	306	33,81 %	303	33,33 %	381	41,91 %
Jean Médecin	197	21,39 %	171	18,89 %	156	17,16 %		
Antoine Pinay (CNIP)							25	2,75 %
Louis Jacquinot (CNIP)							14	1,54 %
Divers	38		31		43		53	

	9e tour 21 décembre 1953		10e tour 21 décembre 1953		11e tour 23 décembre 1953		12e tour 23 décembre 1953	
Votants	916		888		897		898	
Exprimés	909		867		880		882	
Joseph Laniel	413	45,43 %	392	45,21 %				
Edmond Naegelen	365	40,15 %	358	41,29 %	372	42,27 %	333	37,75 %
Jean Médecin								
Antoine Pinay								
Louis Jacquinot					338	38,41 %	26	2,95 %
René Coty (CNIP)					71	8,07 %	431	48,87 %
Pierre Montel	103	11,33 %	84	9,69 %				
Divers	28		33		99		92	

	13e tour – 23 décembre 1953	
Votants	884	
Exprimés	871	
Edmond Naegelen	329	37,77 %
Louis Jacquinot	21	2,41 %
René Coty	**477**	**54,76 %**
Divers	44	

c. Sous la Ve République

Conformément aux articles 6 et 7 de la Constitution de 1958, le président de la République est élu par un collège électoral comprenant les membres du Parlement et des représentants des collectivités territoriales. Pour être élu, le candidat doit obtenir la majorité absolue des suffrages exprimés.

Elections présidentielles de 1958

	1er tour – 21 décembre 1958	
Inscrits	81 764	
Votants/Participation	81 290	99,42 %
Suffrages exprimés/Blancs ou nuls	79 470	2,22 %
Charles de Gaulle (UNR)	**62 394**	**78,51 %**
Georges Marrane (PCF)	10 355	13,03 %
Albert Chatelet (UFD)	6 721	8,46 %

Source : Conseil constitutionnel.

Suite au référendum du 28 octobre 1962, le président de la République est élu au suffrage universel direct. Pour être élu, le candidat doit obtenir la majorité absolue des suffrages exprimés. Si celle-ci n'est pas obtenue au premier tour, il est procédé à un second tour, où peuvent seuls se présenter les deux candidats qui, le cas échéant après retrait de candidats plus favorisés, ont recueilli le plus grand nombre de suffrages au premier tour.

Elections présidentielles de 1965 [1]

	1er tour – 5 décembre 1965		2nd tour – 19 décembre 1965	
Inscrits	28 910 581		28 902 704	
Votants/Participation	24 502 916	84,75 %	24 371 647	84,32 %
Suffrages exprimés/Blancs ou nuls	24 254 556	0,86 %	23 703 434	2,31 %

	1er tour – 5 décembre 1965		2nd tour – 19 décembre 1965	
Marcel Barbu (sans étiquette)	279685	1,15%		
Charles de Gaulle (UNR-UDR)	**10828521**	**44,65%**	**13083699**	**55,20%**
Jean Lecanuet (MRP)	3777120	15,57%		
Pierre Marcilhacy (DVD)	415017	1,71%		
François Mitterrand (Union de la gauche)	7694005	31,72%	10619735	44,80%
Jean-Louis Tixier-Vignancour (EXTD)	1260208	5,20%		

1. Les résultats des élections présidentielles portent sur la France entière, sauf mention contraire.

Source : Conseil constitutionnel.

Elections présidentielles de 1969[1]

	1er tour – 1er juin 1969		2nd tour – 15 juin 1969	
Inscrits	29513361		29500334	
Votants/Participation	22898960	77,58%	20311287	68,85%
Suffrages exprimés/Blancs ou nuls	22603924	1,00%	19007489	4,42%
Gaston Defferre (SFIO)	1133222	5,01%		
Louis Ducatel (sans étiquette)	286447	1,27%		
Jacques Duclos (PCF)	4808285	21,27%		
Alain Krivine (Ligue communiste)	239104	1,06%		
Alain Poher (Centre démocrate)	5268613	23,31%	7943118	41,79%
Georges Pompidou (UDR)	**10051783**	**44,47%**	**11064371**	**58,21%**
Michel Rocard (PSU)	816470	3,61%		

1. Election consécutive à la démission du général de Gaulle le 28 avril 1969.

Elections présidentielles de 1974[1]

	1er tour – 5 mai 1974		2nd tour – 19 mai 1974	
Inscrits	30602953		30600775	
Votants/Participation	25775743	84,22%	26724595	87,33%
Suffrages exprimés/Blancs ou nuls	25538636	0,77%	26367807	1,16%
Jacques Chaban-Delmas (UDR)	3857728	15,11%		
René Dumont (écologiste)	337800	1,32%		
Valéry Giscard d'Estaing (RI)	**8326774**	**32,60%**	**13396203**	**50,80%**
Guy Héraud (Fédéraliste européen)	19255	0,06%		
Alain Krivine (EXTG)	93990	0,37%		
Arlette Laguiller (Lutte ouvrière)	595247	2,33%		
Jean-Marie Le Pen (FN)	190921	0,75%		
François Mitterrand (PS)	11044373	43,25%	12971604	49,20%
Emile Muller (Mouvement démocrate-socialiste de France)	176279	0,69%		
Bertrand Renouvin (royaliste)	43722	0,17%		
Jean Royer (sans étiquette, DVD)	810540	3,17%		
Jean-Claude Sebag (Mouvement fédéraliste européen)	42007	0,16%		

1. Election consécutive à la mort de Georges Pompidou le 2 avril 1974.

Elections présidentielles de 1981

	1er tour – 26 avril 1981		2nd tour – 10 mai 1981	
Inscrits	36 398 859		36 398 762	
Votants/Participation	29 516 082	81,09 %	31 249 552	85,85 %
Suffrages exprimés/Blancs ou nuls	29 038 117	1,31 %	30 350 568	2,47 %
Arlette Laguiller (LO)	668 057	2,30 %		
Marie-France Garaud (DVD)	386 623	1,33 %		
Michel Crépeau (MRG)	642 847	2,21 %		
Huguette Bouchardeau (PSU)	321 353	1,11 %		
Brice Lalonde (Mouvement d'écologie politique)	1 126 254	3,88 %		
François Mitterrand (PS)	**7 505 960**	**25,85 %**	**13 396 203**	**51,76 %**
Valéry Giscard d'Estaing (UDF)	8 222 432	28,32 %	12 971 604	48,24 %
Georges Marchais (PCF)	4 456 922	15,35 %		
Michel Debré (DVD)	481 821	1,66 %		
Jacques Chirac (RPR)	5 225 848	17,99 %		

Elections présidentielles de 1988

	1er tour – 24 avril 1988		2nd tour – 8 mai 1988	
Inscrits	38 128 507		38 168 869	
Votants	31 027 972	81,37 %	32 085 071	84,06 %
Suffrages exprimés	30 406 038	1,63 %	30 923 249	3,05 %
Raymond Barre (DVD)	5 031 849	16,54 %		
Pierre Juquin (EXTG)	639 084	2,10 %		
Jean-Marie Le Pen (FN)	4 375 894	14,39 %		
Jacques Chirac (RPR)	6 063 514	19,94 %	14 218 970	45,98 %
François Mitterrand (PS)	**10 367 220**	**34,09 %**	**16 704 279**	**54,02 %**
Pierre Boussel (Mouvement pour un parti des travailleurs)	116 823	0,38 %		
Antoine Waechter (Les Verts)	1 149 642	3,78 %		
Arlette Laguiller (LO)	606 017	1,99 %		
André Lajoinie (PCF)	2 055 995	6,76 %		

Elections présidentielles de 1995

	1er tour – 23 avril 1995		2nd tour – 8 mai 1995	
Inscrits	39 992 912		39 976 944	
Votants/Participation	31 345 794	78,38 %	31 845 819	79,66 %
Suffrages exprimés/Blancs ou nuls	30 462 633	2,21 %	29 943 671	4,76 %
Philippe de Villiers (MPF)	1 443 186			
Jean-Marie Le Pen (FN)	4 570 838	15,00 %		
Jacques Chirac (RPR)	**6 348 375**	**20,84 %**	**15 763 027**	**52,64 %**
Arlette Laguiller (LO)	1 615 552	5,30 %		

	1er tour – 23 avril 1995		2nd tour – 8 mai 1995	
Jacques Cheminade (Fédération pour une nouvelle solidarité)	84 959	0,28 %		
Lionel Jospin (PS)	7 097 786	23,30 %	14 180 644	47,36 %
Dominique Voynet (Les Verts)	1 010 681	3,31 %		
Edouard Balladur (RPR)	5 658 796	18,58 %		
Robert Hue (PCF)	2 632 460	8,64 %		

Source : Conseil constitutionnel.

Suite au référendum du 24 septembre 2000, le président de la République est désormais élu pour cinq ans.

Elections présidentielles de 2002

	1er tour – 21 avril 2002		2nd tour – 5 mai 2002	
Inscrits	41 197 689		41 191 169	
Votants/Participation	29 495 733	71,60 %	32 832 295	79,70 %
Suffrages exprimés/Blancs ou nuls	28 498 471	2,42 %	31 062 988	4,29 %
Bruno Mégret (MNR)	667 026	2,34 %		
Corinne Lepage (Citoyenneté action participation pour le XXIe siècle)	535 837	1,88 %		
Daniel Gluckstein (PT)	132 686	0,46 %		
François Bayrou (UDF)	1 949 170°	6,83 %		
Jacques Chirac (RPR)	**5 665 855**	**19,88 %**	**25 537 956**	**82,21 %**
Jean-Marie Le Pen (FN)	4 804 713	16,86 %	5 525 032	17,79 %
Christiane Taubira (PRG)	660 447	2,31 %		
Jean Saint-Josse (CPNT)	1 204 689	4,22 %		
Noël Mamère (Les Verts)	1 495 774	5,24 %		
Lionel Jospin (PS)	4 610 113	16,17 %		
Christine Boutin (Forum des républicains sociaux)	339 112	1,19 %		
Robert Hue (PCF)	960 480	3,37 %		
Jean-Pierre Chevènement (Mouvement des citoyens)	1 518 528	5,32 %		
Alain Madelin (DL)	1 113 484	3,90 %		
Arlette Laguiller (LO)	1 630 045	5,72 %		
Olivier Besancenot (LCR)	1 210 562	4,24 %		

Source : Conseil constitutionnel.

Elections présidentielles de 2007 (1er tour)

I : 44 472 834 V : 37 254 242 (83,77 %) E : 36 719 396	Candidats	Voix	%
	Nicolas Sarkozy (UMP)	**11 448 663**	**31,18**
	Ségolène Royal (PS)	9 500 112	25,87
	François Bayrou (Modem)	6 820 119	18,57
	Jean-Marie Le Pen (FN)	3 834 530	10,44
	Olivier Besancenot (NPA)	1 498 581	4,08
	Philippe de Villiers (MPF)	818 407	2,23
	Marie-Georges Buffet (PCF)	707 268	1,93
	Dominique Voynet (Verts)	576 666	1,57
	Arlette Laguiller (LO)	487 857	1,33
	José Bové (sans étiquette)	483 008	1,32
	Frédéric Nihous (CPNT)	420 645	1,15
	Gérard Schivardi (PT)	123 540	0,34

Source : Ministère de l'Intérieur.

Elections présidentielles de 2007 (2nd tour)

I : 44 472 733 V : 37 342 004 (83,97 %) E : 35 773 578	Candidats	Voix	% des suffrages exprimés
	Nicolas Sarkozy	**18 983 138**	**53,06**
	Ségolène Royal	16 790 440	46,94

Source : Ministère de l'Intérieur.

Elections présidentielles de 2012 (1er tour)

I : 46 028 542 V : 36 584 399 (79,48 %) E : 35 883 209	Candidats	Voix	% des suffrages exprimés
	François Hollande (PS)	**10 272 705**	**28,63**
	Nicolas Sarkozy (UMP)	9 753 629	27,18
	Marine Le Pen (FN)	6 421 426	17,90
	Jean-Luc Mélenchon (Front de gauche)	3 984 822	11,10
	François Bayrou (Modem)	3 275 122	9,13
	Eva Joly (EECLV)	828 345	2,31
	Nicolas Dupont-Aignan (Debout la République)	643 907	1,79
	Philippe Poutou (NPA)	411 160	1,15
	Nathalie Arthaud (LO)	202 548	0,56
	Jacques Cheminade	89 545	0,25

Elections présidentielles de 2012 (2nd tour)

I : 46 066 307 V : 37 016 309 (80,35 %) E : 35 861 353	Candidats	Voix	% des suffrages exprimés
	François Hollande	**18 000 668**	**51,64**
	Nicolas Sarkozy	16 860 685	48,36

Source : Ministère de l'Intérieur.

Données transversales (depuis 1965)

	1965	1969	1974	1981	1988	1995	2002	2007	2012
Nombre de candidats au premier tour	6	7	12	10	9	9	16	12	10
Nombre de femmes candidates	0	0	1	3	1	2	4	4	3
Age moyen des candidats au premier tour	56 ans	54 ans	46 ans	51 ans	57 ans	54 ans	55 ans	54 ans	55 ans
Age du président élu	75 ans	57 ans	48 ans	64 ans	71 ans	62 ans	69 ans	52 ans	57 ans
Participation 1er tour	84,75 %	77,58 %	84,22 %	81,09 %	81,37 %	78,38 %	71,60 %	83,77 %	79,48 %
Participation 2nd tour	84,32 %	68,85 %	87,33 %	85,85 %	84,06 %	79,66 %	79,70 %	83,97 %	80,35 %
Score du candidat arrivé en tête au premier tour (par rapport au total des exprimés/des inscrits)	44,65 %/ 37,45 %	44,47 %/ 34,05 %	43,25 %/ 36,09 %	28,32 %/ 22,59 %	34,09 %/ 27,19 %	23,30 %/ 17,74 %	19,88 %/ 13,75 %	31,18 %/ 27,74 %	28,63 %/ 22,32 %
Score du président élu au second tour (par rapport au total des exprimés/des inscrits)	55,20 %/ 45,27 %	58,21 %/ 37,51 %	50,80 %/ 43,78 %	51,76 %/ 43,16 %	54,02 %/ 45,98 %	52,64 %/ 39,43 %	82,21 %/ 62,00 %	53,06 %/ 42,68 %	51,64 % 39,07 %

C. Les élections législatives

La durée du mandat ne change pas : cinq ans.

a. Sous la IIIe République[1]

Election du 8 février 1871

Le scrutin majoritaire de liste à un tour dans le cadre départemental est en vigueur. La majorité relative suffit donc pour être élu à la condition d'obtenir le huitième des inscrits. Sans quoi, un deuxième tour est

1. Sauf précision contraire, le mode de scrutin est le scrutin majoritaire uninominal à deux tours dans le cadre de l'arrondissement.

organisé. Les candidatures multiples sont autorisées : Thiers est élu 26 fois, Gambetta, 9 fois.

Il n'existe aucun résultat fiable (en termes de décompte des voix) pour ce scrutin qui se déroula dans un climat exceptionnel : 40 départements occupés par les Allemands et environ 400 000 hommes prisonniers. Nous nous contentons par conséquent de présenter la répartition (approximative) des sièges à l'issue de l'élection.

Elections du 8 février 1871

	Métropole	Algérie/colonies	Total
Sièges à pourvoir	753	15	768
Sièges pourvus	675	11	686
Elections multiples	78	4	82

Source : Jean-Pierre Marichy, *La Deuxième Chambre dans la vie politique française depuis 1875*, LGDJ, 1969, p. 99.

La Chambre de 1871 (657 élus[1])

Républicains[2]		Monarchistes		Bonapartistes
242		396		19
Radicaux	40			
Modérés	122	Orléanistes	214	
Centre gauche	80	Légitimistes	182	

1. 27 des 686 députés élus le 8 février étaient députés d'Alsace-Lorraine : ils quittèrent l'Assemblée après le vote sur la Paix, en mars 1871.
2. Jacques Gouault décompte pour sa part 78 députés de Centre gauche, 112 Républicains modérés, moins de 40 radicaux et une vingtaine de bonapartistes. Cf. Jacques Gouault, *Comment la France est devenue républicaine. Les élections générales et partielles à l'Assemblée nationale, 1870-1875*, A. Colin, 1954.

Source : Jean-Pierre Marichy, *La Deuxième Chambre dans la vie politique française depuis 1875*, LGDJ, 1969, p. 101.

Elections partielles (janvier 1872-février 1875)

Le scrutin majoritaire de liste à un tour dans le cadre départemental étant en vigueur, il faut, pour être élu, obtenir la majorité absolue des suffrages exprimés ainsi que 25 % des inscrits (loi du 18 février 1873).

Date	Nombre d'élections partielles	Nombre de sièges à renouveler	Sièges remportés par les Républicains
Janvier 1872-24 mai 1873 (chute de Thiers)	38	41	31 (dont 17 radicaux)
24 mai 1873-février 1875	27	29	22

Source : Jean-Marie Mayeur, *La Vie politique sous la Troisième République, 1870-1940*, Seuil, 1984.

Elections des 22 février et 5 mars 1876 (533 sièges)

Inscrits	9 701 000
Votants	7 413 000
Blancs ou nuls	137 000
Républicains	3 967 000
Républicains constitutionnels à soutien républicain	91 000
Centre droit et orléanistes de toutes tendances	1 010 000
Légitimistes et candidats cléricaux	883 000
Bonapartistes	1 325 000

Répartition (approximative) des sièges à l'issue des élections de 1876

Républicains	Conservateurs	
Environ 360	Environ 150	
	Bonapartistes	75
	Orléanistes	Environ 50
	Légitimistes	Une vingtaine

Source : Jean-Marie Mayeur, *La Vie politique…*, *op. cit.*

La répartition des sièges selon la *Revue de l'histoire*

Union républicaine	Gauche républicaine	Centre gauche	Républicains modérés	Indéterminés	Constitutionnels	Bonapartistes	Orléanistes	Légitimistes
98	193	48	17	15	22	76	40	24

Source : « Les élections françaises de 1789 à nos jours », *Revue de l'histoire*, 1964.

Elections des 14 et 28 octobre 1877 (531 sièges, métropole)

Inscrits	9 916 000
Votants	8 068 000
Blancs ou nuls	84 000
Républicains	4 327 000
Ambigus [1]	9 450
« Conservateurs »	3 648 000

1. Deux candidats, dans le Finistère et dans la Manche, qui captent des voix de « gauche » et de « droite ».

Répartition (approximative) des sièges

	Républicains	Conservateurs
A l'issue du scrutin	323	208 dont : Bonapartistes : 104 Légitimistes : 44 Orléanistes : 11
Après les élections partielles de 1878 qui suivent les quelque 70 élections invalidées pour pression administrative ou cléricale	Près de 400	

Sources :
Jean-Marie Mayeur, *La Vie politique…*, *op. cit.*
« Les élections françaises… », *op. cit.*, p. 47.

Elections des 21 août et 4 septembre 1881 (545 sièges)

Inscrits	10125000
Votants	7013000
Blancs ou nuls	314000
Socialistes	100000
Radicaux intransigeants	503000
Gauche radicale[1]	512000
Opportunistes	3781000
Douteux	48000
Conservateurs	1756000

1. Du nom du groupe parlementaire constitué à la fin de l'année 1881.

Répartition des sièges

Extrême gauche	46
Union républicaine	204
Gauche républicaine	168
Centre gauche	39
Conservateurs	88 dont 42 royalistes

Source : « Les élections françaises… », *op. cit.*

Elections des 4 et 18 octobre 1885 (584 sièges dont 569 en métropole)[1]

Inscrits		10 179 000
Votants		7 897 000
Blancs ou nuls		99 000
1er tour	Listes à dominante socialiste :	79 000
	Lites à dominante radicale :	1 062 000
	Listes à dominante opportuniste :	3 076 000
	Listes de centre gauche :	138 000
	Conservateurs :	3 444 000
2e tour	Gauche	2 677 000
	Centre gauche	46 000
	Conservateurs	906 000

1. Scrutin majoritaire de liste à deux tours dans le cadre du département.

Répartition globale des sièges

	Républicains	Conservateurs
1er tour	127	176
A l'issue du 2e tour	383	201

Source : Jean-Marie Mayeur, *La Vie politique…*, *op. cit.*

Répartition globale des sièges selon *La Revue de l'histoire*

Radicaux-socialistes	Radicaux	Républicains	Républicains modérés	Conservateurs	Bonapartistes	Royalistes
60	40	200	83	63	65	73

Source : « Les élections françaises… », *op. cit.*, p. 51.

Elections des 22 septembre et 6 octobre 1889 (576 sièges, dont 560 métropolitains)

Inscrits	10 430 000
Votants	8 058 000
Blancs ou nuls	192 000
Boulangistes	673 000
Socialistes	174 000 (dont révisionnistes : 27 000)
Radicaux révisionnistes	85 000
Radicaux d'extrême gauche	594 000
Radicaux (modérés)	658 000
Opportunistes	2 553 000
Républicains « libéraux »	157 000
Droites	2 972 000

Répartition des sièges

Gauche	Droite	Boulangistes
366	168	42

Source : Jean-Marie Mayeur, *La Vie politique…*, *op. cit.*

Répartition des sièges selon *La Revue de l'histoire*

Radicaux	Républicains	Centre gauche	Révisionnistes et conservateurs	Bonapartistes	Royalistes
112	216	38	72	52	86

Source : « Les élections françaises… », *op. cit.*

Elections des 20 août et 3 septembre 1893 (581 sièges)

Inscrits	10 424 000
Votants	7 440 000
Blancs ou nuls	303 000
Révisionnistes	167 000
Socialistes	470 000
Républicains socialistes	48 000
Radicaux socialistes	753 000
Radicaux	922 000
Opportunistes	2 740 000
Républicains « libéraux » ou « modérés »	320 000
Ralliés	609 000
Droites	1 109 000

Répartition (approximative) des sièges

Socialistes	Radicaux	Républicains de gouvernement (opportunistes et progressistes)	Ralliés	Droite conservatrice
49	122	317	35	58

Sources :
Jean-Marie Mayeur, *La Vie politique…*, *op. cit.*
« Les élections françaises… », *op. cit.*, p. 56.

Elections des 8 et 22 mai 1898 (581 sièges)

Inscrits	10 794 000
Votants	8 222 000
Blancs ou nuls	288 000
Révisionnistes	117 000
Socialistes	754 000

Républicains socialistes	69000
Radicaux socialistes	1151000
Radicaux	1111000
Progressistes (ex-opportunistes)	3052000
Républicains « libéraux » ou « modérés »	128000
Droites (avec élus ralliés ne siégeant pas sur les bancs progressistes)	1553000

Répartition approximative des sièges

Socialistes	Radicaux-socialistes	Radicaux	Républicains progressistes	Ralliés	Monarchistes	Révisionnistes, nationalistes	Divers
57	74	104	254	32	44	10	10

Source : *Revue politique et parlementaire*, t. 16, n° 48, juin 1898.

Elections de 1902 (1er tour), 27 avril (600 sièges dont 589 pour la France métropolitaine, La Réunion et trois circonscriptions des Antilles) [1]

Inscrits	11004000
Votants	8717000
Blancs ou nuls	219000
Socialistes	861000
Socialistes indépendants	52000
Radicaux socialistes	1144000
Radicaux	1152000
« Républicains » (progressistes restés à gauche) + indépendants et agraires ministériels	1053000
Total bloc des gauches (ou ministériels)	**4262000**
Ambigus	185000
Radicaux antiministériels	57000
Progressistes + indépendants et agraires antiministériels	1321000
Droite	1637000
Nationalistes (expressément tels)	1037000
Total antiministériels	**4052000**

1. PG La Chesnais, *La Représentation proportionnelle et les partis politiques*, 1904.

Elections de 1902 (2e tour), 11 mai

Ministériels	1476000
Indécis et ambigus	53000
Antiministériels	1001000

Répartition approximative des sièges[1]

Socialistes	43
Radicaux-socialistes	104
Radicaux	129
Républicains de gauche	62
Total bloc des gauches	**338**
Républicains progressistes	127
Ralliés	35
Nationalistes	48
Divers	41
Total antiministériels	**261**

1. Jean-Marie Mayeur évalue le bloc des gauches autour de 350 députés, et les antiministériels autour de 250. Jean-Marie Mayeur, *La Vie politique…*, *op. cit.*

Source : « Les élections françaises… », *op. cit.*

Elections des 6 et 20 mai 1906 (591 sièges)

Inscrits	11 227 000
Votants	8 979 000
Blancs ou nuls	266 000
SFIO + révolutionnaires	898 000
Socialistes indépendants	221 000
Radicaux socialistes	1 481 000
Radicaux	1 342 000
« Républicains »	914 000
Ambigus	203 000
Antiministériels	3 653 000

Répartition des sièges[1]

Socialistes SFIO	54
Socialistes indépendants	20
Radicaux-socialistes	132
Radicaux	115
Républicains de gauche	90
Total Bloc des gauches	**411**
Progressistes	66
Nationalistes	30
Conservateurs (Action libérale populaire incluse[2])	78

1. Sur 585 députés.
2. Jean-Marie Mayeur avance le chiffre de 20 députés pour l'ALP. Jean-Marie Mayeur, *La Vie politique…*, *op. cit.*

Source : *Revue politique et parlementaire*, t. 48, n° 144, 1906, p. 652-653.

Elections des 24 avril et 8 mai 1910[1]
(597 sièges dont 10 pour les colonies)

Inscrits	11 326 828
Votants	8 396 820
SFIO	1 110 561
Socialistes indépendants	345 202
Radicaux socialistes	1 727 064
Radicaux indépendants (Gauche radicale)	966 407
Républicains de gauche (Gauche démocratique)	1 018 704
Union républicaine (Républicains progressistes)	1 472 442
Libéraux	153 231
Conservateurs	1 602 209
Autres partis	49 953

1. Frédéric Salmon n'a établi pour ce scrutin que les suffrages obtenus par les socialistes SFIO et les révolutionnaires (1 133 000). Les inscrits sont d'après ses calculs 11 349 000, les votants 8 787 000 et les bulletins blancs ou nuls, 344 000.

Source : « Les élections françaises de 1789 à nos jours », *op. cit.*

Les groupes dans la Chambre de 1910[1]

SFIO	75
Républicains socialistes	30
Républicains radicaux-socialistes	150
Gauche radicale	113
Gauche démocratique	72
Républicains progressistes	75
Action libérale	34
Groupe des Droites	19
Indépendants	20

1. Pour la première fois, les députés doivent s'inscrire à un seul groupe parlementaire fermé. La liste des groupes est publiée au *Journal officiel.*

Elections des 26 avril et 10 mai 1914
(601 sièges dont dix pour les colonies)

Inscrits	11 185 000
Votants	8 629 000
Blancs et nuls	306 000
Socialistes SFIO + révolutionnaires	1 415 000
Républicains socialistes (tendance Augagneur)	237 000
Radicaux socialistes	1 444 000
Radicaux valoisiens dissidents (sur la loi de trois ans et l'impôt progressif sur le revenu)	401 000

Radicaux, républicains soc., tendance Briand, Républicains de gauche (ex-« républicains » de l'Alliance démocratique)	2 306 000
Ambigus ou droites à soutien Alliance démocratique	290 000
Droites	2 226 000
Fantaisistes	4 100

Les groupes dans la Chambre de 1914[1]

Socialistes	101
Républicains socialistes	23
Républicains radicaux et radicaux-socialistes	172
Députés de gauche non inscrits et Union républicaine radicale et socialiste	23
Gauche radicale	66
Républicains de gauche	54
Gauche démocratique	34
Fédération républicaine	36
Action libérale	23
Groupe des Droites	15
Non inscrits	44

1. Sur 591 députés.

Source : Pierre Avril *et al.*, *Personnel politique français, 1870-1988*, PUF, 1990.

Elections des 16 et 30 novembre 1919 (626 sièges dont 10 pour les colonies)[1]

Inscrits	11 464 000 (officiels) 10 840 000 (estimés)
Votants	8 129 000
Blancs et nuls	220 000
SFIO	1 764 000
Socialistes dissidents	34 000
Reste de la gauche	1 765 000
Listes centristes[2]	523 000
Bloc national[3]	2 071 000
Droites	1 639 000

1. Scrutin de liste départemental mixte à deux tours : tout candidat obtenant la majorité absolue des suffrages est élu. Les sièges restants sont attribués à la représentation proportionnelle (plus forte moyenne).
2. Dans la définition de 1914, c'est-à-dire radicaux, républicains socialistes et républicains de gauche.
3. Alliant tout ou partie du centre ou de la gauche avec tout ou partie de la droite dans la définition de 1914.

Les groupes dans la Chambre de 1919[1]

Socialistes	68
Républicains socialistes	26
Parti radical et radical-socialiste	86
Total gauche	**180**
Républicains de gauche	61
Gauche républicaine démocratique	93
Entente républicaine démocratique	183
Indépendants	29
Action républicaine et sociale	46
Total bloc national	**412**
Aucun groupe	21

1. 613 députés.

Source : Pierre Avril *et al.*, *Personnel politique français*, *op. cit.*, PUF, 1990.

Elections du 11 mai 1924 (584 sièges dont dix pour les colonies)[1]

Inscrits	11 070 000
Votants	9 198 000
Blancs ou nuls	154 000
Bloc ouvriers-paysans	876 000
Socialistes communistes	63 000
SFIO	727 000
Cartel des gauches avec SFIO	**2 093 000**
Radicaux socialistes (listes radicales homogènes avec ou sans radicaux modérés)	206 000
Cartel des gauches sans SFIO	693 000
Centre (listes homogènes)	707 000
Bloc national	937 000
Droites	**2 597 000**

1. Scrutin de liste départemental mixte à deux tours.

Les groupes dans la Chambre de 1924[1]

Communistes		26
Cartel des Gauches	SFIO	104
	Républicain socialiste et socialiste français	43
	Radical et radical-socialiste	139
Centre et centre droit	Gauche radicale	40
	Républicains de gauche	38
Droite	Gauche républicaine démocratique	43
	Démocrates populaires	14
	Union républicaine démocratique (URD)	104
Non-inscrits		30

1. Sur 581 députés.

Source : Pierre Avril *et al.*, *op. cit.*

Elections législatives des 22 et 29 avril 1928 (612 députés dont dix des colonies)

Inscrits	11 391 000
Votants	9 548 000
Blancs ou nuls	220 000
PCF	1 072 000
Socialistes communistes	31 000
SFIO	1 679 000
Radicaux socialistes	1 448 000
Républicains soc. (penchant à gauche)	368 000
Socialistes indépendants (penchant au centre)	83 000
Radicaux	667 000
Républicains de gauche	1 063 000
Démocrates populaires	194 000
Union nationale, indépendants, indéterminés	1 349 000
Droites	1 314 000
Agraires	25 000
Autonomistes (Alsace et Moselle)	37 000

Répartition (approximative) des sièges [1]

Groupes	Sièges
Parti communiste	12 [2]
SFIO	100
Socialistes-communistes	5
Républicains socialistes et socialistes indépendants	31
Radicaux et radicaux-socialistes	125
Républicains de gauche	64
Gauche radicale	54
Indépendants de gauche	15
Gauche unioniste	18
Union Républicaine	150
dont :	
Action démocratique et sociale	*29*
Union républicaine démocratique	*102*
Démocrates populaires	*19*
Isolés	37

1. Sur 606 sièges.
2. Le PCF comptait 14 élus mais deux d'entre eux ont vu leur élection invalidée pour cause d'inéligibilité.

Source : Pierre Avril *et al.*, *op. cit.*

Elections législatives des 1er et 8 mai 1932 (615 députés dont 10 députés des colonies)

Inscrits	11 560 000
Votants	9 651 000
Blancs ou nuls	225 000

PCF	782 000
Communistes dissidents et PUP (soc. comm.)	88 000
SFIO	1 952 000
Radicaux socialistes	1 842 000
Républicains socialistes	338 000
Socialistes indépendants	136 000
Radicaux	533 000
Républicains de gauche	1 639 000
Démocrates populaires	295 000
Union nationale, indépendants, indéterminés	711 000
Droites	916 000
Agraires	93 000
Autonomistes (Alsace et Moselle)	50 000

Groupes parlementaires (juin 1932) [1]

Groupes	Sièges
Communiste	10
Unité ouvrière [2]	9
SFIO	132
Parti socialiste français [3] (PSF) et Parti républicain socialiste (PRS)	28
Républicain radical et Radical socialiste	160
Gauche indépendante	15
Total Cartel des gauches	**344**
Indépendants de gauche	26
Gauche radicale	47
Républicains de gauche	40
Centre républicain [4] (Tardieu)	34
Démocrate populaire	16
Fédération républicaine [5]	41
Républicains du centre [6]	7
Indépendants d'action économique, sociale et paysanne	8
Républicain et social [7]	18
Indépendants	16

1. Sur 607 députés.
2. Ex-communistes.
3. Scission de la SFIO (Renaudel).
4. Députés issus des groupes de l'Action démocratique et sociale, de l'Union républicaine démocratique et des Républicains de gauche.
5. Issue d'une scission du groupe de l'Union républicaine démocratique (URD) qui disparaît.
6. Composé de députés d'Alsace-Lorraine.
7. Issu d'une scission du groupe de l'Union républicaine démocratique (URD) qui disparaît.

Source : Pierre Avril *et al.*, *op. cit.*

Elections législatives de 1936, 1er tour, 26 avril (618 sièges dont dix pour les colonies)

Inscrits	11795000
Votants	9936000
Blancs et nuls	267000
PCF	1480000
Communistes dissidents et PUP	74000
SFIO	1901000
Radicaux-socialistes	1119000
Autres Front populaire (Jeune République, groupe Camille Pelletan, ép. soc. et quelques divers Front populaire)	463000
Total Front populaire	**5036000**
USR[1] et radicaux-socialistes dissidents	441000
Droite	4191000

1. Union socialiste républicaine : regroupement en vue des élections de tous les Fronts populaires autres que communistes, socialistes et radicaux-socialistes.

Elections législatives de 1936, 2e tour, 3 mai

Front populaire	3743000
USR et radicaux-socialistes dissidents	269000
Droite	3033000
Totaux aux tours décisifs	Front populaire : 4869000 Dissidents : 393000 Droite : 4394000

Groupes parlementaires (juin 1936)[1]

Communiste	72
SFIO	149
Union socialiste républicaine[2]	29
Gauche indépendante dont	26
Gauche indépendante	*11*
Parti Camille Pelletan	*3*
Parti frontiste	*2*
Parti de la Jeune République	*4*
Parti de l'Unité prolétarienne	*6*
Républicains radicaux et Radicaux socialistes	110
Total Front populaire	**386**
Gauche démocratique et radicale indépendante	39
Alliance des républicains de gauche et des radicaux indépendants	43
Démocrate populaire	13

Indépendants républicains	13
Républicains et d'Action sociale et groupe agraire indépendant	40
Fédération républicaine de France et Indépendants d'Union républicaine et nationale	60
Groupe indépendant d'action populaire[3]	16

1. Sur 610 députés.
2. Composée des anciens groupes du Parti socialiste français et du Parti républicain socialiste, ainsi que du Parti socialiste de France.
3. Remplace le groupe des Républicains du Centre.

Source : Pierre Avril *et al., op. cit.*

b. Sous le gouvernement provisoire de la République française (GPRF)

Elections du 21 octobre 1945 à l'Assemblée nationale constituante (586 sièges)[1]

	Parti	Suffrages	%	Groupes parlementaires	
I : 24622862 V : 19657603 E : 19152716	Parti Communiste et apparentés	5024174	26,2	Communiste	151
				Républicains résistants (apparentés)	8
	SFIO	4491152	23,5	Socialiste	139
				musulman algérien (apparenté)	7
	UDSR et Radicaux	2018665	10,5	Résistance démocratique et socialiste (UDSR)	31
				Radical-socialiste	29
	MRP	4580222	24,0	MRP	150
	Modérés	3001063	15,7	Droite (Unité républicaine, républicains indépendants, paysans)	64
	Divers	37440	0,1	Non-inscrits	7

1. Scrutin de liste départemental proportionnel à un tour avec répartition des restes à la plus forte moyenne.

Source : *Les Institutions de la Quatrième République*, La Documentation française, documents d'études n° 1.10, éd. 1995.

Elections du 2 juin 1946 à la Deuxième Assemblée nationale constituante (586 sièges)[1]

	Partis	Suffrages	%	Groupes	Sièges
	Parti communiste et Union républicaine et résistante	5 145 325	26,0	Groupe communiste	146
				Groupe démocratique et socialiste de la Résistance (apparenté)	7
	SFIO	4 187 747	21,1	Groupe socialiste	129
I : 24 696 949 V : 20 215 200 E : 19 805 330	Rassemblement des Gauches Républicaines (RGR) et apparentés	2 299 963	11,6	Groupe démocratique et socialiste de la Résistance (UDSR)	21
				Groupe de l'Union démocratique du manifeste algérien	11
				Groupe radical et radical-socialiste	32
	MRP	5 589 213	28,2	Groupe du MRP	167
	PRL et droite	2 538 167	12,8	Groupes de droite (PRL, Républicains indépendants, Républicains d'action paysanne et sociale)	67
	Divers	44 915	0,1	Non-inscrits	6

1. Scrutin de liste départemental proportionnel à un tour avec répartition des restes à la plus forte moyenne.

Source : *Les Institutions de la Quatrième République, op. cit.*

c. Sous la IVe République[1]

Elections législatives du 10 novembre 1946 (619 sièges)[1]

	Partis	Suffrages	%	Groupes	Sièges
	Parti communiste et apparentés	5 430 593	28,3	Groupe communiste	169
				Groupe de l'Union républicaine et résistante (apparenté)	15
	SFIO	3 433 901	17,9	Groupe socialiste	105
I : 25 083 039 V : 19 578 126 E : 19 216 375	RGR	2 136 152	11,1	Groupe du mouvement démocratique de la rénovation malgache	3
				Groupe pour le triomphe des libertés démocratiques en Algérie	5
				Groupe UDSR	27
				Groupe républicain radical et radical-socialiste	43
				Groupe musulman indépendant pour la défense du fédéralisme algérien	7
	MRP	4 988 609	25,9	Groupe MRP	167
	Union gaulliste	585 430	3		
	PRL et droite	2 487 313	12,9	Groupes de droite (PRL, Républicains indépendants, républicains d'action paysanne et sociale)	74
	Divers	154 377	0,8	Non-inscrits	3

1. Scrutin de liste départemental proportionnel à un tour avec répartition des restes à la plus forte moyenne.

Source : *Les Institutions de la Quatrième République, op. cit.*

1. France métropolitaine, sauf précision.

Elections législatives du 17 juin 1951 (627 sièges) [1]

	Listes	Suffrages	%	Groupes	Sièges
I : 24 550 523 V : 19 670 655 (80,1 %) E : 19 129 424	Parti communiste	4 910 547	25,9	Groupe communiste	100
	Extrême gauche	146 058	0,8	Groupe des Républicains progressistes (apparenté communiste)	4
	SFIO	2 744 842	14,3	Groupe socialiste	103
	RGR	1 887 583	9,9	Groupe radical-socialiste	76
				Groupe UDSR	16
				Groupe du Rassemblement démocratique africain (RDA, apparenté UDSR) [2]	3
	MRP	2 369 778	12,4	Groupe du MRP	86
				Groupe des Indépendants d'Outre-mer (IOM), apparenté	10
	Modérés	2 656 995	13,9	Modérés (RI…)	95
				Français indépendants	3
	RPF	4 058 336	21,2	RPF	120
	Non classés	355 285	1,9	Non-inscrits	11

1. Scrutin de liste départemental proportionnel à un tour avec correctif majoritaire (système des apparentements) et répartition des restes aux plus forts restes – sauf dans les circonscriptions des départements de la Seine et de la Seine-et-Oise (sans correctif majoritaire et répartition des restes à la plus forte moyenne).
2. Mohamed Bechir-Sow (Tchad) est membre du RPF.

Source : *Les Institutions de la Quatrième République, op. cit.*

Elections législatives du 2 janvier 1956 (596 sièges)[1]

	Listes	Suffrages	%	Groupes[2]	Sièges
	Parti communiste et apparentés	5 454 589	25,6	Groupe communiste	144
	Extrême gauche	78 042	0,4	Groupe des Républicains progressistes (apparenté au groupe communiste)	6
	SFIO	3 180 656	14,9	Groupe socialiste	100
	Divers gauche	449 472	2,1		
	Radicaux-socialistes, UDSR et RGR	2 876 398	13,5	Groupe radical-socialiste	60
				Groupe UDSR et RDA	20
I : 26 772 255 V : 22 138 046 (82,7 %) E : 21 490 886 (80,3 %)				Groupe RGR et du Centre républicain	14
	MRP	2 374 221	11,1	Groupe MRP	74
				Groupe IOM, apparenté	9
	Modérés	3 086 414	14,5	Groupe des Indépendants et Paysans d'action sociale	98
	Républicains sociaux	948 854	4,5	Groupe des Républicains sociaux	22
	Divers droite	365 250	1,7		
	Union et fraternité française (Mouvement Poujade)	2 451 555	11,5	Groupe d'Union et Fraternité française	22
	Non classés	47 990	0,2	Non-inscrits	7
	Total	21 313 441[3]	100	Total	596

1. Après dissolution, élections au scrutin de liste proportionnel à un tour avec correctif majoritaire (système des apparentements) et répartition des restes aux plus forts restes – sauf dans les circonscriptions des départements de la Seine et de la Seine-et-Oise (sans correctif majoritaire et répartition des restes à la plus forte moyenne).
2. Statistiques établies à l'issue des débats d'invalidation.
3. En ajoutant à ce chiffre la différence entre le nombre de suffrages exprimés et le total des suffrages de liste, on obtient le nombre total des suffrages exprimés.

Source : *Les Elections législatives du 2 janvier 1956,* La Documentation française, 1957.

d. Sous la Ve République[1]

Jusqu'en 2002, les chiffres officiels ne mentionnent les suffrages obtenus par les partis que pour le premier tour. Le second tour ne mentionne pas cette donnée, des candidats ayant été élus dès le premier tour.

Elections législatives des 23 et 30 novembre 1958[1]

	Partis	1er tour suffrages	%
I : 27 236 491 V : 20 994 797 E : 20 341 908	PCF et apparentés	3 907 763	19,2
	Union des forces démocratiques	261 738	1,3
	SFIO	3 193 786	15,7
	Radicaux	1 503 787	7,4
	MRP	2 273 281	11,2
	Gaullistes	4 165 453	20,5
	Modérés	4 502 449	22,1
	Extrême droite	533 651	2,6

1. 465 circonscriptions en métropole, 552 au total (Algérie, DOM et TOM – colonies d'Afrique subsaharienne essentiellement).

Effectifs des groupes parlementaires en octobre 1959[1]

Groupes parlementaires	Effectifs			
	Métropole	Algérie	Outre-mer	Total
Groupe socialiste	38 + 3 apparentés (app.)	1	2	44
Groupe Entente démocratique[2]	36	2 app.	1	39
Groupe Républicains populaires et Centre démocratique	49 + 6 app.		1	56
Groupe UNR	187 + 11 app.	10 + 2 app.	6	216
Groupe IPAS	106 + 10 app.		2	118
Groupe Unité de la République		47		47
Non-inscrits dont communistes	19 10	9	4	32

1. Les effectifs des groupes varient au cours de la législature, en partie à cause des indépendances des colonies.
2. Le groupe comprend les députés radicaux et leurs alliés du centre gauche.

Source : Alain Lancelot, *Les Elections nationales sous la Ve République*, Que sais-je ?, PUF 1998.

1. Les chiffres ne concernent que la métropole. Sauf indication contraire, le scrutin est uninominal majoritaire à deux tours.

Elections législatives des 18 et 25 novembre 1962[1] (482 circonscriptions dont 465 métropolitaines)

	Formations politiques	1er tour suffrages	%	Groupes[1]	Sièges
1er tour : I : 27 526 358 V : 18 918 159 (68,72 %) E : 18 333 791	Extrême gauche (dont PSU)	427 467	2,33		
	PCF	4 003 553	21,84	Communiste	41
	SFIO	2 298 729	12,54	Socialiste	66
	Radicaux, centre gauche	1 429 649	7,79	Rassemblement démocratique	39
	MRP	1 665 695	9,08	Centre démocratique	55
	CNI	1 404 177	7,66		
	UNR-UDT	5 855 744	31,94	UNR-UDT	233
	Indépendants	1 089 348	5,94	Républicains indépendants	35
		427 821	2,33		
	Extrême droite	159 429		Non-inscrits	13

1. Au 10 décembre 1962.

Source : Ministère de l'Intérieur, *Les Elections législatives de 1962*, La Documentation française.

Elections législatives des 5 et 12 mars 1967 (487 députés)

	Formations politiques	Suffrages	%	Groupes[1]	Sièges
1er tour : I : 28 300 936 V : 22 902 224 (80,92 %) E : 22 389 514	Extrême gauche	495 412	2,21		
	PCF	5 039 032	22,51	PCF	73
	FGDS[2]	4 244 110	18,96	FGDS	121
	Centre démocrate	2 829 998	12,64	Progrès et démocratie	41
	UD-Ve République	8 448 982	37,73	Union Ve République	200
	Divers modérés	1 140 748	5,10	Républicains indépendants	42
	Extrême droite	191 232	0,85	Non-inscrits	10

1. Au 3 avril 1967.
2. Fédération de la gauche démocrate et socialiste.

Source : Ministère de l'Intérieur, *Les Elections législatives de 1967*, La Documentation française.

1. Pour l'ensemble de ces scrutins, sont présentés les suffrages établis d'après les procès-verbaux.

Elections législatives des 23 et 30 juin 1968 (487 députés)

1er tour :
I : 28 181 848
V : 22 532 407 (79,95 %)
E : 22 147 215 (78,58 %)

Formations politiques	1er tour suffrages	%	Groupes[1]	Sièges
Extrême gauche	873 581	3,95		
PCF	4 434 832	20,02	Communiste	33
FGDS	3 660 250	16,53	FGDS	57
Divers gauche	163 482	0,74		
Progrès et démocratie moderne	2 289 849	10,34	Progrès et démocratie moderne	33
Union des démocrates pour la République	9 667 532	43,65	UDR	293
Divers droite	917 758	4,14	Républicains indépendants	61
Mouvement pour la réforme	33 835	0,15	Non-inscrits	9
Technique et démocratie	77 360	0,35		
Extrême droite	28 736	0,13		

1. Au 11 juillet 1968.

Source : Ministère de l'Intérieur, *Les Elections législatives de 1968,* La Documentation française.

Elections législatives des 4 et 11 mars 1973 (490 députés)

1er tour :
I : 29 901 822
V : 24 289 285 (81,23 %)
E : 23 751 213 (79,43 %)

Formations politiques	1er tour suffrages	%	Groupes[1]	Sièges
Extrême gauche	778 195	3,28		
PCF	5 085 108	21,41	Communistes	73
PS	4 559 241	19,20	Parti socialiste et Radicaux de gauche	102
Divers gauche	668 100	2,81		
Centre Démocratie et progrès	883 961	3,72	Union centriste	30
Mouvement réformateur	2 979 781	12,55	Réformateurs Démocrates sociaux	34
UDR	5 684 396	23,93	UDR	183
Républicains indépendants	1 656 191	6,97	Républicains indépendants	55
Divers majorité	784 735	3,30		
Divers droite	671 505	2,83	Non-inscrits	13

1. Au 2 avril 1973.

Source : Ministère de l'Intérieur, *Les Elections législatives de 1973*, La Documentation française, 1973.

Elections législatives des 12 et 19 mars 1978 (491 députés)

	Formations politiques	1er tour suffrages	%	Groupes	Sièges
	Extrême gauche	953 088	3,3		
	PCF	5 870 402	20,5	PCF	86
	PS	6 451 151	22,6	PS	113
I : 35 204 152	MRG	603 932	2,1		
E : 28 569 243	RPR	6 462 462	22,6	RPR	154
	UDF	6 128 849	21,5	UDF	123
	Divers majorité	684 985	2,4		
	Ecologistes	621 100	2,2		
	Divers droite	793 274	2,8	Non-inscrits	15

Source : Ministère de l'Intérieur, *Les Elections législatives de 1978*, La Documentation française.

Elections législatives des 14 et 21 juin 1981 (491 députés)

	Formations politiques	1er tour suffrages	%	Groupes [1]	Sièges
	Extrême gauche	330 454	1,3		
	PCF	4 003 444	16,2	Communiste	44
	PS	9 021 552	36,3	Socialiste	285
I : 35 530 020	Radicaux de gauche	354 632	1,4		
V : 25 175 270 (70,9 %)	Divers gauche	141 583	0,6		
E : 24 823 283 (69,9 %)	RPR	5 175 433	20,9	RPR	88
	UDF	4 780 490	19,3	UDF	62
	Divers droite	655 418	2,6		
	Extrême droite	89 885	0,4		
	Ecologistes	270 392	1,1	Non-inscrits	12

1. Au 2 juillet 1981.

Source : Ministère de l'Intérieur et de la Décentralisation, *Les Elections législatives de 1981*, La Documentation française, 1982.

Elections législatives du 16 mars 1986 (577 députés)[1]

	Listes	1er tour suffrages	%	Groupes[2]	Sièges
	Extrême gauche	421 414	1,5		
	PCF	2 662 244	9,7	PCF	35
	PS Radicaux et gauche	8 642 661 107 606	31,5 0,4	PS	212
I : 36 586 132 V : 28 718 693 (78,5 %) E : 27 473 864 (75,1 %)	Ecologistes Régionalistes Divers gauche	339 876 22 552 267 922	1,2 0,1 1		
	RPR UDF Droite	3 059 124 2 316 719 5 859 922	11,1 8,4 21,4	RPR UDF	155 131
	Divers droite	1 018 240	3,7	Non inscrits	9
	Front national Extrême droite	2 699 307 56 277	9,8 0,2	FN	35

1. Scrutin de liste à la représentation proportionnelle à la plus forte moyenne, dans le cadre du département.
2. Au 2 avril 1986.

Source : Ministère de l'Intérieur, *Les élections législatives de 1986*, La Documentation française, 1986.

Elections législatives des 5 et 12 juin 1988 (577 députés)

	Formations politiques	1er tour suffrages	%	Groupes	Sièges[1]
	Extrême gauche	88 204	0,4		
	PCF	2 680 194	11,2	PCF	25
	PS	8 381 827	34,9	PS	275
	RDG	279 320	1,2		
I : 37 090 454 V : 24 526 787 E : 23 994 849	Majorité présidentielle Ecologistes Régionalistes	351 257 86 257 17 765	1,5 0,3 0,1		
	RPR	4 614 137	19,2	RPR	132
	UDF	4 502 712	18,8	UDF	90
	Divers droite	608 695	2,5		
	FN	2 353 466	9,8		
	Extrême droite	31 015	0,1		
				UDC	40
				Non-inscrits	15

1. 575 sièges sur 577 étaient répartis au 16 juillet 1988 suite à l'annulation des élections des deux circonscriptions de l'Oise.

Source : Ministère de l'Intérieur, *Les Elections législatives de 1988*, La Documentation française.

Elections législatives des 21 et 28 mars 1993 (577 députés)

	Formations politiques	1er tour suffrages	%	Groupes[1]	Sièges
	Extrême gauche	432 838	1,7		
	PCF	2 273 520	9,1	Communistes	23
	PS	4 396 109	17,8	Socialistes	57
	RDG	248 597	0,9		
	Majorité présidentielle	376 036	1,5		
I : 37 775 303 V : 26 255 039 (69,5 %) E : 24 872 626 (65,8 %)	Génération écologie, Les Verts	920 492 1 023 202	3,7 4,1		
	Listes régionales	68 958	0,3		
	Divers centre	948 601	3,8		
	RPR	5 037 382	20,2	RPR	257
	UDF	4 812 306	19,4	UDF	215
	Divers droite	1 115 457	4,5	Non-inscrits	25
	FN	3 150 764	12,7		
	Extrême droite	68 364	0,3		

1. Au 2 avril 1993.

Source : Ministère de l'Intérieur et de l'Aménagement du territoire, *Les Elections législatives de 1993,* La Documentation française, 1993.

Elections législatives des 25 mai et 1er juin 1997 (577 députés)

	Formations politiques	1er tour suffrages	%	Groupes[1]
	Extrême gauche	631 794	2,6	
	PCF	2 449 581	9,9	PCF 36
	PS	5 905 374	23,8	PS, MRG, divers gauche 250
	Parti radical-socialiste	363 798	1,5	Radical, citoyen, Vert 33
I : 38 019 783 V : 26 027 310 (68,5 %) E : 24 766 388 (65,1 %)	Divers gauche	622 395	2,5	
	Ecologistes	1 730 188	7,0	
	Divers	305 090	1,2	
	RPR	3 841 657	15,5	RPR 140
	UDF	3 565 311	14,4	UDF 113
	Divers droite	1 548 518	6,3	Non-inscrits 5
	FN	3 774 579	15,2	
	Extrême droite	28 103	0,10	

1. Au 12 juin 1997.

Elections législatives des 9 et 16 juin 2002[1] (577 députés)

1er tour
I : 40 968 484
V : 26 389875 (64,42 %)
E : 25 246 045 (61,62 %)

2e tour
I : 36 783 746
V : 22 186 165 (60,32 %)
E : 21 221 026 (57,69 %)

Formations politiques	1er tour suffrages	%	2e tour suffrages	%	Groupes parlementaires	Effectifs groupes[2]
LO	301 984	1,20				
LCR	320 467	1,27				
Extrême gauche	81 558	0,32				
PCF	1 216 178	4,82	690 807	3,26	Communiste et républicain	21
PS	6 086 599	24,11	7 482 169	35,26	Socialiste	141
PRG	388 891	1,54	455 360	2,15		
Divers gauche	275 553	1,09	268 715	1,27		
Verts	1 138 222	4,51	677 933	3,19		
Pôle républicain	299 897	1,19	12 679	0,06		
Autres écologistes	295 899	1,17				
Régionalistes	66 240	0,26	28 689	0,14		
CPNT	422 448	1,67				
Divers	194 946	0,77	13 036	0,06		
UMP	8 408 023	33,30	10 029 669	47,26	UMP	365
UDF	1 226 462	4,85	832 785	3,92	UDF	29
DL	104 767	0,41				
RPF	94 222	0,37	61 605	0,29		
MPF (Mouvement pour la France)	202 831	0,80				
Divers droite	921 973	3,65	274 374	1,29	Non-inscrits	21
FN	2 862 960	11,34	393 205	1,85		
MNR	276 376	1,09				
Extrême droite	59 549	0,24				

1. A partir de cette élection, les résultats confondent métropole et Outre-mer.
2. Au 25 juin 2002.

Source : Ministère de l'Intérieur.

Elections législatives des 10 et 17 juin 2007 (577 députés)

1er tour
I : 43 895 833
V : 26 521 822 (60,42 %)
E : 26 026 465 (59,29 %)

2e tour
I : 35 225 248
V : 21 129 039 (59,98 %)
E : 20 406 454 (57,93 %)

Formations politiques	1er tour suffrages	%	2e tour suffrages	%	Sièges	Groupes parlementaires	Effectifs groupes[1]
Extrême gauche	888 250	3,41			0		
PCF	1 115 663	4,29	464 739	2,28	15	Gauche démocrate et républicaine (Communistes et Verts)	24
PS	6 436 520	24,73	8 624 861	42,27	186	Socialistes, radicaux, citoyens et divers gauche	204
PRG	343 565	1,32	333 194	1,63	7		
Divers gauche	513 407	1,97	503 556	2,47	15		
Verts	845 977	3,25	90 975	0,45	4		
Autres écologistes	208 456	0,8			0		
Régionalistes	133 473	0,51	106 484	0,52	1		
CPNT	213 427	0,82			0		
Divers	267 760	1,03	33 068	0,16	1		
UDF – Mouvement démocrate	1 981 107	7,61	110 115	0,49	3		
UMP	10 289 737	39,54	9 460 710	46,36	313	UMP	320
Majorité présidentielle	616 440	2,37	433 057	2,12	22	Nouveau Centre	23
MPF	312 581	1,20			1		
Divers droite	641 842	2,47	238 588	1,17	9	Non-inscrits	6
FN	1 116 136	4,29	17 107	0,08	0		
Extrême droite	102 124	0,39			0		

1. Au 26 juin 2007.

Source : Ministère de l'Intérieur.

Elections législatives des 10 et 17 juin 2012 (577 députés)

	Formations politiques	1er tour voix	%	2e tour voix	%	Sièges	Groupes parlementaires	Effectifs [1]
1er tour I : 46 082 104 V : 26 369 126 (57,22 %) E : 25 952 859 (56,32 %)	Extrême gauche	253 386	0,98					
	Front de gauche	1 793 192	6,91	249 498	1,08	10	Gauche démocrate et républicaine	15
	PS	7 618 326	29,35	9 420 889	40,91	280	Socialiste, républicain et citoyen	292
	Parti radical de gauche	428 898	1,65	538 331	2,34	12		
	Divers gauche	881 555	3,40	709 395	3,08	23		
	Europe-Ecologie-Les Verts	1 418 264	5,46	829 036	3,60	17	Ecologistes	17
	Régionalistes	145 809	0,56	135 312	0,59	2		
	Ecologistes	249 068	0,96					
2e tour I : 43 233 648 V : 23 952 486 (55,40 %) E : 23 029 308 (53,27 %)	Autres	133 752	0,52					
	Le Centre pour la France	458 098	1,77	113 196	0,49	2		
	Alliance centriste	156 026	0,60	123 132	0,53	2		
	Parti radical	321 124	1,24	311 199	1,35	6	Radicaux, républicains, démocrates et progressistes	16
	Nouveau Centre	569 897	2,20	568 319	2,47	12		
	UMP	7 037 268	27,12	8 740 628	37,95	194	UMP	199
	Divers droite	910 034	3,51	417 940	1,81	15	Non-inscrits	8
	FN	3 528 663	13,60	842 695	3,66	2		
	Extrême droite	49 499	0,19	29 738	0,13	1		

1. Au 23 octobre 2013.

Source : Ministère de l'Intérieur.

D. Les élections sénatoriales

Les représentants à la Chambre haute sont élus au suffrage universel indirect par un collège de « grands électeurs ».

a. Sous la IIIe République

La durée du mandat est de 9 ans (sauf 75 sénateurs inamovibles jusqu'à la loi du 10 décembre 1884) et le renouvellement s'opère par tiers tous les trois ans. La loi du 14 février 1875 prévoit un Sénat composé de 300 membres : 225 élus par les départements et les colonies et 75 élus par l'Assemblée nationale. Ces 75 sénateurs sont inamovibles (116 sénateurs au total jusqu'en 1918). La loi du 10 décembre 1884 supprime les sénateurs élus par l'Assemblée nationale.

Les élections sénatoriales (1875-1900)

	Nombre de sièges renouvelables		Sièges		Composition du Sénat	
Elections	Républicains	Conservateurs	Républicains	Conservateurs	Républicains	Conservateurs
Décembre 1875	75 inamovibles		55	20	-	
30 janvier 1876	225		94	131	149	151
5 janvier 1879	82		66	16	179	121
	58	24				
8 janvier 1882	38	37	66	13	206	94
25 janvier 1885	47	42	69	20	233	67
5 janvier 1888	65	18	62	21	235	65
4 janvier 1891	64	16	74	6	248	52
7 janvier 1894	80	15	86	9	256	44
3 janvier 1897	78	21	87	12	266	34

Source : Jean-Pierre Marichy, *La Deuxième Chambre dans la vie politique française depuis 1875*, LGDJ, 1969.

Les groupes au Sénat (1901-1914)

	Centre gauche	Alliance républicaine[1]	Union républicaine	Gauche démocratique	Gauche radicale-socialiste[2]	Centre droit et droite modérée	Non-inscrits
1901	26	68	79	92		20	
1902	26	68	79	109		20	
1903	22	62	75	118		20	
1906	15	64	77	125	53	28	
1907			73	123	52	23	
1908			52	166		21	
1909			60	156		23	18
1912			58	166		22	18

1. Constituée en 1901 par les soutiens de Méline, essentiellement parmi le Centre gauche et la gauche républicaine. Le Centre gauche et l'Alliance républicaine disparaissent en 1907.
2. Conséquence de la rupture entre Combistes et Clemencistes.

Source : Paul Smith, *A History of the French Senate*, Lewinston, Edwin Mellen Press, 2006.

Les groupes au Sénat (1914-1940)

	Communiste	Socialiste SFIO	Gauche démocratique	Gauche républicaine	Union républicaine	Union démocratique et radicale[1]	Droite	Non-inscrits
1914			167	42	62		23	15
1921			158	38	102		12	3
1924			157	30	88	23	10	
1927		14[2]	146	22	81	30	12	8
1930		16	150	20	71	29	9	12
1933		16	167	13	65	27	5	18
1936	2	13	164	12	58	30	4	33
1939	2	15	151	18	62	31		34
1940	0[2]	14	147	17	60			36

1. Groupe constitué à l'automne 1924, composé de sénateurs de la gauche démocratique et de l'Union républicaine hostiles au Cartel des gauches.
2. Les sénateurs socialistes appartenaient jusque-là au groupe de la gauche démocratique. Ils formèrent en 1927 le groupe socialiste avec les Républicains socialistes.
3. Avec l'interdiction du PCF en 1940, les deux sénateurs communistes (Marcel Cachin et Jean-Marie Clamamus) rejoignent le groupe des non-inscrits.

Source : Paul Smith, *A History of the French Senate, op. cit.*

b. Sous la IVe République (Conseil de la République)

La durée du mandat est de 9 ans, le renouvellement s'opère par tiers tous les trois ans.

Elections au Conseil de la République, répartition des sièges (1946-1955)

Groupe	1946 (8/12)		1948 (7/11)		1952 (18/05)		1955 (19/06)	
	Sièges	%	Sièges	%	Sièges	%	Sièges	%
Communiste	74	24 %	17	5 %	16	5 %	14	4 %
Socialiste	64	20 %	62	19 %	56	18 %	56	18 %
MRP	76	25 %	22	7 %	24	8 %	21	7 %
Union démocratique du manifeste algérien	4	1 %						
Union républicaine et résistante pour l'union française	15	5 %						
Action démocratique et républicaine			57	18 %				
Rassemblement des gauches républicaines et de la gauche démocratique	42	13 %	86	27 %	73	23 %	77[1]	24 %
Républicains indépendants	16	5 %	43	13 %	48	15 %	65	20 %
Parti républicain de la liberté	11	3 %	12	4 %	11	3 %		
Républicain d'action rurale et sociale	5[2]	2 %	15	5 %	19	6 %	22	7 %
Centre républicain					3	1 %	3	1 %
Rassemblement du peuple français					46	14 %		
Républicains sociaux							33	10 %
Rassemblement d'Outre-mer					9	3 %	11	3 %
Gr. musulman algérien indépendant	4	1 %						
Rassemblement démocratique africain			3	1 %				
Indépendants d'Outre-mer					11	3 %	15	5 %
Sénateurs non inscrits	4	1 %	3	1 %	4	1 %	3	1 %

1. « Groupe de la gauche démocratique ».
2. « Groupe républicain d'action sociale et paysanne ».

Elections au Conseil de la République, répartition des sièges (8 juin 1958)

	Sièges	%
Communiste	16	5
Socialiste	60	19
MRP	23	7
Gauche démocratique	62	19
UDSR-RDA	11	3
Centre républicain	3	1
Centre républicain d'action rurale et sociale	21	7
Républicains indépendants	68	22
Républicains sociaux	35	11
Parti du regroupement africain et des fédéralistes	11	3
Non-inscrits	4	1
Sièges vacants	6	2

c. Sous la Ve République

La durée du mandat est de 9 ans jusqu'en 2003, de 6 ans depuis cette date. Le renouvellement s'opère par tiers tous les trois ans, puis par moitié tous les trois ans à partir de 2003.

Elections au Sénat, répartition des sièges (1959-2011)

Groupes	1959 [1]	1962 (23/09)	1965 (26/09)	1968 (22/09)	1971 (26/09)	1974 (22/09)	1977 (25/09)
Communiste	14	14	14	18	18	20	23
Socialiste	51	52	52	52	49	52	62
Gauche démocratique	63	50	50	43	38	35	40
Républicains populaires	34	35	38	47	46	55	61 [2]
Républicains indépendants	75	65	60	54	59	58	52
Centre républicain d'action rurale et sociale	20	20	19	19	16	15	15
UNR/UDR/RPR	44	32	30	36	38	30	33
Non-inscrits	6	6	11	14	19	18	9

1. Election du 26 avril 1959 pour la métropole, les DOM et TOM ; le 5 mai 1959 pour les Français établis hors de France ; le 24 mai 1959 pour les départements des Oasis et de la Saoura ; le 31 mai 1959 pour l'Algérie.
2. Il s'agit à cette date de l'Union centriste et des démocrates de progrès.

Groupe	1980 (28/09)	1983 (25/09)	1986 (28/09)	1989 (24/09)	1992 (27/09)	1995 (24/09)	1998 (27/09)	2001 (23/09)	2004 (26/09)	2008 (2/10)	2011 (25/09)
Communiste républicain et citoyen	23	24	15	16	15	15	16	23	23	23	20
Socialiste	69	70	64	66	70	75	78	83	97	116	127
Ecologiste	–	–	–	–	–	–	–	–	–	–	12
Rassemblement démocratique et social européen	39 (GD)	39 (GD)	39 (GD)	23	23	24	21	20	16	17	19
Union centriste	67	71	70	68	66	59	52	53	32	29	–
Union des démocrates et indépendants (UDI-UC)		–	–	–	–	–	–	–	–	–	32
Républicains et indépendants	52	50	54	52	47	46	49	41	–	–	–
RPR	41	58	77	91	90	94	99	95	–	–	–
UMP	–	–	–	–	–	–	–	–	156	151	132
Non-inscrits	14	5	4	5	10	8	6	6	7	7	6

Effectifs des sénateurs élus le 25 septembre 2011 par nuance politique

Nuance politique	Effectif	%
Communiste	16	9,4 %
Socialiste	61	35,5
Radical de gauche	2	1,2
Divers gauche	6	3,5
Europe-Ecologie-Les Verts	10	5,9
Total gauche	**95**	**55,9**
MODEM	3	1,8
UMP	55	32,4
Majorité présidentielle	12	7,1
Divers droite	5	2,9

E. Elections européennes

La durée du mandat est de 5 ans, le mode de scrutin proportionnel. Le seuil de répartition des sièges est fixé à 5 % des suffrages exprimés.

Elections du 10 juin 1979 (81 sièges reviennent à la France sur 410)

	Listes	Voix	%	Sièges
	Union pour la France en Europe (Veil)	5588851	27,61	25
	Parti socialiste - Radicaux de gauche	4763026	23,53	22
	PCF	4153710	20,52	19
	Défense des intérêts de la France en Europe (Chirac)	3301980	16,31	15
I : 35180531 V : 21356960 (60,71 %) E : 20242347	Europe-Ecologie	888134	4,39	0
	Trotskystes	623663	3,08	0
	Emploi, égalité, Europe (Servan-Schreiber)	373259	1,84	0
	Union de défense interprofessionnelle (Poujade)	283144	1,40	0
	Union française pour l'Euro-droite (Tixier-Vignancour)	265911	1,31	0
	Régions-Europe (J-E Hallier)[1]	337		
	PSU[2]	332		

1. Cette liste s'abstient de faire déposer des bulletins, faute de moyens financiers.
2. *Ibid.*

Source : Alain Lancelot, *op. cit.*

Elections du 14 juin 1984 (81 sièges sur 434)

	Listes	Voix	%	Sièges
	UDF et RPR (Veil)	8 683 596	43,02	41
	PS (Jospin)	4 188 875	20,75	20
	PCF (Marchais)	2 261 312	11,20	10
	Front national (Le Pen)	2 210 334	10,95	10
	Ecologistes (Anger)	680 080	3,36	
I : 36 880 688	Radicaux (Stirn)	670 474	3,32	
V : 20 918 772 (56,72 %)	Trotskystes (Laguiller)	417 702	2,06	
E : 20 180 934	Liste Gomez (droite)	382 404	1,89	
	Gauguelin (extr. gauche)	182 320	0,90	
	Depaquit (extr. gauche)	146 238	0,72	
	Nicoud (socioprof)	138 220	0,68	
	Touati (socioprof)	123 642	0,61	
	Cartan	78 234	0,38	
	Cheminade (extr. droite)	17 503		

Source : Alain Lancelot, *op. cit.*

Elections du 18 juin 1989 (81 sièges sur 518)

	Listes	Voix	%	Sièges
	Union UDF-RPR (Giscard d'Estaing)	5 242 038	28,87	26
	Majorité de progrès pour l'Europe (PS, Fabius)	4 286 354	23,61	22
	Europe et Patrie (Le Pen)	2 129 668	11,73	10
	Les Verts-Europe-Ecologie (Waechter)	1 922 945	10,59	8
	Le Centre pour l'Europe (Veil)	1 529 346	8,42	7
	Rassemblement (PCF, Herzog)	1 401 171	7,71	7
	Chasse, pêche et tradition (Goustat)	749 741	4,13	
	Lutte ouvrière (Laguiller)	258 663	1,42	
I : 38 297 496 V : 18 690 692 (48,80 %)	Liste apolitique pour la protection des animaux et de leur environnement (Alessandri)	188 573	1,03	
E : 18 151 416	Liste de l'alliance (Joyeux, divers droite)	136 230	0,75	
	Liste pour l'Europe des travailleurs et de la démocratie soutenue par le mouvement pour un parti des travailleurs (Gauquelin)	109 523	0,60	
	Europe rénovateurs (Llabres, extr. gauche)	74 327	0,49	
	Génération Europe avec Gérard Touati (divers droite)	58 995	0,32	
	Rassemblement pour une France libre (Cheminade – extr. droite)	32 295	0,17	
	Initiative pour une démocratie européenne (Biancheri)	31 547	0,17	

Source : Alain Lancelot, *op. cit.*

Elections du 12 juin 1994 (87 sièges sur 567)

I : 39019797
V : 20566980 (52,71 %)
E : 19487470 (49,94 %)

Listes	Voix	%	Sièges
Union UDF-RPR (Baudis)	4985574	25,58	28
Europe solidaire (PS, Rocard)	2824173	14,49	15
Liste de la majorité pour l'autre Europe (de Villiers)	2404105	12,34	13
Energie radicale avec Bernard Tapie	2344727	12,03	13
Liste contre l'Europe de Maastricht, Allez la France ! (Le Pen)	2050086	10,52	11
PCF (Wurtz)	1342222	6,89	7
Chasse, pêche, nature, traditions (Goussat)	771061	3,96	
Union des écologistes pour l'Europe présentée par les Verts, soutenue par la SPA et Ecologie autrement (Isler-Béguin)	574806	2,95	
L'autre politique (Chevènement)	494966	2,54	
Lutte ouvrière (Laguiller)	442723	2,27	
Génération écologie pour l'Europe – les vrais écologistes avec Brice Lalonde	392291	2,01	
L'Europe commence à Sarajevo (Schwartzenberg)	305633	1,57	
L'Emploi d'abord ! (Gérard Touati)	125340	0,64	
Liste du Parti de la loi naturelle (Frappé)	103261	0,53	
Liste pour l'Europe des travailleurs et de la démocratie, soutenue par le parti des travailleurs (Gluckstein)	84513	0,44	
Liste régionaliste et fédéraliste – régions et peuples solidaires (Siméoni)	76436	0,39	
Démocrates pour les Etats-Unis d'Europe (Armand Touati)	71814	0,37	
Politique de vie pour l'Europe (Cotten)	56658	0,29	
Liste du Rassemblement de l'outre-mer et des minorités (Moutoussamy)	37041	0,19	
Europe pour tous (Aillaud)	290	0	

Source : Alain Lancelot, *op. cit.*

Elections du 13 juin 1999 (87 sièges sur 626)

	Liste	Voix	%	Sièges
	Construisons notre Europe (Hollande, PS)	3 874 395	21,95	22
	Rassemblement pour la France et l'indépendance de l'Europe (Pasqua, RPF)	2 304 633	13,05	13
	L'union pour l'Europe, l'opposition unie avec le RPR et Démocratie libérale (Sarkozy, RPR / DL)	2 263 825	12,82	12
	L'écologie, les Verts (Cohn-Bendit et Voynet)	1 715 808	9,72	9
	Avec l'Europe, prenons une France d'avance (Bayrou, UDF)	1 639 049	9,28	9
	Bouge l'Europe ! (Hue, PCF)	1 196 557	6,78	6
	Chasse, pêche, nature, traditions (Saint-Josse)	1 196 141	6,78	6
	Pour une France libre, changeons l'Europe (Le Pen, FN)	1 005 345	5,69	5
	Lutte ouvrière et LCR (Laguiller)	914 842	5,18	5
I : 40 132 132 V : 18 766 122 (46,76 %) E : 17 654 399 (94,08 %)	Européens d'accord, Français d'abord (Mégret, MNR)	578 844	3,28	
	Moins d'impôts maintenant ! Liste indépendante des partis soutenus par le rassemblement des contribuables français (Miguet, DVD)	312 558	1,77	
	Ecologie, le choix de la vie. Liste présentée par le Mouvement écologiste indépendant (Waechter)	268 373	1,52	
	Combat pour l'emploi (Larrouturou, DVG)	178 058	1,01	
	Vivant Energie France (Maudrux, DVD)	124 569	0,71	
	Liste du Parti de la loi naturelle (Frappé, DIV)	71 549	0,41	
	97.2 : MI OU, MI MWEN (Jos, DIV)	4 305	0,02	
	Parti humaniste (Chanut-Sapin)	2 343	0,01	
	Politique de vie pour l'Europe. Collectif Associations citoyennes (Cotten, DIV)	2 199	0,01	
	Ligue nationaliste (Guerrin, EXD)	998	0,01	
	Vive le fédéralisme ! (Allenbach, DIV)	8	0	

Source : Ministère de l'Intérieur.

Elections du 3 juin 2004 (78 sièges sur 732) [1]

I : 41 518 595
V : 17 752 60(42,76 %)
E : 17 167 358

Listes [2]	Voix	% exprimés [3]	Sièges
PCF	900 447	5,25	2
+ Alliance pour l'Outre-mer (AOM) [4]	1 009 976	5,88	2 + 1
PS	4 960 756	28,90	31
Les Verts	1 271 394	7,41	6
UDF	2 053 446	11,96	11
UMP	2 856 368	16,64	17
MPF	1 145 839	6,83	3
FN	1 684 947	9,81	7
LO-LCR	440 134	2,56	
Liste Chasse pêche nature et traditions	297 273	1,73	
RPF	291 234	1,70	
La France d'en bas	266 538	1,55	
Miguet	147 943	0,86	
Parti des travailleurs	131 434	0,77	
PRG	121 573	0,71	
CAP21	98 700	0,57	
UMP dissident	79 529	0,46	
Mouvement écologiste indépendant (MEI)	61 457	0,36	
MNR	53 606	0,31	
Automobiliste vache à lait	52 376	0,31	
Euro-Palestine	50 037	0,29	
Vivre mieux avec l'Europe	26 950	0,16	
Europe-Démocratie-Espéranto	25 067	0,15	
Les régionalistes	9249	0,05	
La Terre Sinon Rien	6222	0,04	
Alliance royale	5248	0,03	
Herritarren Zerrenda	5157	0,03	
Nouvelle Solidarité	3129	0,02	
Non au racisme	2578	0,02	
Parti fédéraliste	1890	0,01	
Nous sommes tous Européens	1210	0,01	
ALPE	1155	0,01	
UFCN	865	0,01	
Action pour tous	359	0	
Parti des socioprofessionnels	300	0	
France – Pôle des libertés	175	0	
Jus Cogens	160	0	
Parti humaniste	158	0	
France unie	119	0	
France indépendante	0	0	

1. Circonscriptions : la réforme Raffarin de 2003 institue 8 circonscriptions interrégionales.
2. Attention : les listes ne sont pas toutes présentes dans les 8 circonscriptions.
3. Il s'agit du % national, même lorsque la liste n'est pas présente dans toutes les circonscriptions.
4. Résultat recalculé par Laurent de Boissieu (www.france-politique.fr).

Source : Ministère de l'Intérieur.

Elections du 7 juin 2009 (72 sièges sur 736)[1]

	Listes	Voix	%	Sièges
	Extrême gauche	1 050 016	6,10	
	PCF et Parti de gauche	1 041 911	6,05	4
	Parti socialiste	2 838 160	16,48	14
	Divers gauche	79 968	0,46	1
I : 44 282 823	Verts	2 803 759	16,28	14
V : 17 992 161 (40,63 %)	Régionalistes	42 777	0,25	
E : 17 218 614 (38,88 %)	Autres listes	766 894	4,45	
	Centre-MoDem	1 455 841	8,46	6
	Listes de la majorité	4 799 908	27,88	29
	Divers droite	1 160 636	6,74	1
	FN	1 091 691	6,34	3
	Extrême droite	87 053	0,51	

1. Circonscriptions : 8 circonscriptions interrégionales.

Source : Ministère de l'Intérieur.

F. Elections régionales

La durée du mandat est de 6 ans, les élections se déroulent en métropole et dans les DOM.

Elections du 16 mars 1986[1]

	Listes	Suffrages	% exprimés
	Extrême gauche	315 446	1,14
	PCF	2 873 234	10,34
	PS	8 095 315	29,13
	Union de la gauche	50 372	0,18
	MRG	162 947	0,59
I : 37 321 287	Divers gauche	430 142	1,55
V : 29 082 710 (77,93)	Ecologistes	667 581	2,40
E : 27 789 101	Régionalistes	88 434	0,32
	RPR	2 803 929	10,09
	UDF	2 451 432	8,82
	Union RPR-UDF	5 672 449	20,41
	Divers droite	1 495 166	5,38
	FN	2 658 500	9,57
	Divers extrême droite	24 154	0,09

1. Mode de scrutin : scrutin proportionnel à un tour dans le cadre du département. Seuil de répartition des sièges : 5 % des suffrages exprimés.

Source : Ministère de l'Intérieur.

Elections du 22 mars 1992[1]

	Listes	Suffrages	% exprimés
I : 37853787 V : 25966997 (68,60 %) E : 24723265	Extrême gauche	309131	1,25
	PCF	1999321	8,09
	PS	4485217	18,14
	Divers majorité présidentielle	597979	2,42
	Génération écologie	1731962	7,01
	Les Verts	1669188	6,75
	Divers écologistes	195371	0,79
	Régionalistes ou autonomistes	142789	0,58
	Défense d'intérêts catégoriels	1003472	4,06
	Union RPR-UDF	8127582	32,87
	UDF	798	0
	RPR	6956	0,03
	Divers droite	1030323	4,17
	FN	3375079	13,65
	Divers extrême droite	48097	0,19

1. Scrutin proportionnel à un tour dans le cadre du département.

Source : Ministère de l'Intérieur.

Elections du 15 mars 1998[1]

	Listes	Voix	% exprimés
I : 39408938 V : 22847054 (57,97 %) E : 21790557	Extrême gauche	945937	4,34
	PCF	243565	1,08
	Majorité	6184724	28,38
	PS	713540	3,27
	Divers gauche	367755	1,69
	Ecologistes	1137393	5,22
	Régionalistes	227552	1,04
	Listes catégorielles	891425	4,09
	UDF-RPR	6258510	28,26
	Divers droite	1630084	7,48
	FN	3271402	15,01
	Extrême droite	27670	0,13

1. Scrutin proportionnel de liste à un tour dans le cadre du département.

Source : Ministère de l'Intérieur.

Elections des 21 et 28 mars 2004[1] (1 880 sièges)

1er tour
I : 41 835 232
V : 25 453 092 (60,84 %)
E : 24 250 637 (57,97 %)

2e tour
I : 40 982 426
V : 26 907 745 (65,66 %)
E : 25 839 306 (63,05 %)

Listes	1er tour voix	%	2e tour voix	%	Sièges
Extrême gauche	1 199 229	4,95			
Listes de gauche	8 938 654	36,86	12 897 688	49,91	1 126
Verts	546 494	2,25			
Divers gauche	252 713	1,04	111 720	0,43	36
Ecologistes	385 501	1,59			
Régionalistes	94 355	0,39	99 512	0,39	36
CPNT	397 023	1,64			
Divers	164 389	0,68			
Listes de droite	8 179 937	33,73	9 519 098	36,84	522
Divers droite	179 017	0,74	11 094	0,04	4
Front national	3 564 064	14,70	3 200 194	12,38	156
Extrême droite	349 261	1,44			

1. Scrutin proportionnel à deux tours dans le cadre de la région découpée en sections départementales.
Seuil de maintien du second tour : 10 % des suffrages exprimés. Seuil de fusions de listes, seuils de répartition des sièges : 5 % des suffrages exprimés (avec prime majoritaire de 25 % des sièges pour la liste arrivée en tête).

Source : Ministère de l'Intérieur.

Elections des 14 et 21 mars 2010[1]

1er tour
I : 43 642 325
V : 20 219 958 (46,33 %)
E : 19 475 895 (44,63 %)

2e tour
I : 43 350 204
V : 22 210 265 (51,21 %)
E : 21 194 314 (48,89 %)

Listes	1er tour voix	%	2e tour voix	%	Sièges		
					1er tour	2e tour	Total
Extrême gauche	662 161	3,40					
PCF et Parti de gauche	1 137 250	5,84	56 092	0,26		6	6
PS	4 579 853	23,52	660 189	3,11	31	58	99
Verts	2 372 379	12,18	207 435	0,98		11	11
Divers gauche	594 999	3,06	698 556	3,30	4	92	96
Union de la gauche	1 094 059	5,62	9 834 486	46,40		1 006	1 006
Autres listes	366 354	1,88			2		2
Régionalistes	146 118	0,75	117 742	0,56		27	27
Centre-MoDem	817 560	4,20	178 858	0,84		10	10
Listes de la majorité	5 066 942	26,02	7 497 649	35,38	4	511	515
Divers droite	241 151	1,24					
Front national	2 223 800	11,42	1 943 307	9,17		118	118
Extrême droite	173 269	0,89					

1. Scrutin proportionnel à deux tours dans le cadre de la région découpée en sections départementales.
Seuil de maintien du second tour : 10 % des suffrages exprimés. Seuil de fusions de listes, seuils de répartition des sièges : 5 % des suffrages exprimés (avec prime majoritaire de 25 % des sièges pour la liste arrivée en tête)

Source : Ministère de l'Intérieur.

Appartenance politique des régions (1986-2010)

Année	Président de gauche	Président de droite
1986	2	20
1992	3	19
1998	8	14
2004	20	2
2010	21	1

G. Elections municipales

Nombre de municipalités contrôlées par chaque force politique (1935 et 1945)

	1935	1945
Communistes	317	1462
Socialistes	1376	4133
Socialistes et communistes	–	247
Républicains socialistes	944	1501
Radicaux socialistes	9162	6501
Gauche (sans précision)	–	913
PDP/MRP	280	609
Alliance Démocratique	11593	7296
Fédération républicaine	9489	5809
Divers Droite	1603	2559
Indéterminés	1074	4736

Sources :
Pierre Martin, *Les Elections municipales en France depuis 1945*, La Documentation française, 2001, p. 20.
L'Année politique 1945.

La statistique porte sur 35838 communes dont 72 n'ont pas voté en 1945. Ne sont pas comprises des communes du Bas-Rhin, du Haut-Rhin, de la Moselle, du Territoire de Belfort et des 348 communes situées dans les « poches côtières » encore occupées par les Allemands.

Résultats des élections municipales (1945-1995) dans les 35 villes de plus de 100 000 habitants en 1995 (en nombre de mairies)

	1945	1947	1953	1959	1965	1971	1977	1983	1989	1995
PCF	6	–	–	–	2	3	6	3	1	1
PS	17	11	14	13	9	7	13	9	13	16
DVG	–	–	–	–	1	1	–	–	3	2
Rad. gauche	3	2	3	–	–	–	–	–	–	–
Soc. Diss.	–	–	–	–	3	2	2	–	–	–
MRP-CD-UDF [1]	1	1	3	3	3	7	4	12	8	8
Ind.	86	10	12	7	–	–	–	–	–	–
RI	–	–	–	–	2	4	–	–	–	–
Gaullistes	–	14	4	5	3	5	4	9	8	5
Divers droite	–	–	–	1	1	2	1	2	2	2
Extrême gauche	–	–	–	–	–	–	–	–	–	1
Total gauche	**26**	**13**	**17**	**13**	**12**	**11**	**19**	**12**	**17**	**19**
Total droite	**9**	**22**	**18**	**22**	**23**	**24**	**16**	**23**	**18**	**16**

1. En 1971, le CD regroupe le MRP et les Indépendants de 1965. Après 1977, l'UDF regroupe le Centre démocrate, les RI, les radicaux de droite et les socialistes dissidents.

Source : Pierre Martin, *Les Elections municipales en France depuis 1945*, La Documentation française, 2001, p. 179.

Bilan des deux tours des élections municipales de 2001, 2008 et 2014 en nombre de mairies de villes de plus de 30 000 habitants (France métropolitaine)

Parti politique	2001	2008	2014
PCF	27	27	
PS	63	97	
PRG	1	1	
MDC	2	1	
DVG	9	7	
Verts	1	1	
Total gauche	**103**	**134**	**55**
UDF	33	Modem : 6 Nouveau centre : 8 Gauche moderne : 1	
DL	16		
RPR	62	UMP : 79	
RPF	2		
MPF	1		
Divers droite	13	7	
Extrême gauche	0		
MNR	2		
Total droite	**129**	**95** (sans compter les 6 Modem)	**147**

Bilan des élections municipales de 2014 dans les villes de plus de 10 000 habitants

	2008	2014
PCF – Front de gauche		56
PS		210
EELV		6
PRG		7
Divers gauche		70
Total gauche	**509**	**349**
UMP		320
UDI-Modem		115
Divers droite		137
Total droite	**433**	**572**
FN		8
Extrême-droite		3
Total extrême-droite		**11**
Divers		6

Source : *Le Monde*.

Sources générales

Le CEVIPOF (Centre d'étude de la vie politique française) et le CDSP (Centre de données socio-politiques) publient et mettent en ligne régulièrement les résultats électoraux ainsi que des études sur les élections de la Ve République.

On pourra également consulter :

Droit de suffrage et modes de scrutin, La Documentation française, Les documents d'étude, nouvelle édition 2008.
Raymond Huard, *Le Suffrage universel en France, 1848-1946,* Aubier, 1991.
Alain Lancelot, *Les Elections nationales sous la Cinquième République*, PUF, 3e édition, 1998.
Pierre Rosanvallon, *Le Sacre du citoyen. Histoire du suffrage universel en France*, Gallimard, 1992.
Frédéric Salmon, *Atlas électoral de la France, 1848-2001*, Seuil, 2001.

Chapitre 2

LES ÉLECTEURS

A la suite des travaux pionniers de géographie électorale d'André Siegfried puis de François Goguel, le développement de la sociologie électorale a bénéficié, dans les années 1960, des techniques quantitatives et du développement des sondages. Elle propose d'étudier les élections à l'aune des grandes variables traditionnelles (genre, âge, pratique religieuse, couche sociale). Non sans être taxée de déterminisme. Le modèle explicatif du vote montre en effet ses limites depuis les années 1970 dans un contexte de volatilité croissante de l'électorat et de montée des partis hors-système. Ainsi, après avoir mis en évidence une certaine stabilité des comportements, la sociologie électorale souligne aujourd'hui des attitudes plus fluides et moins prévisibles, représentatives d'une autonomie des électeurs. Les tableaux qui suivent proposent d'apprécier l'évolution de certaines variables explicatives du vote sur un court XXe siècle.

A commencer par la question du genre. A-t-il existé et existe-t-il un vote féminin ? J. Mossuz-Lavau distingue trois temps dans l'évolution du vote des femmes, depuis l'ordonnance du 21 avril 1944. Le premier est celui de l'apprentissage, de 1945 à 1969 : il se caractérise par une plus forte abstention et un vote plus conservateur que celui des hommes (un « *gender gap* » traditionnel). Le tournant de 1969 va de pair avec le départ du général de Gaulle de la scène politique, qui recueillait les faveurs du suffrage féminin. Il marque l'entrée dans une phase de décollage, au cours de laquelle la participation électorale des femmes rejoint celle des hommes, tandis que l'écart entre hommes et femmes sur le vote de gauche tend à se réduire. Enfin, les années 1980 sont, pour le vote féminin, le temps de l'autonomie. Cette évolution reflète plus généralement celle de la place des femmes dans la société française caractérisée par l'élévation de leur niveau d'étude, leur entrée massive dans la vie active et la désaffection à l'égard de la religion. Pour autant, certaines différences persistent : les femmes se montrent en effet plus réticentes que les hommes à apporter leurs suffrages au Front national – et l'arrivée de Marine Le Pen à la tête du parti n'y a, pour l'instant, rien changé. Ainsi, au premier tour des élections présidentielles de 2002, Jean-Marie Le Pen n'arrivait qu'en troisième position dans le vote des femmes – mais en première position auprès des hommes. En revanche, le comportement électoral des femmes en France ne laisse guère apparaître de « *gender gap* moderne » (sensible dans d'autres démocraties) caractérisé par un soutien accru à la gauche : les dernières élections suggèrent au contraire que les femmes ne se sont pas totalement affranchies de leur loyauté envers la droite modérée.

Si l'existence de la variable « genre » et d'une spécificité française en la matière est questionnée, l'impact de la religion sur le vote ne fait pas de doute. Un lien étroit perdure en effet entre l'appartenance à la religion catholique, un fort degré d'intégration religieuse que traduit la pratique, et un vote conservateur.

Enfin, si le divorce entre les milieux populaires et la gauche a conduit à remettre en cause une lecture en termes de « vote de classe », l'influence de l'appartenance sociale sur le vote n'a pas disparu. En témoigne le vote des agriculteurs durablement à droite. Au vote des « classes moyennes », les politologues préfèrent aujourd'hui le clivage entre indépendants et salariés, et entre public et privé. Ainsi, après avoir contribué aux riches heures du radicalisme jusqu'au Front populaire, les commerçants et artisans se sont déportés à droite. Inversement, les cadres du secteur public ont contribué à l'alternance de 1981 et à la victoire de la gauche. Le vote populaire, enfin, n'a pas basculé en bloc de la gauche à l'extrême droite : non seulement cette frange de l'électorat n'a jamais été naturellement et totalement acquise à la gauche (en témoigne en son temps le gaullisme électoral) mais le divorce concerne plus précocement les employés tandis que la percée, bien réelle, du Front national dans ce milieu touche plus les ouvriers venus de la droite – les autres se réfugiant dans l'abstention – ou les jeunes générations, non politisées auparavant.

A. Le vote des femmes

Le vote à gauche des hommes et des femmes, 1946-2012 (en %)[1]

Elections	Hommes	Femmes	Ecart
1946 – législatives	65	53	– 12
1951 – législatives	58	47	– 11
1958 – législatives	44	32	– 12
1962 – législatives	39	26	– 13
1965 – présidentielle 1er tour	35	21	– 14
1965 – présidentielle 2e tour	51	39	– 12
1967 – législatives	43	33	– 10
1968 – législatives	49	39	– 10
1969 – présidentielle 1er tour	37	25	– 12
1973 – législatives	50	41	–9
1974 – présidentielle 1er tour	48	39	– 9
1974 – présidentielle 2e tour (Mitterrand)	53	46	–7
1978 – législatives	53	46	– 7
1979 – européennes	50	45	–5
1981 – présidentielle 1er tour	51	43	–8
1981 – présidentielle 2e tour (Mitterrand)	56	49	–7
1981 – législatives	58	54	–4
1984 – européennes	45	40	–5
1986 – législatives	44	45	+1
1988 – présidentielle 1er tour	45-47[2]	46-51	+1/+4
1988 – présidentielle 2e tour (Mitterrand)	53	55	+2
1988 – législatives	50	48	–2
1989 – européennes	36	33	–3
1992 – régionales	30	29	–1

1. A partir de sondages IFOP ou SOFRES le plus souvent post-électoraux.
2. Chiffre qui varie selon les études.

Source : Janine Mossu-Lavau, « Le vote des femmes en France (1945-1993) », *Revue française de science politique*, 1993, vol. 43, n° 4.

En % des suffrages exprimés (1995-2012)

	Hommes	Femmes	Ecart
1995 – présidentielles 2e tour (Jospin)	47	47	0
2002 – présidentielles 1e tour Jospin	16	16	0
2007 – présidentielles 1e tour (total gauche)	36,0	36,2	+0,2
2012 – présidentielles 2e tour (Hollande)	51-54	49-52	-2

Sources :
Bruno Cautrès, Nonna Mayer (dir.), *Le Nouveau Désordre électoral. Les leçons du 21 avril 2002*, FNSP, 2004.
Réjane Sénac et Maxime Parodi, « « Gender gap à la française » : recomposition ou dépassement ? L'élection présidentielle de 2012 », *RFSP*, 2013/2, vol. 63.

Vote à gauche et activité professionnelle féminine aux élections législatives de 1978 (1er tour)(en % des suffrages exprimés)

	Hommes actifs	Femmes actives	Ex-actives	Femmes au foyer
Extrême-gauche/PSU	2,2	3,2	4,7	0,8
PCF	24,0	24,5	20,1	12,7
PS/MRG/Divers gauche	34,5	26,3	25,8	33,5
Total gauche	**60,7**	**54,0**	**50,6**	**47,0**
UDF	16,7	20,5	23,6	27,8
RPR	16,2	20,0	21,2	23,8
Divers droite/extrême droite	4,4	3,1	3,7	0,8
Total droite	**37,3**	**43,6**	**48,5**	**52,4**
Ecologiste	2,0	2,7	0,9	0,7

Source : J. Mossuz-Lavau, M. Sineau, *op. cit.*, p. 53.

Le vote présidentiel de droite par genre (1965-2012) (en %)

	De Gaulle 1965	Pompidou 1969 (1er tour)	Giscard 1974	Giscard 1981	Chirac 1988	Chirac 1995	Chirac 2002	Total droite 1er tour 2007	Sarkozy 2012 2e tour
Hommes	27,5/49	40	27/47	23/44	20/47	20/53	17/78	64,0	46-49
Femmes	34/61	48	33/54	32/51	20/45	21/53	22/85	63,8	48-51
Ecart	+6,5/+12	+8	+6/+7	+9/+7	0/-2	+1/0	+5/+7	-0,2	+2

Vote des hommes et des femmes pour l'extrême droite (1986-2002) (en %)

	Législatives 1986	Le Pen 1988	Législatives 1988	Législatives 1993	Le Pen 1995	Législatives 1997	Le Pen 2002	Législatives 2002
Hommes	11	18	12	14	19	18	20	15
Femmes	9	11	7	13	12	12	14	11
Ecart (F-H)	- 2	-7	-5	-1	-7	-6	-6	-4

Source : Bruno Cautrès, Nonna Mayer (dir.), *op. cit.*, d'après enquêtes CEVIPOF.

Vote par genre à l'élection présidentielle de 2002 (premier tour) (en % des suffrages exprimés)

	Jacques Chirac	Jean-Marie Le Pen	Lionel Jospin
Ensemble	19	17	16
Femmes	22	14	16
Hommes	17	20	16

Vote pour Marine Le Pen à l'élection présidentielle de 2012, selon le sexe et la catégorie socioprofessionnelle (en %)

Homme	Agriculteur[1]	16
	Artisan, commerçant, chef d'entreprise	22
	Cadre supérieur, profession libérale	7
	Profession intermédiaire	15
	Employé	32
	Ouvrier	32
	Inactif	14
	Total	21
Femme	Agriculteur[1]	0
	Artisan, commerçant, chef d'entreprise	31
	Cadre supérieur, profession libérale	6
	Profession intermédiaire	10
	Employé	18
	Ouvrier	27
	Inactif	18
	Total	16

1. Résultats à interpréter avec prudence en raison de la faiblesse des effectifs.

Source : Pascal Perrineau (dir.), *Le Vote normal. Les élections présidentielles et législatives d'avril-juin 2012*, Presses de Sciences Po, 2013, p. 238 (d'après enquêtes postélectorales CEVIPOF)

B. Vote et religion

Niveau de pratique religieuse des catholiques selon leur option politique en 1952 (en %)

Electeur	Dévots[1]	Observants[2]	Pas de pratique extérieure[3]	Aucune pratique	Total
Communiste	0	13	10	77	100
SFIO	9	24	21	46	100
RGR	14	26	20	40	100
RPF	50	26	12	12	100
Indépendants	56	29	9	6	100
MRP	73	23	2	2	100

1. Dévots : se confessent et communient plus d'une fois par an.
2. Observants : messeux irréguliers et pascalisants.
3. Pas de pratique extérieure : prient exceptionnellement en dehors de l'église.

Source : *Sondages*, 1952, 4.

Rapport à la religion catholique, selon l'option politique (1952)(en %)

Electeurs (baptisés dans le catholicisme)	MRP	Droite			Gauche		
		RPF	PRL	Modérés	RGR	SFIO	PCF
Se considèrent comme catholiques	100				79	66	40
« fervents »	30	2/3 « fervents » et « normaux »					
« normaux » (*sic*)	55						
« tièdes »	9						
« non pratiquants »	6				43	49	79
Vont à la messe tous les dimanches	79	Plus de la moitié			1 à 2/10 (8 ou 9/10e n'assistent pas régulièrement à la messe)		
Ne se confessent jamais	6	3/4 se confessent			hostiles	hostiles	8/10e
Prient quotidiennement en dehors de l'église	55				Moins de la moitié ne prie jamais	Moins de la moitié ne prie jamais	Ne prient pas en dehors de l'église
Tiennent compte des instructions de l'Eglise dans le choix des spectacles et des lectures	50						
Se soucient beaucoup des instructions de l'Eglise au moment de voter	26	18 % RPF 26 % modérés					
Estiment l'existence de Dieu certaine	88	3/4					
Donnent de l'argent pour les œuvres	80	Presque autant que MRP					
Tiennent au mariage religieux de leurs enfants	82	Presque autant que MRP			76 (24 % ne voient aucun inconvénient à un mariage civil de leurs enfants)		
Consultent régulièrement un prêtre	44						
Militent dans les groupements et associations catholiques	34				5 environ	5 environ	0

Source : *Sondages*, 1952, 4.

Niveau de pratique religieuse selon l'option politique (1966) (en %)

	Ensemble des personnes interrogées (en %)	PCF	SFIO	Rad.	MRP	UNR	Indépendants Giscard	Indépendants Pinay
Catholiques pratiquants réguliers	23	2	11	7	45	33	28	32
Catholiques pratiquants saisonniers	39	22	37	49	35	41	43	45
Catholiques non pratiquants	22	44	31	28	13	17	17	13
Sans religion ou indifférents	11	29	17	11	3	3	5	3
Autre religion	5	3	4	5	4	7	7	7
Total	100	100	100	100	100	100	100	100

Sources :
Pierre Letamendia, *op. cit.*
Sondage SOFRES paru dans *Le Nouvel Observateur*, 1966.

Préférences politiques selon le niveau de pratique religieuse (1956) (en %)

	Catholiques				
Parti choisi	Pratiquants	Non pratiquants	Indifférents	Protestants	Sans religion
Communiste	2	17	18	5	49
Socialiste	9	39	45	34	30
Radical	10	17	17	34	30
MRP	34	4	2	7	4
Indépendant	34	14	12	10	1
RPF (Rép. soc.)	6	3	2	2	4
Poujade	5	6	4	7	6
Total	100	100	100	100	100

Source : Sondage de S.M. Lipset d'après une enquête de l'INED, mai 1956, citée par Pierre Letamendia, *Le MRP*, Beauchêne, 1995.

Préférences politiques selon le niveau de pratique religieuse (1966) (en %)

Préférences politiques en 1966	Ensemble (en %)	Pratiquants réguliers	Catholiques pratiquants saisonniers	Non pratiquants	Sans religion ou indifférents	Autre religion
PCF	12	1	7	23	32	8
SFIO	14	7	13	19	22	13
Radicaux	4	1	6	6	5	5
MRP	7	13	6	4	2	6
UNR-UDT	24	35	25	19	9	25
Ind. Giscard	8	10	9	6	3	12
Ind. Pinay	23	23	25	19	25	19
Ne se prononcent pas	23	23	25	19	25	10
Total	100	100	100	100	100	100

Source : *Ibid.*

Vote aux élections présidentielles selon le degré d'intégration religieuse (1965-1981) (en %)

	Présidentielles 1965 - 1er tour		Présidentielles 1974	Présidentielles 1981
	Vote François Mitterrand	Vote général de Gaulle ou Jean Lecanuet	Vote VGE 2e tour	Vote VGE 2e tour
Pratiquants réguliers	7	72	77	80
Pratiquants irréguliers	23	48	51	60
Non pratiquants	37	34	26	39
Sans religion	56	18	14	12

Sources :
Jean-Marie Donegani, *La Liberté de choisir. Pluralisme religieux et pluralisme politique dans le catholicisme français contemporain*, Presses FNSP, 1993. D'après : *Sondages*, 28 (2), 1966 pour les présidentielles 1965.
Sondages SOFRES, *Le Nouvel Observateur*, 10 juin 1974 et 15-20 mai 1981.

Vote aux élections présidentielles selon le degré d'intégration religieuse (1988-2007) (en %)

		1988				1995				2002				2007			
		Sans religion	Autres	Catho non pratiquants	Catho pratiquants	Sans religion	Autres	Catho non pratiquants	Catho pratiquants	Sans religion	Autres	Catho non pratiquants	Catho pratiquants	Sans religion	Autres	Catho non pratiquants	Catho pratiquants
1er tour	EXTG	27	14	9	4	26	9	12	4	36	15	19	12	16	7	7	4
	Gauche	53	41	44	24	41	41	30	16	36	38	26	11	38	46	25	16
	Centre	7	13	16	23	5	14	16	38	5	8	10	28	23	27	21	19
	Droite	5	20	19	38	15	21	36	35	12	25	29	42	18	18	39	57
	EXTD	8	11	12	10	13	15	16	8	12	13	16	8	5	2	7	4
2e tour	Gauche	86	64	61	34	72	57	46	20	72	63	49	26	68	70	40	24
	Droite	14	36	39	66	28	43	54	80	28	37	51	74	32	30	60	76

Source : *Le Vote des Français de Mitterrand à Sarkozy*, Presses de Sciences Po, 2011.

Certains totaux ne somment pas à 100 % en raison des erreurs d'arrondis. D'après CEVIPOF.

Pratique religieuse et vote au premier tour présidentiel de 2002 (en %)

	Gauche	Droite	Extrême droite	Effectifs
Catholique pratiquant régulier	21	66	13	(326)
Catholique pratiquant irrégulier	29	48	23	(520)
Catholique non pratiquant	42	36	22	(1 113)
Autre religion	50	35	15	(154)
Sans religion	63	20	17	(707)
Ensemble	43	38	19	(2820)

Source : Nonna Mayer, Bruno Cautrès (dir.), *op. cit.*, p. 172.

Appartenance religieuse et vote (2002) (en %)

	Gauche	Droite	Extrême droite	Effectifs
Catholique	35	44	21	(1954)
Protestant	28	47	25	(62)
Musulman	80	16	4	(41)
Autre religion	51	37	12	(49)
Sans religion	63	20	17	(713)
Ensemble	43	38	20	(2819)

Source : Nonna Mayer, Bruno Cautrès (dir.), *op. cit.*

Soutien moyen pour les différents candidats à l'élection présidentielle, selon l'âge, le genre, l'éducation et la religion des répondants (1988-2007)(en %)

		Age		Genre		Education		Religion				
		18-39	40+	H	F	Pas de bac	Bac	Sans	Autre	Catho non pratiquants	Catho pratiquants	Total
1er tour	EXTG	17	12	15	14	14	14	26	11	12	6	14
	Gauche	33	33	33	32	31	34	42	42	31	17	32
	Centre	16	16	15	17	14	20	10	16	16	27	16
	Droite	22	28	24	27	27	25	13	21	28	43	26
	EXTD	12	11	14	10	14	7	10	10	13	8	12
2e tour	Gauche	58	49	54	51	51	55	75	64	49	26	53
	Droite	42	51	46	49	49	45	26	37	51	74	47

Source : *Le Vote des Français de Mitterrand à Sarkozy*, Presses de Sciences Po, 2011. Certains totaux ne somment pas à 100 % en raison des erreurs d'arrondis. D'après CEVIPOF.

C. Le vote en fonction des catégories socioprofessionnelles

Vote des couches populaires (ouvriers et employés) (1965-1978) (en %)

	de Gaulle 1965		Pompidou 1969	RPR 1978
Ensemble	44 %	base 100	44	22
Hommes	40	91	40	20
Femmes	46	105	48	24
21-34	36	82	40	
35-49	36	82	43	
50-64	48	109	45	
65 et plus	61	139		
Agriculteurs	37	84	49	17
Cadres sup, prof libérales	34	77	58	25
Commerçants, artisans	45	102	43	17

	de Gaulle 1965		Pompidou 1969	RPR 1978
Cadres moyens, employés	39	89	40	13
Ouvriers	42	95	33	13
Inactifs, retraités	57	130	48	13

Source : A. Knapp, *Le Gaullisme après de Gaulle*, Seuil, 1996.

Votes de gauche (écologistes compris) des employés et ouvriers au premier tour de l'élection présidentielle (1969-2002) (en %)

	1969	1974	1981	1988	1995	2002
Employés	-	-	-	52	38	39
Ouvriers	47	64	66	63	49	43
Ensemble	32	47	51	49	41	43
Ecarts employés/ensemble				+3	-3	-4
Ecarts ouvriers/ensemble	+15	+17	+15	+14	+8	0

Source : Bruno Cautrès, Nonna Mayer (dir.), *Le Nouveau Désordre électoral. Les leçons du 21 avril 2002*, FNSP, 2004.

Evolution du vote des ouvriers (1978-2002) (en %)

	Législatives 1978	Présidentielles 1988	Présidentielles 1995	Législatives 1997	Présidentielles 2002
Gauche	70	63	49	52	43
Droite	30	20	31	24	31
Extrême droite	1	17	21	24	26

Sources :
Enquêtes post électorales CEVIPOF 1978, 1988, 1995, 1997.
PEF 2002, vague 2 pondérée.
Bruno Cautrès, Nonna Mayer (dir.), *Le Nouveau Désordre électoral. Les leçons du 21 avril 2002*, FNSP, 2004.

Votes des employés et ouvriers pour Jean-Marie Le Pen au premier tour de l'élection présidentielle (1988-2002) (en %)

	1988	1995	2002
Employés	14	18	23
Ouvriers	17	21	24
Ensemble	14,5	15,5	17
Ecart employés/ensemble	-0,5	+2,5	+6
Ecart ouvriers/ensemble	+2,5	+5,5	+7

Vote de droite des agriculteurs (1965-1988)

Election	Ensemble (%)	Agriculteurs (%)	Indice Agriculteurs/ensemble (base 100 pour l'ensemble)
Présidentielles 1965			
De Gaulle	44	37	84
Législatives 1967			
UD Ve	38	45	118
Présidentielles 1969			
Pompidou	44	49	111
Législatives 1978			
RPR	22	31	141
UDF	21	33	157
Présidentielles 1981			
Chirac	18	36	200
Giscard	28	33	118
Présidentielles 1988			
Chirac	20	35	175
Barre	16,5	19	115
Le Pen	14,5	14	97

Source : Andrew Knapp, *op. cit.*, p. 314 : « Sociologie des électorats de droite, 1965-1988 ».

Vote des classes moyennes aux élections législatives de 1978 (1er tour, vote par groupe socioprofessionnel)

%	Industriels, gros commerçants	Professions libérales	Agriculteurs	Petits commerçants et artisans
PCF	4	8	5	7
PS	2	10	15	17
Gauche	9	19	22	26
UDF	60	39	40	21
RPR	24	27	24	28
Droite	87	69	66	52
Eco	_	6	1	1
SR, abs	4	6	12	21
	(45)	(52)	(366)	(336)

%	Cadres sup	Cadres moy	Employés	Ensemble	Ouvriers
PCF	5	13	17	18	31
PS	19	25	24	27	26
Gauche	26	44	45	51	59
UDF	33	23	20	13	12
RPR	24	15	17	13	13
Droite	58	41	38	28	26
Eco.	2	3	3	6	1
SR, abs	14	13	14	15	14
	(134)	(412)	(826)	(277)	(1 126)

Le clivage indépendants/salariés (législatives 1978)

%	Indépendants	Salariés
PCF	6	21
PS	15	25
Gauche	23	49
UDF	33	18
RPR	26	16
Droite	62	35
Ecologistes	1	2
SR, abs	15	14
	(799)	(3 220)

Source : Nonna Mayer, « L'ancrage à droite des petits commerçants et artisans », in Georges Lavau, Gérard Grunberg, Nonna Mayer (dir.), *L'Univers politique des classes moyennes*, FNSP, 1983. D'après une enquête post électorale du CEVIPOF administrée par la SOFRES au lendemain des élections législatives de 1978.

Vote selon les catégories professionnelles aux législatives de 1978 (en %)

	PSU, extrême gauche	PCF	PS-MRG	Ecologistes	UDF	RPR	Autres	Abstentions, blancs, nuls, SR	Effectifs
Agriculteurs	1	6	15	2	36	26	2	13	256
Petits commerçants et artisans	3	5	20	1	21	28	2	20	219
Professeurs	9	15	33	13	10	9	2	9	79
Instituteurs	6	24	24	4	11	13	1	17	127
Techniciens	5	23	23	7	14	7	5	17	75
Services médicaux et sociaux	11	8	28	3	17	13	3	17	83
Cadres administratifs moyens	4	16	30	3	13	14	3	12	315
Employés de bureau	5	21	30	3	13	14	3	12	315
Ensemble couches moyennes salariées	**6**	**19**	**28**	**5**	**14**	**12**	**3**	**13**	**781**
Ensemble actifs	**3**	**19**	**25**	**2**	**18**	**16**	**3**	**14**	**2335**

Source : Gérard Grunberg, Etienne Schweisguth, « Le virage à gauche des couches moyennes salariées », in Georges Lavau, Gérard Grunberg, Nonna Mayer (dir.), *op. cit.* 12 mars 1978. D'après les propres découpages socioprofessionnels des auteurs.

Le clivage public/privé dans le vote des classes moyennes au premier tour des présidentielles de 2002 (en %)

Partis	Vote de l'ensemble des classes moyennes	Vote des classes moyennes du public	Vote des classes moyennes du privé	Vote dans l'ensemble de l'électorat
Extrême gauche	10,5	15	7,5	10
Gauche	41	46	38	32
L. Jospin	20	20	20	16

Partis	Vote de l'ensemble des classes moyennes	Vote des classes moyennes du public	Vote des classes moyennes du privé	Vote dans l'ensemble de l'électorat
Droite	35,5	30	38,5	38
J. Chirac	17	14	19,5	19
Extrême droite	13	9	16	20
JM Le Pen	11	8	13	17

Source : Pascal Perrineau (dir.), *Atlas électoral*, Presses de Sciences Po, 2007, p. 90, d'après Panel électoral français, vague 2, 2002.

Evolution du vote de gauche par statut, 1978-2002 (en %)

Statut	1978	1988	1995	1997	2002
Indépendants	28	30	22	29	21
Salariés	60	54	44	51	44
Ecart	+32	+24	+22	+22	+23
Salariés du privé	58	52	40	47	39
Salariés du public	64	58	52	57	51
Ecart	+6	+6	+12	+10	+12

Source : Bruno Cautrès, Nonna Mayer (dir.), *op. cit.*

Sources générales

Le CEVIPOF publie un recueil d'études électorales après chaque scrutin, disponible aux Presses de Sciences Po ou sur cairn.fr

Plus généralement, on peut se reporter à :

Bruno Cautrès, Nonna Mayer (dir.), *Le Nouveau Désordre électoral. Les leçons du 21 avril 2002*, Presses de Sciences Po, 2004.

Daniel Gaxie, *Explication du vote. Un bilan des études électorales en France*, Presses de la FNSP, 1985.

Le Vote des Français de Mitterrand à Sarkozy, Presses de Sciences Po, 2011.

Guy Michelat, Michel Simon, *Classe, religion et comportement politique*, Presses de Sciences Po/Editions sociales, 1977.

Janine Mossuz-Lavau, « Le vote des femmes en France, 1945-1973 », *Revue française de science politique*, 1993, 4, p. 673-689.

Pascal Perrineau, Dominique Reynié (dir.), *Dictionnaire du vote*, PUF, 2001.

François Platone, *Les Electorats sous la Ve République. Données d'enquête*, CEVIPOF, 1991, 196 p.

Chapitre 3

ELUS, RESPONSABLES POLITIQUES ET ENTOURAGES

A. Les origines sociales de l'exécutif

Formation scolaire et profession d'origine des ministres sous la IIIe République (1870-1940)

	Ouvriers	Employés	Fonc. Sub. ou moyens	Agriculteurs	Instituteurs	Professeurs	Journalistes	Médecins Pharmaciens	Avocats Hommes de loi	Hauts fonctionnaires	Ingénieurs Architectes
Droit						11	12		216	14	
Droit, lettres, ou sciences politiques				1		16	6		24	15	
Lettres				1		28	10			3	
Médecine						2	1	32			
Sciences						7					
Polytechnique, Saint-Cyr, Navale						3				5	16
Centrale, Mines, Art et métiers							2			1	11
Ecoles normales d'instituteurs					3	2					
Niveau secondaire			2	4			11		1	10	

	Ouvriers	Employés	Fonc. Sub. ou moyens	Agriculteurs	Instituteurs	Professeurs	Journalistes	Médecins Pharmaciens	Avocats Hommes de loi	Hauts fonctionnaires	Ingénieurs Architectes
Ecoles professionnelles techniques		3				1	1			2	1
Ecoles primaires	4	2	1	3			4				
Absence d'information											
Total ministres	**4**	**5**	**4**	**8**	**3**	**70**	**47**	**32**	**241**	**50**	**28**

	Cadres secteur privé	Commerçants	Industriels Entrepreneurs	Dirigeants de sociétés	Officiers	Propriétaires Rentiers	Autres	Total	%
Droit	–	1	6	2	2	1	1	266	42,2
Droit, lettres ou sciences politiques	–	–	–	–	2	–	–	64	10,2
Lettres	1	–	–	–	–	1	–	44	6,9
Médecine	–	–	1	–	–	–	–	36	5,6
Sciences	–	–	2	–	–	–	–	9	1,4
Polytechnique, Saint-Cyr, Navale	–	–	2	3	69	–	–	98	15,5
Centrale, Mines, Arts et Métiers	–	–	–	–	–	–	–	14	2,3
Ecoles normales d'instituteurs	–	–	–	–	–	–	–	5	0,8
Niveau secondaire	1	8	15	6	–	2	4	64	10,2
Ecoles professionnelles techniques	–	–	1	–	–	–	2	11	1,8
Ecoles primaires	–	2	1	–	–	–	–	17	2,7
Absence d'information	–	–	2	1	–	–	–	3	0,5
Total ministres	**2**	**11**	**30**	**12**	**73**	**4**	**7**	**631**	**100**

Source : Mattei Dogan, « Les filières de la carrière politique en France », *Revue française de sociologie*, 1967, vol. 8, n° 4.

Profession d'origine des ministres et secrétaires d'Etat (1945-1975) (en nombre 1re ligne et % 2e ligne)

	Ouvriers agr.	Agriculteurs	Ouvriers	Employés Cadres moyens	Instituteurs	Professeurs	Avocats Magistrats	Journalistes	Médecins Vétérinaires Pharmaciens	Prof. Libérales Cadres sup	Hauts Fonctionnaires	Ingénieurs	Artisans Commerçants	Industriels	Officiers	Divers Abs. d'inf	Total
1944-1958	1 0,4	10 4,4	7 3	2 0,8	10 4,4	24 10,6	53 23,3	19 8,3	15 6,6	2 0,9	27 11,8	13 5,7	6 2,6	31 14	4 1,7	3 1,3	227
1958-1969	0 0	1 1,1	0 0	0 0	1 1,1	17 19,7	10 11,8	6 6,9	2 2,3	4 4,6	23 26,7	4 4,6	1 1,1	15 17,4	2 2,3	0 0	86
1969-1974	0 0	1 1,6	0 0	0 0	0 0	6 8,9	6 8,9	1 1,6	4 5,9	9 13,4	26 38,8	2 2,9	2 2,9	9 13,4	0 0	1 1,6	67
1974 à janv. 1975	0 0	0 0	1 2,7	1 2,7	0 0	4 10	1 2,7	3 8,1	3 8,1	0 0	13 35	1 2,7	1 2,7	6 16	0 0	2 5,4	37
1958 à 1975	0 0	2 1,6	1 0,6	1 0,6	1 0,8	24 15,8	14 9,2	9 5,9	8 5,2	10 6,5	45 29,7	5 3,3	2 1,2	25 16,5	2 1,2	3 1,9	152

Source : Pierre Birnbaum, *Les Sommets de l'Etat. Essai sur l'élite du pouvoir en France*, Seuil, 1977.

Profession des ministres (1997-2005)

Profession	Gouvernement Juppé	Gouvernement Jospin	Gouvernement Raffarin
Hauts-fonctionnaires	9	11	10
Dirigeants d'entreprise	4	1	6
Professions juridiques	6	0	5
Professions médicales	4	2	4
Enseignants et assimilés	3	3	6
Agriculteurs et assimilés	0	0	1
Commerçants et artisans	0	0	1
Cadres des administrations	1	3	4
Cadres d'entreprise	1	1	1
Journalistes	1	0	0
Ouvriers, employés	0	4	0
Professionnels de la politique	4	1	1
Divers, inclassables, sans indication	0	1	0
Total	33	27	39

Source : Hervé Joly, « Les élites politiques : regard croisé sur le cas français », *in Formation des élites en France et en Allemagne*, CIRAC, 2005, p. 149-167.

B. Les origines sociales des députés

Composition sociale de la Chambre des députés sous la IIIe République (1871-1893/1919-1940)

	Assemblée nationale 1871	1e législ. 1876	2e législ. 1877	3e législ. 1881	4e législ. 1885	5e législ. 1889	6e législ. 1893	12e législ. 1919	13e législ. 1924	14e législ. 1928	15e législ. 1932	16e législ. 1936
Ouvriers	4	5	3	5	12	10	16	24	44	26	27	56
Employés	–	–	–	–	3	8	8	13	23	19	19	33
Fonc. sub. ou moyens	1	4	4	9	9	2	4	5	5	9	10	16
Agriculteurs	42	45	38	28	37	37	48	53	55	62	47	62
Instituteurs	1	1	1	2	1	1	3	8	14	15	16	33
Professeurs	19	15	18	21	25	21	33	39	43	45	46	44
Journalistes	44	26	29	36	37	40	28	45	28	31	41	40
Médecins Pharmaciens	22	40	47	51	48	47	66	49	45	61	60	47
Avocats Hommes de loi	237	192	202	192	186	174	175	182	162	145	164	121
Hauts fonctionnaires	43	52	50	40	45	38	37	22	19	25	24	21
Ingénieurs Architectes	21	13	15	15	21	23	22	25	19	25	21	18
Cadres secteur privé	1	2	1	1	1	1	1	5	6	13	14	12
Commerçants	18	20	18	28	19	18	21	19	23	21	22	32
Industries Entrepreneurs	78	37	39	40	46	59	48	53	42	63	53	45
Dirigeants de sociétés	6	7	5	4	7	10	6	9	5	14	12	6
Officiers	71	25	30	13	30	41	30	38	27	19	11	10
Ecclésiastiques	3	1	–	3	3	3	3	4	6	4	3	3
Propriétaires Rentiers	104	40	48	37	48	49	30	23	12	17	22	24
Autres et abs. d'inf.	12	4	12	9	10	11	9	8	6	11	5	3
Total	727	529	560	534	588	593	588	624	584	625	617	626

Source : Mattei Dogan, « Les filières de la carrière politique en France », art. cit.

Tendance politique et profession d'origine des députés (1898-1940)

	Communistes	Soc. SFIO[1]	Socialistes indépendants	Radicaux	Centre gauche	Modérés	Droite	Inclassables	Total députés
Ouvriers	47	55	14	5	8	3	2	1	135 4,8 %
Employés	18	22	5	4	8	5	2	2	77 2,8 %
Fonct. sub. ou moyens	5	12	4	6	2	4	1	–	34 1,2 %
Agriculteurs	5	31	13	53	67	80	12	12	273 9,8 %
Instituteurs	6	36	2	12	2	5	–	–	63 2,3 %
Professeurs	3	32	11	54	32	35	7	3	177 6,35 %
Journalistes	5	32	17	29	22	27	4	4	140 5 %
Médecins Pharmaciens	2	29	14	95	75	64	5	7	291 10,4 %
Avocats Hommes de loi	1	43	41	176	179	211	42	16	709 25,4 %
Hauts fonctionnaires	–	4	5	13	23	30	11	2	88 3,15 %
Ingénieurs Architectes	–	8	7	17	25	33	3	3	96 3,4 %
Cadres secteur privé	1	12	7	4	6	6	1	2	39 1,4 %
Commerçants	3	26	7	35	26	29	2	4	132 4,7 %
Industries Entrepreneurs	–	9	9	60	67	92	10	5	97 3,5 %
Dirigeants de sociétés	–	–	5	4	11	15	3	2	40 1,4 %
Officiers	–	1	7	8	14	45	28	4	107 4 %
Ecclésiastiques	–	–	–	–	2	7	1	–	10 0,35 %
Propriétaires Rentiers	–	–	–	2	11	49	30	5	97 3,5 %
Autres et Abs. d'inf.	1	7	1	3	4	7	1	2	26 0,9 %
Total députés	97	370	169	580	584	747	165	74	2 786
%	3,5	13,3	6,1	20,8	21,0	26,8	5,9	2,6	100

1. Soc SFIO : socialistes unifiés, 1898-1919.
Socialistes indépendants : y compris Jeune République, parti frontiste, groupe Pelletan.
Centre gauche : républicains de gauche, gauche démocratique, gauche républicaine.
Modérés : Union républicaine, Union démocratique, républicains d'action sociale.
Droite : conservateurs, nationalistes…
Inclassables : non-inscrits, indépendants.

Source : Mattei Dogan, art. cit.

Total ouvriers – employés – fonctionnaires subalternes ou moyens	246	8,8 %
Total instituteurs – professeurs – journalistes – médecins pharmaciens – avocats hommes de loi – hauts fonctionnaires – ingénieurs architectes	1 564	56,1 %
Total cadres secteur privé – commerçants – industriels entrepreneurs – dirigeants de sociétés	463	16,7 %
Total officiers – ecclésiastiques	117	4,2 %

Origine socioprofessionnelle des députés de la IVe République (1945-1958)

	Inclassables	PCF	SFIO	MRP	Radicaux	Indépendants Modérés	RPF	Poujadistes Extrême droite	**Total**	**%**
Ouvriers	–	99	11	21	–	1	1	–	**133**	**11,9**
Employés	1	37	16	19	2	–	–	–	**71**	**6,3**
Petits fonctionnaires	–	7	15	5	3	1	–	–	**31**	**2,7**
Agriculteurs	5	29	10	29	11	40	12	–	**136**	**12**
Instituteurs	1	29	32	1	2	–	–	1	**66**	**5,9**
Professeurs	4	12	35	21	13	7	7		**99**	**8,9**
Journalistes	2	5	19	17	12	6	2	1	**64**	**5,7**
Médecins Pharmaciens	–	3	13	15	13	8	10	3	**65**	**5,8**
Avocats	8	2	28	25	28	38	11	2	**142**	**12,7**
Hauts fonctionnaires	4	3	4	9	8	6	7	1	**42**	**3,7**
Ingénieurs	9	4	5	11	8	9	8	–	**54**	**4,8**
Cadres moyens	3	3	9	14	4	7	2	1	**43**	**3,8**
Commerçants	–	1	2	15	5	6	6	29	**64**	**5,7**
Industriels	3	–	2	9	14	16	18	6	**68**	**6,1**
Officiers, ecclésiastiques	1	1	–	3	1	6	6	–	**18**	**1,6**
Divers	–	11	–	2	–	1	1	–	**16**	**1,4**
Total France métrop.	**41**	**246**	**201**	**216**	**124**	**152**	**91**	**44**	**1 112**	
%	**3**	**22**	**18**	**20**	**11**	**14**	**8**	**4**		**100**

Sources :
Pierre Birnbaum, *Les sommets de l'Etat. Essai sur l'élite du pouvoir en France*, Seuil, 1977.
Mattei Dogan, « Political assent in a class society : French deputies, 1870-1958 », *in* Dwaine Marwick (dir.), *Political Decisions Markers*, Glencoe, Free Press, 1961.

Distribution des diplômes des députés, 1958-2007 (% cumulables)

Année	1958	1962	1967	1968	1973	1978	1981	1986	1988	1993	1997	2002	2007
Diplôme en droit	18	18	19,3	19,8	19,3	19	17	20,5	20,7	24	21	24	23,4
Doctorat en droit	10	7,4	7,4	7,4	7,4	4,6	4	4	3,3	2,8	2,8	2	1,6
Sciences Po Paris	9	7,4	9,4	11	11,5	13	11,2	13,2	14,3	14,8	14	13,6	12
Sciences Po province	0	0	0,2	0,2	0,4	0,8	1,2	1,5	2,5	2,5	2,3	3	3,8
Diplôme d'économie	0,8	1,4	1,8	2,3	3	4,8	5	5,2	6,7	6,8	7	7	7

Année	1958	1962	1967	1968	1973	1978	1981	1986	1988	1993	1997	2002	2007
Diplôme de lettres	6,7	6	6,4	6,5	7,6	8	9,3	7,7	10	7,7	8,5	6	7
Diplôme étranger	0,4	0,6	1	1	1,7	1,6	1,2	1,3	1	1	1,3	1	1
Diplôme scientifique ou d'ingénieur	11	11	8	11,4	9	9,3	10	9,8	9,7	11	8,2	8	7,4
Diplôme médical	10	9,5	7,8	12	9,7	10	7,4	10,7	8,7	11	9,2	11,4	11,8
Autre licence ou maîtrise	4,3	3,7	4	4,4	5,2	6	8,7	11,2	11,5	11,4	13	14	13,3
Autre diplôme de 3ᵉ cycle	2	1,2	2,2	2	2,3	3,2	5,2	4,8	4,7	3,5	4,7	6,4	6,2
Diplôme professionnel (CAP, BEP, BTS)	0,6	2	2	2,3	3	3	3,5	2,3	3,3	4	5,7	7,7	9,7
Baccalauréat	11	10	11	10	11	12	12,6	9	9,7	9,6	12	6,2	6,7
Aucun diplôme égal ou supérieur au baccalauréat	24	27,8	25	19,4	18	17,3	11,8	10	6,3	7	4,4	4	3,6

Source : *Les Cahiers du CEVIPOF*, septembre 2011/55.

Profession des députés de la Vᵉ République (1958-2007) (en %)[1]

Année	1958	1962	1967	1968	1973	1978	1981	1986	1988	1993	1997	2002	2007
Ouvriers	2	4	5	3	5	6	5	2	2	1	2	1	1
Employés	1	1	1	1	1	1	1	1	1	1	1	1	1
Professions intermédiaires du privé	2	2	2	3	2	2	2	2	2	2	3	2	2
Cadres du privé	7	6	5	7	6	9	10	11	11	14	12	15	14
Directeur de banque	1	0	0	0	0	1	0	1	1	1	0	1	1
Administrateurs de société	2	2	2	2	1	1	1	1	1	2	1	3	3
Industriels	10	11	8	12	10	6	4	7	5	8	4	5	5
Employés SPIC	1	1	2	1	2	1	1	1	1	1	1	0	1
Cadres SPIC	1	1	1	2	1	2	3	3	4	4	5	5	3
Fonction publique territoriale	1	1	1	0	1	1	0	1	3	2	3	3	5
Employés fonction publique	1	1	1	1	1	1	1	1	1	1	1	1	1
Professions intermédiaires fonction publique	1	2	2	1	1	1	1	1	2	2	1	3	2
Cadres fonction publique	6	6	7	7	7	9	8	8	9	8	9	9	8
Magistrats	1	1	1	1	1	1	1	1	1	1	1	1	1
Corps préfectoral	1	1	1	1	1	1	0	0	0	0	0	0	0
Grands corps	5	5	7	7	7	6	5	7	6	6	5	3	3
Officiers	1	1	1	1	1	1	1	1	1	1	1	1	1
Officiers généraux	1	1	1	1	1	1	1	1	1	1	0	0	0
Instituteurs	2	3	5	3	5	5	5	3	3	2	4	1	2
Professeurs (secondaire)	6	6	8	6	10	13	20	15	17	10	15	11	11
Maîtres de conférence	0	0	1	0	1	0	5	5	7	4	4	3	3
Professeurs université	2	1	2	2	0	2	2	4	3	4	4	4	3
Agriculteurs	12	12	8	7	7	5	3	3	2	4	3	3	3

Année	1958	1962	1967	1968	1973	1978	1981	1986	1988	1993	1997	2002	2007
Artisans commerçants	4	5	4	4	3	1	1	1	1	2	1	2	2
Gros commerçants	2	2	1	2	2	1	1	1	1	1	1	1	1
Médecins	8	7	6	9	8	8	6	8	6	6	6	5	6
Avocats	13	9	7	7	7	6	5	6	5	6	5	6	6
Journalistes	3	2	3	3	3	3	3	3	3	3	3	2	2
Autres professions libérales	7	8	7	8	6	5	3	4	5	5	4	5	5
Fonctions politiques	1	2	3	2	3	3	2	3	2	3	3	5	6
Intellectuels	1	0	0	0	0	0	1	0	0	0	0	0	0
Sans, rentiers	1	1	1	1	1	1	1	1	0	1	0	1	1

1. Les totaux excèdent 100 % car les chiffres sont arrondis (cf. notamment ceux inférieurs à 1 %, arrondis à 1 %).

Source : *Les Cahiers du CEVIPOF*, septembre 2011/55.

Répartition des professions exercées par niveau et par grand secteur (1958-2007) (en %)

Année	Moyen privé[1]	Moyen public[2]	Supérieur privé	Professions libérales	Supérieur public
1958	24	16	15	28	7
1962	22	19	15	23	7
1967	19	23	12	20	9
1968	19	19	16	24	10
1973	18	24	13	22	10
1978	19	29	9	18	10
1981	18	41	6	14	8
1986	19	36	9	18	12
1988	17	43	7	16	10
1993	23	33	10	18	10
1997	21	42	6	15	8
2002	23	39	9	16	7
2007	21	40	9	17	6

1. Catégorie qui inclut les cadres du secteur privé.
2. Catégorie qui inclut les enseignants du secondaire et de l'université, ainsi que des cadres (à l'exception des membres des grands corps).

Source : *Les Cahiers du CEVIPOF*, septembre 2011/55.

Nombre de députés élus pour la première fois (1958-2012)

Année	Députés élus pour la première fois	Total des députés	Part des députés élus pour la première fois (%)
1958	310	579	53,5
1962	164	482	34,0
1967	147	487	30,2
1968	119	487	24,4
1973	130	490	26,5

Année	Députés élus pour la première fois	Total des députés	Part des députés élus pour la première fois (%)
1978	182	491	37,1
1981	215	491	43,8
1986	217	577	37,6
1988	161	577	27,9
1993	262	577	45,4
1997	200	577	34,7
2002	196	577	34
2007	143	577	24,8
2012	217 (dont 86 femmes)	577	37,6

Sources :
Les Cahiers du CEVIPOF, septembre 2011/5,
Assemblée nationale.

C. Femmes en politique

Ayant obtenu le droit de vote par l'ordonnance du 21 avril 1944, les femmes ont voté pour la première fois aux élections municipales du 29 avril 1945. Alors qu'elles n'étaient pas citoyennes et qu'elles subissaient un statut de mineures juridiques, trois femmes avaient été appelées au premier gouvernement Léon Blum en juin 1936 – façon de montrer un intérêt pour leurs droits civiques, tout en évitant l'épineuse question du droit de vote ? Devenues citoyennes à la Libération, des femmes, portées par l'élan résistant, accèdent au devant de la scène publique.

Pour peu de temps. Les années 1950 et 1960 sont celles de la « déféminisation » des institutions politiques, avec une baisse continue de la proportion de femmes qui atteint son plus bas niveau sous la République gaullienne. La fin des années 1960 – avant même 1968 – marque cependant une timide inversion de la tendance, confirmée dans les années 1970. Mais la progression reste très lente, et à la fin des années 1990, les femmes représentent toujours moins de 10 % des élus à la plupart des élections. Ainsi, ce n'est qu'en 1986 que le nombre de députées dépasse celui de 1945.

A ce sombre tableau, deux exceptions. Les élections européennes se distinguent dès l'origine par la place plus importante faite aux femmes : 17 % en 1979, elles représentent un quart des députés en 1994 et 30 % en 1999. Signe que les hommes délaissent une élection jugée peu gratifiante ? Assemblée plus récente, où les sortants sont, moins qu'ailleurs, des hommes ? En métropole, les élections régionales de 1998, avec plus de 27 % de femmes parmi les élus, amorcent une tendance, confirmée depuis dans ces assemblées.

C'est dans ce contexte qu'est votée la loi sur la parité, le 6 juin 2000, « tendant à favoriser l'égal accès des femmes et des hommes aux mandats électoraux et fonctions électives ». Les résultats restent cependant mitigés et varient selon les assemblées. La loi n'a pas eu véritablement l'effet escompté à l'Assemblée nationale : les grands partis préfèrent payer une amende plutôt que de respecter la loi et réservent les circonscriptions gagnables au sortant ou au chef de l'exécutif local, qui sont majoritairement masculins. Ce n'est qu'à la faveur des législatives de 2012 que la proportion des députées dépasse celle des sénatrices – sans atteindre la parité, les femmes représentant plus d'un quart des élus du Palais-Bourbon. Au Sénat, la loi a permis une hausse significative du nombre de candidates entre 1998 et 2001. Mais les modifications intervenues dans le mode de scrutin, faisant une plus large place à la proportionnelle, plus favorable aux femmes, ont également joué leur rôle. Sur le plan local enfin, la situation reste contrastée : les assemblées régionales sont depuis 2004 les plus féminisées de France, tandis que les conseils généraux demeurent – depuis la Libération – un bastion masculin !

Féminisation des conseils municipaux (1947-2008)

	Conseillères		Maires	
	Nombre	%	Nombre	%
1947	14 889	3,1	250	0,7
1953	13 882	2,9	300	0,8
1959	11 246	2,4	381	1
1965	11 145	2,4	421	1,1
1971	20 684	4,4	677	1,8
1977	38 304	8,3	1 018	2,8
1983	70 155	14	1 445	4,0
1989	86 549	17,2	1 998	5,5
1995	107 979	21,7	2 751	7,5
2001	156 393	33,0	3 998	10,9
2008	181 608	35,0	4 866[1]	13,8

1. OPFH, 2008 : estimation sur 96,1 % des communes, soit 1 421 communes non renseignées de moins de 3 500 habs.

Source : OPFH.

Part des femmes parmi les conseillers municipaux selon la taille de la commune (% France métropolitaine) (1983-2008)

	1983	1989	1995	2001	2008
Communes de moins de 3 500 habitants (88 % des communes de France)	12,9	16,3	21,0	30,0	32,2
Communes de 3 500 à 9 000 habitants	21,0	21,4	25,1	47,4	48,3
Communes de 9 000 à 30 000 habitants	22,0	23,0	26,3	47,3	48,5
Communes de plus de 30 000 habitants	22,8	23,6	26,9	48,0	48,8
Ensemble des communes	**14,0**	**17,2**	**21,7**	**33,0**	**34,8**

Source : INSEE – d'après ministère de l'Intérieur.

Part des femmes parmi les maires, selon la taille de la commune (1989-2008) (en %)

	1989	1995	2001	2008
Moins de 3 500 habitants	5,5	7,7	11,2	14,2
3 500-9 000 habitants	3,5	3,8	6,1	9,9
9 000-30 000 habitants	5,3	5,2	7,2	8,2
Plus de 30 000 habitants	3,6	4,8	8,6	11,5
Total plus de 3 500 habitants	–	4,9	6,9	9,6
Total	**5,5**	**7,5**	**10,9**	**13,8**

Source : OPFH, 2008.

Féminisation des conseils généraux (1944-2011)

Année	Nombre total d'élus	Femmes élues	% femmes élues	Conseillères	
				Nombre	%
1944-1945 (CDL)				Presque 130	7,5
1945		– (inconnu)	–		
1946		25			
1952		17	0,2		
1958	1 512	11	0,7		
1961	1 504	16	1,1		
1964	1 562	17	1,1		
1967	1 710	10	0,6		
1970	1 609	21	1,2		
1973	1 926	38	2,0		
1976	1 801	41	2,3		
1979	1 776	76	4,3		
1982	1 945	74	3,8		
1985	1 954	82	4,2		
1988	1 936	80	4,1		
1992	1 945	108	5,6		

Année	Nombre total d'élus	Femmes élues	% femmes élues	Conseillères	
				Nombre	%
1994	1 922	104	5,4		
1998	2 045	175	8,6		
2001	1 932	189	9,8	364	9,2
2004	2 034	222	10,9	411 3 présidentes 132 vice-présidentes	10,4 3,0 12,5
2008	2 020	264	13,1		
2011	2 026	280	13,8		

Sources :
CDL, 1945-1952 : W. Guéraiche (1999) (pour les CDL et 1945-1952).
1958-2011 : OPFH, 2011 (pour 1958-2011). Les chiffres valent pour la seule France métropolitaine entre 1958 et 1994 compris.

Féminisation des conseils régionaux (1986-2010)

Année	Nombre de candidates	Part des femmes parmi les candidats (en %)	Femmes élues	Part des femmes parmi les élus (%)
1986	2 883	22,5	156[1]	9,0
1992	4 075	27,0	206[2]	12,0
1998	6 333	35,9	517	27,5
2004	8 728	40,4	895[3] 1 présidente 126 vice-présidentes	47,6 3,8 37,3
2010	10 192	49,5	902[4]	48,0

1. France métropolitaine (avec la Corse) et les régions d'outre-mer.
2. France métropolitaine (sans les conseillers à l'assemblée de Corse).
3. France métropolitaine et Corse.
4. *Ibid.*

Sources :
Avis et rapport du Conseil économique et social, *La Place des femmes dans les lieux de décision : promouvoir la mixité*, 2007. D'après les chiffres fournis par le ministère de l'Intérieur.
OPFH.

Féminisation de l'Assemblée nationale (1943-2012)

Année	Nombre de députés	Candidates (%)	Elues	% de femmes
AN consultative Alger			2 déléguées	
AN consultative Paris			16 déléguées	
21 octobre 1945 – Constituante	586		32	5,5
2 juin 1946 – Constituante	586		30	5,1
10 novembre 1946	619	13,6	42	6,8
17 juin 1951	627	9,7	22	3,5
2 janvier 1956	627	9,2	19	3,0
Novembre 1958	579	2,3	8	1,4
Novembre 1962	482	2,4	8	1,7

Année	Nombre de députés	Candidates (%)	Elues	% de femmes
5 et 12 mars 1967	487	2,9	11	2,3
23 et 30 juin 1968	487	3,3	8	1,6
4 et 11 mars 1973	490	6,6	8	1,6
12 et 19 mars 1978	491	16,3	20	4,1
14 et 21 juin 1981	491	13,1	26	5,3
16 mars 1986	577	25,1	34	5,9
5 et 12 juin 1988	577	11,9	33	5,7
21 et 28 mars 1993	577	19,5	35	6,1
25 mai et 2 juin 1997	577	23,2	63	10,9
9 et 16 juin 2002	577	38,9	71	12,3
10 et 17 juin 2007	577	41,6	107	18,5
10 et 17 juin 2012	577	40	155	26,9

Sources :
OPFH.
Assemblée nationale.

Candidates et élues par nuance politique en 2012

	Candidates			**Elues**			**% d'élues parmi les candidates**	
Principaux partis politiques	Total	F	% F	Total	F	% F	% F	% H
PCF/FG	558	269	**48,2**	10	2	**20,0**	**0,7**	2,8
SOC	471	216	**45,9**	280	105	**37,5**	**48,6**	68,6
PRG	70	27	**38,6**	12	4	**33,3**	**14,8**	18,6
Verts	464	229	**49,4**	17	9	**52,9**	**3,9**	3,4
Sous-total gauche	3 488	1 561	**44,8**	341	125	**36,7**	**8,0**	11,2
UMP	503	129	**25,6**	194	27	**13,9**	**20,9**	44,7
UDF/Modem	344	128	**37,2**	2	0	**0,0**	**0,0**	0,9
Nouveau Centre	108	35	**32,4**	12	0	**0,0**	**0,0**	16,4
Parti radical valoisien	98	42	**42,9**	6	0	**0,0**	**0,0**	10,7
DVD	784	314	**40,1**	15	2	**13,3**	**0,6**	2,8
FN	571	280	**49,0**	2	1	**50,0**	**0,4**	0,3
EXTD	76	29	**38,2**	1	0	**0,0**	**0,0**	2,1
Sous-total droite	2 534	972	**38,4**	234	30	**12,8**	**3,08**	13,1
Total	6 603	2 649	**40,1**	577	155	**26,9**	**5,9**	10,7

Elues par nuance politique (1997-2007)

Nuances politiques	1997			2002			2007		
	Total	F	% F	Total	F	% F	Total	F	% F
PS	241	43	**17,8**	140	23	**16,4**	186	48	**25,9**
PCF	38	5	13,2	21	5	23,8	15	3	20,0
PRG	13	0	0,0	7	1	14,3	7	4	57,1
DVG	21	1	4,8	6	1	16,7	15	5	33,3
Verts	7	2	28,6	3	1	33,3	4	1	25,0
REG	–	–	–	1	0	0,0	1	0	0,0
DIV	1	0	0,0	1	0	0,0	1	0	0,0
Sous-total (gauche)	321	51	**15,9**	179	31	**17,3**	229	61	**26,6**
RPF/UMP	134	5	**3,7**	355	36	**10,1**	313	45	**14,3**
DL	–	–	–	2	1	50,0	Cf UMP		
UDF/Modem	108	7	6,5	29	1	3,4	3	0	0,0
UDF/Maj	Cf UDF			Cf UDF			22	0	0,0
DVD	13	0	0,0	9	2	22,2	9	0	0,0
PMF	–	–	–	1	0	0,0	1	1	100,0
RPF	–	–	–	2	0	0,0	–	–	–
FN	1	0	0,0	–	–	–	–	–	–
Sous-total (droite)	256	12	**4,7**	398	40	**10,1**	348	46	**13,2**
Total	577	63	**10,9**	577	71	**12,3**	577	107	**18,5**

Sources :
OPFH.
Ministère de l'Intérieur, 2007.

Comparaison : femmes parlementaires en France et dans l'Union européenne en 2012[1]

Pays	Femmes parlementaires (en % du total)
Suède	45,0
Finlande	42,5
Pays-Bas	39,3
Belgique	39,3
Danemark	39,1
Espagne	35,4
Allemagne	32,8
Slovénie	31,1
Autriche	27,9
France	**26,9**
Portugal	26,5
Pologne	23,9
République tchèque	22,0

Pays	Femmes parlementaires (en % du total)
Royaume-Uni	22,0
Italie	21,3
Lettonie	21,0
Bulgarie	20,8
Luxembourg	20,0
Estonie	19,8
Lituanie	19,2
Grèce	17,3
Slovaquie	16,0
Irlande	15,1
Roumanie	11,4
Chypre	10,7
Hongrie	9,1
Malte	8,7
Moyenne	24,5

1. Chambres renouvelées entre 2006 et 2012, selon les pays.

Sources :
OPFH.
Fondation Robert Schuman, 2012.

Féminisation de la Haute Assemblée (1947-2011)

Année	Nombre total de sénateurs	Nombre de femmes	% de femmes au Sénat
1947	314	22	7,0
1949	317	12	3,8
1952	317	9	2,8
1954	317	9	2,8
1956	317	9	2,8
1958	314	6	1,9
1960	307	5	1,6
1962	271	5	1,9
1964	273	5	1,8
1966	274	5	1,8
1968	283	5	1,8
1971	282	4	1,4
1974	283	7	2,5
1977	295	5	1,7
1980	304	7	2,3
1983	317	9	2,8
1986	319	9	2,8
1989	321	10	3,1
1992	321	16	5
1995	321	18	5,6
1998	321	17	5,6
2001	321	34	10,6

Année	Nombre total de sénateurs	Nombre de femmes	% de femmes au Sénat
2004	331	56	16,9
2008	343	75	21,9
2011	348	77	22,1

Source : OPFH.

Candidates et élues au Sénat (1992-2011)

Date des élections	Candidates		Elues		
	Nombre	%	Nombre	% fe/ho	% femmes élues/ candidates
1992	78	9,9	5	4,9	6,4 % ho : 13,6
1995	168	18,4	11	9,4	6,5 % ho : 14,2
1998	146	15,6	3	2,9	2,1 % ho : 12,5
2001	542	44,0	22	21,6	4,1 % ho : 11,6
2004	561	43,2 mais 21 listes sur 131 seulement conduites par des femmes	31	24,2	5,5 % ho : 13,1
2008	272	36,1 mais 5 têtes de listes seulement sur 57	18	15,8	6,6 % ho : 19,9
2011	578	42,1 dont 22 têtes de liste (16,1 %)	49 (dont 39 au scrutin de liste proportionnel)	28,8	8,5 ho : 15,2

Sources :
OPFH.
Ministère de l'Intérieur.

Ventilation des sénatrices par parti politique (2001-2011)

Parti	2001		2004		2008		2011	
	Elues	% du total des élus	Elues	% du total des élus	Elues	% du total des élus	Elues	% du total
PCF	5	71,4	3	27,3	3	66,7	9	56,3
Les Verts	1	100,0	2	66,7	–	–	5	50,0
PS	6	20,7	10	31,3	8	18,2	19	31,1
PRG	0	0,0	0	0,0	1	20,0	0	0,0
Divers gauche	0	0,0	0	0,0	2	22,2	0	0,0
UDF puis Modem	5	31,3	3	25,0	–	–	1	3,3
Nouveau Centre	–	–	–	–	1	33,3	–	–
UMP	4	10,0	11	19,6	4	9,8	11	20,0
Majorité							3	25,0
Divers droite	1	25,0	2	28,6	0	0,0	1	20,0
Divers	–	–	0	0,0	0	0,0		
Total élues	22	21,6	31	24,2	18	15,8	49	28,8

Source : OPFH.

Les femmes et les élections présidentielles (1974-2012)

Année	Candidates	Suffrages recueillis au premier tour	Suffrages recueillis au deuxième tour	Elues
1974	1 (Arlette Laguiller)	595 247 – 2,33 %	–	0
1981	3 Huguette Bouchardeau Marie-France Garaud Arlette Laguiller	 321 353 – 1,11 % 386 623 – 1,33 % 668 057 – 2,30 %	–	0
1988	1 (Arlette Laguiller)	606 201 – 1,99 %	–	0
1995	2 Arlette Laguiller Dominique Voynet	 1 615 653 – 5,30 % 1 010 738 – 3,32 %	–	0
2002	4 Christine Boutin Arlette Laguiller Corinne Lepage Christiane Taubira	 339 157 – 1,19 % 1 630 118 – 5,72 % 535 875 – 1,88 % 660 515 – 2,32 %	–	0
2007	4 Marie-George Buffet Arlette Laguiller Ségolène Royal Dominique Voynet	 707 268 – 1,93 % 487 857 – 1,33 % 9 500 112 – 25,87 % 576 666 – 1,57 %	 16 790 440 – 46,94 %	0
2012	Nathalie Arthaud Eva Joly Marine Le Pen	292 548 – 0,56 % 6 421 426 – 2,31 % 6 421 426 – 17,90 %		0

Source : Ministère de l'Intérieur.

Les femmes et le Parlement européen (1979-2009)

Date des élections	Nombre total de sièges		Nombre de femmes		% de femmes	
	France	Total	France	Total	France	Total
1979	81	410	18	71	22,22	17,32
1984	81	518	16	84	19,75	16,22
1989	81	518	18	103	22,22	19,88
1994	87	567	26	146	29,89	25,75
1995	87	626	26	173	29,89	27,64
1999	87	626	35	192	40,2 3e	30,7
2004	78	732	34	222	43,6 4e	30,3
2009	72	736	33	258	45,8 6e	35,1

Sources :
INSEE.
OPFH.

Les femmes élues au Parlement européen (2009)

	2009		
	Femmes	Ensemble	Part des femmes (en %)
Finlande	8	13	61,5
Suède	10	18	55,6
Estonie	3	6	50,0
Pays-Bas	12	25	48,0
Danemark	6	13	46,2
France	**33**	**72**	**45,8**
Bulgarie	7	17	41,2
Autriche	7	17	41,2
Slovaquie	5	13	38,5
Lettonie	3	8	37,5
Allemagne	37	99	37,4
Roumanie	12	33	36,4
Portugal	8	22	36,4
Hongrie	8	22	36,4
Belgique	8	22	36,4
Espagne	18	50	36,0
Royaume-Uni	24	72	33,3
Chypre	2	6	33,3
Grèce	7	22	31,8
Slovénie	2	7	28,6
Lituanie	3	12	25,0
Irlande	3	12	25,0
Italie	16	72	22,2
Pologne	11	50	22,0
République tchèque	4	22	18,2
Luxembourg	1	6	16,7
Malte	0	5	0,0
Moyenne des 27	**258**	**736**	**35,1**

Source : OPFH.

La féminisation de l'exécutif : secrétaires d'Etat et ministres (1936-2013) [1]

Présidents de la République	Gouvernements	Effectif [2]	Femmes	% femmes
IIIe République Albert Lebrun 1932-1940	Léon Blum [3] 06/1936- 06/1937	37	3 SE	8,1
Gouvernement provisoire de la République française Sur trois gouvernements, un seul comprend une femme	Georges Bidault 06/46-12/46	33	1 SSE	3
IVe République Vincent Auriol 1947-1954 15 gouvernements, deux seulement comprennent une femme	Léon Blum 11/46-01/47	30	1 SSE	3,3
	Robert Schuman 11/47-07/48	29	1M	3,4
René Coty 1954-1958 Sur huit gouvernements investis, un seul comprend une femme	Maurice Bourgès-Maunoury 06/57-11/57	45	1SSE	2,2
Ve République Charles de Gaulle 1 1959-1965	Michel Debré 01/59-04/62	56	1 SE	1,8
	Georges Pompidou 1 04/62-11/62	37	0	0
	Georges Pompidou 2 12/62-1/66	27	0	0
Charles de Gaulle 2 1965-1969	Georges Pompidou 3 01/66-05/67	27	0	0
	Georges Pompidou 4 05/67-05/68	28	0	0
	Georges Pompidou 5 05/68-07/68	28	1 SE	3,6
	Maurice Couve de Murville 07/68-06/69	31	1 SE	3,2
Georges Pompidou 1969-1974	Jacques Chaban-Delmas 06/69-07/72	48	1 SE	2,1
	Pierre Messmer 1 07/72-03/73	30	1 SE	3,3
	Pierre Messmer 2 04/73-02/74	40	2 SE	5,0
Intérim d'Alain Poher	Pierre Messmer 3 02/74-05/74	29	1 SE	3,4

Présidents de la République	Gouvernements	Effectif[2]	Femmes	% femmes
Valéry Giscard d'Estaing 1974-1981	Jacques Chirac 05/74-08/76	58	1M 5 SE	10,3
	Raymond Barre 1 08/76-03/77	36	1M 3SE	11,1
	Raymond Barre 2 03/77-05/78	48	1M 5SE	12,5
	Raymond Barre 3 04/78-05/81	55	3M 2SE	9,1
François Mitterrand 1 1981-1988	Pierre Mauroy 1 05/81-06/81	42	6 1ME 1M 2MD 2SE	14,3
	Pierre Mauroy 2 06/81-03/83	43	6 3M 2MD 1SE	13,9
	Pierre Mauroy 3 03/83-07/84	42	6 1M 2MD 3SE	14,3
	Laurent Fabius 07/84-03/86	42	6 3M 1MD 2SE	14,3
	Jacques Chirac 03/86-05/88	38	4 1MD 3SE	10,5
François Mitterrand 2 1988-1995	Michel Rocard 1 05/88-06/88	41	6 1M 3MD 2SE	14,6
	Michel Rocard 2 06/88-05/91	49	6 1M 2MD 3SE	12,2
	Edith Cresson 05/91-04/92	45	6 3M 2MD 1SE	13,3
	Pierre Bérégovoy 04/92-05/93	41	7 3M 2MD 2SE	17,0
	Edouard Balladur 04/93-05/95	28	3 1ME 1M 1MD	10,7

Présidents de la République	Gouvernements	Effectif[2]	Femmes	% femmes
Jacques Chirac 1 1995-2002	Alain Juppé 1 05/95-11/95	42	12 4M 8SE	28,5
	Alain Juppé 2 11/95-06/97	32	4 1M 1MD 2SE	12,5
	Lionel Jospin 06/97-05/02	26	8 5M 1MD 2SE	30,7
Jacques Chirac 2 2002-2007	Jean-Pierre Raffarin 1 05/02-06/02	27	6 3M 3SE	22,2
	Jean-Pierre Raffarin 2 06/02-03/04	38	10 3M 4MD 3SE	26,3
	Jean-Pierre Raffarin 3 03/04-05/05	40	9 4M 2MD 3SE	22,5
	Dominique de Villepin 06/05-05/07	31	6 2M 4MD	19,3
Nicolas Sarkozy 2007-2012	François Fillon 1 05/07-06/07	20	7M	35
	François Fillon 2 06/07-11/10	31	11 7M 4SE	35,5
	François Fillon 6 11/10-02/11	30	11 1ME 5M 1MD 3SE	36,6
	François Fillon 7 02/11-06/11	30	10 7M 3SE	33,3
	François Fillon 8 06/11-09/11	34	9 6M 3SE	26,5
	François Fillon 9 09/11-05/12	34	9 5M 4SE	26,5

Présidents de la République	Gouvernements	Effectif[2]	Femmes	% femmes
François Hollande 2012-2017	Jean-Marc Ayrault 1 05/12-06/12	35	17 9M 8MD	48,6
	Jean-Marc Ayrault 2 06/12-07/13	39	19 11M 8MD	48,7
	Jean-Marc Ayrault 3 07/13-04/04	39	18 10M 8MD	46,1

1. ME : ministre d'Etat ; M : ministre ; MD : ministre déléguée ; SE : secrétaire d'Etat ; SEE : sous-secrétaire d'Etat.
2. Total des nominations faites par le chef de gouvernement – et non total des portefeuilles ministériels – pendant la durée de son gouvernement (un même individu peut être compté plusieurs fois s'il a changé de portefeuille pendant la durée du gouvernement).
3. Il s'agit du seul gouvernement de la IIIe République ayant compté des femmes dans ses rangs.

Sources :
Mariette Sineau (2011).
OPFH 2012.

A ce jour, une seule femme a exercé, en France, les fonctions de Premier Ministre : Edith Cresson fut nommée par François Mitterrand le 15 mai 1991. Elle resta Premier Ministre jusqu'au 2 avril 1992.

Sources générales

Christine Bard (dir.), "Les femmes et le pouvoir", *Histoire@Politique*, n° 1, mai-juin 2007.
Catherine Achin, *Le Mystère de la chambre basse. Comparaison des processus d'entrée des femmes au Parlement France-Allemagne, 1945-2000*, Dalloz, 2005.
William Gueraiche, *Les Femmes et la République. Essai sur la répartition du pouvoir de 1943 à 1979*, éditions de l'Atelier, 1999.
Mariette Sineau, *Profession politique. Sexe et pouvoir sous la Cinquième République*, Presses de Sciences Po, 2001.
Site internet de l'Observatoire de la parité entre les femmes et les hommes : www.observatoire-parite.gouv.fr

D. Cabinets ministériels et entourages politiques

Les effectifs des conseillers dans les cabinets ministériels ont augmenté de 148 % depuis 1958. Les chiffres ci-après proposés sont toutefois en dessous de la réalité puisque aux conseillers officiels, il faut ajouter les officieux, ce qui rend le calcul exact du nombre total de conseillers beaucoup plus difficile. On ajoute généralement 15 à 20 % au nombre officiel de conseillers pour approcher leur nombre exact.

Membres des cabinets ministériels (1959-2007)

Gouvernement	Nombre de portefeuilles ministériels	Dont ministres délégués et secrétaires d'Etat	Effectifs de cabinet (total)	Nombre moyen de membres de cabinet par portefeuille ministériel
Debré	27	6	262	9,7
Pompidou 1	29	9		
Pompidou 2	26	4	267	10,3
Pompidou 3	28	10	283	10,1
Pompidou 4	29	8	280	9,7
Couve de Murville	31	14	280	9,0
Chaban-Delmas	39	22	317	8,1
Messmer 1	30	13		
Messmer 2	38	16	340	8,9
Messmer 3	29	13		
Chirac 1	37	22	203	5,5
Barre 1	37	19	225	6,1
Barre 2	39	24	222	5,7
Barre 3	38	18	200	5,3
Mauroy 1	42	17	417	9,9
Mauroy 2	45	19		
Mauroy 3	42	26		
Fabius	42	23	314	7,5
Chirac 2	40	26	289	7,2
Rocard 1	41	22	327	8,0
Rocard 2	48	30	382	8,0
Cresson	45	25	376	8,4
Bérégovoy	41	20	435	10,6
Balladur	29	6	356	12,3
Juppé 1	42	15	392	9,3
Juppé 2	33	16	381	11,5

Jospin 1	26	11	427	16,4
Jospin 2	34	18	584	17,2
Raffarin 1	29	13		
Raffarin 2	39	23	604	15,5
Raffarin 3	41	23	685	16,7
Villepin	32	15	652	20,4

Source : Rapport du Conseil d'Etat et de l'inspection des finances, 2007.

Membres des cabinets ministériels (2007-2014)

Gouvernement	Année	Effectif total des cabinets ministériels
Fillon (2007-2012)	2007 (1er septembre)	553
	2008 (1er juillet)	652
	2009 (1er août)	652
	2010 (1er juillet)	616
	2011 (1er août)	511
Ayrault (2012-2014) 38 cabinets[1]	2012 (1er août)	525
	2013 (1er août)	565

1. Le chiffre inclut les cabinets du Premier Ministre, des ministres et des ministres délégués.

Source : « Personnels affectés dans les cabinets ministériels », annexe au projet de loi de finance pour 2014.

Chapitre 4

PARTIS POLITIQUES, ASSOCIATIONS, MOUVEMENTS PARAPOLITIQUES

La question des effectifs des partis politiques français est problématique à plus d'un titre. Elle recouvre en effet des réalités très différentes : les chiffres diffusés par les partis représentent-ils les titulaires d'une carte ou les adhérents à jour de leurs cotisations ? Convient-il de distinguer les sympathisants, des adhérents et des militants ? Sans compter que tous les partis ne diffusent pas ces chiffres, parce qu'ils n'en disposent pas – signe d'un désintérêt ou d'une impossibilité structurelle –, par culture du secret, ou plus simplement par souci de ne pas exhiber des statistiques dont la minceur est interprétée comme une faiblesse. On l'aura compris, le rapport des partis politiques à leurs effectifs renseigne autant sur l'identité de ces formations que sur l'enjeu politique que ces chiffres représentent.

De fait, ces données ont longtemps fait l'objet d'une instrumentalisation politique, tant à l'intérieur des partis dans les luttes entre tendances par exemple, qu'à l'extérieur, dans la compétition entre adversaires politiques. Il convient donc de les manipuler avec prudence, quand il ne faut pas tout simplement les écarter comme non fiables. C'est ici qu'intervient le travail de l'historien, ingrat s'il en est, contraint de démêler le vrai du faux, de croiser les sources, de compter et de revoir ses estimations au gré des ouvertures d'archives. Mais l'enjeu historique est de taille, comme le montre le cas des effectifs du Parti communiste français, cruciaux pour son identité de « parti de masse », et longtemps sujets de polémiques. D'autant que différentes études ont conduit à questionner la distinction classique entre « parti de cadres » et « parti de masse », remettant en cause l'existence de ces derniers en France. De fait, les chiffres suggèrent que si parti de masse il y eut dans les années 1930, le premier par les effectifs ne se trouvait pas à l'extrême gauche, mais bien à l'extrême droite, avec le PSF.

Enfin, l'attitude des partis politiques à l'égard de leurs effectifs reflète une évolution de la vie politique française : critère décisif de la puissance d'un parti politique au milieu du XXe siècle, alors qu'il s'agissait bien souvent d'occuper la rue, ces chiffres semblent aujourd'hui bien moins sensibles, signe d'un désintérêt relatif des organisations partisanes plus préoccupées par les sondages ou par les soutiens et les marques d'approbation recueillis dans les réseaux sociaux. L'organisation de primaires par les principaux partis de gauche et de droite pour désigner leurs candidats aux élections n'est sans doute pas étrangère à cette évolution qui donne une place nouvelle aux sympathisants – au détriment des adhérents ?

Les tableaux qui suivent s'appuient sur les travaux historiques existants sur les partis politiques – qui posent immanquablement la question des effectifs. Nous proposons, le cas échéant, faute de mieux, les effectifs revendiqués par l'organisation partisane – lorsqu'ils existent. Ces derniers sont, bien entendu, à manipuler avec précaution.

A. Gauche et extrême gauche

a. Les socialistes

Les formations socialistes avant 1901

Après une première et éphémère union au congrès de Marseille de 1879, marqué par la naissance de la Fédération du parti des travailleurs socialistes de France (FTSF), le socialisme éclate entre quatre formations et une nébuleuse jusqu'en 1901 :

— de la scission entre guesdistes et possibilistes (ou broussistes) au congrès de Saint-Etienne en 1882, naît le Parti ouvrier qui devient Parti ouvrier français (POF) en 1893 ;

— les possibilistes conservent, avec Paul Brousse, la Fédération des travailleurs socialistes ;

— les blanquistes créent quant à eux un Comité révolutionnaire central. En 1898, ils fondent un « parti socialiste révolutionnaire » (Edouard Vaillant) ;

— enfin, en 1891, le Parti ouvrier socialiste révolutionnaire est créé autour de Jean Allemane après une scission, un an auparavant, avec les possibilistes. D'une scission en 1897 naît l'Alliance communiste révolutionnaire ;

— les socialistes « indépendants » constituent une nébuleuse autour de personnalités, d'intellectuels ou de journaux (Benoît Malon et la *Revue socialiste*, Alexandre Millerand, Jean Jaurès). C'est dans cette nébuleuse que l'on trouve alors le plus grand nombre de députés socialistes.

Le Parti ouvrier français (1893-1900)

Année	Adhérents	Electorat
1893	10 000	Inférieur à 300 000
1898	16 000	
1900	20 000	

Source : C. Willard, *Le Mouvement socialiste en France (1893-1905)*, éd. Sociales, 1965.

Députés se réclamant du socialisme (1881-1893)

Année	Députés
1881	1
1885	5
1889	20
1893	48 (41 socialistes indépendants)

Source : C. Willard, *Le Mouvement socialiste, op. cit.*

Le Parti socialiste de France (PSDF) et le Parti socialiste français (PSF)

Alors qu'en 1899, les socialistes manifestent des velléités unitaires en se réunissant en congrès, l'entrée d'Alexandre Millerand dans le gouvernement de Défense républicaine de Pierre Waldeck-Rousseau les divise et conduit à la création de deux partis (auxquels il faut ajouter le POSR de Jean Allemane qui poursuit son aventure).

En 1902, le PSDF regroupe les socialistes qui refusent toute intégration à la République bourgeoise : le Parti ouvrier français (guesdiste), le Parti socialiste révolutionnaire (Vaillant), et l'Alliance communiste révolutionnaire. Face à lui, le PSF, créé au congrès de Tours de mars 1902, regroupe des réformistes, les indépendants et les « possibilistes ». Le PSF appartient à la majorité du Bloc des gauches issue des élections de 1902.

Forces du PSDF et du PSF

	Effectifs		Elections - Elus		
	Groupes	Adhérents	Suffrages	% votants	Elus
Parti socialiste de France (PSDF)	800 en 1904	17000	340000[1]		11
Parti socialiste français (PSF)	1000 en 1904	10000	430000		36
Total socialistes		27000	875000[2]	10,5 %	

1. Législatives de 1902.
2. Le chiffre inclut 100000 voix recueillies par des élus inclassables.

Source : C. Willard, *La France ouvrière. Histoire de la classe ouvrière et du mouvement socialiste français*, éd. de l'Atelier, 1995.

Le Parti socialiste – Section française de l'internationale ouvrière (SFIO)

Le PS-SFIO se distingue dès sa naissance, le 23-25 avril 1905, salle du Globe à Paris, par sa faiblesse militante au regard de la social-démocratie allemande. Mais le nombre de ses adhérents double entre sa création et la Première Guerre mondiale. Après avoir atteint un nombre record d'adhérents, la « vieille maison » sort exsangue de la scission de Tours de décembre 1920, les deux tiers de ses militants choisissant de rejoindre le Parti communiste français (PCF). Ses effectifs restent néanmoins supérieurs à ceux du PCF jusqu'au Front populaire, qui marque une grande vague d'adhésions au parti, mais scelle aussi la supériorité du parti communiste en termes d'effectifs. La Libération confirme cette suprématie, tandis que la décolonisation signe le déclin de la « vieille maison ».

Adhérents et élus de la SFIO (1905-1969)

Année	Effectifs	Suffrages obtenus aux élections	Députés
1905	34688		
1906	43462	877999 - 10 %	51
1909	57977		
1910	69085	1110561	76
1914	93218	1397373 - 16,8 %	102
1918	35793		
1919	133277	1729307	68
1920	179787		
1921	50449		
1922	49174		
1924	72659	1687668	100
1926	111368		
1928	109892	1698054	101

Année	Effectifs	Suffrages obtenus aux élections	Députés
1932	137 683	1 956 780	130
1933	131 044		
1934	110 000		
1936	202 000	1 922 493	146
1937	286 604		
1939	180 279		
1945	335 703	4 491 152 – 23,4 %	142
1946	354 878	2 juin : 4 187 147 – 21,1 % 10 novembre : 3 433 901 – 17,8 %	131 101
1947	296 317		
1951	126 898	2 744 842 – 14,6 %	105
1954	105 244		
1956	117 331	3 247 431 – 15,2 %	94
1958	115 000	3 193 786 – 15,7 % (1er tour)	47 [1]
1959	102 000		
1962	91 000	12,54 %	67 [2]
1965	85 000		
1967	82 000	18,79 %	116 [3]
1968	81 000	16,50 %	57
1969	72 000		

1. Dont 4 députés apparentés.
2. Dont 3 apparentés.
3. Il s'agit des députés FGDS, qui se décomposent en : 76 SFIO, 25 radicaux et 15 CIR.

Source : *Des poings et des roses. Le siècle des socialistes*, La Martinière, 2005.

Parti socialiste (PS)

Le congrès d'Epinay en 1971 donne un nouvel élan aux adhésions. Le PS devient une force d'attraction, sous l'effet du « programme commun » et des élections présidentielles de 1974. Ce n'est qu'avec l'accession au pouvoir de François Mitterrand, et ses deux élections successives en 1981 et en 1988, que le PS dépasse les 200 000 adhérents, renouant ainsi avec les périodes fastes de la SFIO en termes d'effectifs. Les difficultés du second septennat de François Mitterrand et la cohabitation en 1993 entraînent cependant une crise des adhésions et une chute des effectifs (alors inférieurs à 100 000). Enfin, le lancement des adhésions électroniques à 20 euros, le 9 mars 2006, phénomène inédit, conduit à une arrivée massive de nouveaux adhérents (+ 80 000) : le parti dépasse à nouveau les 200 000 membres, mais ces nouveaux venus repartent pour l'essentiel rapidement.

Effectifs du PS (1971-2012)

Année	Adhérents	Suffrages obtenus aux élections	Elus
1971	80 300		
1973	107 757	19,20 %	102
1975	149 623		
1978	180 000	22,82 %	113
1979	159 000		
1980	189 580		
1981	195 501	37,52 %	285
1982	213 584		
1985	176 878		
1986	177 284	31,41 %	212[1]
1988	202 083	27,50 %	275
1990	165 186		
1993	113 005	19,24 %	70 (57 PS)
1995	93 603		
1997	147 327	28,00 %	275
2001	109 464		
2002	129 445	26,67 %	151 (138 PS)
2005	133 831		
2006	210 418		
2007	165 083	24,73 %	185
2008[2]	187 000		
2012	« plus de 200 000 » (fin 2011)	29,35 %	280

1. A partir de 1986, les élus prennent en compte les députés MRG et apparentés.
2. Novembre 2008, chiffre revendiqué au congrès de Reims.

Sources :
Des poings et des roses. Le siècle des socialistes, La Martinière, 2005.
hebdo.parti-socialiste.fr
Le Monde, 27 août 2009 (à partir de 2001).

Parti socialiste autonome (PSA) et Union de la gauche socialiste (UGS)

Fondée les 7-8 décembre 1957, l'UGS regroupe la Jeune République, la Nouvelle Gauche et le Mouvement de libération du peuple. Le PSA est quant à lui issu de la scission survenue en septembre 1958 avec la SFIO : il regroupe la minorité hostile à la ligne de Guy Mollet sur la guerre d'Algérie, le ralliement au général de Gaulle et à la Ve République.

Effectifs de l'UGS et du PSA (1958-1959)

	UGS	PSA
1958	10 000 [1]	
1959		8500

1. Dont 24 % dans la région parisienne, 17 % dans le Rhône, l'Isère et la Loire (1er congrès, juillet).

Source : Jean-François Kessler, *De la gauche dissidente au nouveau parti socialiste*, Toulouse, Privat, 1990.

Parti socialiste unifié (PSU)

Fondé le 3 avril 1960, le PSU regroupe les socialistes dissidents du PSA, l'Union de la gauche socialiste (UGS), les Comités d'action socialistes et des dissidents du PCF autour de *Tribune du communisme*. Edouard Depreux annonce 28 432 adhérents au 1er congrès, en 1961. Fondé dans le combat contre la guerre d'Algérie, il se trouve quelque peu orphelin après les accords d'Evian. Laboratoire d'idées pour la rénovation de la gauche française, le PSU est miné par des divisions internes, tandis que le PS, à partir de 1971, attire ses militants : le départ de Michel Rocard pour le PS en 1974, le score piteux aux législatives de 1978 alors que la gauche progresse, la victoire de François Mitterrand en 1981 enfin, hâtent son déclin. Réduit à la portion congrue, le PSU se saborde en décembre 1988.

Effectifs du PSU (1960-1988)

		Suffrages électoraux		Elus	
	Adhérents [1]	Voix	% expr.	Candidats	Elus
1960	16 000				
1961	15 734				
1962	15 827	427 400	2,33	120	2
1967	11 597	506 600	2,26	103	4
1968	15 511	874 200	3,94		0
1969	15 599	816 470 [2]	3,61		0
1971	9 000				
1973	10 500	810 640	3,3	215	1
1978			1,1 [3]		0
1981	8 000	321 340 (présidentielles)	1,1		0
1988	1 000		1,05		0

1. Il s'agit des adhérents ayant réglé leur cotisation, ce qui explique en partie l'écart avec le chiffre avancé par Depreux en 1961.
2. Elections présidentielles, candidature Michel Rocard.
3. Listes du Mouvement pour une alternative non violente, comprenant PSU, écologistes et régionalistes.

Sources :

Tudi Kerbalegenn, François Prigent, Gilles Richard (dir.), *Le PSU vu d'en bas : réseaux sociaux, mouvement politique, laboratoire d'idées, des années 1950 aux années 1980*, Rennes, PUR, 2009.

Jean-François Kessler, *De la gauche dissidente…, op. cit.*

b. Les communistes

Le Parti communiste français

La Section française de l'internationale communiste est née d'une scission de la SFIO, au congrès de Tours, en décembre 1920, et de l'acceptation de la IIIe Internationale et des 21 conditions de Lénine. Après avoir rallié la majorité des militants de la SFIO, le parti fait les frais de sa bolchevisation qui se solde par une véritable hémorragie militante : les effectifs de 1933 représentent 26 % de ceux de 1921. L'abandon de la stratégie « classe contre classe » en 1934 et l'engagement dans la lutte antifasciste mettent un terme au déclin militant. Le Front populaire marque l'apparition d'un véritable parti de masse. Les effectifs explosent jusqu'en septembre 1937. Avec la fin du Front populaire en 1938, le PCF amorce toutefois un reflux. La guerre constitue une période de désorganisation extrême pour le parti (interdiction et défections, répression, mobilisation). C'est peu après l'invasion allemande que le parti entreprend sa réorganisation, étendue à la presque totalité des départements français en 1941. La Libération signe une explosion des effectifs (multipliés par 13,6 entre août 1944 et décembre 1946). La guerre froide plonge le PCF dans la crise et dans une situation d'impasse stratégique. Le parti perd 63,2 % de ses militants en 15 ans. Cependant, il n'y a pas d'adéquation durant cette période entre ce déclin militant et les scores électoraux du PCF. Jean-Jacques Becker note ainsi que le PCF préserve sa fonction tribunicienne et donc sa force électorale mais, en situation d'impasse stratégique, il perd son capital militant, produit de sa fonction révolutionnaire. L'adoption en 1972 de la stratégie de l'union de la gauche marque (comme en 1934) la fin de la crise des effectifs communistes. Si l'augmentation des effectifs est lente dans les années 1960, elle s'accélère dans les années 1970 pour atteindre son apogée avec plus d'un demi-million de militants. Les années 1980 amorcent cependant un long déclin.

Les effectifs du PCF ont suscité une longue querelle, les chiffres avancés par le parti ayant été à plusieurs reprises rectifiés par des travaux successifs (Lefranc, Kriegel, Robrieux, Buton, notamment) jusqu'au travail final de Roger Martelli qui a publié en 2010 les effectifs tels qu'ils apparaissent dans les fichiers du parti. Ce sont ces chiffres que propose le tableau ci-dessous (correspondant aux cartes placées).

Effectifs du PCF (1921-2012)

Année	Effectifs	Résultats électoraux			Elus
		Voix	% inscrits	% exprimés	
Octobre 1921	109 391				
Juillet 1922	78 828				
1923	55 598				
1924	57 000	875 812	7,9	9,5	26
1928	52 372	1 063 943	9,3	11,4	11
1929	38 447				
1932	–	794 883	6,9	8,4	11
1933	28 825				
1934	42 578				
1935	53 000				
Avril 1936	87 000	1 487 336	12,6	15,4	72
Décembre 1936	237 000				
Septembre 1937	269 000				
Septembre 1938	250 000				
Août 1939	221 000				
Début 1940	5 000				
1941	De 10 000 à 15 000				
Août 1944	60 000				
Décembre 1944	240 000				
Décembre 1945	515 000	5 005 336	20,3	26,1	151
1946	525 000	juin : 5 119 111 novembre : 5 489 288	20,7 25,7	25,7 28,6	146 169
1947	540 000				
1948	435 000				
1951	270 000	5 056 605	20,6	26,9	100
1952	220 000				
1954	275 051				
1956	278 429	5 514 403	20,6	25,9	144
1957	259 404				
1958		3 907 763	14,3	19,2	10
1961	242 802				
1962	257 993	4 010 463	14,6	21,9	41
1967	288 414	5 039 032	17,8	22,5	73
1968	303 169	4 435 357	15,7	20	34
1969	305 640	4 779 539[1]	16,6	21,5	
1973	331 502	5 085 356	17	21,4	86
1978	565 058	5 829 843	16,9	20,7	86
1981		4 003 025	11,3	16,1	44
1984	380 100				

Année	Effectifs	Résultats électoraux			Elus
		Voix	% inscrits	% exprimés	
1986	368609	2663734	7,2	9,6	35
1987	362233				
1988		2675040	7,2	11,1	25
1993		2268931	6	9,1	23
1997		2523405		9,9	36
1999	183173				
2002	125547	1216178		4,82	21
2004	131201				
2007		1115663		4,29	15
2009	133476				
2012		1793192		6,91	10

1. Il s'agit du 1er tour de l'élection présidentielle, le 1er juin 1969.

Source : Roger Martelli, *Prendre sa carte, 1920-2009. Données nouvelles sur les effectifs du PCF*, Fondation Gabriel-Péri, 2010.

c. L'extrême gauche

Le « pivertisme » – Gauche révolutionnaire et PSOP

La tendance « Gauche révolutionnaire » fut créée en octobre 1935, au sein de la SFIO : sous la houlette de Marceau Pivert, elle regroupe 624 militants en décembre 1935, essentiellement à Paris et en région parisienne (408 dans la Seine, 52 en Seine-et-Oise et 164 en province). Exclue de la SFIO au congrès de Royan en juin 1938, la gauche révolutionnaire devient alors le Parti socialiste ouvrier et paysan. Il ne représente cependant que 3,6 % des effectifs de la SFIO et attire un peu moins d'1/6e du potentiel de sympathie de la gauche révolutionnaire. On voit ici que l'audience de la GR, qui augmenta avec la menace de guerre – du fait des positions pacifistes qu'elle défendait –, doit être distinguée des militants, beaucoup moins nombreux à rejoindre le PSOP. Notons cependant que la faiblesse des effectifs cache une forte disparité géographique : la scission ampute la fédération SFIO de la Seine (celle de Marceau Pivert) de 22 % de ses effectifs.

Effectifs pivertistes (1935-1939)

	Octobre 1935	Congrès national 2 février 1936	Novembre 1936	14 février 1937	Juillet 1937	Novembre 1937	9 avril 1938	Juin 1938	Mars 1939
Audience de la GR dans la SFIO (en %)	0,5	11,0/23,8[1]	12,8	13,1	16,6	17,1	20,5	22,6	
Effectifs de la GR	624								
Effectifs PSOP								8 000-10 000	4 300

1. Vote sur le programme électoral/vote sur la lutte contre la guerre et sur la politique extérieure.

Source : Bruno David, *Récurrence et figures de l'autonomie ouvrière. Histoire sociale du « pivertisme », 1935-1940*, thèse de doctorat, sous la direction de Jacques Julliard, EHESS, 1996, p. 433.

Trotskistes et maoïstes

Trois organisations se réclament principalement du trotskisme :

— **L' Union communiste (Lutte ouvrière)** : il est impossible d'avancer un quelconque chiffre concernant les effectifs de cette organisation très opaque. Le nombre de militants a toujours été réduit. Fondée en pleine guerre par un militant trotskiste roumain, David Korner, elle était composée de deux couples, soit quatre personnes ! Si ses effectifs militants sont probablement très faibles, Lutte ouvrière (le nom du journal de l'UCI fondé en juin 1968) a toujours bénéficié d'une auréole importante de sympathisants, ce qui lui assure un certain nombre de candidats aux élections municipales.

— **L'OCI - PCI (lambertistes)/le Parti des travailleurs (PT)** : il tire ses origines de la scission de la IVe Internationale socialiste (PCI), en 1952. Pierre Boussel – alias Lambert – prend position contre Michel Raptis, alias Pablo. Les lambertistes fondent l'Organisation communiste internationaliste, qui connaît son apogée au début des années 1980. En novembre 1991, les Lambertistes fondent le Parti des travailleurs.

— **La Ligue communiste révolutionnaire (LCR)** : fondée en décembre 1974, la LCR tire ses origines de la scission de la IVe Internationale socialiste (PCI), en 1952. Les effectifs de la LCR sont connus par les congrès du parti – ils constituaient l'un des instruments de la lutte de tendances qui se déroulait dans le parti. Considérés comme fiables, les chiffres avancés sont même quelque peu inférieurs à la réalité puisqu'ils ne prennent en compte que les militants « titulaires » – et non les « stagiaires ». Après un apogée en 1976, une scission survient en 1979, qui affaiblit gravement l'organisation. Un quart de ses militants la quittent. Les années 1980 constituent donc une période de basses eaux. Le mouvement social de 1995, puis la candidature d'Olivier Besancenot aux élections présidentielles de 2002, lui permettent de regagner des militants – aussitôt perdus après 2002. Aussi, après le nouveau succès d'Olivier Besancenot à l'élection présidentielle de 2007, décision fut prise de créer un nouveau parti, moins exigeant et se situant sur une autre tradition que la tradition trotskiste *stricto sensu* : le **Nouveau parti anticapitaliste (NPA)**. Mais la greffe ne prend pas : des échecs aux élections européennes et régionales de 2009 et 2010, la concurrence du Front de gauche auquel il refuse de s'allier conduisent de nombreux militants, d'abord séduits par son discours d'ouverture, à quitter la nouvelle formation. La candidature de Philippe Poutou à l'élection présidentielle de 2012 échoue à renverser la tendance.

Le **Parti communiste marxiste-léniniste de France** (PCMLF), formation maoïste, fut créé le 31 décembre 1967 par le Mouvement communiste français marxiste-léniniste, interdit par décret du président de la République le 12 juin 1968 : il devient une organisation clandestine. Il éclate par la suite en trois organisations concurrentes se réclamant chacune du PCMLF : l'Humanité rouge, Front rouge (parti communiste révolutionnaire en 1974) et le Travailleur (qui disparaît en 1977). Le parti, réuni autour de l'*Humanité rouge*, retrouve en 1975 ses effectifs de 1970. Lors des élections présidentielles de 1969 et 1974, il en appelle à l'abstention « révolutionnaire ». Mais après la mort de Mao en 1976, le parti rompt progressivement avec le maoïsme. En 1978, il sort de la clandestinité et présente des candidats aux élections législatives. Rebaptisé Parti pour une alternative communiste, il se dissout trois ans plus tard.

Estimations des effectifs de l'extrême gauche (1958-2012)

	Maoïstes	Trotskistes		
Année	PCMLF	OCI-PCI/PT	LCR/NPA	LO
1958			50	
1962			135	
Début 1968		528	350 (JCR)	
Mai 1968	3 000		1 000 (JCR)	
1969			1 255	
1970	2 000-3 000			
1972			2 296 (déc)	
1976		2 500 (fév)	3 800	1 000 ? (fin des années 1970)
1982		6 500 (déc)	1 000-1 500 (années 1980)	
1983	1 000			
1995			3 000	
2002		Plus de 6 000 (Cosseron)	5 000	Les estimations varient entre 800 (noyau dur pour Cosseron) et 8 000 (Bourseiller)
2009			9 000 (NPA)	
2012			3 000 (NPA)	

Sources :
E. Brandely, « L'OCI-PCI de 1965 à 1985 », mémoire de maîtrise, Université de Bourgogne, 2001.
Jean Hentzgen et Jean-Paul Salles, *La LCR*, Rennes, PUR, 2005.
Serge Cosseron (dir.), *Dictionnaire de l'extrême gauche*, Larousse, 2007.
Christophe Bourseiller, *Les Maoïstes : la folle histoire des gardes-rouges français*, Plon, 1996.

d. L'anarchisme

Les anarchistes sont, par définition, réfractaires à l'idée même de parti. Il en résulte une histoire chaotique, faite de tentatives de regroupement et de scission quasi immédiates.

Si le 22 mai 1881 naquit un « parti » anarchiste autonome dont le programme et les méthodes d'action se différencient de ceux des autres courants socialistes, il n'y eut par la suite, de 1882 à 1894, ni « parti » anarchiste national, ni fédérations régionales. Seuls des groupes locaux sans lien entre eux existaient sans bureau ni cotisation fixe. La non-organisation, indispensable face à la police, était érigée en règle. Par conséquent, il est particulièrement difficile de proposer une estimation des effectifs des groupes et de leur répartition géographique, d'autant qu'aucune statistique électorale n'aide à évaluer le nombre des sympathisants. Aussi l'historien doit-il se contenter des journaux et des rapports des services de police.

En août 1913 cependant, naît la Fédération communiste révolutionnaire anarchiste, puis après la guerre, en novembre 1920, l'Union anarchiste. A la suite d'une scission, l'Association des fédéralistes anarchistes (AFA) voit le jour en 1927. A la Libération, l'unité ne dure pas et laisse place à une nouvelle série de scissions.

Effectifs anarchistes (1881-1939)

Année		Lieu	Groupes		Membres	Sympathisants
			Presse	Police		
1881		Paris	10	16		
		Banlieue	2			
		Province	26	26		
1882		France			2 500	10 000
1883		Paris		13	200	
1887		Paris		19	500	
1894 (31 décembre)		France		50 (1890-1914)	1 000 militants actifs (10 000 ?)	4 500 qui achètent la presse ; 100 000 qui éprouvent des sympathies assez vagues pour le mouvement. Total : 105 000
1914	FCRA	France		61	282	
	Groupes non adhérents à la FCRA			74	249	
	Anarchistes individualistes			18	82	
	Total			153	613[1]	
1939	Union anarchiste	France			2 000	
	Fédération anarchiste de langue française (FAF)				500 maximum	

1. Cartes et timbres selon Jean Maîtron.

Source : Jean Maîtron, *Le Mouvement anarchiste en France*, Maspero, 1975.

e. L'écologie politique

Les Verts – Génération écologie

L'écologie apparaît pour la première fois sur la scène politique française avec la candidature de René Dumont à l'élection présidentielle de 1974 (1,3 % des suffrages exprimés). C'est une association créée en 1970, les « Amis de la terre », qui est à l'origine des courants écologistes français. Jusqu'en 1984 – date à laquelle elles s'unissent –, deux structures coexistent. Créé en 1979, le mouvement d'écologie politique devient en 1982 « les Verts-parti écologiste » ; la Confédération écologiste naît par ailleurs en 1980. En 1990 enfin, des militants des Amis de la terre qui avaient refusé de s'intégrer aux « Verts », créent Génération écologie (GE). Ce processus d'unification n'empêche donc pas l'apparition d'une multitude de groupements, qui jouent parfois un rôle dans les élections : c'est le cas de Convergence – Ecologie – Solidarité (CES) de Noël Mamère.

Jusqu'à la fin des années 1990, les Verts n'ont que rarement dépassé 5 000 adhérents. Ils présentent un profil sociologique particulier : avec 41,5 % de professions intellectuelles supérieures, ils constituent un parti d'« intellectuels » et de classe moyenne (32 % de cadres moyens).

Sur le plan électoral, les écologistes obtiennent leurs meilleurs scores aux élections locales et européennes : les enjeux de ces scrutins ne sont pas considérés comme majeurs et le scrutin proportionnel favorise cette force. Le vote écologiste progresse de 1974 à 1977, stagne ensuite, puis décline de 1981 à 1986. Les années 1988-1993 marquent une progression que reflètent également les adhésions : pour la première fois à l'occasion des Européennes de 1989, les écologistes entrent dans une assemblée autre que locale ou régionale. A partir de 1994, l'amorce d'une phase de déclin est quelque peu masquée par les bons résultats de 1995 et 1997 en termes d'élus. Les élections européennes de 2009, avec les listes d'Europe écologie, marquent un nouveau tournant : avec 16 % des voix, les écologistes talonnent le PS. La création d'Europe écologie-les Verts, le 13 novembre 2010, vise à rassembler les militants qui avaient soutenu les listes Europe écologie. A l'issue des scrutins de 2011 et 2012, ils obtiennent pour la première fois un groupe parlementaire au Sénat et à l'Assemblée.

Effectifs écologistes et suffrages aux diverses élections (1978-2012)

	Adhérents	Suffrages[1]	% SE	Nombre d'élus
1977		M : 270000		100
1978		L : 621100	2,14	0
1979		E : 888134 C : 49885	4,38 4,87	0 0
1981		P : 1126254 L : 270792	3,87 1,1	0 0
1983		M : 147884	0,58	757
1984	1500-1000[1]	E : 680080	3,37	0

	Adhérents	Suffrages[1]	% SE	Nombre d'élus
1985		C : 91 581	0,79	2
1986	1 000-1 500	L : 393 041 R : 658 949	1,2 2,4	0 5
1988	Près de 2 000	P : 1 149 462 L : 77 795 C : 145 804	3,78 0,32 1,63	0 0 1
1989	3 000	M : 353 416 E : 1 919 797	1,47 10,6	1 369 9
1990	5 350			
1992		C : 815 454 R : 1 744 350 (GE) 1 659 798 (V)	9,67 7,1 6,8	 104 GE 103 V
1993		L : 2 755 733	11,08	0
1994		C : 421 099 E : 575 247 (V) 391 905 (GE)	3,93 2,95 2,01	7 0 0
1995		P : 996 750 M : 244 066	3,35 1,03	0 1 464
1997	Autour de 3 500[2]	L : 1 583 440	6,3	7
2002		P : 1 495 774 L : 1 138 222	5,25 4,31	 3 députés
2004		E : 1 271 394	7,41	6
2007		P : 576 666 L : 845 977	1,76 3,25	168 (R) 4
2008	8 346[3]			24 conseillers généraux
2009		E : 2 803 759	16,5	14
2011	EELV : • primaire 2011 (juillet) : 14 869 adhérents 17 371 coopérateurs • fin 2011 (Duflot) : 35 357 16 452 adhérents 18 905 coopérateurs			54 conseillers généraux 12 sénateurs
2012		P : 828 345 L : 1 418 264	2,31 5,46	 17

Elections : M : municipales ; L : législatives ; E : européennes ; C : cantonales ; P : présidentielles ; R : régionales.

1. Chiffre officiel
2. A jour de cotisation.
3. Chiffres revendiqués par Cécile Duflot dans le *JDD*.

Sources :
Guillaume Sainteny, *Les Verts*, PUF, 1991.
Jean-Luc Bennahmias et Agnès Roche, *Des verts de toutes les couleurs. Histoire et sociologie du mouvement écolo*, A. Michel, 1992.
JDD, 6 janvier 2012.

B. Radicaux et centre-gauche

Le Parti républicain, radical et radical-socialiste

Fondé le 20 juin 1901, ce parti à vocation électorale, qui entend incarner la famille républicaine, rassemble 78 sénateurs, 201 députés, 476 comités, 155 loges maçonniques, 489 maires, conseillers généraux et conseillers d'arrondissement, 215 journaux. Seuls les élus adhèrent alors à titre individuel : les citoyens ordinaires adhèrent à un comité communal ou cantonal, qui verse une cotisation au parti. Par conséquent, si les données concernant le nombre de comités sont relativement sûres, il est impossible aux dirigeants, jusqu'en 1911 – date à laquelle le principe de la carte individuelle est adopté –, de connaître avec précision le nombre de leurs militants. En outre, la rue de Valois est loin d'absorber la totalité des associations locales qui se réclament du radicalisme. Si les estimations des effectifs sont donc larges à la veille de la guerre, l'existence de comités « libres » conduit Gérard Baal à accorder quelque crédit au chiffre de 200 000 adhérents.

Le nombre des militants baisse après 1918 et se situe autour de 70 000 à 100 000 membres, selon Serge Berstein. Vers 1930, le parti a retrouvé un nombre de comités comparable à celui de l'avant-guerre (entre 800 et 1 000, mais il faut seulement cinq militants, contre dix avant 1914 pour constituer un comité).

A la Libération, le parti n'est plus que l'ombre de lui-même. Il se reconstitue cependant, en même temps qu'il fait son retour sur le plan électoral. Pierre Mendès France attire de nouveaux adhérents. L'expérience est cependant de courte durée. La Ve République hâte le déclin du parti radical, qui passe en 1962 sous la barre des 10 000 adhérents.

Forces du parti radical (1901-1968)

Année	Comités affiliés	Comités radicaux non adhérents	Effectifs (officiels)	Elus
1901	476 (et 135 loges)			D : 201 S : 78 Elus locaux : 489
1902			30 000	D : 220
1903	600			
1904	800-1 000	Environ 1 000		
1905	1 097[1]			
1906	1 200			D : 249

Année	Comités affiliés	Comités radicaux non adhérents	Effectifs (officiels)	Elus
1908			100 000	
1910	836	1 200	250 000	D : 150
1911	813[2]			
1912			80 000	
1910-1914	Autour de 800	Un millier en 1910 selon les dirigeants du parti	100 à 200 000	D : 172 (1914)
1924-1939 1931 1932 1939	800 à 1 000 (1927-1939)		70 000 -100000 78 000/100 000 110 000 80 000	D : 1919 : 86 1924 : 139 1928 : 128 1932 : 160 1936 : 110
1945			40 985[3]	D : 1945 : 29 juin 1946 : 32 nov 1946 : 43
1955			88 807[4]/90 780	D : 76 (1951)
1956			74 556/82 428	D : 60
1957			53 713/58 351	
1958			29 667 environ	D : 36
1960			11 791 environ	
1962			9 648 environ	D : 39
1964			9 706 environ	
1966			8 896 environ	
1968			6 158 environ	

D : député ; S : sénateur.

1. Dont 123 groupes divers : loges, cercles, sections LDH.
2. Répertoire Combes.
3. Cartes placées.
4. Cartes placées/cartes prises.

Sources :
Gérard Baal, « Le parti radical de1901 à 1914 », thèse d'Etat, Université Paris I, 1991.
Serge Berstein, *Histoire du parti radical,* 2 tomes : 1919-1926/1926-1939, Presses de Sciences Po, 1980-1982.
Frédéric Fogacci, « Le malheur des temps. La mouvance politique radicale et radicale-socialiste de la Libération à la fin des années 1960 », thèse de doctorat, Université Paris IV, 2008.

L'Union démocratique et socialiste de la résistance (UDSR)

Fondé le 25 juin 1945, l'UDSR est l'héritier du MLN. Provenant essentiellement des rapports de secrétaires généraux aux congrès, les chiffres sont dans certains cas gonflés. Les statistiques manquent avant 1949 – exceptée une note interne du secrétariat de 1948.

Pour Eric Duhamel, la corrélation entre la croissance des effectifs du parti (+47 % entre 1949 et 1951) et sa prise en mains par François Mitterrand est sinon artificielle, du moins exagérée : si l'arrivée de prisonniers de guerre dans le parti est réelle, son ampleur est grossie et les effectifs de l'UDSR dans les années 1950 sont plus proches de 5 000 adhérents que de 15 000. On constate en outre que le parti atteint son pic en termes d'effectifs en 1955, ce qui correspond à la fin de l'expérience Mendès France. La chute ultérieure est liée à la désillusion consécutive à l'expérience Guy Mollet ainsi qu'au non-renouvellement des départs liés à des causes personnelles.

Forces de l'UDSR (1945-1957)

Année	Effectifs revendiqués	Effectifs estimés (Eric Duhamel)	Suffrages	Elus
1945				31 députés
1946				2 juin : 21 10 novembre : 27
1948	4 119	4 119		
1949	5 533	5 533		
1950	7 596			
1951	11 574			16
1952	13 097			
1954	14 678	Environ 5 000		
1955	16 033			
1956	13 967			20 (avec les députés RDA)
1957	14 236			

Sources :
Eric Duhamel, *L'UDSR ou la genèse de François Mitterrand*, CNRS éditions, 2007.
Assemblée nationale.

Participation gouvernementale de l'UDSR (1944-1958)

Présidents du Conseil	1
Vice-présidence du Conseil	1
Gouvernements présidés par un UDSR	2
Ministres	13
Portefeuilles ministériels (et secrétariats d'Etat)	48

D. Centrisme et démocratie chrétienne

a. La Jeune République

La Jeune République fut fondée le 1er juillet 1912 par Marc Sangnier, deux ans après la condamnation du Sillon par le Saint Siège. Non confessionnelle, l'organisation est plus proche des socialistes que l'autre famille de la démocratie chrétienne que représentent le PDP et le MRP. Elle adhère au Front populaire. A la Libération, elle souffre de la création du MRP et de l'UDSR.

Forces de la Jeune République (1912-1956)

Année	Adhérents	Parlementaires
1912	4200	
1920	5000	5
1924		0
1928		1
1932		3[1]
1936		4
1945		5
1946 (nov)		1[2]
1954	1000	
1955	2000	3[3]
1956		0

1. Dont deux élus lors d'élections partielles, en 1933 et 1935.
2. Pierre Bourdan décède accidentellement en 1948.
3. Il s'agit de trois parlementaires MRP, qui rompent avec leur parti sur la CED : André Denis, Léo Hamon et Henri Bouret.

b. Le Parti démocrate populaire (PDP)

Le PDP tient son congrès constitutif les 15 et 16 novembre 1924 : 200 délégués sont présents. Malgré une organisation calquée sur les partis dits « de masse », le PDP est toujours resté une force politique modeste, plus importante en cadres qu'en troupes. On parle généralement de 20000 adhérents à son sommet, en 1934 et 1935, mais une confusion est possible avec les abonnés du *Petit Démocrate*, le journal de la formation. Quoi qu'il en soit, après avoir progressé à partir de 1930, 1936 annonce un fléchissement, symptomatique de la crise du parti confirmée par l'évolution des abonnements au *Petit Démocrate*.

Forces du PDP (1924-1939)

Année	Effectifs [1]	Abonnements *Petit Démocrate*	Députés
1925	Autour de 6000 [2]		14
1926	10749 [3]		
1929	Un peu plus de 10000	11725	19 (1928)
1930	12200	14014	
1931	13200	15640 (juin)	
1932	15600		16
1934	20000 [4]	18000 environ	
1935	16017		
1936	13558 [5]	Moins de 13000	13
1937	10000 environ	12000	
1939		9118	

1. Estimations de Jean-Claude Delbreil, à partir des cartes placées, des revenus issus des cotisations, et d'indications fragmentaires des fédérations et sections.
2. 6700 cartes placées/5793 F de cotisations (à 1 franc).
3. Cotisations.
4. Chiffre peut-être gonflé pour Jean-Claude Delbreil.
5. Timbres.

Source : Jean-Claude Delbreil, *Centrisme et démocratie chrétienne. Le PDP*, Presses de la Sorbonne, 1990.

c. Le Mouvement républicain populaire (MRP)

Fondé dès 1944, le MRP connaît une grande fortune aux débuts de la IVe République avant de décliner. Les effectifs correspondent aux adhérents « statutaires », adhérents ayant payé leur cotisation. Par conséquent, le nombre d'adhérents au MRP est sans doute supérieur (si l'on inclut ceux qui signent un bulletin d'adhésion mais ne s'acquittent pas de leur cotisation).

Forces du MRP (1945-1965)

Année	Adhérents	Suffrages recueillis aux élections [1]	Députés
1945	81000	4580222 – 18,5 % (des inscrits)	150
1946	125000	2 juin : 5589213 – 22,6 % novembre : 4988609 – 19,9 %	167 167
1947	80000		
1948	50000		
1949	29000		
1951	25000	2369778 – 9,8 %	86
1953	29000		
1956	30000	2366321 – 8,8 %	74

Année	Adhérents	Suffrages recueillis aux élections[1]	Députés
1958	28 000	2 273 282 – 8,3 %	64 (avec apparentés)
1959	22 000		
1962	21 400	1 665 695 – 9,1 %	55
1963	18 000		
1965	12 000	3 777 119 (candidature Lecanuet à l'élection présidentielle) – 15,6 %	

1. Elections législatives, sauf mention contraire.

Source : Pierre Letamendia, *Le MRP*, Beauchesne, 1995.

d. Centre démocrate/Centre démocratie et progrès/Centre des démocrates sociaux

Héritier du MRP et de la démocratie chrétienne, le **Centre démocrate** est fondé en 1966, au lendemain du succès (relatif) de Jean Lecanuet à l'élection présidentielle. Il se propose de rassembler la nébuleuse centriste en accueillant les opposants au gaullisme et à la gauche. S'agissant de ses effectifs, Muriel Montero souligne l'existence d'un écart parfois conséquent dans bien des fédérations du CD entre le nombre d'adhérents et le nombre de cotisations effectivement versées. La nouvelle formation recrute jusqu'en 1968-1969, années qui marquent un pic des adhésions, mais la tendance d'ensemble est à la décrue des effectifs d'une organisation certes structurée, mais tournant à vide. Les piètres résultats du CD aux élections législatives de 1967 et 1968, ses divisions sur les candidats à l'élection présidentielle de 1969 et sur l'attitude à adopter face à Georges Pompidou, son incapacité à réunir la totalité des centres scellent son échec. Le rapprochement avec les Radicaux de Jean-Jacques Servan-Schreiber dans le Mouvement des réformateurs, à partir de 1971, ne parvient pas, loin s'en faut, à renverser la tendance. L'heure est aux départs : ainsi, au lendemain de l'élection présidentielle de 1969, Jacques Duhamel et Joseph Fontanet (qui ont soutenu Georges Pompidou) fondent avec René Pleven le **Centre démocratie et progrès** : état-major sans troupe, négligeant les militants de base et les simples adhérents (il ne distribue aucune carte) au profit des élus et des notables, le CDP a des allures de club plus que de parti. C'est à la faveur du ralliement des centristes à Valéry Giscard d'Estaing en 1974 et de leur entrée au gouvernement que le CD et le CDP se retrouvent et fondent, en 1976, le **Centre des démocrates sociaux** qui s'affilie à l'UDF en 1978.

Forces des formations centristes (1965-1987)

			CDP			
Année	Effectifs **centre démocrate**	Suffrages obtenus par le **centre démocrate** aux élections législatives	Effectifs revendiqués	Effectifs estimés	Ministres	Elus
1965	11 395[1]					
1966	3 141[2]					
1967		2 829 998 - 12,6 % - 41 élus				
Cartes distribuées (en mai)	5 875					
Adhérents	10 387					
Cartes et timbres	25 430					
1968	–	2 289 849 - 10,3 % - 33 élus				
1970	8 809					
1972	5 000					
1973		2 979 781 - 12,6 % - 34 élus				883 961 - 3,7 %
1974	18 000		20 000	4 000	12 anciens ministres	19 députés
1975	Autour de 20 000 adhérents et sympathisants[3]					
1987 (CDS)	49 880 (revendiqués) Effectifs estimés au tiers de ce chiffre[4]					

1. « Association pour la candidature Lecanuet ».
2. Cotisations.
3. Il s'agit des Réformateurs.
4. Valérie Lion et Bertrand Rocher (1994).

Sources
Muriel Montero, « Le centrisme sous la Ve République de 1962 à 1976. L'affirmation d'une force politique et la conquête du pouvoir : deux défis impossibles ? », thèse de doctorat, Université Paris IV, 2003.
Valérie Lion et Bertrand Rocher, *Le CDS*, LGDJ, 1994.

e. Mouvement démocrate (Modem)

Fondé au lendemain de l'élection présidentielle de 2007 par François Bayrou, le Modem refuse de rejoindre la majorité présidentielle et ambitionne d'occuper le centre de l'échiquier politique.

Les chiffres ci-dessous sont les chiffres officiels.

Forces du Modem (2007-2011)

Année	Effectifs	Résultats électoraux (législatives)
1er décembre 2007	50-60 000	3
Juin 2008	Plus de 70 000	
Fin 2011	35 000	

Source : Modem – chiffres officiels.

D. La droite gaulliste

a. Le Rassemblement du peuple français (RPF)

Le RPF est lancé par le général de Gaulle, le 7 avril 1947 à Strasbourg. Avant les municipales de 1947, le Rassemblement connaît une vague d'adhésions, par centaines de milliers, qui touche particulièrement la France septentrionale et les villes. Le manque de sources fiables rend délicate une appréciation exacte du nombre d'adhérents. Les dirigeants eux-mêmes ont souvent exagéré les chiffres. *A contrario,* les fichiers des adhérents conservés, tardifs, conduisent à une sous-évaluation. S'appuyant sur les monographies locales, Bernard Lachaise souligne que les adhésions se sont révélées inégalement durables selon les régions. L'apogée se situe en 1947 ou 1948. Les années 1948 et 1949 sont placées sous le signe du déclin. La vie du RPF, sur le plan local ou régional, n'a que rarement dépassé 1951.

Forces du RPF (1947-1949)

Département	1947	1948	1949
Paris	60 à 65 000 adhérents	- 60 % soit 25 000 environ	
Seine inférieure	11 000		6 500
Gironde	16 000		
Finistère	11 000	13 234	
Charente-Maritime	5 194	6 455	
Nord		28 000	
Bas-Rhin		Plus de 13 000	
Calvados		7 069	
Aube		1 800	
Total		1 500 000 (officiel) 400 000 selon Jean Charlot	

Source : Fondation Charles de Gaulle, *De Gaulle et le RPF*, A. Colin, 1998.

b. L' Union pour la nouvelle République (UNR)

Fondée le 1er décembre 1958, au lendemain de la ratification massive de la Constitution de la Ve République, l'UNR devient très vite le groupe le plus nombreux de l'Assemblée nationale. Sur le plan des adhésions, Colette Ysmal note que le parti entretient l'idée d'une forte croissance en 1963 après le succès électoral de 1962. Mais Jean Charlot revoit à la baisse le doublement annoncé. Il admet une croissance du nombre d'adhérents avec la fin du filtrage des adhérents en vigueur pendant la guerre d'Algérie pour éviter le noyautage. Jérôme Pozzi reprend les chiffres de Jean Charlot.

Forces de l'UNR (1958-1963)

Année	Chiffres officiels	Chiffres officiels à usage interne	Estimations (Jean Charlot)	Résultats électoraux (législatives)
1958	280000	7000		4165453 - 20,5 % - 207 députés
1959		24195	24000	
1960			35000	
1961	69000		50000	
1962	75000			5855744 - 31,9 % - 233 députés
1963	150000		86000	

Sources :
Jean Charlot, *L'UNR, étude du pouvoir au sein d'un parti politique*, A. Colin, Cahiers de la FNSP, 1967.
Andrew Knapp, *Le Gaullisme après de Gaulle*, Seuil, 1996.
Colette Ysmal, *Les Partis politiques sous la Ve République*, Montchrétien, 1989.
Jérôme Pozzi, *Le Mouvement gaulliste : parti, associations, réseaux, 1958-1976*, Rennes, PUR, 2011.

c. L'Union des démocrates pour la Ve République (UDR)

Forme modernisée de l'UNR, l'UDR survit au départ du général de Gaulle, en 1969. Jacques Chirac la transforme en « rassemblement populaire » en 1976 (le RPR).

Forces de l'UDR (1968-1975)

Année	Chiffres officiels	Estimations	Résultats électoraux
1968			9667532 - 43,7 % - 293 députés
1969	180000	160000 (Charlot)	
1971	200000		
1972	210000		
1973	238000	100000	5684396 - 23,9 % - 183 députés
1974	225000		
1975 (juin)	255467	155000 (Avril)	
1975 (novembre)	277578		

Sources :
Pierre Avril, *UDR et gaullistes*, PUF, 1971.
Andrew Knapp, *op. cit.*

d. Le Rassemblement pour la République (RPR)

Le RPR est créé à l'initiative de Jacques Chirac, le 5 décembre 1976. D'après les chiffres avancés par le parti, sa création serait marquée par une flambée des effectifs. Après 1981, les chiffres témoignent du souci de montrer que le RPR mobilise contre la gauche. Mais les seules données véritablement fiables de la période, celles de 1986, montrent que les forces ont été gonflées. Plus encore, pour Colette Ysmal, les estimations (30-40 % des effectifs annoncés) doivent être elles aussi revues à la baisse.

Forces du RPR (1976-1997)

Année	Nombre d'adhérents revendiqués	Nombre d'adhérents estimé (sauf 1986)	Suffrages électoraux
1976	277 578	60 000 (Knapp)	
1977	510 000		
1978	760 347 en déc (*Année politique*)	160 000 (Knapp)	6 462 462 - 22,6 % - 154 députés
1979	362 383	75 000 (Ysmal ou Bréchon)	
1981	580 000 mai : 670 000 (Knapp) nov. : 700 000 (Knapp)		5 231 269 - 20,8 % - 88 députés
1982	750 000 /850 000 (Knapp)	250 000	
1983	850 000		
1984	850 000	331 000	
1986	902 000	98 000 (d'après le fichier national consulté par l'Institut Louis Harris pour un sondage)	11 489 652[1] - 41,0 % - 158 députés
1988	Sept : 520 000		4 687 047 - 19,2 % - 130 députés
1989	Déc : 513 027 dont 142 113 cotisations à jour		
1990	Déc : 114 564 cotisations à jour		
1993	Oct : 120 086 cotisations à jour (*La Lettre de la Nation-Magazine*)		5 188 196 - 20,4 % - 247 députés
1994	148 000 cotisations à jour (*id.*)		
1997			3 983 257 - 15,67 % - 140 députés

1. Avec l'UDF.

Sources :
Pierre Bréchon, Jacques Derville, Patrick Lecomte, *Les Cadres du RPR*, Grenoble, CERAT, 1987.
Andrew Knapp, *op. cit.*
Colette Ysmal, *op. cit.*

e. L'Union pour la majorité présidentielle (UMP)

L'UMP est née en 2002 de la fusion du RPR et de Démocratie libérale pour soutenir la candidature de Jacques Chirac à sa réélection. Dirigé par Alain Juppé puis, de 2004 à 2012, par Nicolas Sarkozy, il constitue jusqu'en 2012 le principal parti de la majorité présidentielle.

Les chiffres des effectifs sont les chiffres officiels.

Forces de l'UMP (2002-2012)

Date	Effectifs	Résultats électoraux (1er tour)
2002		P : 5 666 021 – 19,9 % L : 8 408 023 – 33,30 % – 365 députés
5 janvier 2007	335 000	
31 décembre 2007	370 000	P : 11 448 663 – 31,2 % L : 10 289 737 – 39,5 % – 320 députés
7 novembre 2008	256 000	
2012	261 000 (fin 2011)	P : 9 753 629 – 27,2 % L : 7 037 268 – 27,1 % – 194 députés

Source : UMP – chiffres officiels (membres à jour de leur cotisation).

F. La droite libérale et conservatrice

a. L'Alliance républicaine démocratique (ARD)

Formation charnière, l'ARD est fondée le 23 octobre 1901 par Charles Pallu de la Barrière, à l'instigation de Pierre Waldeck-Rousseau, par les progressistes que l'Affaire Dreyfus avait conduits à rompre avec Méline, mais qui souhaitaient se distinguer des radicaux et des socialistes dans la perspective des élections de 1902. Il en résulte une formation libérale et laïque (« ni réaction, ni révolution »), tantôt association, tantôt parti (transformation en Parti républicain démocratique – PRD – au congrès de décembre 1911). Tiraillée entre centre et conservatisme, aile gauche et aile droite, l'ARD entretient des relations problématiques avec les radicaux. Formation ouverte à la structure relâchée (cercles, comités et fédérations, journaux), elle dispose au total de peu de relais dans le pays et d'une faible assise militante à sa naissance. A la différence des radicaux et malgré des efforts pour développer comités et fédérations, elle fait figure d'état-major sans troupes.

En revanche, elle a fourni un personnel politique de premier plan : de très nombreux élus avant la Grande Guerre – 51 ministres entre 1902 et 1920, deux présidents de la République (Fallières et Poincaré) et six présidents du Conseil (Rouvier, Poincaré, Barthou…) – et de nombreuses figures de la IIIe République – Pierre Waldeck-Rousseau, Joseph Caillaux, Raymond Poincaré, Albert Lebrun, André Tardieu, Jules Jeanneney, Paul Deschanel, Paul Reynaud, Pierre-Etienne Flandin, plus tard Jean-Louis Tixier-Vignancour. L'ARD connaît son apogée en termes d'élus entre 1910 et 1932. Au lendemain de la Seconde Guerre mondiale, discrédité par la compromission de son ancien président, Pierre-Etienne Flandin, le parti n'est plus que l'ombre de lui-même (même si Antoine Pinay en est issu). L'Alliance démocratique est dissoute le 7 juillet 1978.

Forces de l'Alliance démocratique (1902-1939)

Année	Effectifs	Nombre d'élus Députés/sénateurs	Départements disposant d'au moins un élu
1902		39/39	19
1906		99	46
1910	25 à 35 000	125	59 (+ Algérie)
1914		103 (dont 85 membres du parti et 18 patronnés mais non encore adhérents)	
1919		140	
1933	14 000		
1939	23 861		

Source : Rosemonde Sanson, « ARD ou AD (Alliance démocratique) », *in* Jean-François Sirinelli (dir.), *Dictionnaire de la vie politique au xxe siècle*, PUF, 1995.

b. L'Action libérale populaire (ALP)

Fondé le 17 mai 1902, le parti est l'héritier de la tradition du catholicisme libéral et le produit du « Ralliement ». Dans le contexte de l'Affaire Dreyfus et de la constitution d'un gouvernement de défense républicaine en 1899, des catholiques libéraux prennent l'initiative d'un rassemblement des catholiques républicains, sous la direction de Jacques Piou et Albert de Mun. Ces derniers veulent construire une « machine » électorale, capable d'absorber la force des ligues, pour battre la gauche aux élections de 1906. Dès 1903, l'ALP est présente dans 60 des 89 départements français. Pourtant, ces efforts d'organisation n'empêchent pas l'échec en 1906 : sa représentation parlementaire est quasiment réduite de moitié. Dans un contexte de lutte exacerbée entre la République et l'Eglise, l'ALP s'identifie trop à la défense des intérêts de l'autel. Attaquée par les républicains et les chrétiens démocrates, comme par les intégristes catholiques, elle décline après un apogée électoral en 1910. « Preuve que la conquête de la maturité politique ne va pas forcément de pair avec un parti de masse » (Quagliarello), l'ALP ne survit plus après-guerre qu'à travers quelques personnalités.

Forces de l'ALP (1902-1914)

Année	Comités	Adhérents	Elus (députés)
1902			35
1903 (nov.)	240		
1904	648	160000	
1905	1000		
1906	1500		20
1910			
1911		265000	
1914			23

Sources :
BF Martin Jr, « The Creation of ALP. », *French Historical Studies*, 1976, p. 660-689.
Gaetano Quagliarello, « L'ALP » *in* Gilles Le Béguec et Claire Andrieu (dir.), *Associations et champ politique. La loi de 1901 à l'épreuve du siècle*, Presses de la Sorbonne, 2001.
Louis Dimier, *L'ALP dans les élections*, Nouvelle librairie nationale, 1914.

c. La Fédération républicaine

Fondée en 1903 à l'initiative d'Eugène Motte, sous le patronage de Jules Méline, la Fédération républicaine est issue du regroupement de républicains « progressistes » hostiles au Bloc des gauches. Son organisation est faible. Elle apparaît comme un rassemblement de notables, organisé dans une quarantaine de départements seulement dans l'entre-deux-guerres. Libérale économiquement et politiquement, la Fédération est conservatrice sur le plan social.

Forces de la Fédération républicaine (jusqu'en 1938)

Année	Membres « sociétaires »	Membres adhérents	Elus
Avant 1914	7000 à 8000		56 députés en 1914
1924	3000		
1928			
1932			76[1]
9 janvier 1933	4187		
1er novembre 1933	3369		
1938[2]	5000	180000 (selon Jean Guiter, secrétaire général) 45000 correspondants et sympathisants communaux (selon Jacques Poitou-Duplessy)	

1. Alors que le congrès de février 1932 avait posé comme règle le rassemblement des futurs élus dans un groupe unique, il se produit un « éclatement » : sur les 76 élus du parti, 39 suivent Louis Marin. Les 37 autres se répartissent entre 6 groupes différents et cessent d'exercer leur mandat dans les organes dirigeants du parti.
2. Le chiffre correspond plus généralement à la fin des années 1930.

Chiffres aimablement transmis par Jean Vavasseur-Desperriers.

d. Le Parti républicain de la liberté (PRL)

Né en janvier 1946, émanation du groupe parlementaire de l'Unité républicaine formé après les élections législatives d'octobre 1945, le PRL ambitionne de rassembler une droite libérale en miettes à partir du vivier militant et organisationnel du PSF, mais aussi de la Fédération républicaine et de l'Alliance démocratique, pour contrer la menace d'un nouveau Front populaire. Mais la déroute de la Libération, l'éparpillement des militants du PSF, et l'attraction exercée par le MRP sur les militants catholiques mettent en échec l'ambition de créer « le plus grand parti républicain et national qui ait jamais existé dans ce pays » (Edmond Barrachin). La création du RPF en 1947, puis du CNIP un an plus tard, scellent le destin funeste d'une formation « de transition » dans une période de « transition » (G. Richard).

Ses effectifs, difficiles à évaluer, restèrent fort modestes. En revanche, le PRL regroupa un certain nombre de parlementaires et constitua un vivier de cadres et d'élus pour les organisations qui lui succédèrent, à commencer par le CNIP.

Forces du PRL (1945-1951)

Effectifs militants	Nombre de députés	Total parlementaires 1945-1951
Implanté dans la majorité des départements (70 % selon J. Fauvet) Effectifs des formations constitutives du PRL en 1945 : • Parti républicain démocrate d'André Mutter : environ 1 000 adhérents en 1945 ; • L'Union patriotique républicaine de Charles Vallin : environ 5 000 adhérents.	Octobre 1945 : 35 Juin 1946 : 39 Novembre 1946 : 44	Entre 68 (Jean-Paul Thomas) et 74 (J. Pozzi et S. Tricaud)

Sources :
Sylvie Guillaume, Gilles Le Béguec, Christian Manigand, Jérôme Pozzi, Jean-Paul Thomas, Sabrina Tricaud (dir.), *« Le moment PRL ». Le Parti républicain de la liberté, 1946-1951*, Rennes, PUR, 2013.
Jean-Paul Thomas, « Le PRL (1945-1951). Ambiguïté et échec d'une tentative de recomposition politique », *in* François Roth (dir.), *Les Modérés dans la vie politique française, 1870-1965*, Nancy, PU Nancy, 2000.

e. Le Centre national des indépendants (CNI-CNIP)

Fondé le 23 juillet 1948, le Centre national des républicains indépendants se propose de regrouper « ceux qui entendent conserver leur liberté de vote et ne pas se soumettre à la rigide discipline des partis ». Quatorze ans plus tard néanmoins, le CNIP est bel et bien devenu un parti politique, regroupant 15 à 20 000 adhérents, 197 parlementaires métropolitains et 800 à 900 conseillers généraux. Cet apogée masque cependant un ralentissement net dans le développement de la formation : 21 départements résistent encore à son implantation comme à son influence électorale, tandis que le CNI échoue à regrouper les quelque 150 000 élus municipaux modérés. Il éclate en 1962.

Forces des Indépendants (1953-1962)

Année	« Terres de mission [1] »	« Petits et grands apanages »	« Fédérations départementales »	Adhérents	Elus Députés/sénateurs	Elus locaux
1953 (déb.)	32	31	28			
1956 (déb.)	22	28	40			
1958 (mai)			59 (+ 19)		106 (1958)	
1962	7 départements impénétrables	14 implantation superficielle et influence électorale faible	63 (+ 4) 69 départements où le CNI exerce une réelle influence	15 à 20 000	197	800 à 900 CG

1. Nous reprenons la typologie de Gilles Richard : « Terres de mission » : aucune structure partisane, ni parlementaire. « Petits et grands apanages » : un ou plusieurs parlementaires, sans qu'il existe forcément une structure partisane départementale permanente et officielle. « Fédérations départementales » : une véritable organisation politique existe, groupant les élus dans une structure – sans que des liens officiels soient toujours établis avec le secrétariat général.

Source : Gilles Richard, *Le CNIP de 1948 à 1962 ou l'échec de l'union des droites françaises dans le parti des modérés*, Lille, Presses du Septentrion, 1999.

f. Les Républicains indépendants

Les Républicains indépendants sont nés de l'éclatement du CNI en 1962, et de la volonté de soutenir la majorité gouvernementale gaulliste, tout en sauvegardant une relative indépendance. Son leader, Valéry Giscard d'Estaing, constitue finalement un parti le 3 juin 1966 : la **Fédération nationale des républicains indépendants (FNRI).**

Dans les faits, le parti sert la stratégie présidentielle de son fondateur; toutefois, il ne reçoit pas les fruits de la victoire de Valéry Giscard d'Estaing en 1974 et un décalage se fait sentir entre le courant giscardien et la représentation parlementaire de la FNRI.

Le décompte des effectifs de la FNRI est imprécis. A cela, plusieurs raisons :

— les RI ont d'abord souhaité éviter les procédures d'adhésion qui rappelaient trop les partis traditionnels : seul l'abonnement à *France moderne* tenait lieu de bulletin d'adhésion;

— après la constitution d'un fichier national, il a été décidé que la question de l'adhésion formelle était laissée à la discrétion des fédérations régionales : selon les cas, celles-ci distribuent ou non des cartes du mouvement.

Au total, Jean-Claude Colliard estime à **3000** les effectifs de la FNRI[1]. Ses dirigeants revendiquent 70000 sympathisants.

g. L'Union pour la démocratie française (UDF)

L'UDF est née en 1978 de la volonté du président de la République Valéry Giscard d'Estaing de disposer d'un « parti du président », rassemblant les soutiens à son action, face à la rénovation du mouvement gaulliste menée par Jacques Chirac avec le RPR, et dans la perspective des élections législatives. Conçue comme une confédération, elle regroupe plusieurs formations politiques autour d'une stratégie « centriste » :

— le **Parti républicain**, devenu **Démocratie libérale** (37,5 % des suffrages des adhérents en 1991).

Le Parti républicain est créé au lendemain de l'échec des Républicains indépendants aux élections municipales de 1977. Faute de fédérer les soutiens à l'action du Président, il devient l'une des composantes de l'UDF, en février 1978. Démocratie libérale est créé vingt ans après le Parti républicain,

1. Jean-Claude Colliard, *Les Républicains indépendants,* PUF, 1971.

dont il est l'héritier. Face au centrisme de Force démocrate (avec lequel il rivalise pour la prééminence au sein de l'UDF), DL s'affiche comme le parti de la « droite libérale » : libérale, individualiste et européenne ;

— le **CDS**, qui intègre en 1995 le parti social-démocrate d'André Santini et devient **Force démocrate**, sous la présidence de François Bayrou (27,9 %) ;

— le **Parti radical « valoisien »** (12,8 %) ;

— les clubs **« Perspectives et réalités »** créés par Valéry Giscard d'Estaing, qui deviendront **Parti populaire pour la démocratie française (PPDF)** en 1995, (8,6 %) ;

— les adhérents directs (8,6 %) ;

— le **Parti social-démocrate** (4,8 %) qui fusionnera avec le CDS pour devenir Force démocrate.

Les élections régionales de 1998 – et les divisions autour de l'alliance avec l'extrême-droite – entraînent une scission. Quatre ans plus tard, de nombreux élus quittent l'UDF pour rejoindre l'UMP. En 2007, une partie de l'UDF intègre le Modem, derrière François Bayrou, une autre choisit de demeurer dans la majorité présidentielle.

Effectifs de l'UDF (1997)

	Effectifs [1]	Estimations
Adhérents directs	10 000	
Parti républicain puis Démocratie libérale	33 000	26 000
Force démocrate	30 000	28 000
PPDF	17 600 (revendiqués) 15 000	Possibles doubles appartenances avec le Parti républicain
Parti radical	9 000	

1. D'après le fichier commun des adhérents de l'UDF.

Sources :
Guy Hermet, Julian-Thomas Hottinger, Daniel-Louis Seiler (dir.), *Les Partis Politiques en Europe de l'Ouest*, 1998.
Alexis Massart, *L'Union pour la démocratie française (UDF)*, L'Harmattan, 1999.
Gilles Richard, Sylvie Guillaume, Jean-François Sirinelli (dir.), *Histoire de l'UDF, 1978-2007*, Rennes, PUR, 2013.

E. L'extrême droite : ligues et partis

a. L'Action française

L'Action française est à la fois une ligue, une école de pensée, un journal et un embryon de parti.

Son extension fut limitée jusqu'en 1914. Le mouvement connaît néanmoins une expansion entre 1910 et 1913 sous l'effet du renouveau nationaliste et de la propagande livrée par le mouvement. La guerre désorganise profondément la ligue. Mais le redressement est rapide et spectaculaire, grâce à un immense effort de propagande. La brusque montée des effectifs après 1927 correspond sans doute à un changement des modes de calcul, destiné à masquer l'érosion des effectifs provoquée par la condamnation pontificale de l'Action française en 1926. La comparaison avec les chiffres antérieurs n'en est que plus délicate. D'autant que l'organisation de l'Action française rend difficile l'évaluation de ses effectifs : le territoire est découpé en dix zones, sous l'autorité d'un « délégué du duc d'Orléans » et d'un secrétaire régional. Les sections recouvrent, selon les cas, des réalités très différentes : d'un simple secrétaire d'un groupe local en voie de constitution à une quarantaine d'individus. Après-guerre, la définition est plus stricte : il faut un minimum de 40 membres ayant acquitté leur cotisation et reconnus par le siège central pour qu'il y ait section. La section contrôle (et surveille) les groupes indépendants, étudiants, camelots, dames, jeunes filles. Ainsi, pour avoir contribué à renforcer la cohésion du mouvement, la centralisation a cependant probablement restreint le nombre des adhésions.

Eugen Weber évalue à 60 000 membres les effectifs autour des années 1930. Pour Jacques Prévotat, le chiffre est légèrement surévalué mais place néanmoins l'Action française loin derrière la SFIO, les ligueurs des Jeunesses patriotes ou les Croix-de-Feu.

Forces de l'Action française (1911-1934)

			Journal		
Année	Sections	Estimation adhérents	Tirage	Abonnements	Ventes
1911	182				
1914	300			11 000	20 000
1922	95				
1923	107				
1924	116		90 000		

Année	Sections	Estimation adhérents	Journal		
			Tirage	Abonnements	Ventes
1925	122				
1926	142				
1927	173			47 000	
1928	603				
1929	618				
1930	857	60 000			
1933			30 000		
1934 janv-fév. déc.			 130 000 56 000		

Sources :
Eugen Weber, *L'Action française*, Fayard, 1985 (1re éd. 1964).
Jacques Prévotat, *Les Catholiques et l'Action française. Histoire d'une condamnation, 1899-1939*, Fayard, 2001.

Forces de quelques autres ligues (1934-1939)

	« Dorgerisme » (comités de défense paysanne)			Jeunesses patriotes		Solidarité française		La Cagoule	
	Revendiqués [1]	Estimations	« Chemises vertes »	Revendiqués	Estimés	Revendiqués	Estimés	Revendiqués	Estimés
1934		400 000 [2]	Jusqu'à 30 000	300 000	100 000 [3]	300 000	10 000 maximum dont 4 000 ou 5 000 militants actifs [4]		
1935	350 000 ?			60 000					
1937	300 000 dans 41 départements								
1939	550 000 dans 72 départements	400 000 dans 60 fédérations [5]						12 000 pour Paris et région parisienne (Deloncle)	

1. Chiffres de Dorgères, « non plausibles » pour Robert Paxton.
2. Robert Paxton, *Le Temps des chemises vertes, op. cit.*
3. Jean Philippet, « Le temps des ligues. Pierre Taittinger et les Jeunesses Patriotiques (1919-1914 », thèse IEP de Paris, 2000.
4. Pierre Milza, *op. cit.*
5. *Ibid.*

Sources :
Robert Paxton, *Le Temps des chemises vertes : révoltes paysannes et fascisme rural, 1929-1939*, Seuil, 1996.
Pierre Milza, *Les Fascismes*, Imprimerie nationale, Le Seuil, 1991 (1re éd. 1985).
Jean Philippet, « Le temps des ligues. Pierre Taittinger et les Jeunesses Patriotiques (1919-1914 », thèse IEP de Paris, 2000.

b. Les Croix-de-Feu

Il s'agit de la seule organisation de masse parmi les ligues, créée en 1927 par l'écrivain Maurice d'Hartoy, et destinée à l'origine à réunir les combattants de l'avant et les blessés de guerre cités pour action d'éclat. Dirigée depuis 1931 par le lieutenant-colonel de La Rocque, elle s'élargit aux jeunes et aux non-combattants (les fils et filles des Croix-de-Feu et les Volontaires nationaux). Si la nature de cette organisation fait encore débat, notons que sa sociologie, caractérisée par une surreprésentation du petit commerce, des « cols blancs » et de la bourgeoisie, la différencie des organisations fascistes, plus plébéiennes.

Forces des Croix-de-Feu (1929-1935)

Année	Effectifs
1929	2 000 maximum
1931	15 000 environ
1932	22 600 (Dard)/80 000
1933	29 000 (Dard)
1934 (fin)	150 000/180 000 (Nobécourt)
1935 (mars)	300 000
1935 (fin)	700 000 (Nobécourt)

Sources :
Robert Soucy, *Fascismes français ? 1933-1939. Mouvements antidémocratiques*, Autrement, 2004.
Albert Kechichian, *Les Croix de Feu à l'âge des fascismes*, Champ Vallon, 2006.
Jacques Nobécourt, *Le Colonel de La Rocque ou les pièges du nationalisme chrétien*, Fayard, 1996.

c. Le Parti social français

Fondé le 10 juillet 1936 par le colonel de La Rocque, après les décrets du 18 juin 1936 portant dissolution des ligues, le PSF succède aux Croix-de-Feu. Les chiffres ci-dessous, revendiqués par le parti, probablement exagérés, témoignent cependant du vif succès rencontré par la formation, premier parti de France par ses effectifs, et premier parti conservateur nationaliste de masse que l'histoire a connu. La lutte contre le Front populaire avait contribué à une croissance rapide de ses effectifs en 1936-1937 ; sa dislocation et le retour de Daladier au pouvoir, en compliquant le positionnement du parti, coïncident avec une augmentation moins rapide en 1938-1939. Le parti, dont l'idéologie annonce celle de Vichy, devient en 1940 le Progrès social français et se range derrière le maréchal Pétain.

Il est impossible d'évaluer clairement sa force électorale, faute de véritable test national, puisqu'il ne participa qu'aux cantonales de 1937. Sur 34 élections partielles entre 1936 et 1939, le PSF participe à 12 élections et en emporte deux.

Les pourcentages des suffrages obtenus augmentent : de 3,57 % des voix aux élections partielles entre août 1936 et avril 1938, le PSF atteint 9,3 % des suffrages entre mai 1938 et août 1939. François Goguel constatait que les candidats PSF n'obtenaient jamais de résultats supérieurs à ceux des candidats modérés en avril 1936. Mais Jean-Paul Thomas souligne que le PSF l'emportait généralement au premier tour sur les autres formations de droite, constituant donc une force montante.

Forces du PSF (1936-1940)

Année	Effectifs revendiqués	Effectifs estimés
Septembre 1936	600 000	
1937	2 000 000	
1938-1940		1 à 1 200 000

Sources :
Jean-Paul Thomas, « Droite et rassemblement du PSF au RPF. Hommes, réseaux, cultures. Ruptures et continuités d'une histoire politique », thèse IEP, 2002 (estimations).
Philippe Rudeaux, *Les Croix-de-Feu et le PSF*, France-Empire, 1967.

d. Le Parti populaire français (PPF)

Le PPF a été fondé à Saint-Denis les 27-28 juin 1936 par le député ci-devant communiste, Jacques Doriot. Ces chiffres sont à prendre avec beaucoup de précaution, comme le suggère l'estimation de 1938, très éloignée des effectifs revendiqués. Mais l'écho du PPF n'en fut pas moins réel. Son hebdomadaire, *L'Emancipation nationale,* tirait à 250 000 exemplaires les premiers numéros de juillet 1936. Contrairement aux Croix-de-Feu, le PPF, parti fasciste, se caractérise par son assise populaire, bien qu'elle évolue avec le temps, jusqu'à s'inverser.

Forces du PPF (1936-1938)

			Sociologie	
Année	Effectifs revendiqués	Estimation	Ouvriers	Classes moyennes
Octobre 1936	100 000		49 %	43 %
1937	200 000			
1938	300 000	Pas plus de 60 000 cotisants, dont une quinzaine de milliers de militants actifs	39 %	58 %

Source : Philippe Burrin, *La Dérive fasciste : Doriot, Déat, Bergery (1933-1945)*, Seuil, 1986.

e. Le mouvement Poujade

Le mouvement Poujade apparaît, selon Romain Souillac, comme le produit d'une crise sociale, identitaire et générationnelle des petits commerçants et artisans des campagnes et des petites villes, qui invoquent des causes extérieures pour expliquer leurs difficultés et l'évolution irréversible qu'ils subissent. Leur révolte antifiscale et corporative contre l'administration fiscale, le Parlement et le gouvernement relève d'un anarchisme de droite populiste et passéiste. En mars 1955, le mouvement se transforme en une formation politicienne antiparlementaire, colonialiste, corporatiste, traditionaliste, autoritaire et démagogique. L'Union de défense des commerçants et artisans (UDCA) connaît une croissance rapide dans les premiers mois de son existence et s'implante dans de nombreux départements. Les élections législatives de 1956 sont un succès, les listes « Union et fraternité française » arrivant devant le MRP et presque à égalité avec le RGR et les radicaux. Paradoxalement, elles marquent le début d'une désaffection de ses adhérents, opposés à la politisation du mouvement. L'opposition de Pierre Poujade à la constitution de la Ve République scelle la rupture avec la base poujadiste. Après des résultats décevants aux élections législatives de novembre 1958 (50 % du poids électoral de l'extrême droite française), le rapprochement avec les ultras d'Algérie achève de discréditer le mouvement. Groupusculaire, ses militants sont très différents de ceux de 1955. Le tirage de *Fraternité française* tombe à 100 000 exemplaires, contre 450 000 au début de l'année 1956.

Forces du poujadisme (1955-1961)

Date	Effectifs	Suffrages obtenus aux élections	Elus
1955	360 000		
1956 (janvier)	Plus de 400 000 (RG)	2 451 555 - 11,4 %	52
1957 (début)	250 000 ?		
1957 (fin)	180 000		
1958 (novembre)	150 000	1 % (inscrits)	
1961 (juillet)	37 000		

Source : Romain Souillac, *Le Mouvement Poujade : de la défense professionnelle au populisme nationaliste*, Presses de Sciences Po, 2007.

f. Le Front national (FN)

Fondé le 5 octobre 1972, le Front national réunit les « nationalistes » d'Ordre nouveau et les « nationaux ». Résurgence d'un national-populisme plongeant ses racines à la fin du XIXe siècle – boulangisme, nationalisme antidreyfusard, ligues des années 1930 et poujadisme –, se nourrissant de la crise économique, le FN propose deux boucs émissaires aux classes moyennes : l'Etat et les immigrés. Miné par des divisions internes, il réalise des scores médiocres aux élections jusqu'en 1983. Les européennes de 1984 constituent un véritable tournant, le parti réalisant le plus gros score pour une liste d'extrême-droite depuis 1956. Le second temps fort électoral se situe en 1986 : le FN entre à l'Assemblée nationale. Jusqu'en 1986, son électorat vient majoritairement de droite. Organisé en contre-société, sur le modèle communiste, le FN connaît un premier développement militant entre 1983 et 1986. Si le charisme de son chef, Jean-Marie Le Pen, lui permet de marquer des points lors des scrutins nationaux (en attirant un électorat plus populaire que les autres partis de droite), il éprouve de grandes difficultés à s'implanter localement, malgré la conquête remarquée de certaines mairies – vite perdues. La scission qui l'affecte en 1998 (reflet de divisions sur la stratégie à adopter vis-à-vis de la droite et du pouvoir), marquée par le départ de Bruno Mégret qui fonde le Mouvement national républicain (MNR), sonne l'heure du reflux militant. Le score du FN aux élections présidentielles de 2002 est en décalage complet avec la réalité d'un parti sur le déclin. L'arrivée de Marine Le Pen à la tête du parti en 2010 change cependant la donne et marque la volonté de construire un parti moderne, orienté vers la conquête du pouvoir. En 2014, il réalise sa plus importante percée depuis 1984, aux municipales puis aux européennes (25 % des suffrages exprimés).

Forces du Front national (1972-2012)

Année	Adhérents	Elections
1972		
1973		0,52 % (législatives)
1974		0,75 % (présidentielles)
1978		0,29 % (législatives)
1981	Quelques milliers de membres	0,18 % (législatives)
1983		11,3 % des SE à Paris XXe Dreux, septembre 1983 : JP Stirbois, 16 % des voix
1984		11,2 % (européennes) + de 2 millions d'électeurs
1986	65 000 revendiqués. Plus probablement : quelques dizaines de milliers	9,9 % des SE/2,5 millions d'électeurs (législatives) : 35 députés 9,5 % (régionales) et 137 conseillers généraux
1988		14,4 %/43 millions de voix (présidentielles) 9,8 % (législatives)
1989		11,8 % (européennes)
1992		13,5 % (régionales)
1993		12,42 % (législatives)
1995		P : 15 % Municipales : quatre mairies dans le sud, dont Toulon
1997		15 % (législatives)
1998	50 000 ?	
1999		MNR : 3,3 % (européennes) FN : 5,7 %
2001		
2002		17 % (présidentielles) L : 11,3 %
2007		P : 10,4 % L : 4,29 %
2012	Environ 40 000 à jour de cotisation (revendiqués)	P : 17,9 % L : 13,6 %

P = présidentielles ; L = législatives.

Sources :
Guy Birenbaum, *Le Front national en politique*, Balland, 1992.
Jean-Yves Camus, *Le Front national, histoire et analyse*, Olivier Laurens, 1996.

Chapitre 5

ORGANISATIONS EXTRAPARTISANES ET PARAPOLITIQUES, ASSOCIATIONS

Les associations n'ont pas attendu la loi de 1901 pour se développer. Emblématiques de la société civile, elles se heurtent cependant longtemps à la méfiance de la République pour tout ce qui ressemble de près ou de loin à des corps intermédiaires. Leur succès ne s'est cependant jamais démenti, bien au contraire : un siècle après la loi de 1901, on compte entre 700 000 et 800 000 associations déclarées.

Véritable loi de liberté, la loi de 1901 supprime le régime de l'autorisation préalable (à l'exception des congrégations) pour y substituer une simple déclaration. Si la loi du 10 juillet 1936 a ouvert une brèche en donnant la possibilité de dissoudre une organisation disposant de milices privées (disposition utilisée contre les ligues), l'autorisation préalable n'a jamais été rétablie. La loi, on le sait, a donné le coup d'envoi de la naissance des partis politiques. Ce serait cependant faire preuve d'une conception restreinte du politique que de s'en tenir à ce constat. Loin de se poser en concurrentes du politique, les associations ont favorisé l'émergence de toute une série d'organisations qui, pour être extra-partisanes, n'en sont pas moins politiques. Aujourd'hui encore, le succès du mouvement associatif témoigne moins d'un détachement du politique que de tentatives pour renouveler la politique par d'autres voies.

Sans prétendre aucunement à une quelconque exhaustivité – bien impossible à atteindre –, les pages qui suivent proposent, après quelques tableaux présentant l'évolution du nombre et de l'objet des associations sur un siècle, quelques exemples d'organisations parapolitiques et extrapartisanes depuis la IIIe République. Dans cette optique, nous avons tenté de faire ressortir les grandes tendances et les clivages propres à chaque époque : le combat entre républicains et antirépublicains des débuts de la IIIe République (recouvrant bien souvent un clivage laïques/cléricaux), les ligues et les organisations antifascistes de l'entre-deux-guerres, les mouvements féminins et féministes ou encore les associations proposant de nouveaux objets politiques à partir des années 1970 telles les associations humanitaires ou antiracistes. Nous faisons enfin une place aux mouvements de jeunes : organisations de jeunesse des partis politiques, organisations de jeunesses laïques et confessionnelles, et syndicats étudiants.

Pour mesurer les effectifs de ces organisations, l'historien se heurte, dans l'ensemble, aux mêmes difficultés qu'avec les partis politiques. C'est pourquoi nous proposons, lorsque ceux-ci sont disponibles, des chiffres issus d'estimations et de travaux historiques. Faute de quoi nous publions – en le précisant – les effectifs revendiqués par ces organisations.

A. Les associations : généralités

Créations annuelles d'associations (1908-2007)

Année	Créations (Archambault[1])	Taux de création (pour 100 000 habitants)	Année	Créations (Archambault[1])	Taux de création (pour 100 000 habitants)
1908	Environ 5 000		1982	40 228	104
1937	9 311[2]	31[3]	1986	50 607	
1960	12 633	39	1990	60 190	
1965	17 540		1992	70 403	
1970	18 722		1995	62 993/64 918[4]	
1975	23 753		1997	60 914/62 897[5]	
1977	33 188	85	2004[6]	70 040	
1978	35 025		2005	66 217/68 657[7]	
1980	30 543		2007	70 255	

1. Chiffres du ministère de l'Intérieur. Parution au *Journal officiel* (*JO*) de l'année. Sauf 1908 : estimation, et 1937, 1960 : OFCE. Les chiffres ne concernent pas l'Alsace et la Moselle. En effet, l'Alsace jouit d'un droit local particulier : les déclarations d'associations sont enregistrées aux greffes des tribunaux d'instance et ne paraissent pas au *JO*.
2. 1937 et 1960 : statistiques de l'OFCE sur la France entière y compris l'Algérie, mais sans l'Alsace. Les chiffres résultent d'une extrapolation à partir d'un sondage sur la première semaine de chaque mois.
3. Taux de création pour l'année 1938.
4. Chiffre qui inclut les trois départements du Haut-Rhin, Bas-Rhin et de la Moselle.
5. *Ibid.*
6. Source : Cerphi : nombre de créations observé selon l'année associative : de la première semaine de septembre à la dernière semaine d'août. 52 semaines. Ex : en 2007, du 2 septembre 2006 au 25 août 2007. Le rythme hebdomadaire correspond au rythme de publication du service associations du *JO*. Source Cerphi : 2004, 2007.
7. Chiffre qui inclut les DOM.

Source : Edith Archambault, *Le Secteur sans but lucratif*, Economica, 1996.

Taux de croissance annuel moyen (1908-1994)

Années	Taux de croissance annuel moyen (%)
1908-1970	1,8
1960-1970	4
1970-1980	5
1980-1994	5,5

Fréquences relatives de création des différents types d'associations, et progression[1] (en %) (1937-1992)

					Taux de progression				
Type d'associations	1937	1960	1977	1982	de 1937 à 1960	de 1960 à 1982	de 1977 à 1982	de 1982 à 1987	de 1987 à 1992
Sportive	25,5	15,9	20,2	18,4	– 15	+ 260	+ 9		
Religieuse	1,1	1,1	1,8	1,7	+ 34	+ 376	+ 16		
Ecole libre	11,0	8,1	0,3	0,5	+ 1 013	+ 376	+ 16		
Politique	1,8	1,8	3,0	2,9	+ 41	+ 406	+ 18		
Foyers éducatifs	2,9	4,6	2,5	2,7	+ 120	+ 83	+ 34		
Défense du patrimoine	0,9	0,8	1,4	1,7	+ 21	+ 590	+ 46		
Formation-recherche[2]	4,0	6,1	4,5	6,6	+ 108	+ 239	+ 78		
Artistique	4,6	4,7	7,4	10,4	+ 41	+ 586	+ 69		
Anciens élèves	1,1	1,2	0,9	1,0	+ 42	+ 153	+ 22		
Parents d'élèves	0,5	2,4	4,1	2,8	+ 518	+ 257	– 17		
Emploi-production	1,9	3,2	1,7	4,3	+ 126	+ 313	+ 198		
Resserrement des liens[3]	7,9	6,3	6,2	5,3	+ 8	+ 161	+ 2		
Loisirs	16,5	18,2	16,9	12,2	+ 8	+ 161	+ 2		
Social	10,4	9,5	8,4	9,0	+ 24	+ 196	+ 29		
Troisième âge	0,3	1,3	7,5	2,9	+ 604	+ 366	– 54		
Environnement	8,1	3,6	3,3	2,4	– 40	+ 110	– 11	+ 21	+ 115
Propriétaires et locataires	1,5	2,8	2,9	3,5	+ 150	+ 280	+ 41		
Défense de droits divers	4,8	4,0	3,8	3,9	+ 14	+ 202	+ 25		
Défense professionnelle	5,1	4,1	3,1	4,5	+ 8	+ 242	+ 75		
Radios libres, CB	0,0	0,0	0,1	3,3	–	–	+ 6 663		
Ensemble	**100,00**	**100,00**	**100,00**	**100,00**	**+ 36**	**+ 212**	**+ 20**		

1. Une association peut être inscrite sous deux ou trois rubriques, selon l'objet déclaré.
2. En 1937, il s'agit de la préparation des jeunes et des sapeurs-pompiers à l'exercice militaire.
3. Il s'agit essentiellement d'amicales (type anciens combattants…).

Sources :
Michel Forsé, « Les créations d'associations. Un indicateur de changement social », *Les Cahiers de l'animation*, n° 47,1984.
Martine Barthélemy, « Les associations dans la société française : un état des lieux », *Cahiers du CEVIPOF*, n° 10, 1994.

Créations annuelles d'associations (par type) (1987-1997)

Type d'associations	Créations/an 1987/1990	1993/1994	1995/1997	Créations/an
Education-formation	7,16	8,08	8,18	7,85
Santé, action sociale et familiale, personnes âgées	13,29	10,7	7,99	8,41
Commerce, activités économiques, emploi, consommation	10,49	12,77	13,46	12,55
Logement, habitat, environnement	6,77	5,28	6,16	5,92
Chasse et pêche	2,94	2,03	1,45	1,63
Culture, tourisme, échanges internationaux	15,74	21,5	24,72	23,99
Loisirs, jeunesse	13,13	10,07	12,83	14,06
Sports	19,17	20,54	16,68	15,88
Divers vie sociale	7,43	6,85	7,54	6,78
Secteur indéterminé	3,88	2,18	0,99	2,93
Total	**100**	**100**	**100**	**100**

Nombre et type d'associations existant en France en 1900

Année	Total	Associations professionnelles et syndicats	Secours mutuels et prévoyance	Associations coopératives	Associations scolaires	Associations charitables	Etude, apprentissage, sociétés savantes	Sport et jeux	Musique, orphéons	Cercles	Divers
1900	45 148	7 246	11 232	1 918	2 468	990	2 303	7 480	6 453	3 677	1 481

Source : Geneviève Poujol, *L'Education populaire. Histoire et pouvoirs*, Editions ouvrières,1981, d'après Office du travail.

Nombre et type d'associations existant en France (1984-2005)

Type d'association	Effectifs 1984	Effectifs 1999	Effectifs 2005	Evolution moyenne 1999-2005 (en %)
Action caritative et humanitaire		26 800	40 800	8,7
Action sociale/santé		92 200	123 800	5,7
Défense des droits et des intérêts		145 000	170 700	3,0
Education, formation, insertion		53 500	44 800	-2,7
Sports		195 500	264 700	5,9
Culture		157 000	204 800	5,1
Loisirs		180 000	196 100	1,5
Défense des intérêts économiques		23 500	40 600	12,1
Autres		6 500	13 700	18,5
Total	**600 000**	**880 000**	**1 100 000**	**4,2**

Source : CNVA, 2007.

Taux d'adhésion aux associations[1] (en %) (1967-2006)

Année	Taux d'adhésion global	Hommes	Femmes
1967 + 14 ans	28	37	20
1973	28	40	18
1981	32	38	25
1983	42	52	34
1986 + 18 ans	32	39	27
1989 + 18 ans	29	36	24
1993	40	43	36
1996	45	50	39
2002	45		
2006	34	38	30

1. Sauf précision : 15 ans et plus.

Sources :
1983, 1996, 2002 : INSEE ; autres années : Martine Barthélemy (1994) d'après INSEE, Sofres, CSA, ministère de la Culture.

Taux d'adhésion par type d'association[1] (en %) (1983-2006)

			2002			2006		
Type d'association	1983	1996	Total	Hommes	Femmes	Total	Hommes	Femmes
Sportive	15	18	14	17	10	14	19	9
Culturelle ou musicale	5	7	9	8	9	6	5	7
Locataires et propriétaires	5	5	5	4	5		–	
Humanitaire	2	4	3	3	4		–	
Religieuse, paroissiale	4	4	3	2	4		–	
Anciens élèves	2	3	2	3	2		–	
Anciens combattants, classe d'âge	5	3	3	5	1		–	
Protection de l'environnement	–	–	2	3	1		–	
Quartier, locale	–	–	3	3	2	3	3	3
Club du troisième âge	21	16	19	16	20	13	9	15
Syndicats ou groupements professionnels	14	8	8	11	6	3	4	2
Parents d'élèves	12	8	7	5	10	4	3	6
Retraités d'une entreprise	5	7	6	8	4		–	
Autres	–	–	8	10	6	2	2	2
Ensemble	42	45	45	49	40	34	38	30

1. Personnes de 15 ans ou plus. Sauf pour 3e âge, retraités, associations de parents d'élèves : rapporté à la population concernée (id syndicats et groupements prof). Les taux ne sont donc pas tous comparables.
En outre, une personne peut appartenir à plusieurs types d'associations : le taux d'adhésion sur l'ensemble de la population ne s'obtient pas en faisant la somme des taux de chaque type d'association.

Sources :
INSEE.
CNVA.

Profil des adhérents à une association au moins en 1983 et 1996 (en %)

	1983	1996
Age		
15-24 ans	32	45
25-39	47	43
40-49	50	46
50-64	41	46
Plus de 64 ans	45	45
Taille de la commune		
Zone rurale	43	44
Agglomération (hors parisienne)	43	44
Région parisienne (hors Paris)	44	42
Paris	44	43
Sexe		
Homme	52	50
Femme	34	39
Diplôme de la personne de référence		
Aucun diplôme	30	32
CEP	38	39
CAP, BEP	44	43
BEPC	50	47
Bac général	60	52
Bac technique	53	52
Supérieur au bac	67	60
Ensemble	**42**	**45**

Source : *INSEE Première*, n° 542.

B. Associations et organisations extrapartisanes depuis 1870

a. Francs-maçons et politique

Au début du XXe siècle, les francs-maçons sont nombreux dans les instances du Parti radical. A partir de 1922, la présidence du conseil de l'Ordre du Grand Orient devient un monopole socialiste, signe que les socialistes prennent dans l'entre-deux-guerres la relève des radicaux au sein de la franc-maçonnerie. De fait, alors que la franc-maçonnerie est un phénomène urbain, le radicalisme devient rural. Il en résulte un recul très net de la part des francs-maçons parmi ses cadres. La fédération de la Seine, urbaine, fait donc exception et représente la moitié des francs-maçons parmi les délégués au comité exécutif du Parti radical. De même, la forte présence des « Parisiens » au sein du Bureau explique que les francs-maçons représentent un quart de l'instance dirigeante.

Radicalisme et franc-maçonnerie (1908-1939)

Parti radical-socialiste : part des francs-maçons parmi :	1908	Entre-deux-guerres 1919-1939
Délégués au comité exécutif	48 %	10 %
Délégués au CE de la fédération de la Seine	80 %	50 %
Bureau		53/211 25,11 %
Parlementaires	53 %	15,44 %
Militants	41 %	

Sources :
Serge Berstein, *Histoire du parti radical, op. cit.*
D. Bardonnet, *Evolution de la structure du parti radical*, Montchretien, 1964.
Noëlline Castagnez et Gilles Morin (dir.), *Socialistes et radicaux. Querelles de famille*, L'OURS-Presses de Sciences Po, 2008.

b. Ligue des droits de l'homme (LDH)

Fondée le 4 juin 1898 avec l'affaire Dreyfus, la LDH se développa d'abord timidement, et ne put rivaliser avec les effectifs des ligues nationalistes et antisémites. Impliquée dans le combat laïque, elle devint à partir de 1905 un mouvement aux effectifs comparables à ceux de la SFIO naissante. Marquée à gauche, proche des socialistes, la Ligue connut son apogée dans les années 1930. Fortement touchée par la répression pendant l'Occupation, la LDH apparut vieillie après-guerre. Impliquée dans le combat contre la guerre d'Algérie, hostile au gaullisme, en rupture avec la SFIO, elle ne retrouva jamais ses effectifs de l'entre-deux-guerres.

Forces de la LDH (1898-2013)

Année	Effectifs [1]	Sections	Fédérations
1898 (29 mars)	269		
1899	4 580	50 environ	
1900	8 500	99	
1901	17 792	172	
1905	54 896	609	3
1909 (31 octobre)	80 027	835	32

Année	Effectifs [1]	Sections	Fédérations
1913	48217	639	38
1914	49337	633	–
1918	75704	793	34
1920	47500	812	36
1925	94462	1393	70
1930	169340	2127 (ou 2044 ?)	92
1935	138930	2447	94
1936	141384	2448	994
1938	116968	2409	92
1948	20000 environ		
1954	11924		
1958	10000 max		
1964	10032 [2]		
1968	8652		
1973	6605 (35F)		
1974-1975	Moins de 6000 adhérents-année [3]		
Fin années 1980	6000-7500		
2013	10000 (revendiqués)	350	

1. Sauf précision, la date indiquée correspond au premier janvier jusqu'en 1915, puis au 31 décembre.
2. 1964-1975 : effectifs d'après les cotisations. Cotisation à 10 francs sauf quand précision contraire.
3. Rapport prévisionnel pour le budget 1976.

Sources :

Emmanuel Naquet, « La Ligue des droits de l'homme : une association en politique », thèse sous la direction de Serge Berstein, Institut d'études politiques, 2005.

Eric Agrikoliansky, *La Ligue française des droits de l'homme et du citoyen depuis 1945. Sociologie d'un engagement civique*, L'Harmattan, 2002.

Hommes et libertés.

c. *Ligue de l'enseignement*

Créée en 1866 par Jean Macé, la Ligue de l'enseignement est à l'origine un mouvement d'opinion, constitué à la fois d'adhérents individuels – souscripteurs du « mouvement d'éducation par l'initiative privée » – et de cercles regroupant des adhérents sur la base d'une localité. Ce n'est qu'en 1881, une fois la République installée, que naît une véritable organisation nationale. A partir des années 1894-1895, la ligue investit l'école laïque (avec l'aval de l'Etat) et organise sa promotion et sa défense à travers notamment les œuvres péri- et post-scolaires – pour contrecarrer celles des patronages catholiques et des écoles congréganistes.

Forces de la Ligue de l'enseignement (1870-1939)

Année	Créations[1]	Sociétés affiliées	Adhérents	Cartes confédérales	Fédérations
1870		Une soixantaine de cercles	18 000		
1881		358	50 000		
1886-1888		1 200 à 1 400			
1891		1 300			
1892		900			
1895	47	1 410			
1900	298				
1901	295				
1905	180				
1910	283				
1914	+ 3 558 depuis 1895	4 968			
1925-1926		5000	500 000[2]		20
1929		10 000	100 000 A 300 000 E	88 371[3]	?/40
1930				104 402	51-46
1932				128 778	61-59
1933		20 000	500 000	141 028	67-67
1934		20 000	700 000 A 1 000 000 E	154 324	75-69
1936		22 000 25 000	615 000 A 1 320 000 JG et JF[4] 850 000 E	166 932	81-80
1939		25 000	650 000 A 1 310 000 JF/JG 950 000 E	260 057	90-89

1. D'après les listes publiées par le bulletin.
2. D'après les bulletins fédéraux de la Confédération.
3. Seuls les membres « majeurs » de la Ligue sont comptabilisés : d'où un nombre de cotisants inférieur à celui des adhérents. La difficulté éprouvée par les différents échelons intermédiaires pour récupérer les cotisations suggère que le nombre d'adhérents est supérieur au nombre de cotisations reçues, sans qu'il soit possible de déterminer dans quelle proportion.
4. 13/21 ans sauf 1939 : 14/21 ans.

Source : Nathalie Sevilla, « La Ligue de l'enseignement – Confédération générale des œuvres laïques, 1919-1939 », thèse sous la direction de Jean-François Sirinelli, Institut d'études politiques, 2004.

La Ligue de l'enseignement, la politique et la franc-maçonnerie (1895-1914)

Conseil général de la ligue	72
Dirigeants politisés (obtention ou quête d'un mandat électif)	40
Elus locaux et candidats malchanceux au Parlement	17
Parlementaires	22
Ministres	8 (dont 2 présidents du Conseil)
Franc-maçonnerie	40-45 % minimum 15 à 20 % n'y appartiennent pas

d. Libre Pensée

Si les sources manquent pour appréhender le nombre d'adhérents aux sociétés de Libre Pensée, il est possible d'observer l'évolution du mouvement à travers la création de nouvelles sociétés. Les premières sociétés de Libre Pensée française furent créées sous la Seconde République. Mais le coup d'Etat du 2 décembre, puis la guerre de 1870-1871, la Commune et la répression marquèrent autant de coups d'arrêt à ces expériences. Dès lors, la période 1879-1914 forme l'« âge d'or » de la Libre Pensée.

La fin des années 1870 et le début des années 1880 correspondent à une première grande vague de création de sociétés de Libre Pensée. Le combisme et les combats laïques des premières années du XXe siècle, la loi de 1901 constituent une autre période d'expansion. En 1902, l'Association nationale des libres penseurs de France est créée en réaction au fonctionnement jugé inadéquat de la Fédération française de la libre pensée – fondée en 1889. La réunification intervient en 1913 avec la création de l'Union fédérative de la libre pensée de France et des colonies qui rassemble environ 12 000 militants à la veille de la Première Guerre mondiale. Ses effectifs militants déclinent cependant dès avant 1914. La Première Guerre mondiale décime ses rangs, tandis que le second Ralliement et la victoire du Bloc national en 1919 rendent leur réaffirmation difficile. Si les sociétés de libre pensée connaissent un renouveau à la faveur du Cartel des gauches, leur progression reste timide et le Front populaire ne conduit pas à un « état de grâce ». Les sociétés de libre pensée connaissent une ultime remontée en 1937, dans le contexte de la guerre d'Espagne et après la réunification des deux fédérations nationales un an auparavant. On compte en 2002 environ 5 000 militants, essentiellement au sein de la FNLP. Une nette désaffection s'est fait sentir à partir de 1981.

Les chiffres du tableau ci-dessous font apparaître les seules associations déclarées.

Les associations de libre pensée (1880-1940)

Années	Nombre de groupes/sociétés	Nombre de créations
1880	Paris : 13 Seine et Seine-et-Oise : 11 Province : une vingtaine	
1884	207 sociétés au congrès anticlérical de Lyon. Pas toutes LP : 15 algériennes et une dizaine non LP	
1894	540 [1]	
1879-1894 (1901 ?)		567
1901		7
1902		8
1903		42
1904		36
1905	ANLP : 25 124 adhérents – 202 sociétés locales	52
1906		39
1913	12 000 militants environ	
1901-1914	409 [2]	357
1914-1918		2
1919-1940		159
dont 1919		1
1920		4
1924		12
1925		11

1. D'après l'*Almanach de la libre pensée :* nombre de sociétés fédérées au sein de la Fédération française de la libre pensée.
2. Nombre de sociétés déclarées dans le *Recueil des actes administratifs* après la loi de 1901 sur les associations. Seules figurent cependant les sociétés qui ont choisi de se déclarer. Parmi ces 409, 52 avaient déjà été repérées antérieurement. Jacqueline Lalouette en déduit donc le chiffre de 357 créations de sociétés sur la période.

Source : Jacqueline Lalouette, *La Libre Pensée en France, 1848-1940*, Albin Michel, 2001.

Libre Pensée et politique

La Fédération française de la Libre Pensée est majoritairement socialiste, ce qui n'est pas le cas pour l'ANLP. En 1909, le bureau et la commission exécutive de l'Association nationale des libres penseurs de France comprennent 8 sénateurs et 22 députés sur un total de 116 membres (plus de 25 %) : 16 parlementaires radicaux et radicaux-socialistes, 8 socialistes au sein de la commission exécutive, 3 socialistes, 2 radicaux ou radicaux-socialistes au sein du Bureau.

e. Le mouvement Amsterdam-Pleyel/ Comité de vigilance des intellectuels antifascistes

Il naît le 15 juin 1933, de la fusion en France du mouvement d'Amsterdam ou mouvement de lutte contre la guerre impérialiste et du Congrès ouvrier européen antifasciste. Avec le Front populaire, il devient Paix et Liberté, un mouvement de masse adhérent du Front populaire qui se place à son service. Il joue le rôle d'organisme clef capable de rassembler les inorganisés et les adhérents individuels.

Forces du mouvement Amsterdam-Pleyel (1933-1937)

Année	Comités	Adhérents collectifs/individuels
1933	453	15000
1935	2000	500000/350000
1937	3000	

f. Les ligues catholiques

Créée en 1902 par scission de la naissante Ligue des femmes françaises, jugée trop monarchiste, la **Ligue patriotique des Françaises** a vocation de défense religieuse, mais également d'action catholique, d'œuvres et d'éducations sociales. Elle se présente comme l'ennemie du régime jacobin, du socialisme et de la « juiverie » et fait allégeance à l'ALP, dont elle constitue un satellite de masse. Elle constitue la plus importante organisation féminine de France.

Créée à l'automne 1924 à l'instigation du général de Castelnau, dans le contexte du Cartel des gauches, la **Fédération nationale catholique** ambitionne de rassembler tous les catholiques mécontents, qu'ils appartiennent ou non à des associations déjà constituées. Véritable groupe de pression catholique, elle est à la fois une ligue de défense des libertés religieuses et la branche masculine de l'action catholique. Elle fédère de nombreuses associations catholiques déjà constituées comme la LPDF. Les effectifs de la FNC posent à nouveau le problème de la distinction entre adhérents et cotisants : le nombre d'adhérents est probablement supérieur au nombre de cotisants.

Effectifs des ligues catholiques (1902-1938)

Nom	Création	Effectifs	
		Année	Adhérent(e)s
Ligue patriotique des Françaises	1902	1905	200000
		1911	500000
		1932	1500000
Fédération nationale catholique (FNC)	1924	1925 (déc.)	1500000 à 2000000
		1937-1938	Plus de 1000000

Sources :
Jean-Paul Thomas *in* Claire Andrieu et Gilles Le Béguec (dir.), *Associations…*, *op. cit.*
Corinne Bonafoux-Verrax, *A la droite de Dieu. La Fédération nationale catholique, 1924-1944*, Fayard, 2004.

g. *Mouvements féminins (istes ?)*

Le Conseil national des femmes françaises (CNFF) qui prétendait réunir l'ensemble des mouvements féministes échoue dès sa fondation : l'aile radicale lui résiste. Dans l'entre-deux-guerres, le plus important mouvement féminin n'est pas, loin s'en faut, un mouvement féministe : alors que l'ensemble des associations suffragistes rassemblerait 350000 Françaises en 1927 (*L'Echo de Paris,* 9 décembre 1927), la Ligue patriotique des Françaises en revendique un million en 1929 et 1,5 million au milieu des années 1930. Les tendances féministes qui existaient avant-guerre sont désormais contestées par de nouvelles organisations féminines catholiques et par l'Union nationale pour le vote des femmes, fondée par Jeanne Chenu et la marquise de Moustier, présidente de la Ligue patriotique des Françaises après la Seconde Guerre mondiale.

M. Dogan et J. Narbonne estiment que la mouvance catholique compte 150000 militantes actives dans les années 1930. Pour Sylvie Chaperon, « on peut penser que la Libération en a mobilisé le double ». Ainsi, à la Libération, face aux communistes de l'UFF et aux catholiques, la mouvance féministe, autour des associations déjà présentes avant-guerre, ne rassemble que quelques milliers d'adhérentes et encore moins de militantes. Leurs effectifs vieillissent. Mais la conquête du droit de vote ne met pas pour autant un terme au mouvement féministe.

Forces de quelques mouvements féminins (1901-1979)

Mouvement	Date de création – Caractéristiques	Année	Effectifs
Conseil national des femmes françaises	18 avril 1901 Féminisme réformiste et modéré Proche des chrétiens démocrates	1929	150 000
		1936	300 000
		1939	200 000
Union française pour le suffrage des femmes Puis Union française des électrices (1947)	1909	1910	650
		1911	2 600
	Secrétaire générale : Cécile Brunschvicg, 1924-1946	1912	6 000
	Mixte	1913	9 000
	80 % de ses adhérentes sont en province (dans entre-deux-guerres)	1915	15 000
	Affiliée au CNFF	1925	100 000
Ligue française du droit des femmes	1882 premier président d'honneur : Victor Hugo Mixte, laïque et libre penseuse	1884	196
		Entre-deux-guerres (cotisations)	1 100- 2 500 25 000 revendiqués en 1935
		Libération	250 – 400 (cotisations)
		Années 1950	300 à 400 (idem)
Union nationale pour le vote des femmes Puis Union nationale des femmes	Automne 1920 Catholique Suffragiste, opposée au vote familial	Années 1930	100 000
Union féminine civique et sociale	Catholique	1929	10 000
	1925	1945 1952	70 000 (revendiqués) 450 conseillères municipales
		Années 1960	8 000[1]
Union des femmes françaises[2]	Communiste	Novembre 1944	180 000
		Décembre 1944	262 500
		Septembre 1945	627 000

Mouvement	Date de création – Caractéristiques	Année	Effectifs
Mouvement français pour le planning familial (MFPF)	Fondé en 1960	1961	6000
		1962	15000
		1963	30000
		1965	75000
		1967	95028
		1968	82198
		1969	73778
		1971	50386
		1973	35094
		1974	41638
		1979	21593

1. Chiffre établi par les historiennes du mouvement qui tranche avec les 70000 membres revendiqués après-guerre et suggère que ces effectifs ont été largement gonflés. Sylvie Chaperon, *Les Années Beauvoir*, Fayard, 2000.
2. Chiffres déclarés, confirmés par Philippe Buton à partir des archives soviétiques : *Les Lendemains qui déchantent. Le PCF à la Libération*, FNSP, 1993, p. 267.

Sources :
Christine Bard, *Les Filles de Marianne. Histoire des féminismes, 1914-1940*, Fayard, 1995.
Bibia Pavard, *Si je veux, quand je veux. Contraception et avortement dans la société française, 1956-1979*, Rennes, PUR, 2012.

h. Les clubs (dans les années 1960)

Forces de quelques clubs (1958-1971)

Nom	Date de création	Adhérents
Club Jean Moulin	Mai 1958	500 maximum (900 personnes sont passées par le club)
Citoyens 60	1959	900
Club des Jacobins	Décembre 1951 (Charles Hernu)	600-700 (1953) 2000 (1956) 70- 80 (après mai 1958) 2000 (1964)
Objectif 72	Octobre 1966 (Robert Buron)	2000
U.G.C.S.	Septembre 1967 (Jean Poperen)	2500
C.E.D.E.P.	1966 (Roger Fajardie Pierre Mauroy)	2000
Convention des institutions républicaines (CIR)	1965	De 5-6000 à 2000 environ lors du congrès d'Epinay en 1971

Sources :
Claire Andrieu, *Pour l'amour de la République. Le club Jean Moulin*, Fayard, 2002.
Janine Mossuz-Lavau, *Les Clubs et la politique*, Armand Colin, 1970.

i. Nouveaux objets, nouvelles échelles depuis les années 1970

Forces de MSF et d'ATTAC de nos jours

Nom	Création	Effectifs	
		Date	Adhérents
Médecins sans frontières	1971	2008	26000
Association pour une taxation des transactions financières pour l'aide aux citoyens (ATTAC)	1998	2001	35000

C. Organisations et mouvements de jeunesse

a. Les organisations politiques

Le Sillon

Fondé par Marc Sangnier et Paul Renaudin en 1893, le mouvement devient Le Sillon en 1899. Mêlant éducation morale et religieuse d'une part, éducation civique, voire politique de l'autre, l'organisation comptera jusqu'à 25 000 membres. Le mouvement est condamné par Pie X le 25 août 1910. Après quoi, Marc Sangnier fonde un mouvement politique, la Jeune République, en 1912.

Forces de quelques mouvements de jeunesse (1914-1938)

	Jeunesses communistes	Jeunesses socialistes	Jeunesses radicales	Fédération des jeunesses laïques et républicaines	Jeunesse républicaine française (Alliance démocratique)	Action française (Camelots, commissaires et étudiants)	Phalanges universitaires (JP)	Jeunesses du PPF
1914		200						
1920		plus de 8 000 (avant le congrès de Tours)						
1921		2-3 000						
1922	5 830							
1925	16 040			60 000 (revendiqués)				
1926	14 919			70 000 (revendiqués)				
1927	13 243	3 964						
1928	7 169	3 641		97 000 (revendiqués)			4 500	
1929	6 357	6 000 environ dans 33 départements						
1930	7354							
1932	4 072	12 000 environ					10 000 adhérents et sympathisants	

	Jeunesses communistes	Jeunesses socialistes	Jeunesses radicales	Fédération des jeunesses laïques et républicaines	Jeunesse républicaine française (Alliance démocratique)	Action française (Camelots, commissaires et étudiants)	Phalanges universitaires (JP)	Jeunesses du PPF
1933	4 190		environ 7 000 (9 fédérations départementales et 35 sections)					
1934	10 249				1 200 adhérents dans 10 départements			
1935	27 706	16 000				Paris : 1500 Lyon : 200 Centre Est : 800		
1936	52 848	38 000						
1937	72 809 plus de 100 000 sympathisants	55 000						– janv : 10 000 – mai : 25 000 – fin 1937 : 35 000
1938	54 000							

Sources :
Sylvain Boullouque, « Les jeunesses communistes : structures d'organisation, appareil et implantation », *Communisme*, n° 76-77, 2003/2004, p.7-26, d'après les archives de l'Internationale communiste des jeunes.
Christian Delporte, « Les Jeunesses socialistes dans l'entre-deux-guerres », *Le Mouvement social*, octobre-décembre 1991.
Jean Vavasseur-Desperriers, « Jeunesse et mouvements de droite dans l'entre-deux-guerres », *histoire@politique*, n° 4, janvier-avril 2008.

Forces de quelques mouvements de jeunesse (1966-1973)

	Jeunesses communistes/ Union des étudiants communistes	Jeunesse communiste révolutionnaire (JCR)	Jeunes du PSU	Jeunesses socialistes	Union des jeunes pour le progrès
1966	1 500	500	2 000	–	1 000 (1967) dont 200 actifs
1969					6-8 000
1971					3 000
1973					2 500-3 500

Source : François Audigier, *Génération gaulliste. L'UJP, une école de formation politique (1965-1975)*, Nancy, Presses universitaires de Nancy, 2005.

b. Mouvements de jeunesse confessionnels

Association catholique de la jeunesse française (ACJF)

Créée en 1886 pour « coopérer au rétablissement de l'ordre social chrétien », l'ACJF disparaît en 1956 après avoir suscité la création de toute une série d'organisations de jeunesse spécialisées (ruraux, étudiants, ouvriers) : JAC, JEC, JOC.

Forces de l'ACJF (1886-1930)

Année	Groupes affiliés	Membres
1886 (octobre)		400
1887	30	790
1888	46	2000
1889	57	3000
1891	70	5000
1894	90	
1903	210	12000
1904	1200	70000
1906	1600	75000
1909	2200	
1914	3000	140000
1920	1100 groupes actifs 800 en voie de reconstitution	
1930		180000

Source : Geneviève Poujol, *L'Education populaire : histoires et pouvoirs*, éd. Ouvrières, 1981.

Jeunesse agricole chrétienne (JAC)

Créé en 1929, le mouvement a un caractère missionnaire jusqu'en 1940. En 1933 est lancée la Jeunesse agricole catholique féminine qui réunit 12000 jeunes filles en 1938 à Lourdes. Entre 1950 et 1960, la JAC et la JACF deviennent un mouvement de masse. En 1960, leurs congrès départementaux rassemblent 500000 participants. La déconfessionnalisation qui touche les mouvements et les syndicats contribue à expliquer son effondrement dans les années qui suivent, le mouvement ne comptant plus que 10000 membres en 1976.

Forces de la JAC (1931-1938)

Année	Fédérations	Sections	Cotisants	Abonnés à *Jeunesse agricole*
1931	26	80	1 250	8 000
1934	53	345	6 216	20 000
1935	67	878	11 864	35 000
1938	90	1 485	28 000	60 000

Jeunesse ouvrière chrétienne (JOC)

La JOC est créée en 1926 en dehors de l'ACJF et fusionne avec la JOCF en 1987.

Forces de la JOC (1933-1985)

Date	Tirage journaux (par n°)	Adhérents	Dont cotisants	Dont militants
1933		20 000		
1939	J.O.C. 130 000 (2/mois)	45 000 JOCF : 50 000	33 069	12 200 JOCF : 10 000
Mai 1940	Zone nord : 100 000 (2-3/an)		25 834	
Septembre 1942	Zone sud : 52 000 (1/mois)		33 046	6 600
Octobre 1943			26 568	
Septembre 1944			22 648	
1945	120 000 (hebdo)	19 309		11 100
1947	50 000 (hebdo)			
Décembre 1949	14 000 (2/mois)			
Janvier 1950	Interruption	12 500	1 500	
Décembre 1950				7 600
1954-1955		13 100	1 600	
Février 1959		14 400	1 100	
1967-1968	60 000 (n° spécial)			5 700
1969-1970				5 360
1970-1971	15 616 (mensuel)			4 950
1973-1974	12 805			
1977			7 765	4 762
1982	4 000			
1984-1985 JOC			2 927	2 468

Sources :
Françoise Richou, *La Jeunesse ouvrière chrétienne : genèse d'une jeunesse militante*, L'Harmattan, 1997.
Gérard Cholvy, *Histoire des organisations et des mouvements chrétiens de jeunesse en France, XIXe-XXe siècle*, éditions du Cerf, 1999.

Jeunesse étudiante chrétienne (JEC)

Elle est créée en 1929 comme section de l'ACJF.

Effectifs de la JEC (1937-1977)

	Effectifs
1937	75 centres militants 1 500 participants
1950	20000
1960	20000
1977	10000

c. *Syndicats étudiants*

L'Union nationale des étudiants de France (UNEF)

Créée en 1907, l'UNEF regroupe les Associations générales d'étudiants (AGE) nées sous la IIIe République, entre 1877 et 1884. Elle est refondée à la Libération (congrès de Grenoble, en 1946). A cette date, les AGE groupent généralement entre 30 et 60 % des étudiants de leur ville ou faculté. Les plus importantes – plus de 5 000 adhérents –, sont pour la plupart provinciales. Les Parisiens représentent la moitié des étudiants français, mais seulement 35 % environ des adhérents de l'UNEF. L'engagement de l'UNEF dans la guerre d'Algérie conduit à la scission de la Fédération nationale des étudiants de France (FNEF), avec l'appui (financier notamment) du pouvoir gaulliste. Cette dernière ne parvient cependant pas véritablement à s'imposer, l'UNEF l'emportant aux élections à la sécurité sociale étudiante avec environ 60 % des voix. Si la fin de la guerre d'Algérie marque l'entrée dans une phase de stagnation, l'UNEF reste la seule force présente dans le monde étudiant. Elle devient alors l'enjeu d'organisations politiques étudiantes soucieuses de la contrôler : en 1967, le PCF et le PSU s'affrontent pour coiffer ce qui reste de l'organisation. L'évaluation des effectifs du syndicat (environ 40000 adhérents?) est rendue difficile par les achats de cartes et le fait que de nombreuses AGE cessent de payer leurs cotisations. Alors qu'éclate Mai 68, l'UNEF ne compte plus que 26 AGE, soit deux fois moins qu'en 1960. Elle regroupe au mieux un étudiant sur dix. En 1971, l'UNEF se scinde en deux organisations : l'UNEF-Unité syndicale (US) et l'UNEF-Renouveau. La réunification intervient trente ans plus tard, en 2001. L'UNEF demeure aujourd'hui la principale organisation étudiante de France.

Effectifs de l'UNEF (1925-2011)

	UNEF	
1925	10 000 (estimation) près de 30 000 (revendiqués, en 1924)	
1928		
1935	16 000 (estimation)	
1937		
1939	21 000 (Stéphane Merceron et Didier Fischer)	
1946 (congrès avril)	37 618 revendiqués	
1947	25 000 (estimation, inférieure à revendication)	
1956	80 000	
1958	100 000 (revendiqués)	
1960	100 000	
1962	82 000	
1963 (janv)	85 000	
1965	Moins de 50 000	
1966 (avril)	45 000	
Début 1968	environ 40 000 Moins d'1/10e étudiants	
1971	UNEF-US Tendance « Unité syndicale » : 16 000 cartes (revendiqués – congrès de Dijon)	UNEF-Renouveau : 21 000 (revendiqués – congrès de Paris)
1980	UNEF-ID 12 000 (estimation)	
2011	31 000 (revendiqués)	

Sources :
Alain Monchablon, *Histoire de l'UNEF de 1956 à 1968*, PUF, 1983.
Didier Fischer, *Histoire des étudiants en France de 1945 à nos jours*, Flammarion, 2000.

Sources complémentaires

Claire Andrieu, Gilles Le Béguec, Danielle Tartakowsky (dir.), *Associations et champ politique. La loi de 1901 à l'épreuve du siècle*, Publications de la Sorbonne, 2001.

Serge Berstein, « Les partis », *in* René Rémond (dir.), *Pour une histoire politique*, Seuil, 1988, p. 49-85.

« Regards sur les associations », *Matériaux pour l'histoire de notre temps*, n° 69, 2003.

Raymond Huard, *La Naissance du parti politique en France*, Presses de Sciences Po, 1996.

Jean-Pierre Rioux, « L'association en politique », *in* René Rémond (dir.), *Pour une histoire politique*, Seuil, 1988, p. 87-120.

Chapitre 6

LE MOUVEMENT SOCIAL

A. Les syndicats

a. Généralités

La faiblesse structurelle du syndicalisme français et le problème de sa représentativité[1] suffisent à signaler l'importance et l'enjeu des effectifs des syndicats. C'est peu dire pourtant qu'il est difficile d'obtenir en la matière des chiffres fiables, faute de transparence des centrales syndicales, rétives à communiquer sur le sujet ou au contraire promptes à gonfler leurs effectifs. En outre, comme pour les partis politiques, ces chiffres posent d'emblée un problème de définition : l'adhérent est-il celui qui dispose d'une carte ou qui paye ses cotisations ? Où placer le curseur lorsque les cotisations sont mensuelles ? Etudiant le cas de la CGT dans l'entre-deux-guerres, Antoine Prost retient le chiffre de dix cotisations mensuelles – comme le syndicat alors. Pour l'après 1945, Dominique Andolfatto et Dominique Labbé admettent neuf cotisations mensuelles. Ainsi, en considérant comme adhérent celui qui paye huit timbres par an, la CGT surévalue ses effectifs. C'est pourquoi, les difficultés rencontrées pour établir des estimations recevables des effectifs syndicaux conduisent à cerner leur représentativité à l'aide des audiences électorales (élections aux comités d'entreprise et élections prud'homales).

1. Le problème est crucial depuis la loi de 2008 qui réforme le régime juridique de la représentativité défini entre 1945 et 1948 pour les seuls syndicats ouvriers. La réforme supprime la représentativité irréfragable et donne une importance accrue aux élections professionnelles.

Les chiffres ainsi établis confirment la faiblesse structurelle du syndicalisme français, dès le XIXe siècle, à l'exception du Front populaire ou de l'après-guerre. Cette faiblesse fait de la France un cas particulier en Europe. Si les causes de ce phénomène, multiples, font débat, la forte dimension idéologique des syndicats ainsi que leur dispersion y participent. La Confédération générale du travail (CGT) représente un premier courant syndical : cette confédération de syndicats naît au congrès de Limoges en 1895. La Révolution bolchevique et le problème de l'adhésion aux 21 conditions ont raison de son unité en 1921 : la scission entre CGTU (minoritaires qui adhèrent à l'Internationale syndicale rouge de Moscou et s'inféodent au PCF) et CGT dure jusqu'en 1936. Réunifiée lors des accords du Perreux (1943), elle scissionne à nouveau en 1948 : dans le contexte de guerre froide, la minorité fidèle à la Charte d'Amiens crée Force ouvrière.

Le syndicalisme chrétien naît dès le XIXe siècle (le syndicat des employés de commerce et d'industrie est fondé en 1887). Il représente un deuxième courant dont est issue la Confédération française des travailleurs chrétiens (CFTC), créée en 1919. La Confédération française démocratique du travail (CFDT) naît en 1964 de la scission des confédérés rejetant le caractère confessionnel du syndicat. A ces quatre syndicats (CGT, CFDT, FO, CFTC) dominés par la puissante CGT après 1945, il convient d'ajouter la Confédération générale des cadres (CGC) née en 1944.

L'émiettement du syndicalisme français est renforcé dans les années 1980 par l'apparition de nouveaux syndicats (le groupe des Dix en 1981 qui devient l'Union syndicale solidaires et les syndicats Sud – Solidaires, Unitaires, Démocratiques) qui contestent la représentativité des confédérations et dont l'affirmation est liée à l'apparition de nouveaux acteurs sur la scène sociale et revendicative. Ce syndicalisme, qui se distingue de la forme confédérée « classique » par l'autonomie de chacun de ses membres, connaît dans les années 1990 une vigueur sans précédent – particulièrement avec les grèves de 1995. L'hégémonie des confédérations (effective et juridico-légale), le nombre réduit de ses effectifs et son aspect disséminé situent cependant le syndicalisme autonome en marge du champ syndical. Ainsi, ces nouveaux syndicats échouent à enrayer une crise de la syndicalisation et un déclin – sensible dès les années 1970 – plus précoce en France que dans le reste de l'Europe.

On ne saurait, enfin, traiter des chiffres relatifs aux syndicats sans s'intéresser au syndicalisme patronal : ses effectifs demeurent pourtant, selon Michel Offerlé, quasiment impossibles à évaluer[1].

L'évolution générale des effectifs des principaux syndicats

Syndicats et syndiqués parmi les ouvriers (1876-1913, au 31 décembre de chaque année)

Années	Syndicats	Syndiqués	Taux de syndicalisation
1876	182	32728	
1880	478	64046	
1884	543	72268	
1885	616	90045	
1890	1481	230665	
1891	1779	300599	9,1 %
1895	2314	436949	
1900	3287	588832	
1901	3680	614204	
1905	4857	836134	
1906	5322	896012	
1907	5524	957102	
1910	5325	1029238	
1913	4846	1026302	

Source : Michelle Perrot, *Les Ouvriers en grève, 1781-1890,* Paris/La Haye, Mouton, 1973.

Ventilation des syndicats selon les groupes professionnels (en %) (1876-1890)

Groupes	1876	1880	1884	1888	1890
Agriculture	0,54	0,41	0,55	0,31	0,33
Mines et carrières	1,09	0,83	2,50	3,2	3,1
Industries alimentaires	2,1	4,8	4	6	6,7
Industries chimiques	0	0	0	5,2	1,3
Papiers et imprimeries	9,3	5,2	15,1	12,4	10,7
Cuirs et peaux	10,9	7,3	5,8	6,5	6,7
Textile et vêtement	9,1	14,1	15,6	18,7	19,6
Bois	20,3	20,7	10,3	8,8	8,9

1. Signalons toutefois les travaux récents de Jean-Pierre Le Crom et Nicole Maggi-Germain sur la construction de la représentativité patronale. Cf. Nicole Maggi-Germain, « Fonctions et usages de la représentativité patronale », dans Sophie Béroud, Jean-Pierre Le Crom, Karel Yon (dir.), « Représentativités syndicales, représentativités patronales. Règles juridiques et pratiques sociales », *Travail et emploi,* n° 131, juillet-septembre 2012.

Groupes	1876	1880	1884	1888	1890
Métaux	18,1	19,2	15,2	12,6	12,9
Pierres et terres au feu	3,8	2,5	4	3,7	3,7
Constructions en pierre	13,7	15,6	22	19,3	17,6
Transports et manutention	0	1,4	4,4	7,4	7,2

Source : Michelle Perrot, *op. cit.*

Les forces des différents syndicats (1894-1914)

	CGT		Syndicats chrétiens			
Année	Officiels	Estimés	Syndicat des employés de commerce et de l'industrie, dit des « petits carreaux »	Fédération des syndicats professionnels d'employés du commerce et de l'industrie	Total syndicats chrétiens	Syndicats jaunes
1894			858			
1896			1 028			
1899						Le Creusot : 3 000
1900						Mineurs de Montceau : 3 300
1901						Le Creusot : 4 500 Montceau : 1 600
1902	100 000					
1904	153 400	294 000				
1906	202 400					100 000
1909	343 000					
1910	425 000					
1912		390 200 (Trempé) 450 000 (Labbé)	6 500		25 000 à 30 000	
1913		350 000 (Trempé)		13 000		
1914			7 730			

Sources :
Gérard Adam, *La CFTC*, Presses de Sciences Po, 1964.
Dominique Labbé, Dominique Andolfatto, *Histoire des syndicats en France,1906-2010*, Seuil, 2011.

Les forces des différents syndicats (1918-1939)

Année	CGT	CGTU	CFTC
1918	665 000		
1919	1 366 000 (moyenne) janv-mai : 1 157 000 juin-déc : 1 516 000		90 000 cotisants 110 000 adhérents
1920	1 581 000 janv-mai : 2 180 000 juin-déc : 983 000		
1921	1 031 000 (janvier-mai)		
1924	491 289		
1926	525 788	431 240	
1930	577 280	322 545	
1934	491 014	264 085	
1935	785 728		150 000
1936			156 000 (janv)/370 000 (déc) 200 000 cotisants effectifs au 1er octobre et 300 000 déclarés par les UD
1937	4 081 239 (avec colonies) Métropole : 3 988 849		415 000
1939	2 500 000 (après grève 30 novembre 1938)		380 000 à 400 000

Sources :
Antoine Prost, *Autour du Front populaire*, Seuil, 2006.
Gérard Adam, *op. cit.*

Les forces des différents syndicats (en milliers) (1945-2011)

Année	Emploi	CGT	CFTC puis CFDT	CFTC	FO	CGC	UNSA	FSU	USS-SUD	Autres	**Total**	T.s (%)
1945		3799,423 3629,312 (Métrop.)	300									
1947		4986	380									
1948		3178	385									
1950	11882	2720	330		316	63				105	**3691**	26,7
1954	12390	1950	323		268	70				135	**2931**	20,3
1958	13178	1390	415		279	76				150	**2572**	16,8
1962	13691	1360	455		326	98				180	**2720**	17,1
1966	14995	1390	470	34	352	130				165	**2939**	16,9
1968	15282	1600	544	53	365	152				165	**3252**	18,3
1969	15777	1870	588	61	374	169				165	**3674**	20,0
1975	17360	1800	737	96	458	237				165	**4011**	19,9
1981	17973	1270	667	103	465	194				180	**3380**	16,2
1984	17911	990	537	107	445	176				165	**2852**	13,7
1990	18803	640	412	99	375	112				135	**2143**	9,8
1993	19410	639	435	89	370	111				135	**2121**	9,4
1996			472	92								8,2
2000			527	100								8,6
2005			496									7,6
2006		550 600-700	493-600 600-700	109 90	300 250-300	80-100 90	360000 (rev.) 100-150000 (estimés)	180000 (rev.) 120000 (estimés)	90000 rev. 70-80000 (estimés)		**1900-2000** **1920-2200**	
2011 (effectifs officiels)		682000	862000	142000 (2008)	800000 puis 500000 (sic)	160000 puis 113000 (2010)		163000 (2009)				7,2

Sources :
Dominique Labbé, *Syndicats et syndiqués en France depuis 1945*, L'Harmattan, 1996.
Gérard Adam, *La CFTC*, FNSP-CEVIPOF, 1964.
Pour l'année 2006 : première ligne : Andolfatto, Labbé (2007) et deuxième ligne : Bevort, Jobert (2008).
Pour l'année 2011 : Dominique Andolfatto (dir.), *Les Syndicats en France*, La Documentation française, 3e édition, 2012.

Evolution du taux de syndicalisation dans douze pays industrialisés (1970-2008)

Pays Variation du taux	1970	1980	1990	2000	2008	Evolution du taux de syndicalisation 1970-2008
Suède	67,7	78 +15,2	80,8 +3,6	79,1 -2,10	68,3 -13,65	+0,89
Finlande	51,3	69,4 +35,3	72,5 +4,5	75,0 3,45	67,5 -10,00	+31,58
Danemark	60,3	78,6 +30,3	75,3 -4,2	74,2 -1,46	67,6 -8,89	+12,11
Belgique	42,1	54,1 +28,5	53,9 -0,4	49,5 -8,16	51,9 4,85	+23,28
Italie	37	49,6 +34,1	38,8 -21,8	34,8 -10,31	33,4 -4,02	-9,73
Royaume-Uni	44,8	50,7 +13,2	39,3 -22,5	30,2 -23,16	27,1 -10,26	-39,51
Allemagne	32,0	34,9 +9,1	31,2 -10,6	24,6 -21,15	19,1 -22,36	-40,31
Suisse	34,2	34,5 +0,9	30,0 -13	20,8 -30,67	18,3 -12,02	-46,49
Japon	35,1	31,1 -11,4	25,4 -18,3	21,5 -15,35	18,2 -15,35	-48,15
Etats-Unis	23,5	19,5 -17,0	15,5 -20,5	12,8 -17,42	11,9 -7,03	-49,36
France	**21,7**	**18,3 -15,7**	**10,1 -44,8**	**8,1 -19,80**	**7,7 -4,94**	**-64,52**
Espagne	Nd	12,9	12,5 -3,1	16,7 33,60	14,3 -14,37	

Source : Bevort, Jobert, *op. cit.*

b. Les syndicats enseignants

L'histoire du syndicalisme enseignant est d'abord celle d'une lutte pour le droit des fonctionnaires à la syndicalisation, que leur dénient les lois de 1884 et 1901. Les instituteurs sont également divisés entre amicalistes et syndicalistes. La fédération des amicales regroupe, en 1908, 115 associations et 76 adhérents. Deux ans auparavant, en 1906, les syndicalistes ont créé une fédération nationale des syndicats d'instituteurs. Au lendemain de la Grande Guerre, les instituteurs regroupés dans les amicales votent le principe de la création d'un syndicat. Le Syndicat national des instituteurs (SNI), lancé le 24 septembre 1920, est affilié à la CGT et lui demeure fidèle après la scission de 1921 : la Fédération générale de l'enseignement

(FGE) est créée en 1929. En revanche, la Fédération des membres de l'enseignement laïque (FMEL) rejoint la CGTU et décline rapidement alors que les effectifs du SNI augmentent. Leur réunification en 1935, sur fond de combat antifasciste et pacifiste, contribue à grossir les rangs du SNI qui regroupe près de 80 % des instituteurs.

En 1946, la FGE devient Fédération de l'éducation nationale (FEN), en s'ouvrant aux non-enseignants. Alors que la guerre froide oblige à choisir son camp, la FEN réussit à conserver une relative autonomie et évite l'implosion. Elle devient un enjeu de la lutte entre socialistes et communistes, par l'intermédiaire de leurs tendances : les « autonomes », proches des socialistes, demeurent majoritaires grâce à leur prédominance au sein du SNI, tandis que les enseignants communistes animent la tendance Unité et Action qui prend en 1967 et 1969 la direction du Syndicat national de l'enseignement secondaire (SNES) et du SNESup. Dans les années 1970, la FEN est au sommet de sa puissance. Les années 1980 sont, en revanche, difficiles : en cause, les difficultés de la gauche au pouvoir, la fin de la guerre froide et le fait que le syndicat ne constitue plus un enjeu politique suffisant pour la gauche. Le bouleversement des frontières catégorielles au sein du monde enseignant accentue les rivalités et les clivages internes. En 1992, c'est la rupture avec le SNES et le SNEP. La FEN rejoint l'Union nationale des syndicats autonomes (UNSA), tandis que se constitue en 1993 la Fédération des syndicats unitaires de l'éducation, de la recherche et de la culture (FSU).

Effectifs des syndicats enseignants (1920-1939)

Année	Nombre total instituteurs	SNI	FMEL
1920		55 000	12 000
1921	135 238		8 000
1927			4 427
1929		79 000	
1933	126 109	80 000	
1937	141 570	95 000	
1939		110 000	

Effectifs des syndicats enseignants (1946-1990)

Année	Personnel de l'éducation nationale	FEN	SGEN-CFDT	T.s. FEN	T.s. SGEN
1946		114 000 (FGE)			
1948	258 000	162 800	10 000	63,1	3,9
1950	**270 000**	**156 900**	**9 600**	**58,1**	**3,6**
1953	289 000	182 200	10 900	63	3,8
1956	340 000	208 000	13 700	61,2	4
1959	395 000	243 600	16 000	61,7	4,1
1960	**430 000**	**255 100**	**17 200**	**59,3**	**4**
1965	602 000	346 300	30 000	57,5	5
1968	708 000	393 400	32 000	55,6	4,5
1970	**818 000**	**428 200**	**34 100**	**52,3**	**4,2**
1975	**989 000**	**517 800**	**45 000**	**52,4**	**4,6**
1980	**1 053 000**	**520 000**	**47 000**	**49,4**	**4,5**
1985	1 116 000	406 500	35 700	36,4	3,2
1990	**1 149 000**	**343 800**	**30 400**	**29,9**	**2,6**

Sources :
Guy Brucy, *Histoire de la FEN*, Belin, 2003.
Madeleine Singer, *Le SGEN de 1937 à 1986*, Cerf, 1993.

B. Les syndicats patronaux

Volontiers défensive, l'organisation collective du patronat est liée à l'affirmation du mouvement ouvrier ainsi qu'à l'action réformatrice et à l'interventionnisme de l'Etat. Face à la multiplication des grèves et à la volonté du ministre Alexandre Millerand d'instaurer une réglementation du travail, le Comité des forges, fondé en 1864, se transforme en 1901 en Union des industries métallurgiques et minières (UIMM). La Confédération générale de la production française (CGPF) naît après-guerre, en 1919, à l'initiative du ministre de l'Industrie et du Commerce, désireux d'avoir un interlocuteur patronal unique. Elle affilie alors 21 fédérations nationales qui regroupent environ 1200 syndicats professionnels. Les grèves de 1936 et les accords Matignon constituent un choc pour le patronat qui mesure alors la nécessité de construire une organisation collective des chefs d'entreprise. La confédération change de nom et devient Confédération générale du patronat français. Le Conseil national du patronat français (CNPF) naît après-guerre, le 12 juin 1946, dans un contexte difficile pour les employeurs, vilipendés pour leur collaboration avec l'Etat vichyste et l'occupant allemand. Après une réforme à la fin des années 1960, le patronat passe à l'offensive et, dans le contexte de la crise économique des années 1970, s'engage dans une série de négociations. La loi sur les 35 heures en 1997 précipite la création, en décembre, du Mouvement des entreprises de France (MEDEF), désireux de devenir une force de proposition et d'affirmer une doctrine sociale rénovée et ambitieuse.

Néanmoins, ni le CNPF, ni le MEDEF ne représentent à eux seuls le patronat. La Confédération générale des petites et moyennes entreprises (CGPME), créée le 4 octobre 1944, et l'Union professionnelle artisanale (UPA), depuis 1975, constituent des organisations à la fois complémentaires et concurrentes.

La question des effectifs de ces organisations et de leur représentativité est difficile, sinon impossible à trancher. A cela, plusieurs raisons : un manque d'études sur les organisations patronales – jusqu'à une date récente – qui contraste avec les travaux sur les syndicats de salariés, des réticences à jouer la transparence de la part d'organisations peu désireuses d'entamer l'image de puissance véhiculée par les syndicats; enfin, l'attachement jaloux à l'autonomie des instances qui les composent, et l'absence de règles communes d'adhésion et de cotisations. Les adhérents ne sont pas des personnes physiques, mais des entreprises qui adhèrent à un des groupements professionnels et unions territoriales constitutifs de ces grandes organisations. Ainsi, les adhésions ne se font pas au MEDEF, mais à l'une de ses fédérations et/ou unions territoriales. De fait, certaines entreprises adhèrent plusieurs fois, tandis que les adhésions multiples (CGPME/MEDEF) existent aussi. En outre, la syndicalisation varie selon les professions et la taille ainsi que le chiffre d'affaires de l'entreprise. Enfin, le syndicalisme patronal, syndicalisme de services, se distingue du syndicalisme salarié : le versement de cotisations est lié à l'obtention de prestations. C'est pourquoi Michel Offerlé conclut à l'impossibilité d'évaluer l'évolution des effectifs et de la représentativité de ces syndicats patronaux sur plusieurs décennies.

Nous ne pouvons dès lors proposer que des chiffres partiels : les effectifs des syndicats patronaux avant 1945 (mis en regard des syndicats ouvriers) sont issus du travail de Ingo Kolboom. Nous nous limitons pour la suite à une estimation des effectifs des syndicats patronaux aujourd'hui.

Syndicalisation comparée des patrons et des ouvriers (1884-1939)

Année	Syndicats patronaux	Syndicats ouvriers	Syndiqués : patrons	Syndiqués : ouvriers
1884	101	543	–	72268
1885	285	2314	–	436949
1890	1004	1481	93411	239665
1895	1622	2314	131031	436949
1900		3287	158300	588832
1901		3680		614204
1905	3102	4857	252036	836134
1910	4450	5325	368547	1029238
1913	5063	4846	421566	1026302
1914	4967			
1920	5078	5283	379855	1580967
1930	7615	6666	604589	1237223
1937 (nov)	6596		742343	
1939 (août)	6978		699998	

Sources :
Ingo Kolboom, *La Revanche des patrons. Le patronat face au Front populaire*, Flammarion, 1986.
Michelle Perrot, *op. cit.*

Forces des syndicats patronaux (de nos jours)

	Adhérents	Nombre de salariés travaillant dans une entreprise affiliée	Fédérations professionnelles/ organisations territoriales	Représentativité
MEDEF	750 000 entreprises Estimation de T. Coulouarn : 241 943 entreprises	15 millions	85 fédérations professionnelles regroupent 600 syndicats + 155 organisations territoriales	Revendiqué : 58,3 % des entreprises comptant au moins un salarié. Estimé : 10-25 % des entreprises
CGPME	550 000		200 syndicats et fédérations, 105 CGPME territoriales	Plus d'1,5 million de PME et TPE (revendiqué)
UPA	300 000	920 000 artisans employant 2,5 millions de salariés	3 confédérations, 50 fédérations, 115 structures régionales	Environ un tiers des entreprises artisanales

Source : Michel Offerlé, *Sociologie des organisations patronales*, La Découverte, 2009.

Sources générales

Dominique Andolfatto (dir.), *Les Syndicats en France*, La Documentation française, 3e édition, 2012.
Jean-Claude Daumas (dir.), *Dictionnaire historique des patrons français*, Flammarion, 2010.
Dominique Labbé, *Syndicats et syndiqués en France depuis 1945*, L'Harmattan, 1996.
Michel Offerlé, *Sociologie des organisations patronales*, La Découverte, 2009.
Antoine Prost, *Autour du Front populaire*, Seuil, 2006.

C. Les élections professionnelles

Les résultats aux élections professionnelles offrent un bon indice de la puissance relative des syndicats et permettent de mesurer leur représentativité.

L'évolution reflète l'érosion constante de la CGT depuis 1946, au profit d'abord des autres grands syndicats, puis à partir du début des années 1980, au profit des « non-syndiqués » – sans étiquette syndicale. Les pertes des syndicats sont désormais des pertes absolues. L'évolution culmine en 1995 et 1996 : les « non-syndiqués » arrivent en tête des élections et dépassent la CGT et la CFDT. Si l'an 2000 marque la réaffirmation des deux grandes centrales, la CFDT marque toutefois le pas en 2004 : sa perte d'influence, liée à son positionnement lors de la réforme des retraites en 2003, profite alors à l'ensemble des autres listes.

a. Elections aux comités d'entreprise

Les comités d'entreprise ont été créés par une ordonnance du général de Gaulle du 22 février 1945. Ces élections régulières ont lieu au double collège (ouvriers et employés d'une part, agents de maîtrise, techniciens et cadres de l'autre) ; elles sont collectées par l'administration et publiées à partir de 1966. Les chiffres antérieurs sont par conséquent sujets à caution et, à tout le moins, incomplets : faute de sanction, la déclaration des résultats par les employeurs est irrégulière. Ajoutons que les comités d'entreprise se limitent alors aux grands établissements : on en compte 3 à 4000 entre 1948 et 1958, contre 8600 en 1967, 24000 en 1977-1978 alors que les accords de Grenelle (1968) leur ont donné une impulsion décisive. Ils concernent alors 5,5 millions de salariés. En 1994, leur nombre semble stabilisé, autour de 25000.

Proportion de voix recueillies par chaque syndicat aux élections des CE (1946-1958)

	Premier collège					Ensemble				
	1946	1949	1952	1954-55	1957-58	1946	1949	1952	1954-55	1957-58
CGT	82,2	64,5	59,6	61,0	59,4	81,1	60,0	54,4	54,9	53,1
CGT-FO	–	11,4	10,2	9,3	10,2	–	12,3	10,6	9,7	10,7
CFTC	17,4	12,2	14,4	14,3	15,0	17,2	12,9	14,8	15,0	15,6
CGC	0,5	0,6	0,6	0,7	1,1	1,7	2,7	3,2	3,5	4,1
Non syndiqués	–	9,7	13,3	11,7	11,5	–	10,9	14,8	13,7	13,3

Proportion de voix recueillies par chaque syndicat aux élections des CE (1966-1988)

	Collège ouvrier							Ensemble						
	1966	1967	1968	1969	1971	1984	1988	1966	1967	1968	1969	1971	1984	1988
CGT	57,8	51,5	55,6	47,5	50,5	37,3	34,7	50,8	45	47,9	40,9	43,3	29,4	26,7
CFDT	19	17,9	19,5	19,1	19,7	22,8	21	19,1	17,7	19,3	18,2	18,9	21,1	20,7
CGT-FO	8	7,6	7,8	7,4	7,9	14,7	14,5	8	7,5	7,7	7	7,6	14	13,7
CFE-CGC	0					0,4	0,7	4,2	–	–	–	–	7,1	6,8
Divers	3	3,4	4,8	5,2	8	4,6	4,8	3,5	3,9	5,4	5,9	9,1	4,8	4,8
CFTC	2,2	2,2	2,9	2,7	1,9	3,5	3,6	2,4	2,1	2,9	2,7	2,1	3,8	3,7
Non syndiqués	10	17,4	9,4	18,1	14,8	16,7	20,8	12	19,9	11,7	20,4	17	19,8	23,5
Total	100					100	100			100			100	100

Sources :
Ministère du Travail/INSEE Données sociales, 1990.
Revue française des affaires sociales 1971, citée par Alain Bergounioux, *Force ouvrière*, Seuil, 1975.

Proportion de voix recueillies par chaque syndicat aux élections des CE (1995-2004) [1]

	1995	2000	2004
CFDT	20,5	22,9	20
CGT	19,7	24,4	24,5
CGT-FO	12,3	12,4	12,6
CFE-CGC	6,4	5,7	6,1
CFTC	5,1	5,3	6,1
Syndicats non confédérés	6,2	7,4	8,3
Non syndiqués	29,9	21,9	22,4

1. Ces résultats prennent en compte les élections de la délégation unique du personnel – depuis 1994. A noter : la CGT réalise un meilleur score les années paires, où ont lieu les élections à la SNCF.

b. Elections prud'homales

Les élections prud'homales existent depuis la loi du 18 mars 1806 mais ne deviennent nationales qu'avec la réforme Boulin de 1979. Se déroulant au scrutin proportionnel (garantie du pluralisme syndical), un jour ouvrable, elles constituent un précieux indicateur de l'audience syndicale, concernant l'ensemble des salariés du privé, du secteur nationalisé et même une partie des chômeurs. Elles sont toutefois marquées par une abstention croissante, que l'augmentation du nombre des inscrits ne parvient pas à contrebalancer : signe que le déclin de la syndicalisation n'a pas été compensé par le vote. Le tableau montre la perte d'audience syndicale des grandes centrales et la tendance à l'émiettement du vote avec l'émergence d'une sixième confédération, l'UNSA.

Elections prud'homales (en millions et en % des suffrages exprimés, collège salarié, ensemble des sections) (1979-2008)

	1979	1982	1987	1992	1997	2002	2008	Evolution (base 100 en 1979)
Inscrits (en millions)	12,7	13,5	12,3	13,9	14,7	16,4	18,6	146
Abstentions (en % des inscrits)	36,9	41,4	54,1	59,6	65,6	67,3	74,5	202
CGT	42,1	36,8	36,3	33,3	33,1	32,1	34,0	81
CFDT	23,3	23,5	23,1	23,8	25,3	25,2	21,8	94
FO	17,4	17,8	20,5	20,5	20,6	18,3	15,8	91
CFTC	7,2	8,5	8,3	8,6	7,5	9,7	8,7	121
CGC	5,2	9,6	7,4	6,9	5,9	7,0	8,2	158
Autres	4,8	3,8	4,3	6,8	7,5	7,7	11,5	240
Dont CSL (Confédération des syndicats libres)		1,7	2,3	4,4	4,2			
dont G-10 puis USS				0,5	0,3	1,5	3,8	
– dont UNSA					0,7	5,0	6,3	
– dont FSU						0,2		

Source : D. Andolfatto (dir.), *Les Syndicats en France*, *op. cit.*, p. 125.

D. Les grèves

Peut-on parler d'une diminution de la conflictualité en France, tout au long du xxe siècle ? C'est ce que suggère la lecture des statistiques des journées non travaillées (JNT). En autorisant les syndicats, la loi de 1884 a rendu la grève licite. Dès lors, elle connaît un essor lié à l'émergence d'un monde ouvrier plus uni et mieux organisé, tout en faisant l'objet d'une répression des forces de l'ordre sous la IIIe République. Considérée comme une rupture du contrat de travail, elle peut entraîner un licenciement. A cet « âge de l'intégration », au cours duquel la grève devient un « fait social en voie de banalisation », succède, selon Stéphane Sirot, l'« âge de l'institutionnalisation » avec l'inscription du droit de grève dans la Constitution de la IVe République. Désormais, la grève suspend le contrat de travail mais ne le rompt pas : elle devient jusqu'à l'apogée de 1968 un mode privilégié de régulation des conflits. La fin des années 1970 marque cependant la fin d'un cycle de combativité élevée. Ainsi, malgré une idée tenace, la France n'est pas le pays le plus gréviste d'Europe ; elle se distingue en revanche par son goût pour les grandes vagues de grèves – que l'on songe à 1936, à 1968 ou, plus récemment, aux grèves de 1995.

Cette diminution globale des grèves masque cependant des changements profonds et une réalité plus complexe qu'il n'y paraît : autrefois domaine privilégié du secteur privé (grèves ouvrières), les grèves sont aujourd'hui l'apanage du secteur public. Le déclin de ces grèves (en chiffres absolus) s'accompagne en outre d'un phénomène de grèves par procuration. Enfin, les conflits qui affectent le secteur privé sont sous-estimés (car difficilement appréhendés) et la baisse des journées de grève laisse place à d'autres formes de conflictualité (actions collectives et débrayages) que les chiffres ne prennent pas en compte.

Or les grèves elles-mêmes sont connues de façon très lacunaire. Annette Jobert souligne à cet égard combien la grève comme fait social est une construction tant administrative et politique que scientifique. Ainsi, Michelle Perrot estime que l'on ne dispose d'une statistique des grèves véritablement fiable qu'à partir de la création de l'Office du travail, en 1892. Dès sa création en 1906, le ministère du Travail prend le relais. L'unité-grève est définie à partir du critère de la grève-initiative (et non de la grève par établissement). Cependant, la définition de la grève et sa typologie n'ont cessé d'évoluer : ainsi, on dispose jusqu'en 1975 d'une statistique unique pour tous les types de conflits, locaux et nationaux. Depuis, la statistique distingue les conflits localisés (qui répondent à des mots d'ordre propres à l'entreprise) des conflits généralisés, dont le mot d'ordre est extérieur à l'entreprise. En outre, les chiffres résultent de l'addition de données d'origines diverses : ceux des secteurs privé et public nationalisé sont à la charge de l'inspection du travail et excluent le secteur agricole et la fonction publique. Pour cette dernière, les statistiques sont établies à partir des données fournies par les services centraux d'après les retenues sur salaire. La fonction publique hospitalière constitue, enfin, un cas à part. Aucune collecte n'existe pour la fonction publique territoriale. Les limites évidentes de ces chiffres ont conduit la DARES à changer d'instrument en 2005 : les données ACEMO (activités et conditions d'emploi de la main-d'œuvre) permettent ainsi une meilleure mesure. Elles reposent sur 200 000 entreprises de dix salariés et plus du secteur marchand non agricole en France métropolitaine, soit environ 12 millions de salariés.

Moyennes quinquennales des grèves, grévistes et journées de grèves (1870-2000)

Années	Grèves	Grévistes	Journées de grèves
1870-1874	84	27 235	105 006
1880-1884	192	63 967	734 306
1890-1894	373	100 224	1 642 444
1905-1909	1102	216 125	4 211 881
1919-1923	1 213	698 200	10 744 000
1924-1928	977	237 600	3 480 800
1929-1933	659	205 600	2 913 400
1934-1938	4 301	858 000	–
1946-1950	1 650	3 120 600	11 009 800
1951-1955	2 035	1 415 800	3 893 400
1961-1965	2037	1 381 420	2 794 060
1966-1970	1 999	1 593 900	32 138 520
1971-1975	3 756	2 089 475	3 861 320
1976-1980	3 500	1 581 420	3 241 580
1981-1985	2 595	503 640	1 509 660
1986-1990	1 826	358 800	970 160
1991-1995	1 672	473 780	688 140
1996-2000	2 003	164 279	527 894

Source : Stéphane Sirot, *op. cit.*

Journées de grèves dans la fonction publique d'Etat (moyennes quinquennales) (1982-2000)

Années	Journées de grèves
1982-1985	443 725
1986-1990	1 043 725
1991-1995	966 960
1996-2000	830 924

Source : Stéphane Sirot, *op. cit.*

Les grèves (1870-1938)

Année	Nombre de grèves	Nombre de grévistes	Total jours de grève	Ampleur moyenne[1]	Durée moyenne par grève[2]	Durée moyenne par gréviste[3]
1870	116	88 232		760		
1871	52	14 145	133 430	272		9,4
1875	101	16 557	135 553	163	7	8,2
1880	190	110 376	1 110 988	580	12,1	10
1885	123	20 850	173 449	169	9,7	8,3
1890	341	139 378	1 390 035	408	12,8	9,9
1895	405	45 800	617 000	113		13,5
1900	902	222 700	3 761 000	246		16,8
1905	830	177 700	2 747 000	214		15,4
1910	1 502	281 400	4 830 000	187		17,1
1913	1 073	220 400	2 224 000	205		10
1914	672	161 000	2 184 000			
1915	98	9 500	55 000			
1916	3 155	41 000	236 000			
1917	696	294 000	1 484 000			
1918	499	176 000	980 000			
1919	2 026	1 151 000	15 478 000	568		13,4
1920	1 832	1 317 000	23 112 000	719		17,6
1921	475	402 400	7 027 000	847		17,5
1926	1 660	349 300	4 072 000	210		11,7
1927	396	110 500	1 046 000	279		9,5
1929	1 213	239 900	2 765 000	198		11,5
1930	1 093	581 900	7 209 000	532		12,4
1931	286	48 300	950 000	169		19,7
1935	376	108 900	1 182 000	290		10,9
1936	16 907 juin : 12 142 (près de 9 000 occupations d'usines)	2 423 000 juin : 1 831 000	–	143		
1937	2 616	324 000		124		
1938	1 220	1 333 000				

1. Nombre de grévistes divisé par le nombre de jours de grève (Michelle Perrot).
2. Nombre total de jours de grève divisé par le nombre de grèves.
3. Total jours de grève divisé par nombre de grévistes.

Sources :
Michelle Perrot, *Ouvriers en grève, op. cit.*
Annuaire rétrospectif de l'INSEE, 1966.

Les grèves (1946-1973)

	Nombre de grèves	Nombre de grévistes	Journées de grève	Ampleur moyenne	Durée moyenne par gréviste
1946	523	180 067	374 000	341	2,1
1947	3 598	2 997 559	23 361 200	1 312	7,6
1948	1 374	6 561 176	11 918 900[1]	*4 609*	2,0
1949	1 413	4 329 959	7 229 300	*3 036*	1,6
1950	2 585	1 527 293	11 710 100	*590*	7,7
1955	2 672	792 000	3 078 706	*397*	2,9
1956	2 440	666 000	1 422 539	*402*	1,4
1957	2 623	2 161 000	4 121 317	*1 130*	1,4
1958	954	858 000	1 137 741	*1 165*	1
1959	1 512	939 798	1 938 427	622	2,1
1961	1 963	2 551 821	2 600 570	1 300	1
1963	2 382	2 646 095	5 991 495		
1965	1 674	1 237 071	979 861		
1966	1 711	3 341 003	2 523 488		
1967	1 675	2 823 619	4 203 509		
1968		mai-juin : 7 000 000 (estimation)	150 000 000		
1969	2 207	1 443 600	2 223 000		
1971			4 387 800		
1973			3 914 500		

1. Non compris un million de journées perdues par la grève générale du 24 septembre. (INSEE *Annuaire rétrospectif,* 1966).

Sources :
Annuaire rétrospectif de l'INSEE, 1966.
Jean-Daniel Raynaud et Gérard Adam, *Conflits du travail et changement social,* PUF, 1978.

Les grèves (1975-1998)

	Entreprises privées et publiques nationalisées (1) = (2) + (3)	Conflits localisés (hors agriculture et fonction publique, mais avec transports, y compris publics)			Conflits généralisés (idem)		**Fonction publique d'Etat** (hors Poste et France Telecom) JINT (4)	**Total JINT (5) = (1) + (4)**	Part du secteur privé et nationalisé dans le total des JINT (en %)
		Conflits observés	Effectifs ayant cessé le travail	JINT[2] (2)	Effectifs ayant cessé le travail	JINT (3)			
1976			4 054 900					**5 011 000**	
1978			2 081 000					**2 200 000**	
1979			3 172 300					**3 657 000**	
1980			1 511 300					**1 674 000**	
1981			1 442 000					**1 496 000**	
1982	2 327 200		2 250 500					**2 453 000**	
1985	884 900		726 700				341 000	**1 225 000**	72
1986	1 041 500	–	261 600	567 700	194 100	473 800	853 000	**1 894 500**	55
1988	1 242 200	2 260	326 400	1 094 600	76 800	147 600	686 000	**1 928 200**	64
1989	904 400	2 040	243 600	800 200	54 900	104 200	2 322 000	**3 226 400**	28
1990	693 700	1 790	222 000	528 000	55 800	165 700	573 900	**1 267 600**	55
1993	533 200	1 472	238 700	510 900	18 400	22 300	388 500	**921 700**	58
1995[1]	2 120 501	2 066	521 800	783 800	1 141 400	1 336 800	3 762 700	**5 883 000**	36
1997	455 099	1 607	145 900	393 400	9 300	61 700	382 916	**838 015**	54
1998	353 176	1 475	121 300	345 600	1 300	7 600	683 584	**1 036 780**	34

1. A partir de 1995, les DOM-TOM sont comptabilisés dans les effectifs.
2. Journées individuelles non travaillées.

Les grèves (1997-2004)

Année	JINT[1]	Entreprises privées (hors transports) Conflits localisés			Transports (localisés et généralisés)		Fonction publique d'Etat (hors Poste et France Telecom, fonction publique hospitalière et territoriale) Conflits localisés et généralisés
		Conflits	Grévistes	JINT	Conflits	JINT	
1997	838 015			325 092	53 298		209 378
1999	1 325 000	421 605			193 655		579 691
2000	2 460 000	1 427	210 700	581 356	–	218 399	1 459 204
2001	1 807 000	1 105	118 650	462 622	1 164	287 664	925 596
2004	725 000	699	60 360	193 423	1 125	157 306	373 900

1. Bevort et Jobert, *op. cit.*

Source : DARES (données redressées).

Les grèves (2005-2009)

JINT (en milliers)	2005	2006	2007	2008	2009
Secteur privé et établissements publics (ACEMO)	1 968	1404	1536	1284	nd
Fonction publique (DGAFP)	1116,239	952,364	609,621	1152,995	1417,283
Fonction publique hospitalière (DGOS)	139,941	94,667	124,657	ND	ND
JINT total	3224,180	2451,031	2270,278	ND	ND

Source : Bevort et Jobert, *op. cit.*

Les grèves : une comparaison internationale (1900-2004)

	Taux de grève moyen (JINT pour 1 000 salariés)	Taux du pays le plus élevé	Taux France	Pays classés
1900-1970	507	890	416	It, RU, All, Bel, PB, F
1955-1977	229	797	151	It, Ca, EU, Fin, Irl, Aust, RU, Bel, Dk, Fr, NZ, J, No, Su, PB, Au, All, Suiss
1970-1988	332	1 123	147	It, Ca, Esp, Gr, Fin, Aust, RU, EU, Dk, Port, Fr, Su, Nor, All, PB, Aut, Sui, B, Au, All, Suis
1970-1993	317	2 525	121	Gr, Isl, It, Esp, Fin, RU, Dk, Bel, Fr, Por, Su, Nor, All, PB, Aut, Sui, Lux
1984-1993	396	3 747	73	Gr, Esp, Can, It, RU, Dk, Nor, Su, Por, Fr, All, EU, Bel, PB, Jap
1998-2004	43	218	37	Dk, Esp, It, Nor, Aut, Irl, Fin, Gr, Hon, Fr, Rou, Su, RU, Slo, Bel, Chy, Por, Lux, Malt, PB, Est, Pol, All, Lit, Slov
2000-2004	41	233	92	Esp, It, Fr, Aut, Finl, Dk, RU, Be, Lu, PB, All, Por, Su

Source : A. Jobert et A. Bevort, 2011.

La répression des grandes vagues de grève (1906-1948) [1]

Années/nature du mouvement social	Grévistes/ forces de l'ordre	Répression policière (ou militaire)		Répression judiciaire			Répression administrative		Répression patronale
		Morts	Arrestations	Inculpations	Condamnations	dont prison ferme	Suspendus	Révoqués	Licenciements
Mineurs (catastrophe de **Courrières** du 10 mars 1906) mars-avril 1906	70 000 mineurs contre 20 000 soldats	1 officier de l'armée							
Bâtiment carrières de **Draveil et Villeneuve-Saint-Georges** (mort de 2 ouvriers le 2 juin 1908)		4 grévistes tués le 30 juillet	3 dirigeants de la CGT						
Cheminots 1910								3300	
Facteurs 1906 et 1909								plusieurs centaines	
Electriciens parisiens 1907/1910								300	
1920			plusieurs milliers (« entrave à la liberté du travail »)	60 (« complot contre la sûreté de l'Etat »), en majorité des syndicalistes				15 000 cheminots	

Années/nature du mouvement social	Grévistes/ forces de l'ordre	Répression policière (ou militaire)		Répression judiciaire			Répression administrative		Répression patronale
		Morts	Arrestations	Inculpations	Condamnations	dont prison ferme	Suspendus	Révoqués	Licenciements
1938 (30 novembre)				1731		806 dont 103 à plus de 2 mois	3 455 sanctions dans les PTT dont 2 743 exclusions pour 8 jours		plus de 10 000 ouvriers définitivement licenciés et sans travail du fait de la grève : – 1 600 dans l'aéronautique – 4 000 dans l'automobile – 4 000 environ dans l'industrie chimique – 724 dans les mines – 829 dans les cuirs et peaux
1947 12 novembre-10 décembre		5 3 à Valence 2 à Marseille (le 12 novembre, Vincent Voulant, et le 8 décembre Sylvain Bettini, ouvrier abattu par un policier)	1 375 – dont Seine : 538 Bouches-du-Rhône : 301 – dont 1113 pour « entraves à la liberté du travail »	1 228 retenues dont 995 pour entraves à la liberté du travail					

Années/nature du mouvement social	Grévistes/forces de l'ordre	Répression policière (ou militaire)		Répression judiciaire			Répression administrative		Répression patronale
		Morts	Arrestations	Inculpations	Condamnations	dont prison ferme	Suspendus	Révoqués	Licenciements
1948 4 octobre – 29 novembre grève des Houillères	15 000 grévistes/ 60 000 CRS 22 octobre : 130 gendarmes et 15 gardiens de la paix faits prisonniers à Montceau-les-Mines	2 (Loire et Gard)	plus de 3 000		2 783	1 073 421 avec sursis 244 peines de prison et amendes avec sursis 375 peines de prison et amende fermes			3 000

1. Pour Mai 68, voir la partie « manifestations ».

Sources :
Antoine Prost, 2006.
Robert Mencherini, *Guerre froide, grèves rouges,* Syllepses, 1998.
Cahiers de l'ISHM, 1998.

Sources générales

Antoine Bevort et Annette Jobert, *Sociologie du travail : les relations professionnelles,* Armand Colin, 2011 (1re éd. 2008).

Michelle Perrot, *Ouvriers en grève. France, 1871-1890,* EHESS, 2001 (1re éd. 1973).

Antoine Prost, *Autour du Front populaire,* Seuil, 2006.

Stéphane Sirot, *La grève en France. Une histoire sociale, XIXe-XXe siècles,* Odile Jacob, 2002.

E. Les manifestations

« Démonstration collective publique d'une opinion » (Vincent Robert), la manifestation se distingue de l'insurrection, de l'émeute ou de l'attroupement : à la différence de ces mouvements spontanés qui usent volontiers de la violence, cette forme de protestation se situe dans l'ordre symbolique – ce qui ne signifie pas qu'elle soit sans violence – et se déroule en des lieux et à des dates précis et chargés de sens. La période à laquelle situer les premières manifestations fait débat. Pour Vincent Robert (suivi par Danielle Tartakowsky), elle ne s'impose qu'une fois tournée la page de la Révolution : elle s'épanouit donc sous la IIIe République et s'autonomise avec l'apparition des partis politiques, au sortir de l'affaire Dreyfus. Pour cette raison – et pour une question d'accès à des données chiffrées –, les chiffres proposés dans les pages qui suivent ne débutent qu'à la Belle Epoque, et plus encore au lendemain de la Première Guerre mondiale.

Contrairement à la grève en effet, la manifestation (qui lui est souvent liée) ne figure pas parmi les libertés démocratiques garanties par le régime – qui ne reconnaît que le droit à « manifester sa pensée ». Méfiante envers tout ce qui pourrait remettre en cause la démocratie représentative et le suffrage universel, la IIIe République naissante durcit même la législation existante et interdit la tenue de réunions sur la voie publique, en 1881, pour mieux combattre l'adversaire catholique. Il faut attendre un décret-loi de 1935 qui rend obligatoire l'autorisation préalable des manifestations pour que celles-ci acquièrent un statut. La manifestation n'est cependant pas reconnue comme un droit par la Constitution de la IVe République. Ce n'est qu'en 1995 que le Conseil constitutionnel intègre la manifestation au nombre des libertés constitutionnelles, à la condition de ne pas troubler l'ordre public.

A cette date cependant, la manifestation a connu bien des mutations. Prenant l'Etat comme interlocuteur, comme allié (en 1936) ou comme adversaire (1934), la manifestation constitue une composante majeure des crises du système politique : elle peut en être l'élément déclencheur comme l'instrument de leur régulation (que l'on songe aux crises de 1934 ou de 1968). Si elle est liée à l'histoire du mouvement ouvrier, la manifestation n'est pas l'apanage de la gauche : citons, pour mémoire, les manifestations du 6 février 1934, du 30 mai 1968, les manifestations pour la défense de l'école libre de 1984 ou, très récemment, celles contre le « mariage pour tous ». Par leur ampleur (1 100 démonstrations au moins en 43 jours, soit une moyenne de 14 par département et de 25 manifestations par jour), les manifestations de mai-juin 1968 marquent un tournant. Les chiffres reflètent en effet la croissance exponentielle tant du nombre des manifestations que des effectifs manifestants après 1968 : Danielle Tartakowsky souligne ainsi combien les quelque 15 000 manifestations qui se sont déroulées en France entre 1918 et 1968 font pâle figure face aux 15 000 manifestations recensées par la préfecture de police sur le seul pavé parisien depuis 1992 ! En cause, la crise de 1973, l'alternance et l'arrivée de la gauche au pouvoir en 1981, ou encore l'année 1989 politiquement riche en événements. Ainsi, le déclin des organisations politiques qui avaient fait de la rue l'un des éléments de leur stratégie – comme le PCF – n'a pas eu raison de la manifestation, loin s'en faut. La manifestation fait place à de nouveaux acteurs – associations, populations ne disposant pas du droit de grève comme les étudiants –, de nouveaux objectifs – contre un projet de loi, par exemple –, de nouveaux enjeux – régulation des crises sociales et/ou urbaines –, et de nouvelles échelles – l'Europe. Ce faisant, elle participe de la redéfinition du rapport des citoyens à la politique.

On l'aura compris : qu'il s'agisse, dans l'entre-deux-guerres, d'affirmer la force des organisations politiques qui battent le pavé ou, plus récemment, de donner à la manifestation des allures de référendum d'initiative populaire, les effectifs manifestants constituent un véritable enjeu. En témoigne l'écart parfois très important entre les effectifs revendiqués par les organisateurs et les statistiques décomptées par la préfecture de police, ainsi que les querelles autour des « vrais » chiffres. Aussi avons-nous fait le choix de restituer ces deux chiffres quand ils étaient disponibles. Les pages qui suivent présentent d'abord l'évolution du nombre des manifestations, en distinguant les manifestations politiques – définies comme « toute manifestation non rituelle organisée par un parti ou mouvement politique » – des manifestations catégorielles, souvent liées à des grèves. Viennent ensuite les effectifs manifestants, à travers quelques grandes manifestations, en prenant en compte autant que possible la répression dont elles font l'objet. Ces derniers chiffres font parfois double emploi avec ceux des grèves, tant grèves et manifestations furent liées dans l'histoire du mouvement ouvrier. Ils sont, pour l'essentiel, issus du travail de Danielle

Tartakowsky, à partir de la presse et des chiffres de la préfecture de police – qui retient toutefois comme manifestations de nombreuses mobilisations dès lors qu'elles posent problème à la direction de l'ordre public et à la circulation.

Nombre de manifestations[1] *(1918-2002)*

On recense entre 1918 et 1934 environ 5 000 manifestations, soit 320 par an en moyenne. Des pics de manifestations ont lieu au moment du Cartel des gauches, lors de l'exécution aux Etats-Unis de Sacco et Vanzetti, en 1927, ou du fait de la crise économique et du néo-Cartel. Les manifestations politiques (1746) représentent 36 % du total mais sont majoritaires dans 27 départements marqués par une sous-industrialisation et/ou une forte implantation de la droite et du catholicisme, ce qui stimule les adversaires. 50 % de ces manifestations se déroulent le dimanche.

Manifestations politiques (1918-1934)

	Nombre de cortèges	Nombre de départements	Nombre de villes	Préfectures et sous-préfectures	Autres
PCF	697	66	273	88	185
SFIO (ap 1920) et unitaires ou duelles	212	45	109	147	62
Droite	160	37	61	32	29
Catholiques	274	75	160	85	75

Manifestations politiques et catégorielles (1919-1934)

	1919	1920	1921	1922	1923	1924	Total
Total manifestations politiques *dont* :	**42**	**58**	**56**	**33**	**67**	**92**	**348**
SFIC			31	12	43	59	145
SFIO	25	48	8	6	5	11	103
Total manifestations syndicales ou corporatives *dont* :	**54**	**86**	**228**	**96**	**122**	**131**	**717**
CGT	53	85	224	9	7	16	394
CGTU				58	48	43	149
Total manifestations politiques et syndicales ou corporatives	**96**	**144**	**284**	**129**	**189**	**233**	**1 065**
Moyenne mensuelle	8	12	24	10	15	21	*14,79*

1. Sauf indication contraire, les tableaux ci-dessous sont empruntés ou réalisés à partir des chiffres de Danielle Tartakowsky, *Les Manifestations de rue en France, 1918-1968*, Publications de la Sorbonne, 1997 et, pour la période postérieure, du même auteur, *La Manif en éclats*, La Dispute, 2004.

Manifestations (1924-1926)

		Fin 1924	1925	Juillet 1926	Total
Manifestations politiques	PCF	2	60	28	**90**
	SFIO		5	17	**22**
	Catholiques	5	47	31	**83**
	JP	2	3	3	**8**
	AF	3		1	**4**
	Faisceau			4	**4**
	Divers droite		1	1	**2**
	Etudiants droite		22	1	**23**
	Total manifestations politiques	12	151	101	**264**
Manifestations syndicales et corporatives	CGTU	21	75	62	**158**
	CGT+CGTU		114	55	**169**
	« syndicats »	3	37	47	**87**
	Total	25	246	234	**506**
Total manifestations		37	397	335	**770**

Manifestations (1926-1932)

	23 juillet-fin 1926	1927	1928	1929	1930	1931	Début 1932	Total
Manifestations politiques	89	302	86	148	150	160	37	**972**
Manifestations syndicales et catégorielles	140	178	119	153	296	214	134	**1 234**
Total	229	480	205	301	446	374	172	**2 206**

Manifestations (1932-1934) [1]

	Mai 1932	1933	Janvier 1934	Total
Manifestations politiques et diverses	55	54	35	**144**
Manifestations syndicales et corporatives	224	293	52	**569**

1. Les manifestations des 6 et 12 février 1934 sont évoquées p. 518.

Manifestations (13 février 1934-26 avril 1936)

	Doumergue 9 mois	Flandin 7 mois	Laval 8 mois	Sarraut 4 mois	Total
Manifestations politiques	351 39/mois	75 11/mois	68 8,5/mois	13 3/mois	**507**
Manifestations corporatives	175 19	108 15	143 18	3 0,5	**429**

L'arrivée au pouvoir du **Front populaire** ne conduit pas au silence de la rue, bien au contraire. Les manifestations se surimposent aux grèves et, avec 531 cortèges durant le premier gouvernement Blum, elles sont en moyenne plus nombreuses qu'entre février 1934 et les élections (14 Juillet exclu) : 40 par mois, contre 33 précédemment. En outre, sur ces 531 manifestations, 446 sont l'expression des partisans du gouvernement (84 %).

Les manifestations sous le Front populaire (1936-1937)

		Eté 1936-septembre 1936	Septembre 1936-juin 1937	23 juin 1937-7 avril 1938	Total
Manifestations politiques	**Total**	**223**	**134**	**80**	**437**
	Front populaire	176	86	48	310
	PCF	2	9	16	27
	SFIO	14	11	10	35
	LDH	1			1
	Droite	28	24	5	57
	Catholiques	1			1
	Suffragettes	1			1
Manifestations catégorielles	**Total**	**66**	**109**	**117**	**292**
	Secteur privé	63	75	41	179
	Secteur public	3	3	27	33
	UD/UL		12	26	38
	Chômeurs, vieux, pensionnés		9	13	22
	Etudiants		7		7
	Organisations patronales		3	9	12
Total		**289**	**242**	**197**	**629**

Manifestations (1938-1939)

	8 avril 1938-30 novembre 1938	30 novembre 1938-septembre 1939	Total
Manifestations politiques	34	19	53
Manifestations catégorielles	177	35	212
Total	**211**	**54**	**265**

Les manifestations pendant la Seconde Guerre mondiale

	Total
Manifestations patriotiques	18
Manifestations autonomistes	1
PCF	5
SFIO	3

	Total
Enterrements	43
Ménagères	239
Appendices grèves	12
1er janvier	6
1er Mai	32
Jeanne d'Arc	12
14 Juillet	151
Valmy	3
11 Novembre	104
Paysans	14
Jeunes/étudiants	11
Divers	3
Anti-répression	4
Anti-collaborateurs	10
Anti-Allemagne ou Italie	5
Anti-STO	54
Ouvriers	5
SOL/droite	18

Les manifestations de la Libération (août 1944-avril 1946)

Thèmes ou organisateurs	Août 1944-décembre 1945	Janvier 1946-avril 1946
Ravitaillement	304	14
Justice	92	2
Paysans	21	
Syndicales	47	4
Prisonniers	10	
Autres	25	6
Total	**499**	**26**
Moyenne	29	4

Les manifestations de la Libération à l'apogée de la guerre froide (1946-1953)

	Mai 1946-avril 1947	Mai 1947-1948	1949	1950	1951	1952	1953 (janvier-juillet)	Total
Manifestations politiques	16	38	98	116	42	132	69	511
Manifestations revendicatives	149	238	96	41	32	22	19	597
Total	**165**	**276**	**194**	**157**	**74**	**154**	**88**	**1108**
Moyenne mensuelle	13	13	16	13	6	13	13	13

Les manifestations (1953-1958)

		Juillet-décembre 1953	1954	1955	1956	1957	Janvier-mai 1958	Total
Manifestations syndicales et catégorielles	Paysans	64	15	61	54	3	1	198
	Synd. ouvriers	14	22	96	21	62	14	229
	FEN	2	1					3
	UNEF	7	3	1		6		17
	Anciens combattants	1	4		12		12	29
	Poujade	2	179	216	158	38	1	594
	Divers	1	1	1	2	2	2	9
Total 1		**91**	**225**	**375**	**247**	**111**	**30**	**1 079**
Manifestations politiques	Maires	1	2		1			4
	Antipoujadistes				23	2		25
	Indochine		7					7
	Algérie			36	135	25	8	204
	Hongrie				85	1		86
	Autres	3	80	16	6	50	9	164
Total 2		**4**	**89**	**52**	**250**	**78**	**17**	**490**
Total manifestations : catégorielles, syndicales et politiques		**95**	**314**	**427**	**497**	**189**	**47**	**1 569**
Moyenne mensuelle		16	26	35	41	16	9	

Les manifestations du retour du général de Gaulle à la fin de la guerre d'Algérie (1958-1962)

		1958	1959	1960	1961	1962	Total
Manifestations politiques	Politique intérieure	174					174
	Algérie		1	214	314	293	822
	CNAL		82	1	7	1	91
	Divers		3	42	7		52
Manifestations syndicales ou catégorielles	Salariés	5	111	90	85	17	308
	Paysans		17	36	150		203
	Etudiants	10	2		6		18
	Anciens combattants		43		1		44
	Divers		2	2	1		6
	Total	15	175	128	243	17	578

Les manifestations (mars 1962-avril 1968)

Organisateurs ou thèmes	1962	1963	1964	1965	1966	1967	1968
Partis politiques	55	113	15	43	59	99	30
Syndicats	66	169	196	103	258	247	72

Organisateurs ou thèmes	1962	1963	1964	1965	1966	1967	1968
Etudiants	5	17	10	3	8	3	9
Paysans	34	31	60	2	9	60	1
Anciens combattants « vieux »		3					
Divers	2	5	6	5	4	1	1
Total	166	340	288	157	338	410	113
Moyenne	18	28	24	13	28	34	38

Les manifestations (1975-2002)

Année	Nombre de manifestations
1975	312
1978	205
1981	312
1982	799
1983	729
1986	400
1988	633
1989	1 334
1990	1 523
1994	982
1995	1 128
1996	767
1999	1 768
2002	1 358

Sources :
Rapports annuels de la préfecture de police.
Danielle Tartakowsky (2004).

Quelques manifestations – Nombre de manifestants

Les manifestations de la crise viticole (1907)

Date	Lieu	Nombre de manifestants	Violence et répression
2 mai 1907	Perpignan	180 000	
5 mai 1907	Narbonne	80 000	
12 mai 1907	Béziers	120 000	
9 juin 1907	Montpellier	Plus de 500 000	
20 juin 1907	Narbonne		6 morts

Les manifestations du 1er Mai (1891-1920)

Date	Lieu	Nombre de manifestations	Nombre de manifestants	Violences et répression		
				Arrestations	Blessés	Morts
1er Mai 1891	Fourmies		2000		Une soixantaine	9
1er Mai 1906	Paris		16000	850		
1er Mai 1907			8000			
1er Mai 1919	France	153 dans 71 départements	3000 (Paris)	105 dont 89 maintenues	Nombreux (dont Jouhaux et 429 gardiens de la paix)/12 gardiens de la paix et 31 civils hospitalisés	3 : 2 manifestants et 1 gardien de la paix
1er Mai 1920	France	91 dans 46 départements	Paris : 100000 (organisateurs) 15000 (préfecture) 10000 (*Petit Parisien*)			

Les grandes manifestations de l'entre-deux-guerres (1919-1934)

Date	Lieu	Nombre de manifestations	Nombre de manifestants	Arrestations	Blessés
6 avril 1919 **Contre l'acquittement de l'assassin de Jaurès**	Paris		300000 (organisateurs) 30000 (préfecture) 175000 (syndicalistes)		68 agents
Sacco et Vanzetti 13 mai-9 octobre 1927	France 87 villes 48 départements	163			
Dont : 7 août 1927	Paris		100000 [1] (*Humanité*) 25000 (préfecture)		
8 août 1927	Province		11000-16200		
23 août 1927	Paris			51	
19 septembre	Paris/Province		14000 selon la police à Clichy (100000 pour *L'Humanité* !)	18	330 policiers 114 établissements dégradés; 21 automobiles endommagées

1. Le chiffre de 100000 est constamment avancé par *L'Humanité* durant cette période.

Les manifestations de 1934

Date	Lieu	Nombre de manifestations	Nombre de manifestants	Arrestations	Blessés	Morts
6 février 1934	Paris			1 354 31 condamnations dont 16 au moins avec sursis	669 manifestants, 781 forces de l'ordre, (et 120 chevaux !)	15 (14 manifestants)
12 février 1934	France entière	248 dans 85 départements (274 pour les 11 et 12 février)	Paris : 200 000 (organisateurs), 30 000 (commission d'enquête) ; 246 480 manifestants dans 66 départements ayant déjà manifesté le 1er mai 1919 : +40 %	Une centaine, dont 38 étrangers – Nantes : 50 – Marseille : 9	95 membres du service d'ordre ; 6 manifestants hospitalisés. – Nantes : 13 agents – Marseille : 16 agents	2 dont un manifestant à Marseille
Janvier-février 1934 (total)	Paris				Plus de 2 000	**37 morts en cinq semaines**
26 mai 1934	Paris Mur des fédérés		Préfecture : 33 700 communistes, 4 000 socialistes			

Les grandes manifestations (1935-1937)

Date	Lieu	Cortèges	Manifestants		Violence et répression		
			Organisateurs	Police	Arrestations	Blessés	Morts
12 février 1935			1 030 400 (rapport Rucart)				
19 mai 1935	Paris – Jeanne d'Arc – Mur des fédérés	2	200-300 000	33 400 50 000			
14 juillet 1935	France Paris Province	2 Champs-Elysées Bastille-Nation 176	1 089 600 150 000 500 000	50 000			
25 mai 1936	Paris Mur des fédérés	1	600 000				
14 juillet 1936	France Paris	102	1 000 000				
4 octobre 1936 PSF	Paris	1		20 000	1 249	30 (police)	
16 mars 1937 Contre une projection cinématographique organisée par le PSF	Clichy	1	8 000			107 257 policiers	7 (5 immédiats)
21 mars 1937 funérailles morts de Clichy	Clichy		1 000 000				

Les grandes manifestations de la guerre froide (1947-1952)

Date	Lieu	Nombre de manifestations	Nombre de manifestants	Arrestations	Blessés	Morts
Nov-déc 1947						
10 novembre 1947	Marseille				20	1
	France	36 entre le 10 novembre et le 8 décembre				
Oct-nov 1948 Conflit des mineurs		38				
22 janvier 1951 Contre la présence d'Eisenhower				3 267 interpellations ; 54 arrestations maintenues		
15 février 1951				500		
21 novembre 1951				816		
23 mai 1952 Contre la venue du général Ridgway	Paris			279	49 (forces de l'ordre)	
28 mai 1952 manifestation Ridgway	France entière	30 manifestations dans 24 départements	**Paris :** 50 000 (organisateurs) ; 5 000 (police) ; 15 000 à 20 000 (sources américaines) **France :** 30 000 selon les sources américaines	718 interpellations (dont Jacques Duclos) à Paris. En province, 292 arrestations et 218 inculpations	**Forces de l'ordre :** Paris : 372 (27 grièvement) ; Province : 52. **Manifestants :** Paris : 17, Province : 14	1 (Paris)

Les manifestations (1958-1962)

Date	Lieu	Nombre de manifestations	Nombre de manifestants	Arrestations	Blessés	Morts
28 mai 1958	Paris Province	18 dans 12 départements le 27 mai ; 40 dans 24 départements ; 23 dans 9 autres le 29 mai.	200 000 (*Le Monde*) ; 500 000 selon *L'Humanité* et *Le Populaire* ; 50 000 selon la police	118	7 dont 3 agents	
4 septembre 1958 contre-manifestation communiste	Paris		150 000		34 dont 24 parmi les forces de l'ordre	
11 février 1960 Paysans contre la politique du gouvernement	Amiens		25 000		152 dont 52 parmi les forces de l'ordre	1
27 octobre 1960 Pour la paix en Algérie	France entière		Paris : 10 à 15 000 Banlieue parisienne : 15 à 70 000 ; Province : 145 000 (organisateurs)		100 manifestants et 38 policiers	
17 octobre 1961	Paris		25 000 selon la police ; 30 000 selon J. Duclos ; 80 000 selon le FLN	11 500 (chiffres officiels)	Chiffres officiels : 1 326 manifestants blessés ; 13 dans le service d'ordre	2 selon les chiffres officiels. En réalité, on estime le nombre des victimes supérieur à 200[1]
19 décembre 1961			15 à 18 000 (préfecture) ; 100 000 (*L'Humanité*)		Plus de 100	

8 février 1962 Manifestation anti-OAS	Paris. Charonne		10 000 (Intérieur), 60 000 (*L'Humanité*), 20 000 (A. Dewerpe)		Manifestants : entre 56 et 300. Forces de l'ordre : 146 (chiffres sujets à caution selon A. Dewerpe)	9 dont deux femmes (précédents : Fourmies et Clichy en 1937) et un adolescent
13 février 1962	France entière	196 dans 134 villes et 66 départements pendant 5 jours	Un million selon les organisateurs			

1. Jean-Luc Einaudi, *Octobre 1961. Un massacre à Paris*, Fayard, 2001. L'auteur revient sur le chiffre minimal de 200 morts. Il a d'abord publié une liste de 74 personnes tuées en septembre et octobre 1961, ainsi qu'une autre de 68 disparus, à partir des archives de la Fédération de France du FLN. J.-L. Einaudi propose cependant en 2001 une nouvelle liste de 325 victimes « dont la mort peut très vraisemblablement être imputée à l'action de la police » (découverts dans les départements de la Seine et Seine-et-Oise). 88 n'ont pas été identifiés. La liste est établie à partir des archives de la Fédération de France du FLN, des archives du cimetière de Thiais, du registre de l'Institut médico-légal, des archives du Parquet de Paris et du ministère de la Justice, des archives du service des successions musulmanes, des archives des Hôpitaux de Paris. Le problème reste entier pour les morts au Palais des sports et au parc des Expositions de la porte de Versailles ainsi que pour plusieurs dizaines de personnes mortes dans la cour de la préfecture de police (pas de cadavre). Nous ne disposons pas non plus de traces des corps amenés à l'Institut médico-légal et jetés à la Seine (témoignage de Gérard Monate). Dans la liste, dans 104 cas, le décès intervient le 17 octobre 1961 ou les jours suivants. Dans 55 cas, la disparition a eu lieu à partir du 17 octobre. J.-L. Einaudi parvient donc à un total de 393 morts et disparus en septembre et octobre 1961, dont 159 à partir du 17 octobre.

Journées d'action CGT-CFDT (1966-1967)

Date	Nombre de cortèges (province)	Participants (Paris)
17 mai 1966	99	200 000 selon les organisateurs ; 35 000 (selon la préfecture)
14 juin 1966	7	2 000 (*Le Monde*)
23 novembre 1966	21	Plusieurs dizaines de milliers selon les organisateurs ; 25 000 selon *Le Monde*
1er janvier 1967	50	250 000 selon les organisateurs ; 35 000 selon la préfecture
17 mai 1967	37	150 000 selon les organisateurs ; 60 000 selon la préfecture
9/14 octobre 1967	13	
13 décembre 1967	17	100 000 selon les organisateurs ; 30 000 selon la préfecture

Danielle Tartakowsky recense 1070 manifestations dans 74 départements (presse régionale disponible) du 1er mai au 13 juin. Soit une moyenne de 25 par jour en France et de 14 par département durant 43 jours. La participation fut rarement égalée.

Les manifestations à Paris (3-13 mai 1968)

Date	Nombre de manifestants	Forces de l'ordre déployées	Arrestations Interpellations	Condamnations	Blessés	Autres
3 mai	2000	1500	300	12 – 4 à des peines de prison ferme – 8 avec sursis dont 7 étudiants	Légers	
6 mai Manifestation contre les condamnations	15000		80	17 condamnations dont seulement 5 étudiants	481 dont 279 étudiants	
7 mai	25000		247 interpellés dont 195 étudiants			Longueur du trajet : 20 km
9 mai	Comme le 7 (selon les organisateurs)					
Nuit du 10 au 11 mai « nuit des barricades »			460		367 54 hospitalisés dont 4 étudiants et 8 policiers	188 véhicules endommagés

Quelques manifestations provinciales (mai 1968)

Ville	Date	Nombre de manifestants
Toulouse	8 mai	4000
Strasbourg	7 mai	2000 (lycéens, étudiants, enseignants)
Marseille	8 mai	2500 étudiants
Bretagne et Pays-de-Loire	8 mai	100-120000 manifestants pour la défense de l'emploi

La grève et la manifestation du 13 mai 1968 : Paris/province

Lieu	Effectifs de la manifestation	Forces de l'ordre
Paris	220 à 230 000 (préfecture) 1 000 000 (organisateurs) Plus de 500 000 pour Didier Fischer chiffre prévu par la police : 80 000	10 000
Lyon	35 000	
Toulouse	40 000	
Marseille	50 000 (organisateurs) 16 000 dont 4 000 lycéens et étudiants (RG) chiffre prévu par la police : 7 000	

Les manifestations du 14 au 30 mai 1968

Date	Lieu	Effectifs	Interpellations, arrestations	Blessés et morts
22 mai	Paris	4 000-5 000	65 (dont 23 étudiants)	10 (forces de l'ordre)
24 mai	Paris	25 000 40 000 (UNEF et Mouvement du 22-Mars) 2 cortèges CGT dont un de 10 000 personnes	795 dont 80 femmes 45 gardes à vue	1 décès (par éclat de grenade dans le cœur). Presque autant de blessés que d'interpellés
	Lyon			1 mort
27 mai	Paris Stade Charlety	Manifestation de l'UNEF : 15 000 (Zancarini-Fournel) Meeting : 30 000 (Grimaud) 12 rassemblements de la CGT en région parisienne : 500-1 500 participants chacun		
29 mai	Manifestations à l'appel de la CGT Paris Province	Entre 100 000 (préfecture) et 700-800 000 participants (CGT)		
30 mai	Manifestation gaulliste sur les Champs-Elysées	préfecture : 300-400 000 organisateurs : 1 000 000		

Selon Michelle Zancarini-Fournel, les morts de mai 1968 se montent probablement à 7 décès, tous après le 24 mai.

Morts consécutives aux événements de Mai 1968

Date	Lieu	Nombre de morts
24 mai	Lyon Paris	1 (commissaire de police) 1
30 mai	Calvados	1 (ouvrier)
10 juin		1 lycéen
11 juin	Sochaux	2 ouvriers
30 juin	Arras	1 (colleur d'affiches communiste)

Bilan pour la police (blessés)

Police parisienne	1 138
CRS	338
Gardes mobiles	436
Total	**1 912**

Quelques grandes manifestations (1971-2015)

Date et objet des manifestations	Paris		France entière	
	Estimations organisateurs	Estimations police	Estimations organisateurs	Estimations police
Larzac 6 novembre 1971, Millau 14 juillet 1972, Rodez 25-26 août 1973 17-18 août 1974 13-14 août 1977			 6 000 20 000 et 70 tracteurs 60-100 000 plus de 100 000 50 000	
31 juillet 1977 **Creys-Malville** Contre le projet Superphénix			60 000 manifestants/ 5 000 CRS 1 mort (manifestant), 2 mutilés et 5 blessés parmi les forces de l'ordre	
Décembre 1978 /janvier 1979 **Longwy et Denain** Contre le plan de restructuration dans la sidérurgie			25 000 (Denain) 20 000 (Longwy)	
24 juin 1984 **Défense de l'école privée**	1 500 000	850 000		
4 décembre 1986 **Contre la réforme Devaquet**	1 000 000	200 000		
29 septembre 1991 Les agriculteurs **contre la réforme de la PAC**	200 000	150 000		
Décembre 1995 **Contre le projet Juppé** (Sécurité sociale, régimes spéciaux, fonction publique)			2 200 000	1 000 000

Date et objet des manifestations	Paris		France entière	
	Estimations organisateurs	Estimations police	Estimations organisateurs	Estimations police
1er mai 2002 **Contre la présence de Jean-Marie Le Pen au second tour** des élections présidentielles	600 000	400 000	2 000 000	1 300 000
15 février 2003 **Contre la guerre en Irak**	250 000	100 000		
25 mai 2003 **Contre la réforme des retraites**	600 000	150 000		
10 juin 2003 **Contre la réforme des retraites**			1 500 000	440 000
Avril 2006 **Manifestations anti CPE**			3 100 000	1 030 000
Janvier 2009 **Pour le pouvoir d'achat**			2 500 000	1 080 000
19 mars 2009 **Pour le pouvoir d'achat**			3 000 000	1 200 000
7 septembre 2010 **Retraites**			2 000 000	800 000
12 octobre 2010 **Retraites**			3 500 000	1 230 000
2013 **Contre la légalisation du mariage homosexuel**				
13 janvier	800 000	340 000		
27 janvier (contre-manifestation)	400 000	125 000		
24 mars	1 400 000	300 000		
26 mai	1 000 000	150 000		
11 janvier 2015 **Contre les attentats terroristes de janvier 2015**		1,3 m	2,7 m	2,7 m

Sources :
Danielle Tartakowsky, *op. cit.*
Pour 2006-2013 : *Le Monde*/AFP.

Sources générales

Olivier Filleule, *Stratégies de la rue*, Presses de Sciences Po, 1997.

Vincent Robert, *Les Chemins de la manifestation, 1848-1914*, Lyon, Presses universitaires de Lyon, 1996.

Danielle Tartakowsky, *Les Manifestations de rue en France, 1918-1968*, Publications de la Sorbonne, 1997.

Danielle Tartakowsky, *Le Pouvoir est dans la rue. Crises politiques et manifestations en France*, Aubier, 1998.

Partie V

GUERRES ET CRISES

Chapitre 1

L'ARMÉE FRANÇAISE

Durée du service militaire (1872-1997)

Année	Durée du service militaire en mois
1872	60
1889	36
1905	24
1913	36
1923	18
1928	12
1959	24
1965	16
1970	12
1992	10
1997	Suspension et remplacement par la journée d'appel de préparation à la défense (JAPD)

Effectifs de l'armée française (en milliers) (1873-1935)

	Armée de terre : moyenne annuelle des effectifs totaux [1]			**Marine : hommes provenant**		
Année	Officiers	Sous-officiers et troupe	Total	de l'inscription maritime	du recrutement et de l'engagement volontaire	Total
1873	20,3	440,8	461,2	22,6	9,6	32,2
1875	19,1	413,1	432,2	21,8	10,3	32,1
1880	19,8	471,2	490,0	21,6	14,9	36,5
1885	15,8	436,1	451,9	29,9	15,8	45,7
1890	19,3	503,9	523,2	24,9	13,4	38,3
1895	21,1	523,4	544,5	29,7	14,6	44,3
1900	22,2	549,8	572,7	32,9	15,6	48,5
1905	22,8	552,3	575,1	29,1	21,0	50,1

Année	Armée de terre : moyenne annuelle des effectifs totaux[1]			Marine : hommes provenant		
	Officiers	Sous-officiers et troupe	Total	de l'inscription maritime	du recrutement et de l'engagement volontaire	Total
1910	21,8	573,8	595,6	29,5	27,4	56,9
1921	39	529	568			48,5
1926	33	514	5471			54,5
1930	32	394	426			58,8
1935	30					57,4

1. Nombre total des officiers, non compris les sous-officiers et soldats indigènes, y compris les effectifs de l'aéronautique.

Source : INSEE.

L'armée française : armée métropolitaine et coloniale (1863-1914)

Année	Effectif de métropole	Troupes aux colonies
1863	116 000 (286 000 avec levée)	100 000 dont : Mexique 40 000 Algérie 40 000 Cochinchine 2 000
1900		90 000
1914	500 000	160 000 Afrique du Nord : 140 000 « indigènes » : 55 %

Source : Jacques Frémeaux, *De quoi fut fait l'empire. Les guerres coloniales au XIXe siècle*, CNRS Editions, 2010.

Effectifs budgétaires par section (1962-1995)

Année	Terre		Air		Mer	
	Contingent	Active	Contingent	Active	Contingent	Active
1962	512 547	197 402	72 114	67 759	27 657	47 964
1965	225 912	112 344	48 387	62 899	23 680	44 572
1970	208 018	116 841	38 422	67 504	16 250	52 820
1975	215 997	115 525	38 782	63 296	16 473	51 857
1980	198 868	115 385	38 455	62 170	18 009	49 928
1985	185 645	114 181	36 458	60 089	17 970	49 070
1989	182 976	109 504	35 938	58 105	19 241	46 293
1995	135 552	104 421	28 387	56 587	28 387	45 942

Source : INSEE.

Effectifs de l'armée française (1987-2011)

Année	Effectifs totaux de la Défense nationale				Effectifs totaux de la Défense nationale (hors gendarmerie nationale)		
	Civils	Personnel militaire en activité	Appelés	Total	Civils	Personnel militaire en activité	Total
1987	141 586	304 260	258 416	704 262			
1990	114 500	298 367	257 048	669 904			
1995	95 967	291 122	224 855	611 944			
1998	94 361	312 165	130 588	537 114			
1999	90 899	324 408	84 255	499 562			
2000	94 076	322 346	53 574	479 996			
2002	93 427	339 523	0	432 950	91 726	246 414	338 140
2004	80 585	358 123	0	438 708	78 692	260 259	338 951
2006	80 735	364 009	0	444 744	78 813	264 876	343 689
2008	76 587	357 106	0	433 693	74 728	256 466	331 194
2011					67 837	230 403	298 240

Sources :
Eugène-Jean Duval, *Regards sur la conscription (1790-1997)*, Fondation pour les études de défense, 1997.
INSEE.
Annuaires statistiques de la défense.

Chapitre 2

LA GUERRE DE 1870 ET LA COMMUNE DE PARIS

Soutenu par quelques manifestations nationalistes (600 à 1 200 personnes à Paris dans la nuit du 14 au 15 juillet, après la publication de la dépêche d'Ems), sans opposition du Corps législatif hors quelques républicains isolés (245 voix pour les crédits de guerre, 10 contre, 7 abstentions), Napoléon III déclare la guerre à la Prusse le 19 juillet 1870.

A. Opérations militaires

La mobilisation prussienne a été nettement plus rapide et plus efficace, notamment grâce à un emploi efficace du chemin de fer (50 trains par jour en moyenne contre 12 pour les Français).

Effectifs mobilisés par la France et par la Prusse

	Fantassins	Cavaliers	Pièces d'artillerie
Français	200 000[1] ou 222 242[2] ou 244 208[3]	25 000	
Prussiens et alliés	320 000 à 500 000[4]	56 000 (80 000 chevaux)	> 1 200[5]

1. Selon François Roth, pour qui beaucoup de divisions incomplètes ne possèdent pas leurs effectifs théoriques.
2. Selon le général Jarras, aide-major général, au 2 août 1870.
3. Selon le lt-col. Rousset, *Histoire générale de la guerre franco-allemande,* Tallandier, 1900, 2 vol.
4. 462 000 selon François Roth, 460 000 avec 1 500 canons pour le général Niox. Pour Geoffrey Wawro, 320 000 combattants massés à la frontière dès le 3 août, avec un million de réservistes, tandis que les Français n'ont presque aucune réserve en-dehors des 400 000 hommes de l'armée permanente.
5. 1 584 selon François Roth. L'artillerie française, de moins bonne qualité technique, serait deux à trois fois moindre en nombre au tout début de la campagne.

Sources :
Stéphane Audoin-Rouzeau, *1870. La France dans la guerre,* Armand Colin, 1989, p. 343.
Général Gustave-Léon Niox, *La Guerre de 1870. Simple récit,* Quinzième, 1896.
François Roth, *La Guerre de 1870,* Fayard, 1990, p. 30.
Geoffrey Wawro, *The Franco-Prussian War,* Cambridge, Cambridge University Press, 2003.

Combats d'août 1870 à la frontière

Surtout menés en Lorraine, ils sont très meurtriers pour le temps. Les pertes sont équilibrées en hommes, ce qu'elles ne seront plus après Sedan, mais en taux relatifs, les Prussiens souffrent moins.

Batailles	Forces françaises	Forces allemandes	Pertes françaises	Pertes allemandes
Wissembourg (4 août)	5 000	40 000	1 200 à 1 500 [1] 1600 soit 23 % de pertes [2]	1 200 à 1 500
Woerth-Froeschwiler (6 août)	46 000 et 120 canons [1] 35 000	126 000 et 300 pièces d'artillerie [1] 120 000 et 200 canons [2]	4 000 prisonniers, 8 000 tués, disparus ou blessés 28 canons perdus 11 000, soit plus de 23 % de pertes [2] – officiers : 29 %.	10 000 à 11 000
Forbach (6 août)	30 000	70 000	4 000 à 5 000 dont 25 % de tués [13-14 % de pertes [2], dont officiers : 30 %]	4 000 à 5 000 dont 25 % de tués
Encerclement de Metz :				
- Borny (14 août)	- 50 000	- 70 000	- 3 000 dont 500 tués [7 % de pertes [2]]	- 5 000 dont 1 200 tués
- Rezonville (16 août)	- 135 000	- 95 000	- 16 000 dont 1 400 tués et 5 000 disparus [12-13 % de pertes [2]]	- 16 000 dont 4 500 tués [17,9 % de pertes [2]]
- Gravelotte/ Saint-Privat (18 août)	- 120 000	- 180 000	- 13 000 dont plus de 1 200 tués et 6 000 disparus [2]	- 20 000 dont 900 officiers et plus de 5 000 tués

1. Chiffres du général Niox.
2. Selon Stéphane Audoin-Rouzeau.

Sources :
Stéphane Audoin-Rouzeau, *op. cit.*
Gustave-Léon Niox, *op. cit.*

Défaite française de Sedan (1er septembre 1870)

Elle signifie la capitulation et la captivité de Napoléon III le 2 septembre.

	Forces	Pièces d'artillerie	Tués	Blessés	Taux de pertes	Prisonniers
Français	120000	~ 550	3000	14000	14%	21 000 pendant la bataille, 83 000 après (dont 39 généraux), 3 000 réfugiés en Belgique 10 000 chevaux capturés
Allemands	200000	~ 700	3000 dont 460 officiers	6000	< 4%	–

Troupes levées par le gouvernement de défense nationale (hiver 1870)

Par décret du 7 novembre, depuis Tours, Léon Gambetta lève, en province, 649 000 hommes. Selon le général Niox, la délégation de Tours aurait organisé théoriquement :

280 bataillons d'infanterie	230 000 hommes
31 régiments de garde mobile	111 000
Régiments de gardes nationaux mobilisés	~ 180 000
54 régiments de cavalerie	32 000
Corps de francs-tireurs	30 000
Total	**583 000**
Armement procuré	1 400 canons, 1,5 million de fusils dont 120 000 fournis par les manufactures d'Etat, le reste acheté à l'étranger

En réalité, 487 000 hommes seulement sont réellement remis à l'autorité militaire, selon une statistique du ministère de la Guerre en date du 26 janvier 1871. Et seuls 200 000 à 260 000 hommes sont effectivement engagés au combat en trois armées, toutes vaincues.

Bilan militaire (1870-1871)

	Engagés	Décédés			Blessés	Malades	Prisonniers
		Tués au combat	Morts de maladie	Total			
Français	400 000 à 510 000			139 000	143 000	320 000	371 981 h. de troupe 11 860 officiers + 89 000 h. internés en Suisse (armée Bourbaki)
Allemands	887 876	24 031	28 956	50 297	89 228	100 000	< 40 000

Source : François Roth, *La Guerre de 1870, op. cit.*, p. 508-510.

A la signature de l'Armistice du 26 janvier 1871, 34 départements sont occupés par 800 000 Allemands, soit un tiers du territoire national. Dès mars 1871, ils ne sont plus que 500 000, puis 50 000 en décembre 1871 sur seulement 6 départements. Le dernier soldat quitte la France le 18 septembre 1873.

B. Les conséquences

Le traité de Francfort cède sans plébiscite l'Alsace-Moselle à l'Empire allemand fraîchement unifié. Les préliminaires sont ratifiés le 1er mars par 546 voix pour, 107 contre, 23 abstentions. Le traité définitif de Francfort (10 mai 1871) est ratifié par 433 voix contre 98.

Une minorité des Alsaciens-Mosellans déclarant « opter » pour la nationalité française quitte les trois départements avant la date-butoir du 1er octobre 1872[1]. 10 000 à 12 000 de ces « optants » se seraient installés en Algérie.

Le choix des Alsaciens-Mosellans

Total des Alsaciens-Mosellans déclarant opter pour la nationalité française	539655
Optants déjà domiciliés hors des territoires annexés	378777
Optants résidant dans les territoires annexés	160878
Haut-Rhin	31719
Bas-Rhin	14750
Moselle	11750
Total Alsace-Moselle	160878
dont optants restés en territoire annexé	110952
dont partis effectivement des territoires annexés	49926

Source : Chercheurs d'optants d'Alsace et de Moselle (CODAM), www.optants.fr

Par ailleurs, il faut verser au vainqueur une indemnité de 5 milliards de francs-or, soit un trimestre du revenu national de 1870. Cette indemnité est facilement acquittée. Le premier emprunt Thiers de juillet 1871 rapporte en 24 heures près de 5 milliards (dont 20 % venus de l'étranger et 2,5 milliards venus de Paris), versés par 330 000 souscripteurs. Le second emprunt Thiers (juillet 1872) est lancé au taux avantageux de 5,91 %. Il est couvert 14 fois : pour 3 498 000 francs demandés, la France enregistre 934 276 souscriptions et reçoit 43 826 000 000 de francs, dont 26 milliards depuis l'étranger.

1. Du 1er octobre 1873 pour les Alsaciens-Mosellans qui se trouvent hors d'Europe.

C. Du siège de Paris aux 73 jours de la Commune

Le 4 septembre 1870 est formé un Gouvernement de défense nationale de 12 membres. Les assiégés du gouverneur militaire Trochu disposent de 90 000 hommes de ligne, 16 000 artilleurs, 14 000 marins, 6 000 hommes du Génie et 5 000 cavaliers.

La *Garde nationale*, ouverte à tous par Gambetta, passe de 60 bataillons au 4 septembre à 260 le 27, soit plus de 300 000 hommes, équipés au 30 septembre avec 280 737 fusils sortis des armureries. Les Parisiens en armes sont donc plus nombreux que les Prussiens qui les assiègent à partir du 18 septembre.

Quant à la *Garde mobile* (« moblots »), improvisation tardive des réserves décidée en août, 72 de ses 90 bataillons sont provinciaux, et donc ultérieurement du côté de l'ordre et de la répression. Elle compte 105 000 hommes dont 90 000 provinciaux, sans formation ni valeur militaires.

Face à eux, 180 000 Prussiens (avec 700 canons), moins nombreux, mais mieux armés, mieux commandés et entraînés. Ils sont 400 000 à la fin du siège. Environ 2,2 millions de personnes sont bloquées dans Paris malgré 100 000 à 200 000 départs (compensés par l'arrivée de 230 000 réfugiés des communes proches). 132 jours de siège causent au moins 65 291 décès, surtout de faim et de maladie.

Plusieurs sorties vaines et meurtrières se succèdent : 6 000 morts à Champigny le 30 novembre 1870, 4 000 à Buzenval (pour 600 Allemands) le 19 janvier 1871. Le 26 janvier 1871, la capitulation de la ville remet aux Allemands 2 000 canons (600 de campagne, 1 400 de place) et 177 000 fusils. Ne restent autorisés que 12 000 hommes et 3 500 gendarmes pour maintenir l'ordre. La Garde nationale conserve ses armes. La Ville doit acquitter 200 millions de francs d'indemnité. Les opérations auraient provoqué 24 000 victimes françaises (4 000 tués, 15 000 blessés, 5 000 disparus) et 12 000 allemandes[1].

1. Nathan Sheppard, *Shut up in Paris*, 1871.

Ebullition révolutionnaire

Opposante à l'Empire, Paris a voté « non » au plébiscite de mai 1870 par 156 700 voix contre 110 403. La ville capitule le 26 janvier 1871. Le 8 février, 328 970 votants élisent 43 députés dont 37 sont des révolutionnaires ou des radicaux, hostiles à la paix.

Au recensement de 1866, sur 1 799 980 Parisiens, au moins 1 083 755 subsistent par le salariat (ouvriers et employés avec leurs familles, concierges, domestiques).

Sociologie des Parisiens selon le recensement de 1866

	Exerçants				
	Hommes	Femmes	Total	Familles	Total
Patrons	124 302	28 067	152 369	217 074	369 443
Employés	103 250	17 353	120 603	74 424	195 027
Ouvriers	294 014	161 409	455 423	274 125	729 548
Domestiques			114 074		
Concierges			45 106		
Professions libérales	49 223	10 831	60 054	58 343	118 397
Propriétaires et rentiers	37 913	32 270	70 183	52 410	122 593
Agriculture			11 523		
Sans profession avouée ou avouable			94 665		

Source : Jacques Rougerie, *Paris libre 1871*, Points-Seuil, 1971.

Selon Jean Maitron, on ne compte en 1870 que 2 091 adhérents de l'Association internationale des travailleurs sur 40 départements. Les blanquistes ne seraient que 2 000 à 3 000. Mais lors des élections, on peut évaluer à 50 000 à 60 000 personnes l'appui parisien aux principaux leaders proprement révolutionnaires.

La décapitalisation de Paris au profit de Versailles, votée le 8 mars par l'assemblée de Bordeaux, cause peut-être 40 000 faillites dans le monde de la fabrique. La levée du moratoire des loyers établi pendant le siège est suivie selon Jacques Rougerie de 150 000 protêts. Ces mesures exaspèrent les Parisiens.

Ils se révoltent spontanément le 18 mars 1871, lorsque Thiers, chef du pouvoir exécutif, veut reprendre à la Garde nationale les 271 canons (et 146 mitrailleuses) payés par les souscripteurs parisiens et stationnés à Belleville et sur la Butte Montmartre. Le gouvernement s'enfuit et le

Comité central de la Garde nationale, qui fédère en mars 215 des 242 bataillons existant dans la Seine, convoque les ***élections du 26 mars 1871***.

Inscrits : 474569.

Votants : 229167.

92 élus (85 du fait d'élections multiples). 19 élus modérés représentant quelque 40000 suffrages ne siègent pas. Les nouveaux élus proclament la Commune de Paris[1].

Sociologie et soutiens des Communards

La majorité des élus proviennent des classes moyennes, mais la proportion des ouvriers est hors du commun pour une assemblée du temps : 33 ouvriers, 14 employés et comptables, 12 journalistes, 12 membres des professions libérales (instituteurs, médecins, avocats), 5 petits patrons.

Composition politique : 17 élus sont issus du Comité central de la Garde nationale, qui reste en place. 17 appartiennent à la franc-maçonnerie. Au moins 17 puis 23 sont membres de l'Internationale, 4 d'appartenance plus incertaine, 5 s'y inscrivent pendant la Commune. Un seul élu est marxiste (Leo Frankel). On compte 9 blanquistes affichés et une demi-douzaine de sympathisants. 25 à 30 élus sont indépendants, un nombre indéterminé proudhoniens, et 11 sont des socialistes divers, hétérogènes. Le premier groupe est constitué par une vingtaine de « jacobins » derrière Charles Delescluze.

Fonctionnement de la Commune

Un Conseil de 79 membres effectifs, dont 50 à 60 seulement siègent au maximum. Ils sont jeunes en majorité : 14 ont moins de 30 ans, 35 de 30 à 40 ans, 31 plus de 40 ans dont 5 plus de 60 ans.

84 % des combattants sont des travailleurs manuels.

L'insurgé-type est un homme jeune : 64 % ont de 21 à 40 ans (contre 52 % des Parisiens recensés en 1866). La moyenne d'âge est de 32 ans et demi (33 ans en 1848). Seules 15,6 % des arrestations frappent des

1. Jacques Rougerie, *Paris libre 1871*, Points-Seuil, 1971.

non-ouvriers. Les étudiants brillent par leur absence, au contraire de 1830 et 1848. La participation étrangère est forte : 1 725 Communards étrangers de 17 nationalités seront internés pendant la répression, dont 737 Belges et 500 à 600 Polonais. 4,8 % des personnes arrêtées et 4 % des condamnés sont de nationalité étrangère, nés en France ou non.

Sociologie des 36 309 Communards arrêtés et jugés

		Sur les 36 309 jugés	%	Sur les 10 137 condamnés	%		
Age	Moins de 16 ans	538	1,4	58	10,8		
	16-20 ans	3 836	10,5	953	24,8		
	20-40 ans	19 788	54,7	6 479	32,7		
	40-60 ans	11 321	31,2	2 580	22,9		
	Plus de 60 ans	826	2,2	67	8,1		
Situation de famille	Célibataires	17 774	48,9	5 837	32,7		
	Mariés avec enfants	12 251	33,6	2 682	21,9		
	Mariés sans enfants	4 105	11,5	1 100	27,0		
	Veufs	2 179	6,0	508	23,3		
Niveau d'instruction	Illettrés	4 008	11,0	1 001	24,9		
	Demi-illettrés	21 004	57,8	6 105	29,0		
	Sachant lire et écrire	10 551	29,1	2 787	26,4		
	Instruction supérieure	746	2,1	244	32,7		
Habitation	Seine	8 929	24,6	2 513	28,1		
	Province	27 098	74,6	7 513	27,6		
	Sans domicile	282	0,8	111	39,4		
	Sans antécédents	28 849	79,5	7 226	25,0	Réellement déportés	%
Professions	Ouvriers	23 500	64,5	> 5 149		2 073	8,8
	Employés	2 938	8,1	1 796	61,1	221	7,5
	Domestiques, concierges	2 426	6,6			84	3,4
	Militaires déserteurs	740	2		30,6	174	23,5
	Divers	7 445	18,8			685	9,2

Source : Jacques Rougerie, *Paris libre 1871*, Points-Seuil, 1971.

Presse : plus de 70 journaux créés. Le *Cri du peuple* de Jules Vallès aurait tiré de 50 000 à 100 000 exemplaires, *Le Père Duchêne* de 50 000 à 60 000. Interdiction de 24 titres hostiles à la Commune, dont 21 après le 5 mai.

Clubs : une trentaine en octobre 1870, près de 50 qui se fédèrent le 15 mai.

Politique anticléricale : 23 églises sur 67 fermées, 200 otages pris parmi les prêtres, dont l'archevêque de Paris et l'archidiacre.

La Semaine sanglante (21-28 mai 1871)

Second Siège de Paris, combats Communards-Versaillais (3 avril-21 mai 1871) : les Fédérés perdent 6 000 à 8 000 tués, blessés, fusillés, ainsi que 3 500 prisonniers.

Côté Communards : 20 000 combattants, manquant d'expérience, de cadres, de discipline. Pendant la Semaine sanglante, ils dressent environ 900 barricades et perdent 3 000 à 4 000 hommes au combat. Bien plus sont fusillés.

Côté Versaillais : 116 995 soldats au 20 mai 1871 (94 451 fantassins, 9 474 cavaliers, 9 724 artilleurs et 3 346 hommes du Génie).

Selon le maréchal de Mac-Mahon, les Versaillais perdent, pendant la Semaine sanglante, 877 morts (dont 3 généraux), 6 454 blessés, 183 disparus. Mais pour l'historien Robert Tombs, ce total « presque certainement inexact » est en fait celui de la campagne entière contre Paris, siège inclus : moins de la moitié de ces hommes sans doute fut tuée dans les combats de rue de la Semaine sanglante, soit un bilan réel d'environ 400 soldats et 1 100 blessés graves[1].

Massacres versaillais systématiques. Le chiffre canonique de 20 000 Communards fusillés est né d'une information invérifiable : la Ville de Paris aurait payé 17 000 inhumations. Robert Tombs estime que 10 000 personnes ont été victimes de « massacres organisés et quasi-légaux », sans équivalent dans l'Europe du XIXe siècle. La tuerie ne s'arrête que lorsque les fosses communes ne peuvent plus contenir les cadavres et que l'épidémie guette[2].

Exécutions d'otages par des Communards : sur plus de 200 otages arrêtés sous la Commune, 84, soit une minorité, ont été fusillés dans les derniers jours de la Semaine sanglante, sans ordre d'une autorité centrale en décomposition.

Incendies : si les 8 000 « pétroleuses » dénoncées par la propagande versaillaise relèvent du fantasme, environ 500 maisons – ainsi que la Préfecture de police et l'Hôtel-de-Ville – sont incendiées par les Fédérés afin de retarder l'avancée versaillaise.

1. Robert Tombs, *La Guerre contre Paris*, Aubier, 1997, p. 279.
2. *Ibid.*, *op. cit.*, p. 328-335 pour l'évaluation chiffrée du massacre.

Répression légale après la Semaine sanglante

399823 dénonciations, à 95 % anonymes.

Près de 5000 exilés, dont environ 3000 en Suisse, 1500 en Belgique, 500 en Grande-Bretagne. Aucun n'a été refoulé ni extradé.

43522 arrestations, l'essentiel pendant la Semaine sanglante (26000) et en juin-juillet 1871 (5000), les plus tardives en 1875. Parmi les prisonniers, 1051 femmes et 651 enfants. 1179 captifs décèdent officiellement en prison, dont 967 au camp de Satory. Au moins 5500 personnes en instance de jugement ou de déportation sont internées sur 125 pontons et dans divers forts de la côte atlantique. 3000 perdent peut-être la vie en captivité.

26 conseils de guerre composés de 1509 magistrats militaires ont siégé pour juger 36309 personnes.

La répression légale des Communards après la Semaine sanglante

Contumaces	**3313**
• déportation	2910
• mort	175
• travaux forcés	159
• prison	46
Total des arrestations	**43522**
Relâchés après interrogatoires	1090
Refus d'informer	7213
Jugés par les conseils de guerre	**36309**[1]
Non-lieu	23727
Acquittés	2445
Condamnés	**10137**[2]
dont à mort	93[3]
exécutés	23
Bannissement	332
Maison de correction pour mineurs	56
Travaux forcés à perpétuité	251
Travaux forcés à temps	160
Prison	4663
• réclusion perpétuelle	1247
• plus de un an	1305
• moins de un an	2054
Déportés au bagne	4586
• en enceinte fortifiée	1169
• déportation simple	3417
• en Nouvelle-Calédonie	3859[4]

1. Dont 34952 hommes, 819 femmes et 538 enfants.
2. Dont 9949 hommes, 130 femmes, 58 enfants.
3. Dont 5 femmes.
4. Dont 19 femmes, parmi lesquelles Louise Michel.

Source principale : Jacques Rougerie, *Paris libre 1871*, Points-Seuil, 1971.

Fin 1871, il manquerait dans Paris environ 100 000 ouvriers en fuite, morts ou captifs. Parmi eux la moitié des ouvriers cordonniers (12 000 sur 24 000), le tiers des ouvriers tailleurs et ébénistes, presque tous les plombiers, couvreurs et zingueurs. En 1872, malgré le retour de nombreux habitants notamment bourgeois, Paris ne compte que 1 818 710 habitants soit une différence d'environ 180 000 personnes par rapport au début de 1870.

La répression de la Commune a causé plus de morts à Paris que la Grande Révolution entière. Par comparaison, la Terreur de 1793-1794 avait entraîné 16 594 exécutions en 17 mois sur toute la France. L'amnistie totale et définitive des Communards n'est votée qu'en 1880.

D. Un bilan des années 1870-1871

Surmortalité et pertes territoriales : la population française passe de 38 192 064 personnes en 1866 à 36 102 921 en 1871, dont 1 597 228 Alsaciens-Mosellans devenus allemands et un déficit démographique de 600 000 personnes dû à la guerre seule.

Les opérations militaires ont dû coûter de 105 000 à 140 000 morts, et la surmortalité enregistrée aurait été d'environ 180 000 personnes en 1870 et de 420 000 en 1871, à 40 % des femmes.

Coût financier : la guerre étrangère et civile, les destructions matérielles (246 ponts et ouvrages d'art, etc.), l'indemnité à acquitter auraient coûté 16 275 millions de francs, dont 14 675 assumés par l'Etat, soit près de dix fois le budget annuel de 1870 (~ 170 millions). La seule Banque de France a dû absorber pour 800 millions de bons du Trésor, pour éviter la paralysie des finances publiques.

L'état de siège est maintenu dans 42 départements jusqu'en 1875, à Paris, Lyon et Marseille jusqu'au 4 avril 1876.

Sources

François Roth, *La Guerre de 1870,* Fayard, 1990.
Robert Cheramy, *La Commune de Paris,* L'Humanité en marche, 1971.
Bernard Noël, *Dictionnaire de la Commune,* Mémoire du Livre, 2000.
Jacques Rougerie, *Paris libre 1871,* Points-Seuil, 1971.
Robert Tombs, *La Guerre contre Paris,* Aubier, 1997.

Chapitre 3

L'AFFAIRE DREYFUS (1894-1906)

Le Krach de l'Union générale, en 1882, se solde par la perte de 220 millions de francs-or, et lèse 300 000 à 350 000 épargnants actionnaires de cette banque catholique. Les financiers israélites sont désignés à l'opinion comme boucs émissaires.

En 1886, paraît le pamphlet antisémite majeur d'Edouard Drumont, *La France juive*. En 18 mois, il connaît 145 éditions et se vend à 65 000 exemplaires.

En 1894, le capitaine Alfred Dreyfus est condamné à tort pour espionnage au profit de l'Allemagne, dégradé publiquement et envoyé à perpétuité à l'île du Diable en Guyane. La campagne défendant son innocence ne prend son essor qu'à partir de 1896-1897. En décembre 1897, selon Daniel Halévy, il n'y a que 200 à 300 dreyfusards (intellectuels, individualités de gauche). Le 11 janvier 1898, le conseil de guerre acquitte le vrai coupable, le commandant Esterhazy.

Forces dreyfusardes

Le 13 janvier 1898, *L'Aurore* de Georges Clemenceau publie le « J'accuse » d'Emile Zola à 200 000 exemplaires. Peu après, toujours en janvier 1898, un premier *Manifeste des intellectuels* obtient 1 482 signataires et fait entrer le mot « intellectuels » dans le vocabulaire politique français. De février à juillet 1898, entre les deux procès intentés par l'armée contre Zola, 38 listes rassemblant 1 500 noms d'intellectuels paraissent en sa faveur dans *L'Aurore*. 18 membres de l'Académie française sont plus ou moins dreyfusards, contre 22 Immortels antidreyfusards. En novembre 1898, 40 000 signataires pétitionnent en faveur du colonel Picquart, emprisonné, qui avait découvert et révélé la fausseté de pièces-clés du procès de 1894.

Forces et activismes antidreyfusards et antisémites

69 incidents antisémites plus ou moins violents sont recensés dans 55 villes françaises en janvier-février 1898. Les manifestations rassemblent 100 à 4 000 personnes. Les plus graves sont les émeutes d'Alger, du 20 au 25 janvier 1898 : une centaine d'israélites sont blessés, 2 tués, près de 140 magasins pillés et détruits. Et l'ensemble du département enregistre, pendant le mois, 158 attentats contre des biens juifs et 17 contre des personnes, dont 1 décède[1].

Aux élections de mai 1898, 4 des 6 députés d'Algérie sont élus sous l'étiquette « antijuifs », dont Edouard Drumont. Il existe un groupe antisémite officiel de 22 députés à la Chambre, dont 17 élus de circonscriptions rurales.

Le « Monument Henry » : du 14 décembre 1898 au 15 janvier 1899, à l'instigation du quotidien antisémite *La Libre Parole,* 25 000 souscripteurs envoient 131 000 F à la veuve du commandant Henry, le faussaire responsable de la condamnation inique de Dreyfus, qui s'est suicidé en août après son arrestation. Le but est que celle-ci puisse intenter un procès au journaliste et homme politique dreyfusard Joseph Reinach.

Des catégories sont surreprésentées. Encore faut-il noter qu'en valeur absolue, seuls 1 700 officiers de l'active sur 28 000 souscrivent. De même, sur environ 56 000 prêtres et religieux, seuls 300 à 400 souscrivent – dont deux tiers anonymement –, mais aucun évêque par exemple. 366 nobles titrés et 433 personnes portant la particule ont aussi apporté leur obole à cette initiative clairement antisémite. 10 % des souscripteurs sont des femmes, ce qui est un taux élevé pour l'époque.

1. Le mouvement gagne d'autres villes algériennes, et il est précédé ou accompagné de boycotts, d'agressions et de discriminations (un antisémitisme municipal officiel sévit notamment à Alger, Oran et Constantine).

**Souscripteurs du « monument Henry »
selon les catégories socioprofessionnelles**

Catégorie sociale	Part des souscripteurs	Part dans la population totale
Ouvriers et artisans	39,25 %	20,2 %
Militaires	28,6 %	3 %
Etudiants et lycéens	8,6 %	0,6 %
Professions libérales	8,25 %	2,6 %
Aristocrates	7,83 %	3 %
Membres du clergé	3,1 %	0,2 %
Petits commerçants	2,1 %	3 %
Domestiques	1,8 %	4,7 %
Industriels et cadres	0,9 %	3,5 %
Agriculteurs	0,5 %	44,4 %
Souscripteurs résidant dans des communes de plus de 50 000 habitants	42 %	17,5 %
Souscripteurs résidant dans des communes de 5 000 à 50 000 habitants	46 %	18 %
Souscripteurs résidant dans des communes de moins de 5 000 habitants	12 %	64,5 %

Source : Stephen Wilson, « Le Monument Henry : la structure de l'antisémitisme en France, 1898-1899 », *Annales ESC*, 1977, n° 2, p. 265-291

Les ligues antidreyfusardes

La *Ligue des patriotes* de Paul Déroulède (1882) rassemblerait de 50 000 à 100 000 membres à la fin des années 1880, et encore de 45 000 à 60 000 membres en 1899 – 30 000 au maximum en réalité selon Bertrand Joly[1].

La *Ligue de la patrie française* (1899-1910) aurait enregistré 10 000 adhésions en quelques jours, et rassemblé 80 000 personnes en février 1900, 400 000 en novembre, malgré son absence dans 57 départements. Ses effectifs retombent dès 1901 à quelque 150 000 membres, surtout parisiens, et à 70 % des fonctionnaires, des étudiants et des représentants des professions libérales.

La *Ligue d'action française* (1898) rassemble alors moins de 200 étudiants, tous à Paris, peu nombreux donc, mais très visibles car agressifs et redoutés.

1. Bertrand Joly, « La Ligue des patriotes et l'affaire Dreyfus », *in* Michel Drouin (dir.), *L'Affaire Dreyfus : dictionnaire*, Flammarion, 1994, rééd. 2006, p. 419-423.

La *Ligue antisémitique* compte 1300 à 1500 membres réels, surtout à Paris, pour 40000 membres revendiqués mensongèrement en 1899 et 90000 en 1900. Après avoir agressé le président de la République, son chef, l'escroc Jules Guérin, se barricade 38 jours au 51, rue de Chabrol (« Fort-Chabrol », 1899).

L'*Union nationale* (catholique et antisémite, 1893) rassemble en 1898 12500 membres sur au moins 35 départements.

Une presse antidreyfusarde (1898-1899)

Début 1898, la presse française est quant à elle quasi-unanimement persuadée de la culpabilité de Dreyfus. Les quotidiens « révisionnistes » ou « impartiaux » acceptent l'idée de réviser le procès de 1894 au vu de ses irrégularités, mais ne croient pas forcément à l'innocence de Dreyfus, au contraire des quotidiens dits dreyfusards.

En août 1898, la preuve est faite qu'une pièce du dossier est un faux (le « faux Henry ») : une part croissante de la presse se rallie à la révision voire à la thèse de l'innocence du capitaine. Mais au moment de son second procès à Rennes en août-septembre 1899, la presse antidreyfusarde reste majoritaire et a même regagné du terrain. La presse provinciale reste antidreyfusarde plus longtemps que la presse parisienne et la presse de droite plus longtemps que la presse de gauche.

Position de la presse (1898-1899)

		Quotidiens antidreyfusards		Quotidiens impartiaux ou favorables à la révision du procès		Quotidiens dreyfusards	
		France	Paris	France	Paris	France	Paris
Février 1898	Part des titres	87,2 %	77 %	5,5 %	7,7 %	7,3 %	15,3 %
	Part du tirage	96 %	96 %	2 %	2 %	2 %	2 %
Septembre 1898	Part des titres	52,8 %	38,5 %	32,7 %	34,6 %	14,5 %	26,9 %
	Part du tirage	53 %	50 %	39 %	44 %	8 %	6 %
Septembre 1899	Part des titres	52 %	42,3 %	16,6 %	15,3 %	31,4 %	42,3 %
	Part du tirage	58 %	64 %	27 %	25 %	15 %	11 %

En février 1898, 40 % des journaux antidreyfusards de France font preuve de haine antisémite dans leurs colonnes (17 % des tirages nationaux). Il en va de même que 30,8 % des journaux antidreyfusards parisiens (17 % du tirage parisien).

Sources

Janine Ponty, « La presse quotidienne et l'affaire Dreyfus en 1898-1899. Essai de typologie », *Revue d'histoire moderne et contemporaine*, t. XXI, 1974, p. 193-220.
Patrice Boussel, *L'Affaire Dreyfus et la presse*, collection Kiosque, Armand Colin, 1960.

Tirage de *La Libre Parole* (1892-1924), quotidien du propagandiste antisémite Edouard Drumont

Année	1892	1895	1899	1901	8/1903	1904-1907	1910-1912	1917	1919
Tirage	<130 000 [1]	100 000 à 120 000	100 000 [2]	< 80 000	30 000	40 000 [3]	48 000	20 000	10 000 à 20 000

1. Le succès de ses articles sur le scandale de Panama lui permet cependant de revendiquer un tirage de 264 840 exemplaires le 27 décembre 1892.
2. Le 4 octobre 1898, le journal a même revendiqué en manchette un tirage de 247 965 exemplaires.
3. Avec des pointes à 80 000 lors de la crise des Inventaires en 1906, et à 60 000 fin 1908.

Source : Grégoire Kauffmann, *Edouard Drumont*, Perrin, 2008.

La Croix, créé en 1883, se qualifie à la fin du XIXe siècle de « journal catholique le plus anti-juif de France ». En 1896, il tire à quelque 170 000 exemplaires et se démultiplie à travers la France en 6 quotidiens, 7 bihebdomadaires, 73 hebdomadaires. 25 000 presbytères y sont abonnés. Sa rupture complète avec l'antisémitisme et le monarchisme n'est définitive qu'à la fin des années 1920.

Par contraste, le seul organe dreyfusard de masse est *La Petite République*, où écrit Jean Jaurès, et qui tire à 100 000 exemplaires. *Le Figaro*, en ouvrant ses colonnes à Emile Zola, y perd les trois quarts de ses lecteurs, qui se désabonnent en masse : de 1897 à 1901, son tirage s'effondre de 75 000 à 20 000 exemplaires, et il ne retrouve son tirage d'avant l'affaire qu'à la fin des années 1920. *Le Petit Parisien* a conservé une neutralité prudente, qui l'aide à devenir le premier journal de France.

Epilogue

Le 29 octobre 1898, par 10 voix contre 4, la chambre criminelle décide la révision du procès Dreyfus de 1894. Déclaré à nouveau coupable avec des « circonstances atténuantes » par le Conseil de guerre de Rennes (5 voix contre 2, le 9 septembre 1899), et condamné à dix ans de prison, le capitaine Dreyfus est gracié peu après. Il est réhabilité le 12 juillet 1906 par la cour de Cassation (31 voix contre 18).

Sources

Pierre Birnbaum, *Les Fous de la République. Histoire politique des Juifs d'Etat de Gambetta à Vichy*, Fayard, 1992.

Jean-Denis Bredin, *L'Affaire*, Fayard, 1993.

Michel Drouin (dir.), *L'Affaire Dreyfus : dictionnaire*, Flammarion, 1994, rééd. 2006, notamment les articles de Jean-Marie Mayeur, « Les catholiques français », p. 330-341, de Jean-Yves Mollier, « L'édition », p. 377-381 et de Jean-Pierre Rioux, « La Ligue de la patrie française », p. 404-408, Bertrand Joly, « La Ligue antisémitique », p. 409-413.

Pierre Hebey, *Alger 1898 : la grande vague antijuive*, Nil éditions, 1996.

Jean-Yves Mollier et Jocelyne George, *La Plus Longue des républiques*, Fayard, 1994.

Eugen Weber, *L'Action française*, Stock, 1962.

Chapitre 4

LES GUERRES COLONIALES (1830-1914)

La conquête n'a pas toujours été une promenade militaire.

Soldats blancs tombés pour la conquête des territoires coloniaux : comparaison avec les pertes militaires de la guerre de 1870 et de la Première Guerre mondiale

Période	Nombre de morts (soldats blancs)	Dont conquête de l'Algérie par la France 1830-1914	Moyenne annuelle	Moyenne mensuelle des soldats français morts dans la guerre de 1870 contre la Prusse	Moyenne quotidienne des décès de soldats pendant la Première Guerre mondiale
1750-1913	Environ 300 000[1]	150 000	5 000	3 000	27 000
1830-1914	Plus de 400 000[2]				

1. Bouda Etemad, *La Possession du monde. Poids et mesures de la colonisation (xviiie-xxe siècles)*, Bruxelles, Complexe, 2000.
2. Estimation de Jacques Frémeaux. Le chiffre inclut les troupes russes.

Source : Jacques Frémeaux, *De quoi fut fait l'empire. Les guerres coloniales au xixe siècle*, CNRS éditions, 2010.

Mortalité des troupes françaises (1884-1901)

	Date	Nombre total de soldats	Morts	Tués au feu ou décédés des suites de leurs blessures	Décès liés à des maladies	Suicides
Campagne du Tonkin	20 février-30 décembre 1884	730 (effectif moyen du bataillon du 23e RI)		5 officiers et 37 soldats	57	
Madagascar	1894 (décembre)	18 000	6 000	25		
Corps expéditionnaire en Chine	1900-1901	Environ 10 000	443	53	115 de typhoïde ; 81 de dysenterie	10

Source : Jacques Frémeaux, *De quoi fut fait l'empire, op. cit.*

Les armées indigènes, quelques exemples

Belligérant	Date	Effectifs
Tunisie Régence de Tunis	1881	Environ 15 000 dont 1 200 effectivement sous les armes, contre 22 000 hommes dans l'armée française
Campagne du Dahomey (armée du roi Behanzin)	1889-1890 / 1892-1893	15 000 à 18 000 combattants selon ses adversaires Seule force permanente : 6 000 Amazones dont une partie seulement est dotée de fusils

Source : Jacques Frémeaux, *De quoi fut fait l'empire, op. cit.*

Chapitre 5

LA GRANDE GUERRE

Nul n'avait prévu que la guerre européenne engagée en 1914 durerait quatre ans, ni qu'elle obligerait les nations à mobiliser la totalité de leurs ressources, encore moins qu'elle emprunterait, de la fin 1914 à mars 1918, l'aspect d'une guerre de position meurtrière, où chaque kilomètre gagné ou perdu coûterait des milliers de vies. Rien ne serait plus faux, toutefois, que d'opposer sommairement la guerre des tranchées à des phases de mouvement qui seraient *a priori* plus supportables.

En réalité, pour les Français, l'année 1914 est bien la plus sanglante de toute la guerre. Ses cinq premiers mois (août-décembre) totalisent à eux seuls 27 % des pertes. La journée du 22 août 1914 (bataille de Morhange en Lorraine) est même la plus meurtrière de l'histoire de France puisqu'elle emporte 27 000 tués[1]. Sur la fin de l'année, le front se stabilise durablement le long de 680 à 750 km de tranchées[2].

L'année 1915, marquée par l'échec des offensives de Joffre en Champagne et en Artois, est en valeur absolue la plus coûteuse en hommes.

1916 est « l'année de Verdun », la plus vaste bataille jamais menée par la France. Grâce au système de la « noria », 259 des 330 bataillons d'infanterie que compte l'armée française participent à la défense de la ville Verdun (1,5 millions d'hommes). En 300 jours, du 21 février au 19 décembre,

1. Henry Contamine, *La Victoire de la Marne (9 septembre 1914). Trente journées qui ont fait la France,* Gallimard, 1970.

2. Le 31 mai 1917, le député mobilisé Abel Ferry évoque dans son rapport les 574 km de front tenus par la France (5 hommes par mètre) et les 137 km tenus par les Britanniques (13 hommes par mètre). Soit un front de 712 km. Cité par Charles Ridel, *Les Embusqués,* Armand Colin, 2007, p. 142.

60 millions d'obus sont tirés sur 100 km^2. Un combat acharné met hors de combat 770 000 Français et Allemands, les pertes des deux camps s'équilibrant. La vaine offensive de la Somme (1er juillet-18 novembre 1916) éprouve moins la France que le Royaume-Uni, qui y subit la pire épreuve de son histoire.

« L'année terrible », 1917, reste dans les mémoires comme celle de la crise du moral, à l'arrière comme au front et celle des mutineries qui suivent l'échec de l'offensive Nivelle au Chemin des Dames (16 avril) : pourtant, cette année est la moins coûteuse en hommes des quatre années de guerre, notamment grâce à la stratégie temporisatrice adoptée par Philippe Pétain, nouveau généralissime des armées françaises après le limogeage de Robert Nivelle. A l'arrière, l'union sacrée s'érode, la lassitude gagne l'opinion, et 696 grèves éclatent, plus du double des 314 de l'année précédente.

L'année 1918 signe le retour à la guerre de mouvements. Quatre offensives allemandes percent le front à partir du 21 mars, mais sont *in fine* contrées. L'offensive victorieuse du maréchal Foch, général en chef des armées alliées, se conclut par la victoire du 11 novembre 1918. Avec l'entrée en guerre des Etats-Unis en 1917, deux millions d'Américains servent en Europe lors de l'Armistice, principalement sur le front français.

La guerre a vu le développement d'armes nouvelles : gaz toxiques, avions et chars de combat. Elle a obligé à recourir aux troupes coloniales, dont les pertes, contrairement à une légende, équivalent en proportion celles des troupes métropolitaines. Malgré la victoire, le bilan est terrifiant sur tous les plans. Le coût financier est considérable. Inflation, déstabilisation monétaire et dettes de guerre vont peser lourd sur l'après-guerre. Les pertes humaines plongent la société dans le deuil de masse, sans oublier le tribut de millions de blessés, de mutilés, de veuves de guerre et d'orphelins.

A. Une mobilisation totale

Les contemporains eux-mêmes savent que les chiffres des effectifs ou des pertes varient selon les sources ou restent imprécis[1].

Un peu moins de 8 millions d'hommes sont mobilisés pendant la Grande Guerre. 85 % servent au front et moins d'un quart traverse la guerre sans être tué, blessé ou capturé.

1. Charles Ridel, *Les Embusqués, op. cit.*

Ampleur comparée de la mobilisation des belligérants (1914-1918)

	France	Allemagne	Autriche-Hongrie	Grande-Bretagne, Serbie, Turquie	Russie	Etats-Unis
Population adulte masculine mobilisée (15-49 ans)	80 %	80 %	75 %	50 à 60 %	40 %	16 %

Source : Jay Winter, « Victimes de la guerre : morts, blessés et invalides », in Stéphane Audoin-Rouzeau et Jean-Jacques Becker (dir.), *Encyclopédie de la Grande Guerre*, Bayard, 2004, p. 1075.

La première mobilisation française (été 1914)

Effectifs de paix (1er semestre 1914)	Réservistes mobilisés du 1er au 15 août	Mobilisés incorporés du 15 août au 30 septembre 1914	Total passés sous les drapeaux juillet-septembre 1914
817 000	288 700	1 099 000	3 986 000

Source : Charles Ridel, *Les Embusqués*, Armand Colin, 2007, p. 110.

Nombre de mobilisés par années et par catégories (1915-1918)

	1er mai 1915	%	1er juillet 1916	%	1er octobre 1917	%	1er octobre 1918	%
Mobilisés combattants	2 132 000	85	2 215 000	77	1 888 000	73	1 688 000	64
Mobilisés non-combattants	390 000	15	648 000	23	698 000	27	965 000	36
Total mobilisés	**2 552 000**	**100**	**2 863 000**	**100**	**2 586 000**	**100**	**2 653 000**	**100**

Combattants	1er mai 1915	%	1er juillet 1916	%	1er octobre 1917	%	1er octobre 1918	%
Infanterie	1 526 000	71,5	1 477 000	66,5	1 141 000	60,5	851 000	50,5
Cavalerie	100 000	4,5	93 000	4	71 000	3,5	68 000	4
Artillerie	394 000	18,5	494 000	22,5	521 000	27,5	601 000	35,5
Génie	104 000	5	125 000	5,5	120 000	6,5	117 000	7
Aéronautique	8 000	0,5	35 000	1,5	35 000	2	51 000	3
Total combattants	**2 132 000**	**100**	**2 215 000**	**100**	**1 888 000**	**100**	**1 688 000**	**100**

Source : Charles Ridel, *Les Embusqués*, *op. cit.*, p. 125.

En avril 1919, la France maintient encore 2 300 000 soldats sous les drapeaux. La plupart ne sont démobilisés qu'après la signature du traité de Versailles le 28 juin 1919. En Allemagne, 200 000 soldats occupent la rive gauche du Rhin conformément aux dispositions de l'Armistice.

Seuls 46 072 hommes ont été condamnés pour désertion (dont 21 174 en 1917), sur les 66 678 appréhendés pour ce motif pendant le conflit (dont 25 579 en 1917).

La loi Dalbiez (26 juin 1915), qui fixe le statut d'affecté spécial et traque les « embusqués », conduit à réexaminer du 1er septembre 1915 au 1er septembre 1916 la situation de 2692117 exemptés et réformés (1993524 déclarés tels avant-guerre, 698593 pendant la guerre). 345889 (12,85 %) d'entre eux sont rendus aux armées[1].

B. La contribution de l'Empire

De gré ou de force[2], au moins 600000 « indigènes » sont mobilisés, dont 75000 à 78000 meurent au combat. A ce total s'ajoutent 200000 travailleurs civils ainsi que 36740 Chinois. Seuls 200 Algériens et 6 Africains ont obtenu des grades d'officiers ou sous-officiers. Le tableau qui suit n'intègre pas les 38220 combattants français levés dans les colonies (essentiellement dans les futurs DOM-TOM).

Tous les mobilisés ne combattent pas en Europe, mais 134000 Africains (dont 29000 tués) et 125000 des 175000 Algériens mobilisés sont envoyés sur le front français. 20000 à 25000 tirailleurs « sénégalais » servent simultanément au front. La mortalité des fantassins africains ou encore marocains atteint 21,5 à 22,4 %, presqu'autant que les fantassins français (22,9 %), et plus que les fantassins algériens (15,1 %, soit 26000 tués et disparus).

Aire de l'empire coloniale	Afrique du Nord	Afrique occidentale française	Indochine	Madagascar	Antilles, Guyane, Réunion	Afrique équatoriale française	Autres (Pacifique, Djibouti)	Total
Colonisés mobilisés en 1914-1918	293756	171000	49720	41000	23000	18000	11000	607720

Sources :
Marc Michel, « Les troupes coloniales dans la guerre », *in* Stéphane Audoin-Rouzeau et Jean-Jacques Becker (dir.), *Encyclopédie de la Grande Guerre, op. cit.*, p. 339-346.
Chantal Antier-Renault, *Les soldats des colonies dans la Première Guerre mondiale*, Rennes, Ed. Ouest-France, 2008, p. 25.

1. D'après Charles Ridel, *Les Embusqués, op. cit.*, p. 196-201. La loi Mourier du 10 août 1917 rend, quant à elle, 27473 hommes du service armé aux unités combattantes à la date du 1er février 1918. *Idem*, p. 203-204.

2. Chantal Antier-Renaud évalue les engagés volontaires à seulement 55 % des troupes dites indigènes. La conscription forcée a suscité des révoltes d'ampleur souvent importante en Algérie, au Maroc, en Haute-Volta, au Tchad, au Dahomey, à Madagascar ou en Indochine. Voir Chantal Antier-Renault, *Les Soldats des colonies dans la Première Guerre mondiale*, Rennes, Ed. Ouest-France, 2008.

C. Les Américains en renfort (1917-1918)

Au printemps 1917, le front français est tenu par 180 divisions dont 110 françaises, 63 britanniques, 6 belges, 1 russe.

Sans tradition de service militaire en temps de paix, les Américains doivent mettre sur pied une armée alors qu'ils n'alignent à leur entrée en guerre, le 6 avril 1917, que 128 000 hommes d'active (et 6 000 officiers) ainsi que 180 000 hommes dans la Garde nationale. Il faut ensuite envoyer les mobilisés en Europe, les premiers arrivant symboliquement en juin 1917. Néanmoins, le renfort matériel, humain et moral fourni par les Etats-Unis joue un rôle important dans la victoire finale.

	10/1917	01/1918	9/1918	11/1918	Total à la fin de la guerre
Soldats américains présents en France	41 700	161 750	1 536 500	1 822 200	2 039 329
Dont combattants	ND	ND	1 140 200	1 225 000	1 300 000

Source : Rémy Porte, « Etats-Unis », *in Dictionnaire de la Grande Guerre, op. cit.*, p. 406.

Parmi eux, 784 000 ont effectivement vu le feu, soit l'équivalent de 28 divisions. Les pertes sont de 318 993 hommes dont 34 249 tués et 224 089 blessés, à 70 % rétablis et retournés au combat. Cette armée est démobilisée dès le retour à la paix.

D. Les fusillés de la Grande Guerre

Au cours de la guerre, après des procès souvent iniques ou expéditifs, la justice militaire condamne à mort quelque 2 500 combattants, dont 625 à 700 sont passés par les armes. Le plus grand nombre est fusillé en 1914-1915, avant tout « pour l'exemple », lorsque la retraite précédant la bataille de la Marne puis les premiers combats des tranchées suscitent un certain désarroi parmi les troupes. Le mois d'octobre 1914 marque un pic (près de 60 exécutions). Après juin 1916, le recours en révision et la grâce présidentielle deviennent possibles, et les abus les plus criants diminuent. Contrairement à la légende, il n'y a aucune répression massive des mutineries de 1917. Environ 40 fusillés sont réhabilités dès les années 1920 grâce aux actions de leurs anciens camarades de combat.

En écartant l'espionnage et les crimes de droit commun, le nombre de combattants fusillés pour motif de désobéissance militaire s'établit entre 584 et 631.

Les fusillés de 1914-1918 par période et par motif d'exécution

	Sept-déc. 1914	1915	1916	1917	1918	Total
Crimes et délits de droit commun	13	18	13	4	5	53[1]
Pillage	1	–	–	–	–	1
Espionnage*	29	12	7	7	1	56[2]
Capitulation en rase campagne	2	–	–	–	–	2
Abandon de poste devant l'ennemi	134	148	66	42	3	393
Instigation de révoltes	–	–	9	10	–	19
Refus d'obéissance en présence de l'ennemi	10	60	21	18	–	109
Voies de faits envers un supérieur	1	23	9	8	2	43
Désertion à l'ennemi	–	–	3	–	1	4
Exécutions sommaires[3]	6	–	8	–	–	14
Motif inconnu	10	35	–	–	2	47
Total des exécutions par ordre de la justice militaire	**206**	**296**	**136**	**89**	**14**	**741**[4]

*Chiffre ne concernant que la zone des armées.

1. Dont 26 militaires français, 11 militaires d'outre-mer, 12 militaires allemands et 3 civils français.
2. Dont 23 civils français, 24 civils étrangers et 4 militaires allemands.
3. Le vrai chiffre, impossible à établir, est sûrement supérieur.
4. Dont 625 militaires français et 50 tirailleurs des colonies, ainsi que 16 militaires allemands, 26 civils français et 24 civils étrangers.

Source : Général André Bach, « Rapport » in *Quelle mémoire pour les fusillés de 1914-1918 ? Un point de vue historien. Rapport présenté à M. le Ministre délégué auprès du ministre de la Défense, chargé des Anciens Combattants, par un groupe de travail animé par M. Antoine Prost, président du conseil scientifique de la Mission du Centenaire*, remis le 1er octobre 2013, p. 12.

Les fusillés par comparaison internationale

	France	Italie	Empire britannique	Allemagne	Etats-Unis	Autriche-Hongrie
Exécutions militaires	~600	729[1]	346	48	25 (pour viol et meurtre seulement)	754
% condamnés à mort exécutés	30 à 35 %	19 %	11 %	ND	ND	

1. Au contraire exact du cas français, le nombre de soldats italiens fusillés augmente avec le temps : 66 en 1915, 167 en 1917, 359 en 1917.

Source : Jay Winter (dir.), *La Première Guerre mondiale*, t. 2, *Etats*, Fayard, 2014.

E. Les refus de 1917

Selon l'étude pionnière de Guy Pedroncini, après l'immense déception causée par le fiasco de l'offensive du Chemin des Dames, il y aurait eu 23 400 mutins, et 250 incidents concernant 68 des 110 divisions de l'armée française (2 millions de soldats dont 1,2 million de fantassins). Denis Rolland réévalue l'importance des mutineries : 163 mouvements collectifs d'amplitude diverse auraient concerné 78 divisions et 59 000 à 88 000 participants. D'après André Loez, le mutin-type est un soldat jeune (25 ans en moyenne au lieu de 28 ans pour les non-mutins), mobilisé au cours du conflit, célibataire (21,8 % de mariés contre 30,1 %), et plus souvent instituteur, employé ou artisan que paysan ou ouvrier d'usine.

Le mouvement est pacifique (seules 15 % des actions sont violentes selon André Loez, et 11,2 % comportent des menaces). Il vise non à mettre fin à la guerre, mais à obtenir une amélioration des conditions de vie ainsi que l'arrêt des offensives inutilement meurtrières. Le nouveau général en chef, Philippe Pétain, satisfait une partie des revendications : le front est laissé au repos, le régime des permissions sensiblement amélioré et, entre 1915 et la deuxième moitié de 1917, le taux de permission passe de 5 à 25 % dans les unités combattantes et de 10 à 40 voire 50 % dans les unités de réserve. Au 1er juillet 1917, le pic de permissionnaires est atteint pour l'ensemble du conflit, avec 450 000 hommes en permission (16,35 % des effectifs). Mais le général Pétain fait aussi prononcer 3 427 condamnations dont 554 à mort : seules 49 à 70 sont exécutées – 34 si l'on suit certains calculs plus récents. 1 381 autres peines sont jugées « lourdes » par les historiens.

Sources

Guy Pedroncini, *Les Mutineries de 1917,* PUF, 1967.
Denis Rolland, *La Grève des tranchées. Les mutineries de 1917,* Imago, 2005.
André Loez, *14-18. Les Refus de la guerre. Une histoire des mutins*, Gallimard, 2010.

L'année 1917 marque aussi la remontée du mécontentement à l'arrière, en raison du découragement ainsi que de la poussée inflationniste (les prix doublent entre mars et juillet). Toutefois, même à leur sommet, les grèves ne touchent qu'un peu plus de 10 % des travailleurs d'usine en France (dont 75 % de femmes), contre 8 % en Allemagne, 13 % en Italie, 19 % en Grande-Bretagne, et plus de 60 % en Russie révolutionnaire.

Les grèves de l'arrière pendant la Grande Guerre : comparaison internationale

		1913	Janvier-juillet 1914	Août-déc. 1914	1915	1916	1917	1918
Russie	Grèves	2404	3584		928	1410	1938	ND
	Grévistes	887096	1337458		539528	1086384	ND	ND
Grande-Bretagne	Grèves	1459	972		672	532	730	1165
	Grévistes	664000	447000		448000	276000	872000	1116000
France	Grèves	**1073**	**690**	**0**	**98**	**314**	**696**	**499**
	Grévistes	**220000**	**162000**	**0**	**9000**	**41000**	**294000**	**176000**
Allemagne	Grèves	2127	1115		137	240	561	531
	Grévistes	266000	61000		14000	129000	667000	392000
Italie	Grèves	810	782		539	516	443	303
	Grévistes	385000	173000		132000	121000	164000	158000

Source : Marc Ferro, *La Grande Guerre*, 1969, rééd. Gallimard, Folio, 1990, p. 306-307.

F. Une économie de guerre totale

L'invasion du nord-est industriel, les réquisitions et la pénurie de main-d'œuvre (la mobilisation enlève un ouvrier sur quatre aux usines) entraînent une chute de la production. L'occupation de dix départements par les Allemands prive la France de 25 % de son potentiel de construction mécanique, de 40 % de son charbon, de 60 % de son acier, de 80 % de sa fonte, de 90 % de son fer. La moitié des 120000 ouvriers spécialistes de la métallurgie se trouve en territoire occupé. En outre, de riches terres agricoles sont perdues.

Malgré ces handicaps, la France réussit une mobilisation industrielle qui la métamorphose, quatre ans durant, en arsenal des Alliés, Américains compris après 1917. Le chômage initial causé en août 1914 par la désorganisation économique (1,9 million de personnes) est vite résorbé. 25000 établissements de toute taille travaillent en 1915 pour la défense nationale, qui deviennent 15000 en 1918 suite à un effort de concentration.

Indices économiques (1913-1919)

	1913	1918	1919
Production industrielle	100		55
Métallurgie	100		29
Textile	100		60
Mines	100		47
Bâtiment	100		16

	1913	1918	1919
Charbon (millions de t)	40,8	26,3	
Acier (millions de t)	4,7	1,7	
Avoine (surface cultivée, en millions d'ha)	3,8	2,6	
Avoine (millions de quintaux)	48,4	27,4	
Surfaces emblavées (millions d'ha)	6,5	4,2	
Blé (millions de t)	8,4	6,3	
Seigle (millions de t)	1,25		
Pommes de terre (millions d'ha cultivés)	1,5	1,1	
Pommes de terre (millions de quintaux)	132	62,1	
Sucre (t)	700 000	136 000	
Vin (Mhl)	46,5	~ 23	

Sources :
Pierre Barral, « Les campagnes », in Stéphane Audoin-Rouzeau et Jean-Jacques Becker (dir.), *Encyclopédie de la Grande Guerre*, *op. cit.*, p. 651-663.
Nicolas Beaupré, *Les Grandes Guerres (1914-1945)*, Belin, 2012, p. 218.

Les armées absorbent des quantités de matériel sans précédent. En 1914, une division nécessite au quotidien de 70 à 140 tonnes de matériel – mais un millier de tonnes en 1918. En quatre ans, chaque « poilu » a consommé 3 tonnes d'acier, 1 tonne de blé, 20 kg de cuir, 0,5 tonne de cuivre, 100 kg de laine, 50 kg de tabac.

La production d'armes : moyennes mensuelles (1914-1918)

Type d'armement	1914	1918	Hausse de la production
Obus de plus de 75	1,3 million	40 millions	x 30
Bombes	1 000	3 millions	x 3 000
Grenades	500 000	4 millions	x 8
Avions	20	500	x 25
Chars d'assaut	0	350	-
Sous-marins	2	10	x 5

Source : Musée de la Grande Guerre en pays de Meaux.

La production totale d'armement (1914-1918)

Armement	Production totale en quatre ans
Obus	300 000 000
Cartouches	6,3 milliards
Fusils	2 375 000
Mitrailleuses	90 000
Fusils-mitrailleurs	225 000
Pièces d'artillerie de campagne (canons de 75)	17 350
Pièces d'artillerie lourde	6 750
Chars d'assaut	3 870

Armement	Production totale en quatre ans
Avions	51 000
Moteurs d'avions	88 850 à 92 396
Gaz de combat	40 000 t
Grenades	150 millions

Source : Jean-Jacques Becker, *Victoires et frustrations*, Points-Seuil, 1990, p. 77.

Armement disponible (1914-1918)

Armement disponible	1914	1918
Pièces d'artillerie de campagne	4 100	5 000
Pièces d'artillerie lourde	308	9 000
Chars	–	2 000
Avions		24 652

Source : Musée de la Grande Guerre en pays de Meaux.

Glissement de la main-d'œuvre féminine au profit de l'industrie de guerre

Salariés féminins	1914	1918
Textile	190 000	183 000
Métallurgie	18 000	172 000
Divers	279 000	272 000
Total industrie	487 000	627 000

Source : André Louat et Jean-Marc Servat, *Histoire de l'industrie française jusqu'en 1945*, Bréal, 1995, p. 235.

L'emploi des gaz toxiques

Utilisée pour la première fois devant Ypres le 9 avril 1915 par les Allemands, l'arme chimique représente 1 % des obus tirés par les deux camps à Verdun en 1916, mais 20 % en 1918. Au cours du conflit, 495 000 soldats de tous pays sont « gazés » (3,4 % du total des 23 millions de blessés) mais cette arme est rarement mortelle : seuls 20 000 soldats intoxiqués sur le front occidental sont décédés[1], et la mortalité des « gazés » chute de 40 % en avril 1915 à 6 % en 1916 puis 2,5 % en 1918. 600 000 Français, Allemands et Britanniques auraient été victimes de cette arme, dont 27 000 à 30 000 seraient décédés. 17 000 Français seraient morts par gaz toxiques.

1. Les chiffres du front oriental sont incertains, faute de statistiques russes fiables : 56 000 Russes intoxiqués seraient décédés.

	1914	1915	1916	1917	1918	Total
Emploi de gaz toxiques (tous belligérants confondus)		3600 t	15000 t	35000 t	59000 t	112600 t

Sources :
Stéphane Audoin-Rouzeau, « Les gaz, nouvelle frontière de l'horreur », in *La Très Grande Guerre*, Editions Le Monde, 1994, p. 91.
Olivier Lepick, « Les armes chimiques », in Stéphane Audoin-Rouzeau et Jean-Jacques Becker (dir.), *Encyclopédie de la Grande Guerre*, Bayard, 2004, p. 278.
Olivier Lepick, *La Grande Guerre chimique 1914-1918*, PUF, 1998.

Le développement de l'aviation

La France forme 134 pilotes en 1914, 1484 en 1915, 2700 en 1916, 8000 en 1918. En 1918, elle produit plus d'avions (24652) que le Royaume-Uni et l'Allemagne réunis. Elle emploie 186000 ouvriers dans l'aéronautique et équipe tous ses alliés. Le 11 novembre 1918, elle aligne 3467 appareils contre 2700 pour les Britanniques et 2950 pour les Allemands. 4750 hommes, dont 1150 officiers, ont laissé la vie dans l'aviation militaire.

G. Bilan matériel et financier

Les autorités estiment en 1921 le coût total de la guerre à 140 milliards de francs-or, dont 34 milliards de destructions matérielles et 35 milliards de dettes envers les Alliés[1]. C'est l'équivalent d'environ 3,8 années du PIB de 1913.

Destructions matérielles

300000 immeubles détruits dont 11000 édifices publics 440000 immeubles endommagés 620 villages détruits dont 9 « morts pour la France », disparus totalement aux abords de Verdun
58700 km de routes 6120 ponts 1858 km de canaux 5000 à 6000 km de voies ferrées
972000 tonneaux coulés par la guerre sous-marine
5000 entreprises industrielles sinistrées en totalité, 16000 partiellement
Les mines du Nord, inondées par les Allemands en retraite, ne donnent que 0,6 million de t de charbon en 1919 contre 19 millions en 1913

1. Chiffre donné par Alfred Sauvy, cité par Jean-Jacques Becker et Serge Berstein, *Victoires et frustrations 1914-1929*, Seuil, 1990, p. 150.

Doivent être déblayés : 333 millions de m³ de tranchées, 375 millions de m³ de barbelés
3 335 000 ha ont été « occupés longuement », dont 2 537 931 ha de territoire agricole, 635 635 ha de forêts, 162 239 ha non agricoles
La « zone rouge », où le coût de la remise en valeur excède le prix du sol, couvre 116 794 ha
42 000 exploitations agricoles sont entièrement anéanties, 160 000 dévastées en partie

1 285 000 ovins perdus, ainsi que :
940 000 bovins
340 000 chevaux

Les dommages infligés à l'agriculture représenteraient 8 à 9 milliards de francs-or

Remis en état en 1925 :
52 % des habitations
67 % des bâtisses agricoles
79 % des routes
87 % des usines
100 % des voies ferrées
En 1931, 88 % des habitations et ~ 100 % des infrastructures sont reconstruits

Sources :
Nicolas Beaupré, *Les Grandes Guerres (1914-1945), op. cit.*, p. 227.
Jean-Jacques Becker et Serge Berstein, *Victoires et frustrations 1914-1929*, Seuil, 1990, p. 150 et p. 170.
François Cochet, « Bilans humain et matériel », in François Cochet et Rémy Porte (dir.), *Dictionnaire de la Grande Guerre, op. cit.*, p. 136.

Les comptes de la nation en guerre (en milliards de F)(1913-1918)

	1913	1914	1915	1916	1917	1918
Dépenses militaires	1,8	6,5	14,7	23,8	26,6	22,8
Recettes budgétaires	5,09	4,5	4,1	4,9	6,9	7,6
Déficit budgétaire	0,51	5,3	14,9	25	28,7	38
Déficit commercial	1,5	1,6	7,2	14,4	21,5	17,6

Source : André Louat et Jean-Marc Servat, *Histoire de l'industrie française jusqu'en 1945*, Bréal, 1995, p. 238.

Coût approximatif comparé de la guerre ($ 1 = 5,20 F en 1914)

	Royaume-Uni	Allemagne	Etats-Unis	France	Autriche-Hongrie	Russie	Italie
Dépenses de guerre totales (en milliards de dollars)	40 à 44	40 à 46	32	**24 à 25**	20 à 23	15 à 22	12
Dépense en dollar/hab.	1 000	700	340	**670**	440	150	370
Equivalent du PIB de 1913 dépensé	4	4	< 1	**3.8**	4	3	3
Croissance nominale des dépenses publiques 1913-1918	x 13 à 14	x 13 à 14	x 18	**x 11**	ND	ND	x 22

Source : Alain Plessis, « Financer la guerre », in Stéphane Audoin-Rouzeau et Jean-Jacques Becker (dir.), *Encyclopédie de la Grande Guerre, op. cit.*, p. 479-493.

En 1919, l'expert E. Bogart estime que les belligérants auraient dépensé 186 milliards de dollars, soit 1 000 milliards de francs, dont 680 milliards pour l'Entente (France, Royaume-Uni, Russie, puis Italie, Etats-Unis et autres alliés) et 320 milliards pour l'Alliance (Allemagne, Autriche-Hongrie, Turquie et autres alliés).

La poussée inflationniste (1910-1919)

	1910	1914	1916	1918	1919
Indice des prix de gros	100	104	192	346	364
Couverture de la circulation fiduciaire par l'encaisse métallique et les devises	75 %	71,4 %	38,2 % (en 1915)	27,5 % (en 1917)	18,2 %

Source : Rémi Pérès, *Chronologie de la France au XXe siècle. Histoire des faits économiques, politiques et sociaux*, Vuibert, 2000, p. 18-19.

H. Le financement de la guerre

Entre 1913 et 1918, la dépense publique est multipliée par trois en francs constants, par onze en francs courants, bondissant de 5 à 54 milliards (vingt fois le coût de la guerre de 1870). Or les recettes ne sont passées que de 4,9 à 6,2 milliards entre 1913 et 1918, le gouvernement refusant de financer la guerre par l'impôt : ce dernier ne couvre que 16 % de la dépense totale. L'emprunt même ne rapporte que 23,9 milliards d'argent frais sur 55,6 milliards collectés, juste de quoi couvrir un quart de la dette intérieure.

L'Etat émet également pour 51 milliards de « bons de la défense nationale » entre 1914 et 1918, plus de la moitié de la dette intérieure – sans tenir compte des 25 milliards encore souscrits en 1919. Le quart restant est fourni par les prêts des Alliés, notamment Américains et Britanniques. Enfin, le pays perd la moitié de ses capitaux à l'étranger, soit 23 milliards de francs. A la fin du conflit, la France doit 2,9 milliards de dollars aux Etats-Unis et 2,7 milliards de dollars au Royaume-Uni. Elle a prêté elle-même 3 milliards de dollars (15 milliards de francs) à ses alliés.

Emprunts souscrits (1915-1918)

Emprunts de la défense nationale	Premier emprunt (25 novembre 1915)	Deuxième emprunt (5 octobre 1916)	Troisième emprunt (26 octobre 1917)	Quatrième emprunt (19 septembre 1918)	Total
Rapport	13,3 milliards	10 milliards	10,2 milliards	22,1 milliards	55,6 milliards
Dont argent frais	6,2 milliards	5,4 milliards	5,1 milliards	7,2 milliards	23,9 milliards
% argent frais	46,6	54	50	32,58	43

Source : Jean-Baptiste Duroselle, *La Grande Guerre des Français 1914-1918*, Perrin, 1994, p. 162.

L'émission de bons de la défense nationale (1914-1919) s'emballe de 1917 à 1919 lorsqu'Alexandre Ribot est remplacé aux Finances par Louis-Lucien Klotz, souvent jugé par l'historiographie comme l'un des pires ministres des Finances de l'histoire de France.

Emission des bons de la défense nationale (1914-1919)

	1914	1915	1916	1917	1918	1919	Total
Rapport net des bons de la défense nationale en milliards de francs	1,6	~ 8	12,3	12,6	16,4	25	76

Source : *Idem*, p. 160.

Les réparations allemandes : de 1921 à 1932 (moratoire Hoover), l'Allemagne paie 22,8 milliards de marks-or, dont 9,5 milliards à la France, sur les 132 milliards prévus (dont 52 % soit 68,64 milliards auraient dû revenir à la France). Les réparations n'ont payé que 30 % de la reconstruction de la France, le reste est assumé par le pays lui-même.

I. Les pertes humaines et le bilan démographique

A partir des nombreuses estimations publiées, Antoine Prost propose des chiffres prenant en compte les morts de maladie et les prisonniers de guerre décédés en captivité avant le milieu de l'année 1919.

Pertes militaires des principaux belligérants

	Mobilisés	Morts et disparus	% mobilisés tués	Blessés	Prisonniers
Russie	18 100 000	1 977 500	10,9 %	4 950 000	2 500 000
Empire allemand	*13 200 000*	*2 037 000*[1]	*15,4 %*	*4 216 058*[1]	*1 152 800*
Empire Autriche-Hongrie	*9 000 000*	*1 457 000*	*16,2 %*	*3 620 000*	*2 200 000*
Empire britannique	8 900 000	959 000	10,8 %	2 090 212	191 652
France + colonies	**7 891 000**	**1 400 000**	**17,7 %**	**2 800 000**	**537 000**
Italie	5 615 000	600 000	10,7 %	947 000	600 000
Etats-Unis	4 273 000	87 900	2,1 %	234 000	4 526
Empire ottoman	*2 998 000*	*772 000*	*25,8 %*	*400 000*	*250 000*
Roumanie	1 000 000	250 700	25,1 %	120 000	80 000
Serbie	750 000	278 000	37,1 %	133 148	15 958
Japon	800 000	300	0,04 %	907	3
Bulgarie	*400 000*	*87 500*	*21,9 %*	*152 390*	*27 029*
Belgique	365 000	38 700	10,6 %	44 686	34 659

	Mobilisés	Morts et disparus	% mobilisés tués	Blessés	Prisonniers
Grèce	353000	26000	7,4 %	21000	1000
Portugal	100000	7220	7,2 %	13751	12318
Monténégro	50000	3000	6,0 %	10000	7000
Total Empires Centraux et alliés	*25598000*	*4353500*	*17,0 %*	*8388448*	*3629829*
Total Alliés	48201467	5648300	*11,7 %*	12830704	3984116
Total général	**73799467**	**10001800**	***13,6 %***	**21219152**	**7613945**

1. D'autres sources estiment les Allemands blessés à plus de 5,6 voire 6 millions, mais il s'agit peut-être du total des blessures, un soldat pouvant avoir été blessé deux fois ou plus.

Sources :

Jay Winter, « Victimes de la guerre : morts, blessés et invalides », *in* Stéphane Audoin-Rouzeau et Jean-Jacques Becker (dir.), *Encyclopédie de la Grande Guerre, op. cit.*, p. 1077.

Antoine Prost, « Les morts » *in* Jay Winter (dir.), *La Première Guerre mondiale*, t. 3, 2014, p. 604-605.

Pertes des belligérants par jour (1914-1918)

	Russes	Allemands	France	Américains	Britanniques	Ensemble belligérants
Tués par jour 1914-1918	1459	1300	900	820 (en 1918)	457	6000

En moyenne, 10 % des soldats ont été tués (4,5 % pendant la Seconde Guerre mondiale). 700000 corps n'ont pas été retrouvés, dont ceux de 250000 combattants français.

Pertes françaises selon les classes d'âge et selon les périodes de la guerre

Classe mobilisée	1912	1913	1914	1915	1916	1917	1918
% tués	27 %	28 %	29,2 %	27,8 %	18,4 %	13,1 %	8 %

	Août-déc. 1914	1915	1916	1917	1918	1914-1918
Pertes mensuelles	60270	29070	21025	13642	22300	25279
Morts et disparus sur l'année	301350	348850	252300	163700	223000	1289200[1]
Perte par rapport à l'effectif total des armées	2,95 %	1,09 %	< 1 %	< 1 %	< 1 %	
Soldats faits prisonniers	205000	75000	86000	56000	124000	546000

1. Les pertes totales de l'armée française oscillent cependant de 1325000 à 1394388 en fonction des sources, et selon qu'elles ajoutent les combattants décédés de leurs blessures dans les quelques mois suivant l'Armistice du 11 novembre 1918.

Sources :

François Cochet, « Prisonniers de guerre », *in* François Cochet et Rémy Porte (dir.), *Dictionnaire de la Grande Guerre 1914-1918*, Bouquins, Robert Laffont, 2008, p. 847.

Rémy Porte, *Les Secrets de la Grande Guerre*, Vuibert, 2012, p. 41-45.

Près de 1,4 million de soldats français perdent la vie entre 1914 et 1918, soit 3,4 % de la population totale (3 % en Allemagne), 10,5 % de la population active masculine ou encore 17,4 % des mobilisés. Au moins 80 % sont tués par les bombardements d'artillerie, seuls 15 % par balles, 1 % par baïonnette et 1 % par les gaz toxiques. Le taux de mortalité atteint 22 % parmi les fantassins (officiers : 20 %), 8 % parmi les cavaliers (officiers : 10 %), 6 % parmi les artilleurs (officiers : 9 %) et 3,5 % parmi les aviateurs.

Victimes par catégorie socioprofessionnelle

	Population active masculine en 1913	Tués	Disparus	Total tués	Morts pour 1 000 actifs	Mutilés	Total victimes
Agriculture	5400000	397500	140500	538000	966	161200	699200
Industrie	4730000	306900	108500	415400	877	123300	538400
Transports	580000	35100	12400	47500	810	13400	60900
Commerce	1300000	90900	32100	123000	940	37000	160000
Professions libérales	310000	24500	8700	33200	1070	10000	43200
Domestiques	160000	12100	14300	16400	1025	5100	21500
Fonctionnaires	520000	40500	14300	54800	1055	15900	70700
Armée active	100000	50000	16800	66800	–	22900	89700
Indéterminé	–						
Total général	13100000	957500	337600	1295100	990	388000	1683600

Source : Jean-Jacques Becker, *Victoires et frustrations*, *op. cit.*, p. 149, d'après Alfred Sauvy, *Histoire économique de la France entre les deux guerres*, Fayard, 1965, t. I, p. 442.

La saignée des élites. Les élites fournissent souvent les officiers ; or ceux-ci se doivent d'entraîner leurs hommes à l'assaut, d'où un taux de pertes plus élevé en moyenne que celui des fantassins : 31 300 officiers ont été tués, soit 22 %, contre 17,4 % pour l'ensemble des mobilisés. 41 généraux ont perdu la vie. Sur 220 parlementaires mobilisés, 16 députés et 1 sénateur sont décédés.

833 polytechniciens sont morts, dont 260 des promotions 1911-1918 (17,5 %). De même, sur un millier d'élèves et anciens élèves de l'Ecole normale supérieure de la rue d'Ulm mobilisés, 239 sont tués, soit plus du quart, et la moitié de la promotion 1914 est anéantie. Près de 4 900 saint-cyriens sont tombés au champ d'honneur (dont 428 des 774 élèves de la promotion 1914), et plus de 700 décèdent après-guerre des séquelles de leurs blessures.

Sur les 65 000 instituteurs en poste en 1914, 35 817 ont été mobilisés et 8 110 tués au champ d'honneur (22,6 % pour une moyenne nationale de 17,4 %), sans oublier au moins 10 280 blessés. La mortalité grimpe à près de 50 % pour les professeurs de l'enseignement secondaire mobilisés. Pareillement, 14 % des prêtres et séminaristes français sont tués pendant la Grande Guerre. 450 des 900 pasteurs en exercice ont été mobilisés, une quarantaine sont morts, ainsi que 50 étudiants en théologie. 37 rabbins ont servi d'aumôniers dont 3 ont été tués, 19 cités.

La saignée du monde rural. Les milieux paysans et ruraux, qui fournissent les gros bataillons de l'infanterie, sont les plus éprouvés : les régions militaires rurales comptent 19-20 % de mobilisés tués contre 10,5 % pour le gouvernement militaire de Paris. Selon Alfred Sauvy, le secteur agricole aurait perdu près de 10 % de ses 5,4 millions d'actifs de 1913, un des pires taux toutes catégories socioprofessionnelles confondues : il déplorerait 538 000 morts (387 500 tués, 140 500 disparus) et 161 200 mutilés.

Blessés, mutilés et malades : 3 594 000 blessures ont été infligées à 2 800 000 soldats : 1,4 million d'entre eux ont donc été blessés deux fois, 100 000 plus de deux fois. 70 % des blessures ont été infligées aux membres. 75 % des blessures sont provoquées par l'artillerie, 23 % par les balles, 1 % par l'arme blanche, 1 % par d'autres moyens. On recense, en 1919, 300 000 grands invalides de guerre (invalides à plus de 85 %), dont environ 15 000 « gueules cassées », 42 000 borgnes ou aveugles de guerre, et 2 millions d'invalides à 10 % au moins, qu'il faudra pensionner. Enfin, 5 millions de soldats ont été malades et soignés un moment ou l'autre pendant la guerre[1].

Veuves de guerre et orphelins

Le statut de « pupille de la nation » est créé par la loi du 27 juillet 1917. L'Office national qu'elle engendre prend en charge 350 000 orphelins dès novembre 1918 et au total 1 100 000 orphelins de guerre (Allemagne : 1 million, Royaume-Uni : 350 000). Selon un rapport de 1922, 644 590 veuves de guerre seraient restées en charge de 804 997 enfants. En 1928, 262 500 veuves (40,7 %) se sont remariées, donnant un nouveau père à 157 500 orphelins de guerre (19,5 %). Un nombre inconnu de « veuves blanches » ne se sont jamais mariées en mémoire du fiancé tué au combat.

1. François Cochet, « Blessés », *in* François Cochet et Rémy Porte (dir.), *Dictionnaire de la Grande Guerre*, *op. cit.*, p. 139.

Dans l'après-guerre, le sex-ratio est donc déséquilibré : 1 100 femmes pour 1 000 hommes en 1920, au lieu de 1035 femmes pour 1 000 hommes en 1911. Chez les 25-29 ans, la proportion atteint 1 320 femmes pour 1 000 hommes.

800 000 parents de soldats, âgés, invalides ou sans ressources, survivent grâce à une pension de l'Etat.

Veuves de guerre et enfants à charge

Nombre d'enfants à charge	0	1	2	3	4	5	6	7	8	9	10
Veuves de guerre	179 487	248 855	142 135	50 095	17 778	4 921	975	208	91	39	6

Sources :
François Cochet, « Veuves de guerre », in François Cochet et Rémy Porte (dir.), *Dictionnaire de la Grande Guerre, op. cit.*, p. 1053.
Olivier Faron, *Les Enfants du deuil : orphelins et pupilles de la nation de la Première Guerre mondiale*, La Découverte, 2001.

Réfugiés, internés et victimes civiles de guerre : 1,4 million de réfugiés français et belges sont repliés à travers le territoire français en 1914. Pendant la guerre, 500 000 civils des territoires occupés par l'armée allemande sont évacués *via* la Suisse et arrivent en France non occupée. Avec la reprise des offensives allemandes en 1918, on compte 2 millions de réfugiés et de déplacés à travers la France.

40 000 ressortissants ennemis, 20 000 nationaux (repris de justice, vagabonds, prostituées, Tziganes, alsaciens-lorrains, etc.) sont internés dans une soixantaine de camps. En 1918, 110 000 Allemands sont expulsés de l'Alsace-Moselle recouvrée.

1 500 civils français ont été massacrés lors de l'invasion de 1914 (ainsi que 5 000 Belges). Les historiens John Horne et Alan Kramer recensent 28 incidents majeurs ayant causé la mort d'au moins plus de dix civils en France (101 en Belgique)[1].

A partir de 1916, 45 000 civils (« brassards rouges ») sont soumis au travail forcé en France occupée, et 30 000 femmes et jeunes filles de Lille sont contraintes d'aller travailler aux arrières du front.

90 bombardements par zeppelin ou par avion ont tué 533 personnes et blessé 1 261 autres (Royaume-Uni : 1 431 et 3 407). Entre le 23 mars et

1. John Horne et Alan Kramer, *1914. Les Atrocités allemandes. La vérité sur les crimes de guerre en France et en Belgique*, Tallandier, 2011.

le 9 août 1918, le canon Long Max, improprement surnommé la « grosse Bertha » par les Français, tire 350 obus dont 180 sur Paris et 140 sur la banlieue, tuant 256 personnes et en blessant 620 autres.

Sources

François Cochet, « Bilans humain et matériel », *in* François Cochet et Rémy Porte (dir.), *Dictionnaire de la Grande Guerre, op. cit.*, p. 13.

Philippe Nivet, « Réfugiés », *in* Stéphane Audoin-Rouzeau et Jean-Jacques Becker (dir.), *Encyclopédie de la Grande Guerre, op. cit.*, p. 799-811.

Chapitre 6

LA FRANCE DANS LA SECONDE GUERRE MONDIALE

A. De la guerre à la drôle de guerre

La France s'engage dans la guerre le 3 septembre 1939. Non sans atouts. De fait, la part des dépenses militaires dans le revenu national français ne cesse de croître à partir de 1928. La préparation de la Seconde Guerre mondiale coûte plus cher à la France que celle de la Première.

Dépenses militaires par rapport au revenu national (en %) (1920-1939)

Année	France	Grande-Bretagne	Allemagne (produit national brut)
1913	4,2		
1920	5,5		
1925	3,1		
1928	3,4		
1932	5		
1933	5,2	3	1,9
1934	4,9	3	4,1
1935	5,9	2	6
1936	6,3	5	10,8
1937	7,1	7	11,7
1938	8,6	8	17,2
1939	23	22	30

Source : Robert Frank, *Le Prix du réarmement français 1935-1939*, Publications de la Sorbonne, 1982.

La drôle de guerre

Dès le 3 septembre 1939, 4 564 000 ressortissants français sont mobilisés, soit 29 classes d'âge. Au printemps 1940, les effectifs français et britanniques présents en France sont comparables à ceux engagés par l'Allemagne. L'armement allié, de même, est de nature à rivaliser avec celui de la Wehrmacht, à l'exception des défenses anti-aériennes (1 200 pour la France contre 9 300 pour le Reich).

Effectifs au printemps 1940

	Divisions	Hommes	Chars
Allemands	114	2 540 000	2 574
Français	94	2 240 000	2 285
Britanniques	10	220 000	400 en France (dont 80 % de chars légers)

Désertions comparées 1914/1939

	1914	1939
Nombre de déserteurs	509	Total : 4 504 métropole : 3 068 colonies : 1 386
Proportion de déserteurs par rapport au nombre de mobilisés	0,018 %	0,099 %
Insoumissions		971

Source : François Cochet, *Les Soldats de la drôle de guerre*, Hachette Littérature, 2004.

La contribution des colonies en 1939-1940

Selon Jacques Frémeaux, l'armée envoie au front 640 000 indigènes, dont 176 000 Algériens, 80 000 Tunisiens, 80 000 Marocains et 180 000 Sénégalais. Les troupes coloniales représentent alors environ 10 % des effectifs de l'armée française[1].

La campagne de France ne dure que six semaines et se solde par une cruelle défaite.

1. Jacques Frémeaux, « Les contingents impériaux au cœur de la guerre », *Histoire, économie et société*, vol. 23-2, 2004, p. 215-233, p. 217-218.

L'armée française après la défaite de 1940

Prisonniers de guerre	1 800 000 dont 200 000 s'enfuient ou sont relâchés à l'été 1940
Français évacués de Dunkerque	320 000 soldats
Hommes démobilisés	1 700 000 hommes
Armée autorisée par l'Allemagne en métropole	Symboliquement : 100 000 hommes Dans les faits : 195 000 hommes 100 000 hommes dont 6 000 gardes mobiles 60 000 gendarmes 10 000 pompiers de Paris 15 000 travailleurs coloniaux (indochinois et malgaches)
Armée d'Afrique	40 000 hommes en Algérie 45 000 hommes au Maroc 15 000 hommes en Tunisie (dont 5 % d'officiers et 16 % de sous-officiers) 4 000 travailleurs en Tunisie, 8 000 en Algérie, 8 000 au Maroc 70 000 hommes camouflés dans des formations supplétives (goums marocains ou corps des douers en Algérie)
Troupes dans les colonies	65 000 hommes dans les deux corps d'armée d'Afrique occidentale 63 000 hommes en Indochine 15 000 hommes à Madagascar et Djibouti

Sources :
Christine Levisse-Touzé, *L'Afrique du Nord dans la guerre*, Albin Michel, 1998.
André Corvisier, *Histoire militaire de la France*, t. 3, *De* 1871 *à 1940*, PUF, 1997.
Jean-Pierre Azéma, François Bedarida (dir.), *La France des années noires*, t. 1, *De la défaite à Vichy*, Points-Seuil, 2000.

Le sort des prisonniers de guerre capturés par l'Allemagne se décompose comme suit.

Les prisonniers de guerre (1940-1944)

Juin 1940	1 800 000 à 1 900 000 (dont 90 000 coloniaux [1])
Automne 1940 – printemps 1941	1 580 000 transférés en Allemagne
31/12/1941	1 216 000
31/12/1942	1 109 000
31/12/1943	980 000
31/12/1944	940 000

1. Les prisonniers de couleur restés en France sont encore 69 053 dans 22 Frontstalags en avril 1941, 43 944 en mars 1942, 36 751 en mai 1943, près de 30 000 à la Libération.

Source : Yves Durand, *Prisonniers de guerre dans les Stalags, les Oflags et les Kommandos 1939-1945*, Hachette, La Vie Quotidienne, 1987.

B. L'occupation allemande

Battue en 1940, la France dépose les armes. Les conventions d'armistice signées le 22 juin 1940 divisent le territoire français en deux zones.

Les divisions de l'espace français (1940-1944)

	Superficie	Part territoire	Population	% population active	Poids économique	Poids agricole
Zone nord	304 368 km²	55,2 % 42 départements occupés totalement (dont trois annexés : Alsace-Moselle), 17 en partie	28 000 000	67	• 95 % de l'acier • 76 % du charbon	100 % du sucre 87 % du beurre 77 % des chevaux 74 % du froment 70 % des pommes de terre 65 % des bovins 61 % des œufs 55 % des porcs
Zone sud	246 618 km²	44,8 % 34 départements totalement libres, 17 en partie	13 815 000	33		75 % des vins 64 % des fruits 60 % des ovins
Zone italienne	832 km²	4 départements occupés très partiellement (10 totalement ou partiellement du 11.11.1942 au 9.9.1943)	28 523 dont 22 820 à Menton	–	–	–

Source : Eric Alary *et al.*, *Les Français au quotidien. 1939-1949*, Perrin, 2009.

Jusqu'en 1942, les Allemands n'occupent qu'une partie du territoire français, ce qui leur permet d'affecter des forces limitées pour contrôler l'Hexagone. Hors l'Alsace-Moselle annexée et le Nord-Pas-de-Calais rattaché au commandement militaire allemand de Bruxelles, le pays est dirigé par le *Militärbefehlshaber für Frankreich* (MBF) ou commandement militaire en France. Ce dernier emploie quelque 24 000 personnes, 30 000 en comptant tous les organismes.

Forces allemandes présentes en France (1940-1944)

Année	Troupes d'occupation	Troupes d'opération	Troupes terrestres sur l'ensemble Belgique-Pays-Bas-France
2e semestre 1940		100 000	
12/1941	101 610	40 000	461 589
3/1942	40 340	400 000	322 679 (520 000 au 15/7/42)
1943	195 000	400 000	786 793 (au 15/11/43)
Début 1944		1 000 000	
Juin 1944		1 500 000	

Source : Jean-Luc Leleu, Françoise Passera et Jean Quellien (dir.), *La France pendant la Seconde Guerre mondiale. Atlas historique*, Fayard–Ministère de la Défense, 2010.

Par ailleurs, 130 000 à 170 000 Allemands ont servi en France dans la Kriegsmarine, et la Luftwaffe compte 355 600 hommes à l'Ouest en novembre 1943, soit 1/5e de ses forces.

Au 31 mai 1943, les troupes italiennes comptent pour leur part 136 000 soldats et 6 000 officiers sur le continent, 65 700 soldats et 3 000 officiers en Corse (pour 200 000 habitants).

Au 15 octobre 1943, 85 000 enfants nés de pères allemands ont été déclarés à l'état-civil. 100 000 enfants naissent de père allemand sous l'Occupation selon Fabrice Virgili[1], 200 000 selon Jean-Claude Picaper et Ludwig Norz[2].

a. Les chiffres du pillage

Occupant une partie puis l'intégralité du territoire français, les Allemands se livrent à un pillage en règle de l'économie nationale. Le mark d'occupation est fixé arbitrairement à 20 francs soit une surévaluation de 50 ou 63 % selon que l'on se réfère au niveau du dollar ou de la livre sterling en juin 1940. Suite aux conventions d'armistice, l'indemnité quotidienne disproportionnée exigée par les Allemands pour leurs frais d'occupation aurait pu entretenir 18 millions de soldats. La France a compté pour 40 % des tributs financiers de l'Europe occupée, finançant 10 % de la guerre nazie. Les paiements à Berlin ont représenté 50 % des

1. Fabrice Virgili, *Naître ennemi. Les enfants de couples franco-allemands nés pendant la Seconde Guerre mondiale*, Payot, 2009.

2. Jean-Claude Picaper et Ludwig Norz, *Enfants maudits*, Edition des Syrtes, 2004.

dépenses publiques et 20 % du revenu national en 1941-1942, 36 % du revenu national en 1943.

Les indemnités d'occupation

Changement du montant quotidien de l'indemnité d'occupation	Montant quotidien de l'indemnité d'occupation (en millions de F)
Juin 1940	400
Mai 1941	300
15/12/1942	500
Juin 1944	700
Année	**Indemnité totale versée**
1940	80 000
1941	121 500
1942	109 000
1943	194 00
1944	126 000
Total	630 500
Total des versements au Reich 1940-1944	
Indemnité d'occupation acquittée au 3/9/1944	631 866 [1]
Hébergement des troupes	48 000
Accords de *clearing*	165 000
Total général	**844 866**

1. Soit 58 % du revenu national de 1940-1944.

Source : Yves Durand, *La France dans la Deuxième Guerre mondiale 1939-1945*, Armand Colin, 1988, rééd. 2007, p. 65.

Ce tribut financier permet à l'occupant de prélever une part croissante de la richesse nationale. Les Français sont condamnés à la pénurie, au rationnement, au marché noir et au système D.

Prélèvements agricoles allemands (1940-1944)

Blé	2 962 923 t (moyenne annuelle : 750 000 t)	Beurre	88 000 t
Viandes	891 000 t	Fromage	45 000 t
Lait	1 445 000 hl (~ 15 % de la collecte)	Chevaux	750 000 chevaux
		Vin	10 400 000 hl

Source : Yves Durand, *La France dans la Deuxième Guerre mondiale, op. cit.*, rééd. 2007, p. 65, corrigé pour le blé par Dominique Veillon, *Vivre et survivre en France 1939-1947*, Payot, 1995, p. 103.

En raison de ce tribut, les Français subissent un rude rationnement.

Valeur énergétique de la ration officielle d'un homme adulte (1938-1944)

	1938	Fin 1940	Fin 1941	1943	Mai 1944
Calories	2 400	1 300 à 1 500	1 110 à 1 200	1 115	898 (à Paris)

Sources :
Fabrice Grenard, *La France du marché noir 1940-1949*, Payot, 2008.
Dominique Veillon, *Vivre et survivre en France 1939-1947*, Payot, 1995, p. 103.

Consommation moyenne par habitant et par an (1938-1944)

	Viande (kg)	Pommes de terre (kg)	Lait (litres)
1938	40,9	415	241
1940	24,9	253	188
1942	18,6	180	160
1944	16	196	130

Source : Eric Alary *et al.*, *Les Français au quotidien 1939-1949*, Perrin, 2006.

Rations alimentaires comparées (en grammes) (1940-1943)

	Viande / semaine		Matières grasses	
	Octobre 1940	Fin 1943	Octobre 1940	Fin 1943
France	360	120	100	70
Belgique	525	140	196	105
Pays-Bas	500	150	250	140
Allemagne	500	250	270	219

Source : Yves Durand, *La France dans la Deuxième Guerre mondiale*, *op. cit.*, p. 66.

Les trois niveaux de prix en 1942 (en francs)

	Prix taxés	Marché amical	Marché noir
Beurre	43	69	107
Douzaine d'œufs	20	35	53
Poulet (kg)	24	38	48
Porc (kg)	17	46	74
Pommes de terre (quintal)	161	393	544

Source : Michel Cépède, *Agriculture et alimentation en France pendant la Deuxième Guerre mondiale*, Génin, 1961.

Pour atténuer les privations, les Français recourent, quand ils le peuvent, au marché noir. En 1943, il absorbe sans doute de 10 à 20 % de la production agricole totale[1].

René Sédillot et Michel David évaluent les profits du marché noir agricole en 1942-1943 à 92 milliards de francs, la circulation monétaire

1. Fabrice Grenard, *La France du marché noir 1940-1949*, Payot, 2008.

clandestine de 60 à 70 milliards (les deux réunis dépassant le budget de la France). 75 % du budget des ménages passe dans l'alimentation[1].

106 220 procès-verbaux pour marché noir sont dressés de 1940 à 1944[2].

Ces privations frappent durement les populations qui ne peuvent recourir au marché noir, à commencer par les malades qu'hébergent les hôpitaux psychiatriques.

Hôpitaux psychiatriques pendant la Seconde Guerre mondiale

Au cours des années 1980 émerge une polémique quant à la surmortalité observée dans les hôpitaux psychiatriques pendant la guerre. Le gouvernement de Vichy est suspecté d'avoir sciemment laissé mourir de faim ces malades, à des fins d'eugénisme. Les travaux d'Isabelle von Bueltzingsloewen soulignent l'ampleur de la surmortalité dans les hôpitaux psychiatriques français de 1940 à 1945 (environ 45 000) mais nient toute volonté d'eugénisme. Des difficultés de ravitaillement, auxquelles le gouvernement de Vichy s'efforce de remédier à partir de 1942, sont responsables de ce tragique épisode.

La population des hôpitaux psychiatriques (1938-1946)

Année	Existants au 1er janvier	Admis dans l'année	Soignés dans l'année	Sortis dans l'année	Décédés dans l'année	Restants au 31 décembre	Taux d'admission pour 100 000 habitants	Taux moyen de présence pour 100 000 habitants	Taux de mortalité pour 1 000 hospitalisés
1938	104 129	30 655	134 784	20 470	8 527	105 787	76	260	81
1939	103 307	34 692	137 999	20 073	9 127	108 799	88	269	86
1940	110 188	32 952	143 140	22 712	14 101	106 327	86	282	130
1941	109 958	24 018	133 976	17 369	23 577	94 030	63	268	231
1942	92 444	20 725	113 169	14 563	20 113	78 493	55	227	235
1943	69 427	17 096	86 523	9 593	10 947	65 983	49	194	162
1944	64 854	15 946	80 800	11 748	9 549	59 503	46	178	154
1945	59 503	19 326	78 829	10 073	5 970	62 786	51	162	98
1946	62 786	21 722	84 508	12 815	5 510	66 183	54	160	85

Sources :

INSEE, *Statistique du mouvement hospitalier. Années 1960 à 1964*, Imprimerie nationale, 1968.

Isabelle Von Bueltzingsloewen, *L'Hécatombe des fous : la famine dans les hôpitaux psychiatriques français sous l'Occupation*, Aubier, 2007.

1. Cités par Paul Sanders, *Histoire du marché noir 1940-1946*, Perrin, 2001.
2. Dominique Veillon, *Vivre et survivre en France 1939-1947*, Payot, 1995.

Les pénuries s'expliquent en partie par les prélèvements allemands. Mais ce pillage agricole se double par ailleurs d'un pillage industriel. Au deuxième semestre 1943, la zone nord produit à 41 % pour l'occupant, la zone sud à 8 %. Sur l'ensemble de l'Occupation, 30 à 40 % de la production industrielle totale a dû servir l'Allemagne. Au 30 juin 1944, le Reich a passé 10 milliards de Reichsmarks (RM) de commandes en France, Nord-Pas-de-Calais exclu, obtenant en livraison 6,2 milliards de RM, soit 124 milliards de francs au taux de change obligatoire. La France, premier contributeur européen à l'effort de guerre nazi, a assuré 40 % des livraisons matérielles des pays occupés[1].

Production industrielle accaparée par l'Allemagne (1942-1944)

	1942	1943	1944
Automobile	68 %	60 %	77 %
Construction électrique	52 %	45 %	33 %
Caoutchouc	55 %	60 %	65 %
Chaux et ciments	48 %	73 %	76 %
Aéronautique	57 %	100 %	100 %
BTP	ND	ND	80 %
Construction navale	ND	ND	78 %

Source : Yves Durand, *La France dans la Seconde Guerre mondiale*, Armand Colin, 2001.

Indices de la production industrielle (1938-1944)

Année	Indice général	Mines	Gaz	Electricité	Métallurgie	Chimie	Bâtiment	Tissus	Cuirs
1938	100	100	100	100	100	100	100	100	100
1941	65	97	97	112	67	44	75	44	48
1942	59	99	100	108	52	38	65	35	44
1943	54	99	100	110	58	31	49	28	38
1944	40	61	66	84	39	17	51	–	27

1. Arne Radtke-Delacor, « La France en coupe réglée », *in* Jean-Luc Leleu, Françoise Passera et Jean Quellien (dir.), *La France pendant la Seconde Guerre mondiale. Atlas historique*, *op. cit.*, p. 128.

Indices production/population active (1937-1946)

Année	Production industrielle	Production nationale	Population active
1937			100
1938	100	100	105 (en 1939)
1940		88	84
1941	65	54	93
1942	59	49	99
1943	54	45	93
1944	40	33	93
1945	50		93
1946	84		102

Source : Denis Peschanski et Jean-Louis Robert, *Les Ouvriers français dans la France de la Seconde Guerre mondiale*, CNRS, 2011.

Les Allemands se livrent donc à une exploitation systématique de la France. Ils n'hésitent pas à mobiliser sa main-d'œuvre.

Main-d'œuvre au service des Allemands en France selon le MBF (avril 1944) [1]

Population active totale présente en territoire français dans le ressort du MBF	7 163 000	100 %
Paysans (travaillant indirectement et majoritairement pour l'Allemagne)	3 073 000	43 %
Au service directement de l'Allemagne dans l'industrie	2 600 000	36 %
dont produisant au moins à 80 % pour l'Allemagne dans les entreprises « S » exemptées de prélèvements de main-d'œuvre	*919 000*	*13 %*
Au service indirectement de l'Allemagne dans l'industrie	1 400 000	19,7 %
Au service de l'Organisation Todt	90 000	1,3 %

1. Le Nord-Pas-de-Calais ainsi que la Moselle sont exclus.

Il faudrait ajouter à ces chiffres plus de 900 000 prisonniers de guerre et 400 000 travailleurs civils encore présents en territoire allemand en 1944. Pas moins de 7 000 entreprises produisent directement pour les commandes allemandes fin 1941, 14 000 en 1944.

b. Le Service du travail obligatoire (1942-1944)

Le régime de Vichy relaie cette mobilisation de la main-d'œuvre. Ainsi, il ne s'oppose plus au recrutement de volontaires à partir du début 1942. De 200 000 à 250 000 volontaires sont partis travailler en Allemagne, poussés par le chômage (plus d'un million de chômeurs en 1940-1941), la marginalité, les pénuries et les hauts salaires. Seuls 50 000 au maximum y sont présents en permanence, en raison du grand nombre d'évasions, de ruptures ou de non-renouvellements des contrats.

A partir du 22 juin 1942, la « Relève » (échange d'un prisonnier paysan contre trois ouvriers spécialistes) amène le retour, en deux ans, de 90 747 prisonniers de guerre. Le 4 septembre 1942, seuls 17 000 spécialistes s'étant portés volontaires, une première loi vichyste organise le départ forcé de plus de 360 000 personnes en six mois, à 80 % des ouvriers. La loi du 16 février 1943 vise ensuite trois classes de jeunes nés de 1920 à 1923. La réaction de la société française et de la Résistance conduit à l'effondrement des départs à l'été 1943. Mais la collaboration a entre-temps satisfait presque toutes les exigences du gauleiter Sauckel, chargé par Hitler du recrutement de la main-d'œuvre en Europe.

En tout, de 600 000 à 620 000 victimes du travail forcé ont été exilées dans le Grand Reich, plaçant la France au troisième rang de ses fournisseurs de main-d'œuvre après la Pologne et l'URSS occupées. Les ouvriers comptent pour 54 à 63,5 % des requis alors qu'ils ne sont que 31 % de la population active. 70 % des requis ont moins de 25 ans. 25 % sont mariés.

Les requis du STO (1942-1944)

Date	Travailleurs exigés	Travailleurs partis	Taux de satisfaction
Première action Sauckel (1er juin 1942-31 décembre 1942)	250 000 dont 150 000 spécialistes	239 750 dont 63 713 volontaires (selon le MBF)	95,9 %
Deuxième action Sauckel (1er janvier - 31 mars 1943)	250 000	250 259 dont 157 020 spécialistes et 93 239 manœuvres	100,1 %
Troisième action Sauckel (1er avril-31 décembre 1943)	220 000	169 357	76,98 %
Total hors quatrième action Sauckel	**720 000**	**659 366**	**91,58 %**
Quatrième action Sauckel (1er janvier - 23 juin 1944)	1 000 000 puis 855 000	42 392 dont 22 247 volontaires et 21 145 requis	4,95 %
Total général	1 575 000	701 758	44,55 %

Source : Raphaël Spina, « La France et les Français devant le Service du travail obligatoire », thèse de doctorat, Ecole normale supérieure de Cachan, 2012, p. 500.

Entre mai 1943 et avril 1944, 100 419 travailleurs civils ne sont pas revenus dans le Reich après leur permission, auxquels s'ajoutent de 10 000 à 20 000 rapatriés sanitaires et 20 000 évadés. 25 000 à 30 000 travailleurs civils seraient morts en Allemagne.

Au 31 décembre 1999, 108 451 cartes de réfractaires ont été attribuées par l'Etat sur un total estimé de 200 000 à 240 000 réfractaires au STO.

Sources

Patrice Arnaud, *Les STO. Histoire des Français requis en Allemagne nazie,* CNRS éditions, 2010.

Raphaël Spina, *La France et les Français devant le Service du travail obligatoire,* thèse de doctorat, Ecole normale supérieure de Cachan, 2012.

Bernard Garnier *et al.* (dir.), *La Main-d'œuvre française exploitée par le III*[e] *Reich,* actes du colloque de Caen, Caen, CRHQ, 2001.

Confronté à des pertes sévères qui menacent tant les effectifs de la Wehrmacht que la main-d'œuvre œuvrant dans ses usines ou dans ses champs, le Reich appelle les Alsaciens-Lorrains sous les drapeaux. 100 000 Alsaciens et 30 000 Mosellans sont incorporés de force dans la Wehrmacht à partir du 25 août 1942 : ces **« Malgré-nous »** comptent 32 490 morts ou disparus, soit un quart des effectifs. 40 000 réfractaires réussissent à échapper à l'enrôlement.

Au pillage de l'économie française et à l'exploitation de sa main-d'œuvre s'ajoute enfin le pillage des biens culturels.

c. Le pillage des biens culturels

Pillages et destructions de biens culturels

	Nombre total	Retrouvés par les Alliés occidentaux en 1945	Rendus aux propriétaires légitimes 1945-1949	Jamais réclamés
Œuvres d'art volées en France 1940-1944	100 000	61 257	45 441	15 816
dont œuvres volées à des Juifs	25 000			
Archives, livres et manuscrits	20 millions	2 à 5 millions[1]		-
dont livres volés à des Juifs	> 550 000 volumes	?		?
Livres interdits et détruits (listes « Otto » et « Bernhard »)	2 115 000 volumes (~2 000 titres)	-		-
Œuvres d'art contemporaines « dégénérées » détruites par les nazis à Paris	500 à 600	-		-

	Nombre total	Retrouvés par les Alliés occidentaux en 1945	Rendus aux propriétaires légitimes 1945-1949	Jamais réclamés
Logements notamment juifs intégralement dévalisés par l'*Einsatzstab* Rosenberg au cours de l'« action Meubles » (*Möbel Aktion*)	71 619, dont 38 000 à Paris[2]	?		?

1. Ultérieurement, de 1993 à 2000, après la chute de l'URSS, 1 109 426 dossiers et 5 571 boîtes de fiches sont restituées à la France par la Russie.
2. Au 8 août 1944, le contenu de ces logements intégralement dévalisés avait rempli 674 convois et 29 436 wagons, soit 1 079 373 m³ d'articles volés.

Sources :
Sophie Coeuré, *La Mémoire spoliée*, Payot, 2007.
Eberhard Jäckel, *La France dans l'Europe d'Hitler*, Fayard, 1968.
Mission d'études sur la spoliation des Juifs de France, Guide des recherches dans les archives des spoliations et des restitutions, La documentation française, 2000.
Mission d'études sur la spoliation des Juifs de France, Rapport au Premier Ministre, 2000.
Martine Poulain, *Livres pillés, lectures surveillées : les bibliothèques françaises sous l'Occupation*, Gallimard, 2008.

C. Vichy et les collaborationnistes

Si les conventions d'armistice avaient été signées le 22 juin 1940, Philippe Pétain n'était pour l'heure que le dernier président du Conseil de la IIIe République. Le 10 juillet 1940, les Chambres réunies à Vichy lui accordent les pleins pouvoirs. Le vainqueur de Verdun s'empresse, dès le lendemain, de bâtir un régime autoritaire, antisémite et xénophobe, qui s'engage dès 1940 dans la collaboration avec l'Allemagne nazie.

Le vote du 10 juillet 1940

	Total élus en 1939	Déchus et absents (dont sur le *Massilia*)	Total présents	Pour	Vote pour (% des présents)	Contre	Vote contre (% des présents)	Abstentions	Abstentions (% des présents)
Chambre des députés	618	192 (26)	426	357	79 %	57	12,5 %	12	
Sénat	314	70 (1)	244	213	87 %	23	9,5 %	8	
Total général	**932**	**262**	**670**	**570**	**85 %**	**80**	**14 %**	**20**	**1 %**
Non-inscrits	**37**	**8**	**29**	**26**	**90 %**	**3**	**10 %**	**0**	**0 %**
Total droite	**330**	**60**	**260**	**253**	**97,3 %**	**5**	**2 %**	**2**	**1,3 %**
Total gauche	**553**	**169**	**384**	**294**	**77 %**	**72**	**20 %**	**18**	**3 %**
dont – radicaux	257	49 (13)	208	171	82 %	27	13 %	10	5 %
– socialistes (SFIO)	166	34 (8)	132	90	68 %	36	27 %	6	4,5 %

	Total élus en 1939	Déchus et absents (dont sur le *Massilia*)	Total présents	Pour	Vote pour (% des présents)	Contre	Vote contre (% des présents)	Abstentions	Abstentions (% des présents)
Union socialiste républicaine	20	0	20	20	100 %	0	0 %	0	0 %
Ex-communistes reclassés	14	1 (1)	13	8	61,5 %	3	23 %	2	15,5 %
Catholiques de gauche « La Jeune République »	5	0	5	0	0 %	5	100 %	0	0 %
Indépendants			11	5	45,5 %	6	55,5 %	0	0 %

Source : Olivier Wieviorka, *Les Orphelins de la République. Destinées des députés et sénateurs français*, Seuil, 2001.

Le régime vichyste engage dès 1940 **une politique économique dirigiste** et prétend construire, sur le plan social, une organisation corporatiste. 221 comités d'organisation gérant les domaines les plus divers sont fondés en quatre ans. Dans le cadre de la Charte du travail qui prétend abolir la lutte des classes, seuls 1 749 syndicats uniques voient le jour sur les 15 000 à 20 000 prévus. En revanche, 8 000 à 9 000 comités sociaux sont fondés dans les entreprises, préfigurant les comités d'entreprises de la Libération.

Le régime vichyste se préoccupe également d'encadrer la population par des organisations de masse.

a. L'encadrement de la société française

En quatre ans, 392 113 jeunes gens effectuent 8 mois de stage obligatoire dans les **Chantiers de la jeunesse** qui comptent 32 groupements de 2 000 personnes, tous en zone sud. En juin-juillet 1943, 16 372 d'entre eux sont envoyés directement au STO par l'institution, sitôt leur stage achevé.

Les vétérans des deux guerres sont invités à rejoindre la Légion française des combattants, en lieu et place des associations d'anciens combattants. Selon les calculs de Jean-Paul Cointet, 72 % des titulaires de la carte de combattant de la Grande Guerre ont dû adhérer à la **Légion française des combattants** fondée par le régime de Vichy en zone sud, soit 12 % de la population totale de cette zone. Substitut de parti unique, la LFC doit servir de relais à la propagande du pouvoir et d'instrument de surveillance et de dénonciation. Avec le discrédit du régime, les effectifs s'effondrent en 1943-1944. Fin août 1943, le journaliste Pierre Limagne estime que les trois quarts des légionnaires ont démissionné ou ne payent plus leurs cotisations[1].

Effectifs de la Légion française des combattants (1941-1942)

	27 février 1941	1941-1942
Effectifs de la LFC en métropole	588 902[1]	914 647[2]

1. Soit ~ 600 000 en tout car il manque les effectifs (~ 12 000) des départements dont seul un fragment est situé en zone sud.
2. Auxquels ajouter 234 489 Volontaires de la révolution nationale, associés depuis novembre 1941 à la Légion sans être anciens combattants, soit un total de 1 149 136 personnes. Compter également les 150 000 légionnaires des trois départements d'Algérie, et 200 000 autres dans les colonies.

Source : Jean-Paul Cointet, *La Légion française des combattants*, Albin Michel, 1995.

La Légion se dote en janvier 1942 du **Service d'ordre légionnaire (SOL)**, rassemblant les membres les plus extrémistes, les plus violents et les plus collaborationnistes. Le SOL compte 17 888 membres en zone sud fin 1942, et engendre, le 30 janvier 1943, la **Milice** que Pierre Laval confie à Joseph Darnand.

La Milice rassemble de 25 000 à 30 000 membres en zone sud, et 4 000 en zone nord, à 90 % masculins. Mais seuls 15 000 militants sont réellement actifs. La Franc-Garde, fer de lance de la répression, ne compte que 6 000 à 8 000 membres. Le nombre de permanents passe de 980 en 1943 à 5 000 en juin 1944.

b. Le collaborationnisme

Si le régime vichyste et les hommes qui le servent peuvent être qualifiés de collaborateurs, ils n'entendent pas nécessairement adopter les principes de l'idéologie nazie. En revanche, les collaborationnistes militent pour un fascisme pur et dur et un alignement inconditionnel sur l'Allemagne nazie. Leurs mouvements rassemblent simultanément de 100 000 à 150 000 membres (peut-être 220 000 à leur apogée en 1942, mais avec de nombreux multi-appartenants). Ils auraient vu passer 250 000 militants, à 85 % masculin et à 90 % citadins, et représentant bien moins de 1 % de

1. Pierre Limagne, *Ephémérides de quatre années tragiques*, Bonne Presse, 1946, t. II, p. 1410.

la population totale. L'ensemble des partis collaborationnistes compterait 1 à 2 millions de sympathisants. Un tiers des militants collaborationnistes ayant adhéré en 1941 restent inscrits moins d'un an, tout comme 50 % des adhérents de l'année 1942. 10 000 à 15 000 collaborationnistes fuient en Allemagne nazie à l'été 1944.

Effectifs des formations collaborationnistes (1941-1944)

Partis et groupements collaborationnistes	Effectifs estimés
Parti populaire français (PPF, Jacques Doriot, novembre 1936)	7 000 à 10 000 en mai 1941 [1] 40 000 à 50 000 à son apogée en novembre 1942
Rassemblement national populaire (RNP, Marcel Déat, 1941)	20 000 (Philippe Burrin), 20 000 à 30 000 (Bertram Gordon)
Mouvement social révolutionnaire (MSR, Eugène Deloncle, 1941)	Jusqu'à 20 000 membres en 1941, puis déclin prononcé
Francisme (Marcel Bucard, 1933)	5 000 à 6 000 en 1941 [2] ~ 10 000 à son apogée en 1942
Groupe Collaboration (Alphonse de Châteaubriant, 1941)	42 283 en mai 1944 selon l'Ambassade, dont 32 882 en zone nord et 9 401 en zone sud [3].
Amicale des travailleurs français en Allemagne	20 000 en 1942 ?
Amis de la Légion des volontaires français contre le bolchevisme	20 000 en 1942 ?

1. Selon les Renseignements généraux. 1 500 de ces militants vivent dans les départements d'Algérie. Cité par Henri Amouroux, *Les Beaux Jours des collabos,* Robert Laffont, 1980, p. 400.
2. Selon Henri Amouroux, *Les Beaux Jours des collabos,* Robert Laffont, 1980, p. 448.
3. Toujours selon l'Ambassade, ce regroupement de notables donnant surtout des conférences collaborationnistes aurait atteint 38 000 inscrits dont 12 000 en zone libre au 1er juin 1942, voire 100 000 fin 1942. Ses conférences ont peut-être attiré 200 000 auditeurs.

Sources :
Philippe Burrin, *La France à l'heure allemande*, Seuil, 1995.
Bertram Gordon, *Collaboration in France during the Second World War*, Ithaca, Cornell University Press, 1980.

Certains Français s'engagent sous l'uniforme allemand, mais la France offre de loin le plus faible recrutement d'Europe occupée. Si 20 000 Belges se portent volontaires pour le front de l'Est, la Légion des volontaires français contre le bolchevisme (LVF) reste toujours très en-deçà des 10 000 engagés autorisés, et n'aligne jamais simultanément plus de 2 300 à 3 500 combattants.

Effectifs des volontaires français dans les formations militaires allemandes

	Volontaires acceptés	Volontaires refusés	Total
LVF (entre juillet 1941 et mai 1943)	6429[1]	13359	19788
Corps auxiliaires de la Luftwaffe	3000		
Schutzkommandos de l'Organisation Todt	3000	~ 7000	23000
Autres formations auxiliaires	10000		
Total	**22429**	**20359**	**42788**

1. 75 % ont moins de 25 ans, 37 % moins de 20 ans.

Sources :
Philippe Burrin, *La France à l'heure allemande, op. cit.*
Jean-William Dereymez (dir.), *Etre jeune en France (1939-1945)*, L'Harmattan, 2001.
Pierre Giolitto, *Volontaires français sous uniforme allemand*, Perrin, 2007.
Pascal Ory, *Les Collaborateurs*, Seuil, 1976, pour la LVF.

Sociologie des collaborationnistes engagés

Catégorie sociale	Part dans la population active en 1936	Groupements collaborationnistes, Milice, LVF, autres volontaires sous uniforme allemand	Jugés par les chambres civiques après la Libération
Patrons, commerçants	13,8 %	27 %	19 %
Agriculteurs	23,5 %	15 %	5,5 %
Salariés agricoles	8,1 %	1,7 %	2,3 %
Professions libérales	0,5 %	8,5 %	7,8 %
Cadres, employés, fonctionnaires	16 %	36,3 %	35,5 %
Ouvriers	31,3 %	10,8 %	23,6 %
Domestiques	3,3 %	1,8 %	4,3 %
Armée, police	2,8 %	2,2 %	1,4 %
Clergé	0,6 %	0,3 %	0,1 %

Source : Philippe Burrin, *La France à l'heure allemande, op. cit.*

Les expositions-phares de la collaboration

Organisées par l'ambassade d'Allemagne, sauf l'exposition antibolchevique due à la *Propaganda-Abteilung*, elles ont attiré plus de 3 millions de visiteurs. Après l'été 1942, devant l'hostilité montante de la population à son égard, l'occupant met un terme à ces expositions.

	Date et lieu initial	Visiteurs à Paris	Visiteurs en province	Total
Exposition antimaçonnique	5 semaines à partir d'octobre 1940 au Petit Palais	> 900000	113390	> 1013390
« La France européenne »	Grand Palais, juin à octobre 1941	635000	-	635000
« Le Juif et la France »	Palais Berlitz, septembre 1941 à janvier 1942	250623	94695 (Bordeaux : 61213, Nancy : 33482)	345318
« Le bolchevisme contre l'Europe »	Salle Wagram, mars 1942	370000	>330000	> 670000
« La vie nouvelle »	Grand Palais, mi-août 1942	295925	-	295925
Total		2451538		> 2959633

Source : Philippe Burrin, *La France à l'heure allemande*, Seuil, 1995, p. 297-300 et p. 303.

c. Presse sabordée, presse sous contrôle et presse collaborationniste

Suite au pacte germano-soviétique, le gouvernement Daladier interdit 159 titres communistes en septembre 1939. En juin 1940, 39 quotidiens nationaux se replient en zone sud. Une partie de la presse de zone nord se saborde ou est interdite par les Allemands. Le total des publications françaises tombe de 6258 titres en 1939 à 2214 en 1941 (–65 %). Puis une bonne part de la presse autorisée se suicide après l'invasion de la zone sud le 11 novembre 1942. Au total, 60 % des titres de zone nord et 32 % de ceux de zone sud disparaissent entre 1940 et 1943. La province passe de 1363 à 796 organes publiés, la capitale de 239 à 43 titres. Ceux qui ont poursuivi leur parution après le 26 novembre 1942 sont interdits à la Libération.

En mai 1944, le « trust Hibbelen » aux ordres de l'ambassadeur Otto Abetz contrôle de 45 à 50 % de la presse parisienne subsistante. Hors une poignée de collaborationnistes convaincus, le public ne lui accorde aucun crédit : le tirage et l'audience s'effondrent. En 1943, les quotidiens nationaux ne sont plus lus que par 23 % des Parisiens et 2 % des provinciaux (contre 41 % et 21 % en 1939). Le lectorat passe de près de 3 millions en octobre 1940 à environ 1,7 million en 1944. Encore les rapports préfectoraux soulignent-ils que la majorité des lecteurs n'achètent plus la presse aux ordres que pour les informations pratiques ou pour la lire entre les lignes.

La presse collaborationniste (1940-1944)

Tirage des principaux titres collaborationnistes	Mai 1940	Août 1941	Mai 1944
Quotidiens			
Le Petit Parisien	1 000 000	519 600	451 400
Paris-Soir	1 150 000	422 000	286 000
Le Matin	233 000	262 600	225 400
L'Œuvre (RNP, Marcel Déat)	234 000	132 600	135 000
La France socialiste		116 500	140 300
Aujourd'hui (Georges Suarez)		60 700	85 000
Les Nouveaux Temps (Jean Luchaire)		56 200	62 000
Le Cri du peuple (Jacques Doriot)	150 000 ?	16 000 (3/1941)	58 000
Hebdomadaires			
Gringoire	500 000		300 000
Je Suis Partout (Robert Brasillach)		78 000 (12/1941)	300 000
La Gerbe (groupe Collaboration, Alphonse de Châteaubriant)		140 000	100 000 ?
Au Pilori		65 000	65 000

Sources :
Henri Amouroux, *Les Beaux Jours des collabos*, Robert Laffont, 1980.
Philippe Burrin, *La France à l'heure allemande*, *op. cit.*, p. 423, p. 427 et p. 438.
Patrick Eveno, « La presse », *in* Jean-Luc Leleu, Françoise Passera et Jean Quellien (dir.), *La France pendant la Seconde Guerre mondiale. Atlas historique*, Fayard – Ministère de la Défense, 2010, p. 154-155.

d. Les victimes (hors population juive)

Vichy s'empresse de mener une entreprise de guerre civile, en s'attaquant à ses ennemis réels ou présumés. Juifs, communistes, francs-maçons, républicains, étrangers, tous sont victimes, à des degrés divers, de sa vindicte.

Sur le plan administratif, l'Etat français a révoqué près de 35 000 fonctionnaires et dégradé 15 000 militaires. Il remplace les Conseils généraux par des commissions administratives : 90 % de l'ancien personnel est exclu. La gauche passe de 54 % à 30 % du personnel. En 1940-1941, 294 magistrats sur 3 420 sont révoqués (9 %), 82 des 87 préfets remplacés (33 anciens préfets étant mis à la retraite anticipée et 40 rayés des cadres). En application de la loi du 17 juillet 1940, 7 307 hauts-fonctionnaires des différents ministères ont été révoqués au 29 avril 1941, sans compter 950 procédures en cours.

De même, le régime engage une **persécution antimaçonnique**. En 1940, les francs-maçons se répartissent entre le Grand-Orient (28 000) et la Grande Loge (15 000). L'Etat français fiche 170 000 suspects de maçonnisme, publie au *Journal officiel* 18 000 noms de frères, en poursuit 6 000.

A l'automne 1941, 1 328 instituteurs ont été révoqués pour appartenance maçonnique. Pendant l'Occupation, les "frères" déplorent 549 fusillés, 989 déportés, 650 morts en camp.

Soucieux d'épurer la France de ses éléments étrangers, Vichy se livre à une grande entreprise de **dénaturalisation**[1]. A cette fin, une commission examine 666 594 dossiers en quatre ans. Au moins 15 154 naturalisés sont privés de leur nationalité – dont 6 307 juifs –, soit 25 % des individus naturalisés entre 1927 et 1940. 48 000 étrangers « en surnombre dans l'économie française » sont par ailleurs affectés dans 250 Groupements de travailleurs étrangers de zone sud, dont de nombreux juifs.

Cette logique d'exclusion se double d'une **politique d'internement**.

600 000 internements dans 200 camps français interviennent entre 1939 et 1946, dont 500 000 sous Vichy. La majorité concerne des étrangers. 159 149 réfugiés espagnols sont internés en camps en métropole en juin 1939, mais presque tous ont été libérés au printemps 1940. Pendant la drôle de guerre et l'invasion, 17 000 ressortissants ennemis, en général antinazis et juifs fuyant le IIIe Reich, sont internés.

Vichy fait des camps l'instrument privilégié de sa politique de contrôle et d'exclusion. En octobre 1940, la zone nord compte 26 camps et la zone sud 15, peuplés à 70 % de juifs. 3 000 juifs meurent de faim, de froid et de désespoir dans ces camps dont 1067 à l'hiver 1940-1941 dans le seul camp de Gurs, près de Pau. Après ce pic, les organisations d'aide aux internés obtiennent la libération des enfants et d'un certain nombre d'internés. A partir de 1942, les camps se vident avec les déportations massives de juifs étrangers et de résistants vers les camps de la mort, mais aussi avec les envois de non-juifs au STO en Allemagne ou sur les chantiers du mur de l'Atlantique.

1. Bernard Laguerre, « Les dénaturalisés de Vichy, 1940-1944 », *Vingtième siècle. Revue d'Histoire*, n° 20, oct.-déc. 1988.

La France de l'internement (1940-1944)

Date	Internés zone nord	Internés zone sud	Total
13 septembre 1940		> 32600 dont 4000 Français, 28000 étrangers	> 32600
Fin octobre 1940		> 34586	
Fin 1940	< 2000	45000 à 55000	dont 3 500 à 4000 enfants de moins de 17 ans. 40000 au moins de ces interné sont juifs.
Février 1941	6850 étrangers	35000 à 47000	
Juin 1941			41 500 Afrique du Nord incluse
Automne 1941		< 20000	
Avril 1942	8633 étrangers	10000 à 12000	
Juin 1942		9000	
Février 1943	3940	9440	13380[1]
Octobre 1943	3184	3812	6996[1]
Avril 1944	5002	3798	8800

1. Chiffre auquel il faudrait ajouter ~ 1 500 Tziganes internés en permanence en zone nord.
Le camp de Drancy n'est pas inclus dans ce tableau.

Source : Denis Peschanski, *La France des camps. L'internement 1938-1946*, Gallimard, 2002.

Dans la même veine, 3000 Gitans sont internés dans 27 camps entre 1940 et 1946. 145 sont déportés par les Allemands (tous du Nord-Pas-de-Calais), et exterminés à Auschwitz.

e. De la persécution antisémite à la Shoah

Le régime de Vichy engage d'emblée, sans pression allemande, une politique antisémite qui vise à exclure les juifs de la cité.

Répartition territoriale des juifs de France

Total estimé des juifs présents en France métropolitaine en juin 1940	**330000**
Juifs français	190000
dont naturalisés	*55000*
Juifs étrangers	140000
Recensés en 1940-1941 par le Commissariat général aux questions juives dans les deux zones	**287962**
dont zone nord (10/1940)	*178718*
dont zone sud (15/9/1941)	*109244 (56801 Français, 52443 étrangers)*
Recensés par les Allemands dans la Seine en 1940	149734 (85664 Français, 64070 étrangers)
dont recensés à Paris même	*133451*
Présents en zone sud en avril 1942	156983

Présents en zone italienne novembre 1942-septembre 1943	30 000
Prisonniers de guerre en Allemagne, protégés par les conventions internationales	10 000 à 15 000
Quittent la France par Marseille (juin 1940-juin 1942)	6 449
Passent la frontière suisse ou espagnole	44 000 dont 24 000 illégalement, 20 000 légalement (Suisse : 30 000, Espagne : 14 000 ?)

Le régime de Vichy émet 168 lois et décrets antisémites, dont 157 en 1940-1942. Deux statuts discriminatoires sont promulgués le 3 octobre 1940 puis le 2 juin 1941. Le 7 octobre 1940, avec l'abolition du décret Crémieux de 1870, les 177 646 juifs recensés en Algérie perdent leur nationalité française.

Exclusions des juifs du fait des lois de l'Etat français (France métropolitaine et Afrique du Nord, 1940-1942)

	Nombre de Juifs exclus, révoqués ou victimes des *numerus clausus* institués pour les professions libérales et l'accès aux études supérieures
Fonctionnaires	3 442
dont enseignement	*1 111*
Magistrats	116
Officiers d'active	110
Professions libérales	~ 2 000
dont médecins	*726 interdits d'exercice dans la Seine*
dont avocats	*>300*
Etudiants	500 à 1 000

Sources :
Robert Badinter, *Un antisémitisme ordinaire. Vichy et les avocats juifs (1940-1944)*, Fayard, 1997.
Laurent Joly, *Vichy dans la solution finale. Le Commissariat général aux questions juives*, Grasset, 2006.
Claude Singer, *Vichy, L'Université et les Juifs*, Les Belles Lettres, 1992.

La spoliation des biens juifs, souvent appelée **aryanisation**, est menée concurremment par Vichy et les Allemands. Dès 1941, 15 000 familles perdent leurs moyens d'existence. Les 47 000 à 50 000 procédures engagées n'ont pas toutes été conduites à terme. Mais sur 191 banques juives, 112 ont été liquidées et 60 aryanisées. Par ailleurs, 80 000 comptes bancaires et le contenu de 6 000 coffres ont été bloqués (soit une somme de 7 250 millions de francs). Les biens laissés par les internés à l'entrée des camps français représenteraient 200 millions de francs. Enfin, les agents nazis ont vidé 38 000 appartements, dérobé 550 000 volumes et volé 25 000 œuvres d'art appartenant à des juifs.

Spoliation des biens juifs par le régime de Vichy

	Selon le CGQJ[1], au 31 juillet 1944	Abouties	%	Dont						Selon la mission Mattéoli (2000)	Total biens concernés (mission Mattéoli)	Sort ensemble des biens concernés selon la mission Mattéoli		
				Mis en vente	%	Liquidé	%	Autre	%			% vente	% liq.	% sans suite, inconnu
Seine	31 291	–	47[2]	–	21[2]	–	20[2]	–	6[2]	29614	29899	–	–	–
Zone nord hors Seine	11 244	3076	27,4	1706	15,2	1370	12,2	–	–	12381	14428	–	–	–
Total ZN	42535	18216	42,8	7308[3]	40,1	7603	41,7	3305	18,2	41 995	44327	26,7	24,6	–
Zone sud	4593	2054	45	–	–	–	–	–	–	7892	11 746	42,8 [5018]		57,2
Total	**47128**	**20270**	**43**							**49887**	**56073**			

1. Commissariat général aux questions juives.
2. Au 30 juin 1944.
3. % rapporté ici au total des procédures abouties.

Sources :
Laurent Joly, *Vichy dans la solution finale, op. cit.*
Mission d'études sur la spoliation des juifs de France, Aryanisation économique et restitutions, rédigé par Antoine Prost, Rémi Skoutelski et Sonia Etienne, La Documentation française, 2000.

Les restitutions d'après-guerre selon la mission Mattéoli

	Juifs spoliés survivants	Familles des juifs spoliés décédés	Valeur des biens (millions de F)	Valeur totale des biens spoliés (millions de F)
% de biens restitués	77 %	50 %	4570 à 4804	5047
% de biens non revendiqués	23 %	50 %	243 à 477	

Sources :
Mission d'études sur la spoliation des juifs de France, op. cit.
Laurent Douzou, *Voler les Juifs. Lyon 1940-1944*, Hachette, 2002.
Jean-Marc Dreyfus, *Pillages sur ordonnances. Aryanisation et restitution des banques en France 1940-1953*, Fayard, 2003.
Philippe Verheyde, *Les Mauvais Comptes de Vichy. L'aryanisation des entreprises juives*, Perrin, 1999.

Les trois quarts des juifs de France ont survécu, soit l'un des taux les plus élevés d'Europe, pour des raisons multiples, dont l'aide apportée par bien des Français. Au 1er janvier 2012, l'institut Yad Vashem de Jérusalem reconnaît à 3513 Français le titre de « Justes parmi les nations », soit 14,4 % des 24355 personnes ainsi honorées à cette date dans le monde. Au moins 25 000 juifs doivent la vie à leur sauvetage par des non-juifs.

Le régime de Vichy a représenté un facteur aggravant : 80 à 85 % des juifs arrêtés l'ont été par ses polices. Il a insisté pour inclure dans les convois les enfants de moins de 16 ans initialement exclus par les Allemands. Il a organisé le 26 août 1942 la rafle et la déportation de 10614 juifs étrangers de zone sud en l'absence de tout soldat allemand, cas unique en Europe. Il a privilégié la livraison des juifs étrangers (d'où leur très nette surreprésentation parmi les victimes), sans obtenir pour autant que les juifs français soient épargnés. Seuls 3,5 % des déportés juifs ont survécu, pour 60 % des déportés non-juifs.

La déportation des juifs de France (1942-1944)

<table>
<tr><th></th><th colspan="2">Déportés</th><th>Convois</th><th colspan="2">Gazés dès l'arrivée</th><th>Désignés pour le travail forcé à Auschwitz</th><th>Survivants en 1945</th><th>% exterminés</th></tr>
<tr><td>1942</td><td colspan="2">41 951</td><td>43</td><td colspan="2">24 361 [2]
(58,07 %)
dont 6 053 enfants de moins de 16 ans (100 %)</td><td>17 528
(41,93 %)
dont 11 565 hommes et 5 962 femmes</td><td>810
(1,93 %)
dont 785 hommes et 25 femmes</td><td>98,07 %</td></tr>
<tr><td>1943</td><td>17 069</td><td rowspan="2">31 902</td><td>17 [1]</td><td>12 539</td><td rowspan="2">22 241
(73,87 %)</td><td rowspan="2">8 335
(26,13 %)
dont 5 594 hommes et 2 741 femmes</td><td rowspan="2">1 759
(5,51 %)
dont
863 hommes
et 896 femmes</td><td rowspan="2">94,49 %</td></tr>
<tr><td>1944</td><td>14 833</td><td>14</td><td>9 902</td></tr>
<tr><td>Total</td><td colspan="2">73 853</td><td>74</td><td colspan="2">46 602
(65,85 %)</td><td>25 863
(34,15 %)</td><td>2 569
(3,48 %)</td><td>96,52 %</td></tr>
<tr><td>Déportés depuis le Nord-Pas-de-Calais et divers cas particuliers</td><td colspan="2">1869 (estimation)
dont 526 de Lille le 15/9/1942</td><td>5</td><td colspan="2">–</td><td>–</td><td>-
25</td><td>95,24 %</td></tr>
<tr><td>Total général</td><td colspan="2">75 721</td><td>79</td><td colspan="2">46 602
(65,85 %)</td><td>25 863
(34,15 %)</td><td>2 594
(3,42 %)</td><td>96,58 %</td></tr>
<tr><td>Dont hommes</td><td colspan="2">44 164</td><td>–</td><td colspan="2">27 005
(61,15 %)</td><td>17 159
(38,85 %)</td><td>1 648
(3,73 %)</td><td>96,27 %</td></tr>
<tr><td>Dont femmes</td><td colspan="2">31 157</td><td>–</td><td colspan="2">22 453
(72,06 %)</td><td>8 704
(27,94 %)</td><td>921
(2,95 %)</td><td>97,05 %</td></tr>
</table>

1. Dont 4 à destination du centre de mise à mort de Sobibor.
2. Compte tenu de certains convois pour lesquels il faut recourir aux estimations. Le nombre de gazés à l'arrivée à Auschwitz en 1942 est au minimum de 21 000.

Source : Serge Klarsfeld, *Vichy-Auschwitz*, Fayard, 1983. Pour certains convois, il faut recourir à des estimations minimales ou maximales, mais selon les termes de l'auteur, « quel que soit le nombre exact et réel de déportés juifs de France, il n'est certainement pas inférieur à 75 500 et supérieur à 76 000 ». Il estime à ~ 10 % la part des Sépharades.

Le camp de Drancy a vu passer 67 000 internés à partir d'août 1941. 64 760 déportés en sont partis pour les camps d'extermination en 67 convois. Les 1 386 derniers internés retrouvent la liberté le 19 août 1944.

Aux 3 000 juifs morts dans les camps d'internement français s'ajoutent plusieurs centaines de fusillés ou de massacrés sur place par les Allemands ou par la milice. Ce qui porte à plus de 80 000 morts le nombre de civils juifs de France victimes des années noires.

Sur les 75 721 déportés, si l'on ôte les 8 000 enfants d'étrangers destinés à devenir français à leur majorité par droit du sol, 14 669 (19,37 %) étaient français d'origine ou naturalisés, soit 4,44 % de l'ensemble des 330 000 juifs présents en France en 1940, et 8,89 % des 165 000 juifs de nationalité française. 37 % des juifs étrangers ont été déportés, soit 61 052 victimes.

Ages des déportés juifs de France

	Moins de 6 ans	6 à 12 ans	13 à 17 ans	**Total moins de 18 ans**	18 à 59 ans	60 à 80 ans	Plus de 80 ans	**Total plus de 60 ans**	**Total général**
Déportés en 1942	1 102	2807	2514	**6 423**	31 089	2 255	58	**2 313**	**39 825**
Déportés en 1943	393	527	757	**1 677**	11 767	3 354	47	**3 401**	**16 845**
Déportés en 1943	398	795	854	**2 047**	9 180	2 851	122	**2 973**	**14 200**
Total déportés	1 893	4 129	4 125	**10 147**	52036	8 460	227	**8 687**	**70 870**
%	2,7 %	5,8 %	5,8 %	**14,3 %**	73,5 %	11,9 %	0,3 %	**12,2 %**	**100 %**

Source : Serge Klarsfeld, *Le Mémorial des enfants juifs déportés de France*, Fayard, 2001.

D'après Lucien Lazare[1], 72 400 enfants juifs ont été sauvés, dont 8 à 10 000 par les organisations (essentiellement l'OSE, Œuvre de secours aux enfants), 60 000 par les particuliers ou par simple négligence des Allemands. En 1947, 3 000 orphelins sont accueillis en quelque 60 maisons.

1. Lucien Lazare (dir.), *Dictionnaire des Justes de France*, Fayard-Yad Vashem, 2003.

La France dans l'Europe du judéocide

	Danemark	Italie	France	Belgique	Hongrie	Pays-Bas	Pologne
Population juive déportée et/ou exterminée	7 %	16 %	24 %	45 %	50 %	78 %	> 90 %

Source : Julian Jackson, *La France sous l'Occupation*, Flammarion, 2004.

D. La résistance

Si le régime de Vichy et les mouvements collaborationnistes misent sans état d'âme sur la victoire allemande, d'autres Français s'y refusent. De métropole ou de l'Empire, des milliers de volontaires rallient, suite à l'Appel du 18 juin, la France libre du général de Gaulle et forment la résistance extérieure. D'autres préfèrent lutter sur le sol de France et forment la résistance intérieure, composée de mouvements et de réseaux.

a. La France libre

L'appartenance aux Forces françaises libres suppose un engagement volontaire avant le 31 juillet 1943, date de la fusion des FFL avec l'armée d'Afrique du Nord. Les tentatives d'évaluations officielles varient : entre 45 000 et 60 000 personnes en raison de nombreux cas litigieux. Jean-François Muracciole évalue le nombre des Forces françaises libres à 54 100.

Evolution des effectifs de la France libre (1940-1943)

Date	Effectifs
Juin 1940	1 000 des 12 000 marins présents au Royaume-Uni rejoignent le général de Gaulle
Juin-juillet 1940	3 000
Août-septembre 1940 (après le ralliement des territoires du Pacifique et de l'AEF)	14 000
Juillet 1941 : campagne du Levant	4 000
Novembre 1942-juillet 1943 : Afrique du Nord	Evadés par l'Espagne : 20 800 Français dont 3 080 sur les 19 000 qui s'engagent dans l'armée française sont affectés aux FFL Départs de l'armée d'Afrique vers les FFL : 3 à 4 000

Sources
Jean-François Muracciole, *Les Français libres : l'autre Résistance*, Tallandier, 2009.
Robert Belot, *Aux frontières de la liberté*, Fayard, 1998.

Sociologie des Forces françaises libres

Proportion d'étrangers	8 %
Proportions de soldats coloniaux	60 % des forces terrestres 10 % des FNFL et des FAFL[1]
Proportion de femmes	4 %

1. Forces navales françaises libres ; Forces aériennes françaises libres.

Au moment de la dissolution des FFL à l'été 1943, les forces terrestres déplorent 2 000 tués et 1 200 blessés.

Avec le débarquement en Afrique du Nord du 8 novembre 1942, la France réarme et peut à nouveau participer à l'effort de guerre allié. Troisième récipiendaire du *lend-lease* (derrière le Commonwealth Britannique et l'URSS), elle en perçoit 8 % en valeur. Au total, bien que le plan d'Anfa (1943) ait prévu le réarmement de 11 divisions d'infanterie et 2 divisions blindées, seules 8 divisions d'infanterie et 2 divisions blindées sont réarmées par les Américains.

Effort de guerre de l'Empire (1942-1945)

	Français			**Indigènes**		
	Population française en 1936	Mobilisables	Sous les drapeaux	Population indigène	Mobilisables	Sous les drapeaux
Algérie		174 500	120 000		150 000	134 000
% des mobilisables	804 000	*100 %*	*68,8 %*	6 274 000		
% de la population		*21,7 %*	*14,9 %*		*2,39 %*	*2, 13 %*
Tunisie		27 500	15 500		45 000	26 000
% des mobilisables	108 000	*100 %*	*56,3 %*	2 395 000		
% de la population		*25,5 %*	*14,3 %*		*1,88 %*	*1,08 %*
Maroc		57 000	41 000		85 000	73 000
% des mobilisables	164 000	*100 %*	*71,9*	6 060 000		
% de la population		*34,7*	*25 %*		*1,40 %*	*1,20 %*
Total AFN	1 076 000	259 000	176 500		280 000	233 000
% des mobilisables		*100 %*	*68 %*	14 729 000		
% de la population		*24,1 %*	*16,4 %*		*1,90 %*	*1,58 %*
					1939-1945	
Afrique occidentale française	15 000	7 000	2 500			43 320
Afrique équatoriale française	6 500	2 500	1 200			43 320
Madagascar	25 000	4 500	2000			27 000
Total colonies (hors AFN)	845 816	45 716	10 766			

Source : Julie Le Gac, *Vaincre sans gloire*, Les Belles Lettres, 2013.

b. La Résistance intérieure

« A vouloir quantifier la Résistance, on passe à côté de sa vraie nature en 1943 », note l'historien Julian Jackson. La Résistance intérieure organisée ne regroupe jamais plus de 2 % de la population totale, soit quelque 300 000 à 500 000 personnes tout au long de l'Occupation. Mais elle ne pourrait ni agir, ni survivre sans les complicités et les sympathies dont elle dispose au travers de la société française. Pour l'historiographie, avec les lecteurs de la presse clandestine et les aides occasionnelles, la Résistance peut compter en 1944 sur 1 à 2 millions de sympathisants.

A la Libération, seuls 137 000 membres des FFI (Forces françaises de l'intérieur) rejoignent la nouvelle armée française : quelque 290 formations de la Résistance engendrent 113 bataillons.

Effectifs de la Résistance intérieure (1942-1944)

	11 novembre 1942	Automne 1943	Premier semestre 1944	Juillet 1944	Fin août 1944
Nombre estimé de militants clandestins	30 000	50 000 à 60 000	175 000 à 200 000	400 000	480 000

Sources :
François Marcot, « Combien étaient-ils ? », *in* Marcot François (dir.), *Dictionnaire historique de la Résistance*, Robert Laffont, Bouquins, 2006.
Olivier Wieviorka, *Histoire de la Résistance 1940-1945*, Perrin, 2013.

En 2008, 262 730 cartes de **Combattant volontaire de la Résistance (CVR)** avaient été délivrées. Par contre, au 31 décembre 1994, près de 184 000 demandes avaient été rejetées. Cependant, 1 960 597 **cartes du combattant**, récompensant des personnes qui ont participé à tout moment aux luttes libératrices, fût-ce en ne s'engageant qu'après le 6 mars 1944, ont été décernées. Le ministère des Anciens Combattants et Victimes de guerre a homologué quelque 260 000 maquisards, 22 000 militants de la résistance intérieure non maquisards et environ 72 000 déportés et internés au titre de la Résistance.

D'autre part, entre sa création le 9 février 1943 et la clôture des listes le 31 mars 1947, la ***médaille de la Résistance*** a été décernée à 64 000 personnes (dont 20 000 décorées à titre posthume), parmi lesquelles 70 % appartenant à la Résistance intérieure, 30 % à la France libre. Entre 1940 et 1946, le général de Gaulle a fait **compagnon de la Libération** 5 communes, 18 unités militaires et 1 038 personnes, dont 260 à titre posthume et 65 qui ne survivent pas à la guerre. Parmi ces derniers, on compte 73 % de Français libres et 43 % de militaires, mais seulement 6 femmes et 12 communistes.

Les réseaux de résistance sont conçus pour effectuer une tâche précise (sabotage, renseignement, filière d'évasion...). Ils comptent en moyenne de 10 à 100 agents. Le plus petit d'entre eux a 6 membres, le plus important (le réseau Alliance) 3 601 informateurs. Une vingtaine comptent plus de 1000 agents et informateurs.

Effectifs des réseaux de résistance

	Nombre de réseaux de résistance homologués	Membres identifiés	Total réel estimé des membres	Arrestations
Sur toute la durée de la guerre	266	89602	150000	8320
Encore actifs en 1944	60		30000	

Les mouvements de Résistance visent à mobiliser et organiser l'ensemble de la société contre l'occupant et ses relais. L'estimation des effectifs de ces organisations clandestines est par définition très délicate. De surcroît, la répression fait des coupes claires dans les rangs des résistants. Les chiffres ici présentés sont à considérer comme des hypothèses.

Effectifs des formations clandestines (1940-1944)

	2e semestre 1940	Fin 1942	Automne 1943	1er semestre 1944	Total sur la guerre
Parti communiste français	10000		60000 (août)		
Comité d'action socialiste		2800		50000	
Noyautage des administrations publiques (NAP)				1000	1500
Organisation civile et militaire (OCM)			65000?		
Organisation de la résistance dans l'armée (ORA)					65000[1]
Ceux de la résistance (CDLR)			14000	12000	

	2e semestre 1940	Fin 1942	Automne 1943	1er semestre 1944	Total sur la guerre
Défense de la France		230			2 500 à 3 000
Combat					70 000
Témoignage chrétien					> 500

1. Dont 1 500 officiers de carrière parmi lesquels 104 sont morts au combat, 90 en déportation et 33 fusillés.

Sources :
Marcot François (dir.), *Dictionnaire historique de la Résistance*, Robert Laffont, Bouquins, 2006.
Olivier Wieviorka, *Histoire de la Résistance. 1940-1945*, Perrin, 2013.

Selon un échantillon national de résistants, en 1944, les résistants ont 34 ans d'âge moyen, et 25 % d'entre eux sont nés entre 1920 et 1924, donc âgés de 16 à 24 ans sous l'Occupation.

Les engagements résistants (1940-1944)

Année d'engagement	**1940**	**1941**	**1942**	**1943**	**1944**
% résistants concernés	8 %		13 %	55 %	24 %
Forme d'engagement	**Réseau**		**Mouvements non communistes**	**Parti communiste, mouvements et organisations d'obédience communiste**	
% résistants concernés	42 %		27 %	31 %	

Source : Jean Quellien, « Les résistants », *in* Jean-Luc Leleu, Françoise Passera et Jean Quellien (dir.), *La France pendant la Seconde Guerre mondiale. Atlas historique*, Fayard – Ministère de la Défense, 2010, p. 170-171.

Les femmes représentent de 10 à 12 % des militants. 6 ont reçu la Croix de Libération sur 1 038 (0,6 %), 87 la Légion d'honneur sur 1 590 (5 %), 5000 la Médaille de la résistance sur 48 200 (~ 11 %). Elles représentent 15 % des déportés (8 872) et 15 % des *Nacht und Nebel* (895 sur 5 812). En moyenne, 12 % sans doute des combattants de la Résistance ont été des femmes.

Aucune n'est membre du Conseil national de la Résistance (CNR), ni chef d'un Comité départemental de Libération, ni Commissaire régional de la République. Une seule dirige un réseau (Marie-Madeleine Fourcade à Alliance).

Part des femmes dans les structures de la Résistance

Réseaux, institutions, mouvements	Comités de libération	Comité national des écrivains	Franc-Tireur	Libération-Sud	Réseau Jade-Fitzroy	Réseau Zéro-France	Défense de la France	Témoignage chrétien
Part des femmes	8 %	8 %	10 %	12 % (22 % au Centre, record)	14 %	14 %	17 %	24 %

Sources :
Claire Andrieu, « Les résistantes, nouvelles perspectives de recherche », in Prost Antoine (dir.), *Guerres, paix et sociétés, 1911-1946*, les Editions de l'Atelier, 2003.
Julian Jackson, *La France sous l'Occupation*, Flammarion, 2004, p. 578.
Olivier Wieviorka, *Histoire de la Résistance 1940-1945*, Perrin, 2013, p. 429-436.

La presse clandestine compte **1 016 titres clandestins** de toutes tailles de 1939 à 1944 mais la moitié ne connaissent qu'un seul numéro. 80 seulement survivent plus d'un an. Quelque 100 millions d'exemplaires ont été tirés, dont la moitié pour la seule *Humanité* (317 numéros clandestins de septembre 1939 à la Libération). La presse communiste, interdite en 1939, représente la moitié des quelque 300 titres clandestins existant en 1940, et 40 % de l'ensemble de la presse sous l'Occupation. La clandestinité et la répression rendent approximatif le chiffre des tirages et de la diffusion – en 1943, la police française saisit ou intercepte plus de 450 000 exemplaires. Selon H.R. Kedward, fin 1941, l'ensemble de la presse résistante de zone sud tirerait à moins de 30 000 exemplaires[1]. Sur toute la France, la diffusion passerait de 100 000 à 250 000 exemplaires entre 1941 et 1942. *Défense de la France*, futur *France-Soir*, détient le tirage le plus important de la presse clandestine.

Les tirages de la presse clandestine (1940-1944)

	1940	1941	1er semestre 1942	2e semestre 1942	1er semestre 1943	2e semestre 1943	1944	Total numéros clandestins
Défense de la France (14/7/1941)	–	5 000[1]	10 000	30 000	100 000 à 250 000		400 000 à 500 000	47[2]
L'Humanité	120 000 à 250 000 exemplaires en moyenne							317
Combat	18	3 000 (été)	10 000	40 000 à 50 000	50 000		100 000 à 200 000	58

1. Harry Roderick Kedward, *Naissance de la Résistance dans la France de Vichy 1940-1942*, Champ Vallon, 1989.

	1940	1941	1er semestre 1942	2e semestre 1942	1er semestre 1943	2e semestre 1943	1944	Total numéros clandestins
Libération (Sud) (7/1941)		5 000	10 000	20 000	60 000 à 100 000	120 000 à 150 000	120 000 à 200 000	53[3]
Franc-Tireur (1/12/1941)		6 000	15 000	30 000 (nov.)	50 000	100 000	150 000	37
Libération (Nord) (15/12/1940)	7	100	350	1 000	4 000		40 000	190 dont 70 rédigés par Christian Pineau seul
Cahiers du témoignage chrétien (1941)		5 000 à 10 000	20 000 à 30 000			75 000 (juillet) à 100 000 (déc.)		14 (20 à 60 p. chacun)
Courrier français du témoignage chrétien (mai 1943)					50 000		200 000 (été)	12
La Voix du Nord (1/4/1941)				2 500	5 000	Destruction de l'imprimerie le 13/9/1943		60
Les Lettres françaises (1941)					3 000 à 4 000			25

1. 3 000 au premier numéro.
2. Dont 21 avant le 11 novembre 1941.
3. 4 de juillet à décembre 1941, 14 de janvier à septembre 1942, et 35 de novembre 1942 à août 1944.

Sources :
Julian Jackson, *La France sous l'Occupation*, Flammarion, 2004.
Marie-Cécile Bouju, « Presse et livres clandestins », *in* Jean-Luc Leleu, Françoise Passera et Jean Quellien (dir.), *La France pendant la Seconde Guerre mondiale. Atlas historique*, Fayard – Ministère de la Défense, 2010.
Olivier Wieviorka, *Histoire de la Résistance 1940-1945*, Perrin, 2013.

De janvier 1942 à juillet 1944, 13 998 **attentats et sabotages anti-allemands** sont recensés, sans compter les très nombreux attentats contre les collaborationnistes français.

La Résistance est par ailleurs une **source de renseignements** exceptionnelle pour les Alliés. De juillet 1943 à juillet 1944, le BCRA (Bureau central de renseignement et d'action, services secrets de la France libre) fournit 23 à 45 % des renseignements reçus par les services secrets américains de Londres, soit 1,5 à 4 fois plus que l'Intelligence Service. 80 % des renseignements utilisés pour préparer le jour J auraient été d'origine résistante.

Moins de 200 soldats allemands tombent victimes d'attentats résistants entre 1941 et le jour J. La Résistance privilégie nettement les attentats contre les collaborationnistes, ceux-ci ne suscitant guère de représailles allemandes. Au moins 693 membres des forces de l'ordre vichystes[1] perdent par ailleurs la vie de 1941 à 1944, en raison d'attentats résistants, parfois par accident ou de manière collatérale[2].

Les Maquis

Contrairement à une idée reçue, seuls 25 % des 200 000 à 240 000 réfractaires au STO ont gagné les premiers maquis qui se forment à la toute fin 1942 et surtout au printemps 1943, les trois quarts préférant se cacher ou s'embaucher clandestinement dans des fermes. Vus par une partie de la Résistance comme des dispositifs non voulus, lourds et coûteux, les maquis voient leurs effectifs chuter avec l'hiver 1943-1944. Ils reprennent vigueur avec le printemps et la levée en masse qui suit le jour J. A l'été 1944, la France compte plus d'un millier de maquis.

Effectifs maquisards (1943-1944)

	Mars-avril 1943	Eté 1943	Hiver 1943	Mars 1944	Eté 1944
Nombre de maquisards estimés	5 000	40 000	~ 22 000 dont ~ 10 000 armés	30 000 à 40 000	300 000 à 400 000

Sources :
Henri Amouroux, *Les Passions et les Haines*, Robert Laffont, 1983, p. 192 et p. 209.
Jacques Canaud, *Le Temps des Maquis. De la vie dans les bois à la reconquête des cités 1943-1944*, Précy-sous-Thil, Ed. de l'Armançon, 2003.
Alain Guérin, *Chronique de la Résistance*, Omnibus, 2000, p. 1074 sq.
Henri Noguères et Marcel Degliame-Fouché, *Histoire de la Résistance en France*, *op. cit.*, t. IV, p. 308.

En 1943-1944, le sud de la France (où se concentrent les principaux maquis) reçoit **2 878 tonnes d'armes** parachutées par les Alliés, contre 5 907 tonnes à l'Italie et 16 470 tonnes à la Yougoslavie. Après des efforts plus que limités en 1943, l'aviation alliée effectue 56 000 sorties de janvier à août 1944 pour équiper la Résistance française. Mais les trois quarts des

1. Parmi elles, 134 GMR, 289 autres policiers, 219 gendarmes, 51 gardes.

2. François Marcot, « Sabotages et attentats », *in* François Marcot (dir.), *Dictionnaire historique de la Résistance*, Robert Laffont, Bouquins, 2006, p. 693-694.

Jean-Marc Berlière et Franck Liaigre, « Les attentats contre les personnes », *in* Jean-Luc Leleu, Françoise Passera et Jean Quellien (dir.), *La France pendant la Seconde Guerre mondiale. Atlas historique*, Fayard-Ministère de la Défense, 2010, p. 179.

parachutages de containers durant l'Occupation se produisent après le 6 juin 1944.

Armes livrées à la résistance française (1943-1944)

Armes livrées	1943	1944
Total de l'armement largué	800 t	13 000 t
Explosifs	74 t	518 t
Mitraillettes	28 000	169 000
Fusils	?	140 000
Fusils-mitrailleurs	?	38 000

Répartition des parachutages alliés à la résistance française

	1941-1943	Janvier-mars 1944	Avril-juin 1944	Juillet-septembre 1944
% parachutages	10 %	10 %	26 %	54 %

900 terrains de parachutages et d'atterrissages ont été homologués après la Libération. Par ailleurs, 1 784 Français et Alliés ont été envoyés en France, dont 1 339 parachutés et 445 déposés par des avions Lysander et Hudson (lesquels ont également fait sortir du pays 655 personnes).

Sources

Sébastien Albertelli, « Les parachutages d'armes », *in* Jean-Luc Leleu, Françoise Passera et Jean Quellien (dir.), *La France pendant la Seconde Guerre mondiale. Atlas historique*, Fayard-Ministère de la Défense, 2010, p. 174-175.

Michael R.D. Foot, *Des Anglais dans la Résistance : le SOE en France 1940-1944*, Tallandier, 2011.

François Marcot, « Parachutages et atterrissages », *in* Marcot François (dir.), *Dictionnaire historique de la Résistance*, Robert Laffont, Bouquins, 2006, p. 741-742.

c. Répressions vichystes et allemandes

Les forces de l'ordre vichystes comptent, en 1943, 113 000 hommes dont 44 000 gendarmes, 17 000 policiers parisiens, 30 000 membres des corps urbains de la police auxquels s'ajoutent les Groupes mobiles de réserve (GMR) qui passent de 6 931 hommes en 1941 à 11 617 en juin 1944. Au 6 juin 1944, l'ensemble s'élève à 123 000 hommes dont 66 000 en zone nord. Au sein de la milice, de 4 000 à 8 000 franc-gardes assument des tâches répressives.

Le Sipo-SD, communément et improprement appelé « Gestapo » ne compte que 2200 agents en décembre 1943, dont un quart de policiers de métier. Ces faibles effectifs ne l'empêchent pas de procéder à 22356 arrestations entre janvier et septembre 1943[1].

Les dénonciations : le chiffre de 3 à 5 millions de lettres anonymes, popularisé en 1983 par André Halimi, ne repose sur aucun élément fondé, de même que son affirmation qu'elles auraient visé principalement les juifs[2]. De 150000 à 500000 lettres de dénonciations ont sans doute été expédiées, en majorité signées – sans préjuger certes des dénonciations orales ou téléphoniques.

Les juifs ne représentent que 2 % des victimes dans le Calvados, 6 % à la préfecture de police de Paris. Au moins 20000 dénonciations ont dû parvenir au Commissariat général aux questions juives, à 75 % signées, et en nette majorité venues d'hommes. Selon Marcel Baudot, 50 à 55 % des dénonciations pendant la guerre sont motivées par l'intérêt personnel, 40 % par la conviction politique, moins de 10 % par vengeance[3].

Plus de 300000 Français ont été **emprisonnés** entre 1940 et 1944, mais on ignore dans cet ensemble le pourcentage de prisonniers politiques.

Population détenue (1939-1944)

	1939	1940	1941	1942	1943	1944
Détenus	18000	34000	36000	50000	55000	59000

Source : Pierre Pedron, *La Prison sous Vichy*, Ed. de l'Atelier, 1993.

A la Libération, le chiffre de **100000 fusillés** circule couramment, ce qui permet au Parti communiste de se présenter indûment comme « le parti des 75000 fusillés ». Il est alors commun de qualifier de « fusillé »

1. Jean-Luc Leleu, « Police de sécurité et SD », *in* Jean-Luc Leleu, Françoise Passera et Jean Quellien (dir.), *La France pendant la Seconde Guerre mondiale. Atlas historique*, *op. cit.*, p. 67.

2. André Halimi, *La Délation sous l'Occupation*, Le Cherche-Midi, 1983 ; Laurent Joly, « La délation antisémite sous l'Occupation », *Vingtième Siècle. Revue d'histoire*, n° 96, 2007 ; Laurent Joly (dir.), *La Délation dans la France des années noires*, Perrin, 2012.

3. Marcel Baudot, « La Résistance française face aux problèmes de répression et d'épuration », *Revue d'histoire de la Deuxième Guerre mondiale*, 81, janvier 1971, p. 45.

toute personne mise à mort pendant l'Occupation (sans distinction entre les massacres sommaires et les condamnations à mort après jugement), voire toute victime de la répression (déportés, etc.) quelles que soient les circonstances du décès. Les travaux récents ont largement révisé à la baisse ces estimations.

L'année 1944 est de loin la plus terrible de la répression : elle totalise 42 % des condamnations à mort, visant à 94 % des résistants. C'est aussi l'année de l'essentiel des massacres de civils et de FFI capturés, et celle des deux tiers des déportations non raciales.

Fusillés et massacrés

Fusillés après procès par des tribunaux militaires allemands	3000[1]
Fusillés sans procès comme otages (essentiellement en 1941-1942)	834
Civils massacrés sur place (surtout après l'automne 1943 puis juin 1944)	7000 à 12000
FFI capturés et massacrés sur place	3000
Total exécutés ou massacrés du fait des Allemands	**13834 à 18834**
Exécutés par l'Etat français après procès par les Sections spéciales (instituées en août 1941)	12[2]
Exécutés par l'Etat français après procès par les cours martiales instituées par la loi du 20 janvier 1944	206
Total exécutés après procès des juridictions d'exception de l'Etat français	218
Exécutions sommaires par la Milice et autres forces vichystes et collaboratrices	Inconnu
Total exécutés ou massacrés du fait d'autres Français	**>218**

1. De mars 1941 à avril 1944, la justice militaire allemande juge 4379 personnes pour actes de résistance.
2. Les sections spéciales ont prononcé 33 autres sentences de mort, commuées. Elles ont fait comparaître 8398 personnes pour actes de résistance, en ont acquitté 1302 (15,5%), condamné 1318 autres (15,7%) aux travaux forcés et 5733 à des peines de prison.

Sources :
Jean-Pierre Besse et Thomas Pouty, *Les Fusillés. Répression et exécutions pendant l'Occupation (1940-1944)*, Editions de l'Atelier, 2006.
La répression en France, 1940-1945, Actes du colloque international organisé par le Mémorial de Caen les 8, 9 et 10 décembre 2005, Université de Caen, 2007.
Jean-Luc Leleu, Françoise Passera et Jean Quellien (dir.), *La France pendant la Seconde Guerre mondiale. Atlas historique*, Fayard–Ministère de la Défense, 2010.
Virginie Sansico, *La Justice du pire. Les cours martiales sous Vichy*, Payot, 2003.

Près de 87000 **déportés de répression** sont recensés en 2004 par le livre-mémorial de la Fondation pour la mémoire de la déportation[1]. Les deux tiers ont été déportés après le 1er janvier 1944, 21 600 personnes sont déportées après le 6 juin. 40 % ne survivent pas aux camps de la mort lente.

1. Fondation pour la mémoire de la déportation, *Le Livre-Mémorial des déportés de France arrêtés par mesure de répression et dans certains cas par mesure de persécution 1940-1945*, Tirésias, 2004.

Les femmes représentent 15 % de l'ensemble des déportés. 56 % appartiennent à la Résistance organisée. 21 % ont commis des actes de résistance civile (aide à des pourchassés, gestes et mots de désobéissance ou de contestation, écoute de la BBC...). 33 % ont été arrêtés pour des motifs divers, pris dans des rafles, accusés de délits de droit commun, etc.

La déportation de répression

Origines des déportés	Evadés	Libérés autorités allemandes	Décédés	Revenus	Inconnu	Total
Arrêtés en zones occupées	365	1 446	26 914	31 579	5 020	65 324 (75,2 %)
Arrêtés en Alsace-Moselle	4	2 107	792	2 630	526	6 059 (7 %)
Arrêtés sur le territoire du IIIe Reich		660	6 320	5 409	739	13 128 (15,1 %)
Inclassables		30	486	585	436	1 537 (1,8 %)
Persécution		7	103	557	112	779 (0,9 %)
Ensemble	**369**	**4 250**	**34 615**	**40 760**	**6 833**	**86 827**
%	**0,4 %**	**4,9 %**	**39,9 %**	**46,9 %**	**7,9 %**	**100 %**

Sources :
Arnaud Boulligny, « Les déportations de répression », *in* Jean-Luc Leleu, Françoise Passera et Jean Quellien (dir.), *La France pendant la Seconde Guerre mondiale. Atlas historique*, Fayard–Ministère de la Défense, 2010, p. 204-205.
Gaël Eismann et Stefan Martens (dir.), *Occupation et répression militaires allemandes. La politique du « maintien de l'ordre » en Europe occupée. 1939-1945*, Autrement, 2006.
Gaël Eismann, *Hôtel Majestic. Ordre et sécurité en France occupée : 1940-1944*, Tallandier, 2010.
Fondation pour la mémoire de la déportation, *Le Livre-Mémorial des déportés de France arrêtés par mesure de répression et dans certains cas par mesure de persécution 1940-1945*, Tirésias, 2004.
Thomas Fontaine, *Déportations et génocide. L'impossible oubli*, Tallandier-FNDIRP, 2009.
La Répression en France, 1940-1945, actes du colloque international organisé par le Mémorial de Caen les 8, 9 et 10 décembre 2005, Université de Caen, 2007.
La Répression en France à l'été 1944, Editions électroniques de la Fondation de la Résistance, 2007, http://www.fondationresistance.org

E. La Libération

Si la libération de la métropole débute le 6 juin 1944 par le débarquement en Normandie, elle est précédée par une vaste campagne de bombardement. Entamée dès 1942, elle connaît son apogée en 1944, pour faciliter l'arrivée des troupes puis leur progression.

La France a reçu 594 000 tonnes de bombes pendant la guerre, soit 22 % des 2 770 540 tonnes de bombes alliées larguées sur l'Europe. L'Hexagone est le deuxième pays le plus bombardé après l'Allemagne, qui en a reçu

50 %. En 1948, le *Journal officiel* chiffre les victimes à 56 896 tués, évaluation arrondie à 60 000 par l'INSEE en 1950. Eddy Florentin estime que 67 068 Français ont été tués et 75 660 blessés jusqu'en 1945.

Les bombardements alliés et leurs conséquences (1940-1944)

Année	Bombard. Alliés	Projectiles	Victimes (estimées)		
			Tués	Blessés	Total
1940	210	3 800	292	636	928
1941	450	18 000	1 359	1 675	3 034
1942	488	18 600	2 713	5 663	8 376
1943	788	149 800	7 458	13 578	21 036
1944	7 444	503 017	35 949	48 484	84 433
Total	**9 380**	**693 217**	**47 771**	**70 036**	**117 807**
Part de l'année 1944	*79,4 %*	*72,5 %*	*75,25 %*	*69,2 %*	*71,7 %*

Sources :
Eddy Florentin, *Quand les Alliés bombardaient la France 1940-1945*, Perrin, 1997. Repris d'une étude du Service historique de l'armée de l'air.
Andrew Knapp, *Les Français sous les bombardements alliés : 1940-1945*, Tallandier, 2014.

Les Français seraient-ils libérés par les Alliés ou lanceraient-ils une insurrection nationale ? Préconisée par le Parti communiste français, cette stratégie est un échec.

Circonstances de la libération de 212 chefs-lieux d'arrondissements et de départements

Chefs-lieux de départements et d'arrondissements étudiés	Aucun rôle particulier de la population ni de la Résistance intérieure	Insurrection limitée : rôle militaire notable des FFI, pas de participation populaire	Insurrection totale : rôle militaire notable des FFI, forte participation populaire
212	179	28	5 (Paris, Marseille, Lille, Limoges, Thiers)
100 %	85 %	13 %	2 %

Source : Philippe Buton, *Les Lendemains qui déchantent. Le Parti communiste français à la Libération*, Presses de Sciences-Po, 1993, p. 104-105.

F. Bilan de la Seconde Guerre mondiale en France

Le bilan de la Seconde Guerre mondiale est particulièrement lourd.

a. Les pertes humaines

Les travaux historiques récents révisent à la baisse le total des pertes humaines, traditionnellement ancré dans une fourchette de 600 000 à 700 000 individus dont une majorité de civils. Il semble que la guerre ait coûté moins de 450 000 vies, dont de 200 000 à 250 000 civils. S'ajoute la surmortalité causée par les pénuries alimentaires et la dégradation des conditions de vie.

Les pertes humaines de la Seconde Guerre mondiale

Victimes militaires	Tués
Campagne de 1939-1940	76 000
dont tués pendant l'offensive allemande du 10 mai au 25 juin 1940	*55 000 à 65 000 (+ 200 000 blessés)*
Prisonniers de guerre décédés en Allemagne	32 000
Prisonniers coloniaux décédés en France dans les *Frontstalags*	5 000
Malgré-Nous	32 500
Volontaires français sous uniforme allemand	4 000 ?
Forces de Vichy affrontant les Français libres et les Alliés	4 300
Français libres 1940-1942	2 300
Campagne de Tunisie 1943	2 200
Campagne d'Italie 1943-1944	6 600
Libération de la France et campagne d'Allemagne (forces régulières)	14 000
FFI (Forces françaises de l'intérieur) tués au combat janvier-septembre 1944	13 679
Occupation de l'Indochine par les Japonais (1945)	2 200
Total général pertes militaires	**194 779**[1]
Victimes civiles tuées en territoire français	
Tuées en 1940	22 000
Tuées en 1941	1 000
Tuées en 1942	2 000
Tuées en 1943	7 000
Tuées en 1944	75 000
Tuées en 1945	3 600
Total général des civils tués en territoire français	**112 000**

Victimes militaires	Tués
Victimes civiles par catégories	
Juifs morts en déportation	75000
Juifs morts en territoire français (internés ou tués sur place)	5000
Victimes des bombardements	50000 à 70000, dont 12000 en Normandie
Déportés de répression non revenus des camps de concentration nazis	36000
Travailleurs civils exilés décédés en Allemagne ou en Europe occupée	25000 à 30000
Fusillés par les Allemands après condamnation par les tribunaux militaires	3000
Fusillés par les Allemands comme otages	834
Massacrés par les Allemands et les miliciens	7000 à 15000, dont 3000 prisonniers FFI sommairement abattus
Exécutés pendant l'épuration sauvage	9000
Total pertes humaines civiles en France et hors de France	**210834 à 243834**
Total général de pertes humaines civiles et militaires	**405613 à 428613**

1. 67,3 % sont morts en France, 15,1 % dans le Reich, 10,5 % dans l'Empire, 4 % en Italie, 7,7 % sur le front de l'Est et sur d'autres théâtres d'opération.

Source :
Jean Quellien, « Les pertes humaines », *in* Jean-Luc Leleu, Françoise Passera et Jean Quellien (dir.), *La France pendant la Seconde Guerre mondiale. Atlas historique*, Fayard – Ministère de la Défense, 2010, p. 262-263.

Sources

Jean-Jacques Arzelier, « La campagne de mai-juin 1940. Les pertes ? », *in* Christine Lévisse-Touzé (dir.) *La Campagne de 1940*, Tallandier, 2001, p. 427-448.

François Cochet, *Les Soldats de la drôle de guerre*, Hachette Littérature, 2004.

Julien Fargettas, *Les Tirailleurs sénégalais. Les soldats noirs entre légendes et réalités 1939-1945*, Tallandier, 2012.

Jacques Frémeaux, « Les contingents impériaux au cœur de la guerre », *in Histoire, économie et société*, vol. 23-2, 2004, p. 215-233, p. 217-218.

Julie Le Gac, *Vaincre sans gloire. Le corps expéditionnaire français en Italie (novembre 1942-juillet 1944)*, Les Belles Lettres, 2013.

Christine Lévisse-Touzé, *L'Afrique du Nord dans la guerre 1939-1945*, Albin Michel, 1998.

Armelle Mabon, *Prisonniers de guerre « indigènes » : visages oubliés de la France occupée*, La Découverte, 2010.

Jean-François Muracciole, *Les Français libres : l'autre résistance*, Tallandier, 2009.

Jacques Thobie, Gilbert Meynier, Catherine Coquery-Vidrovitch, Charles-Robert Ageron, *Histoire de la France coloniale 1914-1990*, Armand Colin, 1990.

Marcel Vigneras, *Rearming the French. United States Army in World War II*, Honolulu, University Press of the Pacific, [1957] 2003.

Le retour de la légalité républicaine s'accompagne, par ailleurs, d'une épuration.

b. L'épuration

Colportée par les nostalgiques de Vichy et de la collaboration, la légende noire des 100 000 exécutions de l'épuration n'a aucun fondement. Les travaux du Comité d'histoire de la Deuxième Guerre mondiale, menés sur 84 départements, ont recensé environ 9 000 exécutions pendant l'épuration sauvage, aux trois quarts avant la Libération.

L'épuration légale a été limitée : au total, l'épuration a touché moins d'un Français sur mille. Mais elle n'a pas été négligée au nom de la réconciliation nationale ou du mythe d'un peuple unanimement résistant. 350 000 dossiers ont été ouverts par les chambres civiques et les cours de justice, qui ont tenu près de 125 000 procès. De même, 22 000 à 28 000 fonctionnaires ont été sanctionnés. 321 parlementaires ont été déclarés inéligibles par des jurys d'honneur.

Bilan de l'épuration « sauvage » ou spontanée

	Avant le jour J	Pendant les combats de la Libération	Dans les semaines suivant la Libération	Total
Exécutions sommaires	2 200	5 000	1 800	9000

Source : Fabrice Virgili, « L'épuration extrajudiciaire », *in* Jean-Luc Leleu, Françoise Passera et Jean Quellien (dir.), *La France pendant la Seconde Guerre mondiale. Atlas historique*, Fayard – Ministère de la Défense, 2010, p. 254.

Selon Fabrice Virgili, 20 000 **femmes sont spontanément tondues** de juin 1943 à janvier 1946 dans 591 villes et villages.

Les tontes

	Occupation	Semaines de la Libération	Moins de trois mois après la Libération	Plus de trois mois après la Libération
% des tontes de femmes	6,6 %	67,6 %	16,4 %	9,4 %

Source : Fabrice Virgili, *La France virile. Des femmes tondues à la Libération*, Payot, 2000.

On recense 170 **camps d'internement** en octobre 1944, 80 en avril 1945 puis 16 en décembre 1945, lorsque la dissolution générale des camps est prononcée. 126 000 personnes ont été internées dans les mois suivant la Libération.

Les internés de la Libération (1944-1946)

Date	Nombre d'internés								
Octobre 1944	60 000								
Décembre 1944	48 468								
	Politiques français	*Dont femmes*	Droit commun	Nomades	Civils allemands	Dont femmes et enfants	Autres étrangers	Dont femmes et enfants	Total
Févr. 1945	15 144	–	2 759	755	7 589	42,5 %	5 133	27 %	31 380[1]
Juin 1945	16 158	*5 475*	984	675	12 166	5 446	5 016	1 551	35 933
Août 1945	17 287	*6 032*	1 068	590	13 017	6 528	4 235	1 508	36 197
Oct. 1945	10 942	*3 043*	262	364	8 294	4 256	2 477	679	22 339
Déc. 1945	4 596[2]		17	125	7 372	3 929	1 332	362	13 300
Févr. 1946	1 108	*326*	28	52	4 911	2 951	1 122	358	7 221
15 mai 1946	0		5	15	775	430	267	50	1 062

1. Dont 10 430 femmes.
2. Un décompte au 31 décembre 1945 donne 4 457 Français, dont 4 305 d'Alsace-Moselle.

Source : Denis Peschanski, *La France des camps. L'internement 1938-1946*, Gallimard, 2002.

En règle générale, les hommes et les femmes visés par l'épuration passent devant une Cour de justice ou une Chambre civique. Mais avant qu'elles ne soient instaurées (ou après leur suppression), ils peuvent être déférés devant des tribunaux militaires. Les hauts dignitaires, enfin, sont soumis au jugement d'une Haute Cour.

Bilan des Cours de justice et des Chambres civiques (1944-1949) au 31 janvier 1951

	Dossiers constitués	Cas jugés	Individus concernés	Verdicts						
				Acq.	Dégr. nat.	Prison	Travaux forcés temp.	Travaux forcés perp.	Mort	Exéc.
CDJ	-	57954	55331	6724	3578	24927[4]	10637[5]	2702[6]	6763[7]	767 ou 791
Chambres civiques	-	69797	69282	19453[2]	46645[3]	–	–	–	–	–
Total des affaires	**311263[1]**	**127751**	**124613**	**26177**	**50223**	**24927**	**10637**	**2702**	**6763**	**767 ou 791**
Individus concernés	~350000	124613								

1. Dont 140011 dossiers classés avant information, 43501 après information.
2. Auxquels il faudrait ajouter 3184 condamnés aussitôt relevés pour « faits de résistance ».
3. Dont 31944 à temps, 14701 à vie.
4. Dont 2044 réclusions criminelles.
5. Dont 1173 par contumace.
6. Dont 454 par contumace.
7. Dont 3910 par contumace.

Sources :
Les principaux chiffres sont ceux du ministère de la Justice, Code pénal annoté de 1952.
Patricia Boyer, « L'épuration légale » in Jean-Luc Leleu, Françoise Passera et Jean Quellien (dir.), *La France pendant la Seconde Guerre mondiale. Atlas historique*, *op. cit.*, p.256-257.
Henry Rousso, « L'épuration en France : une histoire inachevée », *Vingtième Siècle. Revue d'histoire*, 1992, n° 33, p. 78-105.
Stéphane Simonnet, *Atlas de la Libération de la France 6 juin 1944-8 mai 1945*, Autrement, 2004, p. 67.

Condamnations à mort lors de l'épuration légale

	Prononcées	Dont par contumace	Exécutées
Cours martiales régulières, septembre-octobre 1944	766	-	766
Haute Cour de justice [1]	18	10	3
Tribunaux militaires	Inconnu à ce jour – 1 500 ?	Inconnu à ce jour	770
Cours de justice	6 763	3 910	767 ou 791
Graciés	63 % (Norvège : 16 %, Danemark : 50 %)		

1. La Haute Cour de justice (1944-1949), composée de 3 magistrats et 24 jurés issus de la Résistance, a jugé 108 ministres, secrétaires d'Etat, hauts fonctionnaires ou gouverneurs de colonies. Elle prononce 42 non-lieux, 3 acquittements, 15 dégradations nationales (dont 7 relevées pour « faits de résistance »), 14 peines de prison, 8 de travaux forcés. Seules 3 de ses 18 sentences de mort sont exécutées (Pierre Laval, Joseph Darnand, Fernand de Brinon).

Source : Patricia Boyer, « L'épuration légale » in Jean-Luc Leleu, Françoise Passera et Jean Quellien (dir.), *La France pendant la Seconde Guerre mondiale. Atlas historique*, *op. cit.*, p. 256-257.

Les effets de l'épuration, enfin, décroissent avec le temps, sous l'effet notamment des lois d'amnistie de 1951 et de 1953.

Détenus pour faits de collaboration (1946-1964)

	1946	1948	1951	1952	1954	1956	1959	1960	1964
Détenus	29 179	18 384	4 000	1 500	975	62	19	9	0

Si l'épuration judiciaire poursuit crimes et délits, une épuration professionnelle réprime les manquements à l'éthique du métier.

L'épuration professionnelle

	Effectifs globaux	Nombre de sanctionnés	% de sanctionnés	
Fonctionnaires		22 000 à 28 000		
Officiers d'active	18 000 [1]	3 220	18 %	2 570 dégagés des cadres, 650 mis à la retraite. 142 des 181 généraux examinés sont sanctionnés
Gendarmerie				15 % des officiers rayés des cadres en 1946
Policiers parisiens	20 000	1 906	9,5 %	50 % des sanctionnés sont révoqués, 400 dossiers transmis à la justice, dont 196 aboutissent à une condamnation (20 à mort)
Policiers non parisiens		2 019		1 162 renvois, 857 sanctions diverses plus légères.

	Effectifs globaux	Nombre de sanctionnés	% de sanctionnés	
Magistrats	3 000	265	8,8 %	165 exclus, 100 déplacés et rétrogradés (+ 5 abattus avant la Libération par la Résistance)
Universitaires			10 %	
Milieux du cinéma		1 087	1,8 %	Par comparaison, près de 10 000 des 60 000 professionnels avaient été exclus par les lois antisémites de Vichy

1. Sur les 35 000 officiers de 1939, 2 000 sont morts au combat en 1940, 10 000 ont passé la guerre en captivité, 6 000 rejoint la Résistance : les 10 720 dossiers ouverts ont donc concerné 59,5 % des 18 000 officiers restants.

Sources :
François Rouquet, *L'Epuration dans l'administration française*, CNRS éditions, 1993.
Henry Rousso, « L'Epuration des magistrats », *in Vichy, l'événement, la mémoire, l'histoire*, Gallimard, 2001.
Pour le cinéma : Nicolas Beaupré, *Les Grandes Guerres (1914-1945)*, Belin, 2012, p. 982.

L'épuration économique a été plus importante que ce que l'on a longtemps cru, car plus étalée dans le temps, elle a été moins spectaculaire : les derniers dossiers ne sont examinés qu'en 1950, les derniers recouvrements ne sont perçus qu'à la fin des années 1960.

L'épuration économique

Sentences prononcées par les tribunaux	Prison	Amendes, confiscations	Réclusion, travaux forcés	Dégradations nationales	Peines de mort	Total condamnations
Condamnations en justice pour collaboration économique	606	255	159	87	3 (commuées)	1 110

	Citations lancées	Sanctions prononcées		
		Confiscations (milliers de F)	Amendes (milliers de F)	Total (milliers de F)
Comités de confiscation des profits illicites (1944-1949)	124 320	68 318 042	78 595 080	146 913 122

	Dossiers examinés	Classés	Transmis à d'autres juridictions	Mis hors de cause	Dégradations nationales	Total sanctions prononcées
Commission nationale interprofessionnelle d'épuration	1 538[1]	1 024	150	323	45	191

1. Concernant à 71 % du personnel dirigeant.

Source : Marc Bergère (dir.), *L'Epuration économique à la Libération*, Rennes, Presses universitaires de Rennes, 2008.

c. *Bilan matériel de la guerre*

Si les conséquences humaines et politiques de la guerre sont lourdes, les destructions provoquées entre 1940 et 1945 sont particulièrement élevées.

En 1947, 6 296 000 dossiers de dommages de guerre ont été déposés au ministère de la Reconstruction, dont 91 000 pour des entreprises industrielles et 745 000 pour des exploitations agricoles.

Bilan matériel de la guerre

Bien matériel, infrastructure	Détruits
Usines	60 000
Terres agricoles	3 000 000 ha (1914-1918 : 1,5 million)
Ouvrages d'art (ponts, tunnels, viaducs)	1 900
Ponts routiers	7 750, dont 5 000 remis en service en 1953, les derniers en 1966
Ponts fluviaux	4 000
Voies d'eaux	4 000 km de canaux 4 250 km de rivières inaptes à la navigation Plus de 2 000 épaves et les ruines de 1 500 ouvrages d'art à retirer
Ecluses	282, dont 233 encore inutilisables en janvier 1946
Barrages	43
Ports	80 % des quais 1 220 épaves à retirer
Voies ferrées	22 000 km sur 40 000 endommagés, dont 3 109 totalement détruits 139 gares détruites dont 24 gares de triage sur 40 Deux tiers des wagons de marchandises, 50 % des wagons de voyageurs et 5 locomotives sur 6 sont perdus
Lignes téléphoniques	90 000 km 60 % des relais hors d'usage
Terrains à déminer	500 000 ha (13 millions de mines) [1] Au 1er janvier 1949, 653 978 obstacles côtiers ont par ailleurs été retirés.

1. De 1944 à 1948, 2 882 accidents dus aux mines sont recensés, tuant 2 366 personnes (471 démineurs français, 1 709 prisonniers allemands employés au déminage, 186 autres personnes).

Sources :

Eric Alary *et al.*, *Les Français au quotidien, 1939-1949*, Perrin, 2009.

Dominique Barjot, « La reconstruction des infrastructures 1944-1953 » *in La France de 1945, résistances, retours, renaissances*, Presses universitaires de Caen, 1996.

Nicolas Beaupré, *Les Grandes Guerres, op. cit.*, p. 986.

En 1945, 18 % du **parc immobilier** est atteint ou détruit (9 % pendant la Grande Guerre) et 5 millions de Français sont sans abri.

Dommages au parc immobilier (1940-1945)

	25/6/1940	Du 25/6/40 au 31/5/44	Du 1/6/44 au 15/7/44	Bilan au 15/7/45	Rappel bilan au 11/11/1918
Destructions partielles d'immeubles	317 989	228 673	889 338	1 436 000	559 000
Destructions totales d'immeubles	85 808	50 929	315 263	452 000	368 000
Total	403 597	279 602	1 204 601	1 888 000	927 000

Source : Danièle Voldman, « Les destructions matérielles », in Jean-Luc Leleu, Françoise Passera et Jean Quellien (dir.), *La France pendant la Seconde Guerre mondiale. Atlas historique*, Fayard – Ministère de la Défense, 2010, p. 266-267.

Les communes déclarées « sinistrées » ont vu au moins 30 % de leur parc immobilier détruit ou endommagé. Les deux tiers (soit environ 1 200) ont été victimes du débarquement et de la campagne de Normandie.

Les communes sinistrées

Type de commune	Nombre en 1945	Dont déclarées sinistrées
Plus de 100 000 hab.	17	15[1]
50 000 à 100 000 hab.	39	21
10 000 à 50 000 hab.	278	154
Moins de 10 000 hab.	–	1 632
Total	–	1 822

1. Paris et Grenoble sont les deux seules villes de plus de 100 000 hab. non déclarées sinistrées.

Source : Danièle Voldman, « Les destructions matérielles », in Jean-Luc Leleu, Françoise Passera et Jean Quellien (dir.), *La France pendant la Seconde Guerre mondiale. Atlas historique*, Fayard – Ministère de la Défense, 2010, p. 266.

De plus, l'hyperinflation, conséquence durable du pillage allemand et de la désorganisation du marché national, n'est que modérément freinée pendant l'Occupation par le blocage officiel des salaires : le salaire horaire moyen n'augmente que de 60 % de 1938 à 1944, soit une baisse des salaires réels de plus de 40 %. Insupportable aux populations, ce fardeau est souvent contourné par diverses ruses. Ce lourd héritage pèse sur l'après-guerre : l'inflation française atteint sa croissance maximale historique en 1946-1948 et empoisonne longuement l'histoire de la IVe République.

Prix à la consommation (1938-1950)

	1938	1939	1940	1941	1942	1943	1944	1945	1946	1947	1948	1949	1950
Prix à la consommation	100	108	129	150	175	224	285	393	645	1 030	1 632	1 676	1 684

Masse monétaire nette en circulation en fin d'année (millions de francs) (1939-1950)

	1939	1940	1941	1942	1943	1944	1945	1946	1947	1948	1949	1950
Masse monétaire	247,6	366,3	513,7	615,7	774,6	876,8	1 080,1	1 396,5	1 733,2	2 316,9	2 788,9	3 323,1

Source : INSEE.

Chapitre 7

LA GUERRE D'INDOCHINE

L'Indochine française est une création de l'administration coloniale qui regroupe l'ancien Vietnam, le Cambodge et le Laos, soit une superficie totale de 740 000 km^2. Regroupant 12 millions d'habitants lors de la conquête, la population de l'Indochine est estimée à 26 582 000 habitants en 1943, dont les 9/10es vivent au Vietnam. La présence française demeure limitée : un maximum est atteint avec 34 000 Français en 1940.

Alors que la défaite de la France en 1940 et l'occupation japonaise affaiblissent la domination coloniale, la mauvaise récolte de 1944-1945 provoque une famine où périssent 1 million de personnes selon les autorités françaises, 2 millions selon Ho Chi Minh. Ce drame renforce les aspirations indépendantistes et le 2 septembre 1945, Ho Chi Minh proclame l'indépendance de la République démocratique du Vietnam devant une foule d'une dizaine de milliers de personnes. En dépit de l'accord franco-vietnamien du 6 mars 1946 scellant la reconnaissance de l'Etat libre du Vietnam, plusieurs incidents, comme celui d'Haiphong plongent l'Indochine dans la guerre. Le 19 décembre 1946, Ho Chi Minh passe dans la clandestinité et lance à la radio le signal de la révolte générale. Le général Giap met sur pied une armée de 50 000 hommes fortement encadrée. Un maquis qui compte jusqu'à 12 000 hommes se forme dans la jungle tonkinoise. Les effectifs du Viet Minh progressent rapidement et comptent 400 000 hommes au début de 1954.

La guerre d'Indochine devient rapidement un enjeu de la guerre froide comme en témoignent les soutiens des Etats-Unis à la France et de la Chine au Viet Minh. Violent, le conflit provoque de nombreuses victimes : le climat tropical impose de nombreux rapatriements sanitaires tandis que la guérilla menée par le Viet Minh use les nerfs et permet la capture de nombreux prisonniers de guerre dont plus de 80 % périssent lors d'une longue captivité.

A. Les forces en présence

Selon une maxime française, « lorsque 10 Français se déplacent, le Viet Minh le sait ; lorsque 10 000 Viet Minh se déplacent, les Français l'ignorent ».

Les forces terrestres en Extrême-Orient (FTEO, effectifs réalisés au 1er décembre, sauf pour 1954 (1er juillet)

	Français	Légionnaires	Nord-Africains	Africains	Total
1945	27 297				27 297
1946	61 924				61 924
1947	63 815				71 857
1948	43 989	11 886	13 318	5 014	74 234
1949	45 496	16 952	24 364	12 090	98 420
1950	44 067	16 844	21 356	13 389	95 656
1951	51 479	19 479	32 712	19 434	123 034
1952	50 342	19 360	29 571	17 917	117 190
1953	53 227	18 440	37 409	18 646	127 767
1954	50 243	14 462	34 772	18 887	118 364

Source : Michel Bodin, *La France et ses soldats, Indochine 1945-1954*, L'Harmattan, 1997.

Répartition des effectifs des FTEO en %

Année	Français et légionnaires	Autochtones	Africains et Nord-Africains
1949	33	30	37
1950	32	31	37
1951	31	27	42
1952	28	35	37
1953	29	30	41
1954	28	33	39

Source : Michel Bodin, *La France et ses soldats, Indochine 1945-1954, op. cit.*

En vertu des accords de la Baie d'Along en juin 1948, le gouvernement vietnamien réclame l'aide de la France pour constituer une armée nationale.

Effectifs de l'Armée vietnamienne (1949-1954)

Année	Réguliers	Supplétifs	Totaux
1949	15000	10000	25000
1950	26000	23000	49000
1951	35000	28000	63000
1952	65000	39000	104000
1953	92000	53000	1450000
1954	220000	51000	271000

Source : Michel Bodin, *La France et ses soldats, Indochine 1945-1954, op. cit.*

Effectifs de l'armée populaire vietnamienne (1946-1954)

Année	Armée populaire vietnamienne
1946	28000
1947	40-45000
1954	400000

Source : Michel Bodin, *La France et ses soldats, Indochine 1945-1954, op. cit.*

Selon Hugues Tertrais, par son **aide militaire, la Chine** couvre progressivement entre 20 et 50 % des dépenses militaires du Viet Minh. En 1952, les services français estiment à 20000 les combattants et à 10000 les spécialistes de tous ordres formés en République populaire de Chine.

Aide chinoise au Viet Minh (1951-1954)

Année	Matériel livré (en tonnes)
Hiver 1951	2000
1952	5000
1953	10000
1951-1954	50000

Source : Hugues Tertrais, *Le Piastre et le Fusil. Le coût de la guerre d'Indochine 1945-1954*, Comité pour l'histoire économique et financière de la France, 2002.

B. Un impact modéré sur l'économie française

Aide américaine à la France (1950-1953)

Année	Aide matérielle (livraison d'armes) en valeur (milliards de francs)	Part dans le coût de la guerre (%)
1950	40	14
1951	70	18
1952	103,5	18
1953	119	20

Source : Hugues Tertrais, *Le Piastre et le Fusil, op. cit.*

Année fiscale américaine	Montant de l'aide financière pour l'Indochine (en milliards de francs)	Part de l'aide financière à la France consacrée à l'Indochine (%)	Part de l'aide financière à la France dans le coût de la guerre (%)
1951-1952	115	66	20
1952-1953	145	70	25
1953-1954	275	84	41

Source : Hugues Tertrais, *Le Piastre et le Fusil, op. cit.*

Part de la France dans le coût total de la guerre d'Indochine (1946-1954)

Année	Crédits français (milliards de francs 1953)	Coût total de la guerre (milliards de francs 1953)	Part de la France (%)
1946	108,0	108,0	100
1947	117,3	117,3	100
1948	130,0	130,0	100
1949	169,5	169,5	100
1950	241,2	285,2	85
1951	292,6	379,3	77
1952	334,0	569,0	59
1953	285,0	589,0	48
1954	142,0	687,0	21
Total	1 819,60	3 033,0	60

Source : Hugues Tertrais, *Le Piastre et le Fusil. Le coût de la guerre en Indochine 1945-1954, op. cit.*

C. Le désintérêt de l'opinion publique

Evolution de l'opinion publique française sur la question indochinoise (sondages effectués par l'IFOP entre septembre 1945 et février 1954)

	09/1945	01/1947	07/1947	07/1949	10/1950	05/1953	02/1954
L'Indochine sera laissée à la France	63 %	58 %					
L'Indochine ne sera pas laissée à la France	12 %	12 %					
Il faut rétablir l'ordre, envoyer des renforts			37 %	19 %	27 %	15 %	7 %
Il faut faire appel à l'ONU ou aux Etats-Unis					8 %	6 %	1 %
Il faut être plus énergique ou abandonner				2 %	3 %	4 %	2 %
Il faut négocier avec le Viet Minh			15 %		24 %	35 %	42 %
Il faut arrêter la guerre et reconnaître l'indépendance			22 %	38 %			
Il faut abandonner l'Indochine, rappeler les troupes				11 %	18 %	15 %	18 %
Autres solutions			5 %	5 %		2 %	1 %
Ne se prononcent pas	25 %	30 %	21 %	25 %	20 %	23 %	29 %

Source : Alain Ruscio, *La Guerre française d'Indochine*, Bruxelles, Complexe, 1992.

La guerre d'Indochine s'achève le 20 août 1954 par les accords de Genève.

D. Les pertes

Pertes (1946-1954)

	Armée française	Armée vietnamienne
Opérations Léa et Ceinture (1947)		7200 tués et 1 000 prisonniers Viet Minh (selon l'armée française)
Cao Bang	4 800 tués et disparus	
Dien Bien Phu	1 571 morts 4 000 blessés 10 041 prisonniers (dont 297 officiers)	
Total guerre	89 767 morts 26 675 disparus 100 177 blessés 46 580 rapatriés sanitaires	Estimé à 500 000 hommes

Source : Michel Bodin, *Dictionnaire de la guerre d'Indochine*, Economica, 2004.

Parmi les soldats métropolitains décédés, 59 % sont morts au combat, 13,5 % dans des camps Viet Minh, 13 % de maladie et 9 % par accident. Les morts civils sont estimés entre 800 000 et 2 000 000.

Les prisonniers de guerre

	Total des prisonniers de guerre disparus à la date du 15/8/1954	Rendus à la date du 15/9/1954	% décédés ou disparus
Français	4 995	2 202	55,92
Légionnaires	5 394	2 337	56,50
Nord-Africains	5 044	2 707	46,33
Africains	1 041	777	25,36
Total	16 429	8 013	51,23
Autochtones FTEO [1]	15 060		100
Autochtones FAVN [2]	15 524	870	94,40
Total général	45 013	8 883	80,27

1. Intégrés au CEF.
2. Membres de l'Armée nationale vietnamienne.

Source : Roger Bonnafous, *Les prisonniers de guerre du corps expéditionnaire français en Extrême Orient dans les camps Viêt Minh 1945*-1954, Montpellier, Centre d'histoire militaire et d'études de défense nationale, 1985, p. 216.

Le 11 mars 1955, le général de Beaufort estime que le nombre de prisonniers de guerre indochinois décédés ou exécutés dépasse les 9 000.

Sources

Michel Bodin, *Dictionnaire de la guerre d'Indochine*, Economica, 2004.
Michel Bodin, *La France et ses soldats, Indochine, 1945-1954*, L'Harmattan, 1996.
Laurent Césari, *L'Indochine en guerre (1945-1993)*, Belin Sup, 1995.
Jacques Dalloz, *La Guerre d'Indochine (1945-1954)*, Le Seuil, 1987.
Alain Ruscio, *La Guerre française d'Indochine*, Bruxelles, Complexe, 1992.

Chapitre 8

LA GUERRE D'ALGÉRIE

Les chiffres liés à la guerre d'Algérie furent et sont parfois encore longuement débattus. Qualifiées de « batailles contre l'Histoire[1] » par Charles-Robert Ageron, ces querelles statistiques ont concerné notamment les émeutes de Sétif et Guelma, la torture, le nombre de victimes algériennes, ou encore les massacres de harkis.

En 1954, 984 000 Français et 8 455 000 Algériens peuplent l'Algérie. Dès 1945, la violence s'empare des trois départements français.

A. L'escalade de la violence

Emeutes de Sétif (8 mai 1945)

A l'appel du Parti populaire algérien (PPA), plusieurs milliers d'Algériens manifestent dans la région de Sétif et Guelma. L'interdiction des emblèmes nationalistes déclenche un engrenage de violences : 102 Français périssent dont 90 dans la région de Sétif. En représailles, l'armée ratisse les villages et l'aviation mitraille la région. Le chiffre des victimes civiles est âprement disputé. Les autorités françaises reconnaissent 1 165 morts. Après l'indépendance, les autorités algériennes reprennent le bilan avancé par le PPA au moment des faits : 45 000 Algériens. Dans les années 1990, le thème du génocide est diffusé. Jean-Pierre Peyroulou estime que le

1. Charles-Robert Ageron, « "Le drame des harkis". Mémoire ou histoire ? », *Vingtième siècle. Revue d'histoire,* 68, octobre-décembre 2000, p. 3-15.

nombre de morts se situe dans la fourchette des évaluations proposées par les armées britannique et américaine alors présentes en Algérie, soit entre 6 000 et 17 000. L'événement se démarque donc selon lui de la répression coloniale ordinaire, mais constitue un « massacre de populations civiles ».

Source

Jean-Pierre Peyroulou, *Guelma 1945. Une subversion française dans l'Algérie coloniale*, Paris, La Découverte, 2009.

Attentats recensés par le ministère de l'Intérieur (1954-1956)

Date	Nombre d'attentats recensés par le ministère de l'Intérieur
Novembre 1954	178 (dont 70 dans la nuit du 31 octobre au 1er novembre)
Décembre 1954	201
Mars 1955	139
Avril 1955	196
Mai 1955	455
Juin 1955	501
Juillet 1955	441
Novembre 1955	800
Janvier 1956	1 300

Source : Sylvie Thénault, *Histoire de la guerre d'indépendance algérienne*, Flammarion, 2005.

Les émeutes de Philippeville (20 août 1955)

Maquisards et foule urbaine attaquent les symboles de la colonisation et font 123 victimes parmi lesquelles figurent des Algériens modérés (dont le neveu de Ferhat Abbas). A El Halia, plus de 30 Européens (dont 10 enfants) sont tués. La répression est, comme en 1945, disproportionnée et délicate à estimer : le FLN parle de 12 000 victimes. A Philippeville, le général Aussaresses mentionne l'exécution sommaire de 80 Algériens. Le chiffre officiel retenu est celui de 1 273 morts.

B. La répression

Pendant toute la guerre, les tribunaux militaires ont prononcé près de 1 500 peines capitales :

6 femmes, toutes graciées,
peu de Français (un seul, Fernand Iveton, a été exécuté, en 1957),
200 Algériens environ ont été exécutés, dont les deux tiers en 1957-1958[1].

La population pénale « hors droit commun » (1959-1968)

Année	Détenus algériens Catégorie A	Détenus « activistes »
1959	6441	–
1960	5715	–
1961	5880	–
1962	5383	343
1963	0	1688
1964	–	988
1965	–	537
1966	–	188
1967	–	78
1968	–	53

Source : Sylvie Thénaut, *Une drôle de justice…*, *op. cit.*

L'internement

Les premiers camps voient le jour en 1955.

Camps et population internée (1958-1961)

Date	Nombre de camps de regroupement	Population internée
Début 1958	492	400000
Septembre 1960	2123	1,8 million
Avril 1961	2392	2 millions

Source : Sylvie Thénaut, *Une drôle de justice…*, *op. cit.*

1. Sylvie Thénaut, *Une drôle de justice. Les magistrats dans la guerre d'Algérie*, La Découverte, 2001.

Nombre de détenus dans les centres de triage et de transit (1957-1961)

Date	Nombre de détenus
Septembre 1957	9100
Mars 1959	19500
Avril-septembre 1959	11000
Juillet 1961	3500

Source : Sylvie Thénault, *Une drôle de justice, op. cit.*

La torture

Lorsqu'il démissionne en 1957, Paul Teitgen invoque le chiffre de 3024 personnes disparues. Raphaëlle Branche choisit de ne pas évaluer le phénomène mais démontre que la pratique devient courante dans l'armée française[1].

C. Les violences

Selon l'armée française, de 1954 à 1962, 16378 civils algériens auraient été tués par le Front de libération nationale (FLN) et 13296 auraient disparu, soit un total d'environ 30000 personnes. Gilbert Meynier considère ce chiffre comme plausible. Des *junud* et officiers algériens sont victimes de purges, comme l'illustre le massacre de Melouza, au cours duquel 303 villageois sont assassinés dans la nuit du 28 au 29 mai 1957 en raison de leur soutien au MNA. L'exploitation de ces exactions par l'armée française, qui y voit un signe manifeste de la barbarie du FLN, rend leur évaluation difficile. Gilbert Meynier estime que le chiffre de 10000 constitue un maximum[2].

L'escalade de la violence au sein de l'Algérie française

A partir de l'hiver 1955-1956, les Français d'Algérie entament une radicalisation conduisant à la naissance de groupes dits « contre-terroristes ».

1. Raphaëlle Branche, *La Torture et l'armée pendant la guerre d'Algérie*, Gallimard, 2001.
2. Gilbert Meynier, *Histoire intérieure du FLN, 1954-1962*, Fayard, 2002.

Les manifestations de rue (5000 personnes en janvier 1956 et 15 à 18000 personnes lors de la « journée des tomates », le 6 février 1956) exercent une forte pression sur le gouvernement. Le 10 août 1956, l'Organisation de résistance de l'Algérie française (ORAF) fait exploser une bombe en pleine Casbah, rue de Thèbes. Bilan : 15 à 60 morts selon les sources. En janvier-février 1960, la semaine des barricades (révolte des Européens d'Alger contre l'autodétermination de l'Algérie annoncée par de Gaulle) provoque de lourdes pertes.

Semaine des barricades (24 janvier-1er février 1960)

	Forces de l'ordre	Insurgés
Morts	14	8
Blessés	123	20

Source : Sylvie Thénault, *Histoire de la guerre d'indépendance algérienne, op. cit.*

En avril 1961, quatre généraux montent un putsch pour s'opposer à la marche vers l'indépendance amorcée par le général de Gaulle. Le contingent refuse de suivre ces généraux rebelles.

Le putsch des généraux (22-25 avril 1961)

25000 des 400000 militaires présents en Algérie soutiennent les généraux rebelles.

Sanctions :

3 régiments sont dissous,
200 officiers sont placés aux arrêts de rigueur,
534 officiers et 574 sous-officiers sont mis en congé spécial ou radiés,
200 fonctionnaires de l'administration civile sont arrêtés,
6 commissaires de police sont révoqués.,
150 officiers sont jugés par les 2 juridictions d'exceptions créées (le tribunal militaire et le haut tribunal militaire).

Les généraux Challe et Zeller, qui se sont rendus, sont condamnés à 15 ans de prison.

Les généraux Salan et Jouhaud, en fuite, sont condamnés à mort par contumace, ainsi que le général Gardy et les colonels Argoud, Broizat, Gardes, Godard et Lacheroy.

L'Organisation de l'armée secrète (OAS)

Créée à Madrid dans le cercle des exilés de l'Algérie française (le général Salan et les meneurs des barricades en fuite, Pierre Lagaillarde et Jean-Jacques Susini), l'OAS attire des ultras de l'Algérie française et des jeunes et multiplie les actions terroristes en Algérie comme en métropole. Fin janvier 1962, *L'Appel de la France*, son journal, tire jusqu'à 60 000 exemplaires.

L'organisation multiplie les actions violentes. Dans le cadre de l'opération Rock and Roll dans la nuit du 5 au 6 mars 1962, 120 explosions sont déclenchées en 2 heures ainsi que des attentats à la voiture piégée. Le 26 juin 1962, dans un dernier baroud d'honneur, l'OAS brûle 10 millions de tonnes de carburant à Oran[1].

Violences en métropole

Le FLN à Paris

Wilaya 1 : Paris centre : 36 000 membres

Wilaya 2 : banlieues : 54 000 membres

Une wilaya est une région du FLN.

Octobre 1961

Alors qu'une violente controverse oppose Jean-Luc Einaudi[2] et Jean-Paul Brunet[3] sur l'importance des victimes de la répression policière en octobre 1961, suite à la grande manifestation organisée à Paris le 17 octobre de la même année, Jim House et Neil MacMaster estiment que plus de 120 Algériens furent assassinés par la police au cours des mois de septembre et octobre 1961[4].

1. Sylvie Thénault, *Histoire de la guerre d'indépendance algérienne*, *op. cit.*
2. Jean-Luc Einaudi, *La Bataille de Paris – 17 octobre 1961*, Le Seuil, 1991, rééd. 2001.
3. Jean-Paul Brunet, *Police contre FLN. Le drame d'octobre 1961*, Flammarion, 1999.
4. Jim House, Neil MacMaster, *Paris 1961. Les Algériens, la terreur d'Etat et la mémoire*, Tallandier, [2006] 2008.

D. L'armée française en guerre d'Algérie

Au total, environ 2 millions de militaires français ont servi pendant la guerre d'Algérie dont 1 179 523 appelés entre 1954 et 1962.

Evolution des effectifs de l'Armée en Algérie (1955-1961)

Année	Effectifs de l'Armée de terre	Effectifs totaux de l'Armée
1er janvier 1955	66 238	
1er janvier 1956	180 451	
20 juin 1957	366 000	421 500
1er janvier 1958	379 000	395 700
1er janvier 1960		447 700
1er mars 1961		477 138
1er octobre 1961		420 730

Source : Mahieu Alban, « Les effectifs de l'Armée française en Algérie (1954-1962) », *in* Jean-Charles Jauffret et Maurice Vaïsse, *Militaires et guérilla dans la guerre d'Algérie*, Bruxelles, Complexe, 2001.

Les réfractaires dans la guerre d'Algérie

Réfractaires	Nombre
Insoumis	10 831
Déserteurs	866
Objecteurs de conscience [1]	420

1. La reconnaissance légale du statut d'objecteur de conscience date seulement de 1963.

Source : Tramor Quemeneur, *Une guerre sans non ? : insoumissions, refus d'obéissance et désertions de soldats français pendant la guerre d'Algérie : 1954-1962*, thèse soutenue en 2007 à l'université Paris XIII.

La conscription des Français de souche nord-africaine (1954-1962)

Date	Nombre de FSNA incorporés
1954	7 000
1957	14 000
1959	29 000
Total 1954-1962	100 000

Source : Stéphanie Chauvin, « Des appelés pas comme les autres ? Les conscrits « français de souche nord-africaine » pendant la guerre d'Algérie », *Vingtième Siècle. Revue d'histoire*, n° 48, 1995, p. 21-30.

Les désertions des conscrits « Français de souche nord-africaine » sont faibles car nombreux sont ceux qui ne répondent pas à la convocation.

Désertions des conscrits de souche nord-africaine (1956-1961)

Date	Pourcentage de conscrits ne se présentant pas devant les conseils de révision
1956	55 %
1957	42 %
1958	45 %
1959-1960	44 %
1961	63 %

Source : Charles-Robert Ageron, « Les supplétifs algériens dans l'armée française pendant la Guerre d'Algérie », *Vingtième Siècle. Revue d'histoire*, n° 48, octobre-décembre 1995.

Sur les 335 officiers de carrière algériens en 1962, 52 signent une lettre adressée en janvier 1957 au président René Coty afin de demander un « règlement pacifique dénué de violence » et démissionnent par la suite.

Les supplétifs algériens dans l'armée française pendant la guerre d'Algérie

Au cours de la guerre d'Algérie, l'armée française a renoué avec la tradition coloniale de recours aux formations de supplétifs algériens, aujourd'hui abusivement qualifiés de harkis. De fait, les harkis ne constituent qu'une catégorie des cinq types de formations supplétives :

— les groupes mobiles de police rurale (créés en 1955), puis groupes mobiles de sécurité à partir de mars 1958 et assimilés à des compagnies républicaines de sécurité ;

— les mokhaznis (créés en 1955) ;

— les harkis (instaurés en avril 1956) ;

— les unités territoriales (mises sur pied en mai 1956), devenues unités de réserve en 1960 ;

— les groupes d'auto-défense (GAD), non militaires, comptabilisés comme combattants civils des forces de l'ordre.

En période de guerre psychologique, les chiffres peuvent donner lieu à manipulation ou interprétation, comme en témoigne le slogan invoquant les 180 000 Français musulmans se battant dans les rangs de l'armée française.

Les supplétifs armés

Les chiffres proposés par les archives du Service historique de la défense varient selon les sources.

Effectifs des supplétifs algériens (1956-1962)

Date	Effectifs (variations maximales)
1er janvier 1956	4300
1er janvier 1957	De 13948 à 34500
1er janvier 1958	De 39500 à 51100
1er janvier 1959	De 61000 à 84000
1er janvier 1960	De 116000 à 125000
1er novembre 1960	De 108500 à 126000
1er janvier 1961	De 119797 à 189000
1er janvier 1962	97100

Source : Charles-Robert Ageron, « Les supplétifs algériens dans l'armée française pendant la Guerre d'Algérie », art. cit.

Les pertes des supplétifs algériens

Les chiffres des archives militaires françaises varient de 1 095 à 1 158 harkis tués au combat ou par attentats d'avril 1959 à 1962. Ainsi, le taux de harkis tués en trois ans est de 2,31 % des effectifs moyens annuels.

Source

Charles-Robert Ageron, « Les supplétifs algériens dans l'armée française pendant la Guerre d'Algérie », *Vingtième Siècle. Revue d'histoire*, nº 48, octobre-décembre 1995.

Le FLN et l'Armée de libération nationale (ALN)

L'ALN s'impose comme la principale force de structuration du nationalisme algérien à l'intérieur du pays, avec de forts contrastes régionaux : elle est surtout présente dans le nord et l'est du pays.

Evaluation des forces de l'ALN par les congressistes lors du congrès de la Soummam (1956)

	Soldats	Partisans (*moussebiline*)	Armes de guerre	Fusils de chasse
Kabylie	3100	7500		4225
Constantinois	3200	5000		
Algérois	1000	2000		3750
Oranie			1400	
Ensemble de l'Algérie	7500	15000	2500	

Source : Gilbert Meynier, *Histoire intérieure du FLN 1954-1962*, Fayard, 1962.

L'opinion de la métropole à l'égard de la guerre d'Algérie : du désintérêt à la résignation

Selon un sondage IFOP d'août 1955, 5 % des sondés s'intéressent aux nouvelles d'Algérie.

Date	Part des Français de métropole favorables à une négociation avec les « chefs de la rébellion » (%)
Juillet 1956	45
Juillet 1957	53
Janvier 1958	56
Mai 1959	71

Source : Charles-Robert Ageron, « L'opinion française devant la guerre d'Algérie », *in Revue française d'outre-mer*, n° 231, 1976, p. 256-285.

Lors du référendum du 8 avril 1962, 90,7 % des Français se prononcent en faveur de l'indépendance de l'Algérie.

E. Terminer la guerre

Les départs vers la France (avril-août 1962)

Date	Nombre de départs vers la métropole
Avril 1962	46 030
Mai 1962	101 250
Juin 1962	354 914
Juillet 1962	121 020
Août 1962	95 578

Source : Sylvie Thénaut, *Histoire de la guerre d'indépendance algérienne*, Flammarion, 2005.

En 1963, l'Algérie indépendante ne compte plus que 180 000 Français sur son sol.

Le « drame des harkis » (1962)

Face à l'utilisation politique de l'histoire des harkis, et notamment en réponse à la thèse de sociologie de M. Mohand Hamoumou de 1989, selon laquelle aurait été perpétré un génocide de 100 000 harkis et d'une dizaine de milliers d'Européens, Charles-Robert Ageron rétablit quelques statistiques relatives au rapatriement et aux meurtres de harkis à la fin du conflit.

Le rapatriement des harkis

	Effectifs
Nombre de harkis optant pour le retour à la vie civile en vertu du décret du 20 mars 1962	21000
Nombre de harkis souhaitant être rapatriés en France en avril 1962	1334 chefs de famille soit 7006 personnes 33 % sont revenus sur leurs intentions avant le 10 mai 1962
Nombre de rapatriés algériens en convois autorisés avant la fin juillet 1962	14000
Nombre de supplétifs passés par les camps de transit en France de juin 1962 à juillet 1963	25 à 27000
Nombre de supplétifs passés par les camps de transit en France de juin 1962 à la fin de 1965	41500
Nombre de réfugiés ou rapatriés algériens en France selon le recensement de 1968	138800

Source : Charles-Robert Ageron, « Le drame des harkis en 1962 », *Vingtième siècle. Revue d'histoire*, n° 42, 1994, p. 3-6.

F. Bilan humain de la guerre d'Algérie

L'armée française déplore 24614 morts au cours du conflit dont 15583 morts au combat ou dans les attentats, 7917 morts dans les accidents, 1144 morts de maladie. Près d'un millier de soldats étaient encore prisonniers ou disparus en 1962.

Côté algérien, l'armée française indique avoir tué 141000 « rebelles », rejoignant les évaluations algériennes qui comptabilisent 132290 morts parmi les seuls soldats de l'ALN.

Faute de source, les pertes civiles sont plus difficiles à évaluer. On s'appuie généralement sur la comparaison des recensements de 1954 et de 1966. L'enjeu réside alors dans l'évaluation de la population algérienne de 1962. Le chiffre le plus communément admis est celui proposé par Xavier Yacono et Charles-Robert Ageron qui avancent une fourchette de 250000 à 300000 morts. Cependant, la méthode est aujourd'hui contestée par le démographe Kamel Kateb : il propose un total de 430000 morts environ et il montre qu'une simple variation de 0,2 point du taux de croissance estimé et utilisé dans les calculs aboutit à modifier très largement ce résultat en le portant à 578000. Il avoue dès lors l'impossibilité de donner un chiffre précis.

Sources

Charles-Robert Ageron, « Les pertes humaines de la guerre d'Algérie » *in* Gervereau, Rioux, Stora, *La France en guerre d'Algérie*, Nanterre, BDIC, 1992.

Abderrahmane Bouchène, Jean-Pierre Peyroulou *et al.* (dir.), *Histoire de l'Algérie à la période coloniale : 1830-1962*, La Découverte, 2012.

Kamel Kateb, *Européens, indigènes et Juifs d'Algérie, 1830-1962 : représentations et réalités des populations*, INED, 2001.

Sylvie Thénault, *Histoire de la guerre d'indépendance algérienne*, Flammarion, 2005.

Focus

LES COLONIES

Si la France possède, à la veille de la IIIe République, quelques colonies – dont l'Algérie –, c'est sous la République opportuniste qu'elle se lance dans la formation d'un empire dont les grands traits sont fixés à la veille de la Grande Guerre – hormis les territoires qu'elle récupère suite à la défaite de l'Allemagne et de la Turquie en Afrique et au Moyen-Orient. Aux possessions africaines (Afrique équatoriale française, Afrique occidentale française, Madagascar, Algérie, Tunisie, Maroc) s'ajoute alors l'Indochine.

A. Population

Vue d'ensemble : les populations sous domination européenne dans le monde (1760-1913)

	Population sous domination formelle européenne (en millions)	Population colonisée dans le monde (en millions)
1760	25	
1830	204	
1913		Plus de 550 (pour 1,8 milliard d'habitants)

Source : Isabelle Surun (dir.), *Les Sociétés coloniales à l'âge des empires, 1850-1960*, Atlande, 2012.

L'empire français (1906-1936)

Année	Superficie	Population totale
1906	10 799 938	43 149 174
1936	12 462 939	68 938 000

L'Empire, par aire géographique et par catégorie de population (1936)

	Superficie (km²)	Français	Total Européens et assimilés (Français + étrangers)	Populations indigènes	Population totale
Afrique	**11 392 807**	**1 471 433**	**1 800 203**	**39 597 000**	**41 397 000**
Algérie	2 204 864	835 209	969 252	6 248 000	7 235 000
Tunisie	155 830	108 068	213 205	2 395 000	2 608 000
Maroc	398 627	177 049	236 602	6 059 000	6 296 000
AOF	4 701 575	97 657 (dont 80 509 Africains citoyens français)	105 307	14 597 000	14 702 000
AEF	2 487 000	3 856	4 749	3 418 000	3 423 000
Togo	56 500	336	427	738 000	739 000
Cameroun	422 000	1 761	2 324	3 759 000	3 798 000
Madagascar	592 000	25 255	39 598	3 759 000	3 798 000
Réunion	2 511	203 319	208 858		209 000

	Superficie (km²)	Français	Total Européens et assimilés (Français + étrangers)	Populations indigènes	Population totale
Côte française des Somalies	21 700	923	1 881	44 000	46 000
Asie	**941 355**	**242 551**	**243 530**	**26 464 000**	**26 752 000**
Indochine	740 400	41 285	42 260	22 988 000	23 030 000
Amérique	**94 126**	**579 534**	**586 887**	**4 000**[1]	**592 000**
Océanie	**34 651**	**42 112**	**45 004**	**102 000**	**197 000**
Total	**12 462 939**	**2 335 630**	**2 675 624**	**66 167 000**	**68 938 000**

1. Guyane.

Source : Charles-Robert Ageron, Catherine Coquery-Vidrovitch, Gilbert Meynier, Jacques Thobie (dir.), *Histoire de la France coloniale*, tome 2, Armand Colin, 1990.

Part des communautés « allogènes » (en milliers et en % du total de la population des colonies) (1913 et 1938)

	1913	1938
Indochine	21 0,1 %	32 0,1 %
Algérie	760 14,3 %	960 12,8 %
Tunisie	150 7,9 %	230 8,5 %
Maroc	20 0,5 %	200 3,1 %
Afrique subsaharienne	27 0,2 %	61 0,2 %

Source : Bouda Etemad, « Pour une approche démographique de l'expansion coloniale en Europe », *Annales de démographie historique*, 2007/1, p. 13-32.

B. Révoltes et répression : quelques exemples

1. L'insurrection de Yen Bay[1] *(1930)*

Dans la nuit du 9 au 10 février 1930, 200 tirailleurs tonkinois de la garnison de Yen Bay – ville au cœur du Tonkin –, appuyés par une soixantaine d'insurgés venus de l'extérieur, assassinent cinq officiers et sous-officiers français et en blessent six autres. Ils s'emparent des armes. Le 10 février au soir, des bombes sont lancées à Hanoï par des hommes à bicyclette. Les auteurs de la mutinerie appartenaient à un groupe nationaliste révolutionnaire, le Vietnam Quoc Zan Dang. La révolte de Yen Bay marque le paroxysme de l'agitation dans la région depuis la deuxième moitié des années 1920.

La répression est dure : des avions bombardent Co Am et font 30 morts le 16 février; les insurgés reçoivent la peine capitale; des villages sont incendiés.

Parallèlement, le Parti communiste indochinois naît à Hong Kong, en février 1930. Comptant peu d'adhérents (211, dont 54 à l'étranger), il dispose cependant d'une implantation géographique et sociale diversifiée. Débutent alors une série de manifestations organisées par les communistes, entre 1930 et 1931. Le paroxysme est atteint à l'automne 1930, dans le Nghe Tinh : 800 villages échappent au contrôle du protectorat.

Une fois encore, la répression est féroce. Les habitants des villages révoltés sont considérés comme collectivement responsables, d'où de nombreuses arrestations de suspects et des exécutions sommaires.

---

1. Voir Daniel Hémery et Pierre Brocheux, *Du conflit d'Indochine aux conflits indochinois*, Bruxelles, Complexe/IHTP.

Bilan humain du soulèvement et de la répression (estimation)

Morts		Emprisonnés	Condamnés
2 meetings bombardés par l'aviation	Des dizaines de morts	10000	Des milliers
Pertes communistes dans le Nghe Tinh	1 252 (chiffre officiel)		
« victimes du communisme »	Sensiblement identique		
Dans le Quang Ngai	Plusieurs dizaines de morts		

2. Le massacre de Thiaroye, Sénégal (1er décembre 1944)

Des tirailleurs sénégalais, ex-prisonniers de guerre en Allemagne, furent exécutés le 1er décembre 1944 à Thiaroye pour avoir protesté contre le non-paiement de leur solde et réclamé la régularisation de leur situation administrative. Considérant le détachement en état de rébellion, le commandement ordonna aux troupes d'ouvrir le feu.

Répression militaire

Tirailleurs « mutins »	Répression	Nombre de morts officiel	Nombre de morts estimé
500	3 compagnies indigènes 1 char américain 2 *half-tracks* 3 automitrailleuses 2 bataillons d'infanterie 1 peloton de sous-officiers et hommes de troupes français	35	Au moins 70

Source : Armelle Mabon, « Le massacre des ex-prisonniers de guerre coloniaux la 1er décembre 1944 à Thiaroye (Sénégal) », dans Amaury Laurin et Christelle Taraud (dir.), *Nouvelle histoire des colonisations européennes, XIXe-XXe siècle*, PUF, 2013.

Répression judiciaire

Inculpés	Condamnés Peines	Décès durant la détention	Amnistie
34 Motif : refus d'obéissance, rébellion, outrage à supérieur et complicité de refus d'obéissance (plainte du 14 janvier 1945 devant le tribunal militaire)	– 10 ans de prison avec dégradation militaire pour les « instigateurs » de la rébellion ; – 1 an de prison pour les autres (désobéissance)	Au moins 1 tirailleur	Grâce amnistiante en juin 1947

Source : Armelle Mabon, art. cit.

3. *Madagascar (1947)*

Le chiffre de 80 000 à 100 000 morts longtemps avancé est aujourd'hui fortement revu à la baisse. Si les événements qui touchèrent l'est de l'île entre le 29 mars et juillet 1947 ne sauraient être qualifiés de « génocide oublié » (en raison de l'absence de volonté exterminatrice), ils n'en restent pas moins un épisode dramatique de l'histoire coloniale française, pur produit des tares du système colonial et significatif de ses contradictions.

Le parti nationaliste du MDRM (Mouvement démocratique de la rénovation malgache), fondé en février 1946, contribue à diffuser les thèses indépendantistes dans l'île. Une société secrète, la Jina, noyaute le MDRM et estime que l'indépendance doit être arrachée aux Français par la violence : elle lance l'insurrection le 29 mars 1947. Cette insurrection ne touche néanmoins que la côte est de l'île, soit 1/6e du territoire et 700 000 habitants.

Les moyens militaires de la répression sont toujours restés modestes : à la fin du mois de mars 1947, lorsqu'éclate l'insurrection, ces moyens sont réduits aux forces de police (importantes cependant et qui procèdent à de nombreuses arrestations de militants MDRM). En 1948, on compte 16 000 soldats sur l'île : seuls 7 000 à 8 000 hommes assument la reconquête des territoires insurgés, les autres cantonnant dans les régions restées tranquilles.

Bilan des victimes

	Victimes de mort violente	Victimes de malnutrition et de maladie	Total général
Victimes des insurgés	2 000		
Victimes de crimes de guerre coloniaux	1 000 à 2 000		
Insurgés tombés face aux militaires français	5 000 à 6 000		
Total	**10 000**	**20 000 à 30 000**	**30 000 à 40 000**

Source : Jean Fremigacci, « La vérité sur la grande révolte de Madagascar », *L'Histoire*, n° 318, mars 2007.

Ce total reste élevé au regard de la région touchée par l'insurrection et la répression.

Les crimes de guerre coloniaux

Crimes d'exception, ils ont été particulièrement graves en deux endroits :

— le 6 mai 1947 à Moramanga : entre 124 et 160 morts, militants MDRM, innocents pour la plupart. Prétextant une attaque malgache, le commandant de la place mitraille les cadres du MDRM emprisonnés dans des wagons ;

— entre le 15 avril et le 12 mai 1947 à Mananjary : suite à des fusillades terroristes, la répression fait une centaine de morts malgaches dont 18 femmes et un groupe de prisonniers jetés d'avion.

Il faut enfin souligner que l'exécution sans jugement d'insurgés considérés comme dangereux reste mal connue (mais le total est limité selon Jean Fremigacci).

De juillet à octobre 1948, les Français organisent un procès politique à Tananarive, fondé sur des pseudo preuves, qui vise l'état-major du MDRM : au total, 77 personnes sont jugées bien que la plupart n'aient pas joué de rôle dans la révolte. Six insurgés sont condamnés à mort, parmi lesquels deux des trois parlementaires malgaches, chefs du MDRM : Joseph Raseta (fondateur de la société secrète à l'origine de l'insurrection) et Joseph Ravoahangy.

L'essentiel de la répression judiciaire est assuré par les tribunaux militaires, relayés par les tribunaux et cours criminels civils. Si le nombre et la sévérité des peines doivent être soulignés, la modération prévaudra dans leur application et tous les prisonniers seront libres en 1957 (remises de peine et amnisties).

Peines prononcées par les tribunaux

	Tribunaux militaires	Tribunaux civils	**Total**
Condamnés	865	4891	**5756**
Peines capitales	44	129	**173**
Peines capitales exécutées	8	16	**24**

4. Le Cameroun (1955)

En 1955, une rébellion éclate au Cameroun, ex-colonie allemande placée sous tutelle française depuis la fin de la Première Guerre mondiale. La responsabilité est attribuée à l'Union des populations camerounaises (UPC), organisation indépendantiste marxiste, interdite en juillet 1955. Son chef, Um Nyobé, passe dans la clandestinité. Débute alors un conflit anticolonial ainsi qu'une guerre civile qui se prolonge bien après l'indépendance.

Bilan des émeutes et de l'insurrection au Cameroun (1955-1956)

Date	Nombre de morts d'après les autorités françaises	Chiffres des nationalistes	Estimations
Emeutes de mai 1955	Une quarantaine	Entre 100 et 5000 (selon les sources)	7 manifestants et 2 Blancs sont tués les 24 et 25 mai à Douala. Des dizaines de victimes dans la brousse. (Marc Michel)
Insurrection de décembre 1956	Plusieurs dizaines de paysans assassinés par l'UPC Répression française : un millier de morts (selon Louis-Paul Aujoulat)	Plusieurs milliers	2000 morts au total (Victor L. Levine)

Source : Thomas Deltombe, Manuel Domergue, Jacob Tatsitsa, *Kamerun ! Une guerre cachée aux origines de la Françafrique, 1948-1971*, La Découverte, 2011.

Bilan des troubles au Cameroun (1956-1964)

Source et estimations	D'après le chef des opérations militaires françaises au Cameroun (général Max Briand)	D'après la revue française *Réalités*	Meredith Terrata d'après les archives britanniques	Marc Michel
Estimation du nombre de morts	Un peu plus de 20000 morts en 1960 dans le pays Bamiléké	20000-100000 morts entre décembre 1959 et juillet 1961	Entre 61300 et 76300 civils tués entre 1956 et juin 1964	Plusieurs dizaines de milliers de morts, principalement des victimes de la guerre civile, après l'indépendance

Sources :
Thomas Deltombe, Manuel Domergue, Jacob Tatsitsa, *Kamerun !*, *op. cit.*
Marc Michel, « La guerre oubliée du Cameroun », *L'Histoire*, n° 318.

C. Travail

Considérant que l'Empire ne devait rien coûter à la métropole, l'Etat français impose à ses sujets de lourdes sujétions. A l'impôt (acquittable en numéraire) s'ajoute le travail forcé que l'écrivain André Gide dénonce dans son *Voyage au Congo (*1927).

Quelques exemples de travail forcé (1920-1928)

Activités	Dates	Hommes mobilisés	Décès
Construction de la voie ferrée Congo Océan	1921-1932	127 000	Plus de 20 000
Chemin de fer de la Côte d'Ivoire	1921-1930 dont 1921-1925 :	42 930 5 à 6 000 Voltaïques par an	
Chemin de fer Dakar-Niger	1922	10 000 Voltaïques	
Coupes de bois et plantations de Côte d'Ivoire	1920-1930	Plus de 16 500 manœuvres voltaïques	
Ouagadougou et Bobo-Dioulasso (chantiers)	1927 et 1928	De 100 000 à 150 000 travailleurs forcés par an	

Source : Isabelle Surun (dir.), *Les Sociétés coloniales à l'âge des empires, 1850-1960*, Atlande, 2012.

D. Economie

L'économie coloniale a constitué – et constitue encore – un enjeu historiographique. L'apport de l'Empire dans la croissance française ne saurait être exagéré, au XIXe comme au XXe siècle, et le développement des colonies n'a jamais constitué un objectif prioritaire de la métropole – hormis après la Seconde Guerre mondiale.

La colonisation ne s'est pas révélée ruineuse. Jacques Marseille souligne que le total représente en effet un cinquième des dépenses ordinaires de l'Etat pour l'année 1913 (seulement), ou encore deux années d'impôts indirects sur les boissons autour de 1900 !

En revanche, la pacification et l'occupation de l'empire, après sa conquête, furent plus onéreuses, alors que les dépenses civiles étaient particulièrement basses. De fait, la loi du 13 avril 1900 stipulait que les colonies ne devaient rien coûter à la métropole et instituait de ce fait le principe de leur autofinancement.

Dépenses dues à la conquête

Cochinchine	1860-1868	134,7 millions de francs (part du budget métropolitain)
Annam et Tonkin	1877-1889	346,2 millions de francs
Tunisie	1881-1886	133,3 millions de francs
Madagascar	1885-1901	291 millions de francs
Afrique noire		150 millions de francs (environ)
Maroc		Chiffre impossible à établir[1]
Total		**Près d'1 milliard de francs**

1. Les dépenses militaires pour l'établissement du protectorat sont étroitement liées à la politique extérieure de la France dans son ensemble selon Jacques Marseille.

Sources :

Jacques Marseille, « Les colonies, une bonne affaire ? », *L'Histoire*, n° 69, 1984.

François Bobrie, « Finances publiques et conquête coloniale. Le coût budgétaire de l'expansion française entre 1850 et 1913 », *Annales ESC*, n° 6, novembre-décembre 1976.

Dépenses dans l'Empire (1850-1913)

	1850-1913
Dépenses militaires	+ de 8 milliards de francs courants
Dépenses civiles	+ de 4 milliards de francs (francs de 1914)

En 1914, l'Empire coûte plus qu'il ne rapporte, et il pèse relativement peu dans le commerce français ou les exportations de capitaux : 4 milliards de francs-or sur les 41 investis à l'étranger par la France. Néanmoins, il est le deuxième partenaire commercial de la France dès 1896, puis le premier de 1928 à 1962.

Sur le long terme, les exportations vers l'Empire augmentent de 3,8 % par an en moyenne entre 1880 et 1958 (en francs constants 1914), contre 1 % par an pour celles vers le marché mondial. Et pour certaines branches, il devient vite un débouché vital : dès 1906, il absorbe 86 % des tissus de coton, 80 % des constructions métalliques, 73 % des locomotives exportées. Il fournit à la métropole 79 % des phosphates ou des ressources agricoles.

Le repli sur l'Empire s'accentue à partir de la Grande Dépression des années 1930. Dès 1929, la France y investit 35 % de ses capitaux (la part des capitaux privés passant de 60 à 36 %). De 1929 à 1939, par exemple, la part des biens d'équipement de la métropole qu'absorbent les colonies passe de 17,6 % à 54 %. Après 1945, le coût des conflits coloniaux et des efforts de développement obère les bénéfices, et seules des entreprises archaïques y trouvent leurs débouchés.

Part de l'empire colonial dans le commerce français (%) (1870-1960)

Années	Exports	Imports
1870	5,6	5,6
1890	7,9	7,3
1910	12,3	10,1

Années	Exports	Imports
1930	20,7	12,4
1952	42	23
1960	30	23

Part de l'empire colonial dans les importations et exportations de certains produits (en %) (1890-1913)

	Part de l'empire dans les exportations				
	Sucre	Tissus en laine	Tissus de coton	Produits chimiques	Machines et mécanique
1890	12,7	3	34,8	3,1	8,1
1913	67,6	4,7	33,1	7	29,9

	Parts de l'empire dans les importations				
	Sucre	Produits agricoles	Céréales	Vins	Café
1890	71,8	18,7	10,2	16,8	0,4
1913	100	28,6	12,1	56,7	1,9
	Cacao	Oléagineux	Matières premières	Phosphates	Caoutchouc
1890	3,8	17,8	1,8	–	–
1913	2,2	25,1	3,2	54,8	14,1

Source : Albert Broder, *L'Economie française au XIXe siècle*, Ophrys, 1993, p. 180, d'après Jacques Marseille.

La France et son empire dans la crise des années 1930

	Exportations de la France vers les colonies (en francs constants)	Exportations françaises à l'étranger	Part de l'empire dans les exportations françaises	Balance commerciale de la France	
				zone franc (solde)	échanges avec l'étranger (solde)
1913	4,8 MM		13,73 %		
1928			13 %		
1929	9,7 MM				
1936	4,7 MM				
1938	3,6 MM		27,4 %		
1952			42,2 %	+ 240 milliards	- 410 milliards
Evolution 1880-1958	+ 3,8 %	+ 1 %			
Evolution 1952-1961	+ 55,7 % (francs constants)	+ 218 %			

Jacques Marseille, *Empire colonial et capitalisme français : histoire d'un divorce*, Albin Michel, 1984.

Part de l'empire dans les importations françaises (1929-1938)

	Cacao	Café	Caoutchouc
1929	56,1 %	3,7 %	9,3 %
1936	83,7 %	17,2 %	19 %
1938	88,4 %	42,7 %	25,1 %

Jacques Marseille, *Empire colonial et capitalisme français…*, *op. cit.*

La crise des années trente a nourri une légende noire : la métropole aurait instrumentalisé la crise pour exploiter plus durement encore ses colonies. L'exemple de la France et de l'Algérie pendant la crise des années 1930 infirme cependant cette thèse : l'Algérie est le premier client et le premier fournisseur de la métropole. Or, les termes de l'échange-marchandise sont favorables à l'Algérie durant toute la crise. Plus encore, ils s'améliorent – les prix algériens ont mieux résisté à la crise que les prix métropolitains.

En réalité, cette statistique cache des disparités fortes entre les « agents » du commerce colonial : l'amélioration des termes de l'échange profite dans les faits aux colons mais pas aux grandes firmes (sociétés minières ou commerciales), qui sont victimes de la crise. Elle est stable pour les indigènes, relativement épargnés. Jacques Marseille a donc calculé trois termes de l'échange-marchandises :

— Celui des indigènes : exportation de blé dur et de bestiaux/importation des sucres, tissus de coton et ouvrages en métaux ;

— colons : exportation de vin, blé tendre et fruits frais/importation : ensemble des marchandises importées ;

— sociétés minières : exportations des minerais et des phosphates/importations des fers et aciers, machines mécaniques et huiles de pétrole.

Les termes de l'échange (base 100) (1924-1938)

Année	Termes de l'échange-marchandises de l'Algérie	Termes de l'échange-marchandises « sociaux » : indigènes	Termes de l'EMS : colons	Termes de l'EMS : sociétés minières
1924	56,6	83,5	63,3	83,2
1926	83,3	98,7	81,2	97
1928	104	93	94,6	106,1
1930	105,9	103,6	107,2	96,2
1931	110,8	107,1	124,6	112,1
1932	133,5	111,8	126,9	103,9
1933	132,2	116,2	123,3	82,4
1934	108,8	117	124,5	77,7
1935	102,2	100,2	115,1	87,9
1936	132	114,3	150,8	83,5
1938	116,5	112,2	152,6	102,1

Jacques Marseille, *Empire colonial et capitalisme français…*, *op. cit.*

L'évolution des termes de l'échange observée en Algérie pendant la crise se retrouve dans une moindre mesure en AOF et en Indochine. La crise se fit néanmoins sentir dans les campagnes, particulièrement au Maghreb et en Indochine.

Source

Jacques Marseille, *Empire colonial et capitalisme français : histoire d'un divorce*, Albin Michel, 1984.

E. Les Français face à l'empire

Les Français ont-ils soutenu l'idée coloniale ? Aux débuts de la IIIe République, les conquêtes impériales sont plutôt impopulaires – et expliquent en partie la chute de Jules Ferry en 1885. Par la suite, les oppositions s'atténuent, sans que l'on puisse parler ni d'un intérêt, ni d'une passion impériale – malgré le succès remporté par l'Exposition coloniale de 1931.

Anticolonialisme au Parlement (1885-1912)[1]

Année	Nombre des opposants à la politique coloniale (Parlement)
1885 (décembre)	267
1888 (novembre)	215
1910 (juin)	80
1912 (juillet)	85

1. Toutes les statistiques qui suivent sont issues de Charles-Robert Ageron, Catherine Coquery-Vidrovitch, Gilbert Meynier, Jacques Thobie (dir.), *Histoire de la France coloniale*, t. 2 et 3, Armand Colin, 1990.

Votes aux scrutins concernant la politique coloniale (1885-1912)

Date	Objet du vote des parlementaires	Suffrages « anticolonialistes »
30 mars 1885	Demande de priorité pour le vote des crédits pour l'expédition au Tonkin – démission de Jules Ferry	306 contre 149 pour 49 abstentions
11 avril 1892	Expédition du Dahomey	177
26 novembre 1894	Expédition de Madagascar	143
2 juillet 1900	Expédition du Touât sans autorisation du Parlement	60
7 décembre 1900	Affaire Voulet-Chanoine	116
21 février 1906	Sur « les actes de cruauté commis dans nos possessions par les fonctionnaires des colonies »	152
6 décembre 1906	Campagne de Jaurès contre l'expédition marocaine	52
12 novembre 1907	*Ibid.*	47
28 janvier 1908	*Ibid.*	87
18 janvier 1909	*Ibid.*	96
4 février 1912	Campagne socialiste contre les accaparements de terres en Tunisie	104

Source : Charles-Robert Ageron, *L'Anticolonialisme en France de 1871 à 1914*, PUF, 1973.

Groupe de pression, le **« parti colonial »** apparaît comme une nébuleuse d'associations. Il regroupe des parlementaires et des notables soucieux de diffuser l'idée coloniale et d'inspirer la politique française en la matière. A la Chambre, il se traduit par l'existence d'un « groupe colonial » qui, à l'exception de la majorité des socialistes, transcende les partis politiques. Les années 1930 constituent un âge d'or des groupes coloniaux et des associations : la Chambre du Front populaire, dont le parti colonial atteint des effectifs records, fut la plus imprégnée par le mythe colonial.

Le « parti colonial » (1890-1938)

	Effectifs du « parti colonial »	Caractéristiques	Sociétés et associations
1890-1914	Environ 5 000	45 leaders (sous la houlette d'Eugène Etienne) 200 militants actifs, dont 80 parlementaires	58 en 1914
Veille de la Seconde Guerre mondiale	Moins de 25 000		Plus d'une centaine en 1938

Le groupe colonial à la Chambre (1892-1937)

Date	Effectifs (députés)	Composition
15 juin 1892	42	
1893	129	8 monarchistes 8 ralliés 2 boulangistes 83 républicains du centre 28 radicaux
1902	Près de 200	36 radicaux 1 socialiste 75 républicains du centre 13 d'étiquette droitière 15 sans appartenance
1920	167	
1937	250	

En 1898, création d'un groupe colonial de 28 membres au Sénat.

Quelques associations et sociétés constitutives du « parti colonial » (1883-1952)

Date	Nom	Adhérents
1883	Société française de colonisation	800[1]
1890	Comité de l'Afrique française (CAF)	29
1900		48

Date	Nom	Adhérents
1893 1899	Union coloniale	243 1 219
1911	Action coloniale et maritime[2]	1 200
1907 1913-1914	Ligue coloniale française	6 000 (revendiqués) 2 600[3]
	Ligue maritime et coloniale[4]	45 217 en 1921 100 000 max en 1930 (estimation des adhérents escomptés d'après prévisions budgétaires) Cotisations : 23 929 adhérents individuels et 7 544 adhésions collectives en 1929-1930
1935	Institut colonial français	40 000
1950 1952 (fin)	Comité central de la France d'Outre-mer[5]	557 sociétés 685

1. Ainsi qu'une centaine de parlementaires.
2. Créée en 1903.
3. Contre 33 000 membres pour la *Kolonial-Gesellschaft*, son pendant germanique.
4. Fusion de la Ligue coloniale française et de la Ligue maritime, qui comptait beaucoup plus d'adhérents.
5. Il est l'héritier du Comité de l'empire français, qui résultait de la fusion de l'Union coloniale française, de l'Institut colonial français et du comité de l'Indochine.

L'exposition coloniale de 1931

	Visiteurs	Dont
Exposition coloniale	Environ 8 millions	– 4 millions de Parisiens – 3 millions de provinciaux – 1 million d'étrangers
Contre-exposition « anti-impérialiste »	5 000	

Les Français et l'empire (sondage IFOP réalisé en novembre-décembre 1949 auprès de 4193 personnes, dans 200 communes)

	% des personnes interrogées
N'ont aucun renseignement sur les questions coloniales	32
Se déclarent indifférentes à ces informations	52
S'intéressent aux questions coloniales	27
Ne peuvent donner une définition, même inexacte, de l'Union française	53
Ne peuvent pas citer le nom d'un territoire d'outre-mer [1]	19
Peuvent en citer cinq ou plus	28
Ignorent la population totale de l'Union française	52
Ignorent si une assemblée en métropole s'occupe spécialement de l'Union française	56
Savent que les indigènes ont des représentants à l'Assemblée nationale	56

1. Dénomination donnée à la majeure partie des colonies françaises (particulièrement celles d'Afrique subsaharienne) dans la Constitution de la IVe République.

L'attachement à l'empire (1949)

Question posée	Réponse (en %)		% de réponses positives par catégorie socioprofessionnelle		% de réponses positives par tranches d'âge	
La France a-t-elle intérêt à avoir des colonies ?	Oui	81	Militaires	90	25-34 ans	89
			Fonctionnaires supérieurs	91	Plus de 50 ans	75
			Professions libérales	94		
			Ouvriers de l'industrie	83		
	Non	2				
	Réservés	3				
	Sans avis	14				
La France a-t-elle fait du bon travail dans ses colonies ?	Oui	62	Cadres agricoles	38	25-34 ans	58 (contre 35 % d'insatisfaits)
			Cadres industriels	49		
			Professions libérales	52		
			Fonctionnaires	53	30-40 ans	70 (contre 23 %)
			Employés du commerce	54		
			Ouvriers	67		
	Non	28				
	Sans avis	10				

L'empire dans les préoccupations des Français, à l'heure des indépendances et de la guerre d'Algérie, sondage IFOP (avril et juillet 1956)[1]

Question	Année	% des personnes interrogées (dont les problèmes d'Afrique du Nord)
Considèrent que les problèmes de l'Union française sont les plus importants pour la France	1952	2
	1954 (septembre)	30 (27)
	1955 (décembre)[2]	29 (25)
	1956 : avril	83 (63)
	juillet	70 (60)

1. *Sondages, Revue française de l'opinion publique*, 1956, n° 3.
2. Les élections législatives de janvier 1956 ne se jouent donc pas sur la guerre d'Algérie et les questions coloniales. Il y a sur ce point un décalage entre la classe politique et l'ensemble des Français.

Des Français pessimistes sur l'avenir de l'empire, auquel ils restent cependant attachés

Question	Date	Réponse en % des personnes interrogées	
Placent les questions coloniales au premier rang des objectifs de la politique du pays	Avril 1956	17	
Croient que dans dix ans l'Afrique subsaharienne et Madagascar seront associées à la France	Avril 1956	Afrique noire	43
		Madagascar	45
	Juillet 1956	Afrique noire	35
		Madagascar	31
La préservation des liens entre l'Union française et la France est jugée :	Avril 1956	Très importante	48
		Assez importante	27
		Pas très importante	11
		Ne savent pas	14

TABLE

PARTIE II
L'ÉCONOMIE

PARTIE III
LA SOCIÉTÉ

PARTIE V
GUERRES ET CRISES

FOCUS
LES COLONIES

PERRIN
12, avenue d'Italie
75627 Paris cedex 13

Achevé d'imprimer par Normandie Roto Impression s.a.s.
61250 Lonrai
N° d'impression : 1502646

Dépôt légal : février 2015
K02741/02